全国工程专业学位研究生教育国家级规划教材

知识产权基础教程（第3版）

王兵 等 著

清华大学出版社
北京

内 容 简 介

本教材共9章,深入系统地讨论了知识产权的概念、特点、种类和知识产权法律制度的功能,知识产权对象的范围和特点,知识产权的归属,知识产权权利内容及其限制,知识产权的获得、维持和保护,知识产权的许可、转让和资本化,知识产权的行政管理和基层管理,知识产权的国际保护。

本教材体系新颖,内容充实准确、浅显易懂,适合用作没有法律专业知识的人员,特别是有科技背景的人员学习知识产权法律和管理知识的参考资料。

版权所有,侵权必究。举报: 010-62782989,beiqinquan@tup.tsinghua.edu.cn。

图书在版编目(CIP)数据

知识产权基础教程/王兵等著. --3版. --北京: 清华大学出版社,2016(2024.7重印)
全国工程专业学位研究生教育国家级规划教材
ISBN 978-7-302-42983-8

Ⅰ. ①知… Ⅱ. ①王… Ⅲ. ①知识产权法-中国-研究生-教材 Ⅳ. ①D923.4

中国版本图书馆 CIP 数据核字(2016)第 030454 号

责任编辑: 冯　昕
封面设计: 何凤霞
责任校对: 赵丽敏
责任印制: 杨　艳

出版发行: 清华大学出版社
网　　址: https://www.tup.com.cn, https://www.wqxuetang.com
地　　址: 北京清华大学学研大厦A座
邮　　编: 100084
社 总 机: 010-83470000
邮　　购: 010-62786544
投稿与读者服务: 010-62776969, c-service@tup.tsinghua.edu.cn
质量反馈: 010-62772015, zhiliang@tup.tsinghua.edu.cn

印 装 者: 三河市龙大印装有限公司
经　　销: 全国新华书店
开　　本: 185mm×260mm　　印　张: 26.75　　字　数: 645 千字
版　　次: 2009 年 3 月第 1 版　2016 年 3 月第 3 版　　印　次: 2024 年 7 月第 5 次印刷
定　　价: 75.00 元

产品编号: 068003-04

第3版前言

《知识产权基础教程》第2版于2010年9月出版发行至今已经五年多了。这本知识产权法律及实务的普及教材因其内容丰富准确和表达通俗易懂,六年来印刷了10次,发行量较大,一直受到广大读者的热烈欢迎,对在科技领域的学生和科技人员以及其他非法律专业的人员中普及知识产权法律和实务的知识,起到了一定的作用。

在《知识产权基础教程》第2版面世以来的六年中,我国知识产权法律中的一部主要法律《商标法》于2013年8月30日进行了第三次修正,2014年5月1日起施行;《商标法实施条例》于2014年4月29日修订。此次重大修正的内容涉及面广,因此需要对教材大多数章节进行修改。由于有关各章的作者因工作繁忙而不能进行修改工作,在征得所有作者同意后,修改工作由清华大学法学院王兵教授和西安交通大学法学院田文英教授开展。本次修改工作涉及的第一章(知识产权导论)、第二章(知识产权对象)、第四章(知识产权的内容与限制)和第六章(知识产权保护)由清华大学法学院王兵教授进行并完成。本次修改工作涉及的第五章(知识产权的取得与维持)、第七章(知识产权利用)和第八章(知识产权管理)由西安交通大学法学院田文英教授进行并完成。其余第三章(知识产权的归属)和第九章(知识产权的国际保护)的内容没有改动。

随着我国由知识产权大国向知识产权强国转变的进程不断被推进,知识产权法律与实务的知识对科技工作者和其他非法律专业人员也越来越重要。我衷心希望这本普及教材能继续受到前述有关人员的欢迎,在建设知识产权强国的过程中继续发挥作用。

清华大学法学院　王兵教授
2016年1月于清华大学法学院

第2版前言

《知识产权基础教程》第1版在2009年3月出版发行后,受到了广大读者的热烈欢迎。4月初的某一天,清华大学某管理部门一位领导给我打电话,称其买了这本教材,花了数天几乎是连续地看完了,感到容易理解、收获很大。由于他从事的管理工作不直接涉及学校的科研和教学,我对他的电话感到有些突然,就反问他为什么对知识产权有兴趣,他回答:"知识产权无所不在呀,我们学学同样有必要。"后来我又接到在清华工作的一些老师的电话,都反映教材好懂、内容丰富、和他们的工作结合紧密。第1版在短短的一年多时间内印刷了4次,销售近13 000册。出版社通知我赶快完成《知识产权基础教程》的修改,尽早出第2版。

《知识产权基础教程》的初稿由我统筹后不久,我国修改后的专利法被公布并在2009年10月1日起实施,由于时间紧迫,教材的付印稿中没有反映专利法中被修改的内容。教材第1版出版发行后,专利法实施细则又被修改,不久著作权法也被修改了。面对读者的需要和知识产权法的变动,我们只好抓紧教材的修订工作。经过全体作者的共同奋斗,今天终于完稿,我心头的压力一下子卸掉了。

第2版仍然由华中科技大学法学院的郑友德教授,同济大学知识产权学院的单晓光教授和许春明老师、陈东华老师,清华大学法学院的王兵教授,上海交通大学法学院的寿步教授和胡滨斌老师、万勇老师,西安交通大学的田文英教授,武汉科技大学的万志前老师共同编写。在此,对所有作者在此次修订过程中的大力支持和密切配合表示衷心的感谢!

清华大学法学院　王兵教授
2010年7月于清华大学法学院

第1版前言

2007年6月的某一天,全国工程硕士专业学位教育指导委员会副主任委员、清华大学陈皓明教授找到我,提出要在工程硕士培养中开设知识产权基础课程,请我主持编写这门课程的教材。陈教授认为:国家将要实施知识产权战略,这对国家是件非常重要的事情,也对工程硕士的培养提出了新的要求。工程硕士毕业生将来从事的主要是科技工作,必然要在工作中涉及知识产权问题,应当为他们开设知识产权基础课程,使他们在校期间就学到知识产权的知识。作为一个长期从事知识产权法教学、科研和管理工作的教师,我深深为他的远见卓识所感动。在长期从事知识产权工作的过程中,我常常面对这样的询问,有时候是质问:现在我国在知识产权方面远落后于发达国家,我们实行知识产权制度,不就是要保护外国人吗?这种观点很有代表性,许多工人、学生、教师甚至公务员都有类似观点。我认为,这种观点有其合理的一面,但是却不全面。我国是否应当实行知识产权制度,不能孤立地而要在世界的总形势下看我们国内的形势。全球经济一体化的进程不断加快,我国要在这样的国际环境下改革开放,不实行知识产权制度是不可能的。我们面临的问题,不是要不要实行知识产权制度,而是如何运用知识产权制度。世界正在由工业经济向知识经济转变,我们只有通过学会运用知识产权制度,避害趋利,使之服务于我国的发展,最终实现由知识产权弱国向知识产权强国的转变,才能在知识经济时代实现中华民族的复兴。

陈皓明教授的远见卓识打动了我,我同意承担编写这本教材的任务。之后,我将陈皓明教授的想法先后告诉了华中科技大学法学院的郑友德教授、上海交通大学法学院的寿步教授、上海同济大学知识产权学院的单晓光教授和西安交通大学的田文英教授,请这几位在工科大学长期从事知识产权法教学和科研的老师共同编写该教材,得到了他们的热烈响应。到后来,我们在一起讨论了编写教材大纲的指导思想、教材大纲和写作分工,又听取了全国工程硕士专业学位教育指导委员会的意见,对教材大纲进行了修改。2007年12月,我们五位教授按照写作分工各自开始了编写工作,到2008年11月中旬教材的初稿得以完成。本教材第一章(知识产权导论)为郑友德教授编写,第二章(知识产权的对象)为单晓光教授和许春明老师编写,第三章(知识产权的归属)为王兵教授编写,第四章(知识产权的内容与限制)为寿步教授及其研究生编写,第五章(知识产权的获得与维持)为田文英教授编写,第六章(知识产权保护)为万志前老师编写,第七章(知识产权利用)为田文英教授编写,第八章(知识产权管理)为王兵教授和田文英教授编写,第九章(知识产权的国际保护)为单晓光教授和陈东华老师编写。

编写这本教材的指导思想是:浅显易懂、准确实用。学习这门课程的学生是理工科的工程硕士生,一般没有法律专业知识;学习本门课程的主要目的是在实践中应用知识产权法律和管理知识。要他们能看懂教材,能够运用知识产权法律和管理知识解决实际问题,教材必须浅显易懂,同时还要准确实用。为此,我们不再按照传统的做法将专利法、著作权法、商标法等单独成章,而是按照知识产权实际运用的需要设计了章节体系,将知识产权的对象、知识产权的权利人、知识产权的内容和限制、知识产权的获得与维持、知识产权的保护、知识产权的管理、知识产权的利用和知识产权的国际保护单独成章。我们尽可能用通俗的文字来阐述深奥的法律原理、规则和规范,也尽可能运用一些案例来说明难以理解的法律规范,但同时不失法律的准确性。我们尽可能地结合科学技术工作的知识产权问题展开论述和讨论,力图使具有科技背景的学生理解知识产权法律规范,学会在实际工作中运用知识产权的法律知识。

本教材不仅适用于工程硕士研究生,也可以适用于其他各类工科学生,还可以作为科技人员、管理人员和其他各类没有法律专业背景的人员自学知识产权法律知识的参考书。

由于本教材是第一次采用新的体系,加上编写人员的水平有限,所以肯定存在不少问题。恳切希望读者批评指正。

最后,我要对上述教授在本教材编写过程中的大力支持和密切配合表示衷心的感谢!

清华大学法学院教授　王兵
2008年12月23日于清华大学深圳研究生院

目 录

第一章 知识产权导论 /1

第一节 知识产权概述 … 1
一、知识产权的概念与范围 … 1
二、知识产权的客体 … 4
三、知识产权的类型化 … 5

第二节 知识产权的特性 … 7
一、私权性 … 7
二、客体的无体性 … 8
三、独占性 … 9
四、时空上的有限性 … 10
五、法定性 … 11
六、财产权与人格权的统一性 … 12
七、非稳定性 … 13

第三节 知识产权法概述 … 14
一、知识产权法的概念与体系 … 14
二、中国知识产权法的构成 … 14

第四节 知识产权制度的功能 … 17
一、专利制度的功能 … 18
二、著作权制度的功能 … 20
三、商标制度的功能 … 21
四、反不正当竞争制度的功能 … 22

第五节 现代知识产权制度的演进 … 23
一、中国知识产权制度的演进 … 23
二、国际知识产权制度的演进 … 24

本章重点 … 26
本章难点 … 26
思考题 … 27
主要参考文献 … 27

第二章　知识产权对象　/28

第一节　概述 ………………………………………………………………… 28
一、知识产权对象的范围 ………………………………………………… 28
二、知识产权对象的特点 ………………………………………………… 29

第二节　著作权的对象 ……………………………………………………… 31
一、作品的概念及构成要件 ……………………………………………… 31
二、作品的分类 …………………………………………………………… 32
三、我国著作权法保护的作品类别 ……………………………………… 33
四、著作权对象的限制 …………………………………………………… 36
五、著作权的特殊对象——计算机软件 ………………………………… 36

第三节　专利权的对象 ……………………………………………………… 39
一、发明 …………………………………………………………………… 39
二、实用新型 ……………………………………………………………… 41
三、外观设计 ……………………………………………………………… 42
四、发明、实用新型及外观设计之间的区别 …………………………… 42
五、专利权对象的限制 …………………………………………………… 43
六、涉及计算机程序的发明 ……………………………………………… 46

第四节　商标权的对象 ……………………………………………………… 54
一、商标的概念和特征 …………………………………………………… 54
二、商标的种类 …………………………………………………………… 55
三、商标权对象的限制 …………………………………………………… 57
四、驰名商标 ……………………………………………………………… 59

第五节　商业秘密权的对象 ………………………………………………… 61
一、商业秘密的概念 ……………………………………………………… 61
二、商业秘密的种类 ……………………………………………………… 62
三、商业秘密的特征 ……………………………………………………… 62

第六节　其他知识产权的对象 ……………………………………………… 64
一、商号 …………………………………………………………………… 64
二、集成电路布图设计 …………………………………………………… 65
三、植物新品种 …………………………………………………………… 65
四、特殊标志 ……………………………………………………………… 66
五、数据库 ………………………………………………………………… 67

本章重点 ……………………………………………………………………… 69
本章难点 ……………………………………………………………………… 69
思考题 ………………………………………………………………………… 69
主要参考文献 ………………………………………………………………… 70

第三章　知识产权的归属　　/71

第一节　发明创造专利权的归属 …………………………………………… 71
一、发明人、申请人和专利权人 …………………………………… 71
二、同一发明主题的发明创造专利权的归属 …………………… 73
三、在职发明创造专利权的归属 …………………………………… 74
四、合作和委托研究开发产生的发明创造专利权的归属 ……… 77
五、有关专利权的合法继受 ………………………………………… 86

第二节　科技作品著作权的归属 …………………………………………… 86
一、有关科技作品著作权归属的概述 …………………………… 86
二、演绎作品的著作权归属 ………………………………………… 87
三、汇编作品的著作权归属 ………………………………………… 88
四、科技电影和以类似摄制电影方法创作的科技作品的著作权归属 … 89
五、职务作品的著作权归属 ………………………………………… 90
六、合作作品的著作权归属 ………………………………………… 93
七、受委托创作的作品的著作权归属 …………………………… 94
八、计算机软件的著作权归属 ……………………………………… 95
九、美术等作品的著作权归属处理的特殊问题 ………………… 96
十、作者身份不明的作品的著作权归属 ………………………… 97
十一、著作权的继承和承受 ………………………………………… 98

第三节　商标权及其他知识产权的归属 ………………………………… 99
一、商标权的归属 …………………………………………………… 99
二、植物新品种权的归属 …………………………………………… 105
三、集成电路布图设计专有权的归属 …………………………… 106

本章重点 ……………………………………………………………………… 109
本章难点 ……………………………………………………………………… 109
思考题 ………………………………………………………………………… 110
主要参考文献 ………………………………………………………………… 110

第四章　知识产权的内容与限制　　/111

第一节　专利权的内容与限制 ……………………………………………… 111
一、专利权的内容 …………………………………………………… 111
二、专利权的限制 …………………………………………………… 115
三、专利权人的义务 ………………………………………………… 119
四、专利权的保护期限 ……………………………………………… 120

第二节　著作权的内容与限制 ……………………………………………… 120
一、广义著作权的内容 ……………………………………………… 120
二、广义著作权的限制 ……………………………………………… 130

　　　　　三、创意/表达二分法原则 139
　第三节　商标权的内容与限制 140
　　　　　一、商标权的内容 140
　　　　　二、商标权的限制 142
　第四节　其他知识产权的内容及其限制 144
　　　　　一、商业秘密权的内容及其限制 144
　　　　　二、集成电路布图设计专有权的内容及其限制 148
　　　　　三、植物新品种权的内容及其限制 152
　本章重点 157
　本章难点 158
　思考题 158
　主要参考文献 158

第五章　知识产权的取得与维持　　/160

　第一节　专利权的取得与维持 160
　　　　　一、申请取得专利权的原则 160
　　　　　二、授予专利权的条件 167
　　　　　三、取得专利权的程序 174
　　　　　四、专利权的期限、终止与无效 182
　第二节　著作权的取得与维持 185
　　　　　一、取得著作权的条件 185
　　　　　二、取得著作权的原则 186
　　　　　三、著作权的保护期限 187
　第三节　商标权的取得与维持 188
　　　　　一、注册取得商标权的原则 188
　　　　　二、授予商标权的条件 191
　　　　　三、审查核准程序 193
　　　　　四、商标权的续展 195
　　　　　五、商标权的终止与无效 195
　第四节　其他知识产权的取得与维持 198
　　　　　一、构成商业秘密的条件 198
　　　　　二、植物新品种权的取得与维持 199
　　　　　三、集成电路布图设计权的取得与维持 204
　本章重点 209
　本章难点 209
　思考题 209
　主要参考文献 210

第六章　知识产权保护　　/211

第一节　侵犯知识产权的行为 ············· 211
一、侵犯专利权的行为（含权利要求范围的确定）········ 211
二、侵犯著作权的行为 ················· 216
三、侵犯商标权的行为 ················· 222
四、侵犯其他知识产权的行为 ············· 225

第二节　知识产权的行政保护 ············· 228
一、知识产权行政保护机构 ·············· 228
二、知识产权行政保护机构的行政保护权力 ······· 230
三、侵犯知识产权的行政责任 ············· 230

第三节　知识产权的司法保护 ············· 233
一、知识产权诉讼程序的启动 ············· 233
二、侵犯知识产权的民事责任 ············· 241
三、侵犯知识产权的刑事责任 ············· 243

第四节　知识产权纠纷解决的途径选择 ········ 245
一、知识产权的行政保护与司法保护的选择 ······· 245
二、知识产权纠纷解决的其他途径 ··········· 248

本章重点 ························ 251
本章难点 ························ 251
思考题 ························· 251
主要参考文献 ······················ 252

第七章　知识产权利用　　/253

第一节　知识产权许可 ················ 253
一、专利实施许可 ··················· 253
二、著作权使用许可 ·················· 257
三、注册商标使用许可 ················· 260
四、知识产权许可形式的选择 ············· 263
五、知识产权许可注意事项 ·············· 267

第二节　知识产权转让 ················ 276
一、知识产权转让的特征 ················ 277
二、知识产权转让与许可的比较 ············ 277
三、知识产权转让注意事项 ·············· 278

第三节　知识产权资本化 ··············· 288
一、知识产权评估 ··················· 289
二、知识产权投资 ··················· 291
三、知识产权质押 ··················· 293

　　　　四、知识产权资本化的其他方式 …………………………………… 296
　本章重点 ………………………………………………………………… 297
　本章难点 ………………………………………………………………… 297
　本章思考题 ……………………………………………………………… 298
　主要参考文献 …………………………………………………………… 298

第八章　知识产权管理　/299

　第一节　知识产权管理概述 …………………………………………… 299
　　　一、知识产权管理的概念 …………………………………………… 299
　　　二、知识产权管理的特征 …………………………………………… 299
　　　三、知识产权管理的目标与手段 …………………………………… 302
　第二节　知识产权的行政管理 ………………………………………… 304
　　　一、专利权的行政管理 ……………………………………………… 305
　　　二、著作权的行政管理 ……………………………………………… 312
　　　三、商标的行政管理 ………………………………………………… 317
　　　四、其他知识产权的行政管理 ……………………………………… 324
　第三节　基层单位知识产权管理 ……………………………………… 327
　　　一、基层单位知识产权管理的职责 ………………………………… 327
　　　二、基层单位知识产权管理机构的设置 …………………………… 333
　第四节　知识产权战略 ………………………………………………… 338
　　　一、国家的知识产权战略 …………………………………………… 338
　　　二、地方政府的知识产权战略 ……………………………………… 346
　　　三、基层单位的知识产权战略 ……………………………………… 347
　本章要点 ………………………………………………………………… 352
　本章难点 ………………………………………………………………… 353
　思考题 …………………………………………………………………… 353
　主要参考文献 …………………………………………………………… 353

第九章　知识产权的国际保护　/354

　第一节　知识产权国际保护概述 ……………………………………… 354
　　　一、国际知识产权组织简介 ………………………………………… 354
　　　二、知识产权国际条约概况 ………………………………………… 357
　　　三、知识产权国际保护的基本原则 ………………………………… 359
　　　四、我国已加入的知识产权国际条约 ……………………………… 360
　第二节　知识产权国际条约的主要内容 ……………………………… 360
　　　一、保护工业产权巴黎公约 ………………………………………… 360
　　　二、专利合作条约 …………………………………………………… 364
　　　三、保护文学艺术作品伯尔尼公约 ………………………………… 368

四、世界知识产权组织版权条约，世界知识产权组织表演和录音制品
　　　　条约 …………………………………………………………………… 371
　　五、与贸易有关的知识产权协议 ………………………………………… 375
　　六、其他知识产权国际条约内容简介 …………………………………… 381
第三节　知识产权境外纠纷的应对 …………………………………………… 388
　　一、与贸易有关的知识产权协议下的纠纷应对 ………………………… 388
　　二、美国贸易法"特别301条款"的应对 ………………………………… 395
　　三、美国"337条款"的应对 ……………………………………………… 401
本章重点 …………………………………………………………………………… 408
本章难点 …………………………………………………………………………… 408
思考题 ……………………………………………………………………………… 409
主要参考文献 ……………………………………………………………………… 409

第一章

知识产权导论

第一节 知识产权概述

一、知识产权的概念与范围

(一) 引论

据 2008 年 7 月 6 日《重庆晚报》报道,生活在泰国丛林的 7 岁大象彼得经过主人的数年训练后,居然能用鼻子为同伴画出一幅惟妙惟肖的"肖像",还卖出了 10 万美元的天价。若将此画视为著作权法保护的美术作品,那么谁是著作权主体?

画家甲创作了一幅油画,广告商乙购得该画后,拟用它作为商业广告背景,乙的计划一旦实施,会引发侵犯著作权之争吗?

按照著作权法的基本原理,唯有人才是著作权的主体,人以外的其他物,包括低等动物,皆为著作权的客体,故我们不能"反客为主"。虽然大象彼得的"肖像"画可被一些人视为作品,但著作权主体并非大象彼得,而是大象的主人。大象绘画的鼻子只能看作其主人画笔的延伸。人们可能会对此疑惑不解,分明是彼得用鼻子创作了同伴的"肖像",为何大象不是著作权主体?

画家甲创作的油画系著作权客体——美术作品,其所附着的载体或画布则属于有体物的所有权客体。因此,如果甲的油画著作权未转让给乙,则乙购得的仅是油画画布或所有权客体。他若擅自将油画用作广告背景,将会侵犯甲的油画作品的著作权。

同理,我们买了某书不等于享有该书的著作权;而将某书稿寄给出版社后,我们对该书稿享有著作权但未必能拥有其所有权。

上述举例均涉及著作权或知识产权。对于惯于把产权与有体物,诸如土地、房屋、机器等相联系的人来说,知识产权简直是一个充满玄机、令人费解的神秘领域。

故欲探索知识产权的奥秘,须先考察知识产权的来源,然后弄清楚其概念与范围。

(二) 知识产权的缘起及历史演进

人类的发展史,过去是,现在也是人类的发明史。人类利用发明成功地启动了对人类进化的直接影响,最终导致知识产权制度在全球从萌芽走向勃兴。知识产权源自中世纪后期封建君主授予的特权(privilege),其后通过向垄断权(monopoly)的演变,在自然权利说和解释哲学(Naturrechtslehr und Philosophie der Aufklaerung)的基础上,逐次发展成现在的知识产权(intellectual property)或智力所有权理论。

意大利伟大的物理学家和天文学家,近代实验科学的奠基者之一伽利略(Galilei)在向威尼斯市政府递交的申请中,要求对其发明的水泵授予特权。他表示:"这项发明是我的财产,它花费了我大量的努力和许多费用,不得让他人使用。否则是不合适的。"[①]

尽管欧洲某些国家很早就产生了调整知识产权的若干法律原则,但直到19世纪,知识产权才作为一个统一的法律概念被使用。

"intellectual property"最早出现在1845年10月美国马萨诸塞巡回法院审理的Davoll et al. v. Brown专利侵权案中。法官Woodbury指出:"我们只能按这种方式保护知识产权(intellectual property),即如同某人栽培的小麦和饲养的家畜一样,保护其拥有的心智劳动、成果和利益。"[②]此前则有"发现是……财产权"的表述。《法国1791年法》第1款规定:"所有发现是创作者的财产权,为保障发明人对其发现的财产权和临时享有,应授予它5年、10年或15年的专利。"法国人Nion在1846年出版的《作者、艺术家和发明人的民事权利》一书中提及了"propriété intellectuelle"(知识产权)。[③]

汉语"知识产权"系英语intellectual property(简称IP)或intellectual property rights(简称IPR)的意译。虽然这种表达在国内学界尚存异议,但它作为一个约定俗成的概念,已为国内相关法律、法规和规范性文件以及学界所接受。知识产权在德国和瑞士(德语区)称为geistiges Eigentum、Rechte des geistigen Eigentum(智力所有权)抑或Immaterialgueterrechte(无体财产权)。德语geistiges Eigentum译自英语intellectual property。[④]虽然德国著名学者Kohler从1874年起,开始构建了以著作权(Urheberrecht)为核心的"无体财产权"(Immaterialgueterrechte; unkoerperliches Recht)学说[⑤],该学说曾对奥地利、瑞士、法国等国家的知识产权理论的发展产生过深远影响。[⑥]但直至20世纪70年代中后期以前,德国人把知识产权大多称为gewerblicher Rechtsschutz und Urheberrecht(工商业权利保护和著作者权)。知识产权在法国称为propriété intellectuelle。在日本称为知的(知识)财产权或无体财产权。我国台湾地区学者称其为智慧财产权。

按照欧洲大陆的旧习,知识产权原本仅涉及著作权的保护,几乎与商标权无关。[⑦]但是

---

① HUBMANN Vgl. H, GOETTING H P. Gewerblicher Rechtsschutz[M]. Muechen: Beck, 2002: 12-20.
② 1 Woodb. & M. 53, 3 West. L. J. 151, 7 F. Cas. 197, No. 3662, 2 Robb. Pat. Cas. 303, Merw. Pat. Inv. 414.
③ http://en.wikipedia.org/wiki/Intellectual_property[2008-09-21].
④ GOETTING H P. Der Begriff des Geistigen Eigentums[J]. GRUR, 2006,(5): 354.
⑤ REHBINDER Vgl. M. Urheberrecht[M]. Muechen: Beck, 2002: 18.
⑥ 郑友德. 知识产权法[M]. 北京: 高等教育出版社, 2004: 20.
⑦ CORNISH W R. Intellectual Property: Patent, Copyright, Trade Marks and Allied Rights[M]. 3rd Edition. London: Sweet and Maxwell, 1999: 3.

它作为著作权、专利权、商标权与反不正当竞争保护的上位法律概念,现已获得世界知识产权组织(World International Property Organization,WIPO)和世界贸易组织(World Trade Organization,WTO)等国际组织以及各国学者的普遍认可。随着信息社会和知识经济社会的发展,知识产权也作为一个普通用语,得到越来越广泛的传播。

(三) 知识产权的概念与基本范畴

何谓知识产权? 由于它涉及经济、管理、科技和法律等不同领域,故不同行业对此有不同理解。

财会人员认为,知识产权是无形资产(intangible asset)的一种形式。除专利权、商标权、特许经营权等知识产权或知识财产外,无形资产还包括商誉(goodwill)、非专利技术以及土地使用权等。它说明一个企业的无形资产或"软资产"的价值远高于诸如其拥有的现金、厂房、设备等"硬资产"的价值。在世界经济正进入"知识重于资本、文化重于物质、品牌重于产品、无形重于有形"的时代,高度重视优化配置无形资产,是提高经济增长的质量与效益,转变经济发展模式的一条重要途径。

在企业经营管理人员看来,知识产权是通过确认并获取新知识的方式,将人力资本(human capital)转化成价值的一种管理工具。[①] 知识产权属于创新资本(除知识产权外,还包括关键知识与技术、创新投入和创新文化)的范畴,后者和人力资本(含经营团队、专业技能和向心力与创造力)、流程资本(含营运流程、创新流程、知识管理和组织弹性)、关系资本(顾客规模、顾客忠诚、策略伙伴和声誉)共同构成智力资本(intellectual capital)。[②] 知识产权是企业智力资本的法定保护形式。

按照科技界人士的观点,知识产权是与科技创新紧密联系的。科技创新需要巨大的智力投入和资金投入,知识产权是对科技创新主体"投智"与"投资"的一种保护和回报。知识产权是对发明、计算机软件、集成电路布图设计等与科技创新相关的智力成果提供保护的一种工具。

法律界目前对知识产权尚无定论。WIPO往往采取典型列举和典型列举加概括的方式对知识产权加以分类(详见本节"三、知识产权的类型化");国内外学者则通过概括法进行定义。

WIPO专家指出:知识产权是指在工业、科学、文学和艺术领域智力活动产生的法定权利[③];知识产权涉及心智创造(creations of the mind),包括发明、文艺作品、符号、名字、形象和商业设计。[④]

除郑成思教授外,我国学者对知识产权的界定大多类似日本学者。[⑤]

---

① GOLLIN M A. Driving Innovation: Intellectual Property Strategies for a Dynamic World[M]. Cambridge: Cambridge University Press,2008: 23.
② 阙光威.智慧资本的法律定性与智慧财产证券化的可行性分析研究[J].政大智慧财产评论,2004,2(1): 103.
③ WIPO. Introduction to Intellectual Property: Theory and Practice[M]. Boston: Kluwer Law,1997: 3.
④ http://www.wipo.int/about-ip/en[2008-10-10].
⑤ 我国学者郑成思认为,知识产权是人们就其智力创造的成果依法享有的专有权利。(参见:郑成思.知识产权法教程[M].北京:法律出版社,1995: 1.)刘春田认为,知识产权是基于创造性智力成果和工商业标记依法产生的权利的统称。(参见:刘春田.知识产权法[M].北京:中国人民大学出版社,2000: 3.)吴汉东将知识产权定义为人们基于自己的智力活动创造的成果和经营管理活动中的标记、信誉而依法享有的权利。(参见:吴汉东.知识产权法学[M].北京:北京大学出版社,2000: 1-3.)

我们认为,知识产权是人们对于科技和文艺领域的智力创新成果和工商业领域的投资成果享有的法定权益。该权利或法益一种是基于人的智力投入即"投智"所产生的;另一种是对基于资金投入即"投资"所产生的。前者如对发明创造和文艺创作等"投智"成果依法产生的智力成果权;后者如对商标和数据库等"投资"成果依法产生的工商业成果权。例如,商标注册与否不取决于新颖性,无须发明、发现或任何脑力劳动,不依赖于人的天赋。商标权仅授予在先申请注册商标的人。传统上,《商标法》并无鼓励发明创造的愿望。没有政策明确鼓励创作更多商标。《商标法》的基本原则是制止侵占商标权人的信誉的侵权行为和欺骗消费者的侵权行为。《商标法》显然是为了保护三种投资形式:①商标创作投资;②与商标有关的商品的广告宣传投资;③与产品有关的其他投资。①

二、知识产权的客体

要搞清知识产权客体,须先明确权利客体这一概念。依权利本质的通说,权利是由特定利益与法律上之力两个要素构成的,本质上是受法律保护的特定利益。此特定利益的本体,即权利的客体,也可称为权利的标的或权利的对象。② 概括而言,知识产权的客体是无体物、智力物(geistiges Gut)抑或抽象物(abstract object)③,而非有体物(physical object, koerperliches Gut),这与其客体为有体物的物权有本质区别。由于智力物的无体性,故其可与创造或利用它的人彼此相分离,但保护效果可延伸到作为其载体的有体物上。

关于知识产权的客体,主要由法学者抽象概括,各表不一。

1. 智力成果说

按照我国法学界的主流观点,知识产权的客体,是人们从事智力活动所取得的成果,是不受任何有体物限制,但需借助一定的有体物加以体现的人类"智慧"的结晶。④ 该学说的弊端在于,它未能很好地囊括商标,而后者正是知识产权的重要组成部分。如前所述,商标选择、设计虽然可能涉及一定的智力活动,但是其标志功能却与这种创作无必然联系,这从法律对通过使用建立起识别力的标志的保护中即可看出。⑤

2. 知识产品说

另有学者表示,知识产权的客体,是人们在科学、技术、文化等知识形态领域中所创造的精神产品,即知识产品。知识产品是与物质产品相并存的一种民事权利客体,其具体分为三类:创造性成果、经营性标记和经营性资信。⑥ 此说直接借用了知识产权中的"知识"一词,似可当然地涵盖知识产权的全部客体。问题在于"知识产权"本身在我国也是一个颇受争议的词语,而争议的关键就在于商标权与"知识"的不同。商标何以成为"知识"产品?不仅如

---

① [美]MERGES,et al.新技术时代的知识产权法[M].乔筠,等,译.北京:中国政法大学出版社,2003:438-441.
② 梁慧星.民法总论[M].北京:法律出版社,2001:63.
③ DRAHOS P. The Universality of Intellectual Property Rights: Origins and Development[R]. Intellectual Property and Human Rights. A Panel Discussion to Commemorate the 50 Anniversary of the Universal Declaration of Human Rights, Geneva, 9 November 1998. WIPO, Geneva/1999.
④ 郭明瑞,唐广良,房绍坤.民商法原理(二)[M].北京:中国人民大学出版社,1999:431-432.
⑤ 韦之.知识产权客体的统一称谓之我见[J].电子知识产权,2006,(4):59.
⑥ 吴汉东.知识产权法学[M].北京:中国政法大学出版社,2002:12-14.

此，在法学文献中，一般较少用"产品"一词，而多用"财产""物"和"成果"等更抽象一些的词语。即使有时用到产品，也更多指有体产品，即物质方面的成果。故假若"知识"一词尚可，则"财产"或"成果"应该是比"产品"更可取的后缀。①

3. 信息说

WIPO 专家认为：与动产和不动产相比，知识产权的客体是人的心智、人的智力创造，是与信息（information）有关的财产，这种信息能够同时包含在全球任何地方无限数量复制件的有形物中。这些财产并非指这些复制件，而是指这些复制件中所含的信息。②

日本学者中山信弘指出，知识财产的客体，是指禁止不正当模仿所保护的信息。③

我国学者进一步提出了"智能信息"说，认为其是在具体的法律中以某种外在的"知识形态"表现出来从而可以为外界所察知，如专利的技术、发明、方法、标注及各种识别性标记，商业秘密法的各种技术、方法、配方、参数、技能、智慧、经验，著作权法中的各种作品及表演艺术家的录音和广播的演出，还有商誉、地理标记、外观设计、集成电路布图设计、动植物品种、计算机软件等。④

作者基本认同信息说。但应指出的是，这种信息既非物理学上具有一定能量的光电信息，亦非物权法空间权中不具能量的空间信息，该信息本质上属于一种具有独立商业价值的科技、文艺和商誉信息。从这种意义上讲，知识产权也是信息开发利用权。

信息作为公共产品，具有共享性、非损耗性和永续性，它可以为许多人在不同时空、以多种方式同时使用，且不因使用过多而降低其价值，也不会自然灭失。但是，共享性只是知识产权客体的属性，而知识产权本身却是专有的、排他的。就该信息上每一项具体的知识产权本身而言，其权益归属乃单一的特定权利主体。知识产权法保护权利人及其被许可人等对这种信息的合法共享，制止他人对这种信息的不当模仿和擅自使用。换言之，知识产权是一种"客体共享、权利排他"的权利。

三、知识产权的类型化

所谓类型化，是按一定的标准，根据对象的共同点和差异性，将对象划分为不同类别的逻辑方法。人类的思维对现实世界的把握就是从对现实世界的分类开始的，所以德国学者 Kaufmann 强调"对事物的本质的思考是一种类型学的思考"。⑤"类型化能帮助人们了解法律概念，并能提高法律适用上的正确性，进而有助于建立完整的法律体系。"⑥

1. 国际知识产权公约和国际保护知识产权协会的分类

事实上，对知识产权类型化的努力早在签订《保护工业产权巴黎公约》（以下简称《巴黎公约》）时就开始了。该公约将知识产权二分为著作权和工业产权，后者包括专利权、商标权

---

① 韦之. 知识产权客体的统一称谓之我见[J]. 电子知识产权，2006，(4)：59.
② WIPO. Background Reading Material on Intellectual Property[M]. 1988：3.
③ [日]中山信弘. 多媒体与著作权[M]. 张玉瑞，译. 北京：专利文献出版社，1997：1.
④ 徐喧. 智慧的财产权构建如何可能？——以现代自然法为分析方法对 WTO 框架下"知识产权"的解读[M]//郑胜利. 北大知识产权评论（第 2 卷）. 北京：法律出版社，2004：72.
⑤ 王涌. 私权的分析与建构——民法的分析法学基础[EB/OL]. [2010-11-20]. http://www.chinalawinfo.com.
⑥ 谢铭洋. 智慧财产权之概念与法律体系[M]//刘春田. 中国知识产权评论（第 1 卷）. 北京：商务印书馆，2002：143.

和反不正当竞争。

依据《建立世界知识产权组织公约》中第二条的规定,知识产权涉及:①文学、艺术及科学作品;②表演艺术家的表演、录音制品与广播;③人类活动的所有领域内的发明;④科学发现;⑤工业品外观设计;⑥商品商标、服务标记、商号及其他商业标志;⑦反不正当竞争;⑧一切来自工业、科学及文学艺术领域的智力活动成果所产生的其他权利。

以上通过列举加概括的方式虽然提供了广义知识产权的范围,但各列举项之间缺乏内在的联系。其列举内容并非各国知识产权法都提供保护。例如,"科学发现"在我国不受知识产权法保护,仅依行政法规规章提供奖励。

《与贸易有关的知识产权协议》(简称 TRIPs)将知识产权的范围列举如下:①著作权与邻接权;②商标权;③地理标志权;④工业品外观设计权;⑤专利权;⑥集成电路布图(拓扑图)设计权;⑦未披露的信息专有权(商业秘密);⑧对许可合同中限制竞争行为的控制。

与上述 WIPO 公约相比,TRIPs 仅对与贸易相关的知识产权进行了列举,实用新型发明权未纳入其范畴。第⑧点通常属于反垄断法的调整范畴。

国际保护知识产权协会(AIPPI)1992 年东京大会也采取单纯列举的二分法,把知识产权分为创作性成果权和识别性标记权两大类。创作性成果权利包括:①发明专利权;②集成电路权;③植物新品种权;④技术秘密权;⑤工业品外观设计权;⑥著作权;⑦软件权。识别性标记权利包括:①商标权;②商号权;③其他与制止不正当竞争有关的识别性权利。

2. 国家立法的分类

依据《中华人民共和国民法通则》第九十四条至第九十七条的规定,知识产权有著作权或版权、专利权、商标权、发现权、发明权、其他科技成果权之分。

《法国知识产权法典》则把知识产权二分为文学和艺术产权(propriété littéraire et artistique)与工业产权(propriété industrielle)。①

3. 法学者的分类

按照不同的标准,可对知识产权作以下分类。

(1) 按知识产权的客体不同,可细分为以下三类:①以科技创意信息为客体的专利权;②以文艺表达信息为客体的著作权;③以商誉信息为客体的商标权和反不正当竞争保护。

(2) 以知识产权的取得形式不同,可分为形式知识产权(foermliche Rechte)和实体知识产权(sachliche Rechte)。② 前者如须履行申请注册等法定形式方可授予的专利权和商标权;后者如无须履行任何形式而依法自动取得的著作权。

(3) 按知识产权的独占性强弱,可分为强知识产权与弱知识产权,抑或完全独占权(vollkommene Ausschliesslichkeitsrecht)与不完全独占权(unvollkommene Ausschliesslichkeitsrecht)。前者如专利权、商标权和著作权;后者如商业秘密、未注册知名或驰名商标以及数据库等的相关权益。

---

① 黄晖,译.法国知识产权法典[M].北京:商务印书馆,1999:3-149.
② EISENMANN Vgl. H. Grundriss gewerblicher Rechtsschutz und Urheberrecht[M]. Heide Iberg:Mueller,1985:6.

第二节 知识产权的特性

关于知识产权的特性和性质,除日本学者外,其他国家的学者着墨不多,国内学者则有诸多论述。郑成思教授将知识产权的特点概括为无形性、专有性、地域性、时间性和可复制性。[①] 刘春田提出知识产权的保护对象——智力成果具有无形性;知识产权的客体是依法对智力成果和工商业信誉的支配权利,而非智力成果或工商业信誉本身;知识产权具有严格地域性;知识产权是受公共利益限制的权利。[②] 吴汉东教授认为,知识产权具有国家授予性、专有性、地域性和时间性。[③] 张玉敏教授强调要构成知识产权的特征,必须满足两个条件:一是必须是所有知识产权都具有的特点;二是不能是所有民事权利的共同的特点。她据此提出,知识产权具有如下特点:知识产权的保护对象是信息;知识产权是对世权、支配权;知识产权可分地域取得和行使;知识产权的权能可分别授予多人行使。[④]

我们认为,知识产权与物权有共性之处。但由于知识产权在客体、效力、期间等方面的特殊性,故知识产权与物权相比也存在诸多不同。就知识产权体系中的专利权、商标权和著作权而言,它们虽然统称知识产权,但在我们归纳其共性时,又发现各自间存在明显的个性。因此,我们很难概括出所谓的知识产权整体上的特性,因为除专利权、商标权、著作权在呈现交叉重叠共性的同时又彰显个别特征之外,知识产权也与物权同异共存,所以,本节我们以物权为参照,另从知识产权的客体——信息这一公共产品的经济属性来分析知识产权的基本性质。

一、私权性

知识产权主要是特定主体享有的财产权,属于民事权利,本身是一种私权,这在多数国家的法律中很久以来就得到承认。根据 TRIPs"引言"的规定,成员国或成员地区应承认知识产权为私权。所以 TRIPs 开宗明义地如此重申,是因为知识产权是由中世纪后期的"特权"(privilege)演化而来的,并非一开始就是私权。过去许多国家不像对待普通私权那样对待知识产权。因此,TRIPs 强调知识产权是私权,是表明知识产权不能由于权利主体或客体不同而有任何歧视。不管这种歧视是基于国籍或居所,还是基于技术领域或技术产生地,也不管这种歧视是基于产品是本国生产抑或外国进口,均是不许可的。[⑤] 为了维护知识产权持有人的合法权益,保障作为私权的知识产权得到有效行使,根据 TRIPs 第四十一条至第六十一条的规定,成员国或成员地区应采取有效措施制止任何侵犯本协议所包括的知识产权的行为,侵权者应承担民事、行政和刑事责任。

---

① 郑成思.知识产权法[M].北京:法律出版社,1997:11-23.
② 刘春田.知识产权教程[M].北京:中国人民大学出版社,1995:5-8.
③ 吴汉东.知识产权法[M].北京:中国政法大学出版社,1999:5-7.
④ 张玉敏.知识产权法学[M].北京:法律出版社,2002:19-26.
⑤ 郑成思.WTO知识产权协议逐条讲解[M].北京:中国方正出版社,2001:3;汤宗舜.专利法教程[M].北京:法律出版社,2003:276.

二、客体的无体性

知识产权的客体是一种信息,呈现无体性,"它并不是以诸如土地、空气、野生动物的形式存在……这种财产,从最严格的意义上说,是一种创造"。[①] 知识产权法上的无体物(immaterialguete)广泛地涵盖发明、文艺作品、电脑程序、商业秘密以及各类标识。它们都具有智力创造的特性,在概念上和法律技术上既不同于有体物也有别于现有的给付。其与客体为有体物的财产权的区别如下:

(1) 有体物的财产权的客体与载体通常相统一,知识产权的客体与载体(其形式多样)相分离。例如,当某人收到他人信件时,信件作为有体物归收信人所有,而存在于信件上的著作权(如发表权、复制权等)仍归写信人享有。相应地,知识产权人向他人许可或转让权利时也无须提供具体的有体载体。而有体财产权的行使,比如房屋转让,房主须将房屋转交受让人,否则受让人一无所有。[②]

(2) 鉴于知识产权的客体是特定的,而其所附着的有体载体是非特定的,故知识产权持有人对无数个不同有体载体中所承载的同一知识产权客体仅享有一个专有权;对于有体财产权客体而言,即使出现了完全一样的两个有体物,该两物之上存在的亦是两个独立的物权或所有权。

(3) 在一定的时空条件下,同一知识产权客体可以被多个主体共用,不受时间、空间和数量的限制,能在任何地方重复使用而不像有体物那样降低其质量,而且可以随时随意凭借可视性标识再现和再利用,因此具有极高的经济价值。

(4) 作为知识产权客体的信息属于公共产品,具有研发成本高、复制成本低、在消费上非自然排他性的特点。它一旦被生产出来,生产者无法决定谁来得到它,无法排斥那些不为此产品付费的人,其复制成本几近于零,潜在利润极高。知识产权客体的这种外部性(external effects, externality)的存在,会导致智力成果的创造者缺乏创新激励和活力,从而使智力资源供应不足,这就需要政府依法对智力成果授予独占权,以使知识产权客体的外部性内部化,减少其收益的外溢。不过,知识产权保护并不是越强越好,在减少其正外部性,即保护知识产权持有人的合法权益的同时,如果一味强化知识产权的保护,也可能会引起其负外部性,即知识产权的过度保护会损害社会公共利益,使社会成本(包括技术垄断引起的福利损失)超过私人承担的成本。[③] 基于这种考虑,现代知识产权制度设计中作了"权利限制""合理使用"的规定,以平衡知识产权持有人与消费者和公众之间的利益,使智力成果使用的社会效益最大化。

---

① SHERMAN B, BENTLY L. The Making of Modern Intellectual Property Law[M]. Cambridge: Cambridge University Press, 1999: 44.
② 江滢,郑友德. 知识产权特征新论——兼析知识产权与有形财产权的区别[J]. 华中科技大学学报:社会科学版, 2001, (4): 17.
③ 吴欣望. 知识产权——经济、规则与政策[M]. 北京:经济科学出版社, 2007: 56.

三、独占性

信息作为公共产品或公共财产,在消费量方面具有非竞争性的特征和非独占性的特点。所谓非独占性或非排他性(non-excludability),是指公共产品的生产者如果要排除他人未经许可对其的使用,将会非常困难或者费用昂贵。一般私有产品,如机器等有体物,一旦被人占有,实质上不能再被第三人占有。所以,有体物的占有是天然排他的,如果法律要保护权利人对有体物的排他性支配权,只要保护其占有状态即可。相反,信息的占有纯粹是非排他性的,权利人即使自己正在占有并使用着某种信息,任何他人也完全有可能同时占有并使用同一信息。所以,信息的占有是天然排他的,如果法律要保护权利人对信息的排他性支配权,仅保护权利人的占有状态还不够,法律必须更艰难地拟制出一种排他效力,强制排除任何未经权利人许可而对信息的占有和使用。

知识产权的独占性与有体产权的独占性不同。后者的独占性表现为对特定客体——有体物本身的支配和控制,有体产权也因此由保障特定主体排他实现特定客体上的利益的权利,演变为保障该主体排他支配、控制该客体本身的权利。基于知识产权客体的共享性,知识产权的独占性建立在对"客体"与"客体上利益"进行区分的基础上,非权利人可以掌握某特定智力成果(客体本身),但不能实现该特定智力成果所生的利益(除非获得权利人的使用许可),该智力成果上的利益由法律认可的特定主体凭借"法律上之力"专有。同理,非权利人掌握了权利人的特定智力成果(客体)后,权利人并不因此失去该智力成果,因而仍然可以排他地实现其上的利益。可见,有体产权通过"客体排他"以实现"权利专有",知识产权则是"客体共有,权利排他"。①

我国《专利法》第九条规定,同样的发明创造只能授予一项专利权。两个以上的申请人分别就同样的发明创造申请专利的,专利权授予最先申请的人。因此,一发明若授予专利权,则对其他同样的"平行发明"(parallelerfindung)具有绝对的"阻断效果"(speerwirkung)。② 对商标权而言,我国《商标法》第二十九条规定:"两个或两个以上的商标注册申请人,在同一种商品或者类似的商品上,以相同或者近似的商标申请注册的,初步审定并公告申请在先的商标;同一天申请的,初步审定并公告使用在先的商标,驳回其他人的申请,不予公告。"故在同种商品或类似商品上在先申请注册的商标,排斥在后申请注册的相同商标和相似商标。不过,只要不是驰名商标,同一商标可以在不同类型的商品上申请注册商标。比如,"长城"文字商标在我国已分别在香烟、电视机等上注册使用,并行不悖。就著作权来说,由于著作权无须履行任何形式依法自动取得,即便理论上会出现两人同时同地独立地创作出几近雷同的两件相同作品的特例,只要两者不是抄袭他人,满足著作权法原创性的要求,也不会相互排斥,同样能够作为独立的作品分别受到著作权法保护。故专利权的独占性最强,商标权次之,著作权最弱。

---

① 郑成思,朱谢群. 信息与知识产权[J]. 西南科技大学学报,2006,(1):5.
② BERNHARDT Vgl. W, KRASSER R. Lehrbuch des Patentrechts[M]. Muechen: Beck, 1986: 5-6.

四、时空上的有限性

1. 时限性

有体财产权以有体物的存在为前提,有体物一旦灭失,所有人的权利也随之丧失。作为知识产权客体的信息则具有非损耗性和永续性的特征。然而,为了鼓励知识产权信息的广泛传播与交流,从而促进科技、经济、文化发展和社会全面进步,知识产权法硬性规定了知识产权的存续期限。知识产权只在法定期限内有效,期限届满,权利归于消灭。

从经济学角度看,"通过给予思想的生产者以垄断权,该生产者就有一种强有力的刺激去发现新的思想,然而垄断者对产品索取高价将阻止该产品的使用。简而言之,这一问题的困惑在于,没有合法的垄断权就不会有足够的信息生产出来,但是有了合法的垄断又不会有太多的信息被使用"。① 解决这一两难困境的法律途径,就是在时间上限制知识产权的效力,使知识产权仅在法定时间内受到保护,期限届满外则为社会共享。这样知识信息就具有了双重性,既是私有产品又是公共产品。作为私有产品,必须保证私人收益与社会收益尽可能一致;而作为公共产品,则必须让社会普遍受益,使知识信息最终成为共享资源。②

对于保护期间,因为著作权是相对的排他性,旨在调整作者的个人利益与发展文化的关系,因此,其有效期较长,原则上为作者终生及其死亡后五十年。对发明专利和实用新型专利而言,主要考虑随着时代的发展,技术发展水平是不断提高的。对于外观设计专利,则考虑其流行性较强。此外,还考虑这些权利具有很强的排他性。因此,较之著作权,前三种工业产权的有效期要短。商标权的排他性最强,《商标法》所保护的标识,只要其正在使用,有实际识别作用,能对顾客产生吸引力,就具有财产价值,同时也有利于维持产业秩序。因此,以其使用为前提,其有效期应当是无限的。但是,为了淘汰实际上不使用的商标,《商标法》规定,商标权的有效期为注册之日起十年,如其继续使用,可以续展。从此意义上说,商标权的有效期限比著作权的有效期要长。③

知识产权效力的时限性,通常针对知识产权中的财产权而言。按照我国著作权法的规定,著作财产权的效力有时限;除发表权以外,其他著作人身权的效力皆无时限。

2. 属地性

学者也把这一特征概括为知识产权的"地域性"。从知识产权的起源看,原始知识产权是以封建君主授予的特权形式出现的,因而其法律效力只能局限在君主权力所及的地域内。到了现代,知识产权的这一特征仍然存在。知识产权的效力在地域或空间上的有限性,在《巴黎公约》第四条所规定的专利独立性原则中得到了充分体现。按照独立性原则的要求,一个成员国批准或驳回一项专利,并不决定其他成员国是否对同一发明的申请案批准专利;同样,一个成员国撤销了一项专利或宣布它无效,也并不影响其他成员国就同一发明已经批准的专利继续有效,且各国知识产权保护的实体内容和保护范围均是相互独立的。

知识产权客体具有共享性,不同国家、地区可彼此独立地在同一时间,基于各自立法对

---

① [美]罗伯特·考特,托马斯·尤伦.法和经济学[M].上海:上海三联书店,1994:185.
② 高德步.产权与增长:论法律制度的效率[M].北京:中国人民大学出版社,1998:124.
③ [日]半田正夫,纹谷畅男.著作权法50讲[M].魏启学,译.北京:法律出版社,1990:25.

同一智力成果设定不同内容或不同类别的知识产权,该智力成果上的知识产权必须分别单独适用各具体的"权利登记地法"或"权利主张地法",同一智力成果上的知识产权在同一时间因地域不同而呈不同样态。知识产权的地域性作为一种权利特征不能混同于法律的地域效力——各国物权法也有相应的地域效力,但物权却没有地域性的特点,因为任何有体物都不具有共享性,不同国家、地区不可能同一时间对同一个有体物设定物权。①

随着经济的全球化和知识产权制度的国际化,知识产权发生域外效力已经成为可能。例如,美国《商标法》可以在美国领土之外适用。该法授予人们对任何国家依法管理的商业活动中不当使用注册商标者提起民事诉讼的权利。② 美国还通过《1974年贸易法》第三百零一条和"特别301条款",将贸易与知识产权挂钩,使其行政部门能够通过单方面贸易报复的威胁来调整完全发生在美国领土之外的行为。另外,一系列保护知识产权国际公约的签订,也使得知识产权的立法日益呈现出一体化趋势。《TRIPs协议》被认为是世界上第一个规定了有关保护知识产权国际义务的条约。《专利合作条约》(PCT)中则明确规定了"地区专利"的存在,该专利由若干缔约国组织的政府间机关授予,能在一个以上的缔约国发生效力。③

虽然各国的文化或信息传播方法各异,但各国的利益对立不太严重,因此,有些国际条约对著作权的成立、效力等作了统一的实质性规定。从此意义上讲,著作权的属地性不强。而对竞争色彩极浓的工业产权来说,各国的利益对立严重,与国家发展产业的政策有密切联系,因此,对特别是在产业活动中有着强排他性的专利权,各国都严格采取属地原则。至于商标权,与反不正当竞争法一样,是维护产业秩序的,各国的利益冲突不太严重,所以其属地原则已部分修改或减弱。④ 因此,就属地性而言,专利权最强,商标权其次,著作权最弱。

五、法定性

按照国内学者的观点,知识产权法定(numerus clausus),是指知识产权的种类、内容、获得要件、限制乃至救济制度等关键内容,须由法明文确定,除立法者在法律中特别授权外,任何人不得根据自己的意愿在法律之外创设知识产权。由此推定,知识产权法定的观念反对法官行使自由裁量权,以免在制定法之外为智力成果创造者创设某种权益。为克服知识产权法定导致知识产权法律制度的僵化,可对知识产权法律制度适时修订。此外,立法者可通过法律的授权,给行政和司法机关留下可活动的适当空间。我国著作权的立法和司法已有这方面的先例。⑤

知识产权是特有的法定财产权(legal property rights),而非知识客体或无体客体本身。按照知识产权法定原则,只有依法将某一知识客体授予某一具体的人,使其作为权利客体可供该人支配时,始构成知识产权。故诸如创意、科学发现、某些科技成果以及某些发明创造

---

① 郑成思,朱谢群. 信息与知识产权[J]. 西南科技大学学报,2006,(1):6.
② [美]依莉萨白·钱一黑尔. 美国知识产权的域外保护[J]. 毕小青,译. 外国法译评,1999,(3):38.
③ 汤宗舜. 知识产权的国际保护[M]. 北京:人民法院出版社,1999:251-252.
④ [日]半田正夫,纹谷畅男. 著作权法50讲[M]. 魏启学,译. 北京:法律出版社,1990:25.
⑤ 郑胜利. 论知识产权法定主义[J]. 中国发展,2006,(3):54;李扬. 智慧财产法中的几个基本理论问题[J]. 科技与法律,2008,(2):45.

等,尽管它们同属于知识,但原则上不受知识产权法保护,因为它们通常不满足知识产权法的法定保护要件。另一方面,若将这些非法定的知识扩入知识产权法的保护范围,势必侵蚀"公有领域",危及社会公共利益,导致知识产权扩张和滥用。

我们认为,知识产权法定主要指知识产权应依法律和司法创设。而依法律和司法创设知识产权,必然涉及权利的获得要件、类型、内容、数量、限制和保护等,似无必要做更多的具体列举。应该强调的是,知识产权首先应依知识产权专门法,比如专利法、商标法、著作权法和反不正当竞争法创设。其次,应依知识产权专门法中的概括性条款和最高人民法院的相关司法解释,由法官"依法创权"。例如,我国《著作权法》第十条除对各项著作权进行了具体列举,但还预留"应当由著作权人享有的其他权利"这样的概括权。1999 年,在王蒙等六位作家诉世纪互联通信技术有限公司侵犯其著作权的案件中,北京市海淀区人民法院(一审)和北京市第一中级人民法院(二审)就是依我国现行的《著作权法》第十条对使用权和获得报酬权的规定,判决被告侵犯六位作家的著作权。[①] 法院的判决依据是,我国《著作权法》(1990 年)第十条第(五)款所明确的作品使用方式中,并没有穷尽使用作品的其他方式存在的可能。这属于对"使用方式"的扩大解释。

六、财产权与人格权的统一性

知识产权具有财产权与人格权的双重属性,知识产权持有人有时能通过知识产权的行使来享受财产利益和人格利益。

财产权和人格权的统一性,在著作权中表现最为明显。所谓"文如其人",则意味着作品是作者人格的延伸。例如,我国《著作权法》第十条规定的著作权包括四项人身权(发表权、署名权、修改权、保护作品完整权)和十二项财产权(复制权、发行权、出租权、展览权、表演权、放映权、广播权、信息网络传播权、摄制权、改编权、翻译权、汇编权)。

作为财产权的专利权的人格权属性不甚明显。发明是发明者的创作,发明者享有名誉权,这是不属于专利权但与专利权相关联的人格权。按照《巴黎公约》第四条第(三)款的规定,发明人有权要求在专利上记载自己是发明人,此规定,通常称发明人的精神权利。根据这类规定,对于职务发明,企业若在专利申请上不记载作为雇员的发明者的姓名,在日本会被判决侵害发明者的名誉权。[②] 专利权除赋予权利人制造、销售、使用等可据以取得经济利益的财产权外,对于雇佣关系以及出资聘人研究开发的情形,也明文规定受雇人与受聘人享有姓名表示权。我国《专利法》第十七条规定:"发明人或者设计人有权在专利文件中写明自己是发明人或者设计人,专利权人有权在其专利产品或者该产品的包装上标明专利标识。"

商标权的人格权属性不甚明显,但若申请人用其姓名或肖像申请商标注册并获得授权时,则商标权便具有较强的人格权属性。就受法律保护的商业秘密而言,由于其是秘密占有人创作的保密知识,如同创作的作品,因而也具有人格权属性。

---

① 郑胜利.论知识产权法定主义[J].中国发展,2006,(3):54.
② 大阪地判平 14.5.23,判时 1825 号 116 页,有用元素回收事件。

七、非稳定性

对有体财产所有权而言,有体物是处于权利人的实际控制和支配之下,所有人可根据自己的自由意志对所有物行使占有、使用、收益和处分的权利并且排斥非所有人对其所有物进行不法侵占、妨害和毁损,因而可以说,有体财产所有权的权利保护范围是确定的。相比之下,对知识产权权利保护范围的界定就要困难得多。以下分别从专利权、商标权和著作权方面加以论述。

首先,对发明和实用新型,各国法律都承认权利要求书是界定其权利范围的主要法律依据。我国《专利法》第六十条规定:"发明或者实用新型专利权的保护范围以其权利要求的内容为准,说明书及附图可以用于解释权利要求的内容。外观设计专利权的保护范围以表示在图片或者照片中的该产品的外观设计为准,简要说明可以用于解释图片或者照片所表示的该产品的外观设计。"然而发明人在申请专利时往往无法准确预测将来可能出现的所有侵权行为,很难将权利要求书写得滴水不漏,这就使得如何理解和解释权利要求书的含义成为了确定发明或实用新型专利权范围的关键。各国目前存在两种做法,即"中心限定"和"周边限定"。"周边限定"的方法由于要求严格按权利要求书的字面含义来解释,因而不利于对发明人权益的充分保护;而采用"中心限定"法固然有利于专利权人,但在对权利要求书作扩大解释时会由于人为因素使权利保护范围的边界处于模糊状态。

其次,我国对商标实行注册制度,商标权以核准注册的商标和核定使用的商品为限。申请人在提起商标注册申请时,必须按商品分类表准确填写该申请注册商标所要使用的商品类别和商品名称,商标局以此为依据来具体核定商标权的保护范围。然而随着高速信息公路的发展,信息新产品与服务不断涌现,致使《尼斯协议》中规定的商品和服务国际分类表已不堪使用。① 另外,按照我国《商标法》第三条第(一)款的规定,他人未经商标所有人许可,在核定使用的相同商品或者类似商品上使用与核准注册商标相同或者类似的商标,即构成侵权。但如何判断同种或类似商品?与核准注册商标相同或者近似的标准是什么?很显然,这又给商标权权利保护范围带来了很大的不确定性。

最后,著作权理论中"只保护思想的表达形式,而不延及思想或内容本身"的原则,在数字化技术的冲击下难以为继。新型信息作品的形式与内容往往融为一体,难以界定。例如,美国上诉法院1986年8月就Whelau公司诉Jaslow公司一案所作的判决宣称:在关系到计算机程序作品时,思想与其表达的划分应以作品本身所追求的目标来确定。在其他作品中通常被认为是"形式"范畴的作品的"结构、顺序和组织",在计算机程序作品中则是内容的有机组成部分,应同样受著作权法保护。② 计算机信息空间的数据通常不具备传统作品所要求的特定形式,不同作品均可通过数字技术转换成二进制数码进行存储和传输。

此外,知识产权的客体随着科技的发展而不断扩展也给权利保护范围的确定带来了困

---

① 郑友德.信息高速公路中知识产权保护的若干问题[J].法学研究,1997,(4):50.
② 郑友德.计算机信息网络知识产权若干问题探析[J].法商研究,1999,(3):61.

难,正如一些学者所言,"知识产权是一项发展中的权利"。今天人类已经进入了信息大爆炸的时代,信息的更替日新月异,各种知识产品喷薄而出。例如,电子货币就已经在美国、欧洲和澳大利亚获得了专利。近年来,商标开始出现在大米、水果等农产品以及螃蟹等水产品上,纳米材料也被冠以商标。另外,诸如微生物、DNA重组技术、蛋白质结构甚至人类基因也已被或正在被授予专利。与此同时,知识产权的内容不断丰富和细化,相应的侵权方式也不断"推陈出新",这一切都使得知识产权的权利保护范围呈现出了不确定性。因而在进行知识产权保护的立法时,应与科技的发展密切相连,同时考虑到知识产权客体的特殊性,对知识产权的各项权能及时地给予界定、扩展或限制,以有利于知识产权人更好地保护自己的智力成果,同时使知识产权的立法宗旨——既保护智力成果创造者的合法权益,又促进科技、文化的广泛传播——得到贯彻实施。

第三节 知识产权法概述

一、知识产权法的概念与体系

知识产权法是就人类智力投入成果及工商业投资成果的确认、利用、保护进行规范的法的总称。

广义的知识产权法不仅包括知识产权的专门法律法规,还涉及与知识产权相关的法律规范。具体而言,其不仅包括著作权法、商标法、专利法、反不正当竞争法以及有关的条例,如计算机软件保护条例、海关知识产权保护条例、集成电路保护条例等,还包括一些并非专门的单行法律,如宪法、刑法、民法通则中涉及与知识产权有关的法律规范。本书对知识产权法的介绍,以专门的知识产权法为主。

二、中国知识产权法的构成

除宪法、刑法、民法通则中的相关规定外,我国知识产权法主要由法律、行政法规和规章、最高人民法院的司法解释构成。

(一)法律

(1)中华人民共和国专利法;
(2)中华人民共和国商标法;
(3)中华人民共和国著作权法;
(4)中华人民共和国反不正当竞争法。
以上四种法律的主要内容见表1.1。

(二)行政法规和规章

(1)中华人民共和国专利法实施细则;
(2)中华人民共和国商标法实施细则;

表 1.1 中国知识产权法一览

项 目	专 利 法	商 标 法	著 作 权 法	反不正当竞争法
立法目的	保护专利权人的合法权益,鼓励发明创造,推动发明创造的应用,提高创新能力,促进科技进步和经济社会发展。(《专利法》第一条)	保护商标专用权,促使生产、经营者保证商品和服务质量,维护商标信誉,以保障消费者和生产、经营者的利益,促进社会主义市场经济的发展。(《商标法》第一条)	保护文学、艺术和科学作品作者的著作权,以及与著作权有关的权益,鼓励有益于社会主义精神文明、物质文明建设的作品的创作和传播,促进社会主义文化和科学事业的发展与繁荣。(《著作权法》第一条)	保障社会主义市场经济健康发展,鼓励和保护公平竞争,制止不正当竞争行为,保护经营者和消费者的合法权益。(《反不正当竞争法》第一条)
保护客体	发明:对产品、方法或者其改进所提出的新的技术方案。 实用新型:对产品的形状、构造或者其结合所提出的适于实用的新的技术方案。 外观设计:对产品的形状、图案或者其结合以及色彩与形状、图案的结合所作出的富有美感并适于工业应用的新设计	商标:具有显著性的文字、图形、字母、数字、三维标志和颜色组合,以及上述要素组合的可视性的标志	作品:文学、艺术和科学领域内具有独创性并能以某种有形形式复制的智力成果	工商业成果:不受左侧三部知识产权特别法保护的具有显著性的未注册商业标记、地理标志,以及商号、域名和商业秘密等
权益的内容	实施(制造、使用、许可他人使用、销售、许诺销售、进口、转让等行为)独占权	核定使用商品上核准注册商标与服务的使用(自用、许可他人使用、转让等行为)独占权或专用权	著作人身权(发表权、署名权、修改权、保护作品完整权)与著作财产权(复制权、发行权、出租权、展览权、表演权、放映权、广播权、信息网络传播权、摄制权、改编权、翻译权、汇编权等)	具有显著性的未注册商业标记,以及商号、地理标记、域名的相对秘密的使用(自用、许可他人使用等行为)独占权或相对专用权益

续表

项 目	专 利 法	商 标 法	著 作 权 法	反不正当竞争法
权益的效力	以经营为目的，对相同发明或实用新型专利的实施独占或类似外观设计专利的实施独占	以经营为目的，对相同商品与服务上相同或近似注册商标的使用独占（积极效力）；以经营为目的，禁止他人擅自在相同或类似商品上使用相同或近似注册商标（消极效力）	对作品模仿的相对独占	以竞争为目的，对相同商品与服务上相同或近似商业标记等的相对独占（积极效力）；以竞争为目的，禁止他人擅自在相同或类似商品与服务上使用相同或近似未注册商业标记等（消极效力）；以及对相同商业秘密的相对独占实施独占
权益的取得	登记	注册	创作	基于制止不正当竞争行为反射或同接取得
独立创造（设计、创作）的处理	先申请主义	先申请主义	独立创作的抗辩	在先使用或（商业秘密）独立创造的抗辩
审查	发明：实质审查，满足新颖性、创造性和实用性者予以登记，采用申请早期公开和延迟审查制度。实用新型和外观设计：初步审查，满足实用新型和外观设计登记要件者予以登记，为防他人模仿，申请仅在授权后才予公开	实质审查，满足显著性要求者予以注册	不审查。作品登记对抗第三人	不审查

(3) 中华人民共和国著作权法实施细则；
(4) 中华人民共和国计算机软件保护条例；
(5) 中华人民共和国植物新品种保护条例；
(6) 中华人民共和国集成电路布图设计保护条例；
(7) 中华人民共和国奥林匹克标志保护条例；
(8) 中华人民共和国知识产权海关保护条例；
(9) 中华人民共和国植物新品种保护条例实施细则（农业部分）(2007)；
(10) 中华人民共和国植物新品种保护条例实施细则（林业部分）(1999)。

（三）最高人民法院的司法解释

(1) 最高人民法院、最高人民检察院关于办理侵犯知识产权刑事案件具体应用法律若干问题的解释（一）(2004)；

(2) 最高人民法院、最高人民检察院关于办理侵犯知识产权刑事案件具体应用法律若干问题的解释（二）(2007)；

(3) 最高人民法院关于审理著作权民事纠纷案件的司法解释(2002)；

(4) 最高人民法院关于进一步加强知识产权司法保护工作的通知(2004)；

(5) 最高人民法院关于审理涉及计算机网络著作权纠纷案件适用法律若干问题的解释(2001)；

(6) 最高人民法院关于修改《最高人民法院关于审理涉及计算机网络著作权纠纷案件适用法律若干问题的解释》的决定(2003)；

(7) 最高人民法院关于对诉前停止侵犯专利权行为适用法律问题的若干规定(2001)；

(8) 最高人民法院关于人民法院对注册商标权进行财产保全的解释(2001)；

(9) 最高人民法院关于审理商标民事纠纷案件的司法解释(2002)；

(10) 最高人民法院关于审理专利纠纷案件适用法律问题的若干规定(2001)；

(11) 最高人民法院关于审理植物新品种纠纷案件若干问题的解释(2001)；

(12) 最高人民法院关于审理不正当竞争民事案件应用法律若干问题的解释(2007)；

(13) 最高人民法院关于审理注册商标、企业名称与在先权利冲突的民事纠纷案件若干问题的规定(2008)。

第四节　知识产权制度的功能

知识产权制度是近代商品经济发展的产物，是知识社会经济文化发展的需要。一是保护人类智力投入（投智）和人力、物力、财力投入（投资）需要。就发明专利和作品而言，主要是直接保护投智；就商标与不正当竞争、数据库而言，主要是直接保护投资。知识产权制度对智力投入和资金投入的保护，激励了人们进一步投资和投智的积极性与热情，从而推动人类的进步与文明。二是改革开放，建立市场经济的需要。我国的知识产权制度萌芽、发轫于改革开放初期，其演变、发展过程勾勒出了我国从计划经济向社会主义市场经济逐步演化的轨道。知识产权制度的构建大大推动了我国经济结构的转型和市场的开放，也为我国经济体制改革的深化和政治体制改革的萌动奠定了坚实的基础。三是建设物质文明、精神文明和生态文明的需要。知识产权制度的建立，增强了个人、企业乃至全社会尊重知识、尊重人才、诚实信用的思想意识，净化了市场，保障了我国市场朝着开放、自由、公平方向前进，促进了我国物质文明、精神文明和生态文明的建设。四是知识产权制度的确立，推动了技术创新，使我国知识产权朝着激励创造、有效运用、依法保护和科学管理的目标进行生态循环，为我国建设创新型国家夯实了基础。总体而言，从各国知识产权法的立法宗旨看，知识产权制度具有促进文学、艺术、科学、技术和贸易的进步与发展的功能。

以下分别对专利制度、著作权制度、商标制度与反不正当竞争制度进行论述。

一、专利制度的功能

根据我国《专利法》第一条的规定，专利制度有鼓励发明创造、提升技术水准、推动发明创造的应用，提高创新能力，促进科技进步和经济社会发展的功能。

（一）鼓励研究开发新技术的功能

林肯用他最朴素的语言将专利制度喻为"利益之油"和"科学、技术和经济发展的催化剂"。[1] 1860年2月22日，林肯总统曾讲授"发现、发明与改良"（discoveries, inventions and improvements）。其中提到，在没有专利制度之前，人们常常利用他人发明创作的内容，而发明人并未能由自己的发明得到特别利益。但是专利制度改变了这一情况，它确保发明人，在一定期间内可以独占地利用他的发明。因此，他更进一步认为专利制度可以"为天才之火添加利益（interest）之油，以鼓励新而有用事物之发现与生产"。[2] 此一名言道破了专利制度鼓励发明，促进生产的伟大功能。

罗斯福总统对专利制度的评价是："专利制度为技术之钥，技术为生产之钥，生产为胜利之钥，此意为专利制度鼓励创作，提升技术，促进生产，足使人民致富，国家富强。"[3] 日本发明人协会会长丰泽丰雄语重心长地呼吁以人力资源开发战胜资源的不足。渠谓："要使土地狭窄，资源贫乏之日本，变成一个富裕的国家，除了从每一个日本人的脑海里榨取创意之外，再也没有别的方法了。"此言引发了无数对发明创作感兴趣的人。人力充分开发与利用的结果是，日本人几乎每天都有大小发明问世，每一种发明都变成独占商品，输出国外，赚取外汇，使缺乏资源的日本，终变成富裕的经济大国。[4] 专利制度给予发明人一定期间合法的垄断与保障，发明人或其被授权的人均可安心投资设厂以制造专利产品，故专利制度也是鼓励投资的良策，同时也是鼓励公平竞争的制度。"其与经济发展有极密切之关系，诚不容否认。"[5]

智力成果一旦以信息形式公之于众，便失去了私人财产的特点。它与有形物品不同，技

---

[1] IDRIS K. Intellectual Property: A Power Tool For Economic Growth[M]. WIPO Publication No. 888: 78.
[2] ROSENBERG. Patent Law Fundamentals, 1975: 5. 转引自曾陈明汝. 两岸暨欧美专利法[M]. 北京：中国人民大学出版社, 2007: 19.
[3] 曾陈明汝. 两岸暨欧美专利法[M]. 北京：中国人民大学出版社, 2007: 18.
[4] 曾陈明汝. 两岸暨欧美专利法[M]. 北京：中国人民大学出版社, 2007: 18.
[5] 曾陈明汝. 两岸暨欧美专利法[M]. 北京：中国人民大学出版社, 2007: 20.

术能被许多人使用而不会对发明人造成损耗,新的使用者无须再花投资去重新研究开发。如此,就不会有人愿意花费投资去开发新技术。专利制度为防止"搭便车"行为,根据发明人的请求,给予其一种排他权,任何人未经权利人许可,都不得使用这种成果。发明人有了这种权利,便可以收回投资并获取利润,为进一步的研究开发积累资金。给发明人以排他性的独占权,这是鼓励发明的最简单、最便宜、最有效的手段。

(二) 导向功能

"公开性"是专利制度的重要特征和优点之一。"公开性"体现在专利文献向公众披露。专利制度的导向功能是通过公布的专利文献来实现的。专利文献主要是指各国专利局的正式出版物,具有内容广泛、详尽,出版报道速度快,技术涵盖面广等特点。世界知识产权组织的研究结果表明,全世界最新的发明创新信息90%以上首先都是通过专利文献反映出来的。[1]

专利文献中常常包含一些情报,特定技术问题的科研人员通过对这些情报的查阅、检索,可以了解现有技术,扩展研究方向,选准未来主攻技术。这样能避免重复他人已完成的工作,从而可以节省时间、资金和人力。[2] 这有助于研发机构谨慎投资,避免资源浪费。同时,通过查阅专利文献,可以开阔视野,启迪科研人员的创造性思维,有利于从已有的专利夹缝中寻找技术空白点来进行新的发明创造。

(三) 促进技术转移

首先,通过专利文献的介绍,有利于促进技术的转移。经过分类的专利说明书和专利申请文件所包含的技术信息,是今日世界上任何人都可以得到的、唯一最有价值和最全面的技术来源。专利当中对发明有详细说明,可以据以对技术进行评估,此外还记载了专利权人或者申请人以及发明人的姓名或名称及地址,这就为找到技术的所有人指明了途径,便于进行联系,洽谈技术转移事宜。

其次,专利制度对专利权人提供保障,创造一种有利于技术转移的环境。从技术接受人方面来说,与没有专利保护的技术相比较,他自然更乐意接受有专利保护的技术。从技术供应人方面来说,如果转移的技术没有专利保护,技术供应人就只能依靠合同来要求技术接受人提供不公开其技术秘密、不让第三人使用其发明的保证。对技术供应人来说,依靠合同的保护有商业上的风险。如果转移的技术是有专利保护的,则风险要小得多。此外,转移有专利保护的技术时,技术接受人可以通过专利说明书了解技术的内容,对技术的价值进行评估。如果不是专利保护的技术,技术供应人必须先有保密合同才能提供技术的内容,这样又会造成技术泄露给第三人的风险。此外,由于有专利法的规定,在转移有专利保护的技术时,双方的谈判和专利许可合同的拟定都简单得多。[3]

(四) 吸引外资

外国投资是一个国家借以开发其资源的一个重要手段。鼓励、吸引外国投资,涉及许多

---

[1] 陈慕.企业技术创新与专利文献的利用[J].安徽科技,2007,(7):39.
[2] 世界知识产权组织.知识产权法教程[M].北京:专利文献出版社,1988:23.
[3] 汤宗舜.专利法教程[M].北京:法律出版社,2003:16.

因素。从总体来说,一个国家具备有效的专利制度是使外国人做出投资决定时考虑的因素之一。因此,专利制度为鼓励、吸引外国投资提供了制度化的环境。作为影响外国投资决定的因素之一,专利制度的影响力还在很大程度上取决于投资的领域。如果外国资本投向的是竞争激烈的技术密集的领域,那么专利制度对外国人做出投资决定是有重大影响的。

(五)鼓励信息公开,促进技术信息的交流

专利制度保护发明人,禁止别人仿制或冒充,防止发明被保密起来。换言之,即授予发明人以专利权这种排他性的独占权,以此鼓励发明人将其发明公开,通过公开,更有效地传播技术情报。并在此基础上,促进产业技术进一步发展。授予专利权这种排他性的独占权,是公开发明的一种代价。但是现在专利制度究竟在鼓励发明公开方面起多大作用,仍是有疑问的。[1]

由于专利权的取得须公开发明信息,所以可以使产业与研发机构较容易地取得外国最新与最重要发明的信息。且信息对本国多数人较易了解与消化,因此外国人专利申请须以本国文字提出。尤其随着专利文献的利用愈益便利,各国间技术信息更可交流互通,从而有助于提升各国技术水准。[2]

二、著作权制度的功能

根据我国《著作权法》第一条的规定,著作权制度在保护文学、艺术和科学作品作者的著作权,以及与著作权有关的权益(邻接权)时,注意适当保护公众利益,进而有利于社会主义精神文明、物质文明建设的作品的创作和传播,促进社会主义文化和科学事业的发展与繁荣。其主要功能如下。

(一)保护和开发国内的智力资源,促进国际间的科学文化交流

现代社会经济的发展和竞争,说到底是科学文化的竞争,是人才的竞争。保护和开发智力资源,就是要尊重知识、爱惜人才,以积极而有效的政策去调动广大作者的创作积极性,以鼓励他们创作出更多更好的作品,为社会经济的发展、为丰富广大人民群众的精神文化生活服务。尤其是对于发展中的国家来说,保护和开发国内的智力资源更为重要。如果国内作家的创作热情受到著作权法的保护,就有可能激发他们的民族自尊心和创造性。这对于建立本国的作者队伍,减少人才外流和对于外国作品的依赖程度,促进国际科学文化交流,提高本国在世界上的文化地位尤为重要。

---

[1] 各国的专利法都不是在发明公开的同时授予排他性独占权。现在有一种倾向,把研究出来的发明不公开,作为技术秘密使用,因为这样不怕别人仿制或冒充,况且别人研究同一发明的可能性很小。此外,还有一种倾向,从专利的实际工作来看,在专利说明书中公开发明时,往往公开得不充分,因为如果完全公开,则意味着下一阶段的发明可能被人抢走。因此,专利制度反而有使发明人将其研究过程中的发明藏起来的后果。参见:[日]纹谷畅男.专利法50讲[M].魏启学,译.北京:法律出版社,1984:12.

[2] 杨崇森.专利法理论与应用[M].台北:三民书局,2007:7.

（二）协调作者、传播者和使用者的利益

著作权制度不但保护了作者的合法利益，也适当考虑和保护传播者和使用者的正当权益。这样，就有利于他们各自发挥其所长，共同为建设一个和谐美好的社会而尽其所能。著作权法在规定保护作者和传播者的权利时，相应地规定了他们对于社会应尽的义务。这种义务主要体现在对权利的时空限制、合理使用、法定使用乃至强制使用上。这样，著作权法在保护作者和传播者的利益的同时，又保护了社会公众获得知识、分享先进的科学技术成果及其带来的社会福利等权利。因著作权法仅保护作品的表现形式而不保护作品中所反映出来的思想、观点和方法，这可使其他创作者从已发表的作品中吸取有用的信息，从而有利于新的创作。

（三）促进文化事业的发展

保护著作权是鼓励人民创作力的一个重要措施，可使创作者安心专注于创作活动，促进、鼓励创作，丰富民族文化遗产，促进文化和科学的发展和繁荣，加速人类文明的进步。WIPO在其出版的《伯尔尼公约指南》一书的"前言"中说："著作权是国家发展进程中一个不可缺少的因素。经验表明，民族文化遗产是否丰富直接取决于国家对文字和艺术作品提供的保护水平。保护水平越高，对作者创作的鼓励就越大；人民的智力创作数量越多，其名望就越高；文字和艺术作品数量越大，它们在书籍、录音和娱乐业方面的辅助者（指出版者、表演者、录音录像制作者、广播和电视组织）就越多。诚然，归根结底，鼓励智力创作是所有社会、经济和文化发展的基本前提之一。"著作权所保护的文化成果不但具有思想性和精神性的一面，而且还有物质性与经济性的一面。事实证明，著作权制度能够促进创作活动，使创作者获得经济报酬，使其作品受到尊重，其作者地位得到承认；同时，它还有利于经营者，使其投资有保障，从而确保文化产业的飞速发展，使作品得到有利于社会的广泛传播。①

著作权法不仅保护智力作品的作者，而且也保护传播这些作品的辅助者的权利即邻接权。保护著作权和邻接权是著作权法的主要目的。通过保护这两种权利，可以实现鼓励有益于社会主义精神文明和物质文明建设作品的创作和传播，促进社会主义文化和科学事业的发展和繁荣。

三、商标制度的功能

根据我国《商标法》第一条的规定，商标制度以保护商标专用权为《商标法》的核心，进而提高生产者的积极性以确保商品质量及维护商标信誉，从而达到保护消费者利益并促进经济的发展。故商标制度具有保障公益与私益的双重目的与功能。②

（一）保护商标专用权，维护公平竞争，促进社会经济发展

商标专用权是商标法律制度的核心和基础，我国《商标法》对商标专用权的取得规定了

---

① [西]德利娅·利普希克.著作权与邻接权[M].北京：中国对外翻译出版公司，2000：38.
② 曾陈明汝.商标法原理[M].第3版.台北：翰芦图书出版有限公司，2001：22.

严格的法律程序,并通过对实施与商标有关的违法行为的规定,切实保护了商标权人的合法权益。商标权具有排他的专有使用权。任何人如无法律上的授权而使用相同商标于同一商品者,即构成侵害商标权。商标专用权人,对于侵害其商标者,可请求除去其侵害,并可请求损害赔偿。商标权制度对商标违法行为的规范,有利于创造和维护公平有序的竞争环境,促进经济发展。

(二)维护消费者的合法权益

我国《商标法》明确规定了维护消费者利益的条款。例如,第七条规定:"商标使用人应当对其使用商标的商品质量负责,各级工商行政管理部门应当通过商标管理制止欺骗消费者的行为。"

四、反不正当竞争制度的功能

根据我国《反不正当竞争法》第一条的规定,反不正当竞争制度通过制止不正当竞争行为,进而具有保障市场经济秩序,鼓励和保护公平竞争,保护经营者和消费者的合法权益的功能。

(一)鼓励和保护公平竞争,制止不正当竞争行为

竞争作为市场经济的基本运行机制,存在于商品从生产到交易的全过程,没有竞争的商品经济是不可设想的。但是,有竞争就会有不正当竞争,因此就必须用法律手段来鼓励和保护公平竞争。就我国的实际情况而言,由于长期计划经济所造成的人们思想和行为上的惰性,普遍存在着不思竞争、不敢竞争、不会竞争的现象,所以法律不但要保护公平竞争,而且还要鼓励公平竞争。要维持正常的竞争秩序,发挥竞争的积极作用,就必须依法禁止、打击不正当竞争行为,保护和鼓励公平竞争。

(二)保护经营者和消费者的合法权益

正当经营和不正当竞争两者是根本对立的,有了不正当竞争者的经营活动"自由",就没有诚实守信经营者的经营活动自由。而只有打击不正当竞争行为,剥夺其采用不正当竞争手段进行经营活动的"自由",才能有诚实守信经营者的经营活动自由。

《反不正当竞争法》对经营者利益的保护有两种:第一种是特定的保护。即某一经营者的不正当竞争行为是针对某一特定对象,这一特定对象因受到不正当竞争行为的侵犯而致使其合法权益受到损失。反不正当竞争法禁止此类不正当竞争行为,从而达到保护特定的经营者对象的目的。主要表现在禁止假冒他人的注册商品,禁止擅自使用他人企业的名称。第二种是不特定保护。即某一经营者的不正当竞争行为不是针对某一具体的竞争对象的,而是针对不确定的、众多的竞争对象的违法行为。禁止此类非特定侵害对象的不正当竞争行为,就是对不特定的竞争者合法权益的保护。

《反不正当竞争法》保护消费者利益也有两种:第一是禁止某种不正当竞争行为,直接保护消费者的利益。例如,禁止假冒伪劣商品和违背意愿搭售商品的行为。第二是间接保护,就是通过禁止某种不正当竞争行为,保护经营者的合法权益,从而最终保护消费者的利

益。例如,商业贿赂行为会提高经营成本,导致商品价格上扬。消费者购买了这些质次价高的商品,必然遭受经济损失。因此,制止商业贿赂行为,既保护了经营者的合法权益,也防止经营者把商业贿赂的支出转嫁于消费者。

(三) 保障社会主义市场经济健康发展

要发展市场经济,最关键的是要培育和发展市场体系,发挥市场机制在资源配置中的基础性作用。当前我国的市场经济体制建设正处于初级阶段,首先要着重发展生产要素市场,规范市场行为,打破地区、部门的分割和封锁,反对不正当竞争,创造平等竞争的环境。反不正当竞争制度正迎合了培育和发展市场体制的需要,有利于建设一个统一、开放、竞争、有序的市场秩序,保障市场经济的发展。

第五节 现代知识产权制度的演进

一、中国知识产权制度的演进

我国知识产权制度的建立始于清朝末年。清政府分别于1898年、1904年和1910年颁布了保护发明创造的专利法规、商标法规和著作权法规。这些法律作为一种崭新的文化,对当时社会产生了深远的影响。尽管清政府很快覆灭了,但是这些法律都被后来的中华民国临时政府、北洋政府和国民党政府继承。

在北洋政府和国民党政府时期,我国知识产权法有一定程度的发展,具体情形是:①在专利保护方面,1911年11月24日,北洋政府公布了《奖励工艺品暂行章程》,使专利保护制度得以延续发展;国民政府以后又对该章程进行过几次修订,直到1944年5月,我国历史上第一部《专利法》才正式诞生。②在商标保护方面,北洋政府以《商标注册试办章程》为基础,参照英国驻华使馆代拟条款,对该章程进行修订,公布了新的《商标法》及其实施细则。1930年、1935年和1938年,国民政府又颁布了自己的《商标法》及其实施细则。③在著作权保护方面,1915年,北洋政府以《大清著作权律》为基础,制定了自己的著作权法。1928年,国民政府又颁布了新《著作权法》,于1949年进行过修订。

新中国成立之初,政府非常重视对知识产权的保护。1950年9月,全国出版工作会议通过了《关于改进和发展出版工作的决议》,强调出版单位要尊重著作权和出版权,不得有翻版、抄袭、篡改等行为。1953年,国家出版总署公布了《关于纠正任意翻印图书现象的规定》,指出"一切机关、个人不得擅自翻印出版社出版的书籍、图片,以尊重版权"。1958年,文化部颁布了《关于文学和社会科学书籍稿酬的暂行规定》(草案)。1961年,文化部对该规定作了修改。在专利保护方面,中央人民政府政务院于1950年8月批准公布了《保护发明权和专利权暂行条例》,同年10月,政务院财经委员会又公布了该条例的施行细则。按此规定,发明人原则上可以对其发明自愿申请发明权或专利权,但是,对有关国防的发明,有关与群众生产、生活密切相关的发明以及职务发明等,国家只须发发明证书而不须发专利证书。后国务院明令废止该条例,又颁布了《发明奖励条例》。在商标保护方面,政务院于1950年公布了《商标注册暂行条例》,后该条例于1963年被废止,国务院同时颁布了《商标管理条例》取而代之。在20世纪60年代初至70年代末,我国知识产权保护处于停顿状态,但并非绝对不予保护。自70年代末至今,随着改革开放的深入,法制建设的加强,知识产权法律制度有了长足发展。1982年第五届全国人民代表大会常务委员会通过的《中华人民共和国商标法》,是我国现代知识产权法律制度肇始的标志。紧随其后,1984年3月12日,《中华人民共和国专利法》诞生;1990年9月7日,《中华人民共和国著作权法》诞生;1993年9月2日,《中华人民共和国反不正当竞争法》诞生。截至2008年12月27日,《著作权法》进行了两次修订(2001年10月27日,2010年2月26日),《商标法》进行了两次修订(1993年2月22日,2001年10月27日),《专利法》进行了三次修订(1992年9月4日,2000年8月25日,2008年12月27日)。2008年12月27日,中华人民共和国第十一届全国人民代表大会常务委员会第六次会议通过《专利法》的第三次修正案(2009年10月1日实施),主要修改的内容涉及立法宗旨、授予专利权的条件、遗传资源的保护和来源的披露、完善强制许可制度、增加不视为侵犯专利权的行为、进一步明确有关专利侵权赔偿数额的规定、增加诉前证据保全的规定、健全外观设计专利制度等。

此外,我国还积极参与知识产权国际保护活动,批准或参加了许多知识产权保护国际条约。到现在为止,我国参加的主要条约有:《建立世界知识产权组织公约》《巴黎公约》《保护文学艺术作品伯尔尼公约》《商标国际注册马德里协定》《世界版权公约》《专利合作条约》《保护表演者、唱片制作者和广播组织罗马公约》和《与贸易有关的知识产权协议》,等等。

二、国际知识产权制度的演进

在文艺复兴时期,著作权制度和发明专利就遍及欧洲甚至更多的地方,至少包括英国、法国和美国。工业革命导致了知识产权法的持续发展,很多国家在19世纪中期制定了专利法和著作权法。

1850—1879年间,专利法在英国、法国、德国、荷兰、瑞典基于以下理由而得到支持:

(1) 自然权利说能解释发明者获得专利权的理由;

(2) 发明有利于社会,故作为回报,应当给予发明者授予专利权;

(3) 专利权授予后,会激励新发明的产生,进而促进工业发展;

(4) 排他性的专利权,可使发明者公开其发明。

反对者从经济学、哲学、现实层面等方面对以上合理性提出了反驳,导致学术上纷争不断。但是由于政治思潮中国家保护主义的抬头,专利法得以幸免于难。在20世纪70年代,立法机关通过了欧洲专利法之后,经济学家就不再反对专利法。进入21世纪,公众关注的是知识产权法的目的及其对创新与自由的影响。19世纪末期,随着国际活动的大量增加,开始通过缔结国际条约建立保护知识产权的标准。

(1) 保护工业产权的巴黎公约。1883年,11个国家缔结了该公约,要求成员国在专利法和商标法上遵守国民待遇原则。直到2006年,巴黎公约成员国的数量达到了169个。我国于1985年3月19日加入。

(2) 保护文学艺术作品伯尔尼公约。截至2006年,伯尔尼公约已有162个成员国。它规定了著作权的取得,界定了著作权所包含的权利内容,并规定了合理使用的例外,对例外适用的条件做了详细的规定。我国于 1992 年 10 月 15 日加入。

(3) 关于商标国际注册马德里协议议定书。它规定一次国际商标注册申请能在多国产生效力。目前为止,已有 68 个成员国。我国于 1995 年 12 月 1 日加入。

(4) WIPO(世界知识产权组织)。是联合国组织系统下的 16 个专门机构之一,成立于 1967 年,其前身是保护知识产权联合国际局(成立于 1893 年)。WIPO 鼓励制定保护知识产权的国际条约及各国的国内立法;鼓励发达国家先进技术向发展中国家转移,并向发展中国家提供知识产权方面的技术援助和咨询服务;办理国际知识产权注册登记;促进文件和专利程序的标准化;管理国际专利证件中心,为各成员国提供检索服务。到 2006 年 WIPO 成员国达到 183 个。我国于 1980 年 6 月 3 日加入。

第二次世界大战以后,加强知识产权保护又一次引起了世界关注。

(1) 保护植物新品种国际公约(UPOV)。于 1961 年在巴黎签订,并在 1972 年、1978 年、1991 年进行过三次大规模的修订,目前共有 63 个成员国。UPOV 确立了植物新品种的知识产权保护。但有一个特别例外条款(存在不同的修订本中),即允许育种者在培育新品种的过程中,使用受保护的品种,以及允许农民保留种子以重复种植。我国于 1999 年 4 月 23 日加入。

(2) 区域性的知识产权保护公约和组织,如欧洲专利公约、非洲地区知识产权组织(ARIPO)、非洲法语区的非洲知识产权组织(OAPI),以及南美地区的安第斯条约。这些公约和组织在确定成员国的知识产权中起着越来越重要的作用。

(3) 专利合作条约(PCT)。签订于 1970 年,已有 132 个国家加入,其中大约有 50 个成员国是最近 10 年加入的。该条约对专利申请的受理和审查标准作了国际性统一规定,在成员国的范围内,申请人只要使用一种规定的语言在一个国家提交一件国际申请,在申请中指定要取得专利保护的国家,就产生分别向各国提交了国家专利申请的效力,条约规定的申请程序简化了申请人就同样内容的发明向多国申请专利的手续,也减少了各国专利局的重复劳动。我国于 1994 年 1 月 1 日正式成为专利合作条约成员国。中国专利局同时成为 PCT 的受理局、国际检索局和国际初审局。

(4) 生物多样性公约(CBD)。是一项保护地球生物资源的国际性公约,于 1992 年 6 月 1 日由联合国环境规划署发起的政府间谈判委员会第七次会议在内罗毕通过,1992 年 6 月 5 日,由签约国在巴西里约热内卢举行的联合国环境与发展大会上签署。该公约确立了开发和使用遗传资源/传统知识的国家主权原则、事先知情同意原则、惠益分享原则。公约于 1993 年 12 月 29 日正式生效。截至 2008 年 5 月,该公约的签字国有 190 个。中国于 1992 年 6 月 11 日签署该公约,1992 年 11 月 7 日批准,1993 年 1 月 5 日交存加入书。

(5) 世界贸易组织(WTO)。1995 年 1 月 1 日专门成立了知识产权理事会,管辖作为世贸组织部分的《与贸易有关的知识产权协议》(TRIPs)。TRIPs 确立了关于商业秘密,专利,著作权和商标的最低保护标准。如果违反 TRIPs 协议,违反方将可能受到贸易制裁。截至 2007 年 1 月 11 日,世界贸易组织有 150 个成员。中国于 2001 年 12 月 11 日起正式成为 WTO 成员。

(6) 粮食和农业植物遗传资源国际条约(ITPGR)。2001 年 6 月 25 日至 30 日,粮食和农业遗传资源委员会在罗马举行的第六次特别会议上,完成修订了此条约,取代了运作 18 年的联合国粮农组织(FAO)制定的《植物遗传资源国际承诺》(IU),以使其同《生物多样性公约》保持一致。然而,仍有若干问题没有解决。在就该《条约》举行谈判时,大会考虑到了一些关于知识产权可能对获取农业植物遗传资源形成限制的问题:第一,应该尊重现有的知识产权。第二,遗传资源获取者在通过多边途径获得材料而提出知识产权时应受到限制。如果通过多边制度获得材料,不得就未改变形式的这种材料提出知识产权申请。第三,在商业化情况下进行惠益分享时提到了知识产权。虽然最后没有明确知识产权在该条约中的地位,但限制获取遗传资源的专利和其他知识产权成为强制性惠益分享规定的"启动机制"。

本 章 重 点

1. 知识产权是人们对于科学技术和文学艺术领域的智力创造成果和工商业标记与工商业成果享有的法定权利或法益。该法定权利或法益一种主要是对基于心智投入即"投智"所产生的,另一种主要是对基于资金投入即"投资"所产生的。前者如专利权、著作权和商业秘密;后者如商标权、邻接权、数据库等。

2. 知识产权的客体本质上属于一种具有独立商业价值的科技、文艺和商誉信息。这种信息作为公共产品,具有共享性和非损耗性。而对这种信息依法授予的知识产权却具有排他性。

3. 采用不同的标准,可以对知识产权作不同的分类。按知识产权的客体不同,可分为以科技创意信息为客体的专利权、以文艺表达信息为客体的著作权、以商誉信息为客体的商标权和反不正当竞争保护;以知识产权的取得形式不同,可分为形式知识产权和实体知识产权;按知识产权的独占性强弱,可分为强知识产权与弱知识产权,抑或完全独占权与不完全独占权。

4. 知识产权具有私权性、客体的无体性、独占性、时空上的有限性、法定性、财产权与人格权的统一性、非稳定性等特点。

5. 知识产权法是就人类智力投入成果及其相关投资成果的确认、利用、保护进行规范的法的总称。广义上知识产权法不仅包括知识产权的专门法律法规,还涉及与知识产权相关的法律规范。

6. 总体而言,知识产权制度具有促进文学、艺术、科学、技术和贸易进步与经济社会协调发展的功能。专利制度具有激励技术创新、促进技术转移、推动信息公开与交流等功能。著作权制度具有鼓励文艺作品的创作和传播、促进文化和科学事业的发展与繁荣、推动国际间的文化交流等功能。商标制度具有维护商标信誉、保护公平竞争等功能。反不正当竞争制度具有鼓励和保护公平竞争、保障市场竞争秩序健康发展等功能。

本 章 难 点

1. 知识产权的概念与分类。
2. 知识产权的特征。
3. 知识产权制度的功能。

4. 专利法、商标法、著作权法及反不正当竞争法的异同。

思 考 题

1. 什么是知识产权？
2. 试述知识产权的类型。
3. 知识产权有何特征？
4. 试比较专利法、商标法和著作权法的异同。
5. 知识产权制度有何功能？
6. 试总结我国知识产权法的基本构成。

主要参考文献

[1] 郑成思.知识产权论[M].北京：法律出版社,2001.
[2] 郑友德.知识产权法[M].北京：高等教育出版社,2004.
[3] 刘春田.知识产权法[M].北京：中国人民大学出版社,2000.
[4] 吴汉东.知识产权法学[M].北京：中国政法大学出版社,2002.
[5] 汤宗舜.专利法教程[M].3版.北京：法律出版社,2003.
[6] 谢铭洋.智慧财产权之基础理论[M].台北：翰芦图书出版有限公司,2001.
[7] 曾陈明汝.商标法原理[M].3版.台北：翰芦图书出版有限公司,2001.
[8] 世界知识产权组织.知识产权法教程[M].北京：专利文献出版社,1988.
[9] [美] MERGES, et al.新技术时代的知识产权法[M].乔筠,等,译.北京：中国政法大学出版社,2003.
[10] [西] 德利娅·利普希克.著作权与邻接权[M].北京：中国对外翻译出版公司,2000.
[11] [日] 纹谷畅男.无体财产权法概论[M].东京：有斐阁,1999.
[12] [日] 土肥一史.知的财产法入门[M].东京：中央经济社,2003.
[13] CORNISH W R. Intellectual Property: Patent, Copyright, Trade Marks and Allied Rights[M]. 3rd Edition. London: Sweet and Maxwell, 1999.
[14] SHERMAN B, BENTLY L. The Making of Modern Intellectual Property Law[M]. Cambridge: Cambridge University Press, 1999.
[15] GOLLIN M A. Driving Innovation: Intellectual Property Strategies for a Dynamic World[M]. Cambridge: Cambridge University Press, 2008.
[16] JAENICH V. Geistiges Eigentum-eine Komplementaererscheinung zum Sacheigentum? [M] Mohr Siebeck, 2002.
[17] HUBMANN Vgl. H, GOETTING H P. Gewerblicher Rechtsschutz[M]. Muechen: Beck, 2002.
[18] EISENMANN H. Grundriss gewerblicher Rechtsschutz und Urheberrecht[M]. Heide Iberg: Mueller, 1985.

第一章

知识产权对象

第一节 概 述

知识产权的对象,也称为知识产权的权利客体,是人们在科技、文化和工商业领域中创造的智力成果、识别性标记等具有一定商业价值的信息。

一、知识产权对象的范围

知识产权的对象,诞生于科技、文化和工商业领域,又随着科技、文化和工商业的不断进步而不断更新和丰富,大体上可分为工业技术成果、商业标识、文学、艺术和科学领域的作品,以及其他工商业信息等。知识产权的对象,具体而言是指专利权中的发明创造、商标权中的商标、著作权中的作品、商业秘密权中的商业秘密,以及特别保护的植物新品种、集成电路布图设计、特殊标志等。

在当今信息时代,传统知识产权的对象随着信息技术的进步而不断扩张。TRIPs协议将"未披露过的信息"纳入知识产权保护体系,欧盟将无独创性的数据库给予特殊权利保护,以及目前正热烈讨论的生物基因和传统知识的知识产权保护,就已经突破了知识产权是"智力成果"或"工商业标记"的专有权利的传统概念。事实上,知识产权的对象就是一定的信息。发明创造是一种知识信息,工商业标记是一种识别信息,未披露过的信息显然是一种信息,对无独创性数据库的特殊权利保护的实质是对录入数据库中的信息的保护。当然,这些信息均是具有一定的商业价值的。因此,知识产权对象可以简单地理解为具有商业价值的信息。在当代信息社会里,知识产权的范围有向"信息产权"扩充的趋势。[①]

---

① 吴汉东. 知识产权法[M]. 2002年修订版. 北京:中国政法大学出版社,2002:4.

二、知识产权对象的特点

（一）非物质性

知识产权是一种不同于财产所有权的无形财产权。世界知识产权组织认为，知识产权与有形财产的最主要不同点在于：对于诸如一张桌子，所有人可以通过占有它而基本上达到保护自己的财产不受侵害的目的；而对于诸如一项发明、一部作品或一个商标，所有人基本上不能通过占有它们而达到保护它们不受侵害的目的。

知识产权对象的非物质性是其区别于有形财产的本质特点。知识产权的对象即一定的信息，是没有形体的、非物质性的，其存在不具有固态、液态、气态等之类的形态，不占有一定的空间。当我们买卖有形商品时，转让的是该有形商品的财产所有权，而这财产所有权的对象就是该有形商品本身，我们可以通过占有来实现转让。而转让知识产权时，转让的是知识产权本身，而不是信息，更不是载有信息的有形载体的财产所有权，载体的转移并不等于知识产权的转移，知识产权的转让也无须载体的转移。知识产权的对象是非物质性的有关信息（如专利领域中的技术方案、著作权领域中的作品）。作为财产所有权对象的物，一般是可以被特定人占有的；而作为知识产权对象的信息（如技术方案、商标标识或作品），则不可能被特定人占有——它们可能被无限地复制，因此可能被无限数量的人占有。例如，某人在其购得的一张空白光盘上刻录了某计算机软件，他通过合法占有这张光盘而成为财产所有权人，但决不会因其刻录（复制）了软件，"占有"了在其光盘中的软件就享有该软件的知识产权。反而，如果其复制行为未经软件权利人许可并用于商业目的，则是侵权行为，不但得不到法律的保护，反而应承担一定的法律责任。

（二）创造性

智力成果首先体现为智力活动，是人类的智力劳动成果，表现为一定的知识和技能的创造。由于科技、文化、工商业的不断进步，人们的知识水平和技能也在不断提高。知识和技能可分为已经过去的知识和技能与创新的知识和技能，但知识产权法的立法宗旨在于鼓励人们不断创造出新的知识和技能，满足人们不断增长的物质和文化需要。所以现行的知识产权法所保护的智力成果主要是具有创造性的智力成果，这与传统民法中所保护的物质产品不同。传统民法中所保护的物质产品不须具有创造性，其物质产品不论新旧完缺、价值大小，都一概予以保护。

创造性是智力成果取得知识产权保护的条件，但就各种具体的智力成果而言，法律对其创造性程度的要求是各不相同的。一般来说，专利权中的发明创造所要求的创造性最高，它必须是与现有技术相比，该发明有突出的实质性特点和显著的进步，该实用新型有实质性特点和进步。它必须是该项技术领域中先进的科学技术成就，它所体现的技术思想、技术方案必须使某一领域的技术发生质的飞跃。著作权中的作品所要求的创造性次之，它仅仅要求该作品是由作者独立创作完成的，而不是或基本不是其他类似作品的抄袭。它要求作品必须是作者创造性劳动的成果，但任何作品只要是独立构思和创作的，不问其思想内容是否与他人作品相同或类似，均可取得独立的著作权，因此著作权法对作品的这一要求又叫做独创性。《商标法》对商标没有提创造性的要求,实际上一个商标的设计与选取也是经过了设计人的智力投入的,一个有创意的、能给人们留下良好而深刻印象的商标没有设计人的精心构思是不可能的。这种设计和构思正是其创造性的体现。商标应当具有显著特征,便于识别,其文字、图形、字母、数字、三维标志和颜色组合,以及上述要素的组合应避免与他人的商标构成混同。可见,受保护的对象不同,其要求的创造性也有所不同。商业秘密表面上看似乎没有要求任何创造性,实际上商业秘密要受到保护,要求其信息不为公众所知悉,即必须具备一定程度的非显而易见性,达到一定程度的技术高度和难度。相对于一个企业来说,需选取哪些信息作为商业秘密来加以保护,这也体现了最低限度的创造性。

(三)公开性

信息通过传播,其价值才能充分地体现出来。要传播就得公开,让人知晓。公开性是多数智力成果所有人取得知识产权的前提,比如专利、商标等。而有形财产所有人并无将其财产公开的义务。在各项知识产权中,其对象大多表现了公开性特征。发明创造者要划定自己的专利权利范围,就必须公开其发明创造的技术内容;商标所有人为了将自己的商品同他人的商品和服务区别开来,就要使用自己的商标标识。无论是在"使用在先原则"国家,还是在"申请在先原则"的国家,要取得商标权,或是首先使用商标,或是首先申请商标,这些行为无一不与公开性相联系。作者创造作品的目的之一,就是使之传播,并在传播中得以行使权利、取得利益。不需申请而自动取得著作权的作品,虽然不以公开为获得著作权的条件,但是如果作品始终不发表,则作品的这种权利仅仅是一种期待权,作品的价值无法实现,其权利也就无法真正实现。智力成果是公开的,但任何人在没有法律特别规定的情况下,都无权加以使用,否则构成侵权。西方法学家将这一现象解释为契约关系,即以国家面貌出现的社会同智力成果创造者之间订立的一项特殊契约:创造者有义务将智力成果加以公开,而代之取得一定时期的独占使用权。

需要指出的是,属于智力成果的技术秘密并不具有公开性,它是依靠保密来维持其专有权利的。在西方民法理论中,专利权是一种法定专有权,在保护期内一直发生效力;而技术秘密权是一种自然专有权,视权利人保密时间的长短来决定其权利效力。

(四)可复制性

智力成果之所以能成为财产权的对象,是因为智力成果可由一定的有形物去固定、去复制。它可以在同一时间,利用不同的载体,不受数量限制地复制相同的结构和形式,并且互不影响。例如,用纸张、光盘复制文艺作品等。信息一旦产生,客观上就提供了人们共享共占该信息的可能。当他人获取或利用该信息时,并不会导致其创造者失去该信息,但其利益受到了损害。因此,才有必要以法律的方式控制他人对其使用。智力成果只有可复制,才能被广泛地传播,也才能推动人类的科学、技术、文化的不断进步,也才能为权利人带来经济利益,实现其劳动的价值。[1]

---

[1] 郑成思. 知识产权法[M]. 2版. 北京:法律出版社,2003:18.

第二节 著作权的对象

著作权的对象,即著作权的客体。著作权是基于文学、艺术和科学作品依法产生的权利,因此,著作权的对象就是作品。

一、作品的概念及构成要件

(一)作品的概念

我国著作权法所称作品,指文学、艺术和科学领域内,具有独创性并能以某种有形形式复制的智力成果。

作品是作者的思想感情及对客观世界的认识的表达,是一种以文字、符号等形式所反映出的智力创造成果。作品在借助一定的形式表现出来时,往往要附于某一有体物上,该有体物即为作品的载体,如载有诗歌的报纸、载有小说的图书、存有计算机程序的光盘等。作品与载体存在显著差别。载体是附载作品的物质实体,是财产所有权的保护对象。作品属智力成果的范畴,具有非物质性的特点。一件作品可以以不同的载体来记载。例如,一件口述作品可以以书稿为载体,也可以以录音形式保存。因此,载体的灭失并不必然导致作品的灭失;载体所有权的转移,并不等于作品著作权的转移。

(二)作品的构成要件

构成著作权法意义上的作品,必须具备以下要件。

1. 必须属于创作,具有独创性

著作权法所称的作品,是创作的文学、艺术和自然科学、社会科学、工程技术等作品。即作品必须是自己创作的,而不是从别人的作品中抄袭来的。所谓创作,指直接产生文学、艺术和科学作品的智力活动,即作者通过对政治、经济、文化和其他社会生活进行观察、体验、研究、分析,并对社会生活的素材加以选择、提炼、加工,运用自己的构思、技巧,塑造出艺术形象或表述科学技术的创造性劳动。

作品的独创性,是著作权法保护作品的客观依据,是此作品区别于彼作品的重要标志,也是作品取得著作权的实质条件。

所谓独创性(originality),指作品是独立构思而成的属性,作品不是或基本不是与他人的作品相同,即作品不是抄袭、剽窃或篡改他人的作品。对此,世界知识产权组织的解释是:独创性是指作品属于作者自己的创作,完全不是或基本不是从另一作品抄袭来的。

由此可见,第一,独创性强调的是独立完成。只要作品是由作者创作而产生,体现了作者的思想感情,非单纯模仿或抄袭他人的作品,即使与他人作品有某种雷同之处,也不影响其所享有的著作权。当然,必须区分引用他人作品与抄袭。区分的关键是对他人已经发表的作品只能适当引用,如果自己的作品基本或大部分是从他人的作品中引来的,就属抄袭,故而不具独创性。第二,独创性不同于新颖性(novelty)、创造性(inventiveness)。著作权法所要求的独创性不同于专利法对发明创造规定的新颖性、创造性。新颖性、创造性是指首创的、前所未有的特性。在著作权法中,各种文学艺术形式,都不要求一定是首创的。表现同一思想或情感的文学、艺术作品,往往大量、反复出现,只要它们不是相互抄袭,是自己创作的,就具有独创性,都各有其著作权。著作权法并不排斥他人再创作同样主题的作品。比如,两位摄影者先后在同一角度拍摄泰山的日出,拍摄的照片会有雷同之处,但两位摄影者对摄影作品都是独自创作的,互相之间并不存在抄袭,二者各具独创性。第三,独创性与作品的价值、社会评价无关。一般而言,只要作品是作者独立创作的,即可认为具有独创性。至于其价值、用途和社会评价则无关紧要。此举在于鼓励作者创作,以促进科学、文化事业的发展。

2. 必须属于文学、艺术和科学范围的创作

智力劳动的范围很广,文学、艺术和科学范围的创作只是智力劳动的一种,除此之外还有很多。例如,在体育比赛中和对方斗智,出人意料地摆出新的阵容、阵式,战胜对手等,这也属于智力劳动,但如果未以文字、图表等具体表现形式将其表达,就不属于文学、艺术和科学范畴的创作,不能称为作品。

3. 必须有一定的表现形式

作品的表现形式有文字、语言、符号、声音、动作、色彩等。作者必须以文字、语言、符号、声音、动作、色彩等一定的表现形式将其无形的思想表达出来,使他人通过感官能感觉其存在。如无一定的表现形式,思想仅存在于脑海之中,他人无法感知,就不能称为作品。

4. 应具有固定性和可复制性

固定性和可复制性,指作品能够固定于某种有体物上,并能复制使用。例如,文字作品固定于纸张,摄影作品固定于胶卷或电子储存介质,电影作品固定于胶片或电子储存介质,这样才能使他人感知,供人们复制使用。可复制性是作品受著作权法保护的形式要件。

二、作品的分类

(一)根据作品的署名方式分类

按照作品的署名方式,可将作品分为真名作品、笔名作品、匿名作品三种。所谓"真名作品",就是署上作者真实姓名的作品。真名作品便于读者很容易就知道真实的作者是谁,也便于对作者的权利进行维护和监督。所谓"笔名作品",就是不署真名而署上一个代称的作品,比如署上雅号、略称等。这种署名在作者出名后大家都知道是谁了,比如鲁迅;但在未出名时读者难以知道作者具体是谁。所谓"匿名作品",就是不署任何名字的作品。

这种分类的意义是,有的国家对这三类作品的保护期有所不同。如日本规定,能辨明作者真实身份的作品即真名作品和众所周知的笔名作品,保护期为作者有生之年加死后五十年,而无法辨明作者真实身份的作品保护期从发表之日算起五十年。

(二)根据作品的创作顺序分类

用这种方式可将作品分为原创作品与演绎作品。演绎作品即二次作品,是指以一件或多件原作为基础,将之进行改编或加工创作出的作品,如译文、改编乐曲、小说改编的电影剧本等。使用原作作品,应取得原作著作权人的许可;而使用演绎作品时,应取得原著作权人和演绎作品著作权人的双重许可。

(三)根据作品的创作主体分类

根据创作主体人数的多少和是否具有创作独立性,可将作品分为独著作品、合作作品、汇编作品、委托作品和雇佣作品。

独著作品即创作的主体为一人的作品。

合作作品也称共有作品,指作者为二人或二人以上,其劳动相互关联,创作成一个完整的作品。

汇编作品是指汇编若干作品、作品的片段或者不构成作品的数据或者其他材料,对其内容的选择或者编排体现独创性的作品,如选集、期刊、百科全书等。汇编作品中的各个作品是可以区分独立的,整个汇编作品的作者享有著作权,而且其中每个独立的作品的作者也享有属于自己那部分的著作权。

委托作品是指委托人向作者支付约定的创作报酬,由作者按照他人的意志和具体要求而创作的特定作品。如单位悬赏征集的厂标、厂徽、厂歌以及为他人撰写的回忆录等。

雇佣作品,也称职务作品,通常指员工在受雇佣期间和受雇范围内所创作的作品。对该类作品权利到底归实际创作的作者还是归雇主,各国的规定有所不同。

三、我国著作权法保护的作品类别

我国《著作权法》第三条规定:"本法所称的作品,包括以下列形式创作的文学、艺术和自然科学、社会科学、工程技术等作品:(一)文字作品;(二)口述作品;(三)音乐、戏剧、曲艺、舞蹈、杂技艺术作品;(四)美术、建筑作品;(五)摄影作品;(六)电影作品和以类似摄制电影的方法创作的作品;(七)工程设计图、产品设计图、地图、示意图等图形作品和模型作品;(八)计算机软件;(九)法律、行政法规规定的其他作品。"

(一)文字作品

文字作品是指小说、诗词、散文、论文等以文字形式表现的作品。

文字作品在著作权公约及许多国家著作权法中都列为受保护作品的首项,在作品中,它最为普遍、数量最多。其范围包括:以文字表现的小说、诗词、散文、科学论文、科普读物、技术说明书等;以数字表现的某个时期的工农业生产发展和国民收入比较表等统计报表;以符号表现的盲文读物等。

(二)口述作品

口述作品是指即兴的演说、授课、法庭辩论等以口头语言形式表现的作品。

口述作品亦称口头作品,是以口述的方式创作的作品,如课堂讲学、报告、即席致词、诉讼中的辩护词等。这类作品与文字作品的不同之处在于,作者的思想感情不是通过文字,而是通过口头形式来表达的。口述作品应当是口述即兴创作产生的,用预先已有的文字作品加以口头表演的作品,如诗歌或散文的朗诵,就不属于口述作品,而是对文字作品的表演。

(三)音乐、戏剧、曲艺、舞蹈、杂技艺术作品

音乐作品是指歌曲、交响乐等能够演唱或者演奏的带词或者不带词的作品。

戏剧作品是指话剧、歌剧、地方戏等供舞台演出的作品。

曲艺作品是指相声、快书、大鼓、评书等以说唱为主要形式表演的作品。曲艺作品是我国独有的一类作品,它可以以文字形式出现,也可以以口述形式出现,如相声、大鼓、琴书、弹调、评话等。

舞蹈作品是指通过连续的动作、姿势、表情等表现思想情感的作品。

杂技艺术作品是指杂技、魔术、马戏等通过形体动作和技巧表现的作品。著作权法对杂技艺术的保护,实质上是对杂技中艺术成分的保护。杂技中表现的动作难度和技巧难度,不受著作权法保护。

(四)美术、建筑作品

美术作品是指绘画、书法、雕塑等以线条、色彩或者其他方式构成的有审美意义的平面或者立体的造型艺术作品。

美术作品通常包括绘画、书法、雕塑、工艺美术等。著作权法所保护的工艺美术,只保护工艺美术品中具有独造性的造型或美术图案,不包括生产过程中的那一部分工艺;只保护实用艺术品中所具有独造性的造型艺术,不保护日常生活使用中的那一部分实用功能。首创的新工艺,首创的具有实用功能的实用品,可以受到其他有关法律(如专利法)的保护。

建筑作品是指以建筑物或者构筑物形式表现的有审美意义的作品。

建筑作品仅指建筑本身,包括建筑物上附加的艺术装饰。建筑作品作为著作权保护的客体,是指建筑物本身是受著作权法保护的作品。工程设计图与建筑模型是作为单独客体给以保护的。另外,如果建筑物的形式、外观没有独创的设计成分,那么它们就不能成为作品,不受著作权法保护。受著作权法保护的是建筑物本身,其构成材料、建筑方法不受著作权法保护。对建筑作品的著作权保护仅限于对建筑物外观的保护,并不延及建筑物的内部设计。

(五)摄影作品

摄影作品是指借助器械在感光材料或者其他介质上记录客观物体形象的艺术作品。

照片、电影电视片中单独予以取出的镜头等都属于摄影作品。需要指出的是,属于翻拍照片、翻拍文件、书刊等纯复制性的照片,不是摄影作品,因为它不是一种创作。

(六)电影作品和以类似摄制电影的方法创作的作品

电影作品和以类似摄制电影的方法创作的作品,是指摄制在一定介质上,由一系列有伴音或者无伴音的画面组成,并且借助适当装置放映或者以其他方式传播的作品。

电影是一种特殊作品,它是由众多作者创作的综合性艺术作品,如由小说作者、将小说改编成剧本的作者、将剧本改编成"分镜头剧本"的作者(导演)、拍摄影片的摄影作者、配曲配调的词曲作者、美工设计的作者等共同创作合成的。以类似摄制电影的方法创作的作品,

即如同拍摄电影那样由诸多作者共同创作,并以拍摄电影的步骤制成的电视片、录像片。复制性地录制他人报告、讲课等而制作的电视片、录像片,如电视台制作先进人物报告会的电视片、录像片,电视大学制作教师讲课的录像片等不属于这类作品。

(七) 工程设计图、产品设计图、地图、示意图等图形作品和模型作品

图形作品是指为施工、生产绘制的工程设计图、产品设计图,以及反映地理现象、说明事物原理或者结构的地图、示意图等作品。

工程设计图是指在工厂、矿山、铁路、桥梁及建筑工程建设之前,所创作的能为建设施工提供依据的设计图,一般包括初步设计、技术设计和施工图等设计图。产品设计图是指生产企业为确定产品的构成、成分、规格和各项应达到的技术经济指标而设计的平面图案,如家具设计图、服装设计图等。需要指出的是,著作权法保护工程设计图、产品设计图,仅指以印刷、复印、翻拍等复制形式使用设计图,不包括按照工程设计图、产品设计图进行施工、生产。地图是指运用符号和地图制图原则表示地表面自然和社会现象的图,如地理图、地形图、政区图、地质图、交通图等。示意图是指用简单的线条或符号来显示某一概念和现象的图,如人体针灸穴位图等。除地图、示意图外,还包括其他以线条、符号来显示某一概念和现象的图形作品,如与科技有关的指示图、图表等。

模型作品是指为展示、试验或者观测等用途,根据物体的形状和结构,按照一定比例制成的立体作品。

(八) 计算机软件

计算机软件指计算机程序及其文档。TRIPs协议第十条第(一)款规定:计算机程序应作为《伯尔尼公约》1971年文本所指的文字作品给予保护。

计算机软件是指计算机程序及其有关文档。计算机程序是指为了得到某种结果而可以由计算机等具有信息处理能力的装置执行的代码化指令序列,或者符号化语句序列。同一计算机程序的源程序和目标程序为同一作品。文档是指用来描述程序的内容、组成、设计、功能规格、开发情况、测试结果及使用方法的文字资料和图表等,如程序设计说明书、流程图、用户手册等。

由于计算机软件的特殊性,需专门规定保护办法,我国《著作权法》附则规定,计算机软件的具体保护办法由国务院另行规定。

(九) 民间文学艺术作品

民间文学艺术作品是一种世代相传、长期演变、没有特定作者、反映某一社会群体文学艺术特性的作品。

我国民间文学艺术作品资源十分丰富,应当用著作权法对其加以保护。民间文学艺术作品的特点不同于其他作品,《著作权法》第六条规定:"民间文学艺术作品的著作权保护办法由国务院另行规定。"但是,至2015年仍未制定。

(十) 法律、行政法规规定的其他作品

该款旨在对尚未规定在上述类别的作品予以补充。随着科学技术的发展,还会不断出

现新的作品类型。该款作出这样灵活的规定,以适应著作权法随时接受新技术出现可能引起挑战的需要。

四、著作权对象的限制

著作权的对象是广泛的。但是,很多国家把某些对象排除在外。我国《著作权法》第五条分别就两种情况规定了不受著作权法保护的对象。

(一)立法、行政、司法性质的官方文件

著作权法不适用于法律、法规、国家机关的决议、决定、命令和其他具有立法、行政、司法性质的文件,及其官方正式译文。这些文件包括:宪法和由全国人民代表大会及其常设机构制定的法律,国家行政机关为执行宪法和法律而颁布的具有普遍约束力的行政法规,各级权力机关、行政机关、人民法院、人民检察院所作出的决议、决定、命令、判决等法律文件以及由国家机关确认的上述文件的正式译文。上述官方文件和相应的官方文件译文都符合作品的要件。但是,这些文件涉及社会公众和国家整体利益,属于国家和相关社会成员的公有的信息资源,不应为任何人专有而限制它们的传播和被人们利用,故不享有著作权。

(二)其他类型的表达

这些表达具备作品形式条件,但因其具有"唯一表达"的特点,或已处于公共领域,而不予以著作权法保护。我国著作权法规定的具有这类特点的有时事新闻、历法、通用数表、通用表格和公式等。

(1)时事新闻。指通过报纸、期刊、广播电台、电视台等媒体报道的单纯事实消息。时事新闻不受著作权法保护,但新闻故事或有独创性表述的新闻报道则享有著作权。另外,通过大众传播媒介传播报道他人采编的单纯事实消息的时事新闻,应当注明出处。

(2)历法、通用数表、通用表格和公式。把这些对象排除到著作权保护范围之外,有些是依据基本的著作权保护原理作出的。例如,历法所揭示的日期、节气、节日等内容,公式,如 $x^2-y^2=(x+y)(x-y)$,圆周率=3.1415926……,均是客观规律的"唯一表达"形式,人们不可能在对它们的表达中有什么独创性。而通用表格如通用发票、通用会计账册表格,通用数表如元素周期表、函数表、对数表,为人们普遍使用,则表明它们已处于"公有"领域中。如果保护了通用表格、通用数表,就把公有的内容划入专有,其结果将妨碍社会文化、科技的发展。但人们根据历法所绘制的挂历、台历、日历是受著作权法保护的。非通用数表是受著作权法保护的。

五、著作权的特殊对象——计算机软件

将计算机软件作为文字作品受著作权法保护,是世界上绝大多数国家的通行做法。我国1990年《著作权法》将计算机软件列入著作权法所保护的作品,但鉴于计算机软件的特殊性,该法附则特别规定计算机软件的保护办法由国务院另行规定。据此,1991年5月24

日,国务院第八十三次常委会议通过了《计算机软件保护条例》,同年10月1日起施行。这是我国颁布的第一个有关计算机的法律。为了加入WTO和适应信息网络技术发展的需要,2001年12月20日国务院重新修改颁布了《计算机软件保护条例》,并于2002年1月1日开始生效。

(一) 计算机软件的概念

在1978年世界知识产权组织颁布的《保护计算机软件示范法条》中把计算机软件分为计算机程序(computer program)、程序说明(program specification)和辅助材料(accompanying material)三部分。计算机程序是指以文字、代码、图解或任何其他形式表达的一组指令,当它装入机器可读介质后,能使计算机——一种具有信息处理能力的电子或类似的设备——完成或实现某项具体任务或结果。程序说明是指通过文字、图解或其他方式对程序中的指令所作的足够详细、足够完整的说明。程序说明包括任务手册和编程逻辑手册。辅助材料是指除了程序和程序说明之外,用以帮助理解及实施有关程序的其他辅助材料,包括程序用户手册和程序维护手册。

我国《计算机软件保护条例》第二条规定:"本条例所称计算机软件,是指计算机程序及其有关文档。"所谓计算机程序,是指为了得到某种结果而可以由计算机等具有信息处理能力的装置执行的代码化指令序列,或者可以被自动转换成代码化指令序列的符号化指令序列或者符号化语句序列。同一计算机程序的源程序和目标程序为同一作品。所谓文档,是指用来描述程序的内容、组成、设计、功能规格、开发情况、测试结果及使用方法的文字资料和图表等,如程序设计说明书、流程图、用户手册等。

因此,我国计算机软件著作权的对象不仅仅是计算机程序,而是包括计算机程序及其文档的计算机软件。这与有关国际公约的规定有所不同。便如,TRIPs协议第十条第(一)款、WCT第四条都使用"计算机程序"的概念,而不使用"计算机软件"的概念。在我国,文档实际上受到双重保护,一方面与相应的程序一起构成计算机软件,是软件著作权的对象;另一方面可以依著作权法的规定,单独作为文字作品得到著作权法保护。

同一计算机程序的源程序和目标程序为同一作品。源程序和目标程序是同一计算机程序作品的两种表达方式,源程序是用计算机不能直接识别的汇编语言或者高级语言编写的程序,目标程序是用计算机能直接识别的机器语言编写的程序。

(二) 计算机软件的特征

计算机软件主要具有如下特征。

1. 功能性

计算机软件的功能性是指其创作开发的技术性、运行执行的技术性和运行结果的功能性。

计算机程序一般由专业技术人员借助现代化的技术和工具开发完成,是高科技产品,需要极高的技术要求和大量的投入。

计算机程序必须是可以由计算机等具有信息处理能力的装置执行,即其运行必须有赖于一定的技术装置。这一装置主要是计算机,但并不仅限于计算机,还包括其他具有信息处理能力的装置。按照技术上的传统观点,计算机通常由五大部分构成:运算器、控制器、存储器、输入装置和输出装置。但是,程序实际是在由运算器和控制器组成的中央处理器(CPU)中运行的。因此,程序运行的物质基础即装置中只要具备 CPU 的功能,就符合了运行程序的要求,如嵌入式程序。

计算机程序的目的就是经运行后"得到某种结果",即实现一定的功能。一个程序,如果运行后得不到任何结果,不能实现一定的功能,从技术角度和法律保护角度来说都是没有任何意义的。计算机程序的价值在于其功能性,而不在其欣赏性,这是其与一般文字作品的本质区别。

2. 序列性

计算机程序具有三种形态:代码化指令序列、符号化指令序列和符号化语句序列。这三种形态的程序都是有序指令的集合。如果程序已是代码化指令序列(即机器语言目标程序),则可直接由具有信息处理能力的装置执行;如果程序是符号化指令序列(如汇编语言源程序)或符号化语句序列(如高级语言源程序),就可由机器自动转换成代码化指令序列后再执行。

3. 多样性

计算机软件的多样性是指其种类的多样性,即按不同的分类标准有不同的程序种类。

以编制程序所用语言分类,可以将计算机程序分为源程序和目标程序。源程序是指用汇编语言或者高级语言编写的程序。其中,高级语言包括 Basic、Pascal、Fortran、C 语言等。目标程序是指直接用计算机可以识别的机器语言编写的程序,或者源程序经过"翻译"后得到的可以在计算机上运行的机器语言程序。

以软件的用途分类,可以将计算机软件分为系统软件和应用软件。系统软件是指管理计算机硬件正常运行,控制和监督其他软件在计算机中正常执行的软件,主要包括操作系统、编译系统、数据库管理系统、网络管理系统等。应用软件是指针对不同专业领域的不同需求而设计的用于数据处理或不同类型运算的软件。

以软件标准化程度分类,可以将计算机软件分为专用软件和通用软件。专用软件又叫定制软件,是指专门为某个或某类用户的专门要求而单独设计的软件。通用软件又叫通用商业软件,是指能够适用于多行业、多领域、多机型的综合性软件,由于其适用性广泛,因此功能较强,一般是由专门的软件厂商加以设计、开发的,并可根据社会的需求不断更新、升级。通用软件中既包括应用软件,也包括系统软件。

从软件的法律状态,或者说从软件的传播方式、使用方式上,可以把软件分为公共软件和专有软件两大类,而专有软件又可分为自由软件、共享软件、商业软件等几类。

(三)成为软件著作权对象的条件

计算机软件要享有著作权法保护,必须符合一定的条件。我国《软件条例》第四条规定:"受本条例保护的软件必须由开发者独立开发,并已固定在某种有形物体上。"

首先,软件必须是由开发者独立开发的。软件作为文字作品受到著作权法保护,就必须符合著作权法对作品的独创性要求。对软件而言,独创性即独立开发,而非复制、抄袭剽窃他人已开发的软件。当然,软件的独创性不同于专利法中的创造性。另外,根据著作权法的思想表达二分法原则,独立开发与他人软件功能相同或类似的软件,不但不构成侵权,而且依法享有软件著作权保护。

其次,软件必须已经固定在某种有形物体上。受著作权法保护的作品应是固定于一定载体上的作者思想的表达。存在于软件开发者头脑中的软件设计思想或者软件内容本身都不能获得著作权保护,只有软件的内容通过客观手段表达出来,能够为人所感知时,才能获得著作权法保护。用于固定软件的有形物体是指一定的储存介质,目前最常用的是磁盘(硬盘和软盘)、光盘,还应包括早期使用的打孔纸带、打孔卡,也包括最原始的纸张。

(四)软件著作权对象的限制

著作权法保护只延及作品的表达而不延及作品的思想,即思想表达二分法,是世界各国公认的著作权法基本原则,也是 TRIPs 协议的要求。软件著作权法保护也必须体现思想表达二分法原则。我国《软件条例》第六条明确规定:"对软件著作权的保护不延及开发软件所用的思想、处理过程、操作方法或者数学概念等。"

软件著作权保护不延及开发软件所用的思想、处理过程、操作方法或者数学概念等,是指这些对象不是著作权法保护的对象,不能享有著作权。数学概念本身就不能成为知识产权的对象;处理过程和操作方法本身不能成为著作权对象,但是可以通过其他方式得到知识产权,如果符合专利法的要求就能得到专利。

当然,除了上述对象不是软件著作权对象外,还有一些对象也可能是软件著作权保护的排除对象,主要包括:

(1)过于简单的计算机程序。过于简单的计算机程序,因过于简单、一般,缺乏起码的独创性,而不应享有著作权。

(2)思想表达归一的程序。某一程序是实现某一功能的唯一方法,则该程序也不应享有著作权。

(3)程序设计语言本身。程序设计语言本身并不是表达,而是用来表达软件开发者思想的一种工具。

(4)算法。算法属于思想范畴,不应受著作权保护,但程序作为算法的表达可以获得著作权法保护。

第三节 专利权的对象

专利权的对象,也称专利权客体,是指能取得专利权,可以受专利法保护的发明创造。我国《专利法》第二条规定:"本法所称的发明创造是指发明、实用新型和外观设计。"由此可见,作为我国专利权的对象就是发明创造,包括发明、实用新型和外观设计。在日常生活中,人们将"发明创造"一词等同于"发明"的含义,通常泛指为"新的"东西。但在专利法中,"发明创造"一词有其特定含义,是发明、实用新型和外观设计的合称。

一、发明

发明是专利法保护的主要对象。凡是实行专利制度的国家,都以专利来保护发明。

(一) 发明的概念

一般意义上的发明是指创制或者设计出某种前所未有的东西。例如,我国古代的指南针、造纸术、印刷术、火药就是发明。但是,作为专利法上所说的发明,与一般意义上的发明并不完全相同。专利法所要求的含义比通常所说的发明更要严一些、窄一些。WIPO《发展中国家发明示范法》(1979年)对发明的定义是:"发明是发明人的一种思想,这种思想能够在实践中解决技术领域里的一个具体问题。"日本专利法给发明所下的定义是"利用自然规律的技术思想的高度创造"。可见,专利法中所指的发明是一种技术解决方案,技术方案是申请人对其要解决的技术问题所采取的利用了自然规律的技术特征的集合,它一旦付诸实施,就能够解决技术领域中的某一项具体技术问题。

我国《专利法》第二条第(二)款规定:"发明,是指对产品、方法或者其改进所提出的新的技术方案。"

首先,发明是一种技术方案,而技术则是在利用自然规律或法则的基础上发展起来的各种工艺操作方法或生产技能,以及相应的生产工具、物资设备等。从这种意义上讲,发明是利用自然规律的结果,而没有利用自然规律的方案则不属技术方案,故而也不应称其为发明。因此,自然规律本身、科学发现和科学理论不是专利法意义上的发明。科学发现和科学理论只是人们对自然界中客观存在的未知物质、现象或变化过程的认识和对其规律的总结,不是利用自然规律去能动地改造世界,因而不属于专利法所称的发明。例如,发现闭合导体在磁场中作切割磁力线运动会产生电流并不能申请专利,但根据该原理制造出发电机就显然是一种可获专利保护的发明。此外,智力活动的规则和方法也不是专利法意义上的发明。经济活动和行政管理工作等方面的计划、规则和方法等,由于只涉及人类社会活动的规则,没有利用自然力或自然规律,因而也不属于专利法意义上的发明。其他智力活动的规则和方法,例如下棋规则、游戏规则、汉语拼音方案、提高记忆力的方法等,由于只是指导人们判断、记忆、推理、分析的规则和方法,不具有技术内容,也不能成为专利法意义上的发明。

其次,发明还必须是一种具体的、科学的、新的技术方案。发明应能够解决特定的技术难题,具有一定的实用性,它不是单纯地提出课题或者设想。虽然专利法并不要求发明必须是已经完全实施或已转化为客观存在的产品,但这个技术方案必须是科学的、行之有效的,即只要发明人付诸行动,就可以通过该方案产生技术效果。如永动机、水变油等就不是发明。专利法意义上的发明与现有技术相比必须是前所未有的,并且创造性要达到一定的高度,与现有技术相比必须有实质性的显著进步。

(二) 发明的类型

按不同的划分标准,可以对发明进行不同的分类。例如,按发明的完成状况,可将其分为完成发明和未完成发明;按完成发明的人数,可将其分为独立发明和共同发明;按发明的权利归属,可将其划分为职务发明和非职务发明;按发明间的依赖或制约关系,可将其划分为基本发明和改良发明。我国专利法上的发明是指对产品、方法及其改进所提出的新的技术方案。因此,按照我国专利法的规定,发明分为产品发明和方法发明两大类。

产品发明指经过人们智力劳动创造出来的各种制成品或者产品。这些产品是自然界中从未有过的,靠发明人的创造性劳动才得以出现,例如机器、仪器、设备、装置、用具和各种物质等。这种发明可以是一种独立的产品,也可以是一种产品的一个部件。如要细分,可以分为:①物品发明,包括各种制成品和用品;②物质发明,包括化合物、饮食品、药品等;③材料发明,包括合金、玻璃、陶瓷、水泥等。如果一项制品完全处于自然状况下,未经过人们的创制加工就存在,就不是我国专利法规定的可以取得发明专利的制品。例如,自然界中自然存在的某种野生药材经过自然杂交而产生了另一种新药材,这种药材虽然是新的,但它未经过人工的创制、培植,也就不是专利法要求的产品发明。

方法发明是指把一个对象或者某一种物质改变为另一种对象或者物质所利用的手段,以使它们在质量上产生新改变或者成为另一种物质或者物品。也就是指系统地作用于一个物品或者物质,使之发生新的质变成为另一种物品或者物质的发明;这种方法发明可以是机械方法发明,如能量传递方法的发明;可以是化学方法发明,如通过分子内部的转化获得新物质的方法发明;可以是生物方法发明,如培养微生物方法的发明;还可以是其他方法的发明,如操作方法、通信方法、测试与计量方法,等等。

专利法保护的发明也可以是对现有产品或方法的改进。绝大多数发明都是对现有技术的改进。例如,对某些技术特征进行新的组合,对某些技术特征进行新的选择等,只要这种组合或选择产生了新的技术效果,就是可以获得专利保护的发明。例如,爱迪生发明白炽灯,而美国通用电器公司发明了给白炽灯充惰性气体的生产方法,从而使白炽灯的质量和寿命得到改善,这就是改进发明。

二、实用新型

世界各国有关实用新型保护的立法模式各不相同。例如,德国、日本、韩国等以专门立法保护实用新型,而我国则用专利法来保护实用新型。

我国《专利法》第二条第(三)款规定:"实用新型,是指对产品的形状、构造或者其结合所提出的适于实用的新的技术方案。"

首先,实用新型必须是一种产品,而且是经过工业方法制造的、占据一定空间的实体。一切有关方法(包括产品的用途)以及未经人工制造的自然存在的物品都不属于实用新型专利的保护客体。例如,一种齿轮的制造方法、工作间的除尘方法、数据处理方法、自然存在的雨花石等不能成为实用新型专利的对象。

其次,实用新型所涉及的产品必须具有一定的形状或构造。产品的形状是指产品所具有的、可以从外部观察到的确定的空间形状。对产品形状所提出的技术方案可以是对产品的三维形态的空间外形所提出的技术方案,例如对凸轮形状、刀具形状作出的改进;也可以是对产品的二维形态所提出的技术方案,例如对型材的断面形状的改进。无确定形状的产品,如气态、液态、粉末状的物质或材料,其形状不能作为实用新型产品的形状特征。产品的构造是指产品的各个组成部分的安排、组织和相互关系。产品的构造可以是机械构造,也可以是线路构造。机械构造是指构成产品的零部件的相对位置关系、连接关系和必要的机械配合关系等,线路构造是指构成产品的元器件之间的确定的连接关系。物质的分子结构、组分不属于实用新型专利给予保护的产品的构造。

再次,实用新型必须是一种新的技术方案。实用新型实质上是发明的一部分,只是实用新型较之发明,其创造性水平低一些,因而人们把它称为"小发明",把取得专利权的实用新型称为"小专利"。

另外,直接作用于人体的电、磁、光、声、放射或其结合的医疗器具可以归入实用新型专利保护范围,但其关系到人们的健康和生命安全,因此对这类产品的实用新型申请授予专利权时,审查员将明确告知申请人该申请的授权决定只是根据专利法有关初步审查的要求作出的,并不意味着该专利产品具备了市场准入的条件,专利权人在实施该专利之前应该根据相关法规办理相应的审批手续。

三、外观设计

外观设计,是指对产品的形状、图案或者其结合以及色彩与形状、图案的结合所作出的富有美感并适于工业应用的新设计。外观设计所涉及的不是技术上的发明创造,而是以工业方法应用于产品上的某种艺术性设计。外观设计在日本称为意匠,在台湾称为新式样。

首先,外观设计的载体必须是产品。产品是指任何用工业方法生产出来的物品。不能重复生产的手工艺品、农产品、畜产品、自然物不能作为外观设计的载体。照片、风景画、雕塑等艺术图案只有运用到脸盆、暖瓶等产品载体上,才可申报外观设计专利。否则,只能认为是一种美术作品,可以受著作权法的保护,而不能作为外观设计受到专利法的保护。

其次,构成外观设计的是产品的形状、图案或者其结合以及色彩与形状、图案的结合。形状是指对产品造型的设计,也就是指产品外部的点、线、面的移动、变化、组合而呈现的外表轮廓,即对产品的结构、外形等同时进行设计、制造的结果。图案是指由任何线条、文字、符号、色块的排列或组合而在产品的表面构成的图形。图案可以通过绘图或其他能够体现设计者的图案设计构思的手段制作。色彩是指用于产品上的颜色或者颜色的组合,制造该产品所用材料的本色不是外观设计的色彩。

再次,外观设计是适于工业应用的新设计。适于工业应用,是指该外观设计能应用于产业上并形成批量生产。牙雕、玉雕、壁画等艺术品,由于不可能重复进行批量生产,因而不能取得外观设计专利权。

最后,外观设计必须富有美感。外观设计的功能只是为了美化产品,它仅是工业产品的具有装饰性的或者艺术性的外表,目的在于满足人们对产品在视觉和感官等精神方面的要求,吸引人的注意力,丰富消费者的生活,从而增强产品在市场上的竞争力。这里的美感是指在产品外部的形状、色彩和图案上表现出来的,通过视觉才能得到的美的感受。富有美感是一种带有主观因素的条件,所以只能以大多数人的喜好为准。

四、发明、实用新型及外观设计之间的区别

(一)实用新型与发明的区别

实用新型和发明都是一种技术方案,但是二者又有着区别,主要表现为:

(1)保护对象不同。发明专利把各种技术方案都作为保护对象,对于符合要求的各种产品和方法都可以授予发明专利;而实用新型专利只适用于产品,不适用于工艺方法,且产品还必须具有一定的形状、构造。

（2）专利性要求不同。专利法要求发明的创造性水平较高些，要求实用新型的创造性水平低一些。对发明，要求与申请日以前已有技术相比有突出的实质性特点和显著进步；而对实用新型，只要求与申请日以前已有技术相比有实质性特点和进步。

（3）审批程序不同。对发明专利申请，实行早期公开延迟审查的实质审查制度；而对实用新型专利申请，则不进行实质审查。

（4）保护期限不同。实用新型专利的保护期较发明专利的保护期短。专利法规定，实用新型专利权的保护期为十年，发明专利权的保护期为二十年。

从上述比较可以看出，实用新型对一些"短、平、快"的科技成果特别适合，对一些重大发明可以起到补充保护的作用。

（二）外观设计与实用新型的区别

外观设计专利和实用新型专利在专利取得的程序和方式、专利权的保护期限等方面均有相同之处，它们都是发明、设计人对产品所作出的发明创造，但究其实质两者仍有不同之处。具体表现在：

（1）外观设计专利保护的是产品外表的设计，不涉及产品本身的技术性能；而实用新型专利保护的范围既涉及产品的外形和外部结构，也涉及产品的内部构造。

（2）外观设计的目的是利用美学原理达到美感效果，而不重视技术效果；但实用新型作为一种技术方案，旨在实现一定的技术效果。

（3）外观设计把产品作为载体，仅对其外表进行独立设计；而实用新型的创造性方案与产品本身融为一体，体现于产品本身。

（4）实用新型产品必须以固定的立体形态存在；而外观设计产品可以是立体的，也可以是平面的。

五、专利权对象的限制

对发明创造授予专利权必须有利于科学技术的发展和适应社会公共利益的需要，并非所有的发明创造都可以授予专利权。考虑到国家和社会的利益，专利法对专利权对象作出了限制性规定，包括"违反法律、社会公德或者妨害公共利益的发明创造""违法获得或利用遗传资源完成的发明创造"和"不授予专利权的对象"三方面。

（一）违反法律、社会公德或者妨害公共利益的发明创造

发明创造的目的是为了维护国家、集体和个人的合法权益。因此，违反法律、社会公德或者妨害公共利益的发明创造不授予专利权。

发明创造违反法律，是指一项发明创造的目的本身为我国法律明文禁止或者与我国法律相违背。例如，由于赌博、吸毒、伪造公文印章是我国刑法等法律所禁止的，因此有关专门用于赌博的设备、机器或工具，吸毒者的器具，伪造国家货币、票据、公文、证件、印章、文物的设备等的发明创造，都属于违反国家法律的发明创造，不能被授予专利权。

如果发明创造的目的并没有违反国家法律，只是不按正常方法予以应用有可能导致违反国家法律的后果，则不能因为该发明创造的滥用会违反国家法律而拒绝对此类发明创造

授予专利权,例如以治疗疾病为目的的麻醉品、镇静剂、兴奋剂,以及以娱乐为目的的游戏机、棋牌等。《专利法实施细则》第十条明确规定:"专利法第五条所称违反法律的发明创造,不包括仅其实施为国家法律所禁止的发明创造。"

妨害公共利益,是指发明创造的实施或使用会给公众或社会造成危害,或者会使国家和社会的正常秩序受到影响。例如,会严重污染环境、损害珍贵资源、破坏生态平衡、致人伤残或者造成其他危害的发明创造,即为妨害公共利益的发明创造,不能授予专利权。但是,如果因为对发明创造的滥用而可能造成妨害公共利益的,或者发明创造在产生积极效果的同时存在某种缺点的,例如对人体有某种副作用的药品、放射性诊断治疗设备,则不能以"妨害公共利益"为理由拒绝授予专利权。

(二) 违法获得或利用遗传资源完成的发明创造

《专利法》第五条第(二)款规定:"对违反法律、行政法规的规定获取或者利用遗传资源,并依赖该遗传资源完成的发明创造,不授予专利权。"如果作出这类发明创造的目的本身违反法律、社会公德或者妨碍公共利益,则直接属于第一类限制对象而不授予专利权。本类发明创造之所以不授予专利权,是因为其所依赖的遗传资源在获取或者利用过程中违反了我国关于遗传资源管理、保护的法律或者行政法规。如果对这类发明创造授予专利权,不仅会助长非法利用我国遗传资源的恶劣行为,还可能由于专利权人享有的独占权而阻碍我国对遗传资源的进一步利用和对该发明创造的应用。

(三) 不授予专利权的对象

《专利法》第二十五条规定:"对下列各项,不授予专利权:(一)科学发现;(二)智力活动的规则和方法;(三)疾病的诊断和治疗方法;(四)动物和植物品种;(五)用原子核变换方法获得的物质;(六)对平面印刷品的图案、色彩或者二者的结合作出的主要起标识作用的设计。对前款第(四)项所列产品的生产方法,可以依照本法规定授予专利权。"

1. 科学发现

科学发现是人们对自然界中客观存在的未知物质、现象、变化过程及其特性的发现、认识和规律的总结。发现属于人类认识世界的范畴,并未对客观世界作出任何技术性的改造,因此不能被授予专利权。例如,天然金刚石是自然界客观存在的物质,发现它不能授予专利权。但人造金刚石却可以授予专利权。单纯的发现不能取得专利,但如果将发现付诸应用,制造出一种产品,开发出一种方法,或者提供一种用途,则构成了一项发明,可以被授予专利权。例如,牛顿的万有引力定律是客观存在的规律,不能授予专利权;但利用这一规律作出的各种发明,如离心机等是可以授予专利权的。如果对某种自然规律、定理、自然物被授予专利权,则会产生科学知识上的垄断,反而阻碍科学进步。

2. 智力活动的规则和方法

智力活动是指人的思维运动,它源于人的思维,经过推理、分析和判断产生出抽象的结果,或者必须经过人的思维运动作为媒介才能间接地作用于自然产生结果,它仅是指导人们对信息进行思维、识别、判断和记忆的规则和方法。由于其没有采用技术手段或者利用自然法则,也未解决技术问题和产生技术效果,因而不构成技术方案。因此,智力活动的规则和方法不能被授予专利权。

在判断涉及智力活动的规则和方法的发明专利申请是否属于可授予专利权的对象时,应当遵守以下原则:

(1) 如果一项发明仅仅涉及智力活动的规则和方法,亦即智力活动的规则和方法本身,则不应当被授予专利权。例如,交通行车规则、时间调度表、比赛规则;演绎、推理和运筹的方法;图书分类规则、字典的编排方法、情报检索的方法、专利分类法;日历的编排规则和方法;各种语言的语法、汉字编码方法;计算机的语言及计算规则;速算法或口诀;数学理论和换算方法;心理测验方法;教学、授课、训练和驯兽的方法;各种游戏、娱乐的规则和方法;统计、会计和记账的方法;乐谱、食谱、棋谱;等等。

(2) 如果一项发明就整体而言并不是一种智力活动的规则和方法,但是发明的一部分属于智力活动的规则和方法,则不应当完全排除其获得专利权的可能性,需要具体分析。如果发明对于现有技术的贡献仅仅在于属于智力活动的规则和方法的部分,则应将该发明视为智力活动的规则和方法,不授予其专利权;如果发明对于现有技术的贡献不在于或不仅仅在于属于智力活动的规则和方法的部分,则不能拒绝授予其专利权。

在此存在争议的是计算机程序是否为技术发明,是否可以获得专利权。涉及计算机程序的发明专利申请是否属于智力活动的规则和方法,以下将作专门讨论。

3. 疾病的诊断和治疗方法

疾病的诊断和治疗方法是指以有生命的人体或者动物体为直接实施对象,进行识别、确定或消除病因或病灶的过程。由于人道主义的考虑和社会伦理的原因,医生在诊断和治疗过程中应当有选择各种方法和条件的自由。另外,这类方法直接以有生命的人体或动物体为实施对象,无法在产业上利用,不属于专利法意义上的发明创造,因此不能被授予专利权。

但是,用于实施疾病诊断和治疗方法的仪器或装置,以及在疾病诊断和治疗方法中使用的物质或材料属于可被授予专利权的客体。

4. 动物和植物品种

专利法所称的动物,是指不能自己合成,而只能靠摄取自然的碳水化合物及蛋白质来维系其生命的生物。专利法所称的植物,是指可以借助光合作用,以水、二氧化碳和无机盐等无机物合成碳水化合物、蛋白质来维系生存,通常不发生移动的生物。动物和植物品种可以通过专利法以外的其他法律保护。例如,植物新品种可以通过《植物新品种保护条例》给予保护。

但是,对动物和植物品种的生产方法,可以授予专利权。这里所说的生产方法是指非生物学的方法,不包括生产动物和植物主要是生物学的方法。

5. 原子核变换方法和用该方法获得的物质

原子核变换方法以及用该方法获得的物质,关系到国家的经济、国防、科研和公共生活的重大利益,不宜为单位或私人垄断,因此不能被授予专利权。

原子核变换方法,是指使一个或几个原子核经分裂或者聚合,形成一个或几个新原子核的过程,这些变换方法不能被授予专利权。但是,为实现原子核变换而增加粒子能量的粒子加速方法,为实现核变换方法的各种设备、仪器及其零部件等,属于可授予专利权的客体。

用原子核变换方法所获得的物质,主要是指用加速器、反应堆以及其他核反应装置生产、制造的各种放射性同位素,这些同位素不能被授予专利权。但是这些同位素的用途以及使用的仪器、设备属于可授予专利权的客体。

6. 对平面印刷品的图案、色彩或者二者的结合作出的主要起标识作用的设计

"平面印刷品"主要指平面包装袋、瓶贴、标贴等用于装入被销售的商品,或者用于附着于其他产品之上、不单独向消费者出售的二维印刷品;"主要起标识作用"是指二维印刷品的图案、色彩,或者二者的结合主要用于让消费者识别被装入的商品或者被附着的产品的来源或者生产者,而不是用于使被装入的商品外观或者被附着的产品外观本身"富有美感"而吸引消费者。应当注意的是,能够产生识别产品来源或者生产者作用的标识并不限于商标标识或者厂家名称,只要二维印刷品的图案、色彩或者其结合主要用于产生标识作用,就属于被排除的范围。

需要指出的是,尽管床单、窗帘、布匹等纺织品也是二维产品,但不属于"平面印刷品";纺织品的花色或者图案通常也不是"主要起标识作用",因此对这些纺织品的外观设计不在被排除的范围之内。

六、涉及计算机程序的发明

计算机软件具有功能性和作品性的双重性质。由于著作权法只保护作品的表达,而对作品中所蕴涵的观念、概念、原理、发现等思想观念则不予保护,这使国际社会在软件保护实践中深感著作权法的不足,于是人们开始重新寻求专利法的保护。

在计算机软件出现之初及后来的发展过程中,世界各国几乎无一例外地参照美国的做法,排除了对计算机软件的专利保护,认为计算机软件属于数字法则或方法,不属于专利法意义上的技术方案。但随着软件技术的迅速发展,自20世纪80年代以来各国对应用软件作为技术方案给予专利保护的呼声增高。尤其是美国在1981年著名的Diamond v. Dieher案(450 U.S.175(1981))中,最高法院首次公开了一项计算机程序与硬件结合具有专利性的判决。1991年,在东京召开的第三次计算机软件法律保护国际会议上,肯定了国际上用专利法保护软件的发展趋势。

我国2010年版《专利审查指南》第二部分第九章专门规定了涉及计算机程序的发明专利申请的审查。

涉及计算机程序的发明是指为解决发明提出的问题,全部或部分以计算机程序处理流程为基础,通过计算机执行按上述流程编制的计算机程序,对计算机外部对象或者内部对象进行控制或者处理的解决方案。所说的对外部对象的控制或处理,包括对某种外部运行过程或外部运行装置进行控制,对外部数据进行处理或者交换等;所说的对内部对象进行控制或者处理,包括对计算机系统内部性能的改进,对计算机系统内部资源的管理,对数据传输的改进等。涉及计算机程序的解决方案并不必须包含对计算机硬件的改变。

(一) 涉及计算机程序的发明专利申请的审查基准

《专利审查指南》首先强调《专利法》第二十五条第(二)款的规定:"对智力活动的规则和方法不授予专利权。"这里所说的智力活动的规则和方法,包括数学方法以及一切属于以人的抽象思维、主观意念或者感觉为特征的非技术方案。《专利法》第二条第(二)款规定,专利法所称的发明"是指对产品、方法或者其改进所提出的新的技术方案"。因此,涉及计算机程序的发明专利申请也必须是一种符合这一条款要求的新的技术方案。

对涉及计算机程序的发明专利申请的审查,《专利审查指南》规定:

(1) 如果一项权利要求仅仅涉及一种算法或数学计算规则,或者计算机程序本身或仅仅记录在载体(例如磁带、磁盘、光盘、磁光盘、ROM、PROM、VCD、DVD或者其他的计算机可读介质)上的计算机程序,或者游戏的规则和方法等,则该权利要求属于智力活动的规则和方法,不属于专利保护的客体(对象,下同)。

如果一项权利要求除其主题名称之外,对其进行限定的全部内容仅仅涉及一种算法或者数学计算规则,或者程序本身,或者游戏的规则和方法等,则该权利要求实质上仅仅涉及智力活动的规则和方法,不属于专利保护的客体。

例如,仅由所记录的程序限定的计算机可读存储介质,或者一种计算机程序产品,或者仅由游戏规则限定的、不包括任何技术性特征,例如不包括任何物理实体特征限定的计算机游戏装置等,由于其实质上仅仅涉及智力活动的规则和方法,因而不属于专利保护的客体。但是,如果专利申请要求保护的介质涉及其物理特性的改进,例如叠层构成、磁道间隔、材料等,则不属此列。

(2) 除了上述(1)所述的情形之外,如果一项权利要求在对其进行限定的全部内容中既包含智力活动的规则和方法,又包含技术特征,例如在对上述游戏装置等限定的内容中既包括游戏规则,又包括技术特征,则该权利要求就整体而言并不是一种智力活动的规则和方法,不应当排除其获得专利权的可能性。

根据专利法的规定,专利法所称的发明是指对产品、方法或者其改进所提出的新的技术方案。涉及计算机程序的发明专利申请只有构成技术方案才是专利保护的客体。

如果涉及计算机程序的发明专利申请的解决方案执行计算机程序的目的是解决技术问题,在计算机上运行计算机程序从而对外部或内部对象进行控制或处理所反映的是遵循自然规律的技术手段,并且由此获得符合自然规律的技术效果,则这种解决方案属于专利法所说的技术方案,属于专利保护的客体。

如果涉及计算机程序的发明专利申请的解决方案执行计算机程序的目的不是解决技术问题,或者在计算机上运行计算机程序从而对外部或内部对象进行控制或处理所反映的不是利用自然规律的技术手段,或者获得的不是受自然规律约束的效果,则这种解决方案不属于专利法所说的技术方案,不属于专利保护的客体。

例如,如果涉及计算机程序的发明专利申请的解决方案执行计算机程序的目的是为了实现一种工业过程、测量或测试过程控制,通过计算机执行一种工业过程控制程序,按照自然规律完成对该工业过程各阶段实施的一系列控制,从而获得符合自然规律的工业过程控制效果,则这种解决方案属于专利法所说的技术方案,属于专利保护的客体。

如果涉及计算机程序的发明专利申请的解决方案执行计算机程序的目的是为了处理一种外部技术数据,通过计算机执行一种技术数据处理程序,按照自然规律完成对该技术数据实施的一系列技术处理,从而获得符合自然规律的技术数据处理效果,则这种解决方案属于专利法所说的技术方案,属于专利保护的客体。

如果涉及计算机程序的发明专利申请的解决方案执行计算机程序的目的是为了改善计

算机系统内部的性能,通过计算机执行一种系统内部性能改进程序,按照自然规律完成对该计算机系统各组成部分实施的一系列设置或调整,从而获得符合自然规律的计算机系统内部性能改进效果,则这种解决方案属于专利法所说的技术方案,属于专利保护的客体。

(二) 涉及计算机程序的发明专利申请审查示例

根据上述审查基准,《专利审查指南》给出了涉及计算机程序的发明专利申请的审查示例。

1. 属于智力活动的规则和方法的涉及计算机程序的发明专利申请的审查示例

属于专利法规定的智力活动的规则和方法范围之内的涉及计算机程序的发明专利申请,不属于专利权的对象。

【例 2.1】 利用计算机程序求解圆周率的方法

(1) 申请内容概述

发明专利申请的解决方案是一种利用计算机程序求解圆周率的方法,该方法首先将一正方形的面积用均匀的足够精确的"点"进行划分,再作此正方形的内切圆,然后执行一个计算机程序来求解圆周率 π,该计算机程序先对上述正方形内均匀分布的"点"进行脉冲计数,然后按照如下公式进行计算求出圆周率 π:

$$\pi = \frac{\sum 圆内"点"计数值}{\sum 正方形内"点"计数值} \times 4$$

在计算中,若取样的"点"划分得越多越细,则圆周率的值也就计算得越精确。

(2) 申请的权利要求

一种利用计算机程序求解圆周率的方法,其特征在于包括以下步骤:

① 计算一个正方形内"点"的数目;

② 经计算该正方形内切圆内"点"的数目;

③ 根据公式 $\pi = \frac{\sum 圆内"点"计数值}{\sum 正方形内"点"计数值} \times 4$ 来求解圆周率。

(3) 分析及结论

这种解决方案仅仅涉及一种由计算机程序执行的纯数学运算方法或者规则,本质属于人的抽象思维方式,因此,该发明专利申请属于专利法规定的智力活动的规则和方法,不属于专利保护的客体。

【例 2.2】 一种自动计算动摩擦系数 μ 的方法

(1) 申请内容概述

发明专利申请的解决方案涉及一种使用计算机程序计算动摩擦系数 μ 的方法。测量动摩擦系数的传统方法是采用一种装置以固定速度牵引被测绳状物,分别测出摩擦片的位置变化量 S_1 和 S_2,再按下列公式: $\mu = (\lg S_2 - \lg S_1)/e$ 计算出被测绳状物的动摩擦系数 μ。

(2) 申请的权利要求

一种利用计算机程序实现自动计算动摩擦系数 μ 的方法,其特征在于包括以下步骤:

① 计算摩擦片的位置变化量 S_1 和 S_2 的比值;

② 计算变化量的比值 S_2/S_1 的对数 $\lg S_2/S_1$；

③ 求出对数 $\lg S_2/S_1$ 与 e 的比值。

(3) 分析及结论

这种解决方案不是对测量方法的改进，而是一种由计算机程序执行的数值计算方法，求解的虽然与物理量有关，但求解过程是一种数值计算，该解决方案整体仍旧属于一种数学计算方法。因此，该发明专利申请属于专利法规定的智力活动的规则和方法，不属于专利权的对象。

【例 2.3】 一种全球语言文字通用转换方法

(1) 申请内容概述

现有的自动翻译系统只是一对一、一对多或者多对多的语言处理系统，其存在的问题是程序复杂、各种词性的词性标注方式不同、数量繁多且复杂。针对上述缺陷，发明专利申请提供一种统一的、针对全球任意多种语言进行翻译的方法，利用与世界语辅助语标注方式相同的"全球语言文字输入方法"实现不同语言在语法、句法上一体化，在语言转换时，使用世界语和世界语辅助语作为机器翻译的中介语。

(2) 申请的权利要求

一种利用计算机进行全球语言文字通用转换的方法，包括以下步骤：

① 将全球语言文字统一在单词后先以辅音字母标词法，后以辅音字母标句法的方式，形成与各种录入语言相对应的录入语言辅助语；

② 利用中介语与录入的语言辅助语的对应关系进行语言转换，所述中介语为世界语和世界语辅助语；

③ 其特征在于，所述录入时的标词法和标句法方式与形成世界语辅助语的标词法和标句法方式相同，其中标词法方式为：－m 为名词，－x 为形容词，－y 为复数，－s 为数量词，－f 为副词；所述标句法的方式为：－z 为主语，－w 为谓语，－d 为定语，－n 为宾语，－b 为补语，其包括表语，－k 为状语。

(3) 分析及结论

这种解决方案虽然在主题名称中包括有计算机，但对其限定的全部内容只是利用统一的翻译中介语，通过人为规定全球语言文字的录入规则，实现对全球语言进行统一方式的翻译转换。该解决方案不是对机器翻译方法的改进，没有在机器翻译上体现不同语言文字自身固有的客观语言规律与计算机技术结合的改进，而是根据发明人自己的主观认识对语言文字转换规则进行重新规定和定义，所体现的只是录入语言辅助语与中介语的对应关系被统一于世界语辅助语的标词和标句规则，其本质属于专利法规定的智力活动的规则和方法，不属于专利权的对象客体。

2. 属于专利权对象的涉及计算机程序的发明专利申请的审查示例

为了解决技术问题而利用技术手段，并获得技术效果的涉及计算机程序的发明专利申请属于《专利法》第二条第(二)款规定的技术方案，因而属于专利保护的客体。

【例 2.4】 一种控制橡胶模压成型工艺的方法

(1) 申请内容概述

发明专利申请涉及一种利用计算机程序对橡胶模压成型工艺进行控制的方法，该计算机程序可以精确、实时地控制该成型工艺中的橡胶硫化时间，克服了现有技术的橡胶模压成型工艺过程中经常出现的过硫化和欠硫化的缺陷，使橡胶产品的质量大为提高。

(2) 申请的权利要求

一种采用计算机程序控制橡胶模压成型工艺的方法，其特征在于包括以下步骤：

① 通过温度传感器对橡胶硫化温度进行采样；
② 响应所述的硫化温度计算橡胶制品在硫化过程中的正硫化时间；
③ 判断所述的正硫化时间是否达到规定的正硫化时间；
④ 当所述的正硫化时间达到规定的正硫化时间时即发出终止硫化信号。

(3) 分析与结论

该解决方案是利用计算机程序控制橡胶模压成型工艺过程，其目的是为了防止橡胶的过硫化和欠硫化，解决的是技术问题。该方法通过执行计算机程序完成对橡胶模压成型工艺进行的处理，反映的是根据橡胶硫化原理对橡胶硫化时间进行精确、实时控制，利用的是遵循自然规律的技术手段，由于精确实时地控制硫化时间，从而使橡胶产品的质量大为提高，所获得的是技术效果。因此，该发明专利申请是一种通过执行计算机程序实现工业过程控制的解决方案，属于专利法规定的技术方案，属于专利权的对象客体。

【例 2.5】 一种扩充移动计算设备存储容量的方法

(1) 申请内容概述

现有移动计算设备，例如便携式计算机、手机等，由于其体积以及便携性的要求，通常使用存储容量较小的闪存卡作为存储介质，使得移动计算设备由于受到存储容量的限制而不能处理需要大存储容量的多媒体数据，因而在移动计算设备上无法应用多媒体技术。发明专利申请提供了一种利用虚拟设备文件系统来扩充移动计算设备的存储容量的方法，使移动计算设备能够将服务器上的大容量存储空间用于本地应用。

(2) 申请的权利要求

一种利用虚拟设备文件系统来扩充移动计算设备的存储容量的方法，其特征在于包括以下步骤：

① 在移动计算设备上建立一个虚拟设备文件系统模块，并挂入移动设备的操作系统；
② 通过虚拟设备文件系统模块，向移动计算设备上的应用提供一个虚拟的存储空间，并把对这个虚拟存储空间的读写请求通过网络发送到远端服务器；
③ 在远端服务器上，把从移动计算设备传来的读写请求转化为对服务器上本地存储设备的读写请求，并把读写的结果通过网络传回移动计算设备。

(3) 分析与结论

该解决方案是一种改进移动计算设备存储容量的方法，解决的是如何增加便携式计算机等移动计算设备的有效存储容量的技术问题。该方法通过执行计算机程序实现对移动计算设备内部运行性能的改进，反映的是利用虚拟设备文件系统模块在本地计算机上建立虚拟存储空间，将对本地存储设备的访问转化为对服务器上的存储设备的访问，利用的是遵循自然规律的技术手段，获得移动计算设备对数据的存储不受其本身存储容量限制的技术效果。因此，该发明专利申请是一种通过执行计算机程序实现计算机系统内部性能改进的解决方案，属于专利法规定的技术方案，属于专利权的对象。

【例 2.6】 一种去除图像噪声的方法

(1) 申请内容概述

现有技术通常采用均值滤波方式，即用噪声周围的像素点的均值替代噪声的像素值的方式来去除图像噪声,但这会造成相邻像素的灰度差值被缩小,从而产生图像模糊的现象。发明专利申请提出一种去除图像噪声的方法,利用概率统计论中的 3θ 原理,将灰度值落在均值上下三倍方差外的像素点看作是噪声进行去除,而对灰度值落在均值上下三倍方差内的像素点不修改其灰度值,从而既能有效地去除图像噪声,又能够减少因去除图像噪声处理产生的图像模糊现象。

(2) 申请的权利要求

一种去除图像噪声的方法,其特征在于包括以下步骤:

① 获取输入计算机的待处理图像的各个像素数据;

② 使用该图像所有像素的灰度值,计算出该图像的灰度均值及其灰度方差值;

③ 读取图像所有像素的灰度值,逐个判断各个像素的灰度值是否落在均值上下三倍方差内,如果是,则不修改该像素的灰度值,否则该像素为噪声,通过修改该像素的灰度值去除噪声。

(3) 分析与结论

该解决方案是一种图像数据处理方法,所要解决的问题是如何在有效地去除图像噪声的同时,又能够减少因去除图像噪声处理产生的图像模糊现象,是技术问题。该方法通过执行计算机程序实现图像数据的去除噪声处理,反映的是根据具有技术含义的像素数据的灰度均值及其灰度方差值,对灰度值落在均值上下三倍方差内的像素点视为图像信号不修改其灰度值,避免像现有技术那样对所有像素点都用均值替代的缺陷,利用的是遵循自然规律的技术手段,获得既能有效去除图像噪声又能减少因去除图像噪声处理产生的图像模糊现象的效果,同时由于被替换的像素点明显减少,使得系统的运算量减少,图像处理速度和图像质量提高,因而获得的是技术效果。因此,该发明专利申请是一种通过执行计算机程序实现外部技术数据处理的解决方案,属于专利法规定的技术方案,属于专利权的对象。

【例 2.7】 一种利用计算机程序测量液体黏度的方法

(1) 申请内容概述

液体黏度是液体生产和应用过程中一个常用的重要技术指标,通常的液体黏度测量方法是利用一种旋转式测量装置通过人工操作的方式进行的,首先电机带动转子在液体中旋转,转子转动的角度通过指针在刻度盘上扭转的角度反映出来,然后读取刻度盘上的扭转角度,从而测出液体的黏度值。该测量方法存在的问题是测量过程由人工操作完成,测量速度慢,精度低,不适宜在生产现场实时检测。发明专利申请提出一种利用计算机程序控制的黏度测量方法,通过执行计算机程序对液体黏度测量的数据采集、数据处理和数据显示过程进行自动控制,实现在生产现场对液体黏度进行实时检测。

(2) 申请的权利要求

一种利用计算机程序测量液体黏度的方法,其特征在于包括以下步骤:

① 通过前置参数信号处理程序,根据液体种类确定合适的传感探头转速;

② 通过传感探头控制程序启动传感探头,使传感探头在液体中以上述转速做旋转剪切运动,并将传感探头感应到的液体黏滞阻力值变化为电流信号;

③ 通过传感探头信号处理程序,根据上述电流信号计算出液体的黏度值,并将计算得

到的黏度值传送到液晶显示器上显示,或者通过通信接口送入生产控制中心。

(3) 分析与结论

该解决方案是一种测量液体黏度的方法,所要解决的是如何提高液体黏度测量的速度和精度的技术问题。该方法通过执行计算机程序实现对液体黏度测量过程的控制,反映的是对传感探头的转速选定、启动运动状态等传感探头工作过程以及对所采集技术数据的处理过程和测量结果的显示过程进行自动控制,利用的是遵循自然规律的技术手段,从而实现对液体黏度进行现场实时检测,获得提高液体黏度测量的速度和精度的技术效果。因此,该发明专利申请是一种通过执行计算机程序实现测量或测试过程控制的解决方案,属于专利法规定的技术方案,属于专利权的对象。

3. 不属于专利权对象的涉及计算机程序的发明专利申请的审查示例

未解决技术问题,或者未利用技术手段,或者未获得技术效果的涉及计算机程序的发明专利申请,不属于《专利法》第二条第(二)款规定的技术方案,因而不属于专利保护的客体。

【例 2.8】 一种计算机游戏方法

(1) 申请内容概述

就现有的计算机游戏类型而言,一种是通过问答方式达到寓教于乐的目的;另一种是成长类游戏,根据游戏角色的成长来实现游戏角色和游戏环境的变化。发明专利申请要集上述两种游戏类型的优点于一身,通过游戏中的问答方式实现游戏角色和游戏环境的变化。该游戏方法向用户提供一个游戏界面,根据游戏进度,将对应所述游戏进度的问题显示出来,当使用者输入问题答案时,判断上述答案是否正确以决定是否需要改变受用户操作的游戏角色在该计算机游戏中的等级、装备或环境。

(2) 申请的权利要求

一种向用户提供兼具成长类及问答类游戏方式的计算机游戏方法,其特征在于包括以下步骤:

① 提问。当使用者通过计算机游戏装置进入该计算机游戏的游戏环境时,从存储的题目资料、对应该题目资料的答案资料及游戏进度资料中调出对该游戏进度的问题资料,并将问题资料显示给使用者。

② 成绩判断。根据提供的问题资料,判断使用者所输入的答案是否与存储的对应该题目的答案资料一致。若是,则进到下一步骤;若否,则返回提问步骤。

③ 改变游戏状态。依据成绩判断步骤的判断结果及所存储的问答成绩记录资料,决定受使用者操作的游戏角色在该计算机游戏中的等级、装备或环境。若答对问题的次数达到一定的标准,则其等级、装备或环境会升级、增加;若未达到一定的次数标准,则其等级、装备或环境不予改变。

(3) 分析与评述

该解决方案是利用公知计算机执行问答游戏过程控制的程序,从而形成将问答类游戏及成长类游戏结合在一起的计算机游戏方法。该方法通过问答以及改变游戏角色状态的方式,使游戏角色和环境在问答过程中相应变化。该解决方案虽然通过游戏装置进入计算机游戏环境并通过执行计算机程序对游戏过程进行控制,但该游戏装置是公知的游戏装置,对游戏过程进行的控制既没有给游戏装置的内部性能例如数据传输、内部资源管理等带来改进,也没有给游戏装置的构成或功能带来任何技术上的改变。而该方案所要解决的问题是如何根据人的主观意志来兼顾两种游戏的特点,不构成技术问题,采用的手段是根据人为制定的活动规则将问答类游戏和成长类游戏结合的过程进行管理和控制,该效果仍然只是对游戏过程或游戏规则的管理和控制,而不是技术效果。因此,该发明专利申请不属于专利法规定的技术方案,因而不属于专利权的对象。

【例 2.9】 一种以自定学习内容的方式学习外语的系统

(1) 申请内容概述

现有计算机辅助学习系统的学习内容都是由系统预先确定的,因此用户必须学习这些预先确定的内容,而不能根据自己的外语水平需求自行确定学习内容。发明专利申请能够使用户根据自己的需求选择学习资料,并将资料输入到系统中,系统程序将资料中的句子分割为多个句子单元,用户将分割的句子单元重组并输入给系统,系统程序将用户重组的句子与原句子进行比较,并根据预先确定的评分标准给出得分分数,然后将分数输出给学习者。

(2) 申请的权利要求

一种以自定学习内容的方式学习外语的系统,其特征在于包括以下内容:

① 学习机,将选择出的学习资料输入给该学习机;
② 文件接收模块,接收用户所传送的语言文件;
③ 文件分割模块,将所述语言文件分割成至少一个独立句子;
④ 句子分割模块,将所述独立句子分割成多个分割单元;
⑤ 造句式语言学习模块,将所述分割单元输出给用户,并接受用户自己重组的句子,将所述独立句子与用户自己重组输入的句子进行比较,根据预先确定的评分标准给出得分分数,将分数输出给所述学习者。

(3) 分析与评述

该解决方案是利用一组计算机程序功能模块构成学习系统。这些功能模块能够接收用户确定并传送的语言文件,将其中的句子和用户重组的句子进行比较,并将比较结果输出给用户。该系统虽然通过学习机执行计算机程序来实现对学习过程的控制,但该学习机是公知的电子设备,对外语语句所进行的分割、重组、对比和评分既没有给学习机的内部性能带来改进,也没有给学习机的构成或功能带来任何技术上的改变。而该系统解决的问题是如何根据用户的主观愿望确定学习内容,不构成技术问题,所采用的手段是人为制定的学习规则,并按照规则的要求来进行,不受自然规律的约束,因而未利用技术手段。该方法可以使用户根据自身需求自行确定学习内容,进而提高学习效率,所获得的不是符合自然规律的技术效果。因此,该发明专利申请不属于专利法规定的技术方案,因而不属于专利权的对象。

(三) 涉及汉字编码方法及计算机汉字输入方法的发明专利申请

汉字编码方法属于一种信息表述方法,它与声音信号、语言信号、可视显示信号或者交通指示信号等各种信息表述方式一样,解决的问题仅取决于人的表达意愿,采用的解决手段仅是人为规定的编码规则,实施该编码方法的结果仅仅是一个符号/字母数字串,解决的问题、采用的解决手段和获得的效果也未遵循自然规律。因此,仅仅涉及汉字编码方法的发明专利申请属于专利法规定的智力活动的规则和方法,不属于专利保护的客体。

例如,一项发明专利申请的解决方案仅仅涉及一种汉语字根编码方法,这种汉语字根编码方法用于编纂字典和利用字典检索汉字。该发明专利申请的汉字编码方法仅仅是根据发明人的认识和理解，人为地制定编码汉字的相应规则，选择、指定和组合汉字编码码元，形成表示汉字的代码/字母数字串。该汉字编码方法没有解决技术问题，未使用技术手段，且不具有技术效果。因此，该发明专利申请的汉字编码方法属于专利法规定的智力活动的规则和方法，不属于专利权的对象。

但是，如果把汉字编码方法与该编码方法可使用的特定键盘相结合，构成计算机系统处理汉字的一种计算机汉字输入方法或者计算机汉字信息处理方法，使计算机系统能够以汉字信息为指令，运行程序，从而控制或处理外部对象或者内部对象，则这种计算机汉字输入方法或者计算机汉字信息处理方法构成专利法实施细则规定的技术方案，不再属于专利法规定的智力活动的规则和方法，而属于专利权的对象。

对于这种由汉字编码方法与该编码方法所使用的特定键盘相结合而构成的计算机汉字输入方法的发明专利申请，在说明书及权利要求书中应当描述该汉字输入方法的技术特征，必要时，还应当描述该输入方法所使用键盘的技术特征，包括该键盘中对各键位的定义以及各键位在该键盘中的位置等。

例如，发明专利申请的主题涉及一种计算机汉字输入方法，包括从组成汉字的所有字根中选择确定数量的特定字根作为编码码元的步骤、将这些编码码元指定到所述特定键盘相应键位上的步骤、利用键盘上的特定键位根据汉字编码输入规则输入汉字的步骤。

该发明专利申请涉及将汉字编码方法与特定键盘相结合的计算机汉字输入方法，通过该输入方法，使计算机系统能够运行汉字，增加了计算机系统的处理功能。该发明专利申请要解决的是技术问题，采用的是技术手段，并能够产生技术效果，因此该发明专利申请构成技术方案，属于专利权的对象。

第四节 商标权的对象

一、商标的概念和特征

商标是一种用于商品或服务并能够将一生产经营者的商品或服务与其他生产经营者的商品或服务区分开的标志。具体地说，商标是指生产经营者用于把自己的商品或服务与他人的商品或服务区别开的，由文字、图形、字母、数字、三维标志、颜色组合和声音等，以及上述要素组合而构成的标志。例如，"Haier"标志是海尔集团用于其生产的各类家用电器上的标志，这一标志就将海尔集团生产的家用电器与其他公司生产的家用电器区别开来。商标最基本的作用就是用以区分同种商品或服务的不同提供者，即识别商品或服务的来源。

商标作为一种重要的商业标识，具有以下主要特征：

（1）商标是用于商品或服务上的标志，依附于商品或服务而存在。在社会生活中，标志具有相当重要的识别作用。例如，国旗、国徽用于识别不同的国家，是与国家密切联系的标志；道路交通标志是与行人和车辆行走或行驶有关的标志；五环标志、申奥标志是与体育有关的标志；等等。但上述标志都与商品或服务本身没有直接的关系。而商标则是以商品或服务为识别对象的标志。商标是随商品生产和商品交换的发展而产生和发展的，它是一种表明商品或服务的来源以供消费者选购的标志。没有商品或服务,就没有商标。商品或服务可以没有商标,但离开了商品和服务的标志绝不是商标。商标是依附于商品或服务而存在的。

(2) 商标是区别商品或服务来源的标志。用于商品或服务上的标志有许多,如商品检验机构的商品检验合格的标志;保证财产安全的产品警示标志,如易燃、易爆、易碎的标志等;产品质量检验部门授予的产品质量认证标志,如长城认证标志、方圆认证标志等。上述这些标志不具有区别商品生产者、销售者的功能,因此不是商标。商标作为一种商业识别性标志,其作用在于区别商品的不同生产者、销售者或者服务的不同提供者。因此,商标应该具有显著性,即具有区别性特征。通用标志、通用名称等虽然也用于商品或服务上,但不具有区别来源的作用而不能成为商标。

(3) 商标是由文字、图形、字母、数字、三维标志、颜色组合和声音等,以及上述要素组合而成的标志。商标的构成要素包括文字、图形、字母、数字、三维标志、颜色组合和声音等,以及上述要素的组合。商标是经过人的设计,有意识地附置于商品或服务上的标志,它必须使用在特定的对象之上,如标记在商品上,或者商品的包装、容器上,或者合同、广告宣传中,这样才能显示其区别来源的作用。作为商标的标志应该是可以感知的,也就是人们的感官可以感觉和识别的。

(4) 享有商标权的商标具有排他性。所谓注册商标的排他性,是指商标经商标主管机关核准注册后,该商标的所有人享有商标专用权,受到法律保护,未经权利人许可,任何产品的生产者、销售者在同种商品上或类似商品上,不得使用与该注册商标相同的或近似的商标;任何服务的提供者在相同或者类似的服务项目上,不得使用与该注册商标相同的或近似的商标。谁在同种商品或类似商品上使用与他人相同或近似的商标,谁就是侵犯了他人的商标专用权,将承担相应的法律责任。而社会生活中的其他不少标志与注册商标不同,根据需要谁都可以使用,不具有排他性,例如,禁烟标志、火警标志、危险标志等。

(5) 商标权是一种无形财产。随着市场经济的发展,商标不仅仅是一种单纯的识别商品或服务来源的标志,而且已经进一步成为企业信誉、商品或服务质量、社会影响,甚至使用者身份、社会地位和生活方式的象征。一个享有盛誉的商标,就意味着良好的市场认知度和较高的市场占有率。现代的市场竞争已不再是产品的竞争,而是品牌的竞争。因此,商标是生产经营者的一种重要的无形财产。

二、商标的种类

商标作为商品或服务的标志,附着在商品、商品包装上或服务项目上,以区别同类商品或服务。根据不同的划分标准,商标有如下不同的商标种类。

(一) 注册商标与未注册商标

按商标是否经商标主管部门核准注册,可以将商标分为注册商标与未注册商标。

按照我国《商标法》有关规定,经商标主管部门核准注册的商标为注册商标,受《商标法》保护,商标注册人享有排他性的商标专用权;未经商标主管部门核准注册而直接使用的商标为未注册商标,未注册商标只要符合商标的特征,不违反《商标法》的禁止性规定,也可以使用,但不享有排他性的专有权。

(二) 商品商标与服务商标

按商标使用的对象不同,可以将商标分为商品商标与服务商标。

商品商标是生产经营者在生产、制造、加工、拣选或经销的商品上所使用的商标;服务商标是服务性行业所使用的区别性标志,即提供服务的人在其向社会公众提供的服务项目上所使用的标志。

(三) 制造商标与销售商标

按商标不同的使用者,可以将商标分为制造商标与销售商标。

制造商标,又称生产商标,它是生产者在自己生产、制造的商品上所使用的商标。使用制造商标的目的在于,一方面是把不同的生产者区别开来,以利于与其他生产者进行竞争;另一方面又把生产者与销售者区别开来,以利于增强消费者对生产者的信任感,有利于与销售者进行竞争。

销售商标,又称商业商标,它是销售者在自己销售的商品上所使用的商标。使用销售商标的企业,往往是影响较大、信誉较高的商业企业。使用销售商标的目的在于,利用销售企业较高的声誉,使自己销售的商品与市场上别的同类商品相区别,与别的销售者所销售的同类商品展开商业竞争。

(四) 驰名商标与非驰名商标

依据商标在消费者中的知名程度,可以将商标分为驰名商标与非驰名商标。

驰名商标是指在市场上享有较高声誉并为相关公众所熟知的商标;非驰名商标是在较小范围为公众知晓的商标。非驰名商标与驰名商标的主要区别是:第一,非驰名商标要享有排他性专有权,必须以商标注册为前提;而驰名商标的保护并不以商标注册为前提,未注册的驰名商标同样享有排他性权利。第二,非驰名商标的保护范围较为窄小,只限于商标主管部门核定的注册商标使用的商品或服务;而驰名商标保护的范围有时可以延及到一切商品或服务领域,对于已注册的驰名商标,法律的保护不仅仅限于相同或相类似的商品或服务,在不相同或者不相类似的商品或服务上都不得使用与驰名商标相同或相近似的标志。

(五) 联合商标、防御商标和等级商标

按商标的特殊用途和性质,可以将商标分为联合商标、防御商标和等级商标。

联合商标是指同一个商标所有人在相同或类似商品上注册的与主商标相近似的一系列商标。在这些商标中,首先注册或主要使用的商标为主商标,其余近似商标为该主商标的联合商标。联合商标的目的在于保护主商标,防止他人在相同或类似商品上使用或注册近似商标。例如,一家食品商因"乐口福"享有盛名,而又申请注册了"乐福口""口乐福""福口乐"等联合商标,形成一道防护墙,使他人无法侵犯。在联合商标中,每个商标都是完全独立的商标,但联合商标中的每一个商标不能单独转让,必须全部一同转让。我国《商标法》未明确规定联合商标,但允许企业就两个以上的近似商标取得注册。

防御商标是指同一商标所有人在与注册商标不同类别的商品或服务上注册使用的同一

个商标。最先创设的注册商标为主商标,大多为驰名商标和著名商标,在不同类别商品或服务上注册使用的同一商标为防御商标。注册防御商标的目的在于,保护驰名或著名商标的信誉,因为如果他人在非类似商品上使用该商标,也会造成消费者误认和原商标所有人利益损害。我国《商标法》对防御商标未作规定,但允许企业就同一商标在他类商品上取得注册。

等级商标是同一生产经营者为将不同质量和品种的同一产品区别开来而使用的系列商标。使用等级商标便于消费者将同一企业的同一种产品的不同质量和品种区别开,便于消费者根据自己的使用习惯、使用目的和经济条件选购商品。

(六) 集体商标和证明商标

按商标的特殊作用,可以将商标分为集体商标和证明商标。

集体商标是指以团体、协会或者其他组织名义注册,供该组织成员在商事活动中使用,以表明使用者在该组织中的成员资格的标志。集体商标的作用,是表明使用该商标的企业所生产、销售的商品或提供的服务是由该商标的集体组织成员生产、销售或提供的,并具有共同的特征。

证明商标是指由对某种商品或服务具有监督能力的组织所控制,而由该组织以外的单位或者个人使用于其商品或服务,用以证明该商品或服务的原产地、原料、制造方法、质量或者其他特定品质的标志。证明商标应由某个具有检测和监督能力的组织注册,由注册人以外的其他人使用。证明商标不是表示商品或服务来源于某个经营者,而是用以证明商品或服务本身出自某原产地,或具有某种特定品质的标志。证明商标用以区别商品的不同特定品质,保证商品"质量"。如"纯羊毛标志""绿色食品标志"等即为证明商标。

证明商标可用于对地理标志(原产地名称)的保护。地理标志是指标示某商品来源于某地区,该商品的特定质量、信誉或者其他特征主要由该地区的自然因素或者人文因素所决定的标志。对地理标志的保护是巴黎公约和TRIPs协议的要求。我国《商标法》第十六条规定:"商标中有商品的地理标志,而该商品并非来源于该标志所标示的地区,误导公众的,不予注册并禁止使用;但是,已经善意取得注册的继续有效。"

地理标志,可以依照《商标法》的规定,作为证明商标或者集体商标申请注册。以地理标志作为证明商标注册的,其商品符合使用该地理标志条件的自然人、法人或者其他组织可以要求使用该证明商标,控制该证明商标的组织应当允许。以地理标志作为集体商标注册的,其商品符合使用该地理标志条件的自然人、法人或者其他组织,可以要求参加以该地理标志作为集体商标注册的团体、协会或者其他组织,该团体、协会或者其他组织应当依据其章程接纳为会员;不要求参加以该地理标志作为集体商标注册的团体、协会或者其他组织的,也可以正当使用该地理标志,该团体、协会或者其他组织无权禁止。

三、商标权对象的限制

(一) 不予注册的商标

所申请的商标必须符合法律规定的构成要素和显著性,否则不予注册。对不符合商标的显著性要求的商标申请,应当不予注册,不能授予商标权:

(1) 本行业通用的商品名称、图形、型号和标志。如不能用电火花的图形作为家用电器的商标来申请。

(2) 表示商品质量、主要原料、功能、用途等特点的文字和图形。

(3) 以立体标志申请注册商标的,仅仅由商品自身的性质产生的形状,或为获得技术效果而需有的商品形状,或使商品具有实质性价值的形状,不得注册。

(4) 其他缺乏显著特征的。

由于上述标志缺乏显著性,以其作为商标虽然能区分商品的品种,但不能区分商品的不同来源,也起不到识别不同生产经营者的作用。另外,上述标志一般也不应由某一个企业作为注册商标而专有。因此,上述标志不得作为商标注册。但是,经过长期使用取得显著特征,并便于识别的,法律允许作为商标注册,如"五粮液"商标等。

(二) 禁止作为商标使用的标志

除了以上不予注册的标志以外,《商标法》还规定了有些标志不能当作商标使用。我国对商标权的取得实行的是商标注册原则,只有注册商标才能获得专用权。对商标注册我国采取的是自愿注册原则,除了法律明文规定的少数几类商品外,国家允许商标使用人自由决定是否申请注册,未经注册的商标也可以使用,只不过不能转让,也不享有专用权。但是对于下列标志,《商标法》规定禁止作为商标使用,更不允许注册:

(1) 同我国国家名称、国旗、国徽、国歌、军旗、军歌、勋章相同或者近似的,以及同中央国家机关所在地点的名称或标志性建筑物的名称、图形相同的。

(2) 同外国的国家名称、国旗、国徽、军旗相同或近似的,但该国法律允许的除外。

(3) 同政府间国际组织的名称、旗帜、徽记相同或近似的,但是该组织允许使用或者不易误导公众的除外。

(4) 与表明实施控制、予以保证的官方标志、检验印记相同或近似的,但经授权的除外。

(5) 同红十字、红新月的名称、标志相同或近似的。

(6) 带有民族歧视性的内容的。

(7) 带有欺骗性,容易使公众对商品的质量等特点或产地误认的。

(8) 有害于社会主义道德风尚或有其他不良影响的。

(9) 县级以上行政区划的地名或者公众知晓的外国地名,不得作为商标。但是,地名具有其他含义或者作为集体商标、证明商标组成部分的除外;已经注册的使用地名的商标继续有效。

以上各自情况或有损国家尊严,或容易引起国际争端,或违反社会经济秩序,或容易引发国内不安定因素,或者违反社会公德和社会秩序,损害国家和社会利益,因而被禁止作为商标使用。上述规定适用于所有的商标,包括注册商标和非注册商标。对于注册商标,如果申请商标注册违反上述规定,申请将被驳回;已经注册的商标,违反上述规定的,应该撤销该注册商标。对于非注册商标,违反上述规定使用商标的,由工商行政管理部门予以制止,限期改正,并可予以通报或者处以罚款。

四、驰名商标

(一) 驰名商标的定义

驰名商标在公众心目中的地位非一般商标可比,对其要采取不同于后者的特殊保护。根据我国《商标法》和《商标法实施条例》的规定,国家工商行政管理总局于 2003 年 4 月 17 日发布了《驰名商标认定和保护规定》,对驰名商标的认定和保护作出了明确具体的规定。

我国的《商标法》和《商标法实施条例》并没有对驰名商标的定义作出规定,但在《驰名商标认定和保护规定》第六条中规定,驰名商标是指在中国为相关公众广为知晓并享有较高声誉的商标。《商标法》第十三条也指出驰名商标是为相关公众所熟知的商标。

(二) 驰名商标的认定标准

根据《商标法》第十四条的规定,同时结合《驰名商标认定和保护规定》第三条的细化规定,认定驰名商标应当考虑下列因素。

1. 相关公众对该商标的知晓程度

能够证明相关公众对该商标知晓程度的有关材料可以作为认定该商标驰名与否的参考。这项条件借鉴了《TRIPs 协议》第十六条第(二)款的规定,确认某商标是否为驰名商标时,必须顾及有关公众对该商标的知晓程度,其中包括在该成员地域内因宣传该商标而使有关公众知晓的程度。需要注意的是,这里的"有关公众"是指与使用商标所标示的某类商品或者服务有关的消费者,生产前述商品或者提供服务的其他经营者以及经销渠道中所涉及的销售者和相关人员等。例如,某商标的商品或服务是属于计算机信息技术领域,而与计算机信息技术领域相联系的众多人员对该商标的知晓程度,就是"有关公众对该商标的知晓程度"。不与计算机信息技术领域相联系的众多人员知晓或者不知晓该商标,并不影响该商标被认定为驰名商标。

2. 该商标使用的持续时间

证明该商标使用持续时间的有关材料,包括该商标使用、注册的历史和范围的有关材料,可以作为认定该商标驰名与否的参考。商标作为一种识别标志,只有通过使用,才能在市场上获得认知,进而起到区别宣传的作用。各国的商标法对注册商标的使用制度都有明确的规定,如果商标注册后不使用超过一定期限的,将予以撤销。因此,把商标使用的持续期限作为认定驰名商标的一个因素是非常有必要的。一般来说,悠久的历史是驰名商标之所以有知名度的重要原因,正是通过持续长久的使用,才能使得商标被越来越多的人所知晓,一提起这个商标,消费者就会自然联想起所使用的商品或服务。

3. 该商标的任何宣传工作的持续时间、程度和地理范围

证明该商标的任何宣传工作的持续时间、程度和地理范围的有关材料,包括广告宣传和促销活动的方式、地域范围、宣传媒体的种类以及广告投放量等有关材料,可以作为认定该商标驰名与否的参考。在市场经济的今天,不论是商品的生产商还是服务的经营者,都把宣传、推销自己的产品作为重中之重,宣传力度不断加大。特别是随着通信技术、信息网络技术的发展,电视、广播、网络、报刊等各种宣传媒体的宣传效果越来越明显,不少公众对某个品牌的知晓,来源于生产商或者经营者的各种广告宣传。因此,通过了解一个商标所有宣传工作的持续时间、程度和地理范围,可以比较明确地知悉该商标在一定区域内公众的知晓程度。

4. 该商标作为驰名商标受保护的记录

证明该商标作为驰名商标受保护记录的有关材料,包括该商标曾在中国或者其他国家和地区作为驰名商标受保护的有关材料,可以作为认定该商标驰名与否的参考。由于要被认定为驰名商标必须符合一系列条件,提交一系列的证明文件,那么经过认定后的驰名商标虽然是在特定时间和特定地域下的认定,但这恰是该商标被公众知晓,具有广泛影响力因而需要获得保护的证据。如果一个商标曾经作为驰名商标得到过保护,那么该商标的所有人就可以提供相关证明文件,这些文件对于认定该商标是否具备驰名商标的条件具有非常重要的参考价值。

5. 商标驰名的其他因素

这项规定可以弥补前四项没有罗列全面的问题,也可以为今后形势的发展、条件的变化留有余地,使驰名商标认定机构能够根据需要增加或者补充新的认定要素,还可以为司法部门进行司法解释提供解释空间。从认定驰名商标的角度看,该项规定可以考虑的因素包括使用该商标的主要商品,在近三年的产量、销售量、销售收入、利税、销售区域等内容。

需要注意的是,根据《驰名商标认定和保护规定》第十条,商标局、商标评审委员会在认定驰名商标时,应当综合考虑《商标法》第十四条规定的各项因素,但不以该商标必须满足该条规定的全部因素为前提。

(三) 驰名商标的认定途径

我国目前驰名商标的认定途径是"行政、司法认定并行"。

1. 行政认定

在我国,国家工商行政管理局负责驰名商标的行政认定。根据《商标法实施条例》第五条的规定,在商标注册、商标评审过程中产生争议时,有关当事人认为其商标构成驰名商标的,可以向商标局或者商评委提出申请,请求认定驰名商标,并驳回违反《商标法》第十三条规定的商标注册申请或者撤销违反《商标法》第十三条规定的商标注册。有关当事人提出该项申请时,应当提交其商标构成驰名商标的证据材料。商标局、商标评审委员会根据当事人的请求,在查明事实的基础上,依照《商标法》第十四条的规定,认定其商标是否构成驰名商标。

国家工商行政管理局根据商标注册和管理的需要,通过征询有关部门和专家的意见,认定驰名商标。被认定的驰名商标,商标局将通知有关部门及申请人并予以公告。

2. 司法认定

司法认定是指当事人在发现商标被侵权或相互间商标发生纠纷的情况下,将该争议提交法院,由法院依职权或根据当事人的诉请来认定驰名商标的方式。

我国法院有权认定驰名商标,最早见于2001年公布的《最高人民法院关于审理涉及计算机网络域名民事纠纷案件适用法律若干问题的解释》第六条规定,人民法院审理域名纠纷案件,根据当事人的请求以及案件的具体情况,可以对涉及的注册商标是否驰名依法作出认定。2002年公布的《最高人民法院关于审理商标民事纠纷案件适用法律若干问题的解释》第二十二条规定,人民法院在审理商标纠纷案件中,根据当事人的请求和案件的具体情况,可以对涉及的注册商标是否驰名依法作出认定。《商标法》第十四条也规定:最高人民法院指定的人民法院根据案件审理的需要,可以对商标驰名情况作出认定。法院在审理过程中,认定相关商标为驰名商标,应当依照《商标法》第十四条的规定进行。

(四)驰名商标认定的原则

对驰名商标认定的原则是"个案认定、被动保护"。也就是说,①只有在商标注册人认为其驰名商标权益受到损害并请求保护其合法权益时,国家商标主管部门或法院才因申请而认定驰名商标;②在商标确权或者商标侵权的案件中,当事人提出商标驰名的证据,商标主管部门或法院根据证据证明的事实和法律规定进行个案认定并给予保护。这种认定和保护仅仅对本案有效,再有涉及该商标驰名认定的案件发生时,可以作为曾经受驰名商标保护的记录,向商标行政执法或者司法机关提供,作为处理案件的参考,商标主管部门或法院应根据该商标当时的驰名度和该案的具体情况作出判断。当然,当事人对曾经被行政主管机关或者人民法院认定的驰名商标请求保护,如果对方当事人对涉及的商标驰名不持异议,人民法院不再审查;如果提出异议的,人民法院应作出审查。

第五节 商业秘密权的对象

商业秘密权的对象是商业秘密,包括技术秘密和经营秘密。由于商业秘密不具有传统知识产权对象公开性的特点,所以将之纳入知识产权的保护范围颇费了一番周折。现在,知识产权国际条约和一些国家的法律已承认了商业秘密的知识产权属性,但在立法模式上仍有差异,包括我国在内的一些国家把商业秘密归入反不正当竞争法加以保护,而美国等国家则制定了专门的商业秘密法来保护。

一、商业秘密的概念

依据我国《反不正当竞争法》第十条的规定,商业秘密是指"不为公众所知悉,能为权利人带来经济利益,具有实用性并经过权利人采取保密措施的技术信息和经营信息"。

就目前而言,各国法律对商业秘密的定义是很宽泛的,多数国家都采取了列举式的定义。例如,在美国《侵权法重述》中对商业秘密的定义是:"商业秘密可以包括任何配方、式样、设置和信息之汇集,并且被用于某人的商业,给他以机会,获得高于不知或不使用它的竞争者的优势。它可以是某种化学合成物的配方,一种加工或处理材料的制造方法,一种机器或者其他装置的式样,或者一份客户名单。"而美国《统一商业秘密法》所下的定义是:"商业秘密意指信息,包括配方、式样、汇编、程序、设置、方法、技术和工艺。"可见,在美国商业秘密保护的范围非常广,一切私人信息只要符合商业秘密的一些特征即可成为商业秘密保护的对象。

二、商业秘密的种类

商业秘密是一个内涵广泛的法律术语，按照不同的标准，可以进行不同的分类。

（一）技术秘密和经营秘密

这是根据商业秘密所包含的信息内容的性质不同所作的分类。

技术秘密是有关生产或制造方面的信息，包括设计、公式、图样、程序、方法、产品配方、制作工艺、制作方法、技巧等方面的信息，既可以是有特定的完整的技术内容，构成一项产品、工艺、材料及其改进的技术方案，也可以是某一产品、工艺材料等技术或产品中的部分技术要素。经营秘密是有关经营、管理和决策方面的信息，涉及经营者的企业组织机构、财务、人事、经营等多个领域，包括资信状况、财务预测、资产购置计划、产销策略和计划、广告计划、管理诀窍、客户名单、货源情报、招投标中的标底及标书内容等信息。

（二）积极的商业秘密和消极的商业秘密

这是根据商业秘密是否能够直接产生商业价值所作的分类。

积极的商业秘密是指能够直接为权利人产生商业价值、带来经济利益或竞争优势的信息；消极的商业秘密则是指证明按某种特定的方法或设计进行生产经营无法给开发者直接带来经济利益的信息。消极的商业秘密体现的是有关主体经过探索后得出一种否定性结论，即如果特定行业的经营者的经营活动沿着某一个方向发展下去，将不会产生预期的良好结果。这种消极的信息之所以也属于商业秘密，是因为其一旦为竞争对手所知悉，竞争对手就会停止朝某个方向继续开发研制下去，就可以少走弯路，节省开发的时间和费用，并通过这种方式保持或获取竞争优势。

三、商业秘密的特征

我国《反不正当竞争法》第十条对商业秘密的定义是："本条所称的商业秘密，是指不为公众所知悉、能为权利人带来经济利益、具有实用性并经权利人采取保密措施的技术信息和经营信息。"这一定义概括了商业秘密的特征。

（一）不为公众所知悉

"不为公众所知悉"是商业秘密的第一特征。国家工商行政管理局《关于禁止侵犯商业秘密行为的若干规定》第二条第（二）款解释说："本规定所称不为公众所知悉，是指该信息是不能从公开渠道直接获取的。"

"不为公众所知悉"包含了秘密性和新颖性两重含义。秘密性着眼于市场竞争的角度，强调商业秘密为少数人知悉或使用；新颖性强调技术水准，即技术信息或者经营信息与通行的技术或经营存在差异。

1. 秘密性

秘密性指商业秘密所包含的客体必须是"不为公众所知悉"的。如果有关信息可以从公开发表的出版物或媒体报道中直接获取,那么这些信息就属于公开的信息或公有领域的信息,对这些信息任何一个人都有权使用。显然,这些公开信息由于缺乏秘密性而不可能成为商业秘密。秘密性并不要求有关信息具有绝对的秘密性,而只要求其具有相对的秘密性。要求有关信息具有绝对的秘密性是不适当的,也是不可行的,因为既然商业秘密是一种具有实用价值的信息,这种实用价值就必须通过使用才能体现和发挥出来,而使用就必须为一定范围内的人所知悉。所谓相对的秘密性,意味着有关商业秘密并不是只有其所有人才知道,国内外的其他任何人都不知道,而是指有关商业秘密在所有人所属的行业内并非众所周知。事实上,一项商业秘密是必须为一定范围内的特定人所知悉的。除商业秘密所有人外,知悉商业秘密的人通常还包括:所有人内部为使用商业秘密而合法知悉或掌握商业秘密的雇员;合法受让商业秘密因而知悉和掌握商业秘密的权利人;根据有关合同或协议的约定有权使用商业秘密的当事人;等等。这些人知悉所有人的商业秘密,并不影响商业秘密的秘密性。

2. 新颖性

新颖性是将商业秘密与公有领域、公知技术或公知信息划开界限的特征。在知识产权法中,任何公有领域的信息都属于人人可得的公共财富,不能由任何人独占使用,否则会阻碍经济技术的发展进步。在商业秘密的保护中,同样如此。任何人不得以商业秘密为借口,将属于公共领域的经济信息和技术信息据为己有,独占使用,法律强调商业秘密的"不为公众所知悉",正是体现了这种要求。

商业秘密的新颖性相当于专利法中的创造性,但二者所要求的程度截然不同。专利对创造性的要求是非常高的,是指同申请日前的现有技术相比,有关发明具有突出的实质性特点和显著的进步,有关实用新型具有实质性特点和进步。而法律对商业秘密的新颖性的要求是非常低的,只要求有关信息"不为公众所知悉",即有关信息相较于公有领域中的信息具有最低限度的不相同性。根据我国行政规章的解释,只要有关信息是不能从公开渠道直接获取的,即可认为该信息具有新颖性。

(二)能为权利人带来经济利益

"能为权利人带来经济利益"即商业秘密的价值性,是指商业秘密通过现在或将来的使用,能够给所有人带来现实的或潜在的经济利益或者竞争优势。价值性最本质的体现是,所有人因掌握商业秘密而保持竞争优势。

(三)具有实用性

实用性是指商业秘密的客观有用性,即通过运用商业秘密可以为所有人创造出经济上的价值。实用性与价值性是密切相关的,即实用性是价值性的基础,没有实用性就谈不上价值性;价值性是实用性的结果。

商业秘密的实用性必须体现为一种具体的和确定的可应用性。所谓具体,是指一种信息可以转化为某种具体的、可以实施的方案或形式。单纯的构想、大概的原理以及抽象的观念,由于缺乏具体性因而无法转化为经济利益或竞争优势,而不构成商业秘密。所谓确定,是指商业秘密的权利人能够对商业秘密的内容予以确定,并划清其同其他信息的界限,如能够明确说明有关商业秘密由哪些信息组成、各组成部分之间的关系如何、该信息与其他相关信息之间的区别、如何将有关信息予以实施、实施该信息将取得的经济利益或竞争优势等。

(四)采取保密措施

"采取保密措施"是指权利人主观上具有保密的意思,客观上采取了保密措施。如果权利人主观上根本不具有保守某项信息的秘密的意思,则此项信息不可能成为商业秘密。但是,仅仅具有主观上的保密意思还不够,权利人还必须在客观上采取保密措施,通过这些措施将有关信息加以控制,并保持对此项信息的独占状态。

根据国家工商行政管理局《关于禁止侵犯商业秘密行为的若干规定》第二条第(四)款的解释,采取保密措施包括"订立保密协议、建立保密制度及采取其他合理的保密措施"。一般来说,可以将保密措施分为软件措施和硬件措施两大类。前者主要是指制度上的措施,如签订保密合同、订立保密协议、建立保密制度、限制外人参观生产过程和场所、加强保密教育等;后者主要是指物理上的措施,如加强大门保卫措施、合理封存有关资料等。权利人采取的保密措施,只要符合"合理"的要求即可。

第六节　其他知识产权的对象

除了上述四大知识产权的对象以外,我国目前知识产权的对象主要还有商号、集成电路布图设计、植物新品种、特殊标志、数据库等。

一、商号

商号权的对象为商号,又称厂商名称,是生产经营者在生产经营活动中用于表彰自己的营业或者企业的名称,是生产经营者人格化、特定化的标志。商号不同于企业名称,它只是企业名称的一部分。企业名称是表明企业注册地或营业地、商号、行业、财产责任形式、组织形式等特点的全称。1991年发布的《企业名称登记管理规定》第七条规定:"企业名称应当由以下部分依次组成:字号(或者商号)、行业或者经营特点、组织形式。"例如,"上海大众汽车有限公司"是企业名称,其中的"大众"才是商号。一般而言,企业名称中只有商号才具备识别性,它能使不同的生产经营者互相区分,同时它能够维系和表彰生产经营者的商业信誉,所以是生产经营者的一种无形财产。

一般认为商号起源于中世纪时期。当时,意大利和地中海沿岸一些城市国家,商业经济的繁荣过程中出现了多种多样的从事商事经营的组织形式,公司便是其中的一种。当时以公司形式存在的商业组织都是从数位股东的姓名中取一个或数个字合而为一个名称,作为"商号"。这是现代商号的最初形式。商号在各国的立法中已经形成为一项特定的权利——商号权。商号作为一项权利,逐渐为各国法律所广泛承认。特别是大陆法系的商法典,都有专门的章节对商号及商号权作了规定。商号权不仅在国内法,而且在国际法领域也已经得到了较好的法律保护。早在1883年的《巴黎公约》就将厂商名称权作为一种工业产权进行了保护。《巴黎公约》第一条第(二)款规定了"工业产权的保护对象为专利、实用新型、外观设计、商标、服务标记、厂商名称、货源标记或原产地名称,和制止不正当竞争"。

商号与经营主体的营业相联系,与经营主体及其营业共始终,是其主体人格的体现,故商号经依法登记后,其经营主体所取得的专有使用权即商号权就具有人格权的特征,它代表了使用该商号的企业的集体人格;同时,由于商号在消费者心目中代表着经营、服务质量的信誉,商号的使用、许可他人使用、转让和继承,均能获得财产利益,所以商号的使用者所取得的商号权又具有财产权的性质。

商号与商标相比,具有相同的特点,但也有不同之处。首先,商号是区分不同的生产者和经销商的;而商标则是区分不同生产者和经营者的商品和服务的。其次,商号仅用文字标示;而商标既可以用文字,也可以用图形,甚至可以用三维标志加以表示。第三,商号所取得的权利范围要小于商标权,商号权仅及于其所在的登记机关的管辖范围,而商标权的范围及于全国;商号权无时间限制,只要企业存在,商号就一直存在下去,而商标权的期限规定为十年,其继续存在必须以申请续展注册为条件。

二、集成电路布图设计

专利法的保护对象是发明创造,著作权法的保护对象是作品,而集成电路布图设计保护法的保护对象则是布图设计。

依据我国《集成电路布图设计保护条例》的规定,集成电路是指"半导体集成电路,即以半导体材料为基片,将至少有一个是有源元件的两个以上元件和部分或者全部互连线路集成在基片之中或者基片之上,以执行某种电子功能的中间产品或者最终产品"。

对集成电路布图设计有不同的称谓,但其本质并无太大差别,美国称为掩模作品(mask work),中国、瑞典、俄罗斯、韩国称为布图设计(layout-design),日本称为电路布图(circuit layout),欧共体、英国、德国、荷兰、法国、丹麦、西班牙、奥地利、卢森堡、意大利、葡萄牙、比利时、匈牙利称为拓扑图(topographies),《华盛顿条约》、TRIPs 及我国香港则干脆将布图设计与拓扑图视为同义词,统称为布图设计(拓扑图),英文为 layout-design(topographies)。

依据我国《集成电路布图设计保护条例》的规定,集成电路布图设计是指"集成电路中至少有一个是有源元件的两个以上元件和部分或者全部互连线路的三维配置,或者为制造集成电路而准备的上述三维配置"。

概括起来,集成电路布图设计既是指集成电路中组件和互连线路的三维配置,又是指为制造集成电路而准备的上述三维配置,如果把后者比作相片的"底片",则前者就是"相片"。

三、植物新品种

植物新品种权的对象为植物新品种。根据我国《植物新品种保护条例》第二条的规定,所谓植物新品种是指"经过人工培育的或者对发现的野生植物予以开发,具备新颖性、特异性、一致性和稳定性的并由适当命名的植物品种"。

植物新品种包括农作物新品种、经济林木新品种和园艺花卉新品种等。我国《植物新品种保护条例实施细则(农业部分)》第二条规定:"农业植物新品种包括粮食、棉花、油料、麻类、糖料、蔬菜(含西甜瓜)、烟草、桑树、茶树、果树(干果除外)、观赏植物(木本除外)、草类、绿肥、草本药材等植物以及橡胶等热带作物的新品种。食用菌的新品种保护适用本细则的规定。"而我国《植物新品种保护条例实施细则（林业部分）》第二条规定："本细则所称的植物新品种，是指符合《条例》第二条规定的林木、竹、木质藤本、木本观赏植物（包括木本花卉）、果树（干果部分）及木本油料、饮料、调料、木本药材等植物品种。植物品种保护名录由国家林业局确定和公布。"

保护植物新品种对于提高农产品和林业产品的质量、减少病虫害损失、促进国民经济发展以及保障人民生活具有极其重要的意义。因此许多国家都采用不同的方式对植物新品种进行保护。

1961年12月2日，比利时、丹麦、法国等国家在巴黎签订了《保护植物新品种国际公约》，该公约第二条规定"每个缔约方应授予和保护育种家的权利"，至于具体采取的保护模式，该公约允许成员国自由选择专门法或者专利法或者二者并用的方式进行保护。

就目前而言，各国保护植物新品种的方式不尽相同。例如，美国通过三部法律来保护植物新品种，即通过《植物专利法》对无性繁殖的植物品种给予保护，而通过《植物新品种保护法》对有性繁殖的植物品种予以保护，然后又用《专利法》授予那些符合专利权实质性要求的植物新品种以植物发明专利。可见，美国采用的是将专利法和专门法结合起来保护植物新品种的方式。相反，德国、法国等少数国家在专利法范围内对植物新品种进行保护。而我国目前采用的是以专门法，即植物新品种保护条例来保护植物新品种的模式。

四、特殊标志

随着我国经济日益发展，各类运动会、艺术节、国际会议的频繁举办，特殊标志已成为我们日常生活中常见的一类标志。1996年7月13日，国务院发布了《特殊标志管理条例》，这是一部专门用于调整特殊标志的管理与保护的行政法规。依据该条例，特殊标志是指"经国务院批准举办的全国性和国际性的文化、体育、科学研究及其他社会公益活动所使用的，由文字、图形组成的名称及缩写、会徽、吉祥物等标志"。特殊标志要受到法律保护必须具备一定的形式要件，即特殊标志的所有人应当向工商行政管理部门办理登记申请，经工商行政管理部门核准登记并公告。

（一）奥林匹克标志

2001年3月，中国北京成功获得2008年奥运会的举办权，在与国际奥运会签署的《第29届奥林匹克运动会主办城市合同》中，北京承诺了对奥林匹克知识产权的法律保护。2001年10月，北京市人民政府发布了《北京市奥林匹克知识产权保护规定》，以地方行政法规的方式为奥运会的知识产权提供法律保护。2002年2月，我国是继英国、美国、澳大利亚和希腊四国之后，又一个采取为保护奥林匹克标志而制定和实施国家法令的国家，国务院发布了《奥林匹克标志保护条例》。这是我国在特殊标志保护条例之外，专门为保护奥林匹克标志而制定的行政法规。

根据《奥林匹克标志保护条例》的规定，奥林匹克标志可以分成以下几类：

(1) 国际奥林匹克委员会的奥林匹克五环图案标志、奥林匹克旗、奥林匹克格言、奥林匹克徽记、奥林匹克会歌；

(2) 奥林匹克、奥林匹亚、奥林匹克运动会及其简称等专有名称；

(3) 中国奥林匹克委员会的名称、徽记、标志；

(4) 北京 2008 年奥林匹克运动会申办委员会的名称、徽记、标志；

(5) 第 29 届奥林匹克运动会组织委员会的名称、徽记，第 29 届奥林匹克运动会的吉祥物、会歌、口号，"北京 2008"、第 29 届奥林匹克运动会及其简称等标志；

(6)《奥林匹克宪章》及《第 29 届奥林匹克运动会主办城市合同》中规定的其他与第 29 届奥林匹克运动会有关的标志。

这里可以将奥林匹克标志分成三类：第一类是永久属于国际奥委会专有的奥林匹克标志，如奥林匹克五环图案标志等；第二类是中国奥委会的奥林匹克标志，主要指中国奥林匹克委员会的名称、徽记、标志等；第三类是奥运会申办机构和组委会在申办、筹备以及在举办奥运会过程中形成的奥林匹克标志，如第 29 届奥林匹克运动会组织委员会的名称、徽记等。

奥林匹克标志的权利人是国际奥林匹克委员会、中国奥林匹克委员会和第 29 届奥林匹克运动会组织委员会。

国务院工商行政管理部门依据该条例的规定，负责全国的奥林匹克标志保护工作。奥林匹克标志权利人应当将奥林匹克标志报国务院工商行政管理部门备案，由国务院工商行政管理部门公告。

(二) 世界博览会标志

2002 年 12 月 3 日，中国上海申办 2010 年上海世界博览会成功。2004 年国务院颁布了《世界博览会标志保护条例》，这一行政法规的出台开创了世界博览会举办国对世博会标志进行专门立法的先例。《世界博览会标志保护条例》专为保护世博会特殊标志而制定，根据该条例的规定，下列标志属于世界博览会特殊标志：

(1) 中国 2010 年上海世界博览会申办机构的名称（包括全称、简称、译名和缩写，下同）、徽记或者其他标志；

(2) 中国 2010 年上海世界博览会组织机构的名称、徽记或者其他标志；

(3) 中国 2010 年上海世界博览会的名称、会徽、会旗、吉祥物、会歌、主题词、口号；

(4) 国际展览局的局旗。

中国 2010 年上海世界博览会组织机构为上述第(1)项至第(3)项的世界博览会标志权利人。第(4)项权利则由中国 2010 年上海世界博览会组织机构和国际展览局根据双方协议分享。

世博会标志权利人应当将需要获得保护的世界博览会标志报国务院工商行政管理部门备案，由国务院工商行政管理部门公告。

五、数据库

数据库(database)是一个技术性概念，是随着电子计算机技术的应用和发展而出现的。数据库就是存储数据的"仓库"，其技术上的定义为："数据库是有规则地存储在一起的、相关的、可以供多用户共享的数据的集合。"

目前，明确界定数据库的法律概念的主要有欧洲议会和欧盟理事会于1996年3月颁布的关于数据库法律保护的指令、WIPO于1996年12月提出的数据库知识产权条约草案、美国的HR.3531法案等。

对数据库的定义，WIPO数据库条约草案与欧盟数据库指令基本相同。《欧盟数据库指令》规定："数据库是指经系统或有序的安排，并可通过电子或其他手段单独加以获取的作品、数据或其他独立材料的集合。"

数据库在法律上的基本特征有：

（1）数据库是一个集合，是作品、数据或其他独立材料的集合。构成数据库的元素是广泛的，可以是文学、艺术、音乐、科学等作品，也可以是文本、声音、图像、数字、事实或数据等材料。这些元素就构成了数据库的内容，每一个作品或其他材料等是数据库内容的组成元素。数据库必须是由一系列的元素集合而成，单一的作品或其他材料不可能是数据库。据此，数据库可分为以著作权材料为内容的数据库和以非著作权材料为内容的数据库。

（2）数据库是一个有序的集合，即这些作品、数据或其他材料等元素是经系统或有序安排的，并非是杂乱无章的堆砌。数据库应是根据一定的目的和要求，按照一定的方式，经过系统的选择和编排而形成的一个有机的统一体。

（3）数据库是可通过电子或其他手段单独加以获取的，即使用者可以通过电子或其他手段单独地从数据库中获取其所需的作品或材料等信息。这强调了数据库的独立性和可访问性，同时并未把数据库仅限定为以电子手段访问的"电子数据库"，而是可以是"任何形式"的获取手段，如传统的摘录、阅读。据此，数据库又可分为电子数据库和非电子数据库。因此，除了计算机领域内的电子数据库外，传统的以纸件为载体的电话号码簿、百科全书、电视节目表、火车时刻表等印刷本，也属于法律上的数据库概念范畴。

在我国现行法律构架之下，数据库的知识产权保护在立法上主要体现在《著作权法》第十四条的规定："汇编若干作品、作品的片段或者不构成作品的数据或者其他材料，对其内容的选择或者编排体现独创性的作品，为汇编作品，其著作权由汇编人享有，但行使著作权时，不得侵犯原作品的著作权。"尽管这一规定是明确汇编作品的著作权归属，但事实上也就在法律上赋予了汇编作品的著作权。显然，数据库具有一定的作品的形态，并具备构成著作权作品的可复制性条件，如果在"对其内容的选择或者编排"上有独创性而构成著作权法意义上的一部"作品"，数据库就是著作权法中的汇编作品，是受著作权保护的。也就是说，尽管我国著作权法没有直接规定数据库的著作权保护，但可以把符合作品要求的数据库归入汇编作品予以著作权保护。《著作权法》第十四条就是数据库著作权保护的法律依据。我国《著作权法》第十四条的规定，已明确了数据库著作权保护的判断标准，界定了数据库著作权保护的对象，扩大了数据库著作权保护的范围。[①] 但是，我们同时也应认识到数据库著作权保护所具有的局限性和微弱性，即，由于其独创性的条件，就使大量的有价值的在"内容的选择或编排"上缺乏独创性的数据库游离于著作权保护之外；而且，数据库保护的关键是其内容，而著作权法不保护内容，只保护其内容的表达。

我国在司法实践中，从诚实信用的基本原则出发，已以反不正当竞争法保护作为数据库

---

① 许春明．新《著作权法》对数据库的法律保护[J]．上海大学学报（社科版），2002，(2)．

著作权保护的补充,其在立法上的依据是《反不正当竞争法》第二条的一般条款。数据库的反不正当竞争法保护能在一定程度上弥补著作权法弱保护的不足,保护了数据库制作者的劳动和投资,但是,它仍有法律地位不明确、权利不充分、保护不确定以及操作性差等固有缺陷。

本 章 重 点

1. 知识产权对象的范围和特点。
2. 著作权对象的作品的构成要件和种类,著作权对象的限制。
3. 专利权对象的发明、实用新型和外观设计的概念、特征以及相互之间的关系。
4. 商标的概念、特征、分类以及对其的限制。
5. 商业秘密的概念、特征和分类。

本 章 难 点

1. 计算机软件作为著作权对象的特殊性。
2. 涉及计算机程序的发明的可专利性。
3. 驰名商标的认定标准、途径和原则。

思 考 题

1. 知识产权对象主要包括哪些?有何特点?
2. 简述作品的构成要件。
3. 简述我国著作权法保护的作品类型。
4. 简述著作权对象的限制。
5. 简述我国专利权对象。
6. 简述发明、实用新型和外观设计的特征,以及相互之间的区别。
7. 简述专利权对象的限制。
8. 简要分析涉及计算机程序的发明的可专利性。
9. 简述商标的概念和特征。
10. 简述商标权对象的限制。
11. 简述驰名商标的认定。
12. 简述商业秘密的概念及其特征。

主要参考文献

[1] 郑成思. 知识产权论[M]. 修订本. 北京：法律出版社,2001.
[2] 陶鑫良,单晓光. 知识产权法纵论[M]. 北京：知识产权出版社,2004.
[3] 陶鑫良. 知识产权教程[M]. 上海：上海大学出版社,2006.
[4] 寿步,等. 信息时代知识产权教程[M]. 北京：高等教育出版社,2003.
[5] 孔祥俊. 商业秘密保护法原理[M]. 北京：中国法制出版社,1999.
[6] 许春明. 数据库的知识产权保护[M]. 北京：法律出版社,2007.
[7] 国家知识产权局. 审查指南(2010)[EB/OL]. [2010-05-23]. http://www.sipo.gov.cn.
[8] 国家知识产权局条法司.《专利法》第三次修改导读[M]. 北京：知识产权出版社,2009.

第三章

知识产权的归属

知识产权的归属涉及的是谁是知识产权的合法权利人。知识产权的有关法律要明确规定在不同情况下,知识产权的权利人是谁,以便有效地保护相关权利人的权利。从法律上明确规定知识产权的权利人有时并不是一件容易的事情。例如,一个单位委托另一个单位开展研究开发,如果研究开发中产生了发明并被授予专利,专利法需要规定谁应当是该发明专利的权利人。只有在充分考虑各方的利益和不同时期、不同社会制度的特点之后,才能在专利法中做出明确而适当的规定。一旦专利法对此做出了明确的规定,如何执行这些法律规定又是一个实践性很强的问题。在具体处理一个委托研究开发项目的发明专利权归属时,有关当事人不仅要遵守法律的有关规定,还需要结合具体的委托研究开发项目,考虑多种实际的相关因素,才能依法处理好该委托研究开发项目的发明专利权的归属。所以为了正确处理好知识产权的归属,我们一方面要理解相关法律的有关规定,另一方面还要全面掌握具体案例的实际情况,依据有关法律并结合具体情况进行具体分析。本章将从法律和实践两个方面介绍知识产权的归属问题。一方面将逐个介绍我国《专利法》《著作权法》《商标法》《植物新品种保护条例》《集成电路布图设计保护条例》等法律法规中有关知识产权权属的规定,以便使读者准确理解这些规定;另一方面将结合一些实际案例,讨论如何结合实际来正确处理知识产权的归属,以便使读者能够结合实际依法处理好知识产权的归属。

第一节 发明创造专利权的归属

一项发明创造被授予专利后,谁应当是该项专利的专利权人?是该项发明创造的发明人,还是该项发明创造的拥有人,还是该项发明创造专利申请的申请人?这些问题涉及发明创造专利权的归属,是专利法和专利制度中的核心问题。

为了正确处理专利权的归属,我们还需要理解发明人、申请人和专利权人等基本概念。

一、发明人、申请人和专利权人

(一) 发明人

我国专利法称授予发明专利的发明的完成人为发明人,授予实用新型和外观设计专利的实用新型和外观设计的完成人为设计人。我国专利法中的发明人和设计人指的是完成发明创造的人,所以发明人和设计人只能是自然人,不能是法人或其他组织,因为完成发明创造的只能是具体开展研究开发工作的自然人,法人或者其他组织是自然人的某种集合,不可能直接参加研究开发和完成发明创造。为了方便起见,我们一般将发明人和设计人简称为发明人。

所谓完成发明创造的人,是指对发明创造的技术特征做出了实质性贡献的人。是否对发明创造的技术特征做出了实质性贡献,是我们在实践中判断谁应当是发明人的基本标准。通常,在发明创造的完成过程中,会有许多人对发明创造的完成做出过贡献,有关领导者做了许多领导工作,后勤保证部门的人员为发明创造提供必要的后勤保证,项目组的技术人员为研究工作提供技术服务,有关研究人员参加了研究工作。在这些人员中,谁应当是发明创造的发明人呢?唯一的判断标准就是看谁对发明创造的技术特征做出了实质性贡献。后勤保证工作很重要,但不是研究工作本身,后勤保证工作人员一般不可能对发明创造技术特征做出贡献,因而不应是发明人。提供技术服务的技术人员在发明创造完成过程中主要是为发明创造的进行提供及时支撑条件,不直接参加研究开发工作,一般也没有对发明创造的技术特征做出贡献,也不应是发明人。有关领导者的领导工作,自然是发明创造的完成所不可缺少的,但领导者能否是发明人,也要看其对发明创造的技术特征是否做出了实质性贡献。如果做出了实质性贡献,领导者也可以成为发明人;如果仅仅是做了领导或者组织工作,但没有对发明创造的技术特征做出实质性贡献,领导者就不应是发明人。即使是参加了研究工作的研究人员,如果仅仅是一般地参加研究工作,没有对发明创造的技术特性做出实质性贡献,也不应是发明人。发明人只是研究人员中对该发明创造的技术特征做出实质性贡献的人员。正确确定一项发明创造的真正发明人有时是一件非常复杂的工作,需要根据专利法的上述规定,并结合实际情况进行具体分析。

如果两个或两个以上的人对一项发明创造的技术特征做出了实质性贡献,则他们都是该项发明创造的发明人,称之为共同发明人。根据他们对该项发明创造的技术特征做出贡献的大小,可以将贡献最大者称为第一发明人。

(二) 申请人

申请人是指就发明创造提出专利申请的人。就发明提出的专利申请为发明专利申请,其申请人为发明专利申请的申请人;就实用新型提出的专利申请为实用新型专利申请,其申请人为实用新型专利申请的申请人;就外观设计提出的专利申请为外观设计专利申请,其申请人为外观设计专利申请的申请人。申请人与发明人是完全不同的概念,在我国,一项发明创造专利申请的申请人常常不是该发明创造的发明人。发明人是否能成为一项发明创造的申请人,首先取决于他是否拥有该项发明创造的专利申请权。如果发明人依法拥有一项发明创造的申请权,又就该发明创造提出了专利申请,则发明人就是该发明创造专利申请的申请人。如果该发明人依法不能拥有其完成的发明创造的专利申请权,就不能成为该项发明创造的申请人。或者发明人虽然拥有该项发明创造专利申请权,却在专利申请前将发明创造的专利申请权移转给了他人,则发明人也不能成为该项发明创造专利的申请人。即使发明人就其完成的发明创造提出了专利申请,但在专利申请过程中将该项专利申请移转给了他人,该项专利申请的申请人就不再是完成该项发明创造的发明人,而是受让或者继承了专利申请的他人了。总之，发明创造专利申请的申请人一定是拥有该发明创造专利申请权并且提出了相应专利申请的人，或者是受让或继承了发明创造专利申请的人。

和发明人一定是自然人不同，我国专利法规定发明创造专利的申请人可以是自然人，也可以是法人或者其他组织。一项发明创造专利申请的申请人可以是单个自然人、法人或者其他组织，也可以是两个或者两个以上的自然人、法人或者其他组织。一项发明创造专利申请的两个或者两个以上的申请人称为共同申请人。

外国人（自然人、法人或者其他组织）要在我国提出发明创造专利申请从而成为专利申请人，需要满足一定条件。根据我国《专利法》，如果外国人在我国有经常性住所或者营业场所，则他们与中国人（自然人、法人或者其他组织）享有同样的权利和义务，自然可以和中国人一样在我国提出专利申请，成为专利申请人。在大多数情况下，外国人在我国没有经常性住所或者营业场所，如果他们要在我国申请专利，就要看其所属的国家是否与我国签订了有关专利的协议，或者与我国同为包含专利内容的知识产权国际条约的成员，或者与我国共同确定了涉及专利的互惠原则。在前述三种情况的一种情况发生时，外国人可以按照中国专利法办理专利申请，成为专利申请人。

（三）专利权人

专利权人是指发明创造专利申请被授予专利权之后，被授予专利权的机构确认的权利人。在一般情况下，专利权人就是提出专利申请的申请人。但是如果在专利申请的审查过程中，提出专利申请的人将专利申请转让或者传给了他人，进行了专利申请的申请人变更，则在专利申请被授权以后，不能成为专利权人。这时，受让或者继承了专利申请的他人才是专利权人。专利权人在取得专利后，如果将其专利转让或者传给了他人，并且经过了授予专利权的机构的确认，则该受让或者继承专利权的他人就成为拥有该项专利的新的专利权人。

在我国，同发明人不一定是申请人一样，发明人也不一定是专利权人。如果一项发明创造的发明人拥有该项发明创造的专利申请权，就该项发明创造提出了相应的专利申请，在专利申请的审查过程中没有进行申请人的变更，则在该项专利申请被授予专利权后，发明人就成了其完成的发明创造的专利权人。如果一项发明创造的发明人不能依法拥有其完成的发明创造的专利权申请权，或者拥有申请专利的权利但在提出专利申请后将该专利申请转让或者传给了他人，则该发明人最终不能成为其完成的该项发明创造的专利权人。如果发明人将其拥有的发明创造的专利权合法转让或者传给了他人，则新的专利权人就不再是该发明创造的发明人。

同申请人不总是自然人一样，专利权人可以是自然人，也可以是法人或者其他组织。一项专利的专利权人可以是单个自然人、法人或者其他组织，也可以是两个或者两个以上的自然人、法人或者其他组织。一项专利的两个或者两个以上的专利权人称为共同专利权人。

二、同一发明主题的发明创造专利权的归属

在考虑发明创造专利权归属时，首先要考虑的问题是：如果两个或者两个以上的自然人或者单位分别独立地完成了同一发明主题的发明创造（在极端情况下是完全相同的发明创造），并且先后向中国专利局提出了专利申请，中国专利局应当如何处理该发明创造的专

利权呢？是就同一个发明创造分别授予两个或者两个以上的申请人以专利权，出现"一发明两专利或者两个以上专利"的情况，还是就同一个发明创造只授予一次专利权，遵守"一发明一专利"？基于维护专利权排他的独占性的性质，自然必须遵守"一发明一专利"。在确定了"一发明一专利"的原则后，接下来的问题就是依据什么原则将该发明创造的专利权授予两个或者两个以上申请人中的某一个申请人。目前世界上大多数国家依据"先申请原则"，即将专利权授予向专利局先提出专利申请的申请人，而不考虑申请人中谁先完成该项发明创造。过去只有美国等个别国家依据"先发明原则"，即将专利权授予最先完成发明创造的人。"先发明原则"看起来公平，但实际操作非常复杂，最基本的是要证明谁是先发明人，需要耗费大量人力和财力。"先申请原则"表面看起来不公平，但简单易行，有利于鼓励申请人及时就其发明创造提出专利申请，一般也不会出现显失公平的情况。在先申请的制度中，为了确定申请人的先后，需要确定时间基准。各国的时间基准并不相同。例如，德国、法国以时刻为基准，严格按向专利局提交专利申请的时刻先后来确定谁先提出专利申请。中国、日本等国家以日为基准，谁先向专利局提交的日期早，谁就是先申请人。在以日为基准的体系中，可能会出现两个不同的申请人，在同一日就同一主题的发明创造提出专利申请的情况。按照我国专利法的规定，需要有关专利申请人自行协商，确定提交一份专利申请和相应的专利申请人。如果协商不成，则该发明主题下的当日递交的所有专利申请将被驳回。

三、在职发明创造专利权的归属

按照发明创造完成过程中发明人是否在职，可大体将发明创造分为两类：在职发明创造和非在职发明创造。在职发明创造是指发明人在某一单位任职期间完成的发明创造或者离职后1年内完成的与其任职单位的任务有关的发明创造；非在职发明创造是指发明人不在任何单位任职期间所完成的发明创造，或者离开任职单位1年内做出的与原单位任务无关的发明创造。非在职发明创造与任何单位没有任何关系，其相应权利自然应当归属于该发明人，该发明人有权提出专利申请，可以在专利申请被授权后成为该项发明创造专利的专利权人。但是在职发明创造是发明人在某一单位任职期间或者离职一年内完成的，有些在职发明创造的完成与单位有关，有些在职发明创造又与单位没有任何关系，如何处理这类发明创造有关权利，包括专利权的归属，是个非常复杂的问题，下面将给予重点讨论。

先来看现实生活中的两个带有普遍意义的例子。张教授是我国某大学一个国家重点实验室的主任。国家重点实验室是科技部所建，但设在该大学，利用学校提供的房子、部分设备、图书资料、生活条件等；日常运行费用由科技部提供，项目经费由该教授通过承担研究项目从各种渠道获得。某年，张教授承担了一个国家项目，在该实验室进行该项目的研究工作，期间完成了一项重要发明。张教授认为项目是自己争取到的，发明是自己的辛苦研究完成的，与发明有关的权利，包括专利申请权应当属于自己，个人有权在我国申请专利。而学校的领导认为，项目是在设置在学校的国家重点实验室进行的，发明是张教授在学校工作期间完成的，发明的专利申请权应当属于学校，只有学校才有权申请专利。依照我国有关法律法规的规定，张教授完成的发明的专利申请权到底应当属于谁呢？

李工程师长期受雇于某化工企业，其本职工作是为该企业化工流程的技术改造进行技术设计。在受雇期间，李工程师运用其所学的流体力学知识和化工设计的经验发明了一种燃烧效率高、节能环保的家用小煤炉。李工程师认为，自己是在业余时间里完成了该项发明，没有使用所在企业的任何经费、设备和材料，自己应当是该发明有关权利的权利人，应当有权申请专利。但是遭到了该化工企业的强烈反对。该化工企业认为，李工程师是在受雇期间完成的发明，很难分清发明是在业余时间还是在工作时间里完成的，完成发明中运用的知识也是本专业的知识，很难说没有使用企业的任何有价值的材料（包括属于企业的信息资料），其发明的专利申请权应当属于企业而不应当属于其个人。依照我国有关法律法规，应当如何处理该家用小煤炉的归属呢？

对于发明人在职发明创造的归属，我国《专利法》和《合同法》都有明确的规定。我国《专利法》第六条规定："执行本单位的任务或者主要利用本单位物质技术条件所完成的发明创造为职务发明创造。职务发明创造申请专利的权利属于该单位；申请被批准后，该单位为专利权人。非职务发明创造，申请专利的权利属于发明人或者设计人；申请被批准后，该发明人或者设计人为专利权人。利用本单位的物质技术条件所完成的发明创造，单位与发明人或者设计人订有合同，对申请专利的权利和专利权的归属做出约定的，从其约定。"我国《专利法实施细则》还对上述规定中的执行本单位的任务或者主要利用本单位物质技术条件的含义做了解释。《专利法实施细则》第十条规定："专利法第六条所称执行本单位任务所完成的发明创造是指：①在本职工作中做出的发明创造；②履行本单位交付的本职工作之外的任务所做出的发明创造；③退休、调离原单位后，或者劳动、人事关系终止后一年内做出的，与其在原单位承担的本职工作或者原单位分配的任务有关的发明创造。《专利法》第六条所称本单位，包括临时工作单位；《专利法》第六条所称的本单位的物质技术条件，是指本单位的资金、设备、零部件、原材料或者不对外公开的技术资料等。"我国《合同法》第三百二十六条规定："职务技术成果的使用权、转让权属于法人或者其他组织的，法人或者其他组织可以就该项职务技术成果订立技术合同……职务技术成果是执行法人或者其他组织的工作任务，或者主要是利用法人或者其他组织的物质技术条件所完成的技术成果。"《合同法》中对职务技术成果的规定基本上与《专利法》相同。

从我国《专利法》和《合同法》的上述规定中可以看到，在处理在职发明创造的归属时，首先要界定在职发明创造是否为职务发明创造。所谓职务发明创造是指任职人员完成的下列四类发明创造：

（1）在本职工作中做出的发明创造，即所完成的发明创造属于发明人的本职工作范围。比如，一位科研人员的本职工作是从事单位业务方向的科研，在该方向的科研中做出的发明创造应当属于本职工作中完成的发明创造。

（2）履行本单位交付的本职工作之外的任务所做出的发明创造。即发明创造虽不是在本职工作中做出的，但是在完成任职单位特别委派的任务中做出的。例如，一位大学教授的本职工作一直是某专业的教学工作，但是任职单位在没有减少其教学工作的情况下，委派他去协助另一位从事科研工作的教授开展一项研究工作，并且在从事研究工作中完成了一项发明。

（3）退休、调离原单位，或者劳动、人事关系终止后一年内做出的，与其在原单位承担的本职工作或者原单位分配的任务有关的发明创造。这是对（1）和（2）中的规定在时间上的延伸，延伸的时间为离职后一年内。

（4）主要利用本单位物质技术条件所完成的发明创造。这里的发明创造显然不是指

(1)、(2)和(3)中所规定的那些发明创造,而是指在本职工作或者在任职单位委派的任务之外的活动中,发明人完成了一项发明创造,无论该活动是在上班中还是在下班后进行的,只要这项发明创造主要利用了本单位的物质技术条件,则该发明创造就是职务发明创造。

(1)、(2)、(3)和(4)都是相互独立并且处于同等地位的规定,每一条规定适用于不同的情况,并且都分别规定该种情况下发明创造的权利归属。我们不能将(4)的规定用于(1)、(2)或者(3)的规定中,即不能在(1)、(2)或者(3)的规定中还要考虑(4)的规定。

按照上述标准将一项任职发明创造界定为职务发明创造之后,其专利申请权和专利申请被批准后的专利权的归属就确定了。即该职务发明创造的专利申请权应当属于发明人的任职单位,专利申请被批准后,任职单位应当是专利权人。但是根据"利用本单位的物质技术条件所完成的发明创造,单位与发明人或者设计人订有合同,对申请专利的权利和专利权的归属做出约定的,从其约定"的规定,对于主要利用了本单位物质技术条件而被确定为职务发明创造,如果发明人和任职单位在合同中对专利申请权和专利权做出了属于发明人的约定,则从约定。即这种职务发明创造的专利申请权和专利权不再属于任职单位,而应属于发明人个人。

如果按照上述标准不能将一项任职发明创造界定为职务发明创造,则该任职发明创造就是非职务发明创造。一旦一项任职发明创造被确定为非职务发明创造,则其专利申请权和专利权的归属就属于发明人个人了。但是对于不是主要利用而是非主要利用本单位物质技术条件完成的发明创造,虽属于非职务发明创造,但其专利申请权和专利权还有可能不属于发明人个人。因为根据"利用本单位的物质技术条件所完成的发明创造,单位与发明人或者设计人订有合同,对申请专利的权利和专利权的归属做出约定的,从其约定"的规定,如果该发明人与其任职单位在双方签订的合同中约定这样的发明创造的专利申请权和专利权属于该任职单位,则这种非职务发明创造的专利申请权和专利权应当属于单位。

"利用本单位的物质技术条件所完成的发明创造,单位与发明人或者设计人订有合同,对申请专利的权利和专利权的归属做出约定的,从其约定"的规定是否也涉及执行本单位任务所完成的职务发明创造呢?也就是说,如果发明人和其任职单位在合同中有这样一种约定:利用本单位的物质技术条件所完成的发明创造,申请专利的权利和专利申请被批准后的专利权属于发明人。是否要按照这种约定,基于执行本单位任务所完成的发明创造使用了本单位的物质技术条件,而将这种发明创造归属于发明人个人呢?这种理解是错误的。按照《专利法》第六条的逻辑关系,"利用本单位的物质技术条件所完成的发明创造,单位与发明人或者设计人订有合同,对申请专利的权利和专利权的归属做出约定的,从其约定。"的规定不能适用于执行本单位任务所完成的职务发明创造,只能适用于主要利用本单位物质技术条件完成的与执行本单位任务无关的职务发明创造和在任职期间非主要利用本单位物质技术条件完成的与执行本单位任务无关的非职务发明创造。

在对我国《专利法》和《合同法》的上述规定正确理解之后,上面的两个案例中专利申请权和专利权的归属就容易处理了。在第一个案例中,张教授身为设置在大学里的国家重点实验室的主任,是在任职期间在国家重点实验室进行研究工作,其承担的研究项目不是其个人的行为,是在从事本职工作,是单位的行为,即《专利法》中第六条所讲的,其发明是在执行本单位的工作任务中完成的,自然应当是职务发明创造,而不能是非职务发明创造。职务发明创造的专利申请权和专利权应当属于单位,而不应当属于张教授个人。至于属于哪一个单位,即是属于代表国家的科技部,或是属于国家重点实验室,或者属于大学,这要看科技部的部门规章对国家重点实验室和这类项目所产生的技术成果的权利有没有具体的规定。根据目前科技部的有关规定,该项发明应当属于国家重点实验室所在的大学,只有该大学有权就该发明申请专利,并且在专利申请被批准后成为专利权人。

在第二个案例中,问题的关键是要确定李工程师完成的发明是职务发明创造还是非职务发明创造。按照《专利法》第六条的规定,首先要运用所给出的标准确定该发明是否为职务发明创造;如果不能确定为职务发明创造,那就是非职务发明创造。或者要看李工程师是否在合同中约定利用本单位物质技术条件完成的发明创造归该单位,并且要证明他利用了该单位的物质技术条件。在本案中,发明显然不是完成单位工作任务的职务发明创造。唯一的可能是主要利用本单位物质技术条件的职务发明创造,这又需要证明李工程师在发明中不但利用,而且是主要利用了该单位的物质技术条件。案例的基本事实是,李工程师在受雇期间运用其所学的流体力学知识和化工设计的经验发明了家用小煤炉。该单位用"很难分清发明是在业余时间还是在工作时间里完成的"做标准来判断是否为职务发明创造是不符合《专利法》第六条规定的标准的,因为该条规定并没有涉及发明是否在工作时间里完成的内容;用"很难说没有使用企业的任何有价值的材料(包括属于企业的信息资料)"来推断李工程师利用了其物质技术条件是不能成立的,因为该单位没能用证据来证明李工程师利用了其物质技术条件。至于李工程师发明中运用的知识是本专业的知识,不属于单位的物资技术条件,不能作为主要利用本单位物资技术条件的理由。总之,单位不能用证据证明李工程师利用了其物质技术条件,也就不能证明该发明是职务发明创造,也就不能要求该项发明专利申请权的归属的处理要从约定(如果存在有利于单位的约定的话)。最终,该发明应当被认定为非职务发明创造,其专利申请权应属于李工程师个人;李工程师有权就该发明提出专利申请,在专利申请被批准后成为专利权人。

四、合作和委托研究开发产生的发明创造专利权的归属

在经济技术飞速发展和全球化的过程不断加快的今天,为了产生影响比较大的科学技术成果,在不同单位或者个人之间开展合作是经常发生的事情,而且有越来越多的趋势。如何处理研究开发合作中的发明创造专利权的归属,正确平衡有关合作方的利益,是能否使这类合作顺利开展和不断发展的重要因素。我们来看两个例子。

某国内著名大学化工系和我国某大石油炼制企业合作研究开发一种用于石油炼制的新催化剂。在该项目中,该企业提供研究经费和有关工程技术人员,该系提供主要研究人员、前期试验场地、仪器设备,待取得实验室的成果后,到该企业进行工程化试验和工业试验,最终开发出该种能在工业上应用的新型催化剂。试问,在双方签订的研究开发合同中,应当如何处理与新型催化剂有关发明创造专利权的归属呢?该新型催化剂的专利权应当属于该企业,还是应当属于该大学,还是应当由该大学和该企业共同所有,还是有其他的处理方式?

又如,国内某大学机械系与国外一跨国公司委托开发一种精密铸钢工艺的软件,以适合国内一些钢种的铸钢需要。该跨国公司提供全部研究开发经费和其拥有的精密铸钢软件,并不定期派其技术人员指导软件研究开发工作。该系在此软件的基础上开发出适合国内钢种的新的计算机软件。具体承担该研究开发项目的教授是本领域的学术权威,在国内学术

界和企业界有很高的声望,有一支水平很高的研究开发队伍。在该合作研究开发合同中,应当如何处理最终产生的计算机软件有关权利的归属呢?谁应当拥有该计算机软件的知识产权?是该跨国公司,还是该大学,还是该教授,还是有其他的方式?为此,我们必须了解我国专利法和其他有关法律的规定,学习如何结合实际问题来处理有关知识产权的归属问题。

我国《专利法》对合作和委托研究开发所产生的发明创造的归属作了这样的规定:"两个以上单位或者个人合作完成的发明创造,一个单位或者个人接受其他单位或者个人委托所完成的发明创造,除另有协议外,申请专利的权利属于完成发明创造的单位或者个人;申请被批准后,申请的单位或者个人为专利权人。"我国《合同法》也有类似的规定。《合同法》第三百三十九条规定:"委托开发完成的发明创造,除当事人另有约定的以外,申请专利的权利属于研究开发人。研究开发人取得专利权的,委托人可以免费实施该专利。研究开发人转让专利申请权的,委托人享有以同等条件优先受让的权利。"《合同法》第三百四十条规定:"合作开发完成的发明创造,除当事人另有约定的以外,申请专利的权利属于合作开发的当事人共有……"这里,专利法中的单位或者个人以及《合同法》中的当事人,都是指单位或者个人,形成的关系包括单位与单位之间的合作或者委托,个人和个人之间的合作或者委托,个人和单位的合作或者委托。这里的个人是指以独立民事主体身份去进行合作和委托的个人,个人和单位之间的合作或者委托是指个人以民事主体身份与单位的合作或者委托,包括个人与其非任职单位的合作或者委托,也包括在任职单位工作的个人以民事主体的身份和其任职单位的合作或者委托。如果在一个单位任职的个人受该单位指派来开展与其他单位的合作或者委托研究,则这时该个人的身份是该单位雇员而不是独立民事主体,因此不属于这里所指的单位和个人的合作或者委托,而是个人和其任职单位的关系,需要应用前面讨论过的处理任职发明创造专利权归属的方法来处理。

前述各条中所称的"合作研究开发"是指有关各方共同开展发明创造活动。如果没有共同开展发明创造活动,就不可能存在共同完成发明创造。即使是合作开展了发明创造活动,但是如果某一方对完成的发明创造的技术特征没有做出实质性的贡献,也谈不上共同完成发明创造。只有双方的工作人员都对发明创造的技术特征做出了实质性贡献,共同完成发明创造才得以成立。这时,该发明创造应当属于共同完成发明创造的单位或者个人,但合同另有约定的除外。

前述各条中所称的"委托研究开发"是指委托方将研究开发任务委托给受托方,由受托方开展研究开发活动并完成发明创造。委托方不参加实际的研究开发活动,但提供研究开发的经费,有时也提供仪器设备、实验材料等其他物资条件。受托方也经常为研究开发活动提供场地、仪器设备、材料、图书资料等物质技术条件。至于研究开发的具体任务并不总是由委托方提出。被委托方也常常提出要研究开发的课题,在得到委托方的认可后就成了委托方委托的研究开发任务。

约定优先是处理合作研究开发中完成或者在接受委托的研究开发中完成的发明创造专利权归属的首要原则。这就是说,如果有关方就所完成的发明创造的专利权归属有了协议,那么发明创造专利权归属的处理就遵从该协议。在没有这种协议的情况下,发明创造专利权应当属于发明创造的完成人而不是投资人,这是另一项重要原则。同前面所提到的个人的含义一样,完成发明创造的个人是指以独立民事主体身份参与发明创造活动并且完成发明创造的人。在单位中任职并且从事这种合作或者委托的人,如果完成了发明创造,则这种发明创造属于在工作任务中所完成的发明创造,是一种专利权应当属于其任职单位的职务发明创造,该单位应当被认为是完成发明创造的单位,而该人只能成为该发明创造的发明人,而不能成为完成发明创造的个人。在运用发明创造专利权属于发明创造的完成人这一原则来处理合作完成的或者接受委托任务完成的发明创造专利权的归属时,重要的是结合实际正确认定合作双方谁是真正的发明创造的完成人,需要遵守只有对发明创造的技术特征做出了实质性贡献者才是发明人的判断标准。

在处理合作和委托研究开发中所产生的发明创造专利权归属时,在研究开发的合同中约定发明创造专利权的归属是经常采用的方法。于是问题就演变成为有关各方应当如何在合同中做出这样的约定。其中重要的问题是哪些因素会影响合作和委托研究开发中的有关方做出约定,合同中约定科技成果的知识产权包括专利权归属的规律以及应当如何去进行谈判等。首先我们来讨论哪些因素会影响有关方对科技成果的知识产权归属做出约定。

第一个影响因素是在合作和委托研究中有关各方的投入,包括资金、仪器设备、场地、信息等物资技术材料的投入和人力的投入。在目前的现实中人们能看到或者更重视物资材料,特别是研究经费的投入,往往看不到或者不重视信息和人力的投入。许多人认为决定合作和委托研究开发中科技成果的知识产权归属的决定因素是科研经费,否定其他因素,特别是人力因素的作用。这种观点有很大的片面性。诚然,科研经费的投入对研究开发来说是非常重要的条件,没有科研经费的投入就不可能开展研究开发工作。但是我们在考虑物质投入时,不仅要看到科研经费的投入,也应当看到仪器设备和场地也是同样重要的物质投入,没有它们也无法开展研究开发活动。我们更应当看到人力的投入,特别是高水平研究人员的投入是研究开发成功与否和研究开发成果水平高低的关键因素;没有研究人员的创造性活动,即使物资的投入再多再好,也出不了高水平的研究开发成果。上述我国《专利法》和《合同法》有关合作和委托研究开发的发明创造专利权归属条款规定:在对发明创造专利权归属没有约定或者约定不明确的情况下,发明创造专利权属于完成该发明创造的单位和个人。这说明我国《专利法》和《合同法》已经非常重视人力投入在决定合作和委托研究开发科技成果归属中的重要作用。我们现在已经看到,随着知识经济的不断发展,人们开始越来越重视高水平研究人员在科技和经济发展中的作用。这种观念也开始影响人们在处理合作和委托研究开发中科技成果知识产权归属的态度。不仅在我国,而且在许多发达国家,越来越多的人开始看到人力投入在处理合作和委托研究开发科技成果知识产权归属中的分量。

第二个影响因素是研究开发项目本身的性质。例如,是基础研究、应用研究还是开发研究;是针对合作一方特殊需要的项目,还是没有特殊针对性的项目。如果合作或者委托研究项目是基础研究项目,即是探索自然规律、没有应用背景的研究项目,所产出的科技成果一般是基础研究成果,没有具体应用背景,这种研究成果不仅能为合作或者委托研究中一方所用,也能为社会上任何单位或者个人所用。在这种情况下,实施研究工作的一方往往希望该成果不要为另一方所独占,以便研究成果能为社会上更多的单位和个人所应用,同时也不会影响合作另一方的利益。合作或者委托研究的另一方对此也往往表示理解,同意不独占该种研究成果的知识产权。如果合作或者委托研究项目是开发项目,即是要开发出一项实用技术或者一个具体的产品。合作或者委托研究的另一方往往坚持要拥有该科技成果的知识产权。合作双方往往会进行激烈的讨价还价,以便最终确定该科技成果的知识产权归属。如果合作或者委托研究是针对合作中某一方的特殊需要的技术,即产生的科技成果是该方所特需的,则该方就一定要坚持独占该研究开发中产生的科技成果的知识产权,一般不会同意其他各方与其分享该科技成果的知识产权。

第三个影响因素是合作或者委托研究所产生的科技成果的市场应用前景。如果该科技成果有很好的应用前景,可能产生巨大的经济效益,那么有关各方都会希望分享该项科技成果的经济效益,围绕科技成果知识产权归属的谈判肯定是非常激烈和艰难的。

第四个影响因素是合作或者委托研究所产生的科技成果的寿命。如果该项科技成果的寿命比较长,说明在短时间内被其他科技成果取代的可能性比较小,其市场前景和经济效益的不确定性大,但潜在的经济效益也可能大,合作或者委托研究的有关各方可能都希望分享该科技成果的知识产权,以图谋取潜在的经济利益。如果该项科技成果寿命比较短,说明其在短期内被取代的可能性大,市场前景和经济效益可以明确预计。在这种情况下,合作或者委托研究中的有关各方会依据自己的实际对该科技成果的知识产权归属提出不同的要求。例如,研究开发能力强的一方可能不那么坚持要分享该科技成果的知识产权,因为它相信自己在不分享该科技成果知识产权的情况下,可以研究开发出能取代它的更新的科技成果。对该项科技成果经济效益有明确估计的一方会根据这种估计而确定自己的谈判立场。

第五个影响因素是合作或者委托研究开发项目与合作方的前期科技成果或者后期可能开展的研究开发项目的关联。如果合作中某一方的科技成果是该研究开发项目的基础,也就是说该研究开发项目是在该方前期科技成果的基础上进行的,则该方一般非常在乎研究开发项目产生的科技成果的知识产权归属,有关各方在确定自己谈判策略时一般会考虑这个因素。如果参加合作或者委托研究开发的一方在研究开发项目结束后还想在同一个方向或者类似方向上继续开展研究开发工作,则该方也会十分在乎研究开发项目的科技成果的知识产权归属的处理,因为归属的处理会直接影响其今后要开展的研究开发工作。

第六个影响因素是有关各方的性质和在谈判中的地位。在我国如果委托方是政府部门,例如中央政府的某个部门,则委托研究项目产生的科技成果的归属往往要依据该政府部门的有关规定在合同中对科技成果的知识产权归属做出约定。如果合作研究或者委托研究项目中双方都是高等学校,双方可能更关注科技成果论文的发表,更希望共享科技成果的知识产权。如果合作一方是中国企业,则该方更希望科技成果马上应用到生产中去,最好是能尽快见到经济效益,因此更坚持拥有该科技成果的知识产权。如果是跨国的合作或者委托研究项目,则在处理科技成果的知识产权归属时,双方要考虑不同国家在处理科技成果的知识产权归属上的不同法律规定,妥善处理法律冲突问题。合作或者委托有关方在项目谈判中的地位也很重要。例如,如果要开展研究开发具体工作的一方的科研经费很充足,该方往往会坚持更多地享有科技成果的知识产权,不怕因此而导致谈判的破裂;反之,如果该方的科研经费很缺乏,就十分担心因坚持分享科技成果的知识产权而导致谈判的破裂。

除了前述影响因素外,还有其他影响因素。例如谈判人员的水平、上级领导的干预等。在上述各种影响因素中,我们很难说哪一种影响因素最重要。在具体的谈判项目中,一些看起来不重要的因素,往往会在合作或者委托研究开发项目的科技成果的知识产权归属的处理中起决定作用。在谈判实践中,我们在考虑到影响科技成果的知识产权归属的上述因素时,一定要结合具体谈判项目深入了解和分析对方的各种情况,灵活运用上述影响因素进行具体问题具体分析,争取对己方最有利同时又能为对方接受的科技成果的知识产权归属的约定。

下面我们将按照合作和委托研究开发的类别进行具体的分析。随着科学技术对经济发展的影响越来越大以及经济全球化的进程不断加快,合作和委托研究开发活动也迅速发展和扩大,合作和委托研究开发的种类也纷繁复杂,但从处理科技成果的知识产权,特别是发明创造专利权归属的角度,我们可以粗略地将它们分为合作研究开发、委托研究开发和合作研究机构三大类别。所谓合作研究开发是指合作双方就某一个研究开发项目共同进行研究开发活动,所谓委托研究开发是指委托方提供研究经费,被委托方利用所提供的研究经费就某一研究开发项目进行的研究开发活动。合作研究机构则是有关合作方共同成立专门的研究开发机构,针对某一科学技术领域或者重大的科技专题较长期地稳定地从事研究开发活动。

(一) 合作研究开发产生的发明创造专利权的归属

前面已经讲到,所谓合作研究开发是指在研究开发活动中,有关各方都有研究人员参加研究开发活动。在这类合作中,合作研究与合作开发又有一些区别。一般而言,合作研究开展的是基础研究或者应用基础研究,项目的应用性和针对性要小一些;而合作开发开展的是开发活动,目的是要开发出具体的产品或者生产工艺,项目的应用性和针对性比较强,开发出来的科技成果往往是合作某一方所需要的,甚至是急需的。合作开发往往是在合作某一方前期的研究成果上做进一步的开发研究工作,所产生的科技成果会与该前期科技成果有关联,这是在处理合作开发中产生的科技成果的知识产权归属时所必须考虑的。一般来讲,合作研究中产生的科技成果在多数情况下为合作各方共享,但在有些情况下也会为某一方所享有。即使是为合作各方所共有,共有的方式也会有所不同。

例如,某大学和某公司合作研究电力半导体器件损耗研究,主要研究人员来自该大学,研究场地和设备由该大学提供,该公司提供研究经费并派人参加研究工作,双方在研究合同中约定共享研究中产生的科技成果的知识产权,包括发明创造的专利权。双方并没有就共享的具体方式做更细致、具体的约定。这种共有与民法中的共同共有相似。

在另一项二甲醚生产新工艺及反应器的合作开发研究项目中,作为合作一方的大学提供主要研究人员,作为合作另一方的公司派研究人员参加开发研究,并提供物质条件和全部开发经费。双方对共享开发研究中产生的科技成果的知识产权做了具体的约定。该开发研究合同约定,双方将共享开发研究成果的知识产权,并约定:该开发研究成果的知识产权在中国境内属于该大学,在中国境外属于该公司;在中国境内如果大学将其科技成果的知识产权进行转让,应按一定比例将技术转让费分给公司。如果要就发明创造申请专利,在中国境内由该大学作为申请人申请专利,支付全部专利申请费和专利维持费,专利申请被批准后拥有专利权;在中国之外由该公司作为申请人提交专利申请并支付全部申请费和维持费。合同还对如何在专利申请中进行协调做了详细的约定。这种共有有点类似于民法中的按份共有,但并不完全相同。就同一项科技成果的知识产权,包括发明创造的专利权而言,合作开发双方各享有一份,但是这里的"份"是按照地区来划分的,其对应的财产价值是不确定的。如果该开发科技成果在中国的应用前景更大,其实际的财产价值可能远大于在中国境外的财产价值。反之亦然。

在纳米间隙流的摩擦学特性合作研究项目中,合作双方(某大学和某公司)在合作研究合同中是这样约定科技成果的知识产权归属的：双方对同一课题分别独立开展研究，各自独立享有自己的研究成果的知识产权，相互交流研究成果。这也是一种合作研究项目，合作之处在于双方同时进行同一个研究项目，相互及时交流研究成果，双方可以从对方的研究成果中得到启发。但由于研究项目是基础性研究，研究工作又是双方独立进行的，所以没有采取共享科技成果的知识产权的方式。

在一项声控拨号集成合作开发项目中，某公司提供研究经费、芯片技术和产品，某大学研究人员利用自己的场地和设备开发软件，该公司派技术人员参与软件开发，在开发合同中双方约定：双方共同拥有全部科技成果的知识产权，共同分享所产生的利益；如果有发明创造需要申请专利，则双方共同申请。而在另一项类似的合作开发研究项目中，某公司提供前期的研究成果和研究经费，派技术人员参加开发工作，主要开发工作由某大学利用自己的实验室进行，合同中的约定则是：公司享有开发中产生的全部科技成果的知识产权。在这两个类似的合作开发项目中，双方在合作开发中的地位是不同的。在前一个合作开发项目中，大学的研究人员在该科技成果进入市场时有一定的影响力，通过分享科技成果的知识产权有利于该科技成果的推广应用，从而给合作的公司带来好处，所以该公司同意大学与其分享科技成果的知识产权。而在后一个合作开发项目中，大学没有这样的地位，也不能从其他方面给合作的公司带来利益，所以不能使公司同意其分享开发中产生的科技成果的知识产权。

（二）委托研究开发产生的发明创造专利权的归属

按照委托方的性质，我们可以将委托开发研究粗略地分为政府部门的委托研究开发和民事主体的委托研究开发。就一个民事主体委托另一个民事主体开展的委托研究开发项目而言，一个普遍存在的错误观念是：委托方出了研究开发经费，理所当然地应当独占委托研究开发中产生的科技成果的知识产权。但是在这类研究开发合作中，处理科技成果的知识产权归属的约定实际上是多种方式，科技成果的知识产权属于委托方的只是其中的一种方式。

例如，在处理新鲜空气的新型机组的委托研究项目中，委托方是一家提供全部研究经费的公司，被委托方是一所大学，研究项目有很强的针对性，研究结果为委托方所急需，双方在委托合同中约定研究中产生的所有科技成果的知识产权属于委托方。而在脱磷剂及脱磷系统的委托开发项目中，委托方也是一家提供全部研究经费的公司，受委托方也是一所大学，双方在合同中对开发中产生的科技成果的知识产权归属的约定是：双方共享开发中产生的科技成果的知识产权，包括发明创造的专利权。做出这种约定的主要原因是该委托开发项目实质上是一项应用基础研究，探索的不是某一种具体的脱磷剂及脱磷系统，而是某一类别的脱磷剂及脱磷系统，不仅仅是委托方可以应用的科技成果，而是其他单位也可以应用的比较基础性的科技成果。所以委托方在被委托方坚持要共有科技成果知识产权的情况下同意了被委托方的要求。

委托研究项目的科技成果的知识产权属于被委托方的情况也不少见。例如，在一项冷成型过程的计算机模拟的委托项目中，委托方也是一家公司，被委托方是一所大学，合作的模式是公司提供全部研究经费，大学开展研究工作。双方在委托研究合同中对科技成果的知识产权归属的约定是：在委托研究中产生的全部科技成果的知识产权为大学所有，如果有发明创造需要申请专利，则大学负责申请事宜；如果大学要转让该科技成果的知识产权，大学应当优先并优惠地转让给委托方,不得转让给委托方的竞争对手。委托方可以免费使用该科技成果。做出这种约定的主要原因是该项目是基础性研究项目,大学坚持要拥有科技成果的知识产权,以便使其不仅能为委托方所用,而且能为学术界、其他产业以及同一产业的委托方的非竞争对手所用,大学的这一合理要求得到了委托方支持。

如果委托方是政府,被委托方是独立的民事主体,则委托研究或者开发中产生的科技成果的知识产权,包括发明创造专利权的处理,就与上面的做法大不一样了。按照我国现行的做法,凡是涉及政府委托的科研项目都要由承担方与政府有关部门签订科研合同,委托科研项目中产生的科技成果的知识产权,包括发明创造专利权的归属往往要依据政府的有关规定在科研合同中做出约定。如果一个单位(例如一所大学)从科技部承担了一项"863"高技术研究项目,就必须与科技部有关主管司或者中心或者科技部委托的专家委员会签订科研合同。前者是委托研究项目的被委托方,后者是委托方。合同中有关科技成果知识产权,包括发明创造专利权的归属要依据《国家高技术研究发展计划知识产权管理办法》在合同中做出具体的约定。按照该规定,除合同另有约定外,项目中产生的科技成果的知识产权,包括发明创造专利权归研究开发方(被委托方),而不是归国家。研究开发方有权申请专利。研究开发方如果要将部分任务委托给第三方,应当与第三方签订合同,且合同应当经过原委托方(科技部的有关司或者中心)批准后才能生效。在下列三种情况下,授权单位或者完成发明创造的课题组成员,经过领域专家委员会的批准,可以就完成的发明创造申请或者与研究开发方共同申请专利。自然,当专利申请被批准后,作为专利申请人的有关单位或者人员就成了专利权人,拥有相应的专利。

(1)依据合同的约定,研究开发方不对研究项目产生的科技成果行使处置权;

(2)研究开发方在规定的期限内未提出保护知识产权意见;

(3)研究开发方同意申请专利后的六个月内无正当理由而未申请专利。

当在上述三种情况下,授权单位或者课题组成员取得专利权后,研究开发方可以免费实施该项专利。从这些规定中可以看出,这类科研项目是列入国家的高技术计划的研究开发项目,全部科研经费都由国家提供,研究开发中使用的许多重要仪器设备也都是由国家提供的,但是研究开发的科技成果的知识产权不为国家所有,而为研究开发单位、授权单位,甚至课题组成员个人所有,这该如何解释呢?该种规定的基本出发点是充分调动研究开发单位、授权单位或者研究人员个人应用科技成果的积极性,加快"863"高技术计划中科研成果在工业上的应用,更好地促进我国经济社会的发展。国家对这类科技成果也保留了如下权利:研究开发方在科技成果完成后六个月内应当向科技部主管司或者中心上报实施计划。有四种科技成果的实施或者权利的转让应当得到科技部有关司或者中心的批准后才能进行:①转让专利权、专利申请权和其他知识产权的;②许可外国企业、其他组织或者个人实施的;③与外国企业、其他组织或者个人合作实施的;④以技术的财产权入股成立有限责任公司、股份公司的。科技部有权决定"863"计划科技成果在指定的单位实施。该办法还对科技成果实施或者权利转让的收益分配作了规定:对参与实施科技成果的课题组成员,可获得实施技术的税后利润的1‰～2.5‰的报酬。作为委托方的政府部门可以从实施的收益中提取一定比例的资金。如果科研经费不仅来自政府,而且来自其他单位,这时作为共同投资方的政府和该其他单位,可以在提供科研经费时约定收益分成比例。管理办法还规定:委托研究开发中产生的著作权属于研究开发方,与发现、发明或者其他科技成果有关的精神权利,主要是署名、取得荣誉证书和奖励等权利,属于有关对技术做出创造性贡献的个人。

(三) 合作研究机构中的发明创造专利权的归属

有关各方合作成立一个研究机构,决心在研究或者开发活动中开展长期、稳定的合作。在一般情况下,合作研究机构建立之初,由有关合作方提供场地、必要的仪器设备、日常运行费用和起始研究或者开发经费。但在合作研究机构稳定运行之后,研究或者开发经费可能是全部由合作各方或者其中的一方提供,也可能是由合作方之外的第三方提供。就是否具备独立的民事能力而言,合作研究机构大体分成两类:独立的合作机构和非独立的合作机构。前者按照独立法人的要求成立机构,能独立承担民事权利和义务,是不属于合作方中任何一方的独立法人;后者不是独立法人,不能独立承担民事权利和义务,而是依附在某一合作方,往往依附在作为合作一方的大学或者研究机构,因为这类合作研究机构往往设在大学或者研究机构内,由它们提供合作研究机构场地和主要研究人员。如果合作研究机构主要是从事开发研究活动,则可能建在作为合作一方的企业内,因为企业更具备开展开发活动的物质条件,这时非独立的合作研究机构往往依附于该企业。非独立的合作研究机构对外承担民事权利和义务,要由其所依附的独立民事主体,例如大学、研究所和企业等来进行。假如该类合作研究机构要对外签订科研合同,则不能以合作研究机构自身的名义,而应以其所依附的单位名义。

合作研究机构中产生的科技成果知识产权的归属,首先要考虑合作研究机构的民事主体性质。如果合作研究是独立法人,则可以独立拥有科技成果的知识产权,如独立申请专利、拥有专利、可以自行处置包括专利在内的所有科技成果、支配科技成果所取得的收益。这时合作各方可以在建立合作研究机构的协议中允许该合作研究机构拥有其自身的科技成果的知识产权,包括发明创造专利权。至于合作各方应当得到的回报,可以通过对科技成果的实施或者实施后取得的收益的分配进行约定。例如,合作各方可以约定,属于该合作研究机构的科技成果的权利转让要经过合作各方的一致同意才能进行,或者科技成果的实施要事先向所有合作方报告。如果合作一方是企业,企业可以要求有优先和免费应用科技成果的权利。合作各方可以对科技成果所取得的收益的分配比例做出约定等。合作各方还可以就合作机构对外承担研究开发项目,特别是该类项目的科技成果知识产权归属做出约定。例如,不允许合作研究机构对外承担研究开发项目,或者对外承担科学研究项目要经过所有合作方的一致同意,或者不允许承担科技成果的知识产权为他方拥有的研究开发项目,或者只允许承担科技成果的知识产权为合作研究机构拥有的研究开发项目等。如果合作研究机构是依附于某一合作方的非独立的法人,则它不能独立申请专利、拥有专利和处置包括专利在内的所有科技成果的知识产权。这时,有关合作方就应当在建立合作研究机构的合同中对由合作方科技经费支持的研究开发项目产生的科技成果知识产权的归属直接做出规定。例如,该类科技成果的知识产权应当属于科研经费的提供方,或者由合作各方共享,或者属于科技成果的完成方,等等。在前述任何一种模式下,合作各方都应当就科技成果知识产权归属的具体细节做出详细的约定。在有关合作各方共享合作研究机构科技成果知识产权的模式下,考虑到合作的时间比较长和研究开发项目的差异性,也可以在建立合作研究机构的协议中原则上约定合作各方将共享科技成果的知识产权,但具体的共享方式将按照具体的研究开发项目个案处理,有关各方另行就某一研究开发项目的科技成果知识产权的归属签订协议。由于合作研究机构是合作各方长期合作的形式,使用前面所说的某一种模式来处理科技成果知识产权的归属,可能很难适合今后不断变化的情况,或者任何一种模式都不能为合作各方一致接受。所以在建立合作研究机构的协议中常常会是对科技成果的知识产权归属做出不确定约定的条款。例如,合作各方一致同意合作研究机构的科技成果的知识产权归属将依据具体研究开发项目另行签订协议,按照个案分别情况处理,等等。同独立合作研究机构一样,合作各方还可以就这种不独立的合作研究机构对外承担研究开发项目的事项做出约定。例如,作为合作一方的企业可以要求合作研究机构不得从其竞争对手处承担与其科研经费支持的类似的研究开发项目,或者要求合作研究机构在从其竞争对手处承担研究开发项目前必须得到该企业的同意等。

在学习和了解了上述如何处理合作或者委托研究开发中产生的科技成果的知识产权归属之后,我们来分析应当如何处理本段一开始举出的两个案例。

在第一个案例中,是由"某国内著名大学"和"我国某大石油炼制企业"这两个独立的民事主体之间开展合作,大学是一种教育和学术研究机构,关心科技成果的学术性,当然也关心其可能产生的经济效益;企业是生产单位,主要关心科技成果在企业中的应用,能否产生经济效益。研究开发的目标是开发出能在工业上应用的新型催化剂,所以合作项目的性质属于开发能为该企业应用的一种新催化剂。从这个角度上看,该企业一定会坚持要拥有合作中产生的科技成果的知识产权。但是如果该新型催化剂还能用在石油炼制之外的其他场合,则该大学会希望要分享该科技成果的知识产权,以便其许可其他企业使用该催化剂,为大学带来更大的经济收益。从双方为研究开发项目提供的条件看,该企业提供全部研究经费、工业试验的条件和工程技术人员参加研究开发工作;该大学提供研究人员和前期试验的场地、仪器设备等条件。可以看出,双方都有物质的投入,都有人员参加研究开发工作。这是一种合作研究和委托研究兼具的合作方式。综合考虑这些因素之后,我们认为合作中产生的科技成果知识产权为大学单独拥有的可能性不大,存在着两种可能的选择:该企业单独拥有该新型催化剂的知识产权,包括专利申请权和专利权;或者该企业和该大学共同拥有该新型催化剂的知识产权,包含专利申请权和专利权。前一种选择的可能性比较大。如果双方选择了后一种方案,还需要就共有的具体方式做出更详细的约定。除了上述方案外,当然还有其他的方案。

再来看第二个案例。我们首先要看到,合作前的计算机软件为该跨国公司拥有,要讨论的是合作中产生的新计算机软件的知识产权归属。该项目属于委托开发性质,虽然委托派人指导研究开发工作,但不是实际参加研究开发,开发的目标是具体的计算机软件,是委托方所需要的。在委托研究开发中,外方提供全部研究经费和前期计算机软件,该系提供研究人员,利用其实验室的场地和计算机等物质条件。如果仅仅看到这些因素,则合作中产生的计算机软件的知识产权为外方拥有似乎更有道理,也能为该大学所接受。如果我们还考虑到外方拥有的计算机软件不能适合中国的钢种,只有开发出适合中国钢种的计算机软件,外方的计算机软件才能进入中国市场;以及该系这位教授在工业界的威望对该计算机软件在中国推广应用中的不可替代的作用,外方和该教授合作的基本目的是通过开发出适合中国钢种的软件和该教授在企业界的声望,使其计算机软件能进入中国市场,则从大学方来说,就应当寻求对自己更有利的处理方案。适合本案例的方案可以有四个:

(1)从大学角度来说,首选的应当是自己拥有合作中产生的计算机软件的知识产权,并从外方获得许可自己使用并向任何第三方许可使用外方的计算机软件的权利,同时在获得收益后向外方支付适当的许可费。

(2)双方共同拥有合作中产生的计算机软件的知识产权,双方都有权独立地使用和许可任何第三方使用所有计算机软件。

(3)外方拥有合作中产生的计算机软件的知识产权,该大学可以自己使用和许可任何第三方使用所有计算机软件。

(4)外方拥有合作中产生的计算机软件的知识产权,该大学可以自己使用但不能许可任何第三方使用所有计算机软件。

除了上述四个方案外,当然还有其他方案。在这四个方案中,第一个方案也许更能为外方所接受,因为它特别能满足外方开展此项合作的目的。

五、有关专利权的合法继受

有关专利权的合法继受是指就发明创造申请专利的权利、专利申请有关权利和专利权等通过赠与、继承、买卖等形式合法地转移给合法的继受人。这里所说的就发明创造申请专利的权利,是指在发明创造完成之后、申请专利之前所涉及的是否申请专利的权利。例如在科研合作合同中,有关合作方约定了某一合作方将拥有研究开发项目所产生的所有科技成果,包括发明创造的知识产权。这就意味着该方有就发明创造申请专利的权利。但是后来由于各种原因,该方不想就发明创造申请专利,于是就将其就该发明创造申请专利的权利转让给合作的另一方。合作的另一方有了这种权利后,就可以就该发明创造申请专利了。

专利申请有关权利的合法继受则是指一项发明创造已经被包含在对应的专利申请之中,但是该专利申请还没有完成全部审查程序,即没有被中国专利局授予专利或者没有被确认不能授予专利,专利申请人将该专利申请有关权利转移给他人。有关专利权的赠与和买卖要通过签订书面合同来完成,有关专利权的继承要按照继承法的规定来处理,专利申请有关权利和专利权的继受合同要在中国专利局备案,中国个人或者单位向外国单位或者个人转移有关专利权的,事先必需得到我国有关政府部门的批准。

第二节 科技作品著作权的归属

一、有关科技作品著作权归属的概述

科技作品是作品中的一大类,是指人类在科技领域内的一切独创性的表达,大体上是指表达科技内容的作品。和文学艺术作品一样,科技作品的种类也很多。科技作品包括科技文字作品,例如科技论文、科技书籍、用文字表达的产品或工程设计图等;科技口头作品,例如科技报告、讲座等;工程设计图、产品设计图、地图、示意图等图形作品;科技模型作品,例如仪器设备的模型、实验室的模型等;科技电影以及用类似电影的方法制作的作品,例如科普电影;用音像表达的仪器设备或者工程的设计等。计算机软件虽然可以应用在几乎一切领域,但就其自身的属性而言,无论从表达的符号还是从表达的方式、手段来看,科技含量都比较高,直接表达的也是科技内容,因而应当是一种科技作品。从与原科技作品关系来看,还有科技演绎作品,例如科技作品的翻译作品等;汇编作品,例如围绕某一科技主题的科技论文集,有关某一科学家终身发表的科技论文集等。科技作品的著作权归属讨论的是谁应当拥有科技作品的著作权,或者说谁应当是科技作品的著作权人。为了解决这个问题,首先需要了解有关作者和著作权人的概念,还需要针对不同类别的科技作品讨论其著作权的归属。

(一)作者

作者是指创作作品的公民,即独立完成作品创作的公民。由法人或者其他组织主持,代表法人或者其他组织意志创作,并由法人或者其他组织承担责任的作品,称为单位作品,该法人或者其他组织视为作者。例如,一个化工设计院院长代表该设计院在设计院系统做了一场有关设计院管理经验的报告。不管该报告是由该院长起草,还是由其他人起草,都要体现该设计院的意志,并且由该设计院负责,所以这篇报告应当是单位作品,该设计院应当视为该作品的作者。如果该报告是由某一个或者几个设计人员起草的,虽然他们是报告的实际完成人,但是他们必须按照设计院的意志进行创作,由设计院对该报告承担责任,所以这些设计人员不应当是该报告的作者。看一件作品的作者是谁,一般要看作品上的署名。一般来说,在作品上署名的公民、法人或者其他组织就是作品的作者。但在极少数情况下,如果能证明在作品上署名的人并没有参加作品的创作或者对作品的完成没有做出任何创造性贡献,则署名者不是作者。

(二)著作权人

著作权人是指享有作品著作权的人。著作权人是与作者不同的概念,但作者又与著作权人有着密切的联系。我国《著作权法》规定:"作品的著作权属于作者,本法另有规定的除外。"在一般情况下,作品的作者就是著作权人;但是在很多情况下,作者不是其创作作品的著作权人。也就是说,在很多情况下著作权人不是作品的作者。著作权人不是作者的情况有:在委托创作作品的合同中约定作品的著作权人为委托人;作品著作权的合法继承人;著作财产权全部转让中的受让人;当享有某作品著作权的法人或者其他组织变更、终止后,没有承受其权利义务的法人或者其他组织的,财产权由国家享有,国家成了该作品的著作权人;享有职务作品著作权的法人或者其他组织。

在考虑作品著作权归属时,我们首先要遵循的规则就是作品的著作权属于作者。如果是公民作品,则公民作者就是作品的著作权人;如果是单位作品,则相应的法人或者其他组织就是作品的著作权人。但是由于作品创作过程的复杂性,或者由于作品本身的复杂性,仅仅遵循上述规则解决不了有些作品的著作权归属问题,需要有新的规则或者在上述规则的基础上增加一些内容才能处理这些作品的著作权归属问题。下面我们将针对这些作品来讨论它们的著作权归属问题。

二、演绎作品的著作权归属

所谓演绎作品,是指那些在原作品的基础上,用与原作品不同的表达方式来表达原作品内容所产生的作品，例如改编作品、翻译作品、注释作品和整理作品等。科技作品中也存在这四类演绎作品。例如，将一本科技著作改编成科幻小说，属于改编作品；将中文的一篇科技论文翻译成英文论文，是翻译作品；用通俗的文字去注释一篇普通人难理解的科技论文，是注释作品；将某位科学家的讲演整理成一篇论文是整理作品。从这些例子中我们看到，演绎作品往往不是原作品的作者创作完成的，但这些演绎作品的创作基础是原作品，所表达的内容主要是原作品的内容。于是就会出现这样的问题：这些作品的著作权应当属于谁？是属于原作品的作者，还是属于演绎作品的作者？首先我们应当承认，对原作品进行演绎，是一种具有独创性的活动，这种独创性活动的产物应当是一种表达与原作品不同的东西，应当属于新作品。在这一前提下，该新作品属于原作品的作者显然很不公平合理，因为原作品的作者没有参加演绎作品的创作。合理的逻辑是演绎作品的著作权应当属于演绎作品的作者。但是这些演绎作品又是在原作品的基础上创作出来的，所以要求演绎作品的著作权人在行使其著作权时不得侵犯原作品的著作权。比如，在发表演绎作品时，应当注明相应原作品的名称和作者。另外，创作人员在决定对某一原作品进行演绎，例如翻译时，应当事先得到原作品的著作权人的同意，并就翻译作品著作权行使中的比较重要问题，例如报酬问题，与该著作权人达成一致。

三、汇编作品的著作权归属

汇编作品是指汇编若干作品、作品的片断或者不构成作品的数据或者其他材料，对被汇编对象的内容的选择或者对被汇编对象的编排体现独创性的作品。如果对被汇编对象的内容的选择或者对被汇编对象的编排没有体现独创性，不满足作品的独创性要求，则汇编出来的材料不是汇编作品。例如，数据库是数据的汇编，但是有些数据库在数据内容的选择或者数据的编排上根本没有独创性，这种数据库不满足作品的独创性要求，因而不是汇编作品。但是有一些数据库，在数据内容的选择或者在数据的编排上体现独创性，满足作品的独创性要求，因此是汇编作品。

同演绎作品相比，汇编作品的独创性仅仅体现在材料的选择和编排上，独创性不是那么强，但是汇编本身仍然是汇编者的一种思想和情感的表达，和演绎作品一样也是一种新作品，其著作权人不应当是被汇编的原作品的作者，而应当是汇编人。但是如果被汇编的材料有著作权，则汇编人在行使其汇编作品的著作权时，不得侵犯原作品的著作权。如果被汇编的对象是没有著作权的反映客观事实的材料，例如时事新闻，或者是已经进入公有领域的作品，例如著作权的保护期已经过期的作品，则汇编人在行使其汇编作品的著作权时，不需要考虑是否侵犯被汇编材料的著作权问题。但是汇编作品中的被汇编对象常常是享有著作权的作品，这时汇编人在行使其对汇编作品的著作权时，一定要注意不要侵犯被汇编作品的著作权。例如，不得在复制发行汇编作品时对被汇编作品进行修改，要注明汇编作品的作者并且不得变动，等等。如果被汇编的作品还没有公开发表，则汇编人在行使对该汇编作品的著作权时还涉及该被汇编作品的发表权，有时还涉及作品第三人的隐私权，汇编人只有在得到被汇编作品的著作权人以及有关第三人的同意之后，才能发表、出版发行其汇编作品。

四、科技电影和以类似摄制电影方法创作的科技作品的著作权归属

同其他电影作品和以类似摄制电影方法创作的作品一样,科技电影和以类似摄制电影方法创作的科技作品的制作过程一般比较复杂,创作过程中涉及的人员也比较多,例如科技电影剧本的编剧、电影导演、电影中插曲和伴歌的词、曲作者、摄影者、电影制片人等。最终的作品当然是电影作品和类似于电影的作品,但是与之伴生出来的有电影剧本、歌、曲等作品。如何处理这些作品的著作权归属,关系到能否创作出高水平的电影和以类似摄制电影的方法创作的作品,还关系到能否迅速在电影市场传播电影和以类似摄制电影的方法创作的作品。按照我国著作权法的规定,电影和以类似摄制电影的方法创作的作品的制片人对电影和以类似摄制电影的方法创作的作品享有著作权,但编剧、导演、摄影者、词、曲作者享有署名权,即这些人员可以在电影和类似电影的作品上享有标明自己姓名和职责的权利。这些人员自然有权按照和制片人签订的合同获得报酬。制片人作为电影和以类似摄制电影的方法创作的作品的著作权人,不仅享有包括署名权在内的精神权利,更重要的是享有该类作品的财产权,例如可以从这些作品的发行、放映和网络传播中获得收益。

我国《著作权法》同时还规定:"电影作品和以类似摄制电影的方法创作的作品中的剧本、音乐等可以单独使用的作品的作者有权单独行使其著作权。"例如,剧本是和电影作品不同的作品,很多情况下是一种文字作品,它不仅可以用来摄制电影,而且可以在杂志上发表,或者单独出版发行,或者被改编成其他文学艺术形式。除了摄制电影外,其他都是剧本被单独使用的行为。如果摄制的是另外一种电影,也是与先前摄制电影不同的单独使用行为。在剧本被单独使用的情况下,剧本的作者有权单独行使其著作权,即这些使用应当得到剧本作者的同意,并向其支付报酬。电影中的音乐作品,是电影和以类似摄制电影的方法创作的作品的不可分割的一部分,在电影中起增强效果的作用,但是这些音乐作品常常可以独立于电影和以类似摄制电影的方法创作的作品之外使用,例如可以在杂志发表,可以被汇编到相应主题的音乐作品集中,可以被单独播放,被单独在网上传播等。涉及这些单独使用时,都应当得到音乐作品的作者同意并向其支付报酬,而不需要得到电影和类似电影作品的著作权人,即制片人的同意并向其支付报酬,因为这时制片人没有著作权,能行使著作权的仅仅是音乐作品的作者,如词作者、曲作者等。

电影作品和以类似摄制电影的方法创作的作品的素材,在很多情况下是其他作品,例如科技小说、科技电影的剧本。电影类作品的表达方式与其对应的素材是很不相同的,因此利用这些素材时对素材的修改是常有的事。对这些素材的修改涉及著作权中的修改权。如果每次修改都要得到这些素材原作者的同意,则会使电影的摄制工作无法进行,或者拖长摄制工作的时间。为了防止这些情况的出现,我国《著作权实施条例》规定:"著作权人许可他人将其作品摄制成电影作品或者以类似摄制电影的方法创作的作品的,视为已同意对其作品进行必要的修改,但是这种改动不得歪曲篡改原作品。"这意味着,如果原作是电影剧本,则导演为摄制的需要可以对该剧本进行必要的修改;如果原作是一部电影,则导演为摄制创作新电影的需要,可以对该电影进行必要的修改。但是这些修改必须限定在没有歪曲篡改原作品的限度内。

五、职务作品的著作权归属

职务作品的著作权归属是我们科技工作者在工作中常常会遇到的问题。例如,某大学一位李教授是一位写作能力强的老师,曾经三次完成过几件影响较大的科技作品。一次是结合自己的科学研究,写了一本专著并且很快出版发行。第二次是某一年接受了系主任指派的编写专业教材的任务,在一年内不承担其他教学、科技任务的情况下,完成了该教材的编写,后来出版发行。系主任在向其指派教材编写任务时,没有涉及教材的著作权问题。第三次是某年学校召开全校科学研究大会前,接受主管科学研究的副校长的委托,为其起草了在该科技研究大会开幕式上的讲话和闭幕式上的总结发言。这位李教授所创作的几件作品是不是都是职务作品?这几件作品的著作权是不是都应当属于他?或者是不是都应当属于学校?为了能回答这些问题,我们需要在前面所讲述知识的基础上,再深入学习职务作品的著作权归属问题。

按照我国《著作权法》的规定,所谓职务作品是指"公民为完成法人或者其他组织工作任务所创作的作品。"我国《著作权法实施条例》又对"工作任务"作了明确的解释,关于职务作品规定中的所谓"工作任务",是指"公民在该法人或者其他组织中应当履行的职责。"从这些规定中可以看出,职务作品具有的法律特征是:

(1)进行创作的公民和法人或者其他组织之间存在劳动合同关系。只有存在这种劳动合同关系,才有该公民应当履行的职责存在;只有存在应当履行的职责,才有该法人或者其他组织给予该公民的工作任务存在。

(2)应当是在完成工作任务中所创作的作品。这里所讲的"工作任务"应当属于作者的职责范围。即这里的"工作任务"应当理解为与创作有关的工作任务,而不能宽泛地理解为本职工作。例如一个大学教授的本职工作是开展本学科的教学和科研,具体任务就是完成各种教学任务、承担科研项目和产出科技成果。本职工作中并没有要求编写其授课的教材和出版其科研工作的科技专著。也就是说,即使这位教授没有编写出这样的教材和出版这样的科技专著,只要完成了其承担的教学和科研任务,也就是完成了本职工作。在这种情况下,只有他接受了单位委派的与创作有关的任务,他才可能去进行职务作品的创作,从而创作出作品来。当然这种工作任务一定是要在其职责范围内,也就是说,应当编写与其教授的课程有关的教材,而不是与其教授的课程甚至是与从事的专业无关的教材;应当是与其科研有关的科技专著,而不是与其科研甚至与从事的专业无关的科技专著。如果创作者是职业作家,本职工作就是搞创作,工作任务也应当是指单位给予他在职责范围内的创作任务。至于他在职责范围之外创作的作品不应当属于职务作品。

(3)作品的使用在公民所在单位的正常工作或者业务范围之内。由于公民应当履行的职责自然是在其法人或者组织正常工作或者业务范围内,所以履行职责所规定工作任务而完成创作的作品的使用自然也应当在公民所在法人或者其他组织的正常工作或者业务范围之内。

(4)《著作权法》中所说的工作任务应当是指公民所在单位的正常工作或业务所必需的活动,或者直接服务于该单位的法定业务宗旨。

(5)公民在接受法人或者其他组织的工作任务之后,基本上是按照自己的意志独立地进行创作,并在此基础上产生出作品。在有些情况下,即使其所在的单位对创作有一定的指导,但创作过程还是由该公民独立完成的。

按照对职务作品的上述理解,我们来分析李教授所完成的作品的性质。李教授结合自己的科研写的一本专著,是不是职务作品呢?李教授在该大学的职责是在其所在的专业领域开展教学和科学研究,相应的教学和科研工作是其本职工作。在科研工作中所产生的科技成果都属于本职工作中产生的,按照专利法应当是职务科技成果,该职务科技成果的知识产权应当为其单位所拥有。如果科技成果中有发明创造,则其所在的单位应当有权申请专利,在专利申请被批准后,单位应当是专利权人。但是结合自己科研工作,写一本包含科研成果的专著,并不是其本职工作,也不是单位指派的工作任务。虽然李教授和其所在单位之间存在劳动合同关系,专著的使用在其所在单位的正常工作或业务范围内,但由于专著的创作不是其本职工作,又不是单位指派的工作任务,所以不能认为该专著是职务作品,而应当确定为其个人作品。该专著作为公民个人作品,其著作权自然应当属于作者李教授。

再看李教授第二次创作的作品的性质。他接受了系主任指派的编写专业教材的任务,在一年内不承担其他教学、科技任务的情况下,完成了该教材的编写,后来出版发行。在这里我们可以看到,编写专业教材是单位指派的任务,这个任务是作者的职责范围,因为属于其专业范围,又能为其从事的教学所用;专业教材的使用在李教授所在系的正常工作范围内,因为可用于该系有关专业的教学;这个任务也是直接服务于李教授所在系的法定教学业务的宗旨;毫无疑问,李教授和该系存在劳动合同关系。所以,该专著应当确定为职务作品,而不应当是李教授的个人作品。自然该专著也不是李教授所在系的单位作品,因为李教授接受编写专业教材的任务之后,创作过程是由李教授独立地按照自己的意志完成的,他不需要也不可能按照单位的意志(由系主任代表)去进行创作;对该专业教材负责的是李教授,而不是其所在的系。既然该专业教材不是单位作品,我们由此就不能说其著作权属于单位而不属于李教授。在这里,问题的实质就是应当如何处理职务作品的著作权归属。

虽然职务作品是由公民在单位指派的工作任务中完成的,而且单位常常为创作提供时间、经费和其他物质技术条件,但是职务作品著作权并不一定属于公民所在的单位。职务作品著作权在大多数情况下属于完成创作的公民,只是在有些情况下署名权属于进行创作的公民,著作权的其他权利属于该公民所在的法人或者其他组织。就职务作品的著作权归属,我国《著作权法》是这样规定的:"除本条第(二)款以外,著作权由作者享有,但法人或者其他组织有权在其业务范围内优先使用。作品完成二年内,未经单位同意,作者不得许可第三人以与单位使用的相同方式使用该作品。"这意味着,只有符合该条第(二)款的规定者,作品的除署名权以外的其他著作权才属于作者所在的单位;不符合该款规定的职务作品,其著作权都属于进行创作的公民。这种规定显然更倾向于将职务作品的著作权划归给进行创作的公民个人。所谓本条第(二)款,就是指:"有下列情况之一的职务作品,作者享有署名权,著作权的其他权利由法人或者其他组织享有,法人或者其他组织可以给予作者奖励:①主要是利用法人或者其他组织的物质技术条件创作,并由法人或者其他组织承担责任的工程设计图、产品设计图、地图、计算机软件等职务作品;②法律、行政法规规定或者合同约定著作权由法人或者其他组织享有的职务作品。"从这里可以看出,除署名权之外其他著作权属于法人或者其他组织的第一类职务作品,是主要利用法人或者其他组织的物质技术条件,并由法人或者其他组织承担责任的工程设计图、产品设计图、地图、计算机软件等职务作品。这样的作品必须满足以下条件：

(1) 它们是职务作品，是公民在完成法人或者其他组织工作任务所创作的作品；

(2) 它们是属于工程设计图、产品设计图、地图、计算机软件等类别；

(3) 这些作品是主要利用该法人或者其他组织的物质技术条件完成创作的；

(4) 这些作品由法人或者其他组织承担责任。

只有这四个条件都满足了，这类作品的除署名权之外的其他著作权才属于创作作品的公民所在的法人或者其他组织。这四个条件的任何一个条件得不到满足，该职务作品的除署名权之外的其他著作权就不能属于该法人或者其他组织，例如不是职务作品的工程设计图、不是主要利用法人或者单位物质技术条件的工程设计图的职务作品、主要利用法人或者其他组织物质技术条件但是该法人或者其他组织不承担责任的职务工程设计图等。除署名权之外的其他著作权属于法人或者其他组织的第二类职务作品是法律、行政法规或者合同约定著作权属于法人或者其他组织的职务作品。为确定这类职务作品，我们必须查阅相关法律和行政法规的规定，或者参照有关合同的约定。

除了上述两大类职务作品之外，其他职务作品的著作权都属于与法人或者其他组织有劳动合同关系的创作作品的公民。由此可见，在大多数情况下，完成职务作品创作的公民应当享有职务作品的著作权。但是在这种情况下，既然是职务作品，相应的法人或者其他组织为其完成提供了包括物质技术条件在内的各种条件，理应享有一定的民事权利。单位享有的这些权利包括：在单位的业务范围内优先使用权。优先使用权不意味着免费使用，单位还可能要为其使用作品支付许可费。优先使用权是指单位可以优先于第三人使用，即在同样的条件下，单位可以优先使用该作品；如果第三人给出的条件优于该单位，则优先使用权就不能适用。单位享有的另一种权利是：作品完成二年内，未经单位同意，作者不得许可第三人以与单位使用的相同方式使用该作品。即在规定的二年内，单位对这种使用有同意和否决的权利。我国《著作权法实施条例》还进一步作了这样的规定："职务作品完成二年内，经单位同意，作者许可第三人以与单位使用的相同方式使用作品所获得的报酬，由作者与单位按约定的比例分配。作品完成二年的期限，自作者向单位交付作品之日起计算。"这些规定意味着在该种职务作品交付给单位后的二年内，完成创作的公民如果要许可第三人以与单位使用的相同方式使用作品，例如单位用该职务作品作为学生上课的教材，第三人也想作为学生上课的教材，应当得到单位的同意。如果单位不同意，他就不能这样做；如果单位同意，还需要就这样做所获得的报酬与单位约定分配比例，在获得报酬后按此比例分配。这也意味着，如果完成创作的公民要许可第三人以与单位使用的不同方式使用作品，例如第三人想将该作品翻译成英文，而不是作为我国学生的教材使用，则无须得到单位的同意。也就是说，他可以自行许可第三人这样做，并且独享所获得的报酬。自然，在二年期限到期后，完成创作的公民可以自由地许可第三人以与单位使用的相同方式使用作品，无须单位同意，也不需要与单位分享所获得的报酬。

按照上述有关职务作品著作权归属的规定，现在来分析李教授所编写的专业教材的著作权归属。专业教材显然不属于职务作品著作权属于单位的第一类作品，因为为该专业教材承担责任的一般不会是李教授所在的系，而是李教授本人，即使其他上述的三个条件都满足，也不能属于上述第一类作品。同时该教材也不属于上述第二类作品，现有的法律、行政法规没有规定专业教材的著作权应当属于完成创作的公民所在的单位，李教授和所在的系之间也没有有关专业教材著作权归属的约定。综上所述,该专业教材的著作权应当属于李教授,但鉴于该专业教材是职务作品,李教授所在的系应当享有我国《著作权法实施细则》所规定的上述权利。

现在我们来分析和处理李教授为主管科研的副校长起草全校科技大会开幕式的讲话和闭幕式的总结报告的著作权归属。虽然这两件作品的执笔人是李教授,李教授在写作过程中一定会有创造性的工作,但是李教授一定得按照代表学校的主管副校长的意志写作,他不能像写专业教材和科技专著那样按照自己的意志进行创作。在为主管副校长起草讲话和报告过程中,即使他有自己的独创性的见解和表达,也必须得到主管副校长的同意,成为代表学校的意志后才能写入讲话或者报告中。自然,讲话和报告的写作是由主管副校长代表学校主持的,讲话和报告的责任承担者是学校,而不是李教授。根据上述分析,我们可以确定李教授为主管副校长起草的讲话和报告应当是单位作品,其著作权包括署名权应当属于学校,学校应当视为作者,李教授没有权利在讲话和报告上署名,只有学校或者代表学校的主管副校长才有权在讲话和报告稿上署名。对于李教授的辛勤创作,学校可以采取适当方式给予肯定或者奖励。

六、合作作品的著作权归属

在科技作品中,合作作品是比较常见的现象。和由某一个作者完成的作品比较,合作作品由于由多个作者共同完成,往往创作完成快,专业质量高,特别适合专业分工细、知识更新快的专业领域。所谓合作作品,是指"两个或者两个以上的人(包括公民、法人或者其他组织)合作创作的作品"。能够构成合作创作的作品的条件是:合作者之间有合作创作作品的意思表示;合作创造者在创作过程中贯彻了合作创作的意图;每一个合作者的工作达到了创作程度,其创作成果达到了创作水平。这三个条件相互补充,缺一不可,必须都被满足。没有参加创作的人,不能符合这三个条件中的任何一个条件,自然不应当成为合作作者。就是参加了实际创作过程的人,满足了其中一个甚至是两个条件但不能都满足这三个条件,也不能成为合作作者。

在国外曾有这样一个典型案例:某著名歌剧编剧,每年专门为一大城市的歌剧团编写在圣诞节前上演的一部歌剧。有一年他因编写歌剧的工作量太大,忙不过来,就聘请了某大学艺术系的一位副教授作为其助理。在双方合作过程中,这位副教授按照合作创作的意图参与了创作。不巧的是,在剧本的编写完成近三分之二的时候,那位著名歌剧编剧不幸因心脏病突然去世,继续编写剧本的任务就完全落到这位副教授的身上。这位副教授鉴于前一段与编剧的愉快合作以及对歌剧团和观众的责任心,继续编写并在合同约定的时间到达之前将高质量的剧本交给了歌剧团,该歌剧在圣诞节前的演出取得了巨大的成功。但不久这位副教授发现,在出版的剧本和歌剧团的演出中,提及的剧本作者仅仅是那位去世的编剧,完全没有自己。后来,该副教授将该剧本著作权的合法继承人,即那位编剧的妻子告上了法庭,要求法官判定自己为该剧本的合作作者,共享该剧本的著作权。法院最后以著名的歌剧编剧仅仅邀请该副教授作为其助理,没有邀请其进行共同创作,双方之间没有合作创作的意思表示为由,判定该副教授不是该歌剧剧本的合作作者,不能分享该剧本的著作权。法院鉴于该副教授实际贯彻了创作意图,达到了创作的效果,判决该歌剧剧本的著作权人要按照一定比例将作品的收入支付给该教授。在这个案例中,这位副教授虽然满足了合作作者的后两个条件,实际进行了创作,但没有满足第一个条件,因而不能成为法律意义上的合作作者。至于虽然有合作创作的意图,参加了创作,但没有贯彻合作创作的意图,或者贯彻了合作创作的意图但没有达到创作程度的合作者,更不能成为合作作者。

我国《著作权法》规定:合作作品的"著作权由合作作者共同享有"。合作作品著作权的行使有自己的特点。在合作作品的著作权行使中,根据合作作品中各作者所创作部分的著作权是否可以独立行使,可将合作作品分为两类:无法分割的合作作品和可以分割的合作作品。前者中各组成部分无法单独行使其相应的著作权,只有合作作品本身作为一个整体才能行使著作权;后者不仅自身作为一个整体能被行使其著作权,而且其各组成部分可以单独被行使其相应的著作权。合作作品能否分割主要是从内容上看各部分是否独立完整。例如,在庆祝某一重要科技成就时,被邀请的数位画家和能作画的科学家即兴共同创作了一幅画,这是一件不能分割的合作作品。又如,围绕生物学前沿问题研究的科技专著,由三位作者分别就三个子专题进行创作,合作作品完成后,在共同的主专题下,三部分紧密联系,是一本完整的科技专著;但各子专题针对某一特殊领域,在内容上有自己的完整性和独立性,其著作权可以单独行使。对于后一种合作作品,各合作作者可以就其创作的部分独立行使其相应的著作权,但不得侵害合作作品的著作权。当对合作作品(包括不可分割的和可以分割的合作作品)的整体行使著作权的时候,要在所有合作作者之间进行协商,努力达成一致,以便以大家一致同意的方式行使著作权。但是如果在所有合作作者之间不能就整体著作权的行使达成一致时,又该怎么办呢?我国《著作权法实施条例》规定:"不能协商一致,又无正当理由的,任何一方不得阻止他方行使除转让以外的其他权利,但是所得收益应当合理分配给所有合作作者。"这就是说,由于某一方或者几方的不同意或者反对而不能对著作权的行使达成一致,而且不同意或者反对的理由并不正当,在这种情况下这些有关方不得阻止他方行使除转让以外的其他权利。例如,该方可以许可第三方复制发行该合作作品,或者可以自己改编该合作作品,等等。

为什么法律允许不同意或者反对的有关方可以阻止他方行使转让权呢?因为如果将著作权的某项权利转让给第三方,合作作品的所有著作权人,包括不同意或者反对转让该项权利的著作权人都将失去该项权利。这意味着,涉及转让某一项著作权,必须得到全体著作权人的一致同意。不要忘了,尽管他方在这种情况下可以行使除转让权以外的其他著作权,但他方应当将行使著作权所得到的收益合理地分配给所有合作作者。在这个规定中,最模糊的地方,或者在实践中最难处理的地方是"无正当理由"一词。解决不同意或者反对的理由是否正当的唯一办法是具体问题具体分析,要结合案例的具体情况,进行具体的分析。我国《著作权法实施条例》做出在这种情况下他方可以行使除转让权以外的其他著作权的权利规定,目的主要在于促进作品更广泛地传播,使作品能为更多的公众所使用。

七、受委托创作的作品的著作权归属

所谓委托创作的作品,是指受托方接受委托方的委托,按照委托创作合同约定的有关事项所创作的作品。在一般情况下,委托方提供创作所需要的物质技术条件,例如资金、信息、仪器设备等;受托方进行作品的创作。按照我国著作权法的有关规定,受委托创作的作品,著作权的归属由委托人和受托人通过合同约定。合同未明确约定或者没有订立合同的，著作权属于受托人。从这里可以看出，对著作权归属的合同约定必须优先遵守。如果合同未明确约定或者没有订立合同的，著作权不属于为作品创作提供物质技术条件的委托人，而属于从事实际创作的受托人。法律做出这样的规定，目的主要在于激励从事作品创作的受托人的创作积极性。其宏观的意义在于调动作者进行创作的积极性，以便创作出质量更好、数量更多的作品来。就受委托创作的作品著作权归属在合同中做出的约定，一般要涉及署名权以及其他著作权的归属。约定的条款可以很简单，例如"委托创作的作品的作者是委托人"，这意味着委托人拥有包括署名权在内的全部著作权，受托人无权在作品上署名。约定的条款可以很复杂，例如就著作权的不同权利的归属进行具体的划分，做出详细的约定；还可以就分配行使不同权利所获得的收益做出详细的约定等。各国著作权法对受委托创作的作品的著作权归属的法律规定会有所不同。例如，美国规定全部著作权应当属于委托人；法国则规定作品的精神权利属于创作作品的受托方，而其他权利属于委托方。

八、计算机软件的著作权归属

计算机软件是一种特殊的作品。作为一种作品，像其他作品一样，它是人的思想和情感的表达。作为一种特殊的作品，其特殊性在于计算机软件中的计算机程序所使用的表达人的思想和情感的符号是电的开和关，这种符号与其他作品所使用的符号不同，因而不能为人类识别，只能为计算机及其类似的机器识别。计算机软件作品的这种基本属性，也影响到其著作权归属的处理。从我国《计算机软件保护条例》的有关规定中我们可以看到：一方面，和其他作品的著作权归属一样，计算机软件著作权属于软件开发者，但法律法规另有规定或者合同另有约定的除外。合作开发的计算机软件的著作权归属的处理基本遵照合作作品的著作权归属的处理，不同点在于强调书面合同是处理该类合作作品著作权的基本依据。如果在书面合同中对合作作品的著作权归属有约定，则从约定；如果没有书面合同或者书面合同约定不明确，则由软件的合作开发者共同享有。在这里，其他形式的合同不能作为处理著作权归属的依据。受委托开发的计算机软件的著作权归属的处理则与受委托创作的作品著作权的归属的处理有所不同。受委托开发的计算机软件分为受他人委托开发的计算机软件和由国家下达任务开发的软件两大类。前者著作权的归属完全遵照受委托创作的作品归属的处理，后者的处理方式有所不同。《计算机软件保护条例》第十二条规定："由国家机关下达任务开发的软件，著作权的归属与行使由项目任务书或者合同约定；项目任务书或者合同中未作明确规定的，软件著作权由接受任务的法人或者其他组织享有。"从这里可以看到，虽然处理软件著作权归属的基本原则与前者相同，即项目任务书或者合同中未作明确规定的，软件著作权由接受任务的法人或者其他组织享有。但是处理的方式还是有所不同。例如，双方对软件著作权归属的约定可以在合同中，也可以在任务书中。又如，行文中没有无约定的，仅使用未明确规定的，这反映了该种委托的处理方式的特点。到了类似职务作品的计算机软件著作权归属的处理，我国《计算机软件条例》的有关规定在考虑到计算机软件同其他作品的共性时，还充分考虑到了其特殊性。该条例第十三条规定："自然人在法人或者其他组织中任职期间所开发的软件有下列情形之一的，该软件著作权由该法人或者其他组织享有，该法人或者其他组织可以对开发软件的自然人进行奖励：

(1) 针对本职工作中明确指定的开发目标所开发的软件；

(2) 开发的软件是从事本职工作活动所预见的结果或者自然的结果；

(3) 主要使用了法人或者其他组织的资金、专业设备、未公开的专门信息等物质技术条件所开发并由法人或者其他组织承担责任的软件。"

和我国著作权法中有关职务作品的著作权归属的规定相比较，我们看到了二者的联系和区别。在上述《计算机软件保护条例》第十三条开头中，用"任职期间"代替了《著作权法》中的"工作任务"。"任职期间"显然包含着"工作任务"，前者的内涵远大于后者。将本条的开头和第(三)款结合起来，就涵盖了《著作权法》中第十六条第(一)款的内容。将本条的开头和第(一)、第(二)款结合起来就是新添加的内容。第(一)款的针对本职工作中明确指定的开发目标所开发的软件的规定，意味着即使没有利用单位的物质技术条件，即使利用了业余时间来开发该软件，只要满足任职期间针对本职工作中明确指定的开发目标所开发的软件，其著作权就应当属于单位。第(二)款涵盖的范围就更加宽泛了。"开发的软件是从事本职工作活动所预见的结果或者自然的结果"则意味着在任职期间，该软件不是开发者在本职工作中直接开发出来的，而是在本职工作活动之外开发的，但是这种软件是本职工作活动所预见的结果或者自然的结果。这也意味着，开发者在本职工作之外开发出计算机软件，即使没有利用单位的任何物质技术条件，只要符合软件是本职工作活动所预见的结果或者自然的结果，则该软件的著作权就应当属于单位。所以解决这里软件著作权的归属问题就转为认定任职期间在本职工作活动之外开发的软件是否是本职工作活动所预见的结果或者自然的结果。如果是这两种结果之一，则该软件的著作权就属于单位；如果不是这两种结果，则该软件的著作权属于软件开发者个人。

《计算机软件保护条例》上述条款对《著作权法》第十六条第(一)款的扩展，是不是与著作权法矛盾呢？并不矛盾。对第十六条第(一)款的扩展可以被第十六条第(二)款(即法律、行政法规规定或者合同约定著作权由法人或者其他组织享有的职务作品)所涵盖，《计算机保护条例》做出这样的扩展属于行政法规的特别规定，是《著作权法》第十六条第(二)款所规定的情形。

九、美术等作品的著作权归属处理的特殊问题

在现实生活中，我们会常常看到这种现象：当某人接受某科学家赠送的一本出版发行了的科学专著时，非常高兴，就将这本专著认真地保存起来，但是他不会想到要去再印刷这本专著。因为他会知道他仅拥有这本专著，而没有该专著的著作权。如果不经过该科学家允许去印刷该专著，就会侵犯科学家对该专著拥有的著作权。当某人接受到某著名画家赠送的一幅中国画时，他也非常高兴，同样会将这幅中国画认真地保存起来。在该著名画家去世后不久，某出版社为纪念该画家而出版他的书画集并要从该人手里借用该幅画时，他会毫不犹豫地将画借给该出版社，并认为是为该画家做了一件好事。但我们仔细考虑这种行为时，禁不住要问：该中国画的受赠者是为该画家做了一件好事吗？他的行为是合法的吗？下面我们不去讨论该出版社的行为的合法性，而是要讨论该中国画的受赠者的行为的合法性。

我国《著作法实施条例》规定："美术作品是指绘画、书法、雕塑等以线条、色彩或者其他

方法构成的有审美意义的平面或者立体的造型的艺术作品。"美术作品的原件一般具有单一性，美术作品在创作完成时只有一件原件，美术作品的原件往往具有很高的交换价值，是市场交换中的宠儿，甚至经过多次交换其交换价值可以升高很多倍。由于这些原因，美术作品的原件经常不在著作权人手里。还有一些其他作品也有与美术作品的这些特征类似的性质，例如著名科学家作品的手稿、高水平的科技论文的手稿等。因此，在著作权归属的处理上，美术等作品除具有与其他作品的共性外，还有自己的特殊性。我国《著作权法》第十八条规定："美术等作品原件所有权的转移，不视为作品著作权的转移，但美术作品原件的展览权由原件所有人享有。"著作权法的这个规定正是针对美术等作品的前述特性的。美术作品的原件所有权涉及的是美术作品的物权，像所有有形物一样，美术作品原件也是一种物，可以被人所有。美术作品的原件是美术作品的载体，而美术作品本身是固定在作品原件上的用线条、色彩或者其他方法构成的有审美意义的平面或者立体的造型的艺术作品。美术作品的原件和美术作品是两个不同的概念，在一些情况下，美术作品的原件和其承载的美术作品是不可分的，或者说是一个东西，例如雕塑作品。如果一件雕塑作品的原件被毁坏了，对应的雕塑作品就不存在了。但有些美术作品的原件可以与其承载的美术作品分开。例如，用一幅宣纸制作的中国画，当记录在其他介质上时仍然是同一种画。所以美术等作品原件所有权的转移，无论是通过买卖或者赠与等方式从一个人手里转移到另一个人手里，不视为作品的著作权的转移。这就是说，美术等作品原件的所有人在该原件的转移中变动了，但是该美术等作品的著作权却始终没有变化，著作权还应当属于原著作权人，但是著作权中原件的展览权除外。也就是说，作品原件的展览权随着美术等作品原件的转移而转移，即谁占有美术等作品的原件，谁就拥有该原件著作权中的展览权。

　　按照上述对美术等作品著作权归属的规定，我们来分析那位中国画的受赠者的行为是否合法。那位著名画家将他的一幅中国画赠送给了该人，这幅画就从那位画家处转移到了受赠者处，该人就合法地拥有了该幅中国画。确切地说，该人享有这幅中国画原件的所有权，例如该人可以在市场上销售这幅画并获取收益。但是这幅中国画的著作权中除了原件的展览权外，其他著作权的权利没有转移给该人，著作权的这些权利仍然属于该画家，该画家去世后这些权利属于其合法继承人。出版社出版发行该画家的画集涉及该中国画的汇编权、复制权、出版发行权等著作权的内容。该人既然对该中国画没有除原件展览权以外的著作权，就不能行使这些著作权，就没有权利许可该出版社将该画编入该画家的画集中并出版发行，该人的行为侵犯了该中国画的著作权的合法继承人的著作权。出版社应当从该中国画的著作权的合法继承人那里得到许可后，才能汇编该幅中国画并出版发行。如果该受赠者应中国画合法继承人或者出版社的请求，将该中国画借给出版社供汇编和出版发行之用，而不是由受赠者同意出版社汇编和出版该幅画，则他行使的是该中国画的物权，而不是著作权，他的行为就是合法的。

十、作者身份不明的作品的著作权归属

　　在现实生活中，还会出现一些作者身份不明的作品。比如作品上没有作者的署名，又不知道谁是作者；又如作品上虽然有作者的姓名，但找不到相应的自然人、法人或者其他组织。如果作品上没有作者的署名，但能确定作品的作者，这是作者放弃了署名权，这种作品还是

属于作者身份明确的作品,而不属于作者身份不明的作品。作者身份不明的作品的著作权归属应当依据我国《著作权法实施条例》第十三条处理:"作者身份不明的作品,由作品原件的所有人行使除署名权以外的著作权。作者身份确定后,由作者或者其继承人行使著作权。"这就是说,在作者身份不明时,由作品原件的所有人行使除署名权以外的著作权。该种作品可能有原件,可能还有复印件,但原件只有一件,复印件可能有多件并为很多人所有,将作品的著作权归属于作品原件所有人行使,就使问题简单化了,更利于作品的传播。虽然作品原件的所有人可以行使著作权,但署名权是例外,因为该所有人不是真正的作者。如果允许其行使署名权,一是与事实不符,二是如果后来发现了真正的作者,著作权问题就不好处理了。由于该种作品的著作权的行使人在作者未明确时是作品原件的所有人(非作者),但作者身份后来明确后是作者,所以使该类作品的著作权保护期变得复杂起来。该种作品的著作权保护期限应当按照该条例第十八条处理:"作者身份不明的作品,其《著作权法》第十条第(五)款至第(十七)款规定的权利的保护期截止于作品首次发表后第五十年的12月31日。作者身份确定后,适用《著作权法》第二十一条。"所谓《著作权法》第十条第(五)款至第(十七)款规定的权利,就是指著作权的财产权。这就是说,在该类作品原件的所有人行使著作权时,财产权的保护期是五十年,自作品首次发表日起计算,截止到第五十年的年底;而除署名权以外的精神权利的行使,应和其他作品一样,不受时间限制。如果后来作者被发现了,则该作品包括财产权在内的著作权的保护期就和其他作品一样,按照《著作权法》第二十一条处理。例如,如果是公民作者的作品,则财产权的保护期为作者终生及其死亡后五十年,截止于作者死亡后第五十年的年底。

十一、著作权的继承和承受

公民作者明确的作品的财产权保护期长于公民的寿命,所以都存在著作权中财产权的继承问题。公民作者始终不明确的作品著作财产权保护期只有五十年,所以会出现在作品原件的所有人生前著作权中的财产权到期的情况,这时不存在财产权继承问题;但是如果存在作品的著作财产权保护期到期之前作品原件所有人死亡的情况,就有著作财产权继承问题。著作权属于法人或者其他组织的作品,以及电影和类似摄制电影的方法创作的作品的财产权保护期也都只有五十年,所以也会出现不存在承受或者继承的问题。尽管有这些情况,但所有作品的财产权都可能出现继承和承受问题。对于著作权中财产权的继承和承受,应当按照我国《著作权法》第十九条的规定处理。该条的内容是:"著作权属于公民的,公民死亡后,其本法第十条第(五)款至第(十七)款规定的权利在本法规定的保护期内,依照继承法的规定转移。"这里所指的"权利"就是著作权中的财产权。当著作权属于公民的作品在公民死亡后,其著作权中的财产权无人继承又无人受遗赠时,按照我国《继承法》第三十二条的规定,该财产权归国家享有;死者生前是集体所有制组织成员的,归所在集体所有制组织享有。"著作权属于法人或者其他组织的,法人或者其他组织变更、终止后,其本法第十条第(五)款至第(十七)款规定的权利在本法规定的保护期内,由承受其权利义务的法人或者其他组织享有;没有承受其权利义务的法人或者其他组织的,由国家享有。"著作权的承受涉及的权利同样是著作权中的财产权。法人或者其他组织的变更包括它们的名称改变、法定地址的变动等;法人或者其他组织的终止包括与其他单位合并、撤并、兼并、消亡等。出现上述情况后,如果其权利义务承受者是法人,或者其他组织,甚至个人,则它们在著作权的有效期内就应当享有著作权的财产权。如果没有合法的权利义务的承受者,则该财产权由国家享有。对于国家享有著作权的作品的使用,我国《著作权法实施条例》规定由国务院著作权行政管理部门管理。

合作作品的继承有自己的特殊性。合作作品的作者之一死亡后,依照前述规定当然也应当按照继承法将其应享有的著作权中的财产权转移给其合法继承人;但是如果该权利无继承人或者无受赠人,则由其他合作作者享有,而不是由国家享有。

如上所述,继承和承受所涉及的仅仅是著作权中的财产权,那么著作权中的精神权利在作者死亡后,或者在法人或者其他组织变更、终止后,应当怎样处理呢?我国《著作权法实施条例》做出了这样的规定:"作者死亡后,其著作权中的署名权、修改权和保护作品的完整权由作者的继承人或者受遗赠人保护。著作权无人继承又无人受遗赠的,其署名权、修改权和保护作品的完整权由著作权行政管理部门保护。"这就是说,著作权中的这些精神权利是不能继承或者遗赠的,而只能保护。例如,当儿子从已经过世的父亲那里继承其著作权的时候,只能继承财产权,不能继承精神权利中的这些权利,即儿子不得将作者的姓名改为自己,不能修改作品,不能损伤作品的完整性。这和儿子从父亲那里继承房产大不一样,为了继承房产,儿子必须到房地产管理部门将房产证上的产权人改为自己,在获得房产后可以按照自己的意愿装修房屋等。但是处理精神权利中的发表权,就不是上述规定的做法了。我国《著作权法实施条例》第十七条规定:"作者生前未发表的作品,如果作者未明确表示不发表的,作者死亡后五十年内,其发表权可由继承人或者受遗赠人行使;没有继承人又无人受遗赠的,由作品原件的所有人行使。"从这里可以看到,作为精神权利之一的发表权是可以继承的,但必须考虑的前提条件是作者生前未明确表示不发表。所谓未明确表示不发表,是指除明确表示不发表以外的所有情况,包括对发表没有表态、同意发表等。同时我们还应当看到,可以行使发表权的有继承人和受遗赠人,在无这两者的情况时还可以是作品原件的所有人。

至于法人或者其他组织的作品的精神权利的承受问题,我国著作权法及其实施细则没有做出规定。但应当参照上述公民作品的精神权利的承受的有关规定执行。

至于计算机软件这种特殊作品的继承和承受,我国著作权法及其实施条例没有做出特殊的规定,计算机软件保护条例也对此没有特别的规定。这就是说,也要按照上述规定来处理计算机软件的继承和承受问题。

第三节 商标权及其他知识产权的归属

一、商标权的归属

(一)概述

依据我国《商标法》,在我国市场上使用的商标,按照其是否注册分类,可以分为两类:注册商标和未注册但实际使用商标。注册商标是指在国家工商行政管理总局属下的国家商标局提出注册申请并被核准注册的商标;未注册但实际使用商标是指在市场上使用但没有到国家商标局注册的商标。现在在我国市场上使用的商标,多数是注册商标,未注册但使用的商标占少数。注册商标的所有人有商标专用权,是商标权的权利人;未注册但实际使用商标除驰名商标外,所有人没有商标专用权,或者说没有商标权,但是作为该种商标的所有人,对其商标享有民法意义上的权利,例如使用、许可、转让等。我们这里所讨论的商标权利的归属包括注册商标权利归属和未注册但实际使用商标权利归属,商标权利的归属将涉及这两种商标权利人。

(二)商标权的归属

1. 商标设计人

顾名思义,商标设计人是完成商标设计的人,确切地说,是商标标识的设计人。商标标识在没有核准注册或者没有在市场上使用之前,只是一种标识,还不能称其为商标。一般来说,商标的设计人是商标的创作者。在讨论商标权利归属时,我们不可能不讨论商标设计人。许多商标常常是专业设计人员设计的,也有许多商标常常可以看作是作品,存在著作权问题。如何处理这些商标的著作权和其相应的商标权利的归属,是商标权利人常常需要首先面对的问题。

在委托商标设计人进行商标设计时,委托人和被委托人之间应当就商标标识的著作权归属做出明确的约定。委托人和被委托人之间的商标委托设计合同,本质上是委托作品创作合同,如果双方对委托作品的著作权归属没有约定,或者约定不明确,则所创作的商标标识的著作权,依据我国著作权法就会属于商标标识的创作者,以后在用该商标标识申请注册商标或作为未注册商标来使用时,委托人都要从商标标识著作权人那里获得许可,并支付著作权许可费。这种结局一般不是委托人所愿意看到的。在商标标识委托设计的合同中,处理商标标识著作权的一般做法是:委托人在支付足够数量设计费的情况下,拥有该商标标识的著作权。这意味着委托人可以任其意愿依法使用该商标标识,包括用该商标标识作为商标。这对作为潜在的商标权利人的委托人来说,是一刀了断、十分便利的做法。但在有些情况下委托人和被委托人之间也可以做出这些安排:商标标识的著作权属于商标标识的设计人,但委托人被许可免费地、独占地在其要标识的商品或者服务上作为商标来使用,包括在与商标使用有关的活动中使用。或者被许可免费地、独占地作为商标使用。自然,在这两种安排下,委托人可以减少商标设计费的支出。这两种安排并不影响委托人成为商标权利人,虽然相应商标标识的著作权不属于委托人,但委托人可以用它来作为商标使用;商标权利人不是要拥有商标标识原件的所有权以及商标标识的著作权,而是要拥有该商标标识用来标识商品或者服务的权利,即拥有作为商标使用的权利。即使没有商标标识的原件的所有权和著作权,委托人也可以拥有该商标标识对应的商标权利,成为商标权利人。

2. 商标注册的申请人

商标注册的申请人是指向中国商标局提出商标注册申请的人。在商标注册申请被中国商标局核准注册后,商标注册的申请人就成为该注册商标的商标权人。商标注册的申请人和商标设计人是完全不同的概念。商标注册的申请人如果是用自己设计的商标标识去提出商标注册申请,则也是商标设计人;如果是用他人设计的商标标识提出商标注册申请,则不是商标设计人;如果不是使用新设计的商标标识,而是使用已经存在的标识去提出商标注册申请,则不存在商标设计人,可能存在该标识的著作权人。如果发现使用存在著作权的标识去提出商标注册申请,商标注册的申请人一定要在提交商标注册申请前和有关著作权人达成使用其作品作为商标的协议。如果商标注册申请被商标局驳回或者商标注册的申请人撤回其商标注册申请,则商标注册的申请人就不能成为商标权人。

在实际操作中,还会出现两个或者两个以上的申请人,在同一种商品或者类似商品上,分别以相同或者近似的标识在同一天向中国商标局提出商标注册申请。在这种情况下,中国商标局面临的问题是如何决定接受哪位申请人的注册商标申请,确定哪位是该注册商标申请的申请人,也就是应当将可能的商标专用权授予哪位申请人。根据我国《商标法实施细则》的有关规定,如果有申请人在收到商标局通知的三十日内提交了其在先使用该商标的证据,则商标局将接受其商标注册申请,驳回其他申请人的商标注册申请。如果申请人在同一天使用该商标或者都没有使用过该商标,则有关申请人在收到商标局通知的三十日内将自行协商达成一致的意见报送商标局,商标局将依据该意见接受商标申请。这时该注册商标申请可能由某一个原申请人单独提出,也可能由几个或者全体原申请人作为一个申请人共同提出。如果没有协商或者协商不成,商标局将通知所有申请人以抽签的方式确定一个申请人,驳回其他申请人的商标注册申请。接到抽签通知但未参加抽签的申请人,视为放弃其申请,不需要商标局驳回其申请。

3. 商标权利人

如前所述,在我国市场上使用的商标分为注册商标和未注册但实际使用商标两大类别。相应地,商标权利可以分为注册商标权利(简称商标权)和未注册但实际使用商标权利,商标权利人可以分为注册商标权人和未注册但实际使用商标权利人两大类别。

1)注册商标权人

注册商标权人是指拥有注册商标权利的人,或称拥有注册商标权的人,或称拥有商标权的人。注册商标权人可简称为商标权人,因为只有注册商标才有商标权。拥有注册商标权并不等于就拥有该注册商标标识的原件所有权和该商标标识的著作权。正如前面所述,如果该商标标识的著作权由于各种原因属于他人,或者如果该商标标识的原件也属于他人,注册商标权人拥有的仅仅是该商标标识用作注册商标的权利,而不拥有该商标标识的原件所有权和该商标标识的著作权。例如,商标注册人在从某画家处获得许可,可以用该画家书写的一个字作为注册商标使用后,向中国商标局提出了注册商标申请,在被核准注册以后,成为以该字为标识的注册商标的商标权人。但是,该字的原件仍然为这位画家所有,该字的著作权人仍然是这位画家。

在我国什么样的人可以成为注册商标权人呢?请看我国现行《商标法》第四条的规定:"自然人、法人或者其他组织对其生产、制造、拣选或者经销的商品,需要取得商标专用权的,应当向商标局申请商品商标注册。自然人、法人或者其他组织对其提供的服务项目,需要取得商标专用权的,应当向商标局申请服务商标注册。"这就是说,可以向商标局提出商标注册申请的可以是自然人、法人或者其他组织,确切地说是从事商品的生产、制造、拣选或者经销活动的,或者提供服务的自然人、法人或者其他组织。

我国过去的《商标法》没有规定自然人可以向商标局申请商标注册,在核准注册后可以成为注册商标权人。自然人能否成为注册商标权人,存在不同的观点和做法。在社会主义计划经济的条件下,从事工商经营的都必须是法人或者其他经济组织,自然人是不允许从事工商经营的,而商标仅是在工商经营活动中所需要的,因此法律不允许自然人申请商标注册。在计划经济条件下,商标主要是工商行政管理部门管理商品交易的工具,是工商经营者对商品质量负责、对社会负责的标志,工商经营者在商标上只有义务,没有权利。但是在市场经济条件下,商标不仅是工商行政管理部门管理市场的工具,更是工商经营者在市场经济中开展竞争的工具。工商经营者在商标上不仅负有义务,而且享有相应的权利,包括商标专用权。商标权是工商经营者的一种知识产权,或者说是一种无形财产权。在市场经济条件下,特别是我国这种人口众多的发展中国家,法律允许自然人从事工商经营对经济的发展是有利的、必需的。所以在发达的市场经济国家,法律允许自然人成为商标权人,甚至有的国家法律规定自然人有不可剥夺的成为商标权人的权利。

  这里的自然人、法人或者其他组织的概念应当是民法中相应的概念,但是问题是:按照民法的概念,我国现在有没有从事现行《商标法》规定的工商经营活动的自然人呢?在我国实行改革开发之后,城市和乡村出现了数量巨大的从事工商经营活动的自然人或者家庭,统称个体工商户。关于个体工商户的法律地位,目前还没有统一的认识,有的民法学者认为属于自然人,有的民法学者认为应当属于其他组织。如果按照前者的观点,我国在现阶段存在大量从事工商经营的自然人,现行《商标法》规定可以成为商标权人的就是指这些自然人。如果按照后者的观点,将个体工商户归入其他组织,那么得出的结论就是我国在现阶段没有从事工商经营的自然人,那么就意味着我国现行《商标法》规定可以成为商标权人的是指那些没有从事工商经营的自然人。这种理解在现行《商标法》中找不到明确的依据。我认为,个体工商户是按照经营方式划分出来的一个类别,不应当成为法律地位上的一个类别,不能将个体工商户在法律地位上这样归入:要么属于自然人,要么属于其他组织。按照民法中其他组织是指不具有法人资格但可以以自己名义进行民事活动的组织的概念,个体工商户中以家庭形式从事工商经营者应当属于其他组织,以自然人形式从事工商经营者应当属于自然人。从事工商经营的自然人,在经营活动中为了将其提供的商品或者服务与他人提供的同类商品或者服务区别开,需要使用商标,常常需要使用注册商标,以增强自己在商场中的竞争力。例如,卖水果或者蔬菜的自然人,为了吸引顾客,提高自己的竞争力,常常需要在摊位前向顾客展示自己的商标,包括注册商标。我国《商标法》第四条所指的"自然人"主要是指这类自然人。至于不是需要对其自己生产、制造、加工、拣选或者经销的商品,或者服务取得商标专用权的自然人,是否有权申请商标注册进而取得注册商标权,并专门用于许可他人使用或者转让给他人?例如,某自然人没有上述商业活动,但专门申请注册商标,待核准注册成为相应的注册商标权人以后,许可他人使用其注册商标或者将其注册商标转让给他人。这种行为是否违反我国《商标法》?在实践中,确实有一些这样的自然人申请注册了数量不少的这种注册商标,成为注册商标权人,并通过许可和转让其注册商标获取利益。根据我国现行《商标法》,我们很难判断这种行为是否违反了《商标法》的有关规定。《商标法》第四条虽然规定的是需要在自己生产、制造、加工、拣选或者经营的商品或者提供的服务上取得商标专用权的自然人等,应当申请商标注册,但并没有禁止没有这种需要的自然人向商标局申请商标注册。

2) 未注册但实际使用商标权利人

依据我国现行《商标法》，允许未注册的商标在市场上使用。我国《商标法》第六条规定："国家规定必须使用注册商标的商品，必须申请商标注册，未经核准注册的，不得在市场销售。"这就是说，国家规定必须使用注册商标才能在市场上销售的商品，必须申请商标注册。这些商品是指国家专卖的烟酒类商品、用于治病的医药类商品等。这些要求强制使用注册商标的商品只是少数，大多数商品并没有被要求一定要使用注册商标。也就是说，对大多数商品来说，可以使用注册商标，也可以使用未注册商标。我国《商标法》第四十八条的规定涉及未注册商标更加明确一些。该规定称："使用未注册商标，有下列行为之一的，由地方工商行政部门予以制止，限期改正，并可以予以通报或者处以罚款……"这就明确承认在市场上使用未注册商标的合法性，并规定要对其进行行政管理。既然允许未注册商标可以在市场上使用，就有未注册但实际使用商标权利人存在。

未注册但实际使用商标权利人是指拥有未注册但实际使用商标的权利人。由于商标权是用来专指《商标法》规定的商标专有权，包括商标专用权和商标禁止权，而不是指一般民法意义上的民事权利；相应的商标权人是专指注册商标权人，所以我们不能将未注册但实际使用商标权利人称为未注册但使用商标权人。例如，一个在农贸市场卖菜的自然人，在自己的摊位前摆上"绿叶"商标，以标明自己所卖的蔬菜与他人不同。如果该自然人没有在中国商标局申请注册商标，则该商标就是未注册但实际使用商标，该自然人就是该未注册但实际使用商标权利人。未注册但实际使用商标权利人一般来说应是从事工商经营者，因为这种商标权利是通过在工商经营活动中实际使用商标而取得的，没有商标在工商经营活动中的实际使用就不能取得商标权利。如果商标权利人后来没有在工商经营中继续使用该商标，或者该商标被转让给他人后他人没有在工商经营中继续使用该商标，则该商标权利应当不再存在。

3) 共有商标权人

商标是区别同一类商品的不同来源或者同一类服务的不同提供者的商业标志，以便于消费者能依据商标的不同选择他喜欢的商品或者服务。如果允许两个或者两个以上的人（自然人、法人或者其他组织）共有同一个商标，就是允许这些人在同类商品或者服务上使用完全相同的标志。如果这些人是同一商品不同阶段的提供者，例如有的是生产者，有的是拣选者，有的是销售者，在他们共有同一个商标并行使其专用权时，一般不会在消费者中引起混淆，使消费者分不清商品的来源。但是如果这些人是商品同一阶段的提供者，例如都是同一商品的销售者，那么在他们共有同一商标并行使其商标专用权时，就可能在相关消费者中引起混淆，使消费者分不清商品的来源。如果不允许两个或者两个以上的人（自然人、法人或者其他组织）共有同一商标权，就可以避免前述混淆。但是这样做也会产生许多问题。

我们来看两个例子。李女士和张先生是一对合法同居者，在改革开放初期两人合开了一家拉面店，后来由于生意好而成立了一家"五洲"餐饮公司，李女士任公司董事长，张先生任总经理，并以公司名义申请商标注册，取得了"五洲"注册商标的专用权。后来公司业务进一步发展，在全国许多大城市设立了连锁拉面店，生意越来越红火。就在生意进入高峰的时候，双方因为多年积累的矛盾而分居了，各自继续经营自己的拉面店，双方仍然使用"五洲"餐饮公司的名称和"五洲"注册商标。但不过三年，李女士的生意近乎倒闭，而张先生的生意继续红火。于是李女士将张先生告上法庭，称"五洲"注册商标为自己独有,张某在分居后使用该商标,侵犯了自己的商标权,在消费者中引起了混淆,构成了不正当竞争,对自己的经营造成了严重损害,要求被告停止侵权,赔偿损失。这个案例的关键点之一是,两人在分居前共同拥有的商标权(该商标的拥有人当时实际上仅是"五洲"餐饮公司,不存在两个商标权人),在分居后能不能以两个独立民事主体的身份共有该商标权?

再看另一个例子。张大爷是某手工工艺品的传人,使用"天艺"店号和"天艺"注册商标。张大爷有三个儿子,分别叫张大、张二和张三,从小都跟随张大爷学艺。有一年张大爷突然去世,没有留下任何遗嘱。不久三个儿子都开了自己的工艺品店,都使用"天艺"店号和"天艺"注册商标,并产生了矛盾,谁也不愿意放弃使用原店号和原注册商标。同样的问题又出现了,法律是否允许这三个独立的民事主体共同拥有同一个注册商标,共同享有和行使该商标的商标专用权?

在上面的两个案例中我们可以看到,相关当事人是在同一商品或者同一服务上做相同的事情,如果允许共有商标权,则很容易使相关消费者分不清商品或者服务的来源,从而使消费者的利益受到损害。如果法律不允许相关当事人共有商标权,则很难找到第二个解决问题的方案。在这个问题上法律处于两难的境地。所以有的国家《商标法》不允许共有商标权,有的国家《商标法》则允许共有商标权。我国以前的《商标法》没有商标权共有的规定,而现行《商标法》第五条则作了明确的规定:"两个以上的自然人、法人或者其他组织可以共同向商标局申请注册同一商标,共同享有和行使该商标专用权。"该条虽然文字简短,但涉及注册商标的共同注册申请权、共同享有商标专用权和共同行使商标专用权。根据该规定,两个或者两个以上的自然人、法人或者其他组织可以就同一个商标共同申请注册商标,在该注册商标被核准注册后就共同拥有该注册商标,成为共同注册商标权人,共同享有该注册商标的商标专用权,还能共同行使该注册商标的商标专用权。这里行使商标专用权,包括商标权人在核定注册的商品或者服务上使用核定注册的标识,许可他人在核定注册的商品或者服务上使用核定注册的标识并收取商标使用许可费,将该注册商标权转让给他人,在商标权受到侵犯时向商标管理机关和司法机关请求处理侵权纠纷,等等。在使用商标问题上,共同行使商标专用权不是指共同商标权人共同生产、制造、拣选或者经营同一商品并使用同一商标,共有商标权的各个独立民事主体一定是独立从事生产经营活动,而不是共同从事生产经营活动,所以共同使用该注册商标是指共同商标权人同时在自己独立的生产经营活动中使用同一个商标,或者说是独立地行使注册商标的权利。这种独立地同时使用注册商标的负面作用是:在市场上出现了在来自不同经营者或者生产者的同一类商品或者服务上使用同一个商标,容易引起消费者对来源的混淆。为尽量避免这种混淆的发生,应当要求共同商标权人在使用该注册商标时明显注明生产者或者经营者的名称。至于许可共同商标权人之外的他人使用该商标,也应当是每个共同商标权人可以独立地许可他人使用该商标,但所得商标许可使用费应当由所有共同商标权人分享。因为既然每一个共同商标权人可以独立地在自己的商品或者服务上使用该注册商标,那么也应当允许他们独立地许可他人在同类的他人商品或者服务上使用该注册商标,而无须其他共同商标权人一致同意。如果某一共同商标权人要将该注册商标转让给共同商标权人之外的他人,则应得到全体共同商标权人的同意,因为一旦将该商标转让出去,则意味着其他共同商标权人丧失了他们相应的商标权利。但是如果某一共同商标权人要将自己分享的商标权转让给他人,即让共同商标权人之外的他人代替自己成为共同商标权人,则不需要得到其他共同商标权人的一致同意。但是在这种情况下,其他共同商标权人有优先受让的权利,即在同等的条件下,如果其他共同商标权人愿意受让该共同商标权人要转让的商标权利,应当让他优先于该他人取得这些权利。

根据我国《商标法》的上述规定和我们的理解,上述两个案例可以这样来处理。在第一个案例中,首先应当承认张先生和李女士在同居存续期间是以一个民事主体(或者说一个商标权人)的身份共有该注册商标权。其次要考虑双方在分居后实际使用着该注册商标,所以解决问题的唯一途径是允许双方以两个共同商标权人的身份共有该注册商标,即这时张先生和李女士是该注册商标的两个共同商标权人。双方可以到中国商标局变更商标注册人,将原"五洲"餐饮公司改为代表他们分别成立的新民事主体,使之成为该注册商标的共同商标权人。在第二个案例中,首先要承认兄弟三人有平等继承其父注册商标权的权利。考虑到兄弟三人都要使用该注册商标,所以解决纠纷的唯一途径是允许兄弟三人以三个共同商标权人的身份共有该注册商标。可以到国家商标局将原商标权人变更为代表兄弟三人的三个独立民事主体,使之成为三个共同商标权人。在上述两个案例中,应当要求共同商标权人在实际使用共有注册商标的同时,明确标明各自民事主体名称,尽量避免因在同一商品和服务上使用同一注册商标在消费者中所可能产生的混淆。

二、植物新品种权的归属

(一) 概述

我国专门颁布了《植物新品种保护条例》,保护植物新品种。按照该条例的规定,所谓植物新品种,是指经过人工培育的或者对发现的野生植物加以开发,具备新颖性、特异性、一致性和稳定性并有适当命名的植物品种。以植物品种为对象的品种权是一种排他的独占权,任何单位或者个人未经品种权所有人的许可,不得为商业目的生产或者销售该授权品种的繁殖材料,不得为商业目的将该授权品种的繁殖材料重复使用于生产另一品种的繁殖材料,但是法律另有规定的除外。在植物品种权申请中涉及的主要有完成育种的人、申请人和品种权人,下面将分别叙述。

1. 完成育种的人

完成育种的人是指通过人工培育或者对发现的野生植物加以开发的方法获得新植物品种的单位或者个人。同专利法中的发明人不一样的地方是:发明人一定是自然人,而完成育种的人不仅可以是自然人,也可以是单位(法人或者其他组织)。发明人应当是发明创造做出了创造性贡献的个人,而完成育种的人可以是对新品种的获得做出了创造性贡献的个人,也可以是通过开展培育而获得新品种的单位。当单位为完成育种的人时,对育种工作做出创造性贡献的实际上是参与育种的有关个人。

2. 申请人

植物新品种申请的申请人是指向国务院农业、林业行政部门(统称植物新品种权审批机关)递交植物新品种申请的单位或者个人。一般情况下,植物新品种申请的申请人就是该新品种的完成育种的人。但在许多情况下,植物新品种申请的申请人不是该新品种的完成育种的人。例如,在新品种育种委托合同中约定新品种属于委托人时,虽然完成育种的人是被委托方,但它不能拥有该植物新品种,因而没有就该植物新品种提出植物新品种申请的权利,这种申请权应当属于委托方。如果委托方愿意就该植物新品种提交植物新品种申请,则该委托人就是该植物新品种的申请人。共同申请人是指就同一个植物新品种共同向植物新品种审批机关递交同一个申请的两个或者两个以上的单位或者个人。

3. 品种权人

品种权人是指植物新品种权的所有人,即享有授予植物新品种排他的独占权的单位或者个人。植物新品种申请经审批授权后,该申请的申请人就是品种权人。品种权人一般是植物新品种申请的原申请人,但当原申请人将其申请转让给他人后,品种权人就是该申请的新申请人。共同品种权人是指植物新品种权的拥有人是两个或者两个以上的单位或者个人。

(二)植物品种权的归属

我国《植物新品种保护条例》第六条、第七条和第八条,专门对植物品种权的归属做了与专利法大致相同的规定。植物品种权归属的基本原则由该条例第六条规定:"完成育种的单位或者个人对其授权的品种,享有排他的独占权……"将第六条和该条例有关授权的规定结合起来考虑,可以看到,完成育种的单位或者个人,在就其获得的植物新品种向植物新品种审批机关提出申请并且在申请被批准授权后,就成为品种权人,享有排他的独占权。在职期间完成育种的植物品种权归属由该条例第七条规定:"执行本单位的任务或者主要利用本单位物质条件所完成的职务育种,植物新品种的申请权属于该单位;非职务育种,植物新品种的申请权属于完成育种的个人,申请被批准后,品种权属于申请人。"这里的用词大体与专利法中有关职务发明创造和非职务发明创造的用词一样。这里的"职务育种"是指职务培育出来的品种,而不是指职务育种过程;"执行本单位任务"的内涵应当和专利法中的规定相同,即应当包含本职工作中做出和在本职工作之外单位委派的工作任务;"物质条件"即是专利法中的物质技术条件,不仅包括资金、仪器设备等条件,也应当包括单位拥有的不对外的各种信息资料。如何判定是职务育种或者是非职务育种,也应当和专利法中判定职务发明创造和非职务发明创造的做法一样。至于该规定中最后的品种权属于申请人,也与专利法中的申请人为专利权人的含义基本一样。前面我们已经详细分析了职务发明创造和非职务发明创造,我们可以用那里的分析来处理职务育种和非职务育种的问题,此处不再重复阐述。委托育种或者合作育种的品种权也在第七条中作了规定:"委托育种或者合作育种,品种权的归属由当事人在合同中约定;没有合同约定的,品种权属于受委托完成或者共同完成育种的单位或者个人。"这个规定与专利法中有关委托完成的发明创造和合作完成的发明创造的专利权归属规定基本一样,我们可以参照第一节中的有关内容来处理委托育种和合作育种的品种权归属。这里的委托育种和合作育种应当理解为通过委托培育出来的新品种和合作中培育出来的新品种。

三、集成电路布图设计专有权的归属

国务院颁布了《集成电路布图设计保护条例》,专门用于集成电路布图设计的保护。按照该条例,所谓集成电路布图设计,可简称布图设计。其中,集成电路是指半导体集成电路,即以半导体材料为基片,将至少一个是有源元件的两个以上元件和部分或者全部互连线路集成在基片之中或者之上,以执行某种电子功能的中间产品或者最终产品;集成电路布图设计是指集成电路中至少有一个是有源元件的两个以上元件和部分或者全部互连线路的三维配置,或者为制造集成电路而准备的上述三维配置。由于集成电路布图设计中的元件和线路非常细微,所以可以将元件和线路看成是与作品中的表达符号相类似的符号,这种三维配置可以看成是这些符号的排列,因此集成电路布图设计就可以看成是与作品类似的东西。但是当这种三维配置制作在基片之中或者之上以后,就成为了执行某种电子功能的中间产品或者最终产品,即这种类似作品的东西就成为了有某种电子功能的产品。所以集成电路布图设计既具有作品的特性,又同时具有产品发明的特性。对兼具这两种特性的集成电路布图设计的保护,采取的是专利法和著作权法兼而具之的思路。自然,集成电路布图设计专有权的归属也是兼而具有专利权归属和著作权归属的特性。

(一)概述

与集成电路布图设计归属直接相关的概念是布图设计创作者和布图设计权利人。下面分别讨论。

1. 布图设计的创作者

布图设计的创作者是指创作布图设计的自然人、法人或者其他组织。当布图设计的创作者是法人或者其他组织时,虽然进行实际创作的是有关自然人,但自然人不是创作者,因为该种布图设计是在相应的法人或者其他组织主持下,体现单位意志,利用单位的物质技术材料,由单位负责的布图设计,所以单位应当是创作者。这里使用的是"创作者"一词,有些类似于作者。但是涉及单位是创作者时,又不是采用著作权法中视为作者的做法,而是直接将单位定位为创作者。《集成电路布图设计保护条例》第九条第(二)款对此作了明确的规定:"由法人或者其他组织主持,依据法人或者其他组织的意志而创作,并由法人或者其他组织承担责任的布图设计,该法人或者其他组织是创作者。"该条第(三)款规定:"由自然人创作的布图设计,该自然人是创作者。"作为确定布图设计专用权归属的一般原则,《集成电路布图设计保护条例》的第三条规定:"中国自然人、法人或者其他组织创作的布图设计,依照本条例享有布图设计专有权。外国人创作的布图设计首先在中国境内投入商业利用的,依照本条例享有布图设计专有权。外国人创作的布图设计,其创作者所属国同中国签订有关布图设计保护协议或者与中国共同参加有关布图设计保护国际条约的,依照本条例享有布图设计专有权。"虽然该规定的着眼点是规定中、外布图创作者享有布图设计专有权的法律依据,即中国创作者在布图设计完成后就依法享有该布图设计的专有权,外国创造者可以在其布图设计在中国境内投入商业应用后,或者依照有关双边协议和国际条约取得其布图设计在我国的专有权。但基本点是中、外布图创作者可以依法享有其创作的布图设计的专有权。该条例的第九条第(一)款规定得更加明确:"布图设计专有权属于布图设计创作者,本条例另有规定的除外。"这和著作权法中规定作品的著作权属于作者是类似的。

2. 布图设计权利人

布图设计权利人是指依照《集成电路布图设计保护条例》的规定,对布图设计享有专有权的自然人、法人或者其他组织。布图设计权利人可以是创作者,也可以不是创作者。例如,委托他人进行布图设计的委托人依照委托合同的约定享有布图设计的专有权,成为布图设计权利人;继承人依据继承法从创作者那里继承布图设计专有权而成为布图设计权利人。

(二)集成电路布图设计专有权的归属

集成电路布图设计专有权归属的基本原则是:布图设计专有权属于布图设计创作者,本条例另有规定的除外。正如前面所述,布图设计的创作者可以是自然人,也可以是法人或者其他组织,所以他们都可以依法直接取得他们创作的布图设计的专有权。处理权利归属的基本原则与处理著作权归属类似。对于合作创作的布图设计,该条例第十条是这样规定的:"两个以上自然人、法人或者其他组织合作创作的布图设计,其专有权的归属由合作者约定;未作约定或者约定不明确的,其专有权由合作者共同享有。"这种规定和专利法中合作产生的发明创作专利申请权和专利权的规定类似,即有约定的从约定,没有约定或者约定不明确的,由合作者共同享有。权利归属处理方式的类似是基于布图设计过程与发明创造完成的过程类似,都常常是费时、费钱和费工的复杂过程。而著作权法处理合作作品著作权归属时,则是规定合作作品的著作权属于合作作者,和集成电路布图设计专有权的归属有所不同。权利归属处理方式的这种不同是基于布图设计的创作是比作品创作更加复杂更加耗费资金的过程,该过程与作品创作过程很不相同。对于受委托创作的布图设计专有权归属,《集成电路布图设计保护条例》是这样规定的:"受委托创作的布图设计,其专有权的归属由委托人和受托人双方约定;未作约定或者约定不明确的,其专有权由受托人享有。"这与专利法和著作权法中的有关规定相同。

值得注意的是,在专利法中有职务发明创造及其权利归属的规定,在著作权法中有职务作品及其著作权归属的规定,但对于兼有发明创造和作品性质的布图设计,在《集成电路布图设计保护条例》中却没有职务布图设计的概念。究其原因,可能是因为所有的布图设计过程基本上都是费钱、费时、费工的过程,但布图设计寿命比较短,替代更新快,由在职人员在职期间完成非职务的布图设计的可能性小,这和任职人员进行发明创造或者进行作品创作很不相同。既然不存在非职务布图设计,就意味着只存在职务布图设计,就没有必要引入职务布图设计的概念,仅需要使用单位布图设计的概念。也就是说,有了由法人或者其他组织创作的布图设计,该单位是该布图设计的创作者,并享有该布图设计专有权等规定就足够了。布图设计专有权继承,同专利权、著作权等其他知识产权相同,《集成电路布图设计保护条例》第十三条规定:"布图设计专有权属于自然人的,该自然人死亡后,其专有权在本条例规定的保护期内依照继承法的规定转移。"而布图设计专有权的承受的规定则与专利权和著作权的承受有较大不同。该条例第十三条的规定是这样的:"布图设计专有权属于法人或者其他组织的,法人或者其他组织变更、终止后,其专有权在本条例规定的保护期内由承继其权利、义务的法人或者其他组织享有;没有承继其权利、义务的法人或者其他组织的,该布图设计进入公有领域。"对于专利权和著作权来说,出现这种情况,相应的专有权属于国家。而对布图设计专有权来说,在这种情况下,布图设计进入公有领域。两种情况相比较,在前一种情况下相应的专有权还继续存在,并且为国家所享有;在后一种情况下,布图设计进入公有领域意味着其专有权已经不再存在,任何人(包括自然人、法人或者其他组织)和国家都可以免费地自由使用。为什么会有这种不同呢?主要原因可能是布图设计的独创性中创造性一般低于发明专利,独立创作程度也低于作品的独立创作程度,大多数布图设计是使用了已有的布图设计,添加少许新布图而具备了新的电子功能。这些比重很大的已有布图设计实际上可以为公众自由用于新的布图设计。所以一项有专有权的布图设计一旦没有了承继法人或者其他组织,让该布图设计进入公有领域,比较符合布图设计的上述习惯,更有利于布图设计的推广和创新。

本章重点

1. 发明人、专利申请人、专利权人、作者、著作权人、商标标识设计人、商标权利人、商标权人、完成育种人、品种权人、布图设计创作者、布图设计权利人的概念内涵,有关人之间的关系。

2. 处理专利权、著作权、计算机软件著作权、商标权、品种权和布图设计专有权归属的一般规则。

3. 职务发明创造、职务作品、职务计算机软件、职务育种的概念内涵。

4. 处理任职期间完成的发明创造、作品、计算机软件、育种和布图设计的知识产权归属的有关法律规定和处理方法。

5. 个人作品、职务作品和单位作品的概念内涵,相互间的区别。

6. 处理合作研究开发中产生的发明创造、合作作品、合作计算机软件、合作中完成的育种、合作布图设计等的专有权归属的有关规定。

7. 处理委托研究开发中产生的发明创造、委托作品、委托计算机软件、委托中完成的育种和委托布图设计等的知识产权的有关法律规定。

8. 专利权、著作权、商标权、计算机软件专有权、品种权和布图设计专有权的继承和承受的有关法律规定。

本章难点

1. 如何在实际中运用专利法,在合作研究开发、委托研究开发的合同中约定科技成果包括发明创造权利的归属。

2. 如何确定任职期间完成的发明创造、作品、计算机软件、育种是职务成果还是非职务成果。

3. 商标权利人、注册商标权人、商标权人和未注册但使用商标权利人等概念的区别。

4. 美术等作品著作权的归属。

5. 共同商标权人的概念。

6. 专利权、著作权、计算机软件专有权、商标权等知识产权共有的概念和共有权的行使。

思 考 题

1. 职务发明创造专利权和职务作品著作权归属的处理有什么区别?
2. 著作权的继承和承受有什么特点?
3. 布图设计专有权的承受和专利权、著作权的承受有什么不同?为什么?
4. 商标权人和商标权利人有什么区别?
5. 专利权、著作权和商标权共有及其共有权行使之间有何异同?

主要参考文献

[1] 郑成思.版权法[M].北京:中国人民大学出版社,1990.
[2] 尹星天.专利权的保护[M].2版.北京:知识产权出版社,2005.
[3] 黄晖.商标法[M].北京:法律出版社,2004.
[4] 魏振瀛.民法[M].北京:北京大学出版社,高等教育出版社,2000.
[5] 史尚宽.民法总论[M].北京:中国政法大学出版社,2000.

第四章

知识产权的内容与限制

第一节 专利权的内容与限制

专利权的内容,是指专利权人依法享有的权利。专利权人在依法享有权利的同时,还要依法承担相应的义务。专利权的限制,是指法律为了平衡专利权人和社会公众之间的利益,在特定情形下,对专利权人的独占性权利所作的限制性规定。

例如,艾滋病是一种肆虐全球的传染性疾病,在世界各地已经夺去了千百万人的生命。在有的国家和地区,由于艾滋病的传播和蔓延,造成当地劳动力的短缺。如何应对这种可怕的疾病是各国政府和人民共同面临的课题。再如,一段时间以来,禽流感在世界各地传播,它不仅威胁人们饲养的家禽,也威胁到人类本身的生命安全,如何应对禽流感也是各国面对的重要公共健康问题。现在,假设某药物研究所发明了一种新的药物,可以有效治疗艾滋病或者禽流感,该药物研究所及时地向有关国家申请了发明专利,而成为此药物发明的专利权人,那么,它作为专利权人,有哪些权利来回收研发成本并获益呢?反过来,如果这个药物研究所获得专利权后自己不实施专利,也不许可别人实施,国家和社会有没有办法来实施其专利,从而解决公共健康问题呢?下面对于专利权的内容和限制的介绍有助于回答上述问题。

一、专利权的内容

发明人或者设计人完成发明创造后,可以依照法定程序向国家知识产权局申请专利权。根据专利法的规定,如果专利申请获得批准,国家知识产权局会发给发明专利、实用新型或外观设计证书,同时予以登记和公告;发明专利权、实用新型专利权或外观设计专利权自公告之日生效。此时,申请人便成为专利权人,依法享有法律赋予的各项权利。这些权利包括专利实施权、专利实施许可权、专利转让权、专利标记权等。下面分别对这些权利进行介绍。

(一) 专利实施权

专利实施权是专利权内容的核心组成部分。人们通常把专利实施权理解为专利权人有权实施其专利,但是禁止他人未经专利权人许可而实施受专利法保护的发明创造的权利。禁止他人实施专利确保了专利权人的市场独占地位,并可以从中获取相应的利益。

什么是实施专利的行为呢？我国《专利法》专门对此作了说明。《专利法》规定："发明和实用新型专利权被授予后，除本法另有规定的以外，任何单位或者个人未经专利权人许可，都不得实施其专利，即不得为生产经营目的制造、使用、许诺销售、销售、进口其专利产品，或者使用其专利方法以及使用、许诺销售、销售、进口依照该专利方法直接获得的产品。外观设计专利权被授予后，任何单位或者个人未经专利权人许可，都不得实施其专利，即不得为生产经营目的制造、许诺销售、销售、进口其外观设计专利产品。"可见，在我国，就发明和实用新型而言，实施专利的行为包括制造、使用、许诺销售、销售、进口专利产品；还包括使用其专利方法以及使用、许诺销售、销售、进口依照该专利方法直接获得的产品。就外观设计而言，实施专利的行为包括制造、许诺销售、销售和进口。同时，《与贸易有关的知识产权协定》也规定："专利应赋予其所有人下列专有权：(a)如果该专利所保护的是产品，则有权制止第三方未经许可的下列行为：制造、使用、许诺销售、销售，或为上述目的而进口该产品；(b)如果该专利保护的是方法，则有权制止第三方未经许可使用该方法的行为以及下列行为：使用、许诺销售、销售或为上述目的的进口至少是依照该方法而直接获得的产品。"[①]因此，总体而言，专利实施权可包括制造权、使用权、许诺销售权、销售权和进口权方面。下面分别进行介绍。

1. 制造权

根据制造权，专利权人可以自己制造特定的专利产品或禁止他人以生产经营为目的制造上述特定的专利产品。以生产经营为目的，和通常所称的以营利为目的并不相同。以生产经营为目的，可以以营利为目的，也可以不以营利为目的。例如，保护环境或者预报气象，常常是以社会公益为目的，而不是以营利为目的，但是，这些行为在专利法上可以视作以生产经营为目的。因此，如果气象台为了向社会更准确、更及时地发布天气信息，制造了他人具有专利权的产品（此产品有助于天气预报的某个环节），应当视为侵犯了专利权人的制造权。气象台不能用不以营利为目的进行专利侵权之抗辩。关于以生产经营为目的的说明，同样适用于下面要讨论的使用权、许诺销售权、销售权和进口权。

2. 使用权

根据使用权，专利权人可以自己使用特定的专利产品并禁止他人以生产经营为目的使用上述特定的专利产品。例如，有一款受到专利保护的机器，使用该机器可以大大提高某种特定面料衣物的清洗效率。甲公司未经专利权人的许可，制造了这种机器。甲公司制造的机器具有专利权利要求所记载的全部必要技术特征。在制造此种机器后，甲公司将它销售给洗衣公司乙，乙公司在经营中使用该机器，果然大大提高了清洗效率。在这个例子中，甲公司侵犯了专利权人的制造权和销售权，而乙公司侵犯了专利权人的使用权。如果专利权人由于各种原因无法找到甲公司，可以直接以侵犯使用权为由起诉乙公司。

当然，在这里需要注意，侵犯专利使用权必须以生产经营为目的，例如上面案例中的乙公司。如果普通消费者从甲公司处购得该机器，在日常生活中进行使用，不能视为侵犯专利权人的使用权。同时，如果专利权人自己或者经专利权人许可将专利产品投放市场，他人购

[①] 全国人大常委会法制工作委员会民法室.《中华人民共和国著作权法》修改立法资料选[M]. 北京：法律出版社，2002：304。本节和第四节中的《与贸易有关的知识产权协定》中文译文均来自该书。

得后,即使是为生产经营目的而使用,也不能视为侵犯专利权。这种情况下,适用专利权用尽原则,关于这一点,后文关于专利权的限制部分中有较为详细的介绍。

3. 销售权

根据销售权,专利权人可以自己将专利产品销售给第三人或者禁止他人以生产经营为目的销售上述特定专利产品。从民法角度,专利产品的销售方和买受方为买卖合同关系。① 销售的结果是销售方将专利产品的所有权转移给买受方,买受方则向销售方支付相应的金钱。在专利产品的销售中,除了其他必要成本以外,还包含了专利费用。因此,我们也就可以理解,为什么专利产品会比相同类型的非专利产品卖得要贵。在专利权人的权利链中,销售权是非常重要的环节。专利权人当然可以行使制造权,禁止他人未经自己许可,制造相关的专利产品。但是,在现实中,制止和打击侵权人的制造行为,并不容易。因为在制造阶段,非法制造人在暗处,专利权人在明处,专利权人很难知晓非法制造人在哪里制造自己的专利产品,制造了多少。从法律角度,除非专利侵权人主动承认,否则对侵权人的制造行为进行取证是比较困难的。而销售行为则不同。专利侵权人销售专利产品,尤其是面向一般消费者销售专利产品,难以秘密进行。只有让更多的人知道,进行更多的宣传,才可能有更好的销路。此时,专利权人可以比较容易地取得侵权人销售专利产品的证据,如可以公证取证、进行录音录像、保管相关购物凭证等。同时,在要求侵权销售者承担专利侵权责任的同时,专利权人并不丧失追究专利制造者侵权责任的权利。通常,在打击专利销售侵权行为时,可以发现专利产品的非法制造者的线索。因为根据我国《专利法》第七十条的规定:"为生产经营目的使用、许诺销售或者销售不知道是未经专利权人许可而制造并售出的专利侵权产品,能证明其产品合法来源的,不承担赔偿责任。"如果专利产品销售人在销售专利产品时不知道是专利产品,并能证明有合法来源途径的,可以不承担赔偿责任。因此专利销售人常常愿意提供其产品来源,以免除自己的责任。这样,专利权人就得以发现侵权产品制造者,并进而追究产品制造者的专利侵权责任。

4. 许诺销售权

许诺销售权是2000年专利法第二次修改后新增加的专利权能。如何理解许诺销售权,在我国法学界曾有过不同的观点。在相关司法解释出台前,全国人大常委会法制工作委员会组织编写的《中华人民共和国专利法释义》对于许诺销售的定义是:"所谓许诺销售,是指通过在商店内陈列或在展览会上演示、列入销售征订单或拍卖清单、列入推销广告或者以任何口头、书面或其他方式向特定或非特定的从明确表示对其出售某种产品意愿的行为。"② 之后,最高人民法院《关于审理专利纠纷案件适用法律问题的若干规定》第二十四条规定,《专利法》第十一条、第六十三条所称的许诺销售,是指"以做广告、在商店橱窗中陈列或者在展销会上展出等方式作出销售商品的意思表示"。这是对何为许诺销售的有权解释。

1984年制定的专利法和1992年第一次修正后的专利法中并没有规定专利权人的许诺销售权。此项权利是2000年专利法第二次修正后加入专利法的。许诺销售权对专利权人

---

① 徐棣枫,解旦,李友根. 知识产权法——制度·理论·案例·问题[M]. 北京:科学出版社,2005:111.
② 卞耀武. 中华人民共和国专利法释义[M]. 北京:法律出版社,2001:35.

也有比较重要的意义。虽然专利法赋予专利权人以销售权,专利权人得以据此禁止他人未经自己许可销售专利产品,但是,等到侵权人销售专利产品,可能损害结果已经开始显现,事后的法律救济毕竟没有事先进行预防好。许诺销售权在某种程度上可以将这种损害消灭在萌芽状态。专利侵权人只要以做广告、在商店橱窗中陈列或者在展销会上展出等方式作出销售商品的意思表示(还没有开始真正的销售),专利权人就可以依据许诺销售权对其进行制止,从而及时防止损害的现实化或扩大化。

例如,据有关媒体报道,2006年天津某制药公司发现广州市某医药公司参加招投标采购活动的"养血清脑颗粒"药品,侵犯了自己的专利权。于是请求广东省知识产权局责令广州市某医药公司立即停止侵权行为。广东省知识产权局经调查后作出决定,责令广州市某医药公司立即停止许诺销售该药品。广州市某医药公司不服,向广州市中级人民法院提起行政诉讼。法院经审理,作出维持广东省知识产权局处理决定的判决。① 此案是广东省2007年公布的十起知识产权典型案件之一。② 在这个案例中,广州市某医药公司并没有实际销售上述"养血清脑颗粒",同时也不是该产品的制造者,如果专利权人不享有许诺销售权,那么,只有等到广州市某医药公司开始销售这款药品时才可以请求国家相关机关介入,而这时天津某制药公司的产品销售很可能已经受到影响。在专利侵权的早期阶段,就可以进行制止侵犯专利权的行为从而保护自己的权利,是法律赋予专利权人以许诺销售权的最大好处。

5. 进口权

根据进口权,专利权人可以自己进口特定的专利产品,或者禁止他人以生产经营为目的进口上述特定的专利产品。所谓进口专利产品,是指从境外将具有权利要求所记载的全部必要技术特征的产品输入到中国境内,至于该产品在境外是否享有专利权,则在所不问。进口权的规定使专利权人得以在产品从海关入境阶段便行使自己的权利。1984年通过的专利法并未赋予专利权人以进口权,因此当时专利权人并不能禁止他人以生产经营为目的从境外进口特定的专利产品。当然,如果他人从境外进口的专利产品在中国境内进行销售,则专利权人可以依据专利法赋予的销售权来保护自己的权益。但是,没有进口权,专利权人就难以在专利产品处于边境阶段在海关将其扣留,而等到该进口产品进入销售阶段,则损害结果可能已经造成。因此,法律赋予专利权人进口权对专利权人还是具有相当大的意义的。

需要说明的是,专利进口权的行使往往需要知识产权保护边境措施的配合。例如,根据我国知识产权海关保护条例的规定,国家禁止侵犯专利权的货物进口,专利权人发现侵权嫌疑货物即将进口的,可以向货物进出境地海关提出扣留侵权嫌疑货物的申请。海关发现进口货物有侵犯备案知识产权嫌疑的,应当立即书面通知专利权人。专利权人自通知送达之日起三个工作日内依照规定提出申请,并依照规定提供担保的,海关应当扣留侵权嫌疑货物,书面通知专利权人,并将海关扣留凭单送达收货人或者发货人。经海关同意,专利权人可以查看有关货物,等等。这些规定,使专利权人可以在边境阶段及时保护自己的权利,将专利法规定的专利进口权真正落到实处。

---

① 杨霞. 广东查处首起药品招标"许诺销售"专利侵权案[EB/OL]. [2008-04-11]. http://www.p5w.net/news/cjxw/200704/t932409.htm.

② 同上。

（二）专利实施许可权

前面已经讲到，专利实施权是指专利权人有禁止他人未经许可实施其专利的权利。如果他人想实施专利权人的专利，应当取得专利权人的许可。专利权人许可他人实施专利的权利称为专利实施许可权。根据与贸易有关的知识产权协定的规定，专利所有人应有权缔结许可证合同。[①] 这是专利实施许可权的国际法依据。我国《专利法》也规定，任何单位或者个人实施他人专利的，应当与专利权人订立书面实施许可合同，向专利权人支付专利使用费。被许可人无权允许合同规定以外的任何单位或者个人实施该专利。

（三）专利转让权

专利转让权是指专利权人有权将本来由自己享有的专利权转让给他人。专利权转让的直接后果是专利权的主体发生变更，由原专利权人变更为专利受让人。根据我国《专利法》的规定，中国单位或者个人向外国人转让专利权的，必须经国务院有关主管部门批准。转让专利权时，当事人应当订立书面合同，并向国务院专利行政部门登记，由国务院专利行政部门予以公告。专利权的转让自登记之日起生效。

专利权转让后，受让人成为专利权人，享有专利实施权。同时，受让人可以许可他人实施其专利，或者将该专利再次转让。

（四）专利标记权

我国《专利法》规定，专利权人有权在其专利产品或者该产品的包装上标明专利标记和专利号。标明专利标记，可以向社会宣示该产品是受专利保护的产品，警示他人不要仿造；并且，专利标记也可以在一定程度上起到广告作用。[②] 如果有人未经许可，在其产品上标记他人专利号，就构成假冒专利。根据《专利法》的有关规定，假冒专利的，除依法承担民事责任外，还要承担行政责任，构成犯罪的要承担刑事责任。根据国家知识产权局的行政规章，标注专利标记和专利号的，应当标明下述内容：①采用中文标注专利权的类别，例如中国发明专利、中国实用新型专利、中国外观设计专利；②国家知识产权局授予专利权的专利号，其中"ZL"表示专利，第一、二位数字表示提交专利申请的年代，第三位数字表示专利类别，第四位以后为流水号和计算机校验位。知悉专利号后，就可以在有关的专利文献系统中进行检索，了解专利的基本情况。

二、专利权的限制

专利权的限制，是指法律为了平衡专利权人和社会公众之间的利益，在特定情形下，对专利权人的独占性权利所作的限制性规定。具体而言，可以分为不视为专利侵权的行为和专利强制许可。下面分别对这两大类专利权限制进行介绍。

---

① 全国人大常委会法制工作委员会民法室.《中华人民共和国著作权法》修改立法资料选[M]. 北京：法律出版社，2002：305.

② 胡佐超. 专利基础知识[M]. 北京：知识产权出版社，2004：177.

（一）不视为专利侵权的行为

1. 专利权的用尽

所谓专利权用尽，又称专利权穷竭，是指专利产品经权利人或权利人许可首次销售后，专利权人不得再阻止他人使用或销售该专利产品。用较为形象的说法，也就是对某产品而言，除专利制造权外，专利使用权和销售权等在专利权人第一次行使销售权后，即告用尽。比如，某高科技公司取得了一项电子领域的发明专利，并开始制造和销售该专利产品。那么，这个产品一旦经此公司出售给他人以后，买受人就可以合法地使用该专利产品，也可以将该产品再次销售给他人。当然，从买受人处取得该专利产品所有权的人，也同样可以合法使用或销售该产品。

需要注意的是，专利权用尽仅仅是针对部分专利权的用尽，专利权中的部分权能，如制造权，并不因专利权人将专利产品销售给他人而用尽。以上述电子产品为例，受受人不得以取得该电子产品的所有权为由，仿制这种电子产品。我国《专利法》规定："专利产品或者依照专利方法直接获得的产品，由专利权人或者经其许可的单位、个人售出后，使用、许诺销售、销售、进口该产品的"，不视为专利侵权。这是专利权用尽在我国专利法中的法律依据。

2. 先用权限制

我国《专利法》规定："在专利申请日前已经制造相同产品、使用相同方法或者已经作好制造、使用的必要准备，并且仅在原有范围内继续制造、使用的"，不视为专利权侵权。这是先用权限制的法律表述。我们知道，专利制度保护的是无形的技术方案。当申请人就某一技术方案获得专利权以后，即成为专利权人，他人不得实施该专利。这就意味着，当两个或两个以上的技术人员或技术团队在不同的环境下，都对某项技术进行开发并取得技术成果后，没有获得专利权的人员或团队很可能被取得专利权的人禁止实施此技术。而专利法对于专利权的取得是采取先申请原则。《专利法》第九条规定："两个以上的申请人分别就同样的发明创造申请专利的，专利权授予最先申请的人。"这样，先作出发明创造的人如果由于各种原因没有及时申请专利（比如，先作出发明创造的人认为采取商业秘密保护更有利，因为商业秘密的保护期间比专利长，却忽视别人也有可能作出同样的发明，并去申请专利），那么，他就可能面临不能实施本来由自己先作出的发明创造的风险。为了平衡专利权人与先发明人的利益，专利法允许未获得专利的先发明人可以并且仅仅在原有范围内继续制造、使用该发明创造。所谓原有范围，是指先发明人或先使用人不得扩大原来的生产销售规模，包括产量和销售数量、地域等。

3. 临时过境限制

我国《专利法》规定："临时通过中国领陆、领水、领空的外国运输工具，依照其所属国同中国签订的协议或者共同参加的国际条约，或者依照互惠原则，为运输工具自身需要而在其装置和设备中使用有关专利的"，不视为侵犯专利权。根据法律中的属地原则，临时通过中国领陆、领水、领空的外国运输工具，也应当遵守中国的法律，包括专利法。如果在这些运输工具，如飞机、轮船上的某一部件所采取的技术，是经中国国家知识产权局授予专利的技术，则机械地根据法律授予专利权人的权利，专利权人可能会主张上述临时过境的飞机、轮船等外国运输工具侵犯了自己的专利权，并要求有关国家机关进行法律上的救济。

这种案件在国外确实发生过。美国一个叫布朗的专利权人控告停泊在波士顿港口的一艘法国商船,认为该法国商船采用的技术侵犯了自己的专利权。美国最高法院经审理后判定该专利侵权不成立。① 这一点,也为世界知识产权组织管辖的《保护工业产权巴黎公约》所确认。《保护工业产权巴黎公约》第五条之三规定:"在本联盟任何国家内,下列情况不应认为是侵犯专利权人的权利:①本联盟其他国家的船舶暂时或偶然地进入上述国家的领水时,在该船的船身、机器、船具、装备及其他附件上使用构成专利对象的器械,但以专为该船的需要而使用这些器械为限;②本联盟其他国家的飞机或陆上车辆暂时或偶然地进入上述国家时,在该飞机或陆上车辆的构造或操作中,或者在该飞机或陆上车辆附件的构造或操作中使用构成专利对象的器械。"事实上,这样的规定对于国际交往也是必要的。如果没有对于专利权的临时过境限制,飞机、船舶在外国过境时就会面临相当大的法律风险。因为如果没有这种专利权限制,飞机、船舶上的某一装置很可能在该过境国是他人的专利技术,而在通常情况下,飞机、船舶等的所有人不可能在临时过境某国之前去检索外国的专利文献,看看自己的运输工具采取的技术是否侵犯了外国的专利权。

4. 科学研究例外

我国《专利法》规定:"专为科学研究和实验而使用有关专利的",不视为侵权,这被称为专利权的科学研究例外。如果仅从字面上看,只要是专为科学研究和实验原因,使用他人专利,都不视为侵权。按照这种理解,如果某药物研究所为了研制治疗艾滋病的药物,未经权利人许可,使用他人具有专利权的实验仪器,就不视为侵权。不过法学界的多数观点认为:"专为科学研究和实验"是指专门针对专利技术本身进行的科学研究和实验,而不包括以有关专利技术为手段或工具进行科研和实验。②

5. 审查例外

根据现行《专利法》第六十九条的规定:"为提供行政审批所需要的信息,制造、使用、进口专利药品或者专利医疗器械的,以及专门为其制造、进口专利药品或者专利医疗器械的",不视为专利侵权行为。此项专利权限制,是在 2008 年专利法第三次修改时加入的。实际上,在世界不少国家的专利法中都有类似的规定。

(二)专利强制许可

在对于专利权的限制中,专利强制许可是非常重要的制度。所谓专利强制许可,是指国家主管专利的机关在一定的条件下,不经专利权人同意,通过行政程序允许第三者利用专利发明的一种措施。③ 和前面提到的"不视为专利侵权的行为"(也有的著作称之为专利权例外或专利合理使用)不同,专利强制许可条件下,使用人使用他人专利必须符合法定条件,并经国家有关机关批准,同时必须向专利权人支付合理的专利使用费。而"不视为专利侵权的行为"情形下,使用人使用他人专利,既不必经有关国家批准,也不必向专利权人支付专利使用费。

由于专利强制许可是对于专利权的一种重要限制,大部分国家和地区的《专利法》中都有

---

① 程永顺,罗李华. 专利侵权判定——中美法律与案例比较研究[M]. 北京:专利文献出版社,1998:295.
② 寿步,张慧,李健. 信息时代知识产权教程[M]. 北京:高等教育出版社,2003:185.
③ 胡佐超. 专利基础知识[M]. 北京:知识产权出版社,2004:186.

关于专利强制许可的规定。有的国家和地区在特定情形下也确实使用专利强制许可解决了重大社会问题,例如公共健康危机。我国《专利法》也规定了专利强制许可制度。

我国现行《专利法》规定,在三种情形下,国务院专利行政部门可以实施该发明专利或者实用新型专利的强制许可。

1. 无正当理由未实施专利

我国《专利法》规定,专利权人自专利权被授予之日起满三年,且自提出专利申请日之日起满四年,无正当理由未实施或者未充分实施其专利的,当具备实施条件的单位以合理的条件请求发明或者实用新型专利权人许可实施其专利,而未能在合理长的时间内获得这种许可时,国务院专利行政部门根据该单位的申请,可以给予实施该发明专利或者实用新型专利的强制许可。这样的规定,主要是为了防止专利权人滥用其专利权。国家赋予专利权人以专利权,其目的是通过赋予专利权人在一定期限的垄断权(或独占使用权)来鼓励发明创造,从而推动科技进步和社会发展,使更多的人享受到科技进步和社会发展带来的利益。但是,如果专利权人得到专利以后,自己不实施,并在长时间内也不允许他人以合理的条件来实施,这样,社会不但不能享受到专利技术带来的利益,这种垄断反而会阻碍科学技术的进步。因为根据专利法,在专利权人获得专利权以后,他人即使独立地研究开发出了某项技术成果,也不能为生产经营目的使用。也就是说,专利权人自己不用这个技术,也不允许他人来用这个技术。这就人为地造成了一种技术禁区。因此,在专利法上,把这不实施专利的行为视为典型的滥用专利权的行为。在这种情况下,专利法规定强制许可,对于防止专利权人滥用专利权具有重要的意义,可以保证社会及时地分享专利技术带来的利益。

就我国《专利法》而言,此种情形下的专利强制许可需要注意以下几点:第一,主体必须是具备实施条件的单位,即不能为个人,同时必须具备实施专利的物资技术条件;第二,必须首先向专利权人以合理的条件请求专利实施许可,而在合理长的时间内未得到许可;第三,必须向国家知识产权局提出专利强制许可申请,并得到批准。

2. 国家出现紧急状态或非常情况及为公共利益的目的

我国《专利法》第四十九条规定:"在国家出现紧急状态或者非常情况时,或者为了公共利益的目的,国务院专利行政部门可以给予实施发明专利或者实用新型专利的强制许可。"不过,对于什么是国家出现紧急状态或非常情况,本来是不十分明确的。法学界通常认为:"国家出现紧急状态是指因外敌入侵,内部动乱,危及国家安全而出现的紧急状态。所谓非常情况,根据知识产权协定,是指国家紧急状态以外的其他特别紧迫的情况,例如疫病流行、自然灾害等产生的紧急情况。"[①]

3. 为了公共健康的目的

我国《专利法》第五十条规定:"为了公共健康目的,对取得专利权的药品,国务院专利行政部门可以给予制造并将其出口到符合中华人民共和国参加的有关国际条约规定的国家或地区的强制许可。"这种强制许可是用于出口药品的国内制造的强制许可,也是对专利权的一种限制。

---

① 汤宗舜. 专利法教程[M]. 3版. 北京:法律出版社,2003:210.

4. 实施从属专利

我国《专利法》第五十一条规定，一项取得专利权的发明或者实用新型比前已经取得专利权的发明或者实用新型具有显著经济意义的重大技术进步，其实施又有赖于前一发明或者实用新型的实施的，国务院专利行政部门根据后一专利权人的申请，可以给予实施前一发明或者实用新型的强制许可。

应当注意的是，对于外观设计专利而言，国务院专利行政部门是不能给予专利实施强制许可的。在巴黎公约中，允许成员国对发明专利和实用新型进行专利强制许可，但并没有规定可以对外观设计进行强制许可。事实上，专利强制许可适用的对象往往是对国计民生有重大影响或对公共利益有重大影响的技术方案，而外观设计的目的主要是使工业品在外观上具有美感，本身并不是一种技术方案，也很难说一种工业品外观设计对于国计民生或公共利益会产生多么重要的影响。因此，从法律上对工业品外观设计进行强制许可是没有必要的。其实，在很多国家，工业品外观设计并不规定在专利法中。例如，有的国家以专门法律对工业品外观设计进行保护。也有的国家甚至按照实用艺术作品对外观设计进行保护，这种保护在一定程度上更倾向于版权法的保护。这是读者学习专利法、了解专利强制许可时应当注意的。

三、专利权人的义务

专利权人在享有法律规定的诸多权利的同时，也必须履行一定的义务。这一点，在国际公约和我国专利法中都有明确的体现。这些义务包括下面两种。

（一）缴纳专利年费的义务

专利法规定，专利权人应当自被授予专利权的当年开始缴纳年费。并且，根据专利法实施细则的规定，专利年费应当在前一年度期满前一个月内预缴。同时，专利权人未按时缴纳授予专利权当年以后的年费或者缴纳的数额不足的，国务院专利行政部门应当通知专利权人自应当缴纳年费期满之日起六个月内补缴，同时缴纳滞纳金；滞纳金的金额按照每超过规定的缴费时间一个月，加收当年全额年费的5%计算；期满未缴纳的，专利权自应当缴纳年费期满之日起终止。

（二）不得滥用专利权的义务

滥用专利权的表现形式有多种，但最典型滥用专利权的行为是不实施专利。国家授予发明创造以专利权是希望专利权人通过实施其专利来造福社会，推动社会、经济、科学、文化的进步。如果专利权人得到垄断权后，自己不实施，也不许可他人实施，就可能阻止社会科学发展，构成专利权的滥用。《保护工业产权巴黎公约》第五条规定："本联盟各国都有权采取立法措施规定授予强制许可，以防止由于行使专利所赋予的专有权而可能产生的滥用，例如：不实施。"明确指出不实施专利是滥用专利权的行为。滥用专利权可能导致国家对于专利进行强制许可。

四、专利权的保护期限

对于专利权的保护期限,国际公约和我国专利法都有明确规定。《与贸易有关的知识产权协定》规定:专利(指发明专利,作者注)享有保护期,不应少于自申请提交之日起二十年;工业品外观设计享有保护期限,不应少于自申请提交之日起十年。我国《专利法》规定:发明专利权的期限为二十年,实用新型专利权和外观设计专利权的期限为十年,均自申请日起计算。当然,如果专利权人在专利权保护期限届满前有意提前终止专利权的,专利权可以提前终止。根据专利法的规定,专利权人在两种情况下会提前终止专利权:第一,没有按照规定缴纳年费的;第二,专利权人以书面声明放弃其专利权的。专利权在期限届满前终止的,由国务院专利行政部门登记和公告。

无论是专利权保护期限届满还是专利权人提前终止专利权的,最终的结果是原来享有专有权的发明创造进入公有领域,社会公众可以自由地实施该发明创造。

第二节 著作权的内容与限制

"著作权"这一用语可以在广义和狭义两个方面来使用。狭义上的著作权是指作者及相关主体根据著作权法对作品所享有的权利;广义上的著作权则包括狭义上的著作权与邻接权(邻接权包括表演者权、录音录像制作者权、广播组织权以及出版者权。对此,下文将作详细介绍)。一方面,我国著作权法的涵盖范围既包括狭义上的著作权,也包括邻接权;另一方面,在著作权法中,又将狭义上的著作权(第二章)与邻接权(第四章)分别规定在了不同的章节中。在本节的下文中,除非另有特殊说明,否则在使用"著作权"一词时,是在狭义上使用。

一、广义著作权的内容

广义著作权的内容是指著作权人及邻接权人根据著作权法的规定所享有的权利。

(一)著作权的内容

著作权是一个总称,其中包括很多种权利。不过,一般而言,可以将这些权利概括为两种类型:一是著作人身权,二是著作财产权。

1. 著作人身权

由于作者在创作作品的过程中,将其独特的思想、感情等因素体现到了作品中,为了保护作者的此种人格利益,因此著作权法赋予了作者著作人身权。著作人身权的重要特征是不可转让;此外,除了发表权以外,其他著作人身权的保护期不受限制。作者去世后,由作者的继承人或受遗赠人保护;无人继承又无人受遗赠的,由著作权行政管理部门保护。

根据我国著作权法的规定,著作人身权包括发表权、署名权、修改权和保护作品完整权。

1)发表权

2007年,宁波一网民在某网络公司开设的论坛上发表各种信息和言论,但经常被版主删除,后来其至还被禁止发帖。后来,他通过论坛短消息询问版主为何删除他的帖子,却没有任何回复。于是,该网名向法院起诉该论坛所属的网络公司,要求对方恢复其发表权。法院在审理后认为,本案的被告对原告删帖和禁言的行为,实质上是拒绝为原告提供网络信息存储空间。原告虽然对自己的作品享有发表权,但无权要求他人为其作品的发表积极作为。而且,被告删帖和禁言的原因是原告的帖子不符合版块主题且重复发帖,所以被告行为不违反论坛的相关规则,因而未侵犯原告的发表权。①

发表权是指决定作品是否公之于众的权利,以及采用何种形式公之于众(例如是在报纸上发表还是在网络上发表)和在何时何地公之于众的权利。"公之于众"是指著作权人自行或者经著作权人许可将作品向不特定的人公开,但不以公众知晓为构成要件。也就是说,如果作者将其作品提供给其亲属、好友,即便人数众多,也不构成"发表"作品。在日常生活中,人们相互之间经常会通信、发电子邮件,只要这些邮件符合作品的构成要件,则未经发件人的许可,收件人不得擅自将邮件"公之于众",否则即侵犯了发件人的发表权。

需要注意的是,发表权只能行使一次。作品一旦经作者发表,发表权就用尽了,任何人就都不再发生侵犯发表权的问题。发表作品需要将作品向公众提供,因此发表权通常需要与著作财产权同时行使。例如,作者许可出版社行使作品的复制权和发行权而将其作品交付该出版社时,意味着该作者已经默示地行使了发表权。

2) 署名权

署名权是指作者表明其身份,在作品上署名的权利。作者有权署名,也有权不署名;有权署真名,也有权署假名。需要注意的是,除《著作权法》第十一条第(三)款规定的"法人作品"以外,由他人执笔、本人审阅定稿并以本人名义发表的报告、讲话等作品,著作权归报告人或者讲话人享有。也就是说,在这种情况下,由报告人或者讲话人享有署名权。

3) 修改权

修改权是指作者有权对其作品进行修改或者授权他人进行修改的权利。修改与否、怎么修改以及是否授权他人修改,都应当根据作者的意愿,取得作者的同意。不过,修改权的行使需要受到一定的限制。例如,报社、期刊社可以对作品进行文字性的修改、删减;不过,如果涉及内容的修改,仍需要得到作者的同意。此外,《著作权法实施条例》第十条规定:"著作权人许可他人将其作品摄制成电影作品和以类似摄制电影的方法创作的作品的,视为已同意对其作品进行必要的改动,但是这种改动不得歪曲、篡改原作品。"

作者在行使其修改权时,也要受到一定的限制。例如,在美术作品原件的所有权已经发生转移的情况下,作者如果要修改其作品,必须得到该美术作品原件所有人的同意。

4) 保护作品完整权

1995年3月,林奕拍摄了反映海关人员缉私风采的彩色摄影作品《跳帮》,作品画面为海关缉私警察跳跃走私船船帮实施缉私行动的情境。后该幅作品在《走向二十一世纪的中国海关》大型画册中刊登,作品下方配有"用忠贞和正义锻造的利箭射向罪恶,使走私分子胆战心惊"。2000年10月7日,中国新闻社从《走向二十一世纪的中国海关》画册中,复制了林奕的上述作品,用于其编辑出版的第21期《中国新闻周刊》封面,并在照片画面中自上而

---

① 陈醉.法院:删帖不侵犯发表权[EB/OL].[2008-05-15]. http://bw.zjol.com.cn/07bw/system/2008/05/06/009485554.shtml.

下配写了"私破海关、腐败重创中国海关大门、危机中年、地盗战、娱乐圈是个什么圈"等文章标题,在照片右上方印制了一个反转倒置的中国海关关徽图案。中国新闻社将载有林奕作品的第21期《中国新闻周刊》封面与该刊物其他期刊封面组合设计,制作《中国新闻周刊》的征订广告宣传页画面。①

中国新闻社未经林奕许可,在其编辑出版的刊物封面上,擅自使用林奕的摄影作品,在作品画面中配印与作品主题相反的图案和文字,歪曲林奕的作品内容,侵犯了林奕的保护作品完整权。

保护作品完整权是指保护作品不受歪曲、篡改的权利。作者有权保护其创作的作品不被他人丑化,不被他人作违背其思想的删除或者其他改动。

保护作品完整权与修改权有着密切的联系,侵犯作者的修改权往往也侵犯了他的保护作品完整权。不过,修改权与保护作品完整权两者的侧重点不同。修改权是为了维护作者的意志,着重于阻止他人擅自修改作者的作品;而保护作品完整权则是为了维护作者的声誉,着重于禁止他人歪曲、篡改作者的作品。

2. 著作财产权

著作财产权是指作者及其他著作权人享有的以特定方式利用作品并获得经济报酬的权利。我国《著作权法》第十条第(五)款至第(十七)款规定了具体的财产权,下面分别介绍。

1) 复制权

复制权是指以印刷、复印、拓印、录音、录像、翻录、翻拍等方式将作品制作一份或者多份的权利。例如,在日常生活中,人们使用复印机复印资料、使用录音笔录音等行为,都属于复制。

英文中的"版权"(copyright)实际上就是"复制"(copy)加"权利"(right)二字组合而成的,由此也可以看出,复制权是著作财产权中最基本也是最古老的一项权利。上述对复制权的定义中所列举的复制形式,是非穷尽性的列举,其他行为只要符合以下特征,也构成复制:将作品固定下来,在该固定物的基础上,作品可以被间接地向公众传播或者被进一步复制。

需要注意的是,中国1991年《著作权法》曾规定:"按照工程设计、产品设计图纸及其说明进行施工、生产工业品,不属于本法所称的复制。"不过,在2001年修改著作权法时,删除了这一规定。据此,可以解释为:在2001年《著作权法》中,"复制也包括了对于作品的从平面到立体的复制"。② 不过,也有学者认为,我国著作权法中的复制不包括从平面到立体的复制,也就是说,按照建筑设计图建造建筑作品不构成复制。"但是,由于修改后的著作权法在作品类别中增加了建筑作品,建筑物本身成了作品,未经许可使用他人享有著作权的建筑设计图进行施工侵犯著作权。"③ 按照这种观点,一方面认为第三人未经著作权人许可按照建筑设计图建造建筑物侵犯了著作权,另一方面又认为此种行为不是复制。如果此种行为不是复制,那么此种行为侵犯了著作权中的哪一种权利呢?似乎难以解释得通。

随着数字网络技术的发展,数字复制变得越来越便利、快捷,而且即使经过若干次复制,

---

① 林奕诉中国新闻社侵犯其保护作品完整权及名誉权案[EB/OL]. [2008-05-17]. http://www.china.com.cn/law/zhuanti/zhuzuoquan/2007-08/16/content_8696119.htm.
② 李明德,许超. 著作权法[M]. 北京:法律出版社,2003:88.
③ 胡康生. 中华人民共和国著作权法释义[M]. 北京:法律出版社,2002:46.

质量也不会有太大的下降。如果对此种行为不加以制止,将给著作权人的利益带来极大的损害。在数字网络环境下,存在两种复制行为——临时复制和永久复制。尽管《伯尔尼公约》第九条第(一)款规定:"以任何方式和采取任何形式复制"都属于作者的复制权的控制范围,而且《世界知识产权组织版权条约》关于第一条第(四)款的议定声明也规定:"《伯尔尼公约》第九条所规定的复制权……完全适用于数字环境,尤其是以数字形式使用作品的情况。不言而喻,在电子媒体中以数字形式存储受保护的作品,构成《伯尔尼公约》第九条意义下的复制。"不过,一般认为,目前我国的著作权法给予作者的复制权只能控制永久复制的行为,而并不能控制临时复制。①

2) 发行权

发行权是指以出售或者赠与方式向公众提供作品的原件或者复制件的权利。在现实生活中,一些店铺擅自销售盗版唱片、盗版书籍的行为即属典型的侵犯发行权的行为。

从上述定义可以看出,适用发行权的前提条件是:作品的原件或者复制件的所有权发生了转移;如果所有权未发生变动,而只是占有权发生了变动,则可能涉及的是下文即将要讨论的出租权。我国《著作权法》存在的一个缺陷是对于发行权没有规定"发行权一次用尽"原则。发行权一次用尽是指作品的原件或者复制件在首次销售、赠与或者发生了其他形式的所有权变动以后,合法的获得者有权进一步销售或者以其他方式处置该作品的原件或者复制件,著作权人对此无权干涉。需要指出的是,尽管我国著作权法未明确规定"发行权一次用尽"原则,不过在实践中,人们似乎都认可了这一原则。

3) 出租权

出租权是指有偿许可他人临时使用电影作品和以类似摄制电影的方法创作的作品、计算机软件的权利,计算机软件不是出租的主要标的的除外。

并不是所有类型的作品的作者都享有出租权,而是只有电影作品和以类似摄制电影的方法创作的作品、计算机软件的作者才享有出租权。原因是这几类作品受到出租的影响最大,因此法律赋予作者控制出租行为的专有权。不过,如果计算机软件不是出租物中的主要标的,则出租该物品无须获得计算机软件著作权人的同意。例如,出租一辆汽车,该汽车中可能安装有许多计算机软件,但显然,在此种情况下,出租的主要标的并非其中的计算机软件,因此出租汽车无须获得软件著作权人的同意。不过,在出租计算机时,情况可能会有所不同。因为计算机只能由计算机软件来控制,而且通常情况下,顾客关心的是计算机软件本身。因此,在有些出租计算机的情况下,可以认为计算机软件实际上就是出租的主要标的,从而属于出租权的涵盖范围。另外,需要注意的是,著作权人享有的出租权只控制"有偿"出租的行为。

4) 展览权

展览权是指公开陈列美术作品、摄影作品的原件或者复制件的权利。

展览权的适用对象只有美术作品和摄影作品,而不包括其他类型的作品。不过,适用展览权有一个例外。购买了美术作品、摄影作品原件的人,虽然不享有著作权,但享有展览作品原件的权利。对此,《著作权法》第十八条规定:"美术等作品原件所有权的转移,不视为作品著作权的转移,但美术作品原件的展览权由原件所有人享有。"

---

① 张建华.信息网络传播权保护条例释义[M].北京:中国法制出版社,2006.

授予著作权人展览权的目的,主要是为了使著作权人有权许可或禁止他人公开展览其享有著作权的作品。展览的目的是为了让不特定的多数人欣赏,如果仅仅是供家庭成员或最亲密的社会上的熟人欣赏,则不构成《著作权法》意义上的展览。在展览的作品涉及他人的肖像时,由于该第三人享有肖像权,因此著作权人或原件所有人行使展览权时,应当获得该第三人的授权。

5) 表演权

在日常生活中,当我们到一些餐馆用餐或者到酒店住宿的时候,经常会听到一些背景音乐。那么,这些地方播放这些音乐,需要得到权利人的授权吗?又比如,一些歌星举办演唱会,那么他们演唱歌曲,需要得到这些歌曲的词作者和曲作者的同意,并支付报酬吗?答案是需要得到著作人的授权,并支付报酬,因为这些行为都属于表演权的控制范围。

表演权是指公开表演作品,以及用各种手段公开播送作品的表演的权利。

表演权可以分为现场表演权和机械表演权两种类型。现场表演,也称为活表演,是指演员直接或者借助技术设备,以动作、声音、表情公开再现作品或者演奏作品。将剧本搬上舞台演出、将音乐作品公开表演、朗诵文学作品或者以其他形式表演作品都是现场表演。机械表演是指借助录音机、录像机等技术设备将表演公开传播,即以机械的方式传播作品的表演。机械表演包括的范围比较广泛,例如宾馆、酒店、歌舞厅为顾客播放音乐、歌舞表演等。

上述表演权的定义对其适用范围并未加以限制,也就是说表演权可以适用于音乐、戏剧、音乐戏剧等作品,但却不适用于电影作品或以类似摄制电影的方法创作的作品,因为《著作权法》对这两种作品的表演单独规定了一项专有权——放映权。

需要注意的是,不要将表演权与下文将要介绍的表演者权相混淆。表演权是著作权人许可他人表演其作品的权利;而表演者权则是邻接权的一种,它是指表演者就其表演所享有的权利。对于表演者而言,表演者所表演的作品可以是享有著作权的,也可以是不享有著作权的。

6) 放映权

电影院播放电影,必须得到电影作品著作权人的授权,因为著作权人享有放映权。

放映权是指通过放映机、幻灯机等技术设备公开再现美术、摄影、电影和以类似摄制电影的方法创作的作品等的权利。利用放映机、幻灯机等技术设备放映作品,也是利用作品的一种方式,理应受到著作权人的控制。

实际上,从性质上来看,放映权也属于机械表演权。1991 年《著作权法》没有规定放映权,到 2001 年修改著作权法的时候才增加了单独的放映权。规定放映权,显然是为了强调机械表演权的这一个侧面。[①]

7) 广播权

广播权是指以无线方式公开广播或者传播作品,以有线传播或者转播的方式向公众传播广播的作品,以及通过扩音器、声音、图像的类似工具向公众传播广播的作品的权利。

根据上述定义,著作权人的广播权可以细分为以下三项权利:

(1) 授权以无线方式公开广播或者传播作品。需要注意的是,公众是否实际接收到了作品并不是适用广播权的构成要件。也就是说,即使实际上没有一个人打开接收装置收听

---

① 李明德,许超. 著作权法[M]. 北京:法律出版社,2003:101.

或者收看广播或电视节目,但只要该节目能够为潜在的公众接收,即可适用广播权。采用该标准是合适的也是必要的,因为如果认为实际接收构成适用广播权的前提条件,则广播组织可以以"没有人实际收看或收听到其节目"作为未经作者授权就播放其作品的抗辩理由。在这种情况下,将由作者承担证明有人实际收看或收听节目的举证责任,这对于作者而言是十分困难的。此处的无线广播,是否包括通过卫星的广播,著作权法以及著作权法实施条例都没有做出明确的规定。不过,有学者认为,"这里的无线广播,不仅包括电台的广播,还包括电视台广播和广播卫星的广播"。[①]

(2) 授权通过有线传播或转播方式向公众传播广播的作品。这里的"转播"只是指"同步广播",而不包括"滞后广播"。因为在"滞后广播"的情况下,可以用复制权来加以控制。

(3) 授权通过扩音器或者其他传送符号、声音、图像的类似工具向公众传送广播的作品。使用扩音器或其他类似工具,传送广播组织的原始广播和广播组织转播另一广播组织的广播,都应当获得作者的授权。

上述广播权的三项权利的一个共同点是公众因素,即这种播放必须是"公开广播"、"向公众传播",没有这个公众因素,就不需要著作权人的许可。

此外,从上述定义可以看出,直接以有线的方式传播作品,并不属于广播权的范围。不过,对于这种行为,可以适用《著作权法》第十条第(十七)款这一兜底条款。

8) 信息网络传播权

随着互联网的发展,侵犯信息网络传播权的行为十分常见。例如,一些网站未经著作权人许可,即在网站上提供书籍阅读、音乐下载或者电影在线观看等服务,都属于侵犯信息网络传播权的行为。

信息网络传播权是指以有线或者无线方式向公众提供作品,使公众可以在其个人选定的时间和地点获得作品的权利。

信息网络传播权的一个重要特征是公众可以在其个人选定的时间和地点获得作品,也就是说它具有按需式、交互式的特征。因此,下述情形不属于信息网络传播权的涵盖范围:在特定的时间,将事先准备好的节目提供给公众,例如通过传统的方式或者通过数字网络进行无线电广播或者传播电视节目、准按需式服务(对某些作品进行重复广播,例如以固定的时间间隔,比如每二十分钟,广播每周音乐排行榜上的歌曲)。因为在上述情况下,公众都依赖于节目设计,不能在他/她个人选定的时间获得某一作品,因此不能为信息网络传播权所涵盖。

需要指出的是,要构成侵犯信息网络传播权,并不需要实际的传输发生,只要有向公众提供的行为就够了。也就是说,只要使公众获得作品的可能,而并非要公众实际获得作品。另外,这里的"获得"一词不能狭义地理解为"下载"。因为实践中出现了一些只允许公众在线观看,不允许下载的技术,在这种情况下,只要能满足使公众中的成员能够自由选择观看作品的时间和地点这一要求,即可认为构成侵犯信息网络传播权。

9) 摄制权

摄制权是指以摄制电影或者以类似摄制电影的方法将作品固定在载体上的权利。

根据上述定义,将小说、戏剧、舞蹈等作品,拍摄成电影或者摄入电影,必须获得作者的

---

① 李明德,许超.著作权法[M].北京:法律出版社,2003:102.

许可。

10）改编权

2008年1月18日，中央电视台春节晚会剧组在央视三套《综艺快报》发出一则特殊的寻人启事："中央电视台2008年春节联欢晚会即将进入彩排阶段，正在排演中的小品《公交协奏曲》现面向全社会寻找原作者。据了解，该小品的脚本是基于微型小说网上转发的一篇微型小说《多投了四块钱》（署名薛晶）改编而来的。由于网络刊发作品不一定是实名，且该小说也曾多次被不同的网络转载，故原作者一时难以确认。现《公交协奏曲》极有可能在2008年中央电视台春节联欢晚会上演出，为保护作者的版权，春晚剧组发出'寻人启事'，希望《多投了四块钱》的原作者能够尽快持有效证明和身份证件与春晚剧组联系，同时也欢迎了解该小说原作者真实信息的知情人提供线索。"中央电视台春节晚会剧组之所以要寻找作者，是因为将小说改编成小品的行为，属于著作权人改编权的控制范围。

改编权是指改变作品，创作出具有独创性的新作品的权利。

改编是在原有作品的基础上创作出新的作品。也就是说，改编是一种再创作，不是原创。一般而言，改编使用了原作品的基本内容。如果基本内容不一致，就是重新创作了。改编还必须是对原作的内容作了修改，否则就是复制了。

改编者在进行改编之前，应当获得原作著作权人的许可。改编完成的新作品，是原作和再创作双重创作活动的产物。如果他人要利用改编作品，则需要获得原作和改编作品著作权人的双重同意。

11）翻译权

翻译权是指将作品从一种语言文字转换成另一种语言文字的权利。

人类语言文字多种多样，对每种语言文字而言，翻译权都是各自独立的。另外，就使用同一种语言文字的群体而言，可能分属于不同的国家或地区，由此形成不同的法律地域，因而也会出现多个翻译权。比如，同是英语国家的英国和美国，同是使用汉语的中国内地和香港地区，就可能产生多个同一语种的翻译权。翻译权能给优秀作品的作者带来可观的经济收入，因此翻译权是一项非常重要的财产权。

无论是将外文翻译成中文，还是将中文翻译成外文，都是一种创作。在翻译过程中，需要对语法结构进行精心安排，对于措辞进行仔细筛选，同时还要设法传达出原作作者的思想、情感，这些都需要翻译者的创造性劳动。因此，翻译不是对原作的简单再现，而是在原作基础上的再创作。因此，译者对于其翻译的作品与原作作者一样享有著作权。不过，译者的劳动尽管是一种独创性的劳动，但它毕竟是在原作基础上的再创作，因此译者在翻译作品之前，需要得到原作著作权人的同意。不过，如果被翻译的作品已经超过了著作权保护期，则翻译权就不存在了，任何人都可以自由地进行翻译。例如，中国人可以不经授权、不付报酬地将莎士比亚的作品翻译成中文并出版发行，并对中文版享有著作权。

12）汇编权

汇编权是指将作品或者作品的片断通过选择或者编排，汇编成新作品的权利。

汇编并不改变作品，只是为一定目的将作品汇集。"汇编成新作品"的含义是指在选择或者编排上体现独创性，在整体上成为新作品。"选择"的含义是从预先假定的大量材料中分离出一小部分，然后再将它们放在一起。对于一个领域的全部选择，例如鲁迅创作的全部作品，在选择上是不可能具有独创性的。"编排"是指在作品或者作品的片断的排列顺序，例如按照字母顺序、拼音顺序或者年代顺序等进行排列。当然,前述提到的这几种顺序是最常见的排列顺序,因此它们并不具有独创性。

13) 应当由著作权人享有的其他权利

一方面,作品的新的使用方式层出不穷,无法完全列举;另一方面,我国《著作权法》在列举财产权的权利种类时,又没有采取类型化的方式,因此难免挂一漏万。为了解决这一矛盾,《著作权法》在第十条第(十七)款中规定了一个兜底条款,以表明给予作者的权利的规定是开放式的,未列举的并不表明作者没有这些权利。

《著作权法》第十条第(二)款和第(三)款规定了许可使用权、转让权和获得报酬权,但这并不表明作者在享有上述十三项财产权之外,还有什么许可使用权、转让权和获得报酬的权利,而是说每一项财产权自然就包括了许可使用、转让与获得报酬的权利。《著作权法》在第十条第(二)款和第(三)款中单独规定许可使用权、转让权和获得报酬权只是为了行文方便,而不在每一项财产权中都同时规定许可使用权、转让权和获得报酬权。[①]

(二) 邻接权的内容

邻接权是指作品传播者对其传播作品过程中所创造的劳动成果所享有的权利。不过,我国著作权法并没有使用"邻接权"这一用语,而是使用"与著作权有关的权利"这一用语。在我国著作权法中,"与著作权有关的权利"包括表演者权、录音录像制作者权、广播组织权以及出版者的专有出版权这四种权利。

1. 表演者权

表演者权是指表演者许可或禁止他人利用自己的表演活动的权利。需要强调指出的是,表演者权不同于表演权。表演权是作者就作品享有的权利,是作者许可或禁止他人表演自己作品的权利。

根据《著作权法实施条例》的规定,表演者是指演员、演出单位或者其他表演文学、艺术作品的人。因此,只有表演作品的人才能成为著作权法意义上的表演者;而表演的不是作品的人,例如运动员则不是表演者。此外,需要注意的是,只要某人表演的是作品,即构成表演者;至于该作品是否过了著作权保护期,甚至作品是否曾经受到过著作权法的保护,都在所不论。

表演者权在各项邻接权中是比较特殊的一项权利,因为它既包括人身权利,也包括经济权利,而其余几种邻接权则只有经济权利。原因主要在于表演活动与表演者个人对艺术的独特理解和表现紧密相关,不同表演者对同一作品相同人物的表现方式与风格是有差别的,因此从某种程度上也可以认为表演是表演者人格的延伸。

1) 表演者的人身权利

表演者享有的两项人身权利分别是表明表演者身份权以及保护表演形象不受歪曲权。

表明表演者身份权与作者的署名权类似。由于表演的方式不一样,因此表明表演者身份的方式也不同。一般而言,有以下几种方式:在演出广告、宣传栏、节目单上表明表演团体和演员的名称和姓名;在表演之前由主持人介绍表演者的姓名;由广播电台、电视台播报

[①] 胡康生.中华人民共和国著作权法释义[M].北京:法律出版社,2002:68.

表演者的姓名;通过字幕在屏幕上显示表演者的姓名,等等。

保护表演形象不受歪曲权,类似于作者所享有的保护作品完整权,它是指表演者有权禁止他人对自己在表演中的形象加以歪曲和篡改,防止对表演者声誉的损害。例如,未经许可将表演者拍摄的电影加以特殊处理,使其失去原有的表演风格和表演形象,就构成侵犯保护表演形象不受歪曲权。需要注意的是,表演形象是由表演者所表现的艺术作品中的人物形象,不同于表演者日常生活中的本来形象。

2)表演者的经济权利

根据著作权法的规定,表演者享有以下经济权利:

(1)许可他人从现场直播和公开传送其现场表演,并获得报酬的权利。"现场直播"是指通过无线广播向公众播放表演者现场表演的行为;"公开传送"则是指通过无线广播以外的其他方式将表演者的现场表演向公众传播的行为,例如使用扬声器将演唱者在音乐厅中的演唱传送到音乐厅以外的地方,使不在现场的公众感受到现场的表演即属于公开传送的行为。[①] 需要注意的是,被许可人在取得表演者授权以后,还应当取得被表演作品的著作权人的许可,才能从现场直播和公开传送表演者的现场表演。

(2)许可他人录音录像,并获得报酬的权利。该项权利是指对尚未录制过或者播放过的表演进行录制的权利。不过,被许可人在录音录像时,还应取得著作权人许可,并支付报酬。

(3)许可他人复制录有其表演的录音录像制品,并获得报酬的权利。

(4)许可他人发行录有其表演的录音录像制品,并获得报酬的权利。发行是指通过销售或者其他转让所有权形式向公众提供录有其表演的录音录像制品的原件和复制品。

(5)许可他人通过信息网络向公众传播其表演,并获得报酬的权利。根据《信息网络传播权保护条例》的规定,表演者享有的信息网络传播权是指以有线或者无线方式向公众提供表演,使公众可以在其个人选定的时间和地点获得表演的权利。因此,如果通过信息网络对现场表演进行同步直播,由于公众无法在其个人选定的时间欣赏表演,因此并不侵犯表演者的信息网络传播权。

2. 录音录像制作者权

录音录像制作者权是指录音、录像制品的制作者对其制作的录音、录像制品享有的专有权利。

录音制品是指任何对表演的声音和其他声音的录制品。录像制品是指电影作品或以类似摄制电影的方法创作的作品以外的任何有伴音或者无伴音的连续相关形象、图像的录制品。录音、录像制作者则分别是指录音、录像制品的首次制作人。

我国著作权法没有给予录音录像制作者以人身权利,只赋予了他们下述经济权利:

(1)复制权。录音制作者、录像制作者分别对其制作的录音制品、录像制品享有许可他人进行复制并获得报酬的权利。复制包括全部复制,也包括部分复制;既包括直接复制,也包括间接复制。直接复制是指借助模板压制;间接复制是指借助用模板压制的唱片或者通过录制包含录音、录像制品的广播、电视节目复制。[②] 此外,复制也包括在电子媒体中以数

---

① 胡康生.中华人民共和国著作权法释义[M].北京:法律出版社,2002:159-160.
② 汤宗舜.著作权法原理[M].北京:知识产权出版社,2005:130.

字形式存储受保护的录音、录像制品。

(2) 发行权。录音制作者、录像制作者分别对其制作的录音制品、录像制品享有许可他人进行发行并获得报酬的权利。发行包括通过销售、赠与或其他所有权转让形式向公众提供录音制品或录像制品的原件或复制品。

(3) 出租权。录音制作者、录像制作者分别对其制作的录音制品、录像制品享有许可他人进行商业性出租并获得报酬的权利。

(4) 信息网络传播权。录音制作者、录像制作者分别对其制作的录音制品、录像制品享有许可他人以有线或者无线方式向公众提供录音、录像制品,使公众可以在其个人选定的时间和地点获得录音、录像制品的权利。

2003年3月3日,华纳公司发现在"榕树下"网站上可以试听或者下载《我不是天使》专辑,该专辑收录了那英演唱的《一笑而过》等十首歌曲。在该案中,"榕树下"网站没有经过录音制作者——华纳公司的许可,就推出试听、下载服务,侵犯了华纳公司录音制品的信息网络传播权。

需要注意的是,尽管录音录像制作者享有上述权利,但他们在制作录音、录像制品时,也需要获得著作权人、表演者的授权。

3. 广播组织权

著作权法上的广播组织特指广播电台、电视台。这里的广播电台、电视台仅指那些依法核准,专门从事广播电视节目的制作并面向其覆盖范围内不特定的公众播放图文、声像信息的单位。企事业单位内部和乡镇地方组织为了宣传需要而设立的广播站、电视台不包括在内。① 此外,这里的广播电台、电视台也不包括所谓的单纯从事网络广播的机构。广播组织权是指广播组织对其播放的节目信号享有的专有权利。

广播组织权的客体并不是广播组织制作的节目,而是其播放的节目信号。也就是说,无论广播组织播放的节目是否由其制作,只要是广播组织合法播放的,广播组织对节目信号都享有广播组织权。当然,如果广播组织播放的节目是由其自己制作的,而该制作的节目如果构成电影作品或以类似摄制电影的方法创作的作品,则广播组织还可享有著作权;如果该制作的节目构成录音、录像制品,则广播组织可享有录音录像制作者权。

(1) 广播电台、电视台有权禁止未经其许可将其播放的广播、电视转播。"转播"是指一个广播电台、电视台同时播放另一个广播电台、电视台的广播、电视节目。如果将其他广播电台、电视台播放的节目录制下来以后再进行播放,并不是转播。

(2) 广播电台、电视台有权禁止未经其许可将其播放的广播、电视录制在音像载体上以及复制音像载体。

4. 出版者的版式设计权和专有出版权

一般而言,出版者主要是指出版图书、期刊的出版社、期刊社。版式设计是指整个版面格式的设计,包括版心、版式、用字、行距、标点等版面布局因素的安排。出版者在进行版式设计时,通常都要投入大量的资金和劳动。尽管版式设计不构成作品,但也付出了一定的智力劳动,所以应当受到邻接权的保护。

---

① 吴汉东.知识产权法[M].2版.北京:法律出版社,2007:94.

著作权法规定出版者有权许可或者禁止他人使用其出版的图书、期刊的版式设计。不过，此种权利的保护期只有十年，截止于使用该版式设计的图书、期刊首次出版后第十年的12月31日。

我国《著作权法》第三十一条规定："图书出版者对著作权人交付出版的作品，按照合同约定享有的专有出版权受法律保护，他人不得出版该作品。"这就是说，图书出版者从著作权人那里获得的对某一作品的专有出版权受著作权法保护。所谓专有出版权是指在某一期间内，该作品只能由该图书出版者出版，其他任何出版者不得出版。值得指出的是，该专有出版权不是图书出版者自动获得的，而是在出版合同中由作品的著作权人约定给图书出版者的，然后这种专有出版权才受到著作权法保护。也就是说，这种通过合同约定的仅对合同相对人有约束力的专有出版权成为受著作权保护的排斥社会上任何他人的权利。

二、广义著作权的限制

任何权利人在行使其权利时，都要受到国家利益、公共利益等的限制，权利人不得违背这些原则行使其权利。这是法律的基本原则，广义著作权当然也不例外。不过，本部分内容所讨论的广义著作权的限制，是指除上述基本原则施加的限制以外，著作权法单独地、明确地对行使广义著作权所施加的专门限制。

一般而言，对广义著作权的限制可以分为两种：一种是合理使用；另一种是非自愿许可。当然，非自愿许可又可进一步分为法定许可和强制许可。不过，我国著作权法并没有规定强制许可。因此，在我国著作权法中，对广义著作权的限制就是合理使用和法定许可这两种类型。

需要注意的是，在对著作权适用合理使用和法定许可时，还要符合"三步检验法"的要求。尽管我国著作权法中没有规定"三步检验法"，但《著作权法实施条例》第二十一条对此作了明确规定："依照著作权法有关规定，使用可以不经著作权人许可的已经发表的作品，不得影响该作品的正常使用，也不得不合理地损害著作权人的合法利益。"也就是说，某种涉及著作权的使用行为并不是只要属于著作权法所列举的允许进行合理使用和法定许可的情形，即可自由使用或者在支付法定报酬后使用；必须同时还要符合"三步检验法"的要求。需要指出的是，上述著作权法实施条例对"三步检验法"的规定只适用于著作权，而并不适用于邻接权。不过，我国已经加入的《世界知识产权组织表演和录音制品条约》在第十六条中对有关表演者权和录音制品制作者权的限制与例外也规定了"三步检验法"。

（一）著作权的限制

正如上文所述，著作权的限制包括合理使用和法定许可。

1. 合理使用

合理使用是指依照法律的规定，在特定的条件下，可以不经过著作权人许可，不向其支付报酬而使用作品。

我国《著作权法》以及《信息网络传播权保护条例》对于合理使用的各种情形作了规定。

1）为个人学习、研究或欣赏，使用他人已经发表的作品

这种合理使用情形仅限于纯粹为了个人目的而进行的使用，也就是说不得用来出版或

进行其他商业性的使用。此外,作品范围只能是已经发表的作品,对于未发表的作品,不在合理使用范围之内。需要强调的是,不能认为只要是为个人学习、研究或欣赏而进行的复制,都构成合理使用,必须还要看此种复制行为是否能够符合"三步检验法"的要求。例如,为了个人欣赏而从网上下载盗版音乐或电影,或者复印整本书籍,显然就不属于合理使用。

2) 为介绍、评论而引用作品

为介绍、评论某一作品或者说明某一问题,在作品中适当引用他人已经发表的作品,可以不经著作权人许可,不向其支付报酬。

在自己的作品中引用他人的作品,在实践中十分常见。例如,为对他人的著作、论文进行评论,而引用一段原著的文字。由于引用他人作品,对某些作品的创作来说是必须的;不引用,新作中的某些问题可能就难以说清楚,甚至难以产生出新作。因此,在著作权法中,规定此种合理使用是十分必要的。

就该合理使用而言,需要注意以下几个方面的问题:

(1) 引用的目的是为了介绍、评论他人的作品或者说明某一问题。

(2) 引用的比例应当适当,至于具体的比例是多少,法律没有做出明确的规定,需要根据个案来作判断;如果引用的比例失当,则很可能转化为抄袭。

(3) 被引用的作品必须是已经发表的,如果引用他人未发表的作品,可能构成侵犯他人的发表权。

(4) 在引用他人的作品时,应当说明作品的出处和作者的姓名。

3) 为报道时事新闻再现或引用作品

为报道时事新闻,在报纸、期刊、广播电台、电视台和互联网等媒体中不可避免地再现或者引用已经发表的作品,属于合理使用。

时事新闻是指通过报纸、期刊、广播电台、电视台等媒体报道的单纯事实消息。时事新闻是人们了解国内外大事的重要途径,为了全面报道发生在国内外的时事新闻,各种媒体不可避免地要使用他人已经发表的作品。例如,在报道国家领导人进行国事访问时,必然会录制军乐队的演奏;在报道画展开幕式时,也会将许多书画作品摄制进来。只要是在报道新闻的正当需要的限度内再现已经发表的作品,就不需要得到著作权人的许可,也不需要支付报酬。但如果电视台在报道某演唱会的新闻时,未经许可将演唱会中歌手对一首歌曲的演唱完整地录制下来并播出,显然就已经超出了报道新闻的正当需要的限度,从而不是合理使用,而是侵权行为。

因此,要符合报道时事新闻的合理使用,必须满足以下条件:

(1) 使用作品的目的应当是在报道新闻的正当需要的限度内;

(2) 被使用的作品应当是已经发表的作品;

(3) 在符合通常惯例的情形下,说明作品的出处和作者的姓名。

4) 刊登或者播放其他媒体的时事性文章

刊登或者播放其他报纸、期刊、广播电台、电视台、互联网等媒体已经发表的关于政治、经济、宗教问题的时事性文章,可以不经著作权人许可,不向其支付报酬,但作者声明不许刊登、播放的除外。

一般来说,时事性文章是为了宣传、贯彻党和国家或有关政府部门在政治、经济、外交等重大问题上的方针、政策而创作的。这种文章的时事性强,政策性强,目的性强,需要以多种不同的宣传渠道,使之广泛、深入地传播。因此,《著作权法》和《信息网络传播权保护条例》将报纸、期刊、广播电台、电视台、互联网媒体等传播媒体之间相互使用已经发表的关于政治、经济、宗教问题的时事性文章,纳入了合理使用的范围,可以不经著作权人许可,不向其支付报酬。不过,需要指出的是,如果作者已经声明不许刊登或者播放其作品,则有关媒体不得使用此种作品。

5) 刊登或者播放在公众集会上发表的讲话

著作权法规定,报纸、期刊、广播电台、电视台等刊登或者播放在公众集会上发表的讲话,可以不经著作权人许可,不向其支付报酬,但作者声明不许刊登、播放的除外。

公众集会是指为一定目的在公共场所(如广场、体育场)举行的集会。在公众集会上发表的讲话本身具有公开宣传的性质,刊登或播放这些讲话,可以扩大它的影响和宣传范围,因此《著作权法》和《信息网络传播权保护条例》规定,各种媒体刊登或者播放在公众集会上发表的讲话,可以不经著作权人许可,不向其支付报酬。但有时候,作者出于历史、政治或其他原因不愿将其讲话在媒体上刊登或者播放,那么媒体就要尊重作者的意愿,不得刊登或者播放。

需要注意的是,无论是《著作权法》,还是《信息网络传播权保护条例》,都只是规定刊登或播放在公众集会上发表的讲话,而没有说明是什么性质的讲话。不过,根据一般理解,应当是指关于政治、经济等方面问题的时事性讲话,[①]而不包括在学术会议上发表的讲话。此外,如果希望将他人在公众集会上的多次讲话收集成册出版,并不属于本项规定的"合理使用"的范围,而应当获得演讲者的许可。

6) 为课堂教学或科研而翻译或少量复制已发表作品

著作权规定为教学或科研而进行以下使用的行为属于合理使用:为学校课堂教学或者科学研究,翻译或者少量复制已经发表的作品,供教学或者科研人员使用,但不得出版发行。

教学和研究离不开对已有作品的利用,限制此种利用,将阻碍整个民族文化水平的提高,阻碍科学技术的发展。因此,我国法律规定为了课堂教学或者科学研究的目的而少量复制享有著作权的作品属于合理使用。但是,对于此种合理使用,需要注意以下问题:

(1)"课堂教学"一词有着严格的限制,不包括以赢利为目的的教学,例如社会上举办的考研辅导班、英语培训班等。

(2)少量复制和提供,不应超出课堂教学或科学研究的需要。

(3)翻译或复制的目的是供教学或科学研究使用,不能用于出版发行。

(4)翻译或复制的作品应当是他人已经发表的作品,而且应当指明作者姓名、作品名称。

目前,在我国有些地方的高校周边有一些复印店,专门向学生提供复印教材的服务,此种行为是侵权行为,并不属于本款的合理使用范围。对此,国家版权局在《关于校园周边复印店复印、销售材料是否构成侵权的答复》中明确指出:学校周边复印店未经作者许可,复印他人的教材并向学生销售属于侵犯著作权的行为,侵犯了作者和出版社的合法权益。复印店应依法承担相应的法律责任。对于学生,建议学校加强管理,以正面教育为主,重点打击提供非法复制整本教材服务的复印店。

---

① 汤宗舜.著作权法原理[M].北京:知识产权出版社,2005:97.

7) 国家机关为执行公务在合理范围内使用已经发表的作品

国家机关是指依法设立的具有特定国家管理职能，负责管理各项国家和社会公共事务的组织，包括权力机关、行政机关、司法机关以及军事机关。国家机关使用他人作品的情况很多。例如，法院在审判案件过程中，需要复制与案件有关的文字作品、摄影作品等。

国家机关使用他人已经发表的作品是为了研究问题、制定政策、实施管理等公务活动，可以不经著作权人许可，不向其支付报酬。但是，如果国家机关使用他人作品并非公务活动的需要，那么就需要取得著作权人的同意。例如，国家机关不能以执行公务为借口而使用盗版软件，因为这种使用与执行公务之间并无必然联系，而且还会损害著作权人的利益。此外，国家机关为执行公务使用他人已经发表的作品，不得随意扩大使用范围。例如，某人民法院为审判的需要，只需复制著作权人创作的某一本书中的几页就可以查清事实，就不能复制整本书籍，否则就不是合理使用。因此，法律特别强调了国家机关为执行公务只能"在合理范围内"使用已经发表的作品。

8) 图书馆等公共文化机构为陈列或者保存版本的需要，复制本馆收藏的作品

图书馆、档案馆、纪念馆、博物馆、美术馆等公共文化机构，负有传播文化、教育公众、提高公众文化素质的功能。在传统的印刷环境下，这些公共文化机构在符合以下条件的情况下，可以对作品进行合理使用：

（1）复制作品的目的是为了陈列或者保存作品。图书馆等公共文化机构收藏了各种作品，在这些作品中，有的因年代久远已陈旧、破损，有的是绝版图书或仅有一份真迹，为了保护这些优秀的有重要历史价值的作品，著作权法将为保存或陈列版本需要复制他人作品纳入合理使用的范围。

（2）复制的作品必须是本馆收藏的，不能复制其他馆所收藏的作品。

随着数字技术的发展，图书馆等公共文化机构在网络环境下可能也需要通过信息网络提供馆藏作品。对此，《信息网络传播权保护条例》第7条规定了网络环境下图书馆等机构通过信息网络提供馆藏作品的合理使用制度。

根据该条款的规定，图书馆等公共文化机构可以不经著作权人许可，通过信息网络向本馆馆舍内服务对象提供本馆馆藏的合法出版的数字作品和依法为陈列或者保存版本的需要以数字化形式复制的作品，不向其支付报酬，但不得直接或者间接获得经济利益。当事人另有约定的除外。"当事人另有约定"是双方行为，是对各自权利义务的处置。在图书馆与权利人另有约定的情况下，可以视为图书馆放弃了法定权利。① 此外，需要指出的是，为陈列或者保存版本需要以数字化形式复制的作品，应当是已经损毁或者濒临损毁、丢失或者失窃，或者其存储格式已经过时，并且在市场上无法购买或者只能以明显高于标定的价格购买的作品。

9) 免费表演作品

表演已经发表的作品，未向公众收取费用，也未向表演者支付报酬的，可以不经著作权人许可，不向其支付报酬。

免费表演指非营业性的演出。比如，学校、企业等为庆祝各种节日而组织本校师生、职工进行的演出。如果由组织演出的单位付费给表演者，即便该演出没有售票，也不属于"免

---

① 张建华. 信息网络传播权保护条例释义[M]. 北京：中国法制出版社，2006：33.

费表演"。此外,需要强调指出的是,社会上进行的一些"义演"活动,例如某些文艺团体和演员为扶助残疾人等所进行的义务演出,并不属于著作权法上规定的"免费表演",因为此种表演要向公众收费。

10) 对室外艺术品的复制

著作权法规定,对设置或陈列在室外公共场所的艺术作品进行临摹、绘画、摄影、录像,可以不经著作权人许可,不向其支付报酬。

著作权法之所以规定对设置或陈列在室外公共场所的艺术作品进行临摹、绘画、摄影、录像可以进行合理使用,主要是因为这些陈列或者设置于室外公共场所的艺术作品本身就具有长期以及公益的性质,既然陈列或设置在公共场所,就难免有人临摹、绘画或以此为背景拍照、录像,如果让使用者去取得著作权人许可,并支付报酬,实际上不现实。因此,在这种情况下,使用他人作品自然应属于合理使用的范围。

室外公共场所的艺术作品是指设置或者陈列在室外社会公众活动处所的雕塑、绘画、书法等艺术作品。至于设置或陈列在公共场所的室内的艺术作品,例如设置在飞机场或火车站大厅内的艺术作品,是否可以自由摄影、录像,无论是著作权法还是最高人民法院的司法解释都没有做出明确的规定。不过,从立法的目的来看,似乎应当允许。因为虽然是在室内,实际上仍然是公共场所,与在室外并无区别。①

对设置或陈列在室外公共场所的艺术作品进行临摹、绘画、摄影、录像的人,可以对其成果以合理的方式和范围再行使用,不构成侵权。这里所说的"合理的方式和范围",应包括以营利为目的的"再行使用"。最高人民法院在给山东省高级人民法院请示的"山东天笠广告有限责任公司诉青岛海信通信有限公司侵权纠纷案"的答复函中已经明确。② 在该案中,青岛市的"五月的风"雕塑作品被青岛海信公司拍摄后作为手机壁纸使用。此种使用应属于合理使用,不构成侵权。

11) 将汉语言文字作品译为少数民族语言文字作品

著作权法规定,将中国公民、法人或其他组织已经发表的以汉语言文字创作的作品翻译成少数民族语言文字作品,并在国内出版发行,可以不经著作权人许可,不向其支付报酬。

我国一共有五十六个民族,与汉族相比,很多少数民族的经济、文化还不够发达。为了促进我国少数民族的教育、文化和科学技术的进步,著作权法规定上述使用属于"合理使用"。在适用该规定的时候,需要注意以下几点:

(1) 中国人已经发表的以外国语言文字创作的作品以及外国人已经发表的以汉语言文字创作的作品,不包括在内。中国人将外国语言文字作品翻译成汉语言文字的作品,也不应包括在内,因为将此种汉语言文字作品再翻译为少数民族语言文字的作品,仍需要得到外国语言文字原作品作者的授权。

(2) 不包括将以少数民族语言文字创作的作品翻译为汉语言文字作品。

(3) 仅限于在中国国内出版发行。不能将汉语言文字作品译为少数民族文字作品后到国外传播。如果要在国外出版发行,应取得著作权人的许可。

---

① 汤宗舜. 著作权法原理[M]. 北京:知识产权出版社,2005:100.
② 于晓白. 著作权限制及作品的合理使用[M]//蒋志培. 中国知识产权司法保护 2007. 北京:中国传媒大学出版社,2007:136.

12) 制作盲文版本

著作权法规定,将已经发表的作品改成盲文出版,可以不经著作权人许可,不向其支付报酬。

盲文也是一种文字符号系统,将普通文字作品改为盲文出版,实质上是一种翻译行为。为关怀盲人,鼓励翻译和出版适合盲人阅读的作品,著作权法规定将已经发表的作品改成盲文出版,属于合理使用。由于著作权法在"作品"这一用语之前,并没有限定是中国公民、法人或者其他组织已经发表的,因此中外一切作品都属于本项合理使用的涵盖范围。

2. 法定许可

法定许可是指依照法律的规定,在特定的条件下,可以不经著作权人许可而使用其已经发表的作品,但应当支付报酬。根据我国著作权法的规定,法定许可一共有以下几种类型。

1) 编写出版教科书的法定许可

著作权法规定,为实施九年制义务教育和国家教育规划而编写出版教科书,除作者事先声明不许使用的外,可以不经著作权人许可,在教科书中汇编已经发表的作品片断或者短小的文字作品、音乐作品或者单幅的美术作品、摄影作品,但应当按照规定支付报酬,指明作者姓名、作品名称,并且不得侵犯著作权人依照本法享有的其他权利。

教育事业关系国家的经济、文化和科学事业的发展,全社会都应当给予大力的支持。为教育目的使用已经发表的作品,在各国著作权法中基本上都得到了比较宽松的处理。因此,在 2001 年修改《著作权法》时,增加了第二十三条的规定。在适用该条款时,需要注意以下几点。

(1) 只有"为实施九年制义务教育和国家教育规划"而编写出版教科书才能援引该法定许可。为其他教育目的,例如国家教育规划之外的职业教育而编写出版教科书,或者编写出版教科书之外的辅导资料等行为,均不属于本法定许可的范围。

(2) 如果作者事先已经声明不许使用,则即便是为了实施九年制义务教育和国家教育规划而编写出版教科书,也不得使用。

(3) 在教科书中汇编的作品仅限于文字作品的片断或者短小的文字作品、音乐作品或者单幅的美术作品、摄影作品,没有规定的其他作品类型不包括在内。如果确实需要汇编,则应当取得作者的授权。

(4) 对汇编在教科书中的已经发表的作品应当按照规定支付报酬。付酬标准由国家版权局会同有关部门制定。

(5) 在教科书中应当注明使用的作品的作者姓名、作品名称,且不得侵犯著作权人的其他权利,例如修改权和保护作品完整权。

2) 通过信息网络制作和提供课件的法定许可

著作权法规定了编写出版教科书的法定许可。不过,这一规定的适用范围仅限于传统的印刷品。随着数字网络的发展,极大地拓宽了教育的空间,使得远程教育成为可能。所谓远程教育,是指利用网络和数字技术,通过互联网开展的教学活动,它是一种学生在时间和空间上与教师分离的教学模式。远程教育作为一种随着数字网络的发展而兴起的全新的教学模式,与传统的课堂教学在本质上是一致的,但是在教学方式上又具有特殊性。有鉴于此,《信息网络传播权保护条例》第八条将《著作权法》第二十三条有关编写出版教科书的法定许可的内容延伸到用于远程教育的课件的制作和提供。其规定如下:"为通过信息网络实施九年制义务教育或者国家教育规划,可以不经著作权人许可,使用其已经发表作品的片段或者短小的文字作品、音乐作品或者单幅的美术作品、摄影作品制作课件,由制作课件或者依法取得课件的远程教育机构通过信息网络向注册学生提供,但应当向著作权人支付报酬。"

在适用上述规定时需要注意,由于《信息网络传播权保护条例》第十条规定在网络远程教育中使用该课件的教学机构应当采取技术措施,"防止服务对象以外的其他人获得著作权人的作品"。这也就意味着,教育机构应当采用身份验证等技术手段,仅允许符合条件的注册学生使用。

3）报刊转载、摘编法定许可

《著作权法》第三十三条规定：著作权人向报社、期刊社投稿的作品经刊登后,除著作权人声明不得转载、摘编的以外,其他报刊可以转载或者作为文摘、资料刊登,但应当按照规定向著作权人支付报酬。

做出该规定,是为了满足公众对于获得信息的需要。向报刊投稿的作品,一般与当前的时事问题有关。既然作品已经在报刊上登载,那么在其他报刊上转载或者摘编,一般不会违反作者的本意。此外,报刊的周期较短,因此转载其他报刊已经发表的作品,既不会对这些报刊的销售有太大的影响,也不会妨碍下一期报刊的发行。因此,著作权法做出此种法定许可的规定,是合理的。本条款中的转载是指原文不动或者略有改动之后刊登已经在其他报刊上发表的作品。摘编是指对原文主要内容进行摘录、缩写。在适用本法定许可时,需要注意以下几方面的问题。

（1）报刊转载或者摘编的作品仅限于其他报刊已经刊登的作品,而不包括从一般图书上转载或者摘编作品。如果属于后者,则仍需获得作者的同意,并支付报酬。

（2）原作品著作权人已经事先声明不得转载或者摘编的,就不适用本法定许可。此外,需要指出的是,有权发表不得转载、摘编的声明的主体只能是著作权人,而不是刊登其作品的报刊,因为报刊并没有专有出版权。在实践中,许多报刊出于实际利益的考虑而发表"未经本刊同意,不得转载本刊发表的作品",这类声明如果没有得到著作权人的授权应当是无效的。

（3）报刊转载或者摘编其他报刊的作品,应当按照规定支付报酬。关于报刊转载、摘编的付酬问题,国家版权局于1993年8月1日发布了《报刊转载、摘编法定许可付酬标准暂行规定》,报刊依本法定许可使用他人作品,应按该规定向著作权人支付报酬。（付酬标准为25元/千字；社会科学、自然科学纯理论、学术性专业报刊可适当降低,但不得低于10元/千字。500字以上不足千字的按千字计算；不足500字的按千字作半计算。）

（4）报刊转载或摘编其他报刊发表的作品,虽然可以不经该作品著作权人的许可,但不得侵犯该著作权人依照著作权法享有的其他权利,例如应当注明作者姓名、原作品的名称。

最后需要指出的是,如果报刊刊登、摘编了剽窃、抄袭的作品等侵权作品,该报刊不负责任,但明知其为侵权作品而刊登、摘编的除外。[①]

4）制作录音制品的法定许可

《著作权法》第四十条第（三）款规定："录音制作者使用他人已经合法录制为录音制品

[①] 胡康生.中华人民共和国著作权法释义[M].北京：法律出版社,2002.

的音乐作品制作录音制品,可以不经著作权人许可,但应当按照规定支付报酬;著作权人声明不许使用的不得使用。"

在适用该规定时,应注意以下几点:

(1) 有关音乐作品已经被合法录制为录音制品。因为已经存在录音制品,而且该录音制品的制作得到了音乐作品的授权,因此在这种情况下规定法定许可并不违背作者的意愿。但是如果仅仅是已经发表的没有录制为录音制品的音乐作品,则不得不经著作权人的许可,直接根据音乐作品制作录音制品。

(2) 本法定许可只允许使用音乐作品的词曲本身,并不能直接翻录他人制作的录音制品。也就是说,根据本法定许可制作录音制品的人,必须自己聘请乐队,与表演者签约,并将表演者的演唱录制下来制作录音制品。

(3) 如果音乐作品的著作权人声明不许使用其作品,则录音制品制作者不得利用法定许可对该音乐作品制作录音制品。

(4) 录音制品制作者录制录音制品以后,应当按照规定向著作权人支付报酬。根据代表音乐著作权人管理音乐著作权的集体管理组织——中国音乐著作权协会公布的付酬标准,制作录音制品的法定许可费按照录音制品批发价的 3.5% 与制作数量之积计算,但每首作品著作权费不低于二百元。音乐作品的长度超过五分钟的,每增加五分钟按增加一首音乐作品计算法定许可费。

5) 广播电台、电视台播放的法定许可

《著作权法》第四十三条第(二)款规定:"广播电台、电视台播放他人已发表的作品,可以不经著作权人许可,但应当支付报酬。"《著作权法》第四十四条规定:"广播电台、电视台播放已经出版的录音制品,可以不经著作权人许可,但应当支付报酬。当事人另有约定的除外。具体办法由国务院规定。"

广播电台和电视台播放的作品数量很大,如果不向作者支付报酬,将严重影响作者的经济利益。但如果在播放之前都要实现获得著作权人的许可,将会严重影响播放工作,实际上也是行不通的。因此,著作权法规定,广播电台、电视台可以不经著作权人许可即播放,但应支付报酬。

《著作权法》第四十三条第(二)款规定的"播放他人已发表的作品"不包括播放电影作品和以类似摄制电影的方法创作的作品。因为《著作权法》第四十六条明确规定:"电视台播放他人的电影作品和以类似摄制电影的方法创作的作品,应当取得制片者许可,并支付报酬。"此外,广播电台、电视台播放录像制品,也不适用法定许可,而应当取得录像制作者以及著作权人的许可,并支付报酬。

此外,需要指出的是,尽管著作权法已经规定广播电台、电视台播放已经发表的作品以及已经出版的录音制品,应向著作权人支付报酬,但由于国务院尚未根据著作权法出台付酬标准,而且我国著作权集体管理组织的制度还不完善,因此在实践中,很少有广播电台、电视台履行支付报酬的义务。

6) 通过信息网络向农村地区提供作品的特别法定许可

建设社会主义新农村是我国的重要战略,为迅速扭转我国广大农村贫困地区信息匮乏和经济文化落后的状况,通过信息网络向农村地区提供它们需要的作品是很有必要的。不过,将农村地区需要的作品置于网上向农村地区提供仍然属于信息网络传播权控制的行为,如果未经授权而提供将构成侵权。在兼顾满足农村地区对特定作品的需求以及保护著作权这两者利益平衡的前提下，《信息网络传播权保护条例》第九条规定了一种特别的法定许可。

在适用该规定时，需要注意以下几方面的内容：

（1）作品的作者范围仅限于中国公民、法人或者其他组织，不包括外国公民、法人或者其他组织。之所以对作者的范围做出如此限定，原因是我国目前加入的国际条约都没有类似的规定，如果将适用范围延及外国人，将违反我国承担的国际义务。

（2）作品的范围仅限于有关种植养殖、防病治病、防灾减灾等与扶助贫困有关的作品和适应基本文化需求的作品，且必须是已经发表的作品。之所以对作品的种类加以限制，是因为制定本条款的立法目的是为了保障农村居民能够享受基本的物质、文化生活以及扶助贫困。

（3）网络服务提供者应当在提供作品前依法定程序公告，给予著作权人提供异议的权利。这一点不同于上述规定的其他类型的传统的"法定许可"。因为尽管传统的法定许可也允许著作权人事先做出不得使用其作品的保留声明，但在著作权人没有做出保留声明时，使用者即可根据法律的规定使用作品。而本条则规定，著作权人不但可以在公告之日起三十日内提出异议，从而阻止他人提供其作品。因此，本条款的规定是为了方便向农村地区提供作品设定的特别的法定许可制度。[①]

最后，提供作品不得直接或间接获得经济利益。

（二）邻接权的限制

我国著作权法对邻接权的限制也分为合理使用和法定许可这两种类型。

1. 合理使用

根据《著作权法》第二十二条第（二）款的规定，《著作权法》第二十二条第（一）款规定的十二种合理使用的类型可以"适用于对出版者、表演者、录音录像制作者、广播电台、电视台的权利的限制"。也就是说，上文论述的有关著作权限制的十二种合理使用的内容可以比照适用于对邻接权的限制。限于篇幅的原因，本书对有关邻接权的合理使用的内容就不再赘述了。

2. 法定许可

著作权法对涉及邻接权的法定许可的规定只有一个条文，即《著作权法》第二十三条第（二）款："有关为实施九年制义务教育和国家教育规划而编写出版教科书对著作权的限制，也适用于对出版者、表演者、录音录像制作者、广播电台、电视台的权利的限制。"因此，为编写出版教科书而对邻接权的限制的内容，可以比照适用上文在"著作权的限制"这一部分内容中有关"编写出版教科书的法定许可"的相关内容。

此外，由于《信息网络传播权保护条例》规定："通过信息网络提供他人表演、录音录像制品的，应当遵守本条例第六至第十条的规定。"因此，有关表演者、录音录像制作者的法定许可也包括"通过信息网络制作和提供课件的法定许可"。同样地，这部分的内容也可以比照适用上文在"著作权的限制"这一部分所作的相关论述。

---

① 张建华.信息网络传播权保护条例释义[M].北京：中国法制出版社，2006：33.

三、创意/表达二分法原则

著作权法保护什么、不保护什么,是著作权理论的基本问题。在建立著作权制度的国家,通常强调"著作权只保护创意的表达,而不保护创意本身",这就是所谓的创意/表达两分法原则(idea/expression dichotomy)。

《TRIPs协议》第九条第(二)款明确规定:"著作权保护应延及表达,而不延及创意、过程、操作方法或数学概念之类"。TRIPs协议成为第一部明确著作权保护什么、不保护什么这一基本问题的国际知识产权条约。WCT第二条对此也作了基本相同的规定。可以用下面三段话来表述创意/表达两分法原则:[①]

(1) 在谈到著作权法保护什么、不保护什么这一问题时,回答应当是:著作权法并不保护创意,但却保护创意的表达。当然,并非作者的创意的一切表达均受版权保护。与"创意"在同一层次的范畴还有过程、操作方法、数学概念、方法、体系、概念、原理、发现、算法。它们本身都不是著作权保护的客体,而它们的表达则是著作权保护的客体。

(2) 著作权作为一种专有的无形财产权,应当有其权利主体和客体。著作权的主体即作者,著作权的客体即作品。当然,在一些国家,著作权的主体除了可以首先是作者,还可以是在作者之外的著作权所有者(包括自然人与法人)。

(3) 作品表达了作者的创意;内容和形式的有机统一构成了作品。就受著作权保护的作品全体而言,既不能笼统地说作品的内容都受著作权保护,也不能笼统地说作品的内容都不受著作权保护;既不能笼统地说作品的形式都受著作权保护,也不能笼统地说作品的形式都不受著作权保护。只能根据作品的具体情况具体分析,确定具体每个案件中构成侵权的界线究竟应当划在何处。

上面三段话中涉及了作者、创意、表达、作品、内容、形式这六个范畴。可以用图4.1来描述它们之间的关系。

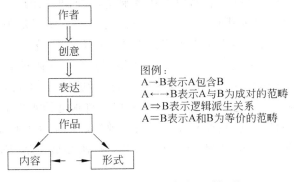

图 4.1 创意/表达两分法原则解说

图4.1也是创意/表达分离原则的示意图。它清楚地表示了六个范畴之间的内在联系。可以用两句话说明这一内在联系:作者的创意的表达是作品;作品是其内容和形式的有机统一。

---

① 相关论述详见:寿步.计算机软件著作权保护[M].北京:清华大学出版社,1997.

在图 4.1 中，上半部的三个范畴可用在总体层次上回答"著作权保护什么"这一问题；下半部的三个范畴可用在个案层次上，即可用于从司法实践的角度具体回答"著作权保护什么"这一问题。

第三节　商标权的内容与限制

《商标法》的核心是保护商标权。商标权是指注册商标所有人根据法律规定对其商标所享有的权利。

需要注意的是，商标权并不等同于商标专用权。因为商标专用权并不能准确地涵盖注册商标所有人所享有的所有权利，尤其是专有使用权以外的禁止权、许可权和转让权。[①] 根据我国《商标法》第五十六条的规定："注册商标专用权，以核准注册的商标和核定使用的商品为限。"而《商标法》第五十七条第（一）款则规定："未经商标注册人的许可，在同一种商品上使用与其注册商标相同的商标"的行为构成侵犯注册商标专用权。《商标法》第五十七条第（二）款规定：未经商标注册人许可，在同一种商品上使用与其注册商近似的商标，或者在类似商品上使用与其注册商标相同或近似的商标，容易导致混淆的也构成侵权。因此，法律赋予商标权人的禁止权的效力范围要大于专有使用权的效力范围。

商标权的这一特征不仅不同于财产所有权，而且也不同于其他的知识产权，如著作权和专利权。财产所有权人对其拥有的财产享有占有、使用、收益与处分的权利，有权禁止他人未经许可占有、使用，此种禁止权的范围严格限定在所有权人所拥有的财产范围之内，不可能享有超出其占有、使用范围之外的禁止权。而商标权则不同，商标权人所享有的禁止权效力范围则大于其专有使用权的效力范围，商标权人不仅有权禁止他人在其注册商标所核定的商品上使用其注册商标，而且有权禁止他人在与其注册商标的核定的商品相同或类似的商品上使用与注册商标相同或近似的商标。《商标法》之所以做出如此规定，原因是商标是一种区别性标志，不仅相同的标志容易使消费者混淆，而且近似的标志也可能造成混淆，因此法律赋予商标权人超出其使用权效力的禁止权，其目的不仅仅是为了保护商标注册人享有专有使用其注册商标的权利，也是为了维护消费者的合法权益。

除了上述特征以外，商标权还具有一个重要特征：保护期限的相对永久性。从表面上看，商标权与专利权和著作权一样，似乎也有法定的期限限制。不过，著作权与专利权的时间限制是绝对的，期限一旦经过，著作权人与专利权人将永远地丧失著作权和专利权。而商标权人则享有续展注册的权利，只要其在商标权有效期届满前及时申请商标续展，该注册商标就可能永远受到保护。当然，如果商标权人未及时提出续展申请，则将自动丧失商标权。

一、商标权的内容

商标权是一种法定权利。按照我国《商标法》的规定，商标权的内容包括使用权、禁止权、许可权与转让权。

---

① 刘春田.知识产权法[M].3版.北京：中国人民大学出版社，2007：368.

（一）使用权

使用权是商标权中最重要的内容，是指商标权人在核定使用的商品或服务上专有使用核准注册商标的权利。"核定使用的商品或服务"是指注册时核定使用的指定商品类别中的具体的商标或服务。"核准注册的商标"是指在商标局注册的组成商标的文字、图形、字母、数字、三维标志、颜色组合和声音等，以及上述要素的组合。商标权人不得在核定的商品或服务上使用与其注册商标相近似的标志，也不得在与核定商品或服务相类似的商品或服务上使用其注册商标。如果商标权人自行扩大注册商标的使用范围，可能会导致注册商标被撤销。使用注册商标不仅是商标注册人的权利，也是其义务。我国《商标法》规定，注册商标连续三年不使用的，由商标局责令限期改正或者撤销其注册商标。

"使用"包括将商标用于商品、商品包装或者容器以及商品交易文书上，或者将商标用于广告宣传、展览以及其他商业活动中。根据该规定，下述行为都属于商标的使用：①直接附着于商品、商品包装或者容器上的使用，或者在商业广告、产品说明书等其他商业文件上的间接使用；②注册商标所有人的使用或者是商标权人以外的第三人被许可使用、与商标所有人有业务关联的人的使用；③商品或服务经销中的使用或者是产品销售前的使用，如广告宣传。[①] "使用"应当是真实的、善意的和具有一定商业规模的使用，仅仅为了应付使用的义务而进行的象征性的使用，并不能满足法律的要求。

（二）禁止权

禁止权是指商标权人有权禁止他人未经许可使用其注册商标。禁止权与使用权是相互联系的两个方面的权利，使用权涉及的是商标权人使用注册商标的问题，禁止权涉及的是其他人非法使用商标权人的注册商标的问题。如果没有使用权作为基础，禁止权的行为就没有法律依据；而没有禁止权，使用权的实现则失去了保障。

不过，禁止权的效力范围要大于使用权的效力范围。要保障商标权人以及消费者的利益，仅仅禁止他人使用该注册商标的行为是不能实现该立法目的的。因为近似的商标和类似的商品或服务，都会使消费者产生混淆。如果允许他人使用与注册商标近似的商标或者在与核定商品或服务类似的商品或服务上使用商标，是无法制止商标混淆以保护商标权人的权利以及消费者的合法权益的。因此，《商标法》规定，商标权人对于未经许可在同一种商品或者类似商品上使用与其注册商标相同或者近似的商标的，均有权禁止。也就是说，禁止权的效力范围延及"类似商品"和"近似商标"。

（三）许可权

许可权是指商标权人许可他人使用其注册商标的权利。商标权人通过许可他人使用其商标，可以获得经济收益。

商标的主要功能是识别提供商品或服务的来源，如果允许商标注册人许可他人使用其商标，将会形成使用相同商标的商品或服务来源不一致的情况。因此，在早期，有一些国家不允许商标权人许可他人使用其商标。不过，随着时代的发展，人们慢慢接受了许可使用他

---

① 吴汉东.知识产权法[M].2版.北京：法律出版社，2007：244.

人商标这一现象,因为事实上消费者更关心的并不是商品或服务的真正提供者,而是使用相同商标的商品或服务是否具有相同的质量。因此,只要来源不同的商品或服务的质量相同,商标仍然能够起到保障商誉和保护消费者利益的功能。现在,世界上各国都允许商标注册人许可他人使用商标。

(四)转让权

转让权是指商标权人将其所有的注册商标转让给他人的权利。转让商标是商标权人对自己财产的处分,转让商标一般是有偿的,但也有无偿转让的。无论是有偿转让,还是无偿转让,都需要履行特定的程序。

由于商标具有识别商品或服务来源的功能,因此在早期的法律规定中,都要求在转让商标时连同商誉一并转让。尽管《巴黎公约》作了一些让步,但仍然要求商标至少应连同所在国的商誉一起转让。不过,随着实践的发展,人们逐渐意识到,对于消费者而言,最重要的是有企业对商品的质量负责,而且转让商标时不连同原有企业一并转让,并不必然导致商品质量的下降。因此,《与贸易有关的知识产权协定》第二十一条规定:"注册商标所有人有权连同或不连同商标所属的经营一道转让其商标。"我国《商标法》允许注册商标单独转让,不过要求受让人应当保证使用该注册商标的商品质量。

二、商标权的限制

在某些情况下,注册商标所有人享有的权利可能与公共利益发生冲突,为了协调商标权利人与公共利益之间的关系,有必要对商标权的行使和保护做出必要的限制。一般而言,商标权的限制主要分为不视为侵权的使用、权利用尽以及为新闻报道与评论的目的而使用。

(一)不视为侵权的使用

不视为侵权的使用是指在一定条件下,使用他人的注册商标标识,不视为侵犯商标权的行为。商标标识的这种使用是一种重要的侵权抗辩事由,它主要包括对商标的描述性使用以及对商标的指示性使用。

1. 描述性使用

描述性标志对商品或服务的质量、原料、功能、用途、数量等特点进行了直接描述,缺乏固有显著性,只有经过长期使用取得"第二含义",获得了显著性之后,才能被注册为商标。因为这些描述性文字或图形并不是商标权人臆造出来的,它们本来就处于公有领域,只不过由于商标权人长期将它们与特定的商品或服务联系起来使用,使其具有了"第二含义",但它们的"原有含义"并未消失,因此商标权人不能阻止他人使用其注册商标中的描述性文字或图形善意、正当地说明其商品或服务的特征。例如,湖北省巴东县三峡旅行社在"旅游"等服务项目上注册了"三峡"、"长江三峡"等商标,其他企业只要是正常地将"三峡"作为地名或在旅游介绍中使用,就不构成商标侵权。

如果不允许商标注册人以外的经营者对描述性商标标识进行善意、正当的使用,可能与公共利益相悖。而且对商标注册人而言,既然已经选择了一个不适宜独占的共有物作为商标,那么就没有理由对其能获得的保护期望过高。因此,对描述性商标应当有必要的权利限制,否则会妨碍其他经营者对公共资源的使用。

在认定商标描述性使用时,需要考虑以下几个方面的因素:

(1) 使用者主观上出于善意。使用者仅仅使用为了说明商品或服务所必需的文字、图形,并未涉及他人注册商标中的其他内容;使用者同时也标注了自己的商标;使用者使用他人的注册商标标识不会使人们产生使用者和商标注册人之间存在某种关系的联想。

(2) 不可避免地使用。使用者使用他人的注册商标标识的目的是为了说明本商品的型号、质量、主要原料、功能、用途、数量及其他特点,如不使用则无法真实说明产品或服务。

2. 指示性使用

指示性使用是指为了指明商品或服务的用途而使用他人的注册商标。允许指示性使用主要是考虑到消费者了解与产品有关的真实信息的角度对商标权做出的限制。

法律给予注册商标以保护,目的是为了维护商标权人的商誉以及保护消费者的权益,而并不是为了让商标权垄断有关的商品或服务。因此,商标权人无权禁止他人使用其商标标识说明自己的商品或服务的用途。例如,经营者可以使用"本店维修宝马汽车"、"本店销售红旗汽车零部件"等文字,来说明本店提供的服务以及经营的零部件。不过,在进行此种指示性使用时,应采用一样的字体,不得突出其中的文字商标的部分,也不得使用他人的图形商标或单独使用他人的文字商标。否则可能会使消费者误认为该店铺的经营者与商标注册人存在某种联系。

(二) 权利用尽

随着经济全球化的发展,许多跨国公司在世界上的各国进行投资办厂,生产制造具有统一商标的商品,由于各国之间的经济发展水平不同,因此同一种产品在各国之间的价格并不一致。因此,就出现了一些商人专门从事将商品从低价位国家销往高价位国家的情形。这种进口商品与假冒商品最大的区别,就是它的商标在产品出口国是获得合法授权使用的,只不过在产品进口国没有得到该国的商标权利人的授权而进口。由于这种进口不同于一般的仿冒产品的进口,因此被称为"平行进口"。是否允许平行进口,关键在于商标所有人的权利在商品销售之后是否已经用尽。

商标权权利用尽,是指由商标所有人本人或经其同意将带有商标的商品投放到市场上以后,其他人在购买该商品之后无须经过商标所有人同意,即可将该商品再次销售或以其他方式提供给公众。

商标权权利用尽可以分为国内用尽、地区用尽和国际用尽。国内用尽是指带有商标的商品在一国合法销售以后,他人可以在该国自由地转售该商品。地区用尽是指带有商标的商品在某一地区合法销售以后,他人可以在该地区自由地转售该商品。比较常见的地区用尽的情形是欧盟。国际用尽是指带有商标的商品在世界上任何一个地方合法销售以后,他人可以在全世界自由地转售该商品。

由于商标权具有地域性的特征,因此各国对商标权的国内用尽或地区用尽没有太大的争议。因为在商品首次销售以后,如果还允许商标权人在商品的进一步转销中,干涉他人使用他的商标,无疑会严重限制商品的自由流通,造成人为的市场分割。不过,在有关商标权的国际用尽的问题上,各国的分歧很大。赞成商标权国际用尽的一方认为,商品首次被合法销售以后,权利人不得再干预该商品的继续流通,包括进出口,这样有利于自由贸易并且能使消费者获益。反对商标权国际用尽的一方则认为,商标权依不同的法律产生并且相互独立,在一国获得商标权并不能自动在他国获得商标权,同样地,商标权在一国用尽并不意味着商标权在他国也当然用尽。

我国目前对于商标权的权利用尽未做出明确的规定,不过,在下述案例中,法院判决不承认商标权的国际用尽。

1986年中外合资企业上海利华有限公司成立。1997年9月,荷兰联合利华有限公司与上海利华有限公司签订《联合利华商标许可合同》,许可后者在中国内地使用其已经在中国进行注册的"LUX"和"LUX力士"商标。1998年10月,双方对合同进行修订,将商标许可合同方式改为独占许可使用,并在合同中规定:如果发现任何侵犯本协议授予权利的行为,被许可方有权对任何侵犯这种权利的侵权人采取法律措施或者其他被许可人认为适当的行动。1999年5月28日,佛山海关发现并扣留了一批由广州经济技术开发区商业进出口贸易公司进口的泰国产"LUX"香皂。上海利华有限公司随即在广州市中级人民法院提起诉讼,起诉广州经济技术开发区商业进出口贸易公司侵犯了其对"LUX"商标的独占许可使用权。被告辩称,其所进口的"LUX"香皂是经"LUX"商标权人授权在泰国合法销售的,因此来源合法。不过,广州市中级人民法院经审理后认为,未经商标权人许可而在相同商品上使用相同商标构成侵权行为。

由于我国的劳动力成本、各种生产要素的价格比较低廉,因此我国的商品价格一般比国外低,平行进口的问题在我国比较少见。不过,随着我国的经济不断发展,人民币不断升值以及中国劳动力价格的提高,平行进口的问题可能会越来越突出,因此我国的法律应当尽快对商标权的权利用尽问题做出明确的规定。综合我国各方面的情况考虑,承认商标权的国内用尽,不允许平行进口,似乎是较合适的做法。

(三)为新闻报道与评论的目的而使用

新闻媒体在报道新闻或进行新闻评论时,不可避免地会提及某个商标,即使是对其进行批评指责,只要是基于事实进行客观报道和评论,商标权人就不能以侵犯商标权为由阻止此种新闻报道与评论。

(四)商标先用者的继续使用

《商标法》第五十九条规定:商标注册人申请商标注册前,他人已经在同一种商品或者类似商品上先于商标注册人使用与注册商标相同或者近似并有一定影响的商标的,注册商标专用权人无权禁止该使用人在原使用范围内继续使用该商标,但可以要求其附加适当区别标识。

第四节 其他知识产权的内容及其限制

一、商业秘密权的内容及其限制

商业秘密是一种重要的知识产权。例如,可口可乐公司对可口可乐的配方并没有申请专利权,而是以商业秘密形式进行保护。那么,在法律上,作为商业秘密权人,可口可乐公司有哪些权利呢？如果他人在市场上买了可口可乐以后，拿回实验室用化学方法进行分析，然后生产出与可口可乐口味基本一致的饮料，有没有违反法律？学完商业秘密权的内容及其限制，我们可以回答上述问题。

商业秘密权的内容主要包括保密权、使用权、收益权和处分权。商业秘密权的限制主要是反向工程和自行开发研制。下面分别进行介绍。

（一）商业秘密权的内容

1. 保密权

商业秘密权利人可以依法对自己拥有的商业秘密采取保密措施，并禁止他人以盗窃、利诱、胁迫或者其他不正当手段获取权利人的商业秘密。从《反不正当竞争法》第十条的规定可以发现，对于不为公众所知悉、能为权利人带来经济利益、具有实用性的技术信息和经营信息，采取一定的保密措施，既是技术信息和经营信息是否构成商业秘密的重要构成要件之一，也是商业秘密权利人对自己的商业秘密依法享有的权利之一。

根据最高人民法院《关于审理不正当竞争民事案件应用法律若干问题的解释》，商业秘密权利人可以采取的保密措施，包括：①限定涉密信息的知悉范围，只对必须知悉的相关人员告知其内容；②对于涉密信息载体采取加锁等防范措施；③在涉密信息的载体上标有保密标志；④对于涉密信息采用密码或者代码等；⑤签订保密协议；⑥对于涉密的机器、厂房、车间等场所限制来访者或者提出保密要求；⑦确保信息秘密的其他合理措施。

保密权要求除商业秘密权利人以外的其他人尊重商业秘密权利人采取的保密措施，不得以不正当手段获取权利人的商业秘密。这些不正当手段包括盗窃、利诱、胁迫或其他不正当手段。在这里，"盗窃"是指以非法手段秘密地窃取他人的商业秘密，比如潜入他人办公室内，撬开他人保险箱，取出含有技术秘密的图纸；"利诱"是指以财产或非财产的利益，包括以金钱、房产、股权等，引诱知悉商业秘密的人向其披露所掌握的商业秘密；"胁迫"是指以某种不利后果为要挟，迫使掌握商业秘密的人披露其所掌握的商业秘密，例如威胁知悉商业秘密的人，如果不向自己披露商业秘密，就会伤害其子女或者公开其不愿公开的某种隐私，等等。其他不正当手段是指除上述"盗窃、利诱、胁迫"以外的一切违反自愿、平行、公平、诚实信用或违反公认的商业道德的手段。在现代科学技术条件下，这些不正当手段还包括利用电话窃听、高空摄影、远距离激光器扫描等。①

根据保密权，他人未经许可，不得披露自己获取的商业秘密。在这里，负有不披露义务的"他人"包括：①以盗窃、利诱、胁迫或其他不正当手段获取权利人的商业秘密的人，如上文所述的潜入他人办公室内，撬开保险箱，取出包含技术秘密的图纸，从而获得他人商业秘密的人；②合法获取权利人的商业秘密的人，如商业秘密权利人的雇员或合作伙伴，这些人获得商业秘密的途径是合法的，但是违反保密约定或者违反权利人有关保守商业秘密的要求，披露其所掌握的商业秘密，则为法律所禁止；③除上述两类人以外的其他人，如果明知或者应知第一类人或第二类人的违法行为，仍然从这些人那里获取他人的商业秘密，甚至在获取以后披露他人商业秘密，亦为侵犯商业秘密权利保密权的行为。

---

① 孔祥俊，张步洪. 反不正当竞争法例解与适用[M]. 北京：人民法院出版社，1998：247.

2. 使用权

商业秘密的使用权是指商业秘密权利人可以在生产经营过程中，自己利用其所掌握的技术信息和经营信息，提高生产效率、提高管理水平或拓宽用户范围等；同时，商业秘密人可以禁止未经自己许可的其他人利用自己的商业秘密。例如，可口可乐公司利用其掌握的碳酸饮料配方技术，生产出风靡全球的可口可乐，获得了巨大的商业利益，这是成功行使商业秘密使用权的典型例子。

根据使用权，他人不得非法干涉权利人正常使用自己的商业秘密，同时，他人不得擅自使用所获取的商业秘密，否则，商业秘密权利人有权要求其停止使用，并赔偿相应的损失。在这里，"他人"也包括三类人：

（1）以盗窃、利诱、胁迫或其他不正当手段获取权利人的商业秘密的人。这些人即使获取了权利人的商业秘密，也不得使用该商业秘密。也许读者要问，法律既然已经规定了商业秘密权利人的保密权，就已经可以保证商业秘密不被他人非法获取了，对这些人规定不得使用是否多此一举呢？不是的。在司法实践中，要证明他人"以盗窃、利诱、胁迫或其他不正当手段获取权利人的商业秘密"并不是一件容易的事，而证明他人使用了权利人的商业秘密则相对容易一些，因此法律通过规定商业秘密权利人的使用权，可以更有效地保护商业秘密。

（2）以合法手段获得商业秘密的人，包括商业秘密权利人的雇员或合作伙伴。尽管这些人是以合法手段获得商业秘密的，但这并不意味着他们可以未经权利人的许可，使用商业秘密。例如，公司技术部门的人员，常常可以获知公司的技术秘密，包括原料配方、工艺流程、技术诀窍、设计资料等，但是，未经公司的许可，他们不得使用所掌握的技术秘密，甚至在他们离开公司岗位以后，也不得使用该技术秘密。否则，可能会承担相应的法律责任，包括刑事责任。因为根据我国刑法规定，使用或者允许他人使用以不正当手段获取的商业秘密，或者违反约定或者违反权利人有关保守商业秘密的要求，使用或者允许他人使用其所掌握的商业秘密，给商业秘密的权利人造成重大损失的，处三年以下有期徒刑或者拘役，并处或者单处罚金；造成特别严重后果的，处三年以上七年以下有期徒刑，并处罚金。

（3）除上述两类人以外的其他人，如果明知或应知第一类人或第二类人的违法行为，仍然从这些人那里获取他人的商业秘密，并加以使用，也是侵犯商业秘密的行为。

3. 收益权

商业秘密的收益权是指商业秘密权利人有权利用自己掌握的商业秘密，在不处分商业秘密（即商业秘密仍归原权利人所有）的情况下，得到财产性利益。商业秘密收益权的重要体现之一，是权利人有权许可他人在一定条件下使用自己的商业秘密，而对方则应向商业秘密权利人支付相应的对价。例如，某种营养液的配方是权利人的祖传秘方，属于法律保护的商业秘密，该营养液因口感和营养效果好，在消费者中享有盛誉。该权利人在不转移商业秘密权的基础上，可以许可另一家公司在一定期限内生产基于该祖传秘方的营养液，而这家被许可的公司每年向商业秘密权利人支付相当数额的使用许可费。

4. 处分权

商业秘密的处分权是指商业秘密权利人可以在事实上和法律上决定商业秘密的最后命运。

所谓事实上的处分，是指商业秘密权利人可以向社会公开其原本采取了保密措施的技术信息和经营信息。一旦商业秘密权利人将商业秘密向社会公开,原来的保密信息就丧失了作为商业秘密的必要条件,成为公知信息。

所谓法律上的处分,是指商业秘密权利人可以依法通过法律行为将商业秘密转让或赠与他人。法律上处分的结果是商业秘密权的主体发生变更,原商业秘密权人不再是权利主体,买受人或受赠人成为新的商业秘密权主体,可以依法行使商业秘密权。

(二) 商业秘密权的限制

商业秘密权人在依法行使商业秘密权的过程中,必须受到一定的限制,这些限制主要包括反向工程、自行开发研制等。

1. 反向工程

根据最高人民法院的司法解释,所谓反向工程,是指通过技术手段对从公开渠道取得的产品进行拆卸、测绘、分析等而获得该产品的有关技术信息。例如,商业秘密权人甲公司使用自己的商业秘密生产出一种具有保健功能且口感很好的健康运动饮料,受到消费者的热捧,市场销路非常好。另一家饮料生产商乙公司在市场上合法购得该款饮料,通过自己的科研人员以物理及化学分析方法发现了甲公司生产该款饮料的奥秘所在,于是也开始生产销售类似的饮料,打开了市场销路。在这种情况下,乙公司就是以反向工程方式获得甲公司的商业秘密。根据最高人民法院《关于审理不正当竞争民事案件应用法律若干问题的解释》,通过反向工程方式获得的商业秘密,不认定为反不正当竞争法第十条第一、二项规定的侵犯商业秘密行为。因此,乙公司的行为是合法的。但是,如果乙公司先是以不正当手段,如以盗窃、利诱、胁迫等获取权利人的商业秘密,然后又主张自己是以反向工程为由主张自己获取商业秘密是合法的,此时,即使乙公司在技术上有能力通过反向工程获取甲公司的商业秘密,法院也不会支持该主张。

在这里,要注意的一点是,通过反向工程获得他人商业秘密的人如果将商业秘密公之于众,此时,就是在事实上消灭了商业秘密。在上面所举的例子中,如果乙公司通过反向工程得到该饮料的配方后,将该配方向社会公开,那么,即使甲公司仍然采取保密措施,该配方信息也不能再作为商业秘密了。

2. 自行开发研制

自行开发研制是指通过自己的开发研制工作,独立地发现与他人拥有的商业秘密相同的技术信息和经营信息。例如,甲公司有一种商业秘密,使用该商业秘密,可以低成本地生产可降解的塑料垃圾袋,受到市场的欢迎。乙公司通过自己的研发力量,也独立地得到了低成本生产可降解塑料垃圾袋的技术手段,而该手段恰巧与甲公司的商业秘密是一致的。在这种情况下,如果甲公司起诉乙公司,认为乙公司侵犯了自己的商业秘密,此时,乙公司就可以以自行开发研制作为抗辩理由。如果乙有足够的证据表明这种技术手段确实是独立开发研制的,那么即使该技术手段与甲公司的商业秘密完全一致,法院也不会判决乙侵权。

自行开发研制与反向工程不同。虽然自行开发研制与反向工程都需要运用一定的技术手段才能获得与他人商业秘密相同的技术信息或经营信息,但自行开发研制是独立地进行研发,事先通常没有从公开渠道取得含有他人商业秘密的产品,更没有进行拆卸、测绘、分析等而获得该产品的有关技术信息。通过反向工程来获取他人商业秘密的目的性是很明确的，而自行开发研制事先并不追求获得他人商业秘密，通过自行开发研制获取他人商业秘密通常是出自偶然。不过，和反向工程一样，自行开发研制的技术信息如果被自行开发研制者公之于众，也是在事实上消灭了商业秘密（如果他人原来的商业秘密恰巧与该技术信息一致）。

反向工程和自行开发研制对于商业秘密权的限制，表明以商业秘密手段来保护技术信息存在一定的法律风险。一旦他人以反向工程或自行开发研制方式获得了权利人的商业秘密，商业秘密就会在一定程度上丧失自己原有的市场竞争优势。如果以反向工程或自行开发研制方式获得商业秘密的人将该技术手段公开，更会使权利人丧失商业秘密。这是准备以商业秘密方式保护技术的人不能不考虑的。在这一点上，专利制度具有其优势。如果某种技术是采取专利来进行保护的，那么首先不存在反向工程的可能性，因为专利技术本来就是公开的，没有人会劳民伤财去获取本来就唾手可得的技术信息（除非他不知道该技术是专利技术，但即使如此也不影响专利对技术的保护）。同时，在专利制度下，专利申请日后的自行开发研制不能作为专利权侵权的抗辩事由；而专利申请日前的自行开发研制者所享有的权利是相当有限的，或者说专利权人受到的限制是相当有限的（参见本章第一节专利权限制先用权部分）。专利权人也不必担心因他人对于信息的公开而导致自己权利的丧失。当然，商业秘密保护的好处是免掉了高成本的专利申请过程；同时，商业秘密保护在法律上是没有期限的，而专利保护是有期限的。因此，对一种技术是采取商业秘密保护还是专利保护，是技术拥有者必须要慎重考虑的。只有充分地理解商业秘密保护与专利制度保护的异同点及各自的优势或劣势，才能给自己的创新工作带来最大的回报。

（三）商业秘密的保护期限

与大多数知识产权不同，在法律上，商业秘密没有保护期限。商业秘密之所以具有经济价值，一个重要原因是它具有秘密性，这种秘密性首先是依靠商业秘密权利人自己采取合理的保密措施。法律主要是通过防止他人以违反正常商业道德的手段包括盗窃、胁迫、利诱或其他不正当手段获得、使用或披露该商业秘密。只要商业秘密符合法律规定和秘密性（不为公众所知悉）、价值性（具有实用性，能给权利人带来经济价值）和保密性（采取了合理的保密措施），该技术信息或经营信息就一直可以为权利人所控制，法律就必须一直加以保护。这是商业秘密保护的一个特点和优势。以著名的可口可乐配方为例，从19世纪末至今，可口可乐配方的权利人一直将其作为商业秘密进行保护，在可以预见的将来，还会继续对其作为商业秘密进行保护。这种保护给可口可乐公司带来了持久的源源不断的经济利益。反之，如果当时可口可乐公司采取的是专利形式的保护，那么在专利保护期限届满后，可口可乐的配方就会进入公有领域，任何人都可以按照这种配方来生产相应的饮料，可口可乐的竞争优势就会被大大削弱。

二、集成电路布图设计专有权的内容及其限制

（一）集成电路布图设计专有权

对于集成电路布图设计专有权的规定，在国际公约层面主要体现于《关于集成电路知识产权条约》和《与贸易有关的知识产权协定》。《关于集成电路知识产权条约》规定：任何缔

约方应认为未经权利持有人许可而进行的下列行为是非法的：①复制受保护的布图设计的全部或其任何部分，无论是否将其结合到集成电路中……②为商业目的进口、销售或者以其他方式供销受保护的布图设计或者其中含有受保护的布图设计的集成电路。[①]《与贸易有关的知识产权协定》第三十六条也有类似规定。

我国《集成电路布图设计保护条例》规定：布图设计权利人享有下列专有权：①对受保护的布图设计的全部或者其中任何具有独创性的部分进行复制；②将受保护的布图设计、含有该布图设计的集成电路或者含有该集成电路的物品投入商业利用。

因此，按照世贸组织《与贸易有关的知识产权协定》、《关于集成电路知识产权条约》（华盛顿公约）[②]和我国《集成电路布图设计保护条例》的体例，集成电路布图设计专有权可以分为两大类型，即复制权和商业利用权。

1. 复制权

就集成电路布图设计而言，复制权是指权利人有权禁止他人未经许可而进行的对集成电路布图设计的复制行为。根据《集成电路布图设计保护条例》的规定，复制是指重复制作布图设计或者含有该布图设计的集成电路的行为。也就是说，不仅仅拷贝布图设计本身（如版权法对于作品保护那样）是侵犯权利人复制权的行为，根据该布图设计来制造集成电路（或者制造的产品中包含有集成电路布图设计），也是侵犯权利人复制权的行为。这和版权法意义上的复制是不完全相同的。在版权法中，建筑作品的复制和集成电路布图设计的复制倒是比较类似的。通常认为，对建筑作品的复制不仅仅是复制建筑作品设计图（即从平面到平面），也包括根据建筑作品设计图来建造建筑物。

2. 商业利用权

在集成电路布图设计专有权保护中，商业利用权是指权利人有权禁止他人未经许可对集成电路布图设计进行商业利用。根据《集成电路布图设计保护条例》的规定，商业利用是指为商业目的进口、销售或者以其他方式提供受保护的布图设计、含有该布图设计的集成电路或者含有该集成电路的物品的行为。例如，某公司为商业目的进口、销售或以其他方式提供受保护的布图设计本身，是侵犯权利人专有权的行为；或者，该公司进口、销售或以其他方式提供的集成电路含有受保护的布图设计，也是侵犯权利人专利权的行为；或者，该公司进口、销售或以其他方式提供的产品中含有集成电路，而此种集成电路包括有受保护的布图设计，这也是侵犯权利人专有权的行为。因此，集成电路布图设计专有权中的商业利用权从三个不同的层次（即布图设计、集成电路和产品）禁止布图设计被他人未经许可使用，可以更有效地保护权利人的智力劳动成果。

在知识产权法的大框架中，复制权是从著作权法发展而来的，集成电路布图设计专有权中的复制权表明集成电路布图设计专有权与著作权有相似的一面（当然我们在上面也已经指出，集成电路布图设计专有权中的复制权与著作权法中的复制权还是有区别的）。同时，集成电路布图设计专有权中的商业利用权则与本章第一节中介绍的专利实施权有一定的相似之处。专利实施权包括生产权、销售权、许诺销售权、进口权等，而集

---

① 黄曙海. 国际经济贸易条约总览[M]. 北京：中国法制出版社，1997：776.
② 关于该公约，可以参见：黄曙海. 国际经济贸易条约总览[M]. 中国法制出版社，1997：776.

成电路布图设计商业利用权中的商业利用则指为商业目的进口、销售或者以其他方式提供受保护的布图设计、含有该布图设计的集成电路或者含有该集成电路的物品的行为，这又表明集成电路布图设计专有权与专利权在某种程度上有共通之处。事实上，在法学界，有学者指出，集成电路布图设计专有权"反映出集成电路保护法在原有的知识产权体系中介于专利权和著作权之间的特殊地位"。[①]

（二）转让权

和其他知识产权一样，集成电路布图设计专有权人可以依法将专有权转让给他人。权利人行使转让权的结果是发生权利主体的变更，原专有权人不再是集成电路布图设计专有权人，而受让方则成为新的集成电路布图设计专有权人，拥有集成电路布图设计复制权、商业利用权。

（三）许可权

集成电路布图设计专有权人可以依法许可他人行使自己对集成电路布图设计享有的权利，被许可人经许可后，可以重复制作布图设计或者含有该布图设计的集成电路，或者为商业目的进口、销售或者以其他方式提供受保护的布图设计、含有该布图设计的集成电路或者含有该集成电路的物品。

（四）集成电路布图设计专有权的限制

对于集成电路布图设计专有权的限制主要包括合理使用、反向工程、权利穷竭等。下面分别对这些权利限制进行介绍。

1. 合理使用

集成电路布图设计合理使用是指为个人目的或者单纯为评价、分析、研究、教学等目的，他人可以不经许可不向权利人付酬而复制受保护的布图设计。例如，《关于集成电路知识产权条约》第六条规定："如果第三人为了私人目的或者单纯为了评价、分析、研究或者教学目的，未经权利人许可而进行集成电路布图设计复制行为的，任何缔约方不应认为是非法行为。"我国《集成电路布图设计保护条例》第二十三条也有类似的规定。允许布图设计合理使用是因为在合理使用情形下，权利人的专有权不会受到过分的削弱，同时合理使用有利于增加对于智力劳动成果的社会利用，促进社会科学技术进步发展。这样的规定对社会整体是有利的，也不会不合理地减少集成电路布图设计人的创新积极性。

此外，根据《集成电路布图设计保护条例》的规定，为个人目的或者单纯为评价、分析、研究、教学等目的而复制受保护的布图设计后，在对该布图设计进行评价、分析的基础上，进一步创作出具有独创性的布图设计的，不视为侵犯集成电路布图设计专有权。

2. 独立创造

《集成电路布图设计保护条例》规定："对自己独立创作的与他人相同的布图设计进行复制或者将其投入商业利用的，不视为侵犯集成电路布图设计专有权的行为。"也就是说，在

[①] 郭禾. 中国集成电路布图设计权保护评述[J]. 知识产权, 2005, (1): 9-13.

没有模仿他人集成电路布图设计的情况下,设计人独立创作出的布图设计恰巧与他人的布图设计一致,这时,原布图设计专有权人不能禁止该独立创作者对自己独立创作的布图设计进行复制或投入商业利用。这一点类似于商业秘密权中的"自行开发研制"权利限制,而与专利权不同。在专利制度下,专利权人可以禁止实施即使是他人独立作出的发明创造。

3. 权利穷竭

《集成电路布图设计保护条例》规定:"受保护的布图设计、含有该布图设计的集成电路或者含有该集成电路的物品,由布图设计权利人或者经其许可投放市场后,他人再次商业利用的,可以不经布图设计权利人许可,并不向其支付报酬。"法学界通称其为集成电路布图设计的权利穷竭。用较为形象的说法,也就是集成电路布图设计商业利用权在权利人第一次行使后,即告用尽。类似的制度,在前面所提及的专利及商标等制度中同样存在。需要注意的是,在集成电路布图设计专有权领域,穷竭的对象是商业利用权,买受人不得以权利穷竭为由,侵犯集成电路布图设计专有权人的复制权。

4. 强制许可

根据《集成电路布图设计保护条例》的规定,集成电路布图设计的强制许可是指"在国家出现紧急状态或者非常情况时,或者为了公共利益的目的,或者经人民法院、不正当竞争行为监督检查部门依法认定布图设计权利人有不正当竞争行为而需要给予补救时,国务院知识产权行政部门可以给予使用其布图设计的非自愿许可"。这里的"非自愿许可",即为强制许可。强制许可与合理使用不同,在合理使用情形下,使用人不需要得到权利人的同意即可使用集成电路布图设计,同时也不必向权利人支付报酬。在强制许可情形下,使用人虽然也不需要得到权利人的同意,但必须由国务院知识产权行政部门授权,同时,使用人必须向权利人支付合理的报酬。根据《与贸易有关的知识产权协定》第三十七条的规定,对于集成电路布图设计的强制许可应受到严格的限制,包括对强制许可的政府许可应个案处理;使用范围和使用期限的限制,等等。对集成电路布图设计的使用规定强制许可,是因为集成电路在现代科学技术中起着举足轻重的作用,正如"有专家形象地指出,集成电路工业有不仅是现代国际技术、经济竞争的战略制高点,而且是影响各国未来'球籍'的基本因素……它是一个国家高附加值收益的富源,也是其综合国力的基石"。[①] 因此,在授权集成电路布图设计人以专有权的同时,也要防止其滥用法律授予的权利,阻碍科学技术的进步和社会经济文化的发展。对集成电路布图设计规定强制许可,是在法律上防止这种现象出现的重要措施。这样的制度安排,既不会过分损害集成电路布图设计权利人的利益,也有利于国家和社会公益利益的保护,体现了知识产权制度在利益分配中的平衡。

5. 善意第三人

根据我国《集成电路布图设计保护条例》的规定,在获得含有受保护的布图设计的集成电路或者含有该集成电路的物品时,不知道也没有合理理由应当知道其中含有非法复制的布图设计,而将其投入商业利用的,不视为侵权。在实践中,人们在取得集成电路或者含有该集成电路的物品时,不可能一一审查核对集成电路或含有该集成电路的物品是否为侵犯

[①] 国家保护知识产权工作组.领导干部知识产权读本[M].北京:人民出版社,2006:241.

他人布图设计专有权的产品；如果必须进行审查核对的话，相应的市场流转就会变得很难进行。例如，甲公司（生产商）将一批手机卖给乙公司（销售商），但这一批手机中的芯片含有丙公司享有专有权的集成电路布图设计，而甲公司使用该集成电路布图设计并没有得到丙公司的许可。此时，如果乙公司不知道也没有合理理由应当知道其中含有非法复制的布图设计，则丙公司不能以乙公司销售该手机为由，主张乙公司侵犯自己的集成电路布图设计专有权。当然，如果乙公司明知或者由于重大过失而不知甲公司销售给自己的手机是侵权产品，而继续销售该款手机的，则不能以善意第三人的理由进行抗辩。

在实际生活中，当权利人发现销售者在销售侵权产品时，有时会首先告知销售者，其所销售的产品是侵害自己集成电路布图设计专有权的产品，要求销售者停止销售并赔偿相应的损失。在这种情形下，善意的销售者该如何行为才是合法的呢？根据《集成电路布图设计保护条例》的规定，销售者得到其中含有非法复制的布图设计的明确通知后，可以继续将现有的存货或者此前的订货投入商业利用，但应当向布图设计权利人支付合理的报酬。以上述甲、乙、丙三公司为例，当甲公司将侵权产品销售给乙公司以后，乙公司在销售该款手机的过程中接到丙公司的通知，该款手机中含有丙公司享有专有权的集成电路布图设计，此时乙公司尚有相当多的存货，这时乙公司可以继续将现有的存货进行销售，但应当向丙公司支付合理的报酬。当然，乙公司在向丙公司支付合理的报酬后，可以向甲公司进行相应的追偿。

需要进一步指出的是，我国《集成电路布图设计保护条例》的上述规定也符合《与贸易有关的知识产权协定》第三十七条的要求，该条也规定了善意第三人在收到权利人通知后的权利和义务。从法理上看，国际公约和法律法规关于善意第三人的规定是对集成电路布图设计专有权的一种权利限制。

（五）集成电路布图设计专有权的保护期限

和专利权、著作权、商标权等一样，集成电路布图设计专有权也有一定的保护期限。我国《集成电路布图设计保护条例》规定，布图设计专有权的保护期为十年，自布图设计登记申请之日或者在世界任何地方首次投入商业利用之日起计算，以较前日期为准。例如，某布图设计在中国的登记申请日为2008年5月1日，但在世界任何地方（不一定是中国）第一次投入商业利用的时间为2007年8月1日，那么该布图设计专有权的保护期为从2007年8月1日开始的十年。反过来，如果该布图设计在中国的登记申请日为2008年5月1日，但在世界任何地方（不一定是中国）第一次投入商业利用的时间为2008年8月1日，则专有权的保护期为从2008年5月1日开始的十年。但是，无论是否登记或者投入商业利用，布图设计自创作完成之日起十五年后，不再受《集成电路布图设计保护条例》的保护。

三、植物新品种权的内容及其限制

当植物新品种开发者经申请获得国家有关部门授权后，即成为植物新品种权人，对于植物新品种享有法律赋予的专有权。例如，某农科院通过努力，开发出了一种小麦新品种，那么，这个农科院可以通过什么样的方式来回收投入的成本并获益呢？如果他人未经这个农科院许可，提供亲本种子，委托某农民繁育此种小麦，有没有违法呢？如果是农民自繁自用呢?通过植物新品种权及其权利限制部分的学习,我们可以回答这个问题。

根据1997年10月1日起实施的《植物新品种保护条例》的规定,植物新品种权人享有的专有权(又称为品种权)主要包括生产权、销售权和使用权。同时,品种权人可以依法许可他人实施自己享有的品种权,也可以将品种权转让给他人。

(一) 植物新品种权

1. 生产权

植物新品种生产权是指任何单位或者个人未经品种权人许可,不得为商业目的生产该授权品种的繁殖材料。"生产授权品种的繁殖材料,是指使用授权品种的繁殖材料繁殖授权品种的繁殖材料或者使用授权品种的亲本通过杂交的方法配制授权品种的繁殖材料的行为。"① 使用某植物新品种的种子通过自交来生产该授权产品的种子,是比较典型的"使用授权品种的繁殖材料繁殖授权品种的繁殖材料"。那么什么是"使用授权品种的亲本通过杂交的方法配制授权品种的繁殖材料"呢?我们知道,亲本可以分为母本和父本,如果使用授权品种的母本和父本杂交来生产某授权品种的种子,即可视为"使用授权品种的亲本通过杂交的方法配制授权品种的繁殖材料"。②

例如,据《经济参考报》报道,内蒙古某种苗有限责任公司未经权利人许可,提供亲本种子和生产资料垫资款,委托内蒙古巴彦淖尔市某农民繁育"郑单958"植物新品种(一种玉米杂交种植物新品种)。品种权人河南省农业科学院粮食作物研究所发现该情况后,起诉至呼和浩特市中级人民法院。呼和浩特市中级人民法院经审理后一审判决内蒙古某种苗有限责任公司立即停止生产、销售的行为,并赔偿原告损失十万元人民币。③

2. 销售权

植物新品种销售权是指任何单位或者个人未经品种权人许可,不得为商业目的销售该授权品种的繁殖材料。正如专利权中的销售权一样,法律赋予品种权人以销售权,能够使品种权人因各种原因难以发现或制止生产者及其非法行为时,得以在销售环节保护自己的利益。比如,甲农科院培育出一款普通小麦,获得农业部授予的植物新品种权。后来该农科院发现乙种子公司出售的小麦种子与自己获得植物新品种的小麦是同一品种,于是将乙公司告上法院,主张乙公司侵犯了自己的植物新品种销售权。在这种情况下,法院应当支持甲农科院的诉讼请求。

当然,在有关植物新品种的诉讼案件中,一个很重要的问题是如何认定侵权产品与授权产品是同一品种。"世界上没有两片相同的叶子。"被诉侵权者生产或者销售的繁殖材料与原告赖以主张权利的授权品种的繁殖材料多多少少总有些不同之处,如何认定它们是同一品种呢?根据最高人民法院《关于审理侵犯植物新品种权纠纷案件具体应用法律问题的若干规定》,被控侵权物的特征、特性与授权品种的特征、特性相同,或者特征、特性的不同是因非遗传变异所致的,人民法院一般应当认定被控侵权物属于商业目的生产或者销售授权品

---

① 武合讲. 论植物新品种侵权行为[J]. 北京农业,2007,(17):23-25.
② 同上.
③ 汤计,李洁. 擅育植物新品种侵权[EB/OL]. [2008-04-20]. http://jjckb.xinhuanet.com/jjft/2007-04/30/content_47851.htm.

种的繁殖材料。最高法院的有关人士在进一步阐释中指出,"非遗传变异因素",是指因土壤、气候、肥料、管理水平或者其他环境因素的影响,导致植物的特征或者特性发生差异,这种差异是不能遗传的。① 也就是说,如果被控侵权物虽然与授权品种有某些不同之处,但这些不同之处是由外因造成而不能遗传,则这些不同之处不足以作为诉讼中的抗辩理由。

3. 使用权

植物新品种使用权是指任何单位或者个人未经品种权人许可,不得为商业目的将该授权品种的繁殖材料重复使用于生产另一品种的繁殖材料。在这里,所谓"将该授权品种的繁殖材料重复使用于生产另一品种的繁殖材料",是指使用授权品种的繁殖材料作亲本与其他亲本杂交生产另一品种的繁殖材料的行为。②

例如,甲农科院是一种普通小麦植物新品种的品种权人,乙种子研究所未经其同意,用这种小麦新品种为亲本之一与其他亲本进行杂交,培育并生产另一品种的种子。这时,乙种子研究所的行为构成侵犯甲农科院植物新品种使用权。需要注意,"将授权品种的繁殖材料重复使用于生产另一品种的繁殖材料的行为,与利用授权品种进行育种及其他科研活动不同。"③但是,在现实中,如何有效地区别为商业目的将授权品种的繁殖材料重复使用于生产另一品种的繁殖材料的行为,与利用授权品种进行育种及其他科研活动,并不是一件容易的事。尤其当需要品种权人来承担相应的举证责任时,对品种权人的要求则是相当高的。如何证明被控侵权人"将授权品种的繁殖材料重复使用于生产另一品种的繁殖材料"是出于商业目的呢?2007年最高人民法院《关于审理侵犯植物新品种权纠纷案件具体应用法律问题的若干规定》以司法解释的形式解决了这个问题。根据该司法解释,被控侵权人重复以授权品种的繁殖材料为亲本与其他亲本另行繁殖的,人民法院一般应当认定属于为商业目的将授权品种的繁殖材料重复使用于生产另一品种的繁殖材料。这事实上是以"被控侵权人重复以授权品种的繁殖材料为亲本与其他亲本另行繁殖"的客观行为来推定这样的行为本身就是属于商业目的。当然,如果被控侵权人有充分的理由和证据来说明自己的确不是出于商业目的,而是出于科研等非商业目的,法院是应当重新加以考虑的。

(二) 实施许可权

如前所述,完成育种的单位或者个人对其授权品种,享有排他的独占权。任何单位或者个人未经品种权所有人许可,不得为商业目的生产或者销售该授权品种的繁殖材料,不得为商业目的将该授权品种的繁殖材料重复使用于生产另一品种的繁殖材料。反过来说,经过品种权人的许可,其他单位或者个人就可以为商业目的生产或者销售该授权品种的繁殖材料,或者为商业目的将该授权品种的繁殖材料重复使用于生产另一品种的繁殖材料。对品种权人而言,将植物新品种的生产权、销售权或使用权授权他人行使,就是实施植物新品种许可权。当然,通常情况下,他人获得品种权的许可,是必须支付对价的。

---

① 蒋志培,李剑,罗霞. 解读《最高人民法院关于审理侵犯植物新品种权纠纷案件具体应用法律问题的若干规定》[EB/OL]. [2008-04-20]. http://www.sipo.gov.cn/sipo/xwdt/ywdt/200702/P020070213479090253329.doc.
② 武合讲. 论植物新品种侵权行为[J]. 北京农业,2007,(17):23-25.
③ 同上。

（三）转让权

对于植物新品种而言，转让权是指品种权人可以通过法律行为将品种权转让给其他单位或者个人，品种权人行使转让权后，就不再是品种权人，而受让人则成为新的品种权人，可以行使原属于转让人的品种权。根据《植物新品种保护条例》的规定，植物新品种的品种权可以依法转让。中国的单位或者个人就其在国内培育的植物新品种向外国人转让品种权的，应当经审批机关批准。国有单位在国内转让品种权的，应当按照国家有关规定报经有关行政主管部门批准。转让品种权的，当事人应当订立书面合同，并向审批机关登记，由审批机关予以公告。这里必须提到的是，植物新品种的育种人在育种成功后，尚未向有关国家机关申请植物新品种权之前，也可以将申请权进行转让。申请权转让的结果是受让人可以根据植物新品种申请权转让合同取得新品种申请权，然后向有关国家机关申请品种权。如果能获得有关国家机关的批准，则受让人就成为植物新品种权人，可以依法行使品种权。不过，根据《植物新品种保护条例》的规定，中国的单位或者个人就其在国内培育的植物新品种向外国人转让植物新品种申请权的，应当经审批机关批准。国有单位在国内转让品种权的，应当按照国家有关规定报经有关行政主管部门批准。

之所以要规定植物新品种的申请权和品种权向外国人转让必须经过审批，是因为有的重要的植物新品种涉及粮食问题，"民以食为天"，从这个意义上，对于转让植物新品种的申请权和品种权进行必要的审批，是保障国家粮食安全的重要法律手段，可以防止涉及国计民生的植物新品种的申请权和品种权被外国人所控制并滥用。

（四）品种权的权利限制

与其他知识产权一样，植物新品种权也受到一定的限制。《国际植物新品种保护公约》（1978年文本）[①]第九条对于植物新品种权的权利限制作了原则性规定。我国相关法律法规也具体规定了品种权的权利限制，这些限制主要表现于植物新品种的合理使用、强制许可等。下面分别对这些权利限制进行介绍。

1. 合理使用

植物新品种的合理使用是指个人或者单位在法律规定的情形下，可以不经品种权人许可，并且不必向品种权人支付报酬，而使用经国家有关部门授权的植物新品种。根据我国《植物新品种条例》的规定，在以下两种情况下，使用授权品种属于合理使用：第一种情形是利用授权品种进行育种及其他科研活动；第二种情形是农民自繁自用授权品种的繁殖材料。但是合理使用人在使用授权品种时，不得侵犯品种权人依法享有的其他权利。

2. 强制许可

植物新品种的强制许可是指在法律规定的情况下，使用人可以不经品种权人的许可，而直接经国家有关机关批准，使用授权品种，但应向品种权人支付合理的使用费。根据我国《植物新品种条例》的规定，为了国家利益或者公共利益，审批机关可以作出实施植物新品种强制许可的决定，并予以登记和公告。取得实施强制许可的单位或者个人应当付给品种权

---

① 该公约中文译本来自 http://www.law-lib.com/law/law_view.asp? id=14074，[2008-04-20].

人合理的使用费,其数额由双方商定;双方不能达成协议的,由审批机关裁决。品种权人对强制许可决定或者强制许可使用费的裁决不服的,可以自收到通知之日起三个月内向人民法院提起诉讼。

3. 善意第三人

根据最高人民法院《关于审理侵犯植物新品种权纠纷案件具体应用法律问题的若干规定》,以农业或者林业种植为业的个人、农村承包经营户接受他人委托代为繁殖侵犯品种权的繁殖材料,不知道代繁物是侵犯品种权的繁殖材料并说明委托人的,不承担赔偿责任。在前文提到的河南省农业科学院粮食作物研究所诉内蒙古某种苗有限责任公司一案中,如果被委托的农民不知道代为繁育的是侵犯他人品种权的繁殖材料,并且能说明委托人是谁的,可以不承担赔偿责任。

这里需要说明的一点是,不承担赔偿责任并不表明不侵权,更不表明受托人不需要停止侵权。不承担赔偿责任是法律从公平角度出发,对不知情的代为繁殖人的一种赔偿责任豁免。否则,很多农民就可能不愿意代他人繁殖植物的繁殖材料。因为在这种情况下,代为繁殖的收益有限而承担的法律风险过大。在这一点上,最高法院的司法解释比较类似《专利法》第六十三条中的规定:"为生产经营目的使用或者销售不知道是未经专利权人许可而制造并售出的专利产品或者依照专利方法直接获得的产品,能证明其产品合法来源的,不承担赔偿责任。"专利法关于善意使用或销售者不承担赔偿责任也是从公平角度出发来进行规定的。这样的规定既合理地保护了权利人的利益(因为免责的前提是代为繁殖人说明委托人是谁,这样权利人就可以知道侵权的委托人是谁),又使受托代他人繁殖植物的繁殖材料的农民不至承担过大的法律风险,平衡了双方的利益。

(五)植物新品种权的保护期限

与专利权、著作权、商业权等知识产权一样,对植物新品种的保护也是有期限的。《国际植物新品种保护公约》(1978年文本)第八条规定了植物新品种的保护期限:育种者所得权利有一定期限。自授予保护权之日起,保护期限不少于十五年。藤本植物、林木、果树和观赏树木,包括其根茎,保护期为十八年。① 我国《植物新品种保护条例》也规定:品种权的保护期限,自授权之日起,藤本植物、林木、果树和观赏树木为二十年,其他植物为十五年。

需要注意的是,尽管绝大多数知识产权都有法定的有限的保护期限,但不同的知识产权保护期限是不同的,并且保护期限的起算时间也不尽相同。对专利权而言,保护期限是从申请日开始起算;著作权保护日是自作品创作完成时开始起算;而植物新品种的保护期限是自授予保护权之日起。这一点,是读者在学习知识产权法过程中应当加以注意的。

(六)植物新品种权人的义务

我国《植物新品种保护条例》规定,品种权人应当自被授予品种权的当年开始缴纳年费,并且按照审批机关的要求提供用于检测的该授权品种的繁殖材料。因此,植物新品种权人在享有法律赋予的各项权利的同时,也必须履行相应的义务。这些义务主要包括向有关机

---

① 公约中译本参见 http://www.law-lib.com/law/law_view.asp?id=14074,[2008-04-20].

关提供相关繁殖材料等的义务以及依法缴纳年费的义务。如果品种权人不履行这些义务,可能导致其品种权被撤销。根据规定,如果品种权人未按照规定缴纳年费的;或者品种权人未按照审批机关的要求提供检测所需的该授权品种的繁殖材料的,品种权将在其保护期限届满前终止。

本章重点

1. 专利权的内容包括权利和义务两大部分。专利权人享有专利实施权、专利实施许可权和专利转让权和专利标记权等。其中,专利实施权包括制造权、使用权、销售权、许诺销售权和进口权。专利权限制包括不视为专利侵权的行为(又称为专利权例外)和专利强制许可。其中,不视为专利侵权的行为包括专利权的用尽、先用权限制、临时过境限制、科学研究例外等。专利强制许可是知识产权国际保护中的重大课题之一。专利权人的义务包括缴纳专利年费的义务、不得滥用专利权的义务等。

2. 著作权这一用语可以在广义和狭义两个方面来进行使用。广义上的著作权包括狭义上的著作权与邻接权。狭义上的著作权分为著作人身权和著作财产权。著作人身权包括发表权、署名权、修改权和保护作品完整权。著作人身权的重要特征是不可转让;此外,除了发表权以外,其他著作人身权的保护期不受限制。著作财产权包括复制权、发行权、出租权、展览权、表演权、放映权、广播权、信息网络传播权、摄制权、改编权、翻译权、汇编权等权利。

3. 邻接权是指作品传播者对其传播作品过程中所创造的劳动成果所享有的权利。不过,我国《著作权法》并没有使用"邻接权"这一用语,而是使用"与著作权有关的权利"这一用语,它包括表演者权、录音录像制作者权、广播组织权以及出版者的专有出版权。

4. 对著作权的限制包括合理使用与法定许可。合理使用是指依照法律的规定,在特定的条件下,可以不经过著作权人许可,不向其支付报酬而使用作品。法定许可,是指依照法律的规定,在特定的条件下,可以不经著作权人许可而使用其已经发表的作品,但应当支付报酬。

5. 商标权是《商标法》的核心概念,商标权是法定权利。商标权的内容包括使用权、禁止权、许可权与转让权。商标权并不等同于商标专用权,商标权的重要特征是保护期限具有相对永久性。

6. 为了协调商标权利人与公共利益之间的关系,在有些情况下需要对商标权的行使和保护做出必要的限制。一般而言,商标权的限制主要分为不视为侵权的商标标识的使用、权利用尽以及为新闻报道与评论的目的而使用。

7. 其他知识产权是指商业秘密权、集成电路布图设计权和植物新品种权。商业秘密权的内容包括保密权、使用权、收益权和处分权,商业秘密的限制包括反向工程和自行研制开发。集成电路布图设计权包括专有权、转让权和许可权,其中,集成电路布图设计专有权包括复制权和商标利用权。集成电路布图设计专有权的限制包括合理使用、独立创造、权利穷竭和强制许可、善意第三人等。植物新品种权包括生产权、销售权和使用权,此外,植物新品种权人还享有许可权和转让权。品种权的权利限制包括合理使用、强制许可、善意第三人等。

本章难点

1. 进口权的理解和应用；专利权用尽；先用权；专利强制许可与公共利益保护。
2. 著作权与邻接权的权利内容；合理使用与法定许可的类型；商标权的权利内容；商标权的禁止权的效力范围与使用权的效力范围的关系；商标权的限制的类型。
3. 商业秘密保护与专利保护之间的不同；商业秘密的权利限制；集成电路布图设计专有权保护中的层次；植物新品种的权利限制。

思　考　题

1. 如何理解专利实施权？
2. 如何理解进口权与权利用尽之间的关系？
3. 请谈谈专利强制许可与公共健康保护的关系。
4. 著作权人和邻接权人的权利有哪些？
5. 简述合理使用与法定许可的情形。
6. 我国是否应当承认商标的平行进口？
7. 商业秘密保护与专利权保护有什么区别？
8. 集成电路布图设计专有权包括哪些内容？
9. 植物新品种权有哪些权利限制？

主要参考文献

[1] 寿步.计算机软件著作权保护[M].北京：清华大学出版社,1997.
[2] 黄曙海.国际经济贸易条约总览[M].北京：中国法制出版社,1997.
[3] 程永顺,罗李华.专利侵权判定——中美法律与案例比较研究[M].北京：专利文献出版社,1998.
[4] 孔祥俊,张步洪.反不正当竞争法例解与适用[M].北京：人民法院出版社,1998.
[5] 国家知识产权局条法司.新专利法详解[M].北京：知识产权出版社,2001.
[6] 卞耀武.中华人民共和国专利法释义[M].北京：法律出版社,2001.
[7] 胡康生.中华人民共和国著作权法释义[M].北京：法律出版社,2002.
[8] 全国人大常委会法制工作委员会民法室.《中华人民共和国著作权法》修改立法资料选[M].北京：法律出版社,2002.
[9] 汤宗舜.专利法教程[M].3版.北京：法律出版社,2003.
[10] 寿步,张慧,李健.信息时代知识产权教程[M].北京：高等教育出版社,2003.
[11] 黄晖.商标法[M].北京：法律出版社,2004.
[12] 胡佐超.专利基础知识[M].北京：知识产权出版社,2004.
[13] 汤宗舜.著作权法原理[M].北京：知识产权出版社,2005.
[14] 徐棣枫,解旦,李友根.知识产权法——制度·理论·案例·问题[M].北京：科学出版社,2005.

[15] 张耕等.商业秘密法[M].厦门:厦门大学出版社,2006.
[16] 国家保护知识产权工作组.领导干部知识产权读本[M].北京:人民出版社,2006.
[17] 张乃根.试析TRIPs协定第31条修正案及其重大意义[M].世界贸易组织动态与研究,2006,(5):23-25.
[18] 郭禾.中国集成电路布图设计权保护评述[J].知识产权,2005,(1):9-13.
[19] 武合讲.论植物新品种侵权行为[J].北京农业,2007,(17):23-25.
[20] 杨霞.广东查处首起药品招标"许诺销售"专利侵权案[EB/OL].[2008-04-11].http://www.p5w.net/news/cjxw/200704/t932409.htm.
[21] 国家知识产权局.关于《中华人民共和国专利法修订草案》(征求意见稿)的说明[EB/OL].[2008-03-26].http://www.sipo.gov.cn/sipo/tz/gz/200608/P020060808327106040484.pdf.
[22] 植物新品种的内容[EB/OL].[2008-04-20].http://china.findlaw.cn/info/minshang/knowledge/ip/53469.html.
[23] 汤计,李洁.擅育植物新品种侵权[EB/OL].[2008-04-20].http://jjckb.xinhuanet.com/jjft/2007-04/30/content_47851.htm.
[24] 蒋志培,李剑,罗霞.解读《最高人民法院关于审理侵犯植物新品种权纠纷案件具体应用法律问题的若干规定》[EB/OL].[2008-04-20].http://www.sipo.gov.cn/sipo/xwdt/ywdt/200702/P020070213479090253329.doc.

第五章

知识产权的取得与维持

知识产权的取得是指人们所完成的智力劳动成果,满足知识产权客体构成要件并依法定程序取得知识产权的活动。知识产权的维持主要是指权利的保护期限、终止及其权利的无效。知识产权权利的取得是法律保护的前提。对于不同的知识产权客体,其取得知识产权的实体性条件与程序性条件大相径庭。

第一节 专利权的取得与维持

依据我国专利法的规定,任何一项发明创造要取得中国的专利权,必须首先向国务院专利行政部门提出专利申请。国务院专利行政部门依据申请人提出的请求,经审查符合授予专利权的实质性条件和程序性条件,即作出授予该专利申请专利权的决定,经公告后专利权生效,申请人取得专利权。

一、申请取得专利权的原则

申请取得专利权的原则是目前世界各国专利制度普遍采用的原则。任何一项发明创造要想在某一国家取得该国专利权,必须向该国提出专利申请,经该国法定的专利审查部门依据该国专利法规定的授予专利权的条件审查合格后,方能取得该国的专利权。任何一项发明创造要想在我国取得专利权,就必须向我国国务院专利行政部门提出专利申请,经审查合格后被授予专利。

依照我国现行《中华人民共和国专利法》的规定,我国保护的发明创造是指发明、实用新型、外观设计三种类型,因此,申请人在中国提出专利申请时还必须明确提出具体请求保护的是哪一种类型的发明创造。

从广义上讲,申请取得专利权的原则还指国家是依据申请人提出的发明创造专利申请文件所记载的保护范围而授予其专利权。一项发明创造专利权的保护范围是由申请人提出的,国家专利审查部门在授予专利权的审查过程中,允许申请人修改专利申请文件,但是,修改的内容不得超出申请日提交的申请文件所披露的发明创造内容的范围。而专利申请中申请文件所记载的保护范围一经审查批准,所确定的该发明创造专利权保护的范围,就成为日后法律救济程序中判断是否侵权的依据。

围绕着申请取得专利权的基本原则而延伸出专利申请的单一性原则、先申请原则、书面申请原则、优先权原则、审查原则。

(一)单一性原则

单一性原则亦称禁止重复授权原则,即同样的发明创造只能授予一项专利权。这不仅是我国专利法的基本原则,世界各国专利法也均采用此原则。确立禁止重复授权原则,有利于防止重复授权,避免专利权之间发生冲突;有利于减少为解决此类专利纠纷而给当事人、行政部门、司法机关造成的负担;有利于专利申请的审查,保证专利申请案的分类、检索对比文件、实质审查等工作的科学性,提高授予专利权的质量。

依照我国现行《专利法》第九条的规定:"同样的发明创造只能授予一项专利权。"此规定特别适用于两种情况:其一,是针对不同申请人就同一发明创造申请专利的情形。例如,甲、乙两个单位分别研究开发了相同种类的节能日光灯,甲单位先申请了专利,并且取得了专利权,根据单一性原则,乙单位不能再与甲单位就结构特征和效果相同的节能日光灯再获得专利权。其二,是对于同一申请人就同样的发明创造既申请了发明专利又申请了实用新型专利的情形。我国现行《专利法》第九条对此也有明确规定:"同一申请人同日对同样的发明创造既申请实用新型专利又申请发明专利,先取得的实用新型专利权尚未终止,且申请人声明放弃该实用新型专利权的,可以授予发明专利权。"该发明创造对应了两项专利申请,但根据单一性原则只能被授予一项专利,即首先被授予的实用新型专利,后来被授予发明专利时,该实用新型专利应当放弃。但是,该条款的适用条件有三个:第一,申请人必须是同一个申请人;第二,实用新型和发明专利申请必须是在同日提交;第三,申请人应当声明放弃该实用新型专利。

我国专利法规定的单一性原则,并不排除将两项以上的属于一个总的发明构思的发明创造合并为一件专利申请的例外情形。依照我国现行《专利法》第三十一条的规定,一件发明或者实用新型专利申请必须限于一项发明或者实用新型。属于一个总的发明构思的两项以上的发明或者实用新型,可以作为一件申请提出。一件外观设计专利申请必须限于一项外观设计。同一产品两项以上的相似外观设计,或者用于同一类别并且成套出售或者使用的产品的两项以上外观设计,可以作为一件申请提出。

发明或者实用新型的合案申请,必须是属于一个总的发明构思的前提下,才可以作为一件专利申请提出。判断是否属于总的发明构思,主要是看其是否具有相同的技术特征;或者相互关联或配套使用,且具有相应特定技术特征的两件或两件以上的产品。最典型的例子是,一种产品及其该产品的制造方法属于一个总的发明构思的两项发明,就可以合为一个发明专利提出申请。

外观设计的合案申请,必须是用于同一类别并且成套出售或者使用的产品的两项以上的外观设计,才可以作为一件专利申请提出。所谓的"同一类别",与我们日常生活的同一类别的概念不同,两项以上的外观设计的产品是指属于国际外观设计分类表中的同一小类。例如,锅、碗、餐刀在国际外观设计分类表中分别属于三种不同的小类,因此,不能在一项外观设计专利中合案提出申请。所谓成套的产品,是指由两件以上各自独立的产品组成,其中每一件产品有独立的特性和使用价值,而各件产品组合在一起又能体现其组合使用的价值,例如由咖啡杯、咖啡壶、牛奶壶和糖罐组成的咖啡器具。所谓的同时出售和使用,是指成套出售的产品,而使用其中的一件产品时,会同时联想到其他的产品。即使满足了"同一类别""成套出售或者使用的产品"要想合案申请,还必须满足"各产品的设计构思相同",即成套产品中的形状、图案或者其组合以及色彩与形状、图案的结合的设计是统一的。

对于合案提出专利申请的发明创造,每一项发明、实用新型或者外观设计的产品或者方法都必须具备授予专利权的条件,其中有一项不具备授予专利权的条件,也不能取得专利权。例如,方法加产品的发明专利申请,如果国家的专利行政部门在审批时发现其中有一项方法或者产品不具备授予专利权的条件,就不能取得专利权。

(二) 先申请原则

先申请原则是为了解决两个或者两个以上的不同人之间,就其完成的同一项发明创造,专利权应当授予谁的问题而设定的原则。为实现单一性原则,解决这类专利权归属问题,世界各国在其专利法中分别采用了先发明原则或者先申请原则。

先发明原则是指当两个以上的申请人或者不同专利权人之间,就同一项发明创造专利申请权或者专利权发生争议时,国家的专利行政部门或者法院,确认最先完成发明创造的发明人具有排斥他人而享有专利申请权或者专利权的原则。

先发明原则是建立在尊重发明创造构思完成的现实基础之上,从法律制度设计上体现了法律的公平原则。但是,在实际操作中暴露出这种制度存在弊端。

(1) 先发明原则的制度成本太高。当发生抵触专利申请时,申请人负有举证责任,申请人要花费大量的精力和财力证明自己是先发明人,实施先发明原则的国家的专利行政部门也要启动专门程序以确认谁是先发明人。

(2) 与现代专利制度促进科技进步的立法宗旨相悖。实施先发明原则的国家,由于完成发明创造完成者的权利有保障,导致许多发明创造完成者并不急于申请专利,由此带来许多发明创造不能及时公之于众,不利于他人在现有技术基础上进行进一步的发明创造活动,甚至可能形成重复科研引发的人力、财力和物力的浪费。

(3) 影响专利权的稳定。在采用先发明原则的国家中取得专利权的权利人,权利状态在一定时期内未必稳定,随时可能出现在先发明人对于其所取得的专利权提出权利归属的主张。

正是由于先发明原则存在实际操作中的诸多问题,目前,在专利制度初期实行先发明原则的国家绝大多数已改为先申请原则。1985年我国实施专利制度时即采用了先申请制。我国现行《专利法》第九条第(二)款规定:"两个以上的申请人分别就同样的发明创造申请专利的,专利权授予最先申请的人。"

先申请原则在实际操作中面临着判断最先申请的人的时间标准问题,各国立法有两种时间标准。

(1) 以"时刻"为单位标准。以德国、法国为代表的一些国家判断最先申请的时间基准是以"时刻"为单位标准,这种判断标准在申请文件邮寄时作为时间基准是精确的、科学的、公正的,但是国家专利行政机构面对数以万计专利申请日的审查时却缺乏可操作性。

(2) 以"日"为单位标准。世界上很多国家采用申请日为判断标准,我国也是以"日"为单位标准判断申请时间的先后。我国现行《专利法》第二十八条规定,"国务院专利行政部门收到专利申请文件之日为申请日。如果申请文件是邮寄的,以寄出的邮戳日为申请日"。以"日"为单位标准实际操作中也会产生时间冲突。对于在同一日发生两个以上申请人分别就同样的发明创造申请专利的情形,我国《专利法实施细则》规定:两个以上的申请人同日(指申请日;有优先权的,指优先权日)分别就同样的发明创造申请专利的,应当在收到国务院专利行政部门的通知后自行协商确定申请人。如果在指定的时间内无法达成协议,则国务院专利行政部门将驳回各方提出的专利申请。可见,我国的法律条文虽然未明确规定协商不成者均不授予专利,但是,我国专利制度是利用"同样的发明创造只能授予一项专利"的单一性原则,驳回多个申请人的同一专利申请的手段,迫使两个以上申请人共同自愿协商解决冲突。协商原则不仅适用于实用新型之间或者发明之间申请人的冲突,同样也适用于发明与实用新型申请人的冲突;当同一申请人在同日(指申请日)对同样的发明创造既申请实用新型专利又申请发明专利时,应当在申请时分别说明对同样的发明创造已申请了另一专利;未作说明的,依照《专利法》第九条第(一)款关于同样的发明创造只能授予一项专利权的规定处理。国务院专利行政部门公告授予实用新型专利权时,将会公告申请人已依照本条第(二)款的规定同时申请了发明专利的说明。发明专利申请经审查没有发现驳回理由,国务院专利行政部门将会通知申请人在规定期限内声明放弃实用新型专利权。申请人声明放弃的,国务院专利行政部门将会作出授予发明专利权的决定,并在公告授予发明专利权时一并公告申请人放弃实用新型专利权声明;申请人不同意放弃的,国务院专利行政部门将会驳回该发明专利申请;申请人期满未答复的,视为撤回该发明专利申请。

(三) 书面申请原则

书面申请原则是指在专利申请中,专利申请人的各种专利申请文件及其法定手续的办理,均需要以书面形式提出,不能以口头、电报或者实物的形式代替。世界各国专利法都采用了专利申请的书面申请原则。

世界各国专利行政机构要求以书面形式提出专利申请,不仅是因为专利文件是确定法律保护范围的依据,更重要的是专利申请文件涉及的技术领域广泛,保护的期限长,书面申请可以保证在专利代理、专利审查、专利实施的各种法律事务中准确记录和查询。

我国现行专利法实施细则规定,专利法和本条例规定的各种手续,必须以书面形式或者国务院专利行政部门规定的其他形式办理。由此可见,我国专利的书面原则不仅仅是指申请取得专利权时的基本原则,而且是贯穿于专利权的存续、专利权的消灭所有程序中办理手续的基本原则。随着计算机网络技术的普及,专利申请无纸化的电子申请方案出台,书面原则已经不再是仅指书面形式,而是一个更加宽泛的概念,它可以是由国务院专利行政部门规定的其他形式办理。不仅如此,我国现行专利法实施细则还规定,当事人向国务院专利行政部门提交的各种文件,必须符合规定的格式要求。依此规定,申请人向国务院专利行政部门提交的各种专利申请文件和法定手续要使用专门的、统一的表格和格式规范,而且所提交的专利申请文件(专利申请请求书、权利要求书、说明书、说明书摘要、附图、外观设计简要说明、照片、图片)的撰写也必须满足我国专利法规定的格式和内容的撰写规范。我国现行专利法实施细则还规定了说明书附图的大小;外观设计图片和照片的大小,外观设计产品和模型的大小;提交修改文件的格式;申请文件的具体格式等。

(四)优先权原则

优先权制度的建立初衷是为了便于专利申请人就其同一发明创造在不同国家提出专利申请。世界各国之间由于语言翻译或者申请手续的繁杂,专利申请人不可能在本国和外国同时提交申请,往往在本国申请后再去其他国家申请时会产生时间差,使得同一申请人的相同主题发明创造在本国先提出的专利申请,在其他国家专利申请时丧失新颖性或者减弱创造性。

优先权制度是基于巴黎公约所赋予公约成员国的工业产权权利人依公约享有优先权的基本原则而构建的。根据该公约的规定,申请人在任一巴黎公约成员国首次提出正式专利申请后的一定期限内,又在其他巴黎公约成员国就同一内容的发明创造提出专利申请的,可将首次申请日作为其后续申请的申请日。这种将首次申请的申请日作为后续申请的申请日的权利就是优先权。在要求优先权时的首次申请日称为优先权日,享有优先权的一定期限就是优先权期。

优先权的效力具体表现为:

(1) 具有对抗第三人包括第三人申请的效力。在优先权期限内,第三人就同一发明创造提出的另一项申请,不能使享有优先权的在后申请无效。也就是说,优先权日相当于申请日一样具有单一性并发生对抗第三人申请的效力。

(2) 具有专利"三性"审查基准日的效力。在优先权期限内,享有优先权的专利申请均以优先权日作为新颖性、创造性、实用性审查的基准日。因此,在审查专利"三性"时,优先权日具有相当于申请日的效力,即不论是第一次申请的申请人还是第三人所为,导致的与第一次申请主题相同的发明创造公布或者利用,都不能使后来提出的要求优先权的专利申请丧失新颖性,也不能使后来提出的要求优先权的专利申请的创造性有所减少。

可见,存在优先权时,专利权的授予并不完全按照发明创造在一国提出专利申请的实际申请日先后顺序。也就是说,尽管实际申请日晚于优先权日,但是优先权制度的设立,使得专利权的授予并不完全按照实际申请日发生效力,而是将优先权日视为申请日而产生与申请日相同的法律效力。

我国是巴黎公约成员国,为履行国际公约所承诺的义务,我国《专利法》第二十九条规定,给予外国专利申请人以优先权,即"申请人自发明或者实用新型在外国第一次提出专利申请之日起十二个月内,或者自外观设计在外国第一次提出专利申请之日起六个月内,又在中国就相同主题提出专利申请的,依照该外国同中国签订的协议或者共同参加的国际公约,或者依照相互承认优先权的原则,可以享有优先权"。这种针对外国专利申请人所设立的制度又称为国际优先权制度。

就优先权制度的功能而言,此制度对于外国申请人的利益保护是显而易见的,而对于本国公民并未带来直接的好处,为此各国专利法又在国际优先权制度的基础上建立了国内优先权制度。

我国《专利法》规定:"申请人自发明或者实用新型在中国第一次提出专利申请之日起十二个月内,又向国务院专利行政部门就相同主题提出专利申请的,可以享有优先权。"可见,本国专利申请人享有发明或者实用新型专利申请的优先权,而外观设计不享有国内优先权。

优先权制度中的一个重要的判断条件是"相同主题的发明或者实用新型",其相同主题的含义是指技术领域、所要解决的技术问题和技术方案实质上相同,预期的效果相同。

取得优先权必须履行一定的程序。首先,申请人要求优先权必须是在申请时提出书面声明;其次,必须在三个月内提交第一次提出的专利申请文件的副本。未提出书面声明或者逾期未提交专利申请文件副本的,视为未要求优先权。依照《专利法》第三十条的规定要求申请人提交的在先申请文件副本应当经原受理机构证明。依照国务院专利行政部门与该受理机构签订的协议,国务院专利行政部门通过电子交换等途径获得在先申请文件副本的,视为申请人提交了经该受理机构证明的在先申请文件副本。要求本国优先权,申请人在请求书中写明在先申请的申请日和申请号的,视为提交了在先申请文件副本。要求优先权,但请求书中漏写或者错写在先申请的申请日、申请号和原受理机构名称中的一项或者两项内容的,国务院专利行政部门将会通知申请人在指定期限内补正;期满未补正的,视为未要求优先权。要求优先权的申请人的姓名或者名称与在先申请文件副本中记载的申请人姓名或者名称不一致的,必须提交优先权转让证明材料;未提交该证明材料的,视为未要求优先权。外观设计专利申请的申请人要求外国优先权,其在先申请未包括对外观设计的简要说明,申请人提交的简要说明未超出在先申请文件的图片或者照片表示的范围的,不影响其享有优先权。申请人在一件专利申请中,可以要求一项或者多项优先权。

我国专利法规定,申请人要求本国优先权,在先申请是发明专利申请的,可以就相同主题提出发明或者实用新型专利申请;在先申请是实用新型申请的,可以就相同主题提出实用新型或者发明专利申请。但是,提出后一申请时,在先申请的主题有下列情形之一的,不得作为要求本国优先权的基础:

(1)已经要求外国优先权或者本国优先权的;
(2)已经被授予专利权的;
(3)属于按照规定提出的分案申请的。

如果申请人要求本国优先权的,其在先申请自在后申请提出之日起即被视为撤回。

由此可见,现行的优先权制度允许巴黎公约成员国提出专利申请后,可在优先权期限内将改进后的技术方案一并在另一成员国申请专利。我国设立的优先权制度,不仅允许本国人与外国人同样享有在本国就改进方案的专利申请优先权待遇,而且还为本国人实现不同专利申请种类间的转换提供了途径和专利申请的优先权待遇。

(五)审查原则

审查原则是指国务院专利行政部门,应对提出专利申请的发明创造进行能否申请专利以及是否授予专利权两方面进行审查的原则。

1. 能否申请专利的审查

能否申请专利主要是指是否属于不授予专利权的发明创造以及对保密专利申请的审查。不授予专利权的发明创造的范畴在第二章中"不受专利法保护的对象"已经详细介绍过,此处不再赘述。

保密专利申请分为两种类型:一类是涉及国防利益需要保密的专利申请;另一类是涉及国防以外的国家安全或者重大利益需要保密的专利申请。我国现行专利法实施细则对保密专利申请和审查的程序和法律适用作了原则性规定。对于第一种类型的涉及国防利益需要保密的专利申请,依据我国《国防专利条例》由国防专利机构受理并进行审查;国务院专利行政部门受理的专利申请涉及国防利益需要保密的,应当及时移交国防专利机构进行审查。经国防专利机构审查没有发现驳回理由的,由国务院专利行政部门作出授予保密专利权的决定,颁发保密专利证书,登记保密专利权的有关事项。对于第二种类型的涉及国防以外的国家安全或者重大利益需要保密的专利申请,由国家知识产权局专利局审查确定专利申请是否涉及国防利益以外的国家安全或者重大利益需要保密。国务院专利行政部门认为其受理的发明或者实用新型专利申请涉及国防利益以外的国家安全或者重大利益需要保密的,将及时作出按照第一类保密专利申请处理的决定,并通知申请人。

我国专利法规定,任何单位或者个人就在中国完成的发明或者实用新型向外国申请专利或者向国外机构提交专利国际申请的,必须事先向国家知识产权局提出保密审查的请求。此处所称的"在中国完成的发明或者实用新型",是指技术方案的实质性内容在中国境内完成的发明或者实用新型。

任何单位或者个人将在中国完成的发明或者实用新型向外国申请专利的,应当按照下列方式之一请求国务院专利行政部门进行保密审查:①直接向外国申请专利或者向有关外国机构提交专利国际申请的,应当事先向国务院专利行政部门提出请求,并详细说明其技术方案;②向国务院专利行政部门申请专利后拟向外国申请专利或者向有关国外机构提交专利国际申请的,应当在向外国申请专利或者向有关国外机构提交专利国际申请前向国务院专利行政部门提出请求。向国务院专利行政部门提交专利国际申请的,视为同时提出了保密审查请求。

国务院专利行政部门收到请求后,经过审查认为该发明或者实用新型可能涉及国家安全或者重大利益需要保密的,应当及时向申请人发出保密审查通知;申请人未在其请求递交日起四个月内收到保密审查通知的,可以就该发明或者实用新型向外国申请专利或者向有关国外机构提交专利国际申请。对于国务院专利行政部门通知进行保密审查的,将会及时作出需要保密的决定,并通知申请人。申请人未在其请求递交日起六个月内收到需要保密的决定的,可以就该发明或者实用新型向外国申请专利或者向有关国外机构提交专利国际申请。

2. 是否对"三性"进行审查

专利审查是申请人取得专利权的必经程序,对是否授予专利权进行审查时所依据的原则,各国专利法规定大致分为两种,即不审查原则和审查原则。

1) 不审查原则

不审查原则是指国家专利行政机构对于所提交的专利申请不进行授予专利权实质条件审查,由此建立的不审查制度又分为登记制和文献报告制。

(1) 登记制。所谓登记制,是指国家专利行政机构在受理专利申请之后,并不对所提交的专利申请案是否具有授予专利权的实质条件进行审查,只就专利申请案作形式要件审查后即予以登记授予专利权的审查制度。因此,这种审查制度又称为形式审查制。

(2) 文献报告制。文献报告制也称文献检索制,是指国家专利行政机构在受理专利申请之后,并不对所提交的专利申请案是否具有授予专利权的实质条件进行审查,除了对专利申请案作形式条件审查以外,还要就申请案的新颖性进行检索,并且向申请人提供有关对比文献的检索报告,由申请人依据检索报告自己决定是否仍然进行专利申请;如果不继续申请专利,申请人则可以撤回该专利申请,如果坚持申请,国家专利行政机构则对该专利申请予以登记授予专利权。

在不审查制度中,由于国家专利行政机构对所提交的专利申请案是否具有授予专利权的实质条件不进行审查,尽管文献报告制度中国家专利行政机构向申请人提供了有关对比文献的检索报告,但最终是否继续进行专利申请仍然由申请人自己决定。由不审查原则所构建的这种制度,其授予专利权的实质条件由公众通过授权后的无效程序进行监督。由此可见,不审查制度框架下所取得的专利权是不稳定的,往往在专利侵权诉讼中可能被侵权人或者利害关系人通过无效程序被宣告无效。

我国专利法规定,实用新型和外观设计专利申请采用登记制。为克服登记制中专利权不稳定,可能导致专利侵权诉讼程序与专利权无效程序交叉给权利人带来的不便,我国专利法对此设置了一种"专利权评价报告"制度。专利侵权纠纷涉及实用新型专利或者外观设计专利的,人民法院或者管理专利工作的部门可以要求专利权人或者利害关系人出具由国务院专利行政部门对相关实用新型或者外观设计是否符合专利法规定的授权条件进行检索、分析和评价后作出的专利权评价报告,作为审理、处理专利侵权纠纷的证据。

2) 审查原则

审查原则是指国家专利行政机构对于所提交的专利申请,是否具有授予专利权的实质条件进行审查,由此建立的审查制度又分为即时审查制和早期公开延期审查制。目前,世界上绝大多数国家对发明专利申请都实行审查制。

(1) 即时审查制。在专利制度建立的初期,世界上绝大多数采用审查制的国家实行即时审查制。即时审查制是指国家专利行政机构受理专利申请之后,立即对专利申请案作形式条件的审查,形式审查后则不需要专利申请人请求即自行启动实质审查程序,通过实质审查的专利申请案即予以公告授予专利权的审查制度。

(2) 早期公开延期审查制。随着各国专利申请案的逐渐上升,专利申请案出现大量积压,为此,在20世纪20年代,一些国家开始采用早期公开延期审查制度。早期公开延期审查制是指在申请案通过形式审查后,先将申请案公开,在一定时间内,由申请人提出实质审查的请求,启动实质审查程序,实质审查通过后即予以公告授予专利权的审查制度。该制度既缓解了审查部门案件积压的问题,又克服了在保密状态下审查时间长,导致的先进技术公开太晚,影响科技进步的弊端。

目前,世界上绝大多数国家发明专利申请的审查都实行早期公开延期审查制度。我国专利法实施初期即对发明专利申请实行早期公开延期审查制度。

二、授予专利权的条件

专利申请能否被授予专利权,取决于所申请发明创造是否满足专利法规定的条件,这是所有实行专利制度的国家都明确规定的,只不过是世界各国专利法规定的授权条件的内涵与外延有些许差别而已。我国专利法规定,发明创造专利申请的主题必须属于我国专利法保护的对象,如果不属于专利法保护的对象,则不能授予专利权。其次,专利申请中的发明创造必须符合授予专利的实质性条件,即必须符合新颖性、创造性和实用性的"三性"标准。

"三性"标准相辅相成,缺一不可。新颖性是用于衡量一项发明创造是否是创新技术方案的标准;创造性用于衡量一项发明创造的质量,即创造性是衡量一项发明创造创新程度的标准;而实用性是判断一项发明创造是否会为产业或者社会带来有益效果的标准。即使一项发明创造在本领域是具有创新的技术,且这种创新还具有一定的高度,例如大气清扫机,但如果在工业上无法实现,就不能被授予专利权。

(一) 授予专利权的发明创造必须具备新颖性

新颖性是授予专利权的最基本的条件之一,也是必要条件之一,即不具备新颖性条件的发明创造是不能够被授予专利权的。新颖性条件是世界各国授予专利权的首要条件,其理由是专利法制度的立法宗旨是促进科技进步,所以一项具有"新意"的技术方案必须不属于本领域的现有技术,否则达不到鼓励发明创造的目的。

由于发明和实用新型均是技术方案,而外观设计仅仅是产品外观具有美感的设计方案,所以我国专利法规定,外观设计的新颖性条件与发明和实用新型的判断标准不同。

1. 发明或实用新型的新颖性

发明或者实用新型的新颖性,是指该发明或者实用新型不属于现有技术;也没有任何单位或者个人就同样的发明或者实用新型在申请日以前向国务院专利行政部门提出过申请,并记载在申请日以后公布的专利申请文件或者公告的专利文件中。按照我国专利法的规定,判断发明或者实用新型是否具有新颖性必须考虑的因素有四个:现有技术、抵触专利、时间标准、地域标准。

1) 现有技术

现有技术,也称已有技术、公开技术,是指申请日以前在国内外为公众所知的技术。可见,现有技术的判断还要考虑时间、地域和公开方式。处于保密状态的技术秘密由于公众不能得知,所以,技术秘密也就不属于现有技术之列。所谓保密状态,不仅包括受保密协议约束的情形,还包括社会观念或者商业习惯上被认为应当承担保密义务的情形,即默契保密的情形。然而,一旦负有保密义务的特定人违反协议或者默契泄露秘密,导致技术秘密的保密状态被破坏,使公众得知了这些技术,这些技术也就构成了现有技术的一部分。

技术被公开的方式有以下三种:

(1) 出版物公开。专利法意义上的出版物公开,是指记载有技术或者设计内容的独立存在的有形传播载体,并且这些出版物上表明其发表者以及公开发表或者出版的时间。显然专利法意义上的出版物公开,与人们通常所说的出版物仅指经过印刷,并且正式出版发行的书籍和期刊不同。专利法意义上的出版物可以是各种印刷的、打字的纸件,例如专利文献、科技杂志、科技书籍、学术论文、专业文献、教科书、技术手册、正式公布的会议记录或者技术报告、报纸、产品目录或者产品说明书等,还包括采用其他方法制成的各种有形载体,例如采用电、光、照相等方法制成的各种缩微胶片、影片、照相底片、磁带、唱片、光盘等。出版物公开不受地理位置、语言或者取得方式的限制,也不受年代的限制。出版物的出版发行量多少、是否有人阅读过、申请人是否知道是无关紧要的。对于印有"内部发行"等字样的出版物,如果确系特定范围内要求保密的,不对外公开的出版物,不属于出版物公开的范围。出版日的印刷日为公开日,印刷日只写明年月或者年份的,以所写月份的最后一日或者所写年份的 12 月 31 日为公开日。

(2) 使用公开。使用公开是指由于使用导致一项或者多项技术方案的公开,或者导致该技术方案处于公众中任何一个人都可以得知的状态。使用公开不仅包括通过制造、使用、销售或者进口的方式使公众得知,而且还包括通过模型演示使公众能够了解其技术内容的情况。即使所使用的产品或者装置需要经过破坏才能得知其结构和功能,也仍然属于使用公开。但是,未给出任何有关技术内容的说明,以致所属技术领域的技术人员无法得知其结构和功能或材料成分的产品展示,不属于使用公开。使用公开是以公众能够得知该产品或者方法之日为公开日。

(3) 以其他方式公开。以其他方式公开是指为公众所知的方式,主要是指口头公开、播放公开、展示公开等。口头公开主要是以口头交谈、报告、讨论会发言等形式的公开,以其发生之日为公开日。播放公开指借以广播或者电视等传播手段使公众得知技术内容的方式。公众可接受的广播、电视或者电影的报道,以其播放之日为公开日。展示公开是指公众可以通过阅读的在展台上、橱窗内放置的技术情报资料及直观资料,如招贴画、图纸、照片、模型、样本、样品等,以其公开展出之日为公开日。

2) 抵触专利

抵触专利,是指一件专利申请是否具有新颖性的判断时,要考察是否存在另外一件与该专利申请的技术内容相同的在先专利申请。若存在,根据我国专利申请的单一性原则的要求,一项发明创造只能授予一项专利权,因此,该件专利申请由于在先专利申请的原因就不能被授予专利权。那么,在先专利申请就被视为该专利申请的抵触专利。

按照我国《专利法》的规定,抵触专利是指"没有任何单位或者个人就同样的发明或者实用新型在申请日以前向国务院专利行政部门提出过申请,并记载在申请日以后公布的专利申请文件或者公告的专利文件中"。由此推定,构成抵触专利的在先专利申请必须同时满足以下几个条件:

(1) 主题相同。在先专利申请与在后专利申请的主题相同的含义,是指在后申请专利的发明创造与在先专利申请的技术领域、所要解决的技术问题和技术方案实质上相同,预期的效果也相同。

(2) 申请人不同。在先专利申请与在后的专利申请人不是同一个申请人,如果在先专利申请与在后的专利申请人是同一个申请人时,则不存在抵触专利的情形。

(3) 在我国提出申请。在先专利申请与在后专利申请都必须是向我国国务院专利行政部门提出的发明或者实用新型专利申请,如果不是同在我国国务院专利行政部门提出的专利申请,也就不存在抵触专利的情形。

(4) 在先专利申请必须是有效申请。构成抵触专利的在先专利申请必须是在后专利申请提出之后(含申请日)公布的同样的发明或者实用新型。若在先提出的专利申请在审查阶段被驳回,而没有记载在申请日以后公布的专利申请文件或者公告的专利文件中,即使在申请日期上先于在后申请,仍然不能构成对在后申请的抵触专利。

3) 时间标准

现有技术的时间标准是申请日,享有优先权日的,则指优先权日。广义上说,申请日以前公开的技术内容都属于现有技术,但申请日当天公开的技术内容不属于现有技术范围。

4) 地域标准

现有技术的地域标准是指现有技术的公开地域的判断标准。我国现行专利法的新颖性对现有技术的地域标准,是指申请专利的实用新型或者发明的主题在全世界范围内均不属于"现有技术",即该专利申请的内容没有以任何方式在世界范围为公众所知,包括出版物公开、使用公开和以其他方式公开。该标准被称为严格的新颖性地域标准,即不论是专利申请阶段国务院专利行政部门在进行新颖性的审查时,还是公众在专利授权后以新颖性为由提出无效请求时,只要该发明创造在申请日前已经构成"现有技术",均丧失新颖性。

2. 外观设计的新颖性

我国现行《专利法》第二十三条规定:"授予专利权的外观设计,应当不属于现有设计;也没有任何单位或者个人就同样的外观设计在申请日以前向国务院专利行政部门提出过申请,并记载在申请日以后公告的专利文件中。""授予专利权的外观设计不得与他人在申请日以前已经取得的合法权利相冲突。"由此可见,新修改的专利法对外观设计专利申请的新颖性时,在判断"新"的标准方面必须满足三个条件:

(1) 不属于现有设计。即申请的外观设计属于在申请日以前不为国内外公众所知的设计。此条件是本次修改专利法为提高外观设计授权标准而设置的。这里要排除授予专利权的外观设计,包括与该现有设计完全相同的外观设计,也包括仅在非设计要点上与现有技术相比有局部细小区别的外观设计。①

(2) 不存在抵触专利。即没有任何单位或者个人就同样的外观设计在申请日以前向国务院专利行政部门提出过申请,并记载在申请日以后公告的专利文件中。此条款是本次修改专利法新增加的,体现了禁止重复授权原则,其目的是为了防止同一申请人或者不同申请人,就同样的外观设计先后提出的两份申请都被授予专利权的情形发生。

(3) 不得与他人在先权利冲突。即授予专利权的外观设计不得与他人在申请日以前已经取得的合法权利相冲突。现实中,常有人将他人已经注册为商标或者享有著作权作品中的图案或者造型,申请并取得外观设计专利权的现象发生,导致不同人对同样的客体享有不同类型的知识产权,在行使各自知识产权的权利时发生不同权利相互冲突的问题。例如,商标注册人或者著作权人控告他人侵犯其商标专用权或者著作权,而被控侵权人以享有外观设计权为理由进行"抗辩",使行政机关或者法院难以做出判断。②

他人在先取得的合法权利包括商标权、著作权、企业名称权、肖像权、知名商品特有包装或者装潢使用权。相冲突的权利必须是在该外观设计专利申请的申请日或者是优先权日之前取得的合法权利,包括自动取得或者是注册登记取得。

至于对外观设计新颖性的公开标准、时间标准和地域标准与发明和实用新型新颖性的要求是一致的,此处不再赘述。

3. 不丧失新颖性的例外情形

一般情况下,世界各国专利法还设定了"不丧失新颖性的公开"的例外情形。针对有些已经被公开的发明创造(包括发明、实用新型、外观设计),给予申请人一定的优惠期(亦称宽限期),只要在优惠期限内申请人提出了专利申请,就不视为该专利申请丧失了新颖性。

我国专利法规定,申请专利的发明创造在申请日以前6个月内,有下列情形之一的,不丧失新颖性。

---

① 国家知识产权局条法司.《专利法》第三次修改导读[M]. 北京:知识产权出版社,2009:54.
② 国家知识产权局条法司.《专利法》第三次修改导读[M]. 北京:知识产权出版社,2009:55.

1) 在中国政府主办或者承认的国际展览会上首次展出的

中国政府承认的国际展览会,是指国际展览会公约规定的在国际展览局注册或者由其认可的国际展览会。

2) 在规定的学术会议或者技术会议上首次发表的

规定的学术会议或者技术会议,是指国务院有关主管部门或者全国性的学术团体组织召开的学术会议或者技术会议,不包括省以下或者国务院各部委或全国性学会委托或者以其名义组织召开的学术会议或者技术会议。对于后者所述的会议的公开必然导致新颖性的丧失,除非这些会议本身有保密协议的约定。

3) 他人未经申请人同意而泄露其内容的

他人未经申请人同意对发明创造所作的公开,是指违反申请人本意的公开行为。它不仅包括他人未遵守明示的或者是默视的保密信约而将发明创造的内容公开,也包括他人用威胁、欺诈或者间谍活动等手段从发明人或者申请人那里得知发明创造的内容而后造成的公开。

宽限期与优先权的效力是不同的,宽限期不具有优先权对抗第三人申请的效力。宽限期仅仅是将申请人(包括发明人)的发明创造的某些公开,或者第三人从申请人或发明人那里以合法手段或者不合法手段得来的发明创造公开的行为,法律上规定这种公开被视为是不损害该专利申请新颖性的公开。事实上,发明创造不管以什么形式公开都已经成为现有技术,只是法律规定这种公开在一定期限内对申请人的专利申请来说不视为影响其自身新颖性的现有技术,而并不是将发明创造的公开日看作是专利申请的申请日。所以,从公开之日至提出申请的期间,如果另一人独立地完成了同样的发明创造,而且在申请人提出专利申请之前提出了专利申请,那么根据先申请原则,申请人就不能取得专利权。当然,由于申请人(包括发明人)上述的公开行为,使该发明创造成为事实上的现有技术,必然使另一人的申请丧失新颖性,故另一人的申请也就不可能取得专利权。

申请人利用宽限期主张不丧失新颖性时,必须提出请求并且提交相关证明材料。发生争议时,主张新颖性宽限期效力的一方有责任举证或者作出使人信服的说明。

(二) 授予专利权的发明创造必须具备创造性

创造性在不同国家的专利法中有不同的称谓。英、美等国称为"非显而易见性",而欧洲专利公约的成员国则使用"创造性"或"先进性",我国专利法称为"创造性"。创造性的含义是指:授予专利权的发明创造比之现有技术要先进,必须与现有技术有本质的不同。

1. 发明和实用新型专利的创造性

根据我国《专利法》第二十二条第(二)款的规定,创造性,是指与现有技术相比,该发明具有突出的实质性特点和显著的进步,该实用新型具有实质性特点和进步。可见,发明专利与实用新型专利在创造性的衡量标准上是有差别的。实用新型在"实质性特点"上并不要求"突出";在"进步"方面,也不要求"显著"。即实用新型的标准远低于发明专利标准,故实用新型专利被人们称为"小发明"。虽然实用新型的创造性要求比发明的创造性要求要低,但是,发明与实用新型创造性判断的时间标准都是以申请日为准,对比技术都是现有技术。

判断创造性的标准与判断新颖性的标准不同,它是一个抽象的标准。发明或者实用新型是否具有创造性,是基于所属技术领域的普通技术人员的知识和能力为标准来进行评价的。所属技术领域的普通技术人员,也可以称为本领域的普通技术人员,他既不是"专家",也不是"门外汉"。他是虚拟的一个人,假定他知晓申请日或优先权日之前发明或者实用新型所属技术领域所有的普通技术知识。他无所不晓,古今中外所有技术对他来说都不陌生,能够获知该领域中的所有的现有技术,并且具有应用该日期之前常规实验手段和能力,但他不具有创造能力也没有进行改进、组合发明创造的主观意愿。如果所要解决的技术问题能够促使本领域的技术人员在其他技术领域寻找技术手段,他也应具有从事该技术领域中获知该申请日或优先权日之前的相关现有技术、普通技术知识和常规实验的手段的能力。设定这一概念的目的是,便于同一审查标准,尽量避免审查员主观因素的影响。

发明具有突出的实质性特点,是指发明相对于现有技术,对所属技术领域的普通技术人员来说,是非显而易见的。如果发明是其所属技术领域的普通技术人员在现有技术的基础上通过逻辑分析、推理或者有限的试验可以得到的,则该发明是显而易见的,也就不具备突出的实质性的特点。

发明具有显著的进步,是指发明与最接近的现有技术相比能够产生有益的技术效果。通常指发明克服了现有技术中存在的缺点和不足,发明与最接近的现有技术相比具有更好的技术效果,例如质量改善、产量提高、节约能源、防治环境污染等;或者是指为了解决某一技术问题提供了一种不同构思的技术方案;或者代表某种新的技术发展趋势。

由此可以推论,判断发明或者实用新型是否具有创造性时,往往参考以下几个方面:

(1) 开拓性发明创造。开拓性发明创造,也称首创性发明创造。由于这种发明创造开拓了一个全新的技术领域,在技术史上未曾有过先例,例如,每一种新型材料的出现,蒸汽机、电子计算机的问世均属于此类发明,所以,开拓性发明的创造性是毋庸置疑的。

(2) 发明创造解决了人们长期渴望解决,但始终未能取得成功的技术难题。在某一技术领域,长期存在困扰人们的技术难题渴望取得解决,这类发明创造解决了这些技术问题。显然,此类发明创造具有突出的实质性的特点和显著的进步,满足创造性的要求。

(3) 发明克服了技术偏见。技术偏见,是指在某段时间内、某个技术领域中,技术人员对某个技术问题普遍存在的、偏离客观事实的认识,它引导人们不去考虑其他方面的可能性,阻碍人们对该技术领域的研究和开发。如果发明克服了这种偏见,采用了人们因技术偏见而舍弃的技术手段,从而解决了技术问题,则这种发明具有突出的实质性的特点和显著的进步,具备创造性。

(4) 发明取得了意料不到的技术效果。发明取得了意料不到的技术效果,是指发明同现有技术相比,其技术效果产生"质"的变化,具有新的性能;或者发明产生"量"的变化,超出人们预期的想象。这种"质"的或"量"的变化,对所属技术领域的技术人员来讲,事先无法预测或者推理出来。当发明产生了预料不到的技术效果时,一方面说明发明具有显著的进步,同时也反映出发明的技术方案是非显而易见的,具有突出的实质性的特点,满足创造性的要求。

(5) 发明在商业上获得成功。当发明的产品在商业上获得成功时,如果这种成功是由于发明的技术特征直接导致的,则一方面反映了发明具有有益效果,同时也说明了发明的技术方案是非显而易见的,因而这类发明具有突出的实质性的特点和显著的进步,满足创造性的要求。但是,如果商业上的成功是由于其他原因所致,例如,由于销售策略、手段或者渠道等改变导致了发明的产品在商业上获得成功,则不具备创造性。

2. 外观设计专利的明显区别

外观设计仅是对产品的外表所作出的具有美感的设计,不是技术方案,故不存在技术上的先进性,但是,并不是对外观设计就没有创造性的最低要求。我国现行《专利法》第二十三条第(二)款规定:"授予专利权的外观设计与现有设计或者现有设计特征的组合相比,必须具有明显区别。"这是第三次修改专利法新增加的条款,它既可以被认为是对新颖性的要求,也可以被认为是对创造性的要求。这一规定包含两层含义:一是授予专利权的外观设计与每一项现有设计单独相比较,不仅必须在整体视觉效果上实质相同,还必须具有明显的区别。这一标准排除了简单的商业性转用类设计,例如对自然物的简单模仿,采用众所周知的外观设计特征等,也排除了与现有设计不相同,但与现有设计的区别对产品的整体视觉效果不具有显著影响的外观设计。二是允许将两项或者两项以上现有设计的特征组合起来,判断申请取得专利权的外观设计与之相比是否具有明显的区别。这一标准排除了将惯常设计特征、知名产品的设计特征组合而成的设计,也排除了对多项现有设计的特征进行简单组合而成的设计。[①]

(三)授予专利权的发明创造必须具备实用性

实用性,又称工业实用性或产业实用性,是发明创造取得专利权的必须具备的实质性条件之一。世界各国专利法均要求受专利法保护的对象必须能够在工业上制造或者使用。我国《专利法》规定:"实用性,是指该发明或实用新型能够制造或使用,并且产生积极的效果。"

授予专利权的发明或者实用新型,必须是能够解决技术问题,并且能够应用的发明或者实用新型。换句话说,如果申请专利的发明或者实用新型是一种产品,那么该产品必须在产业中能够制造,并且能够解决技术问题;如果申请专利的发明是一种方法,那么这种方法必须在产业中能够使用,并且能够解决技术问题。只有满足上述条件的产品或者方法才可能被授予专利权。

能够制造或使用的技术方案必须符合自然法则,是指发明或者实用新型不能违背自然规律,违背自然规律的发明创造因其缺乏可实施的客观基础,而不具有实用性。例如,"永动机"的发明创造因违背了物理的能量守恒定理,而不能取得专利保护。

能够产生积极效果,是指发明或者实用新型专利申请在提出申请之日,其产生的经济、技术或者社会效果是所属技术领域的技术人员可以预料到的,这些效果必须是积极的和有益的。由于申请专利的产品或者方法仅仅是一种技术方案,因而,"能够产生积极效果"只要求"可预料",并非一定要将产品或者方法送检测机构测试以证明其具有积极的技术或者经济效果。

判断发明或者实用新型是否具有实用性的直接依据是申请文件中所记载的全部技术内容,不仅包括权利要求书所记载的内容,而且包括说明书、附图中的内容。判断实用性时一般可从以下几方面考察。

1. 可实施性

一项发明或者实用新型是否具备可实施性,关键在于其所属技术领域的技术人员能否

---

① 国家知识产权局条法司.专利法第三次修改导读[M].北京:知识产权出版社,2009:54.

实现其发明创造。这就要求该发明创造必须是完整、成熟的技术方案。未完成的技术方案，因不具备可实施性不能取得专利权。通常表现为，只提出发明的目的和设想，缺乏其所属技术领域的技术人员能够实施的技术手段；或提出了解决技术问题的手段，但该技术方案不清楚、不完整，仍然无法实施；或未交代关键技术、手段、环节、参数，使申请专利的技术实施后果无法达到说明书所公开的预期效果。

2. 可再现性

可再现性是指发明或者实用新型所属技术领域的技术人员，根据公开的技术内容，能够重复实施专利申请中为达到其目的所采用的技术方案。这种重复不受数量的限制，不得依赖任何随机的因素，且无论何次实施其结果均是相同的。对于无再现性的发明或者实用新型不能被授予专利权。实践中，对于利用独一无二的自然条件的创造性设计，例如，长江大桥利用了特定的自然环境，是不可移动的唯一产品，不具有可再现性，因此不能被授予专利权。对于以人体或动物为实施对象的，无法在产业上使用的疾病诊断、治疗和外科手术方法，也不能被授予专利权。

3. 有益性

有益性是指发明或者实用新型必须能够产生积极的技术效果，其表现为有利于提高设备性能、改良工艺。有益性又指发明或者实用新型必须能够产生积极的经济效果，例如，有利于节约资源、能源，节省劳动力，降低产品成本，提高产品质量和劳动生产率。有益性还指发明或者实用新型必须能够产生积极的社会效果，即有利于提高社会整体科技水平，充分满足社会各方面发展需要。

根据我国专利法的规定，外观设计的实用性，是指富有美感的、工业可重复制造的产品。外观设计是为了美化产品的外观而完成的设计，因此，其必须具有美感才可以在产品中应用，不具有美感的外观设计不是专利意义上的外观设计。就此而言，美感应属于外观设计实用性的组成部分。其次，被授予外观设计专利权的产品，还必须是工业可重复制造的产品，其理由是因为工业可重复制造的产品具有一致性和可仿制性。而且，外观设计专利产品能够以工业的方法重复再现、进行大批量的生产，有利于促进产品的市场竞争，丰富人们的生活。而手工编织产品、手绘等实用艺术品，因其不具有工业可重复制造的实用性而被排除在外观设计专利权的客体之外。

三、取得专利权的程序

通常认为，取得专利权的程序是指国家知识产权局专利局审查批准专利申请所必须通过的程序。但是，从广义上讲，取得专利权的程序除了专利审批程序外，还必须包括专利申请前的选择和决策以及申请文件的准备，后者是必不可少的，因为事先的未雨绸缪，可以规避盲目申请造成的未能取得专利权、反而自己花钱（代理费、申请费甚至发明专利的审查费用）公开了技术的风险，增加了取得专利权的成功率。

（一）专利申请前的选择和决策

取得专利权的基本做法是申请人提出专利申请，国家知识产权局依据申请人的专利申请文件审查通过后授予其相应的专利权。因此,在充分了解取得专利权程序的基础上,选择是否申请专利以及正确选择专利申请的方式、类型和途径,是保证申请人获得专利的重要环节。

通常情况下,一项发明创造的技术方案一旦确定,发明人就要考虑该发明创造的技术方案产品化、商品化或者是该发明创造被同行认可的问题。受这种思维的影响,可能会丧失申请专利并取得专利权的机会,具体原因有三:

(1) 发明创造的技术内容被他人抢先申请专利。根据我国专利制度的先申请原则,如果不及时提出专利申请,就有可能会被其他独立完成同样发明创造的同行捷足先登,抢先申请了专利。此种情形下,即使是你独立完成了同样主题的发明创造,即便是你提出了专利申请,按照我国专利法单一性原则,你也不可能再取得专利权。不仅如此,在先取得专利权的权利人享有的独占性权利,还会阻止未申请专利的你商业性使用该发明创造。

(2) 自己不慎公开发明创造的技术内容。在科技领域,我国长期以来对科技人员的评价体系过于强调科技奖励的效果,而忽视知识产权的保护作用,制度导向形成的惯性思维导致科技人员更注重于自己完成的发明创造被同行认可的程度(国际领先还是国内领先)。因此,一项发明创造的技术方案完成后,科技人员没有尽快申请专利的意识,更多的是与本领域的同行进行学术交流,这也就有可能会将拟申请专利的技术不慎被自己公开,或是将拟申请专利的技术在实验室使用中不慎被公开,或者将拟申请专利的技术以研讨会、技术鉴定会、展览会的形式公开。公开的技术内容即成为现有技术,丧失了取得专利权的新颖性条件。

(3) 发明创造的技术内容被他人公开。通常为避免拟申请专利的技术在与本领域的同行进行学术交流(开研讨会、技术鉴定会、展览会)时造成技术的公开,往往采用会议期间签保密协议的方式。虽然参加者通过合同负有保密义务,但是,参加者有意或无意地将拟申请专利的技术公开,即使是追究了当事人的违约责任,可是公开的技术已成为众所周知的现有技术,其丧失新颖性的事实是永远无法弥补的。

由此可见,一项发明创造的技术方案一旦确定,就需要从战略的高度,从是否申请专利、判断能否取得专利权、选择何种时机申请专利、选择何种途径申请专利、申请哪种类型的专利等五个方面进行统筹考虑,作出选择和决策。

1. 是否申请专利

为了促进科技进步,避免垄断技术,世界各国的专利法都将专利申请是否充分公开作为取得专利的前提条件,由此造成专利技术也成为了受法律保护的公开技术。而专利保护是有期限的,专利保护期满或者由于专利权人未履行缴费义务,导致专利权的保护提前终止都将使该技术处于覆水难收的尴尬境地。可见,对技术采取专利保护的方式也是存在一定局限性的。除此之外,人们采取商业秘密的形式保护其核心技术就规避了专利技术充分公开和保护期限的局限性。但是商业秘密保护也不是十全十美的,二者相比较各有利弊。是申请专利还是以商业秘密的保护形式,需要综合考虑各种因素之后再作出决策。

对于他人很难通过反求工程(亦称逆向过程)取得其核心技术的发明创造,与其申请专利,不如以商业秘密的形式保护更为有利于权利人。只要是采用成功的保密措施,该商业秘密可以永远属于权利人,可口可乐的配方始终没有申请专利,采用商业秘密的形式加以保护,就是一个成功典范。对于技术生命周期短、市场周期短、技术更新淘汰快、市场效益好、维权成本低的发明创造,尤其是像一些无空间结构特征的化学配方或者是方法的发明创造,用技术秘密的方式保护较之专利保护更为有利。

2. 判断能否取得专利权

即使是作出了申请专利的决定,仍然需要对能否取得专利权的问题进行缜密思考,最好是对该发明创造进行全面新颖性、创造性、实用性的检索与判断。尤其是申请发明专利,若在申请前,对于能否取得专利权的把握判断失误的话,由于发明专利审批程序采用的提前公开、延迟审查制,可能导致自己花钱将发明创造公之于众,最终却得不到专利权的后果。检索可以自己通过国家知识产权局的网站进行,也可以委托有检索资格的地方检索服务机构。

3. 选择何种时机申请专利

在作出申请专利的决定后,就要面临何时申请专利的问题,换句话说,就是申请专利恰当时机的选择问题。时机的选择需要考虑市场和申请专利的技术成熟度两个方面的问题。取得专利权的最大效益是垄断技术或者产品的市场,专利权的保护期限是对市场垄断的限制,所以,申请专利的恰当时机必须是既可以有效阻止他人(最大的可能是自己的竞争对手)可能抢先申请专利的企图,又能够使受保护的专利技术的市场垄断时间足够长。根据专利法的规定,申请专利的技术可以是既未具体做成产品,也未经过市场考验的技术方案,所以,拟申请专利的技术成熟度是选择恰当的申请时机不容忽略的因素。对于处于领先地位、技术生命周期长、市场周期也长的发明创造,没有必要急于申请专利,要依据竞争对手的技术发展潜力来选择何时申请专利。

4. 选择何种途径申请专利

按照我国专利法的规定,中国单位或者个人在国内申请专利和办理其他专利事务的,可以委托专利代理机构办理,也可以自己直接提出专利申请。代理机构拥有大批职业的专利代理人,经验丰富的代理人在文件的撰写和权利的保护范围的界定方面能够为发明人或者设计人提供专业的服务,其规范的职业训练可以缩短专利申请的审批时间,尽早取得专利权。恰当的权利保护范围可使日后侵权纠纷中专利权人的利益取得最有效的保护。

任何单位或者个人将在中国完成的发明或者实用新型向外国申请专利的,必须事先报经国务院专利行政部门进行保密审查。未进行保密审查就直接向外国申请专利的发明或者实用新型,在中国申请专利时,按照我国专利法的规定,不授予专利权。

中国单位或者个人向国外申请专利也可以根据我国参加的专利合作条约(简称PCT)提出专利的国际申请。PCT体系包括国际阶段和国家阶段。国际阶段是指国际申请的提出、国际检索、国际公布和国际初步审查。授予专利的决定仍然由PCT指定国的国家专利局或地区专利局在国家阶段作出。只有发明和实用新型可以选择PCT途径申请并取得指定国的相应类型的专利权,而外观设计不能通过PCT途径。

5. 申请哪种类型的专利

世界各国专利法对所保护对象的立法模式不同。世界上绝大多数国家专利法只保护发明,将外观设计单独立法保护,而立法保护实用新型的只有三十多个国家。我国专利法将发明、实用新型、外观设计三种类型称为发明创造,统一纳入专利法的保护对象。但是,三种类型的客体内容不同、授权条件不同、审批程序不同、保护期限不同。因此,在准备申请中国专利时,必须要根据发明创造的具体内容确定提出哪一种专利申请。如果是方法发明,则仅能提出发明专利申请;如果是产品发明,则要根据发明类型和创造性高低,确定是提出发明专利申请还是实用新型专利申请;属于外观设计的,则应提出外观设计专利申请。按照新修改专利法的规定,一个申请人还可以就同一个发明同时提出发明和实用新型专利申请,利用程序不同,先获取实用新型专利权,待发明审查通过后,通过放弃在先获取的实用新型专利权而最终取得发明专利,如此策划可以有效规避不符合发明专利"三性"审查的风险,又可以利用实用新型授权快的程序及早取得专利保护。

在考虑了上述问题之后,就可以作出申请何种专利的决定,然后就进入了申请文件的准备阶段。

(二) 专利申请文件的要求

专利申请文件是发明创造具体技术内容的载体,是申请人请求国务院专利行政部门授予其专利权的审查依据,是在专利申请时必须向国家知识产权局提交的法律文书。因此,专利申请人必须依照法定的要求和程序来提交相关的申请文件,并确保申请文件中记载的内容真实、准确。

我国《专利法》第二十六条明确规定,申请发明或者实用新型专利的,必须提交请求书、说明书及其摘要和权利要求书等文件。请求书必须写明发明或者实用新型的基本事项。说明书必须对发明或者实用新型作出清楚、完整的说明,以所属技术领域的技术人员能够实现为准;必要的时候,必须有附图。摘要必须简要说明发明或者实用新型的技术要点。权利要求书必须以说明书为依据,清楚、简要地限定要求专利保护的范围。依赖遗传资源完成的发明创造,申请人必须在专利申请文件中说明该遗传资源的直接来源和原始来源;申请人无法说明原始来源的,必须陈述理由。

我国《专利法》第二十七条规定:"申请外观设计专利的,必须提交请求书、该外观设计的图片或者照片以及对该外观设计的简要说明等文件。"申请人提交的有关图片或者照片必须清楚地显示要求专利保护的产品的外观设计。外观设计专利权的保护范围以表示在图片或者照片中的该产品的外观设计为准,简要说明可以用于解释图片或者照片所表示的该产品的外观设计。

一般情况下,如果申请人自己办理专利申请的,必须准备一式两份的申请文件,向国务院专利行政部门提交。如果申请人委托专利代理机构办理专利申请的,还必须同时准备委托书,并在委托书中写明委托的权限。将申请书与委托书同时向国务院专利行政部门提交。专利申请文件包括以下几个内容。

1. 请求书

发明、实用新型或者外观设计专利申请的请求书虽然表格不一样,但是所填写的内容差不多,主要写明下列事项:

(1) 发明、实用新型或者外观设计的名称。

(2) 申请人是中国单位或者个人的,其名称或者姓名、地址、邮政编码、组织机构代码或者居民身份证件号码;申请人是外国人、外国企业或者外国其他组织的,其姓名或者名称、国籍或者注册的国家或者地区。

(3) 发明人或者设计人的姓名。

(4) 申请人委托专利代理机构的,受托机构的名称、机构代码以及该机构指定的专利代理人的姓名、执业证号码、联系电话。

(5) 要求优先权的,申请人第一次提出专利申请(以下简称在先申请)的申请日、申请号以及原受理机构的名称。

(6) 申请人或者专利代理机构的签字或者盖章。

(7) 申请文件清单。

(8) 附加文件清单。

(9) 其他需要写明的有关事项。

就依赖遗传资源完成的发明创造申请专利的,申请人还必须在请求书中予以说明,并填写国务院专利行政部门制定的表格。

2. 说明书

说明书主要记载申请人对其发明或者实用新型技术内容的描述,是专利技术信息的载体,同时也是确定专利权人专利保护范围的依据。说明书必须有明确的主题,例如专利所属的技术领域存在的问题、解决这一问题的技术方案等。申请人在起草说明书时还必须用词准确,写明发明或者实用新型的名称,该名称必须与请求书中的名称一致。实用新型专利申请说明书应当有表示要求保护的产品的形状、构造或者其结合的附图。

说明书的内容的格式规范是法定的,申请人应严格遵守格式规范。说明书中必须包括以下内容:

(1) 技术领域,即在说明书中写明要求保护的技术方案所属的技术领域。

(2) 背景技术,即写明对发明或者实用新型的理解、检索、审查有用的背景技术;有可能的,并引用反映这些背景技术的文件。

(3) 发明内容,即在说明书中,申请人必须写明发明或者实用新型所要解决的技术问题以及解决其技术问题所采用的技术方案,并对照现有技术写明发明或者实用新型的有益效果。

(4) 附图说明。说明书有附图的,必须对各附图作简要说明。

(5) 具体实施方式,即申请人必须在说明书中详细写明申请人认为实现发明或者实用新型的优选方式;必要时,举例说明;有附图的,对照附图。

发明或者实用新型专利申请人必须按照前款规定的方式和顺序撰写说明书,并在说明书每一部分前面写明标题,除非其发明或者实用新型的性质用其他方式或者顺序撰写能节约说明书的篇幅并使他人能够准确理解其发明或者实用新型。

发明或者实用新型说明书必须用词规范、语句清楚,并不得使用"如权利要求……所述的……"一类的引用语,也不得使用商业性宣传用语。

发明或者实用新型的几幅附图可以绘在一张图纸上,并按照"图1,图2……"顺序编号排列。附图的大小及清晰度,必须保证在该图缩小到三分之二时仍能清晰地分辨出图中的各个细节。发明或者实用新型说明书文字部分中未提及的附图标记不得在附图中出现,附图中未出现的附图标记不得在说明书文字部分中提及。申请文件中表示同一组成部分的附图标记必须一致。附图中除必需的词语外,不必含有其他注释。

3. 权利要求书

权利要求书最大的作用就是确定专利保护的范围。权利要求书的内容直接记载着专利申请人希望取得专有权利的保护范围。国务院专利行政部门审批专利申请时,要求权利要求书必须说明发明或者实用新型的技术特征,清楚、简要地表述请求保护的范围。在权利要求书中如果有多项权利要求的,必须用阿拉伯数字按照顺序依次进行编号。权利要求书中使用的科技术语必须与说明书中使用的科技术语一致,可以有化学式或者数学式,但是不得有插图。除绝对必要的外,不得使用"如说明书……部分所述"或者"如图……所示"的用语。

权利要求书中必须写明独立的权利要求,也可以注明从属性的权利要求。一项发明或者实用新型必须只有一个独立权利要求,并写在同一发明或者实用新型的从属权利要求之前。独立权利要求必须从整体上反映发明或者实用新型的技术方案,记载解决技术问题的必要技术特征。从属权利要求必须用附加的技术特征,对引用的权利要求作进一步限定。

发明或者实用新型的独立权利要求一般包括前序部分和特征部分,按照下列规定撰写:①前序部分,写明要求保护的发明或者实用新型技术方案的主题名称和发明或者实用新型主题与最接近的现有技术共有的必要技术特征;②特征部分,使用"其特征是……"或者类似的用语,写明发明或者实用新型区别于最接近的现有技术的技术特征。这些特征和前序部分写明的特征合在一起,限定发明或者实用新型要求保护的范围。

发明或者实用新型的从属权利要求必须包括引用部分和限定部分,按照下列规定撰写:①引用部分,写明引用的权利要求的编号及其主题名称;②限定部分,写明发明或者实用新型附加的技术特征。从属权利要求只能引用在前的权利要求。引用两项以上权利要求的多项从属权利要求,只能以择一方式引用在前的权利要求,并不得作为另一项多项从属权利要求的基础。

4. 说明书摘要

说明书摘要必须写明发明或者实用新型专利申请所公开内容的概要,即写明发明或者实用新型的名称和所属技术领域,并清楚地反映所要解决的技术问题、解决该问题的技术方案的要点以及主要用途。说明书摘要可以包含最能说明发明的化学式;有附图的专利申请,还必须提供一幅最能说明该发明或者实用新型技术特征的附图。附图的大小及清晰度必须保证在该图缩小到 4 厘米×6 厘米时,仍能清晰地分辨出图中的各个细节。摘要文字部分不得超过三百个字。摘要中不得使用商业性宣传用语。

5. 外观设计申请文件

申请外观设计专利的,必要时必须写明对外观设计的简要说明。外观设计的简要说明必须写明外观设计产品的名称、用途,外观设计的设计要点,并指定一幅最能表明设计要点的图片或者照片。省略视图或者请求保护色彩的,应当在简要说明中写明。对同一产品的多项相似外观设计提出一件外观设计专利申请的,应当在简要说明中指定其中一项作为基本设计。简要说明不得使用商业性宣传用语,也不能用来说明产品的性能。

申请人必须就每件外观设计产品所需要保护的内容提交有关视图或者照片,清楚地显示请求保护的对象。请求保护色彩的外观设计专利申请,必须提交彩色图片或者照片一式两份。

(三)专利申请的审批程序

专利申请的审批,是指国家知识产权局专利局对受理的专利申请依法定程序进行的审查和批准活动。

1. 专利申请的受理

国务院专利行政部门收到发明或者实用新型专利申请的请求书、说明书(实用新型必须包括附图)和权利要求书,或者外观设计专利申请的请求书和外观设计的图片或者照片后,必须明确申请日、给予申请号,并通知申请人。专利申请文件有下列情形之一的,国务院专利行政部门不予受理,并通知申请人:

(1) 发明或者实用新型专利申请缺少请求书、说明书(实用新型无附图)和权利要求书的,或者外观设计专利申请缺少请求书、图片或者照片的;

(2) 未使用中文的;

(3) 不符合本细则第一百二十条第(一)款规定的;

(4) 请求书中缺少申请人姓名或者名称及地址的;

(5) 明显不符合《专利法》第十八条或者第十九条第(一)款规定的;

(6) 专利申请类别(发明、实用新型、外观设计)不明确或难以确定的。

说明书中写有对附图的说明但无附图或者缺少部分附图的,申请人必须在国务院专利行政部门指定的期限内补交附图或者声明取消对附图的说明。申请人补交附图的,以向国务院专利行政部门提交或者邮寄附图之日为申请日;取消对附图的说明的,保留原申请日。

我国发明专利申请的审查大致经过四个阶段:初步审查;早期公开;实质审查;授权公告。而实用新型和外观设计专利申请的审查只要通过初步审查和授权公告两个阶段即可取得专利权。

2. 初步审查

三种类型的专利申请都要经过初步审查。初步审查,又称形式审查,简称初审,是指在申请受理之后,由国家知识产权局专利局审查专利申请是否具备法定的文件和其他必要的文件,这些文件是否符合规定的格式,具体审查内容如下。

1) 申请文件格式规范的审查

(1) 发明或者实用新型专利申请文件的审查。首先,审查提交文件是否齐全,应包括请求书、说明书及其摘要和权利要求书等全部文件。其次,审查文件格式是否规范。

(2) 外观设计专利申请的文件审查。首先,审查提交文件是否齐全,应包括请求书以及该外观设计的图片或者照片以及对该外观设计的简要说明等文件。其次,审查文件格式是否规范,是否写明了使用该外观设计的产品及其所属的类别。

2) 主体资格的审查

审查申请人是否具有专利申请权的主体资格。在涉外专利申请中,外国人申请中国专利是否享有国民待遇,申请人是否委托了中国的专利代理人。

3) 单一性审查

我国《专利法》第三十一条规定:"一件发明或者实用新型专利申请应当限于一项发明或者实用新型。属于一个总的发明构思的两项以上的发明或者实用新型,可以作为一件申请提出。一件外观设计专利申请应当限于一项外观设计。一种产品所使用的一项外观设计。用于同一类别并且成套出售或者实用的产品的两项以上的外观设计,可以作为一件申请提出。"如果申请人违反了这一规定,在一件发明专利申请中提出了多项发明,则不能通过初步审查。

4）授予专利权消极性条件的审查

所谓授予专利权的消极性条件，是指符合下列条件之一的专利申请就不能被授予专利权：

（1）审查申请的专利是否符合我国《专利法》第五条的规定："对违反法律、社会公德或者妨害公共利益的发明创造，不授予专利权。对违反法律、行政法规的规定获取或者利用遗传资源，并依赖该遗传资源完成的发明创造，不授予专利权。"专利法所称的"遗传资源"，是指取自人体、动物、植物或者微生物等含有遗传功能单位并具有实际或者潜在价值的材料；专利法所称依赖遗传资源完成的发明创造，是指利用了遗传资源的遗传功能完成的发明创造。

（2）审查申请的专利是否属于国家规定不授予专利权的客体。根据我国《专利法》第二十五条的规定，对下列各项，不授予专利权：①科学发现；②智力活动的规则和方法；③疾病的诊断和治疗方法；④动物和植物品种；⑤用原子核变换方法取得的物质；⑥对平面印刷品的图案、色彩或者二者的结合作出的主要起标识作用的设计。对动物和植物品种的生产方法，可以依照授予专利权。

3．早期公开

由于发明专利申请要进行实质性审查，通常发明专利申请自申请日起三年内，国务院专利行政部门可以根据申请人随时提出的请求，对该申请进行实质审查。早期公开专利申请文件的内容，可以避免进行相同内容的发明创造，还可以让人们在这些发明创造的基础上站在巨人的肩膀上继续新的科学研究。

所谓早期公开，是指国家知识产权局专利局，依法以官方文件的形式，直接将通过形式审查的发明专利的所有申请文件向社会公布。我国《专利法》第三十四条规定："国务院专利行政部门收到发明专利申请后，经初步审查认为符合本法要求的，自申请日起十八个月，即行公布，国务院专利行政部门可以根据申请人的请求早日公布其申请。"如果专利申请人撤回专利申请或者专利申请被驳回，则经过早期公开之后的专利技术就进入了公有领域，申请人便无法再对该专利技术要求专利保护。

4．实质审查

所谓实质审查，是指国家知识产权局专利局对发明专利申请，是否符合授予专利权的积极条件所进行的审查，主要审查发明是否具有新颖性、创造性和实用性等内容。我国《专利法》第三十五条规定："发明专利申请自申请日起三年内，国务按专利行政部门可以根据申请人随时提出的请求，对其申请进行实质审查；申请人无正当理由逾期不请求实质审查的，该申请即被视为撤回。国务院专利行政部门认为必要的时候，可以自行对发明专利申请进行实质审查。"这表明，申请人可以在申请日起三年以内向国家知识产权局提出实质审查的申请，国家知识产权局在认为确有必要时也可以自行对发明专利申请进行实质审查。申请人如果在申请日之后三年内没有提出实质审查的请求，则视为申请人撤回了发明的专利申请。

实质审查一般包括发明是否为专利法所保护的主题；说明书上是否充分公开了发明内容；权利要求是否得到说明书的支持；说明书和权利要求书的撰写是否符合专利法的规定；

申请是否符合单一性原则;专利申请是否具有新颖性、创造性和实用性;等等。其中核心的内容是新颖性、创造性和实用性的审查。国务院专利行政部门对发明专利申请进行实质审查以后,认为不符合专利法规定的,必须通知申请人,要求其在指定的时间内陈述意见。申请人在陈述意见中可以对申请文件进行必要的修改;如果申请人没有正当理由逾期没有作出答复的,则视为专利申请被撤回。如果在申请人修改申请或者是陈述意见之后,国务院专利行政部门认为仍然不符合法律规定的,必须将其申请驳回。被驳回的申请因在先经过了早期公开程序使其进入了公有领域,因此,申请人必须确保提出的专利申请在修改之后被国务院专利行政部门认可,或者是其陈述被接受,否则专利申请人会遭受巨大的损失。

申请人对专利局驳回其专利申请不服的,可以在收到通知三个月内向专利复审委员会提出复审请求。专利复审委员会将受理的复审请求书转交专利局进行审查,如果专利局同意撤销原决定的,专利复审委员会将据此作出复审决定,并通知复审请求人。专利复审委员会也可以直接作出撤销原驳回决定的复审决定,由原审查部门继续进行审查。如果专利复审委员会作出维持专利局驳回决定的复审决定,申请人又对此复审决定不服的,可以在收到通知三个月内向北京市第一中级人民法院提起对国务院专利行政部门的行政诉讼。如果法院的判决是维持复审委员会的决定,申请人对该法院的判决还不服的,可以向北京市高等人民法院起诉,该法院作出的判决是终审判决。

5. 授权公告

我国《专利法》第三十九条规定:"发明专利申请经实质审查没有发现驳回理由的,由国务院专利行政部门作出授予发明专利权的决定,发给发明专利证书,同时予以登记和公告。发明专利权自公告之日起生效。"第四十条规定:"实用新型和外观设计专利申请经初步审查没有发现驳回理由的,由国务院专利行政部门作出授予实用新型专利权或者外观设计专利权的决定,发给相应的专利证书,同时予以登记和公告。实用新型专利权和外观设计专利权自公告之日起生效。"

根据以上规定可知,发明专利申请人获得发明专利授权必须通过了早期公开和实质审查程序,才能取得发明专利证书。而实用新型和外观设计专利申请不需要通过这两项程序审查,只需要通过初步审查,如果初步审查合格,申请人就可以领取实用新型或者是外观设计的专利证书。发明、实用新型、外观设计专利权都从专利授权公告之日起生效。实用新型和外观设计的内容在授权公告之日向社会公开。

四、专利权的期限、终止与无效

(一) 专利权的期限

专利权并不是一种永久性的权利,其效力具有一定的期间限制。我国专利法规定,发明专利权的保护期限为二十年,实用新型专利权和外观设计专利权的保护期限为十年。需要特别说明的是,虽然专利权是从专利证书登记公告之日起开始生效的,但是专利权的保护期限却是从专利申请之日开始计算的。如此计算方法,会导致授权后的专利权的保护期限大打折扣。尤其是发明专利的审批时间较长,发明专利申请授权后所剩的专利保护期限就大大缩短了。因此,我国专利法规定,发明专利申请公开后,使用该技术须向申请人支付合理的费用。

世界各国依据本国经济发展和科学技术的水平,对专利权的保护期限长短不一,甚至对药品专利在普通专利保护期限的基础上,还允许续展。世界各国对于保护期限的起算日也有所不同,有从公告之日起计算保护期限的,也有从发明专利的公开之日起计算保护期限的。

一旦专利权保护期限终止,专利技术则不再受到专利法的保护,使得该专利技术进入公有领域成为现有技术,任何人可以随便使用。

(二) 专利权的终止

专利权的终止是指因法定事由,导致专利权人丧失对某项专利技术所享有的独占权。专利权的终止可以分为期满终止和期前终止两种情形。所谓期满终止,是指专利权的法定保护期限届满,不再受到法律保护。所谓期前终止,就是专利权在期限届满之前,由于特定事项的出现而不再受到法律保护。我国《专利法》第四十四条规定:"有下列情形之一的,专利权在期限届满前终止:①没有按照规定缴纳年费的;②专利权人以书面声明放弃其专利权的。专利权在期限届满前终止的,由国务院专利行政部门登记和公告。"

可见,专利权期前终止的原因有两种:

(1) 专利权人没有按时缴纳年费。由此推定缴纳年费是专利权人的法定义务,它不仅是指专利权人必须按时缴纳年费,还包括必须依照规定数额足额缴纳年费。专利权人第一次缴纳年费的时间应该是在专利权人办理专利权登记手续之时,此后每年的年费必须在前一年度期满前1个月内预缴。专利权人如果没有按时缴纳年费或者缴纳的数额不足,国务院专利行政部门将会通知专利权人自应当缴纳年费期满之日起六个月内补缴,同时缴纳滞纳金。滞纳金的金额按照每超过规定的缴费时间一个月,将按当年全额年费的百分之五计算。期满未缴纳的,专利权自应当缴纳年费期满之日起终止。但专利权人缴纳年费确有困难的,可以向国家知识产权局提出减缴或者缓缴的请求。

(2) 专利权人以书面声明放弃其专利权。专利权作为民事权利的一种,专利权人拥有完全的处分权,其中就包括放弃专利权。专利权的放弃是一种要式行为,专利权人必须通过书面的声明才可以放弃专利权。

(三) 专利权的无效

发明、实用新型、外观设计专利申请被批准授权后,其专有权仍然可能被无效掉。这是因为实用新型和外观设计专利申请仅仅进行了形式审查而没有经过实质审查,有相当数量的实用新型、外观设计专利实际上不符合授予专利的条件。发明专利即使经过了实质申请,但由于对发明专利申请的"三性"审查仅局限于文献公开新颖性的审查,对于使用公开或者以其他方式为公众所知而构成的现有技术是无从查起的。因此,我国专利法设置无效程序监督三种类型的专利授权的合法性。依据我国专利法的授权条件,自国务院专利行政部门公告授予专利权之日起,任何单位或者个人认为该专利权的授予不符合法律规定的,都可以请求专利复审委员会宣告该专利权无效。专利权被宣告无效,则意味着专利权自始不再存在。

专利权的无效是指自国务院专利行政部门公告授予专利权之日起,任何单位或者个人认为该专利权的授予不符合专利法有关规定的,可以请求专利复审委员会宣告该专利权无效。由此可见,专利权无效程序的设立是为公众提供一种保证专利权授予的公正性、合法性的救济途径。

1. 无效请求的理由

无效宣告请求的理由,是指被授予专利的发明创造不符合以下任何一个授权条件:

(1) 不具备"三性"条件。所谓的不具备"三性"条件,是指授予专利权的发明或者实用新型,不具备授予新颖性、创造性和实用性的授权条件或者是存在抵触专利;授予专利权的外观设计属于现有设计或者是存在抵触专利,或者是与现有设计或者现有设计特征的组合之间不具有明显区别,或者与他人在先取得的合法权利相冲突。

(2) 公开不充分。所谓的公开不充分,是指说明书未对发明或者实用新型作出清楚、完整的说明,以至于所属技术领域的技术人员无法实现该发明创造;授予专利权的外观设计的有关图片或者照片不能够清楚地显示要求专利保护的产品,对该外观设计的简要说明不够清楚。

(3) 专利权保护范围得不到说明书的支持。所谓的专利权保护范围得不到说明书的支持,是指发明或者实用新型的权利要求书,未能以说明书为依据来说明专利权的保护范围;权利要求书未能够说明发明或者实用新型的技术特征,清楚、简要地表述请求保护的范围;独立权利要求未能够从整体上反映发明或者实用新型的技术方案,未记载解决技术问题的必要技术特征。外观设计专利权的保护范围不能以表示在图片或者照片中的该产品的外观设计作出清楚的表达,简要说明也不能够清楚完整地解释图片或者照片所表示的该产品的外观设计。

(4) 修改超出申请文件公开的范围。所谓的"修改超出申请文件公开的范围",是指申请人在专利申请审查权期间,主动或者应审查员的要求对其专利申请文件进行修改时,超出了原说明书和权利要求书所记载的范围,对外观设计专利申请文件的修改超出了原图片或者照片表示的范围。

(5) 发明创造主题不符合专利法要求。所谓的"发明创造主题不符合专利法要求",是指获得专利权的发明不是对产品、方法或者其改进所提出的新的技术方案;或者实用新型专利不满足对产品的形状、构造或者其结合所提出的适于实用的新的技术方案的要求;外观设计专利也不是对产品的形状、图案或者其结合以及色彩与形状、图案的结合所作出的富有美感并适于工业应用的新设计。具体地说,就是发明创造主题是《专利法》第二十五条规定的不授予专利权的主题之一。

(6) 不符合单一性要求。所谓的"不符合单一性要求",是指授权专利违背了"同样的发明创造只能被授予一项专利"的单一性要求,存在重复授权的专利主题。

(7) 属于不授予专利权的范畴。所谓的"属于不授予专利权的范畴",是指该授权专利属于违反国家法律、社会公德或者妨害公共利益,或者是该授权专利属于违反法律、行政法规的规定获取或者利用遗传资源,并依赖该遗传资源完成的发明创造的不授予专利权的情形之一;或者是该授权专利属于不授予专利权的科学发现、智力活动的规则和方法、疾病的诊断和治疗方法、动物和植物品种、用原子核变换方法获得的物质,或者是属于平面印刷品的图案、色彩或者二者的结合作出的主要起标识作用的设计六种不授予专利权条件之一的。

2. 无效请求的受理

任何单位或者个人申请宣告专利无效的,都必须提交专利权无效请求书和必要的证据一式两份,并缴纳相关费用,方可启动无效程序。无效宣告请求书必须包括所有的证据在内,并且说明无效宣告请求的理由。专利无效宣告请求书必须符合相关法律规定。专利复审委员会对于属于下列情况之一的专利无效申请不予受理:

(1) 专利无效宣告请求书中无效请求理由不符合法律要求的;

(2) 在专利复审委员会对宣告专利无效的申请作出决定之后没有新的理由,又提出申请的;

(3) 以已授予专利权的外观设计与他人在先取得的合法权利相冲突为理由请求宣告外观设计专利权无效,但是未能提交生效的能够证明权利冲突的处理决定或者判决的。

3. 无效请求的审查

专利复审委员会受理无效宣告请求以后,请求人可以在提出无效宣告请求之日起一个月内增加理由或者补充证据。如果超过了一个月的期限补充证据的,专利复审委员会可以不予考虑。

收到专利权无效申请之后,专利复审委员会应当对该请求及时地进行审查并作出决定,然后通知请求人和专利权人。专利复审委员会在收到申请专利权无效宣告请求书之后,先将请求书以及有关文件的副本送交专利权人,要求其在指定的范围内陈述意见。专利权人和无效宣告请求人必须在指定的期限内回答专利复审委员会发出的转送文件通知书或者无效宣告请求审查通知书;期满未答复的,不影响专利复审委员会的审查。

宣告专利权无效的决定,由国务院专利行政部门登记和公告。专利权人如果对专利委员会宣告专利权无效的决定不服,或者无效请求人对于维持专利权的决定不服的,可以自收到通知之日起三个月内向北京市第一中级人民法院起诉。必要时,法院将通知无效宣告请求程序的对方当事人作为第三人参加诉讼。

第二节 著作权的取得与维持

一、取得著作权的条件

著作权是依附于作品而产生的一种民事权利,但不是所有的作品均可以取得著作权,取得著作权的作品必须满足法律规定的作品形式。换句话说,取得著作权的条件是必须以产生法律规定的作品形式为唯一的法律事实。

世界各国著作权法对取得著作权的前提条件大体相同,但是,对构成作品的标准世界各国的立法又大相径庭。大体上可分为两种标准:一种是主要特定的思想或者情感被赋予一定的文学艺术形式,这种形式无论是作品的全部还是其中的局部,也不问该作品是否已经采取了一定物质形式被固定下来,都可以依法被认为形成了受法律保护的作品。另一种标准是,除了具备作为作品的一般条件,即表现为某种文学艺术形式外,还要求这种形式通过物质载体被固定下来,才可以获得著作权法保护。按照这种标准,口述作品以及一些即兴创作的舞蹈、音乐、曲艺作品,就可能被排除在著作权法保护之外。① 按照《伯尔尼公约》第二条的规定,对没有以物质载体形式固定下来的作品是否给予著作权法的保护,由各国自行决定。我国著作权法采用第一种标准。

二、取得著作权的原则

世界各国立法有注册取得和自动取得著作权两种原则。

(一) 著作权注册取得原则

著作权注册取得原则,是指以登记注册作为取得著作权的条件,作品只有登记注册后才能取得著作权。此种著作权注册取得原则又称为"有手续主义"。在以往的著作权立法例中,采用著作权登记手续的国家大致有以下几种模式:②

(1) 将著作权登记手续作为著作权取得的必要条件。例如,拉丁美洲国家和少数非洲国家,都要求作品(不论是否发表)必须在著作权管理部门登记,否则不受保护。

(2) 受保护作品著作权合法转让的必要条件,例如阿根廷、巴西、智利等国著作权法的规定。

(3) 将登记作为行使起诉权和请求法律制裁侵权行为的必要程序之一。例如,美国在加入伯尔尼公约之前,在其1976年的《著作权法》中规定,登记是非强制性的,但却是提起侵权诉讼和对某种侵权行为取得补救方法的前提条件,对于唱片或者音像作品可以在起诉后随即登记。

实行著作权登记制度,可以明确有效地证明著作权人的身份,有利于及时处理著作权纠纷,保护著作权人的合法权益。但另一方面,著作权登记制度不能充分保护那些未及时登记的作品,也不能保护那些来源于不实行著作权登记制度国家的作品,这显然与伯尔尼公约的精神相违背,因此世界大多数国家不采用这一做法。

(二) 著作权自动取得原则

著作权自动取得原则是指作品创作完成时,作者不需要履行任何手续即自动取得著作权。此种取得原则又被称为"自动保护主义"。著作权自动取得以作品创作完成的时间作为著作权取得的时间界限,作品创作完成的标准是以产生著作权法规定的作品形式为准。

我国《著作权法》采用自动取得著作权的原则。但对中国作者和外国作者取得著作权的规定略有不同。

1. 中国作者自动取得著作权

我国《著作权法》第二条规定,中国公民、法人或者其他组织的作品,不论是否发表,依照本法享有著作权。可见,著作权的自动取得是我国著作权法立法的基本精神和指导原则。根据这一原则,作品是否创作完成是作者自动取得著作权的前提。由于作品的形式是多种多样的,因此作品是否创作完成没有统一的确定标准。对于文学作品来说,一部作品,可以整部创作,也可以分集创作。如果采用分集、分期创作的形式,那么各集作品便具有了相对

---

① 刘春田. 知识产权法[M]. 北京:高等教育出版社,北京大学出版社,2000:65.
② 吴汉东. 知识产权法[M]. 北京:中国政法大学出版社,2002:71.

的独立性,每一集均可以视为已经创作完毕的作品,作者对该集作品便享有了著作权。对于艺术作品来说作品是否创作完毕的标准更为复杂。例如美术作品,当作品的构思和框架已经基本绘制完毕,图画的内容也已经较为清楚时,作品是否能够给以著作权保护,关键要看作品已经完成的部分能否达到表现作品思想内涵的程度。如果作品的创造性部分已经基本完成,对于该作品的复制等具备了一定的经济价值,那么该作品就属于我国著作权法所规定的创作完成的作品,作者的智力劳动成果就可以受到著作权的保护。

自动保护原则有利于保护作者的基本权益。根据这一原则,在创作完成之后无论作者是否将作品发表,该作品都受到我国著作权法的保护。

2. 外国作者依约定或者出版取得著作权

外国作者的作品必须符合下列情形才能在我国取得著作权:

(1) 依约定享有著作权。外国人、无国籍人的作品,根据其作者所属国或者经常居住地国同我国签订的协议或者共同参加的国际条约享有的著作权,受我国著作权法的保护。

(2) 出版享有著作权。外国人、无国籍人的作品首先在我国境内出版的,依照我国著作权法的规定,享有著作权。未与中国签订协议或者共同参加国际条约的国家的作者以及无国籍人的作品首次在中国参加的国际条约的成员国出版的,或者在成员国和非成员国同时出版的,受我国著作权法的保护。

三、著作权的保护期限

著作权不仅要维护作者利用作品带来的经济利益,还要维系和保障作者和作品之间产生的人格利益,由此产生著作权的财产权和人身权的利益。著作财产权和著作人身权的保护期限不同。

(一) 著作财产权保护期受时间限制

鼓励作者创作和传播作品的著作财产权是一种有时间限制的权利,但是世界各国立法对其保护期限的长短和起算日的规定不同。伯尔尼公约规定著作财产权保护的最低期限为作者有生之年加死后五十年。我国著作权法对公民、法人和其他组织著作财产权保护期限的规定如下。

1. 公民作品著作财产权保护期

公民作品著作财产权的保护期起于作品完成之日,截止于作者死亡后第五十年的12月31日;如果是合作作品,截止于最后死亡的作者死亡后第五十年的12月31日。

2. 法人作品或者其他组织著作财产权保护期

法人或者其他组织的作品、著作权(署名权除外)由法人或者其他组织享有的职务作品,其著作财产权的保护期为五十年,截止于作品首次发表后第五十年的12月31日;但作品自创作完成后五十年内未发表的,不再受著作权法的保护。

3. 特殊作品著作财产权保护期

1) 电影作品和以类似摄制电影的方法创作的作品、摄影作品

电影作品和以类似摄制电影的方法创作的作品、摄影作品,其著作财产权的保护期为

五十年,截止于作品首次发表后第五十年的12月31日;但作品自创作完成后五十年内未发表的,不再受著作权法的保护。

2) 计算机软件

我国计算机软件保护条例规定,软件著作权自软件开发完成之日起产生。自然人的软件著作权,保护期为自然人终生及其死亡后五十年,截止于自然人死亡后第五十年的12月31日;软件是合作开发的,截止于最后死亡的自然人死亡后第五十年的12月31日。

法人或者其他组织的软件著作权,保护期为五十年,截止于软件首次发表后第五十年的12月31日;但软件自开发完成之日起五十年内未发表的,不再受著作权法的保护。

3) 作者身份不明的作品

我国著作权法规定,作者身份不明的作品,其使用权和获得报酬权的保护期为五十年,截止于作品首次发表后第五十年的12月31日。作者身份一旦确定,适用著作权法一般保护期的规定。

(二) 著作人身权保护期不受限制

我国著作权法规定的发表权、署名权、修改权、保护作品完整权的四种人身权中的署名权、修改权、保护作品完整权的保护期不受限制,对著作权人身权的发表权保护期限有特殊的规定。发表权要视具体情况而定,这是因为著作权人身权的发表权与财产权的关系密切,作者对其作品是否行使发表权,直接影响著作权的继受人财产权利益的实现。发表权的保护期与著作财产权的保护期相同。发表权只能行使一次,一旦作品已经发表,发表权即行使完毕。

第三节　商标权的取得与维持

商标权的取得是指法人或者自然人依法取得商标专用权。商标专用权的内涵是指商标权人对其商标享有的专有使用权,通常称为专有权,我国《商标法》称其为商标专用权。商标权的取得可分为原始取得和继受取得。依据我国《商标法》的规定,商标权的原始取得,须按照商标注册的申请、审查和核准程序办理;商标权的继受取得,必须按照转让和继承注册商标的程序办理。本节所说商标权的取得,仅指商标权的原始取得。对于商标权的取得世界各国立法确立的原则并不相同,主要分为使用取得商标权原则和注册取得商标权原则。所谓使用取得商标权原则是指只要满足法律规定使用的具体情形就可取得商标专用权,法律保护商标权人的合法享有的商标专用权。我国《商标法》采用注册取得商标专用权的原则。

一、注册取得商标权的原则

依据我国《商标法》的规定,自然人、法人或者其他组织在生产经营活动中,对其商品需要取得商标专用权的,必须向商标局申请商品商标注册;自然人、法人或者其他组织对其提供的服务项目,需要取得商标专用权的,必须向商标局申请服务商标注册。注册取得商标权原则又有自愿注册和强制注册两种情形。所谓强制注册是指不注册不能使用商标。我国采用的是自愿注册取得商标权的立法模式,但部分商品的商标需要强制注册。

(一) 自愿注册原则

自愿注册原则,是指商标使用人可以根据自己的意愿决定是否注册商标,以及自愿选择注册商标的类型。

依据自愿注册原则,何时注册商标,也由商标使用者自愿选择。依据我国《商标法》的规定,注册才能取得商标权,商标权人享有的专有权受法律保护。未注册的商标仍然可以使用,但是,未注册的商标不具有法律保护下排斥他人使用的专有权。当注册商标与未注册商标发生冲突时,注册商标权人可以依法禁止未注册商标的使用。

如果是中国人或中国企业申请商标注册,可以自行办理注册手续,也可以委托依法设立的商标代理机构办理。外国人或者外国企业申请商标注册,应当委托依法设立的商标代理机构办理。

我国《商标法》还规定了自愿注册原则的例外情形,即法律、行政法规规定必须使用注册商标的商品,必须申请商标注册。根据我国法律规定,人用药品和烟草制品必须使用注册商标,否则不允许进入市场销售。这也是因为这一类商品直接关系到公众健康和国家烟草和药品专卖制度所决定的。可见,我国商标注册并非是完全的自愿注册原则,而是自愿注册取得商标权和部分商品强制注册相结合的商标注册原则。

自愿注册原则也决定了商标主管机关只能对所提出的商标注册申请在法定程序内依法定条件进行注册审核,而不能够主动给予未提出注册申请的商标预留或者主动核准注册,更不能够私自改动商标注册申请人的商标申请类别或者商标标志的构成要素。

(二) 申请在先原则

申请在先原则是注册原则的补充,是解决在注册取得商标权原则的前提下,如果发生两个以上商标注册人就同一商标先后提出申请时,应当由谁取得商标权的问题。世界各国对此采用了申请在先和使用在先的判断标准。我国《商标法》采用申请在先原则。

申请在先原则又称注册在先原则,是指商标注册申请发生冲突时,在先提出商标申请的申请人可以取得商标权,在后的商标注册申请将被驳回。申请在先原则的时间判断标准是以"日"为标准,由此,我国《商标法》对可能发生的商标注册申请冲突的具体情形进行了规定。

1. 在先提出申请的情形

在先提出申请的情形,是指两个或者两个以上的申请人,在同一种商品或者类似商品上,以相同或者近似的商标提出商标申请注册的,商标局初步审定并公告申请在先的商标,驳回其他人的申请。此情形是指发生冲突的两个商标注册申请人,未在同一天提出注册,即使是在先使用该商标标志的申请人,由于在后提出注册商标申请,也不能再取得该商标申请的专用权。

2. 同日提出申请的情形

同日提出申请的情形,是指两个或者两个以上的申请人,在同一种商品或者类似商品上,以相同或者近似的商标在同一天提出商标申请注册时,各申请人可以自收到商标局通知之日起 30 日内提交其申请注册前在先使用该商标的证据。依据申请人提交的证据,商标局初步审定并公告使用在先的商标,驳回其他人的申请。也就是说,在同日提出申请的情形下,有证据证明使用在先的申请人可取得商标专用权,这是对申请在先原则例外情形的补充适用。《商标法》规定,商标的使用,是指将商标用于商品、商品包装或者容器以及商品交易文书上,或者将商标用于广告宣传、展览以及其他商业活动中,用于识别商品来源的行为。

3. 同日使用或者均未使用的情形

如果两个或者两个以上的申请人,在同一种商品或者类似商品上,以相同或者近似的商标在同一天提出商标申请注册时,各申请人同日使用或者均未使用的,各申请人可以自收到商标局通知之日起三十日内自行协商,并将书面协议报送商标局;不愿协商或者协商不成的,商标局通知各申请人以抽签的方式确定一个申请人,驳回其他人的注册申请。商标局已经通知但申请人未参加抽签的,视为放弃申请,商标局将会书面通知未参加抽签的申请人。

(三)按类提出申请原则

我国《商标法》规定,商标注册申请人,应当按规定的商品分类表填报使用商标的商品类别和商品名称,提出注册申请,商标注册申请人可以通过一份申请就多个类别的商品申请注册同一商标。商标注册申请人在不同类别的商品上申请注册同一商标的,必须按商品分类表提出注册申请。我国目前采用的是《商品注册用商品和服务国际分类表》(即尼斯协定),该分类表共计有四十五类,其中,商品分为三十四类,服务分为十一类。商品名称或者服务项目必须按照商品和服务分类表填写;商品名称或者服务项目未列入商品和服务分类表的,还必须附送对该商品或者服务的说明。依据该规定,注册商标专有权仅限于申请书所指定的最终所核准注册的商品。注册商标在使用过程中,如果要扩大该商标使用的商品范围,不论扩大使用的商品与原注册商标是否属于同一种类的商品或者服务,都必须另行提出注册申请。同样的道理,如果注册商标需要改变构成其标志的文字、图形或者标志形状的要素时,因为其超出原申请注册商标的范围,违背了一类商品(服务)一件商标一份申请的原则,也必须重新提出注册申请。但是,注册商标需要变更注册人的名义、地址或者其他注册事项的,并不属于一类商品(服务)一件商标一份申请原则调整的范围,只需要提出主体变更的申请即可。

商标注册申请等有关文件,可以以书面方式或者数据电文方式提出。

(四)优先权原则

商标的优先权原则是建立在申请在先原则基础上的,对申请人进一步的优惠原则,具体可分为国外优先权原则和国内优先权原则。

1. 国外优先权原则

该原则主要是针对外国商标注册申请人申请我国商标注册的一项优惠原则。我国《商标法》规定,商标注册申请人自其商标在外国第一次提出商标注册申请之日起六个月内,又在中国就相同商品以同一商标提出商标注册申请的,依照该外国同中国签订的协议或者共同参加的国际条约,或者按照相互承认优先权的原则,可以享有优先权。

2. 国内优先权原则

该原则是指国内的商标注册申请人,当其所申请的商标在中国政府主办的或者承认的国际展览会展出的商品上首次使用的,自该商品展出之日起六个月内,该商标的注册申请人可以享有优先权。

(五)诚实信用原则

我国《商标法》规定,申请注册的商标,必须遵守诚实信用原则。诚实信用原则是一切商事行为必须遵守的基本原则。我国商标法规定,申请商标注册所申报的事项和所提供的材料应当真实、准确、完整。同时还规定,带有欺骗性,容易使公众对商品的质量等特点或者产地产生误认的标志不得作为商标使用,既然此类商标被法律所明文禁止使用,那么获得商标专用权便无从谈起。

二、授予商标权的条件

授予商标权的条件是指具备何种条件的商标注册申请才能够取得商标专用权的要件。对此各国立法不尽相同。我国《商标法》规定,必须具备以下条件方可取得商标专用权。

(一)商标标志必须可感知

商标具有区别商品来源的功能,因此要求作为商标的标志必须能够被人们所感知,才能引导消费者识别和选择商品或者服务。商标标志可感知的方式很多,例如视觉感知、嗅觉感知、听觉感知。当构成商标的文字、图形、字母、数字、三维标志和颜色组合,以及上述要素的组合是人们可以用视觉感受到的标志,则该商标标志为具有可视性的视觉感知标志,它与嗅觉可感知的气味标志和听觉可感知的音响标志是有本质区别的。世界上绝大多数国家仅将视觉可感知作为商标标志的区别要素,至于嗅觉可感知和听觉可感知的只有极少数国家给予保护。我国《商标法》规定,申请我国的商品商标或者是服务商标标志必须视觉可感知和听觉可感知,即注册商标必须是任何能够将自然人、法人或者其他组织的商品或者服务与他人的商品或者服务区别开的视觉可感知和听觉可感知标志。

(二)商标标志必须具有显著性

商标标志必须具有显著性是世界各国《商标法》术语商标专用权无一例外的基本要求,因为有显著特征的商标标志才能很好地起到区别同种商品不同提供者的作用。我国《商标法》规定,申请注册的商标,应当有显著特征,便于识别,并不得与他人在先取得的合法权利相冲突。

判断是否具有显著性,既可以是在商标标志设计的初期就具有明显的区别同类商品的不同特征,也可以是通过后期使用才具有显著特征的。

1. 固有显著性

固有显著性,是指商标的标志自身就具有与众不同的独到之处。这种标志虽然是由与商品或者服务无任意联系的词汇或者图案组成的,但却极容易引人注意,吸引消费者,如"Kodak"(柯达)商标;有些标志是由与某些特定商品有联想的词汇或者图案组成的,例如儿童饮料的"娃哈哈"商标、治疗腹泻药品的"泻停封"商标;也有些标志是由以企业字号组成的商标,如羊肉泡馍百年老店注册的"老孙家"服务商标、历史悠久的名校清华大学注册的

"清华"服务商标。

2. 使用具有显著性

有些商标标志自身并不具有显著性,经过一段使用后才广为人知。例如,"英雄"金笔就属于使用而被消费者闻名即知是指钢笔的商标;又如,"雅虎"网站也是通过广泛使用而知名的。我国《商标法》规定,经过使用取得显著特征的商品商标或服务标志,对于消费者便于识别的,可作为商标注册。

(三)商标标志不得与他人在先权利冲突

申请在先原则对于鼓励商标使用人及时注册商标,培育、形成企业的品牌有积极作用。同时,世界各国通过国际公约的方式对恶意抢注他人驰名商标,或者故意将他人商业标志注册商标的不正当行为加以规制。我国《商标法》在确立了自愿注册原则和申请在先原则的基础上,又作出限制性的规定,即申请商标注册不得损害他人在先合法权利,也不得以不正当手段抢先注册他人已经使用并有一定影响的商标。

1. 申请商标注册不得损害他人在先合法权利

申请注册的商标不得与他人在商标申请之前取得在先合法权利冲突。此处所述的"在先合法权利",包括但并不仅限于诸如美术、书法作品的著作权,外观设计专利权,地理标志权,企业商号权等知识产权,或者是姓名权、肖像权等民事权利。这些权利之所以与商标标志发生冲突,是因为构成这些权利的客体构成要素与构成商标标志的文字、图形、数字等要素有重叠或者异曲同工之处。正因为如此,强调注册商标与在先权利的非冲突性,不仅保护了在先权利人的合法权益,也避免误导消费者。例如,如果注册商标与地理标记冲突,可能会给消费者造成该注册商标的商品是来源于该标志所标示的地区,与该地区的自然生态、地理环境或者是人文环境有关,使人情不自禁地将该商品质量与该地区长期在人们心目中形成的良好声誉联系在一起,其后果不仅欺骗和误导消费者,也有可能破坏该地区长期在人们心目中形成的良好声誉。对于此不当获利的商标注册行为,利害关系人、地方政府有关部门、行业协会或者其他组织均可以通过授权监督的异议和无效程序,阻止其不当注册。

2. 不得以不正当手段抢先注册他人已经使用并有一定影响的商标

一般情况下,抢注他人商标行为是符合《商标法》规定的申请在先原则的,但是从抢注者的目的和效果上分析,有些行为具有明显的无偿使用他人商业标志获取不正当利益之嫌。例如,抢注商标不是为自己商业使用,而是为高价出售给原商标使用者以谋取不当利益;又如,抢注他人经过使用在本领域已经具有一定影响的商标,以达到误导消费者牟利之目的;再如,抢注者抢注商标的目的是企图阻止实际使用人取得商标权。因此说,这些行为均属于"以不正当手段抢先注册他人已经使用并有一定影响的商标"的恶意抢注行为,明显违反诚实信用原则,而被我国《商标法》列为限制注册的情形。

《保护工业产权巴黎公约》在1925年的修订稿中确定了驰名商标的特殊保护,即无论是注册还是未注册商标一旦被认定为驰名商标,就享有"撤销他人注册,禁止他人使用"的高于普通注册商标的特殊保护,即其保护范围不仅限于注册商标保护是核准注册的商品上所核定注册的商标的范畴之内。我国是巴黎公约成员国,依据驰名商标特殊保护制度,对于就相同或者类似商品申请注册的商标是复制、模仿或者翻译他人未在中国注册的驰名商标,容易导致混淆的,不予注册并禁止使用。就不相同或者不相类似商品申请注册的商标是复制、模仿或者翻译他人已经在中国注册的驰名商标,误导公众,致使该驰名商标注册人的利益可能受到损害的,不予注册并禁止使用。

三、审查核准程序

依据我国《商标法》的规定,国务院工商行政管理部门商标局主管商标注册和管理工作。商标注册申请须经过商标局的形式审查、实质性审查、初步审定和公告、异议和核准注册等审查核准程序。

(一)形式审查

1. 确定申请日

商标局在接到商标注册申请后,要审查所提出的商标注册申请是否符合申请在先原则,一旦发生申请在先原则纠纷时,依法确定申请人之后,最终确定申请日。申请日一般是以商标局收到申请文件的日期为准。

2. 颁发《受理通知书》

商标局审查认为申请的手续齐备,并且符合一类商品(服务)一件商标一份申请原则规定填写申请文件的申请,编定申请号,发给申请人《受理通知书》;商标局审查认为申请手续不齐备或者未按照规定填写申请文件的,予以退回申请,申请日不予保留。

3. 优先权审查

外国商标注册申请人要求优先权的,商标局需要审查其是否享有优先权,是否是在提出商标注册申请的同时提出了书面声明,并且在三个月内提交了第一次提出商标注册申请文件的副本;如果未提出书面声明或者逾期未提交商标注册申请文件副本的,将会被视为未要求优先权。

要求优先权的国内申请人,商标局也要审查其是否是在提出商标注册申请的同时提出了书面声明,并且在三个月内提交了展出其商品的展览会名称、在展出商品上使用该商标的证据、展出日期等证明文件;如果未提出书面声明或者逾期未提交证明文件的,将会被商标局视为未要求优先权。

4. 申请文本的审查

以三维标志申请注册商标的,必须在申请书中予以声明,说明商标的使用方式,并提交能够确定三维形状的图样。

以颜色组合或者着色图样申请商标注册的,必须在申请书中予以声明,应当提交着色图样,并提交黑白稿一份,并提交文字说明。申请注册集体商标、证明商标的,必须在申请书中予以声明,并提交主体资格证明文件和使用管理规则。以声音标志申请商标注册的,应当在申请书中予以声明,提交符合要求的声音样本,对申请注册的声音商标进行描述,说明商标的使用方式。对声音商标进行描述,应当以五线谱或者简谱对申请用作商标的声音加以描述并附加文字说明;无法以五线谱或者简谱描述的,应当以文字加以描述;商标描述与声音样本应当一致。

（二）实质性审查

商标局对受理的商标注册申请，进行是否具备授予商标权法定构成条件的审查，审查商标标志是否符合构成要素；是否具备可视性、显著性；是否与在先权利冲突和是否与已注册商标相同或者近似。判断商标是否相同或者近似涉及两个标准：一是看商品类型，即申请注册的商标与已注册商标所属商品类型是否相同或类似；二是看商标标志，即申请注册的商标与已注册商标标志是否相同或近似。

类似商品是指在生产工艺、主要原材料、功能、用途、消费对象、销售渠道等某一方面有相同之处或者存在特定联系的商品。例如，冰柜和冰箱、运动服和旅游鞋、照相机与摄像机，每组中的两个商品互为类似商品。类似服务是指在服务的目的、方式、对象等方面相关，或者存在特定联系的服务。[①] 判断商品类似或者服务类似的规则，是以《商品注册用商品和服务国际分类表》（即尼斯协定）作为认定类似商品或者服务的参考，最终以消费者对商品或者服务的客观认识进行综合判断。

近似商标是指以普通消费者对商品或者服务来源是否产生混淆作为判断的主观标准，对构成两个商标标志的文字字形、读音、含义、图形及其颜色进行综合比较是否相类似。

（三）初步审定和公告

商标局对提出申请注册的商标进行形式审查和实质性审查后，认为符合法定授权规定的，或者在部分指定商品上使用的商标注册申请符合规定的，予以初步审定，并予以公告。对于不符合有关规定或者同他人在同一种商品，或者类似商品上已经注册的或者初步审定的商标相同或者近似的，由商标局驳回申请，不予公告，书面通知申请人并说明理由。商标局对在部分指定商品上使用商标的注册申请予以初步审定的，申请人可以在异议期满之日前，申请放弃在部分指定商品上使用商标的注册申请；申请人放弃在部分指定商品上使用商标的注册申请的，商标局将会撤回原初步审定，终止审查程序，并重新公告。

（四）异议

对商标局初步审定予以公告的商标，自公告之日起三个月内，任何人均可以提出异议。异议人必须向商标局提交商标异议书，写明请求被异议商标刊登《商标公告》的期号及初步审定号。商标异议书必须有明确的请求和事实依据，异议的理由必须是初步审定予以公告的商标不符合哪一条授予商标权的条件，并附送有关证据材料。

商标局受理异议请求后，将商标异议书副本及时送交被异议人，限其自收到商标异议书副本之日起三十日内答辩。被异议人不答辩的，不影响商标局的异议裁定。商标局在充分听取异议人和被异议人陈述事实和理由的情况下，经调查核实后，做出裁定。当事人不服的，可以自收到通知之日起十五日内向商标评审委员会申请复审，由商标评审委员会作出裁定，并书面通知异议人和被异议人。当事人对商标评审委员会的裁定不服的，可以自收到通知之日起三十日内向人民法院起诉。人民法院将会通知商标复审程序的对方当事人作为第三人参加诉讼。

---

① 吴汉东. 知识产权法[M]. 北京：中国政法大学出版社，2002：244.

（五）核准注册

初步审定的商标在公告期满无人提出异议或者异议不成立时,商标局将予以正式核准注册。所谓注册,是指将核准的商标和核定使用的商品在《商标注册簿》上登记、编号,在《商标公告》上刊登注册公告,并向申请人颁发《商标注册证》,商标注册申请人自其商标核准注册之日起成为商标权人。

四、商标权的续展

商标核准注册之日为商标权取得的时间,即商标权自商标核准注册之日起生效。经裁定异议不能成立而核准注册的,商标注册申请人取得商标专用权的时间自初步审定公告三个月期满之日起计算。此种推算方式,可以避免因他人利用异议程序,以不能成立的理由而影响商标注册申请人的合法权益。

商标权的续展,是指商标权人自愿向商标局提出请求延续其商标保护期限的意愿及其履行相关法定程序的活动。根据我国《商标法》的规定,注册商标专用权的有效期为十年,自核准注册之日起计算。在有效期内,商标注册人享有独占权,有效期届满,商标注册人享有的独占权即告终止。注册商标的有效期限满,需要继续使用的,必须在期满前十二个月内向商标局提交《商标续展注册申请书》申请续展注册。在此期间未能提出申请的,还将有六个月的宽展期。宽展期满仍未提出申请的,国家商标局将会注销该注册商标。每次续展注册的有效期为十年。注册商标的续展次数不受限制。商标局对商标续展注册申请核准后,发给相应证明,并予以公告。续展注册商标有效期自该商标上一届有效期满次日起计算。如果商标局审核认为不符合规定,驳回其续展申请时,续展申请人不服的,可以请求商标评审委员会复审。

五、商标权的终止与无效

（一）商标权的终止

商标权的终止是指因法定事由,导致商标权人丧失其对注册商标所享有的独占权。

1. 注册商标因注销而终止

注销是指因商标权人自愿放弃或者期满未及时续展,而由商标局注销其注册商标权的行为。商标局对注销的商标予以备案并且公告。

注册商标被注销的情形主要有:
（1）期满未申请续展注册或者虽提出续展申请但被商标局驳回续展注册申请的;
（2）商标权人自愿放弃商标权,通过办理放弃其注册商标的登记手续,终止商标权;
（3）商标权无人继受而导致注册商标被注销。

2. 注册商标因被撤销而终止

所谓注册商标的撤销,是指因商标权人不遵守注册商标使用和管理规定,或者未履行权利人的法定义务,其注册商标被商标局主动撤销,导致商标权丧失。具体情形主要有:

(1) 自行改变注册商标标志构成要素的;
(2) 自行改变注册商标的注册人名义、地址或者其他事项的;
(3) 自行转让注册商标的;
(4) 连续3年停止使用注册商标的;
(5) 使用注册商标的商品粗制滥造,以次充好,欺骗消费者的。

注册商标被撤销的或者期满不再续展的,自撤销或者注销之日起一年内,商标局对与该商标相同或者近似的商标注册申请,不予核准,以免造成混淆,损害消费者的利益。

(二) 商标权的无效

商标权的无效是指以欺骗手段或者其他不正当手段取得注册的,由商标局宣告该注册商标无效或者经其他单位或者个人请求商标评审委员会裁定撤销该注册商标的情形。这与因商标权人不遵守注册商标使用和管理规定,其注册商标被商标局主动撤销,导致商标权丧失的情形有本质的区别,因其启动程序与专利权无效类似,故将其称为商标权的无效。商标权的无效一旦成立,商标权自始不再存在。我国《商标法》规定商标权无效的事由主要有以下几种。

1. 由于注册不当的无效

注册不当的商标,是指违反构成商标禁用条款或者以不正当的手段取得商标权的行为。

我国《商标法》列举的禁用标志,涉及国家及国际组织的名称或标志,官方标志,有碍于公共秩序、带有不良影响的标志,以及带有欺骗性,容易使公众对商品的质量等特点或者产地产生误认的标志。这些标志既不能作为商标注册,也不能作为商标使用,称其为禁止商标注册的绝对条件。

我国《商标法》列举了禁止商品的通用名称、图形、型号和仅仅直接表示商品的质量、主要原料、功能、用途、重量、数量及其他特点的标志。这些标志不是绝对禁止注册,经过使用取得显著特征,便于识别的,可以作为商标注册。我国《商标法》第十二条对三维标志作了限制规定,即以三维标志申请注册商标的,仅由商品自身的性质产生的形状、为取得技术效果而需有的商品形状或者使商品具有实质性价值的形状,不得注册。

2. 以不正当手段取得注册商标的无效

以不正当手段取得注册商标的情形有:
(1) 虚构、隐瞒事实真相或者伪造申请文件及有关文件进行注册的;
(2) 代理人或者代表人抢先注册商标的;
(3) 有些商标包含地理标志,容易使消费者联想到产地的。

3. 由于在先权利或合法权益的无效

(1) 他人已有的在先权利,包括在先的知识产权和民事权利;
(2) 他人合法权益,包括:①驰名商标。复制、模仿、翻译他人驰名商标的,基于该驰名商标权人的请求,可宣告注册商标无效。对于未在中国注册的驰名商标,合法权益仅限于相同或者类似商品;在中国注册的驰名商标,合法权益扩大到不相同或不类似商品。②有一定影响的未注册商标。有一些商标本身未达到驰名商标的标准,但却在消费者心目中有一定的影响,由此占有一定的市场声誉,我国《商标法》规定,对已注册的此类商标可以通过无效程序使其无效。③地理标志。地理标志是指来源于特定地区的自然因素或人文因素的某些商品。若某个商标含有地理名称,而该商品并非来源于该区域,由此构成的虚假地理标志不仅会误导消费者,而且会给该地区产品的市场声誉造成影响,损害竞争者的利益。我国《商标法》明确禁止使用虚假地理标志注册商标的行为。

4. 注册商标的无效程序

已经注册的商标如果属于《商标法》有关禁止作为商标注册的标志,或者是商标注册人以欺骗手段或者不正当手段取得商标注册的,应当由商标局撤销该注册商标,并且其他单位或者个人也都可以请求商标评审委员会裁定撤销该注册商标。

如果已经注册的商标侵犯了我国《商标法》规定的驰名商标的权利、注册商标中包含了地理标志的内容,或者是注册商标人在注册商标时存在着恶意。那么,自商标注册之日起五年内,商标所有人或者利害关系人可以请求商标评审委员会裁定撤销该注册商标。对于恶意注册的行为,驰名商标所有人不受五年的时间限制,可以随时请求裁定恶意的注册商标无效。

除以上两种情形外,任何个人或者单位对已经注册的商标有争议的,都可以自该商标经核准注册之日起五年内,向商标评审委员会申请裁定该注册商标无效。商标评审委员会收到裁定申请后,应当通知有关当事人,并要求有关当事人在指定的期限内进行书面答辩。

如果已经有当事人在核准商标注册前对商标注册提出过异议,并且商标评审委员会也对此异议作出了裁定,那么其他人不能再以相同的事实和理由申请裁定该商标无效。

商标局作出宣告注册商标无效的决定,应当书面通知当事人。当事人对商标局的决定不服的,可以自收到通知之日起十五日内向商标评审委员会申请复审。商标评审委员会应当自收到申请之日起九个月内作出决定,并书面通知当事人。有特殊情况需要延长的,经国务院工商行政管理部门批准,可以延长三个月。当事人对商标评审委员会的决定不服的,可以自收到通知之日起三十日内向人民法院起诉。

商标评审委员会在经过审查之后,无论作出了维持还是撤销注册商标的裁定,都应当以书面形式通知有关当事人。当事人在接到商标评审委员会的裁定以后,如果对该裁定有异议,则可以自收到通知之日起三十日内向人民法院起诉。人民法院应当通知商标裁定程序的对方当事人作为第三人参加诉讼。

(三) 商标评审

商标评审属于商标审查制度的重要组成部分,即由国务院工商行政管理部门设立的商标评审委员会,直接负责处理商标争议事宜。

商标争议是指在商标权的取得和维持过程中,商标局、申请人及其他当事人之间因商标申请的驳回、异议以及注册商标无效所发生的争议。在商标争议案件中,凡是当事人对于商标局作出的决定不服的,可以请求商标评审委员会复审。

申请人撤回商标评审申请的,不得以相同的事实和理由再次提出评审请求;商标评审委员会对商标评审申请已经作出裁定或者决定的,任何人不得以相同的事实和理由再次提出评审请求。

商标评审委员会受理的商标评审案件包括以下几个方面:
(1) 在商标注册申请实质性审查程序中,对商标局驳回商标注册申请决定不服的;

(2) 在商标注册申请异议程序中,对商标评审委员会的裁定不服的;
(3) 对商标局撤销注册商标不服的;
(4) 对商标局驳回注册商标续展申请不服的;
(5) 对商标局驳回注册商标转让申请不服的;
(6) 对注册商标提出争议的;
(7) 对注册不当商标提出撤销请求的。

商标评审委员会是对商标局是否依法行政的监督机构,对受理的商标争议案件采取书面审查方式,个别复杂案件商标评审委员会还以召开听证会或者聘请专家咨询方式对书面审查进行补充。商标评审委员会以少数服从多数的投票表决方式形成最终裁定结果。商标评审委员会作出的评审决定是行政终局裁定,当事人不服的,可以在收到通知之日起三十日内向人民法院起诉。

第四节 其他知识产权的取得与维持

本节所讲的其他知识产权,是指世界贸易组织的《与贸易有关的知识产权协议》中所列知识产权的类型。

一、构成商业秘密的条件

商业秘密最早源于古罗马时期,为解决奴隶被诱使出卖"雇主"手工业生产中的知识、经验、技艺、诀窍的问题,罗马私法发展了对抗诱骗商业秘密的第三人的诉讼请求制度,双倍赔偿,甚至包括丧失一个原本诚实奴隶的损失,其目的是尊重商业道德,维护市场秩序。

我国将商业秘密保护纳入《反不正当竞争法》的调整范围,该法第十条规定:"经营者不得采用下列手段侵犯商业秘密:①以盗窃、利诱、胁迫或者其他不正当手段获取权利人的商业秘密;②披露、使用或者允许他人使用以前项手段获取的权利人的商业秘密;③违反约定或者违反权利人有关保守商业秘密的要求,披露、使用或者允许他人使用其所掌握的商业秘密。第三人明知或者应知前款所列违法行为,获取、使用或者披露他人的商业秘密,视为侵犯商业秘密。本条所称的商业秘密,是指不为公众所知悉、能为权利人带来经济利益、具有实用性并经权利人采取保密措施的技术信息和经营信息。"由此可见,我国对商业秘密的保护是"事前采取保密措施,事后法律认定,给予事后救济"的方式。当发生侵犯商业秘密的纠纷时,由司法部门依据商业秘密权利人的请求确定被侵犯的是否为商业秘密,尔后再确认侵权是否成立,若侵权成立,依据反不正当竞争法追究侵权人的法律责任。显而易见,对商业秘密保护的前提条件必须满足构成商业秘密的法定条件,并且商业秘密的权利人采取了适当、有效的保密措施,二者缺一不可。

针对不同信息的特点保密措施不同。保密对象不包括负有保密义务的相对人,而是针对公众而言,即公众未经许可,是无法取得受保护的商业秘密的。如果他人破坏该保密措施,就是侵犯了商业秘密权的行为。所谓的"保密措施",包括订立保密协议,建立保密制度及采取其他合理的保密措施,例如竞业禁止。

竞业禁止是指知悉商业秘密并负有保密义务的人员,在劳动关系存续期间或者劳动关系终止后的一段时间内,按照与原单位的约定,一定期限内不得从事与原单位具有竞争关系的职业。

商业秘密保密制度包括:

(1)规定本单位商业秘密管理机构的建制及其隶属关系,确定管理人员及其职责,负责本单位商业秘密管理制度的建立、执行、修订与完善,并且重点负责本单位商业秘密的建档、整理、使用、回收、销毁工作。

(2)确定本单位需要保护的商业秘密的范围、内容及密级,有针对性地建立本单位的保密制度和商业秘密的归档管理制度。

(3)限定本单位商业秘密"知悉人员"的范围,对涉及、接触、使用与知悉不同密级的商业秘密人员进行严格限定,在确定使用或者接触本单位商业秘密的人员范围后,与知晓或者可能知晓该商业秘密的人员签订保密协议或者竞业禁止条款。

(4)对涉及、接触、使用与知悉不同密级商业秘密的方式、审批程序、时间进行严格规定并且制度化。特别是建立本单位知悉商业秘密的人员在对内、对外活动中商业秘密保护制度,本单位知悉商业秘密的人员在对内接待参观、考察、交流、实习者的活动中,以及对外参加会议、发表论文、展览展示产品、广告宣传时商业秘密的审查和审批制度尤为重要。

(5)严格审查本单位技术合同或者贸易合同是否有涉及本单位商业秘密的情形,审查与本单位的科研或者业务有关系的合作开发者、业务伙伴、客户等是否有涉及本单位商业秘密的,并且与之签订保密协议。保密协议必须约定商业秘密的范围、保密的方式、保密的时间以及违反保密义务的法律责任。我国《合同法》规定:"当事人在订立合同过程中知悉的商业秘密,无论合同是否成立,不得泄露或者不正当地使用。泄露或者不正当地使用该商业秘密给对方造成损失的,应当承担损害赔偿责任。"

(6)单位商业秘密管理机构应当建立商业秘密侵权应急调查和应对制度。发生商业秘密侵权纠纷时,及时制止侵权行为,以避免泄露的商业秘密扩散,追回载有商业秘密的图纸、软件及其相关资料,根据实际情况,采取最佳措施,既达到救济赔偿损失的目的,又防止事态的进一步扩大,亡羊补牢,将损失降到最低。诉讼并非是优选方案,只有当受侵犯的商业秘密已经无法恢复到保密状态,造成不可挽回的损失时,才选择诉讼,即使如此,也可以要求法院不公开审理此商业秘密案件。

二、植物新品种权的取得与维持

我国1997年3月颁布,1997年10月1日开始施行的《植物新品种保护条例》,是继我国专利法保护植物新品种的育种方法后,给予植物新品种以品种专用权保护的法律。该条例基本上与世界知识产权组织《保护植物新品种国际公约》一致。根据我国《植物新品种保护条例》,农业部和林业部又分别颁布了《植物新品种保护条例实施细则(农业部分)》和《植物新品种保护条例实施细则(林业部分)》。植物新品种要取得专有权首先向保护办公室提出申请,经审查符合我国《植物新品种保护条例》和《植物新品种保护条例实施细则(农业部分)》和《植物新品种保护条例实施细则(林业部分)》规定的授权条件的,方可取得品种专有权。

(一) 植物新品种权的审批机构

依照我国《植物新品种保护条例》的规定,国务院农业、林业行政部门,按照职责分工共同负责植物新品种权申请的受理和审查,并对符合法定条件规定的植物新品种授予植物新品种权。农业部为农业植物新品种权的审批机关,依照我国《植物新品种保护条例》和《植物新品种保护条例实施细则(农业部分)》的规定,授予农业植物新品种权。农业部植物新品种保护办公室,承担农业品种权申请的受理、审查等事务,负责农业植物新品种测试和繁殖材料保藏的组织工作。国家林业局依照我国《植物新品种保护条例》和《植物新品种保护条例实施细则(林业部分)》的规定受理、审查林业植物新品种权的申请并授予林业植物新品种权。国家林业局植物新品种保护办公室,负责受理和审查林业植物新品种的品种权申请,组织与林业植物新品种保护有关的测试、保藏等业务,按国家有关规定承办与林业植物新品种保护有关的国际事务等具体工作。

(二) 品种权的申请与受理

中国的单位和个人申请品种权的,可以直接或者委托代理机构向品种保护办公室提出申请。在中国没有经常居所的外国人、外国企业或其他外国组织,向品种保护办公室提出品种权申请的,必须委托代理机构办理。

申请人委托代理机构办理品种权申请等相关事务时,必须与代理机构签订委托书,明确委托办理的具体事项与权利义务。代理机构在向品种保护办公室提交申请时,必须同时提交申请人委托书。对于委托代理机构办理品种权申请的,品种保护办公室在上述申请的受理与审查程序中,将直接与代理机构联系。

申请品种权的申请人必须向品种保护办公室提交请求书、说明书和品种照片各一式两份,同时提交相应的请求书和说明书的电子文档。请求书、说明书按照品种保护办公室规定的统一格式填写。

申请人提交的说明书必须包括下列内容:

(1) 申请品种的暂定名称,该名称必须与请求书的名称一致;
(2) 申请品种所属的属或者种的中文名称和拉丁文名称;
(3) 育种过程和育种方法,包括系谱、培育过程和所使用的亲本或者其他繁殖材料来源与名称的详细说明;
(4) 有关销售情况的说明;
(5) 选择的近似品种及理由;
(6) 申请品种特异性、一致性和稳定性的详细说明;
(7) 适于生长的区域或者环境以及栽培技术的说明;
(8) 申请品种与近似品种的性状对比表。

说明书内容的第(5)、(8)项所称"近似品种",是指在所有已知植物品种中,相关特征或者特性与申请品种最为相似的品种。

所谓"已知植物品种",是指品种权申请初审合格公告、通过品种审定或者已推广应用的品种。

申请人提交的照片必须符合以下要求:

(1) 照片有利于说明申请品种的特异性;
(2) 申请品种与近似品种的同一种性状对比应在同一张照片上;
(3) 照片应为彩色,必要时申请人可以提供黑白照片;
(4) 照片规格为 8.5 厘米×12.5 厘米或者 10 厘米×15 厘米;
(5) 关于照片的简要文字说明。

如果品种权申请文件出现下列情形之一的,品种保护办公室将不予受理该品种权的申请:
(1) 未使用中文的;
(2) 缺少请求书、说明书或者照片之一的;
(3) 请求书、说明书和照片不符合规定格式的;
(4) 文件未打印的;
(5) 字迹不清或者有涂改的;
(6) 缺少申请人和联系人姓名(名称)、地址、邮政编码的或者不详的;
(7) 委托代理机构,但缺少代理委托书的。

品种保护办公室自收到申请之日起一个月内,首先进行申请格式审查,对以中文书写提交的请求书、说明书和该品种的照片符合格式要求规定的品种权申请,明确申请日,给予申请号,发出受理通知书,同时通知申请人缴纳申请费。申请日的确定是以保护办公室收到品种权申请文件之日为申请日;如果申请文件是邮寄的,以寄出的邮戳日为申请日。对不符合或者经修改仍不符合格式规范要求的品种权申请,品种保护办公室不予受理,并通知申请人。

一件植物品种权申请包括两个以上新品种的,申请人可以根据品种保护办公室提出分案申请的要求,在指定期限内对原申请进行分案。未进行分案修正或者期满未答复的,视为撤回申请。

申请人按照品种保护办公室要求提出的分案申请,可以保留原申请日;享有优先权的,可保留优先权日。但分案修正后提出的申请不得超出原申请文件已有内容的范围。分案申请的请求书中必须写明原申请的申请号和申请日。原申请享有优先权的,必须提交原申请的优先权文件副本。

中国的单位和个人申请品种权的植物新品种,涉及国家安全或者重大利益需要保密的,申请人必须在申请文件中说明,品种保护办公室经过审查后作出是否按保密申请处理的决定,并通知申请人。品种保护办公室认为需要保密而申请人未注明的,仍按保密申请处理,并通知申请人。

(三) 品种权的审查与批准

品种权申请必须经过初步审查、实质审查、登记和公告等审查程序,符合我国《新品种保护条例》规定的形式条件和实质性条件的申请,方可取得品种权。

1. 初步审查

品种保护办公室对品种权申请的下列内容进行初步审查:
(1) 是否属于植物品种保护名录列举的植物属或者种的范围;
(2) 申请人的主体资格是否适合,尤其是对外国申请人重点审查其是否为享有国民待遇的申请人；

(3) 是否符合新颖性的规定；

(4) 植物新品种的命名是否适当；

(5) 选择的近似品种是否适当,申请品种的亲本或其他繁殖材料来源是否公开。

一般情况下,品种保护办公室自受理品种权申请之日起六个月内即可完成初步审查。对经初步审查合格的品种权申请,保护办公室予以公告,并通知申请人在三个月内缴纳审查费。对有疑问的,可要求申请人在指定期限陈述意见或者补正;申请人期满未答复的,视为撤回申请。申请人陈述意见或者补正后,品种保护办公室认为仍然不符合规定的,将会驳回该申请。

未经品种保护办公室批准,申请人在品种权授予前不得修改申请文件的下列内容:

(1) 申请品种的名称、申请品种的亲本或其他繁殖材料名称、来源以及申请品种的育种方法；

(2) 申请品种的最早销售时间；

(3) 申请品种的特异性、一致性和稳定性内容。

品种权申请文件的修改部分,除个别文字修改或者增删外,必须按照规定格式提交替换页。

除品种权申请文件外,任何人向品种保护办公室提交的与品种权申请有关的材料,有下列情形之一的,视为未提出:

(1) 未使用规定的格式或者填写不符合要求的；

(2) 未按照规定提交证明材料的。

当事人当面提交材料的,受理人员将会当面说明材料存在的缺陷后直接退回;通过邮局提交的,品种保护办公室会将视为未提出的审查意见和原材料一起退回;邮寄地址不清的,采用公告方式退回。

2. 实质审查

实质性条件的审查,是指品种保护办公室依据申请文件和其他有关书面材料对品种权申请的新颖性、特异性、一致性和稳定性进行实质审查。

缴纳实质审查费是启动实质性条件审查的前提。申请人按照规定缴纳审查费后,品种保护办公室即开始对该品种权申请进行实质审查。申请人未在规定的期限内缴纳审查费的,品种权申请视为撤回。

品种保护办公室在对申请文件和其他有关书面材料进行实质审查的基础上,如果认为必要,还可以委托指定的测试机构进行测试或者考察业已完成的种植或者其他试验的结果。在实质性审查中,品种保护办公室认为必要的,申请人还必须交送申请品种和近似品种的繁殖材料,用于申请品种的审查和检测。申请品种属于转基因品种的,必须附具生产性试验阶段的《农业转基因生物安全审批书》或《农业转基因生物安全证书(生产应用)》复印件。

申请人必须自收到品种保护办公室通知之日起三个月内送交繁殖材料。送交繁殖材料为籽粒或果实的,必须送至品种保护办公室植物新品种保藏中心(以下简称保藏中心);送交种苗、种球、块茎、块根等无性繁殖材料的,必须送至品种保护办公室指定的测试机构。

申请人送交的申请品种繁殖材料必须与品种权申请文件中所描述的繁殖材料相一致,并符合下列要求:

（1）未遭受意外损害；
（2）未经过药物处理；
（3）无检疫性的有害生物；
（4）送交的繁殖材料为籽粒或果实的,籽粒或果实必须是最近收获的。

申请人送交的繁殖材料不得少于品种保护办公室所规定的数量,不足者,申请人必须自收到保藏中心或者测试机构通知之日起一个月内补足。繁殖材料必须依照有关规定实施植物检疫。检疫不合格或者未经检疫的,保藏中心或者测试机构不予接收。

保藏中心或者测试机构收到申请人送交的繁殖材料后出具书面证明,并在收到繁殖材料之日起二十个工作日内(有休眠期的植物除外)完成生活力等内容的检测。检测合格的,向申请人出具书面检测合格证明；检测不合格的,通知申请人自收到通知之日起一个月内重新送交繁殖材料并取回检测不合格的繁殖材料。申请人到期不取回的,保藏中心或者测试机构可以销毁。

申请人未按规定送交繁殖材料的,视为撤回申请。

3. 登记和公告

品种保护办公室对经过实质审查,认为符合法定条件的品种权申请,发出办理授予品种权手续的通知后,申请人必须在自收到通知之日起两个月内办理相关手续和缴纳第一年年费。期满未办理的,视为放弃取得品种权的权利。

申请人办理相关手续和缴费后,品种保护办公室颁发品种权证书,并予以登记和公告。品种权自授权公告之日起生效。

4. 复审

品种保护办公室对经过实质审查认为不符合法定条件的品种权申请,将驳回该品种权的申请,被予以驳回的情形是：

（1）不符合单一性原则,即一个植物新品种只能授予一项品种权；
（2）不符合实质性要件之一,即不满足新颖性、特异性、一致性和稳定性要求；
（3）属于不授予品种权的范围,即申请品种权的植物新品种可能会危害公共利益或者破坏生态环境；
（4）不符合命名规定,即申请的植物新品种不属于国家植物品种保护名录中所列举植物的属或者种,而申请人又不按照品种保护办公室要求修改。

申请人对被品种保护办公室驳回品种权申请的决定不服的,可以自收到通知之日起三个月内,向品种保护办公室设立的植物新品种复审委员会提出复审请求。植物新品种复审委员会一般自收到复审请求书之日起六个月内作出维持原驳回决定或者是撤销驳回的决定,并通知申请人。申请人对植物新品种复审委员会的决定不服的,可以自接到通知之日起十五日内向人民法院提起诉讼。

复审仅仅是对品种保护办公室审查与批准品种权申请是否合法进行监督的程序,同时也为申请人被驳回品种权申请提供一个救济的途径。因此,植物新品种复审委员会只能够对驳回品种权申请是否适当作出决定,而不能够直接作出授予植物新品种权的决定,最终,该品种权的申请能否取得专有权还要由品种保护办公室作出决定。

(四) 品种权的终止和无效

1. 品种权的终止

有下列情形之一的,品种权在其保护期限届满前终止:
(1) 品种权人以书面声明放弃品种权的;
(2) 品种权人未按照规定缴纳年费的;
(3) 品种权人未按照审批机关的要求提供检测所需的该授权品种的繁殖材料的;
(4) 经检测该授权品种不再符合被授予品种权时的特征和特性的。

品种权的终止,由审批机关登记和公告。

2. 品种权的无效

自审批机关公告授予品种权之日起,植物新品种复审委员会可以依据职权或者依据任何单位或者个人的书面请求,对以下不符合授予品种权的条件的宣告品种权无效:
(1) 不具备新颖性;
(2) 不具备特异性;
(3) 不具备一致性;
(4) 不具备稳定性。

对授予品种权的植物新品种应当具备适当的名称,并与相同或者相近的植物属或者种中已知品种的名称相区别。该名称经注册登记后即为该植物新品种的通用名称。不符合下列条件的,予以更名:
(1) 仅以数字组成的;
(2) 违反社会公德的;
(3) 对植物新品种的特征、特性或者育种者的身份等容易引起误解的。

宣告品种权无效或者更名的决定,由审批机关登记和公告,并通知当事人。对植物新品种复审委员会的决定不服的,可以自收到通知之日起三个月内向人民法院提起诉讼。

被宣告无效的品种权视为自始不存在。宣告品种权无效的决定,对在宣告前人民法院作出并已执行的植物新品种侵权的判决、裁定,省级以上人民政府农业、林业行政部门作出并已执行的植物新品种侵权处理决定,以及已经履行的植物新品种实施许可合同和植物新品种权转让合同,不具有追溯力;但是,因品种权人的恶意给他人造成损失的,应当给予合理赔偿。品种权人或者品种权转让人不向被许可实施人或者受让人返还使用费或者转让费,明显违反公平原则的,品种权人或者品种权转让人应当向被许可实施人或者受让人返还全部或者部分使用费或者转让费。

三、集成电路布图设计权的取得与维持

我国于 2001 年 4 月 2 日颁布了《集成电路布图设计保护条例》,2001 年 10 月 1 日起施行,依据条例制定的《集成电路布图设计保护条例实施细则》也同时施行。按照条例和实施细则的规定,创作人员或者欲想取得布图设计专有权的自然人、法人或者其他单位,必须首先向国务院知识产权行政部门申请登记,当该申请满足法定的形式条件、实质要件,经核准

办理了登记手续后,才能够取得该布图设计的专有权。该布图设计的专有权在法定期限内受法律保护。国务院知识产权行政部门是指国家知识产权局。

(一) 取得集成电路布图设计权的程序

布图设计登记取得专有权的程序大致如下。

1. 申请

1) 申请日的确定

向国家知识产权局申请布图设计登记的,必须提交布图设计登记申请表和该布图设计的复制件或者图样。布图设计在申请日以前已投入商业利用的,还必须提交含有该布图设计的集成电路样品。所谓的"商业利用",是指为商业目的进口、销售或者以其他方式提供受保护的布图设计、含有该布图设计的集成电路或者含有该集成电路的物品的行为。

国家知识产权局收到布图设计申请文件之日为申请日。如果申请文件是邮寄的,则以寄出的邮戳日为申请日。

2) 申请文件

申请人向国家知识产权局申请布图设计登记时必须提交以下文件:

(1) 布图设计登记申请表;
(2) 布图设计的复制件或者图样;
(3) 布图设计已投入商业利用的,提交含有该布图设计的集成电路样品;
(4) 国务院知识产权行政部门规定的其他材料。

以书面形式申请布图设计登记的,必须向国家知识产权局提交布图设计登记申请表一式两份以及一份布图设计的复制件或者图样。

申请人委托专利代理机构向国家知识产权局申请布图设计登记和办理其他手续的,必须同时提交委托书,写明委托权限。

申请人有两个以上且未委托专利代理机构的,除申请表中另有声明外,以申请表中指明的第一申请人为代表人。

布图设计登记申请表必须写明下列事项:

(1) 申请人的姓名或者名称、地址或者居住地;
(2) 申请人的国籍;
(3) 该布图设计的名称;
(4) 该布图设计创作者的姓名或者名称;
(5) 该布图设计的创作完成日期;
(6) 该布图设计所用于的集成电路的分类;
(7) 申请人委托代理机构的,必须注明的有关事项;申请人未委托代理机构的,其联系人的姓名、地址、邮政编码及联系电话;
(8) 布图设计有商业利用行为的,该行为的发生日;
(9) 布图设计登记申请有保密信息的,含有该保密信息的图层的复制件或者图样页码编号及总页数;
(10) 申请人或者代理机构的签字或者盖章;
(11) 申请文件清单;

（12）附加文件及样品清单；

（13）其他需要注明的事项。

布图设计的复制件或者图样必须符合下列要求：

（1）复制件或者图样的纸件必须至少放大到用该布图设计生产的集成电路的二十倍以上。申请人可以同时提供该复制件或者图样的电子版本。提交电子版本的复制件或者图样的，必须包含该布图设计的全部信息，并注明文件的数据格式。

（2）复制件或者图样有多张纸件的，必须顺序编号并附具目录。

（3）复制件或者图样的纸件必须使用 A4 纸格式。如果大于 A4 纸的，必须折叠成 A4 纸格式。

（4）复制件或者图样可以附具简单的文字说明，说明该集成电路布图设计的结构、技术、功能和其他需要说明的事项。

布图设计在申请日之前没有投入商业利用的，该布图设计登记申请可以有保密信息，其比例最多不得超过该集成电路布图设计总面积的 50%。含有保密信息的图层的复制件或者图样页码编号及总页数必须与布图设计登记申请表中所填写的一致。布图设计登记申请有保密信息的，含有该保密信息的图层的复制件或者图样纸件必须置于另一个保密文档袋中提交。除侵权诉讼或者行政处理程序需要外，任何人不得查阅或者复制该保密信息。

布图设计在申请日之前已投入商业利用的，申请登记时必须提交四件含有该布图设计的集成电路样品，并必须符合下列要求：

（1）所提交的四件集成电路样品必须置于能保证其不受损坏的专用器具中，并附具填写好的国家知识产权局统一编制的表格；

（2）器具表面必须写明申请人的姓名、申请号和集成电路名称；

（3）器具中的集成电路样品必须采用适当的方式固定，不得有损坏，并能够在干燥器中至少存放十年。

布图设计登记申请有下列情形的，国家知识产权局将通知申请人不予受理：

（1）未提交布图设计登记申请表或者布图设计的复制件或者图样的，已投入商业利用而未提交集成电路样品的，或者提交的上述各项不一致的；

（2）外国申请人的所属国未与中国签订有关布图设计保护协议或者与中国共同参加有关国际条约的；

（3）所涉及的布图设计属于无论是否登记或者投入商业利用，自创作完成之日已经满十五年，依据条例规定不再予以保护的；

（4）所涉及的布图设计属于在世界任何地方首次商业利用之日起二年内，未向国务院知识产权行政部门提出登记申请的，依据条例规定国务院知识产权行政部门不再予以登记的；

（5）申请文件未使用中文的；

（6）申请类别不明确或者难以确定其属于布图设计的；

（7）未按规定委托代理机构的；

（8）布图设计登记申请表填写不完整的。

3）文件的补正和修改

申请文件不符合《集成电路布图设计保护条例》和《集成电路布图设计保护条例实施细

则》规定的,申请人必须在收到国家知识产权局的审查意见通知之日起两个月内进行补正。补正必须按照审查意见通知书的要求进行。逾期未答复的,该申请视为撤回。

申请人按照国家知识产权局的审查意见补正后,申请文件仍不符合《集成电路布图设计保护条例》和《集成电路布图设计保护条例实施细则》规定的,国家知识产权局将对该申请作出驳回决定。

2. 审查

国务院知识产权行政部门要对申请人所提出的布图设计登记申请进行初步审查。初步审查主要是对申请登记的布图设计是否满足形式要件进行审查,其内容主要有申请手续是否完备、申请文件是否齐备、表格填写是否规范、申请人是否适合(尤其是外国申请人)。而对于申请登记的布图设计是否满足实质性要件并不进行审查。该布图设计是否具有独创性,在布图设计创作者和集成电路制造者中是否为公认的常规设计,通常由专利复审委员会通过撤销该布图设计专有权的程序保障。

国务院知识产权行政部门对申请人所提出的布图设计登记申请初步审查中,如果发现不符合要求时,可以要求申请人限期修改或者补缴有关材料。申请人逾期未提交相关文件或者相关资料的,则视为申请人自动撤回该申请。申请人拒绝修改或者补交的,则驳回该申请。若申请的布图设计本身就不符合授权的法定条件,国务院知识产权行政部门将直接驳回该申请。

布图设计登记申请人对国务院知识产权行政部门驳回其登记申请的决定不服的,可以自收到通知之日起三个月内,向国务院知识产权行政部门请求复审。国务院知识产权行政部门复审后,作出决定,并通知布图设计登记申请人。布图设计登记申请人对国务院知识产权行政部门的复审决定仍不服的,可以自收到通知之日起三个月内向人民法院起诉。

3. 登记与公告

布图设计登记申请经初步审查没有发现驳回理由的,由国家知识产权局批准予以登记,颁发布图设计登记证书,并在国家知识产权局互联网站和中国知识产权报上予以公告。

4. 颁发登记证书

国家知识产权局颁发的布图设计登记证书包括下列各项:
(1) 布图设计权利人的姓名或者名称和地址;
(2) 布图设计的名称;
(3) 布图设计在申请日之前已经投入商业利用的,其首次商业利用的时间;
(4) 布图设计的申请日及创作完成日;
(5) 布图设计的颁证日期;
(6) 布图设计的登记号;
(7) 国家知识产权局的印章及负责人签字。

(二) 复审和撤销程序

1. 复审和撤销机构

国家知识产权局专利复审委员会负责对国家知识产权局驳回布图设计登记申请决定不服,而提出的复审请求的审查,以及负责对布图设计专有权撤销案件的审查。

2. 复审程序

布图设计申请人，对国家知识产权局驳回布图设计登记申请决定不服的，可以向专利复审委员会请求复审。请求复审时必须提交复审请求书，说明理由，必要时还必须附具有关证据。复审请求书不符合自收到驳回登记申请的决定三个月内规定期限的，专利复审委员会将不予受理。

复审请求不符合规定格式的，复审请求人必须在专利复审委员会指定的期限内补正；期满未补正的，该复审请求视为未提出。

复审请求人在提出复审请求或者在对专利复审委员会的复审通知书作出答复时，可以修改布图设计申请文件；但是修改必须仅限于消除驳回决定或者复审通知书指出的缺陷。

专利复审委员会进行审查后，认为布图设计登记申请的复审请求不符合条例或者实施细则有关规定的，必须通知复审请求人，要求其在指定期限内陈述意见。期满未答复的，该复审请求视为撤回；经陈述意见或者进行修改后，专利复审委员会认为该申请仍不符合条例和实施细则有关规定的，将会作出维持原驳回决定的复审决定。

专利复审委员会进行复审后，认为原驳回决定不符合条例和实施细则有关规定的，或者认为经过修改的申请文件消除了原驳回决定指出的缺陷的，将会作出撤销原驳回决定，通知原审查部门对该申请予以登记和公告。

当事人对国家知识产权局作出的下列具体行政行为不服或者有争议的，可以向国家知识产权局行政复议部门申请复议：

（1）不予受理布图设计申请的；
（2）将布图设计申请视为撤回的；
（3）不允许恢复有关权利的请求的；
（4）其他侵犯当事人合法权益的具体行政行为。

3. 撤销程序

布图设计登记公告后，发现登记的布图设计专有权不符合集成电路布图设计保护条例或者实施细则规定的授予布图设计专有权的形式条件或者是实质性条件的，专利复审委员会可以撤销该布图设计专有权，通知布图设计权利人，并予以公告。

撤销布图设计专有权的，专利复审委员会先通知该布图设计权利人，要求其在指定期限内陈述意见。期满未答复的，不影响专利复审委员会作出撤销布图设计专有权的决定。

4. 行政诉讼

对专利复审委员会作出的维持原驳回决定的复审决定以及撤销布图设计专有权的决定，布图设计申请人或者是专有权人可以自收到相关通知书之日起三个月内，向中级人民法院提起行政诉讼。

在规定期限内，布图设计专有权人未向人民法院起诉，或者在人民法院维持专利复审委员会撤销布图设计专有权决定的判决生效后，国家知识产权局将撤销该布图设计专有权的决定在国家知识产权局互联网站和《中国知识产权报》上公告。被撤销的布图设计专有权视为自始即不存在。

本章重点

1. 发明创造被授予专利权的条件。
2. 发明专利申请、实用新型专利申请和外观设计专利申请的审查程序。
3. 请求专利权无效的理由和程序。
4. 授予商标专用权的条件。
5. 商标注册申请的审查程序。
6. 注册商标的注销、撤销和无效。
7. 取得著作权的条件。
8. 著作权的保护期限。
9. 商业秘密权的取得。
10. 植物新品种权的取得。
11. 集成电路布图设计专有权的取得。

本章难点

1. 授予专利权的新颖性、创造性和实用性标准。
2. 发明专利申请与实用新型、外观设计专利申请审查程序的不同。
3. 申请取得专利权的原则。
4. 专利的复审与无效。
5. 注册取得商标权的原则。
6. 注册商标的显著性标准。
7. 商标注册申请的异议。
8. 注册商标的注销、撤销、无效事由。

思 考 题

1. 授予专利权的法定条件是什么？
2. 发明专利和实用新型专利的创造性标准有何差异？
3. 专利申请的说明书、权利要求书的撰写要求有何不同？
4. 导致专利权无效的原因是什么？
5. 导致商标权无效的原因是什么？
6. 著作权作品的独创性与专利技术创造性标准有何差异？
7. 哪些知识产权权利的取得必须要经过国务院行政部门的审批？

主要参考文献

[1] 吴汉东. 知识产权法通识教材[M]. 北京：知识产权出版社，2007.
[2] 刘春田. 知识产权法[M]. 北京：高等教育出版社，北京大学出版社，2008.
[3] 朱雪忠. 企业知识产权管理[M]. 北京：知识产权出版社，2008.
[4] 刘春茂. 知识产权原理[M]. 北京：知识产权出版社，2002.
[5] 黄辉. 驰名商标和著名商标的法律保护[M]. 北京：法律出版社，2001.
[6] 中华人民共和国国家知识产权局. 审查指南[M]. 北京：知识产权出版社，2001.
[7] 全国人大常委会法制工作委员会审定. 知识产权常用法律法规手册[M]. 北京：中国民主法制出版社，2003.

第六章

知识产权保护

第一节 侵犯知识产权的行为

侵权行为是指因不法侵害他人的权益,依法律规定,应承担民事责任的行为。侵犯知识产权行为是指违反法律规定而损害知识产权所有人专有权利的行为。侵犯知识产权行为与一般侵权行为有相同的法律性质和法律后果。但由于其侵害对象不同,侵犯知识产权行为表现出自己独有的特征,如侵害形式的特殊性、侵害行为的高度技术性、侵害范围的广泛性、侵害类型的多样性等。

对侵犯知识产权行为的构成要件应该区分不同情况:损害赔偿责任的承担应该采取过错责任原则,以过错为要件;而其他责任的承担则采取无过错责任原则。之所以如此,原因有二:一是由于知识产权具有无形性等特点,使得权利人的专有权范围被他人无意及过失侵犯的可能性与实际机会比物权等权利大。"就是说,无过错而使他人知识产权受损害,在某些情况下有'普遍性'。而侵害物权则没有'普遍性'。"二是在知识产权侵权纠纷中,原告证明被告有过错很难,而相反,被告证明自己无过错很容易。[①]

侵犯知识产权的行为很多,以下根据不同类型的知识产权分别叙述。

一、侵犯专利权的行为(含权利要求范围的确定)

下面是一份判决书的分析及判决部分[②],请阅读。

上诉人(原审被告):中国东南技术贸易总公司

被上诉人(原审原告):北京市王码电脑总公司

……

本院认为,五笔字型汉字编码输入技术是众多的计算机汉字输入技术中的一种,它的基本原理和基础技术思想,如运用笔画输入、将汉字拆成字根及用字根组字、五区五位的划分

---

① 郑成思.知识产权法[M].北京:法律出版社,2004:117.
② 侵犯"优化五笔字型编码法及其键盘"发明专利权纠纷案.北京市高级人民法院(1994)高知终字第30号。本案是上诉案。

并将字根分布与其对应、末笔交叉识别等内容,有些是我国历史文化遗产,有些是现代人发明并已公知的现有技术。"优化五笔字型"专利技术的开发者虽然做出了自己的贡献,但是从"优化五笔字型"专利独立权利要求中的前序部分可见,就整个五笔字型汉字输入技术而言,并非本案相关专利所覆盖的发明成果。

"优化五笔字型"专利权的保护范围应以其独立权利要求中记载的必要技术特征为准。该发明的必要技术特征包括独立权利要求中前序部分的公知技术和特征部分的区别技术特征,这些特征共同组成一个完善的技术方案。"优化五笔字型"并非五笔字型汉字输入技术的基础专利,也不是一项开创性发明。因此,在侵权诉讼中,不允许对审定公告确定的权利要求界定的保护范围作任意扩大解释;否则,将不利于计算机汉字输入技术的发展。

"优化五笔字型"专利独立权利要求的前序部分均为现有技术,特征部分即:采用经优化(优选)的220个字根构成对简、繁汉字和词语依形编码的编码体系,将其字根分布在下述5个区共25个键位上,并具体描述了字根在各键位上的分布。东南汉卡中使用的五笔字型第四版技术与"优化五笔字型"专利属于同一类汉字编码体系。二者都是在民族文化遗产和现有技术基础上产生的汉字输入技术方案,五笔字型第四版技术与"优化五笔字型"专利在技术上有联系,即现有技术方面基本相同,发展的基础相同。但二者的区别也是明显的。从这类编码技术发展的角度看,"优化五笔字型"专利属于低版本,五笔字型第四版技术属于高版本,高版本的技术内容不能覆盖低版本的技术内容,因为先进的技术可能源于落后的技术,但不能覆盖落后的技术。从二者的技术特征看,"优化五笔字型"专利是由220个字根组成的编码体系,而五笔字型第四版技术是由199个字根组成的编码体系,这种字根的减少并非是220个字根中删减的结果,而是依据易学易记的目标需要,重新优选字根的结果,注入了开发者创造性的劳动。单纯的计算机汉字输入技术不能获得专利保护,它们必须与计算机键盘相结合才有可能获得专利保护。"优化五笔字型"专利技术中的220个字根与键位在五区五位上的一一对应关系是固定的,而五笔字型第四版技术采用的199个字根组成编码体系,这些字在五区五位25个键位上的分布关系重新作了调整,并将三区和五区的位置作了调换,从而达到了方便输入提高输入速度的目的。五笔字型第四版技术将"优化五笔字型"专利中的4种字型减少为3种,方便了记忆。五笔字型第四版技术与"优化五笔字型"专利技术的这些区别是具有实质性的。五笔字型第四版技术与"优化五笔字型"专利技术的发明目的亦不相同,并取得了优于"优化五笔字型"专利的技术效果。因此,五笔字型第四版技术与"优化五笔字型"专利技术之间的区别技术特征不属于等同手段替换,不能适用等同原则。

一审判决脱离了专利侵权的基本原则,未以专利的权利要求为依据界定专利的保护范围,未明确"优化五笔字型"专利技术保护范围,仅将其独立权利要求中的区别特征作为"主要技术特征"与侵权物进行对比,对前序部分涉及的公知技术部分未作比较,比较对象错误,扩大了专利保护范围;认定"五笔字型第三版技术选用的字根为220个,而第四版技术选用了其中的199个字根"与事实不符;将五笔字型第四版技术与"优化五笔字型"专利的关系认定为"是一种依存关系或称从属关系",无事实和法律依据。依存关系或从属关系是针对两个相关专利而言的,前者是基本专利,后者是从属专利,若实施从属专利则必须要实施基本专利,离开前者不能实施后者。"优化五笔字型"专利并非基本专利,五笔字型第四版技术完全可以独立实施,因此两者之间并不存在从属关系;认定"优化五笔字型"的专利权人在使用五笔字型第四版技术的人愿意支付合理费用的情况下,不应拒绝该人使用五笔字型第四版技术,于法无据。一审法院在未明确东南公司是否侵权的情况下,做出由东南公司向王码公司支付24万元技术使用费的判决,属适用法律错误。

综上所述,东南公司虽然在东南汉卡中使用了五笔字型第四版技术,但"优化五笔字型"专利技术与五笔字型第四版技术是两个计算机汉字输入方案,二者不存在覆盖和依存关系,因此不构成对"优化五笔字型"专利权的侵犯,其上诉理由成立,本院予以支持;原审法院判决在认定事实、适用法律上均有错误,应予纠正。依照《中华人民共和国专利法》第五十九条、《中华人民共和国民事诉讼法》第一百五十三条第(二)、(三)款之规定,判决如下:

1. 撤销原北京市中级人民法院(1993)中经初字第180号民事判决;
2. 驳回北京市王码电脑总公司的诉讼请求。
……

通过上述阅读,结合本节的内容,掌握如何确定专利权的保护范围,如何判断被控技术落入了专利权的保护范围,从而构成侵犯专利权的行为。

(一)专利侵权行为的概念与构成

1. 专利侵权行为

专利侵权行为,即侵犯专利权的行为,是指在专利权的有效期限内,任何他人在未经专利权人许可,也没有其他法定事由的情况下,以生产经营为目的实施专利的行为。实施专利的行为,就产品发明专利和实用新型而言,是指制造专利产品、使用专利产品、许诺销售专利产品、销售专利产品、进口专利产品;就方法发明专利而言,是指使用专利方法,使用、许诺销售、销售、进口依照专利方法直接获得的产品;就外观设计专利而言,是指制造、许诺销售、销售、进口外观设计专利产品。一项发明创造在其被授予专利权的有效期间内才受到法律保护,第三人实施该项发明创造才可能构成侵权行为。对于专利权被宣告无效、专利权已经终止或者专利权期限届满的发明创造,第三人实施的行为不构成侵权。即只有行为发生在专利权有效的时间、地域范围,并涉及受该专利保护的产品或方法时,侵权才能够成立。

2. 专利侵权行为的构成

从上述含义分析,一般而言,构成专利侵权行为的要件如下。

1)是以生产经营为目的的对有效专利的实施行为

"以生产经营为目的"是指为工农业生产或者为商业经营的目的。不是为了生产经营目的,例如为个人消费目的而制造、使用、进口有关专利产品,就不构成侵犯专利权的行为。"为生产经营目的"不能被理解为"以盈利为目的",后者范围要窄。

2)是未经专利权人许可的实施行为

只有未经专利权人许可的实施行为,才能构成侵权。凡是经过专利权人同意的实施行为,则不构成侵权。

3)是违反法律规定的实施行为

有些实施专利的行为虽未得到专利权人的许可,如果有法律规定的根据,就不是违法行为。专利法对专利权的效力规定了限制:专利权用尽后的使用、许诺销售或者销售,先用权人的实施行为,临时过境的外国运输工具上的使用,专为科学研究和实验而使用,依法不应视为侵犯专利权;为提供行政审批所需要的信息,制造、使用、进口专利药品或者专利医疗器械的,以及专门为其制造、进口专利药品或者专利医疗器械;为公共利益目的的强制许可,防止滥用的强制许可,从属专利的强制许可,政府为推广应用而指定实施专利等,均为非违法的实施行为,不构成侵权。

4) 实施行为已经造成了实际损害或有损害之虞

一般来说,实施侵犯专利权的行为都会给权利人带来客观上的损失,其表现为专利权人利益的受损。但是在许诺销售侵权的情况下,权利人尚未因此行为而受到实际损失,而只有遭受损失的可能性。

5) 主观上行为人不需要有过错

《专利法》对侵权的构成要件中没有过错要件。该法规定:"未经专利权人许可,实施其专利,即侵犯专利权。"条文中没有要求行为人必须有过错。另一方面,《专利法》规定:"为生产经营目的使用或者销售不知道是未经专利权人许可而制造并售出的专利产品或者依照专利方法直接获得的产品的,虽也构成侵权,但不承担赔偿责任。"这表明,对使用和销售专利产品必须有过错,才负赔偿责任。[①]

(二)侵犯专利权的行为的种类

1. 未经专利权人许可,制造专利产品的行为

专利产品包括发明和实用新型专利产品,以及外观设计专利产品。具体来说,未经专利权人许可而制造专利产品的行为可以分成三种类型:一是制造者明知其制造的产品是受到一项有效专利保护的产品,但仍然进行其制造行为,这是故意侵权行为;二是制造者对自己的行为后果应当预见或能够预见而未作预见,或者虽有预见却轻信其不会发生,这是过失侵权行为;三是既非故意,也非过失,但是仍会受到一定限制的行为,例如在某项产品申请了发明专利,但尚未公布的时间期间内,他人独立制造了相同的产品,专利申请公开之后,他就不能自由地继续实施其行为。

综上所述,未经专利权人许可制造专利产品的行为,不论制造者在主观上是否知道属于专利产品,在我国领域内的什么地方制造,用什么方法制造,制造多少产品,只要其在制造的产品中完整地使用了他人产品专利的权利要求请求的技术方案,即构成侵犯专利权的行为,即对产品专利的制造行为的保护是绝对的。

2. 使用、许诺销售未经专利权人许可而制造的专利产品的行为

这里所说的"专利产品"是指未经专利权人许可而制造的侵权产品,它不包括专利权人或者被许可人制造的专利产品。使用、许诺销售未经专利权人许可而制造的发明或者实用新型或者外观设计专利产品的,不管有无过错,都构成侵犯专利权的行为。但是根据《专利法》的规定,如果使用者在主观上不知道他所使用的产品是侵权产品且能证明其产品合法来源的,不承担侵权赔偿责任。

[①] 我国《专利法》规定的无过错责任原则及其例外与德国相同。德国专利法规定,任何人未经专利权人许可而实施专利的,受损害的一方可以起诉要求停止这种使用;任何人故意或者过失进行这种行为的,应当向因此而遭受损害的一方承担赔偿责任。见德国《专利法》第139条第1款和第2款。

3. 销售未经专利权人许可而制造的专利产品的行为

这里所说的"销售"是指经销未经专利权人许可而制造的侵犯专利权的产品。销售侵权产品的行为不管有无过错都构成侵权。但是,根据《专利法》的规定,如果销售者在主观上不知道该产品为侵权产品且能证明其产品合法来源的,则不承担民事赔偿责任,其所承担的只是停止侵害、消除影响等其他民事责任。

4. 未经专利权人许可,进口专利产品的行为

进口专利产品,是指一种专利产品在我国受专利法保护,在其他国家制造的相同产品输入到我国的行为。未经专利权人许可,任何单位或者个人进口这种专利产品的行为即构成侵权。至于该专利产品在制造国是否受专利保护,以及当事人进口该产品时主观上是否知道该产品在进口国受专利法保护,则在所不问。即针对进口专利产品的侵权行为,适用无过错责任的归责原则。

应注意,关于进口侵权产品的责任承担,世界上不少国家把进口侵权行为视为侵权产品的制造者和进口者共同实施的侵权行为,一般裁决出口方和进口方共同承担侵权责任。如果买卖合同中约定卖方提供的货物保证不侵犯第三人的知识产权,则进口侵权责任由卖方承担。否则,可根据我国《民法通则》第一百三十条关于共同侵权的规定,把进口侵权行为认定为进出口双方共同实施的侵权,由双方共同承担责任。

5. 未经专利权人许可,使用专利方法的行为

使用专利方法是指将具有该专利权利要求所述特征的方法在实践中加以使用。不论当事人主观上是否存在过错,只要其方法落入了方法专利的权利要求范围,那么就应认定为侵权行为,应承担相应的民事责任。此种保护类似于对制造专利产品的保护,采取的是一种绝对的保护。应当注意的是,在用途发明当中,一种方法可能有多种用途,甚至可能有跨技术领域的用途。如果第三人把该专利方法应用于其他领域,而且又不是相近的技术领域,在专利权人的权利要求书中又未记载这种跨领域的用途,所实现的技术效果在专利说明书中没有记载,则此情况下认为第三人不构成侵权。

6. 使用、许诺销售、销售、进口依照专利方法直接获得的产品的行为

这是方法专利延及产品的保护行为。在制造加工方法、作业方法和使用方法三种类型的方法发明中,只有制造加工方法的专利,才可能适用此产品的延伸保护。依照专利方法所直接获得的产品可能是专利产品,也可能是非专利产品。如果是专利产品,当然其还可以运用产品专利的保护。

7. 间接专利侵权行为

上述六种专利侵权行为是根据专利法及相关的司法解释认定的,一般称为直接侵权行为。在实践中,还有相当数量的间接专利侵权行为。间接专利侵权,是指行为人实施的行为并不构成直接侵犯他人专利权,但却故意诱导、怂恿、教唆别人实施他人专利,发生直接的侵权行为,行为人在主观上有诱导或唆使别人侵犯他人专利权的故意,客观上为别人直接侵权行为的发生提供了必要的条件。我国专利法无间接侵权行为的规定,许多国家的专利法有此规定。但是,《民法通则》第一百三十条规定:"二人以上共同侵权造成他人损害的,应当承担连带责任。"最高人民法院规定,教唆、帮助他人实施侵权行为的人,为共同侵权人,应当承担连带民事责任。① 可以根据这些规定处理此类间接侵权行为案件。②

在实践中,间接侵犯专利权的行为主要有以下三种:

(1) 故意制造、销售专门用于专利产品的关键部件或者用于实施专利方法的专用设备或材料。在专利权有效期间内,行为人制造、销售只能用于该专利产品的关键部件,具有帮助他人实施直接侵害专利权的故意,其行为与专利直接侵权行为有着明显的因果关系,因此应承担相应的侵权责任。

(2) 未经专利权人授权或委托,许可他人实施专利技术,包括以合法途径取得专利技术资料,但无法定权利或约定授权而许可他人实施该专利技术,以及专利实施许可合同的被许可方,违反合同中"不得转让"的约定,擅自许可第三人实施。在这类情形中,受让方实施他人专利技术构成直接侵权,转让方则起到教唆、帮助他人实施侵权行为的作用,而构成共同侵权,应当承担连带责任。

(3) 专利权共有人未经其他共有人同意而擅自许可他人实施该专利技术,或者擅自转让该专利权,或者擅自将该专利权作为股份与他人联营。这些情况也属于广义意义上的间接侵犯专利权的行为,当事人主观上都存在过错。

二、侵犯著作权的行为

(一) 侵犯一般作品著作权的行为

以下是"吴冠中诉上海朵云轩等拍卖假冒其署名的美术作品侵权案"简情,请阅读。

原告:吴冠中,男,75岁,中央工艺美术学院教授

被告:上海朵云轩

被告:香港永成古玩拍卖有限公司

上海朵云轩(以下简称朵云轩)和香港永成古玩拍卖有限公司(以下简称永成公司)于1992年12月签订协议,约定于1993年3月和9月在香港联合主办近代中国书画拍卖会。1993年香港客户赵某与永成公司签订合同,委托永成公司拍卖署名吴冠中的载有"炮打司令部"字样的《毛泽东肖像》画一幅,估价为30万至35万港元。永成公司将朵云轩提供和永成公司收集的拍卖品编成《图录》,封面印有"联合主办"字样。1993年10月中旬,吴冠中得知此消息后,认为其从未画过《毛泽东肖像》,并向有关部门反映了此情况。但朵云轩在接到通知后,仍与永成公司联合拍卖,甚至出具专家鉴定意见,称这是吴冠中的作品,致作品以港币50多万元的价格卖出。1994年7月,吴冠中向上海市第二中级人民法院起诉。

上海市第二中级人民法院经审理后认为:公民享有表明其身份、在作品上署名的权利,亦享有禁止他人制作、出售假冒其署名的美术作品的权利,上述权利受法律保护。现有证据证明,本案系争的《毛泽东肖像》画,落款非吴冠中署名,是一件假冒吴冠中署名的美术作品。两被告之间订有共同主持拍卖的协议书,《图录》中也载明为联合主办,且实际拍卖时又共同主持拍卖活动,表明对系争作品的拍卖为两被告的共同行为。两被告拍卖书画的行为是一种包括征集书画、刊印发行《图录》以及实际竞拍清账的系列行为。拍

---

① 最高人民法院《关于贯彻执行〈中华人民共和国民法通则〉若干问题的意见(试行)》第148条。
② 郑友德.知识产权法[M].北京:高等教育出版社,2004:243.

卖是一种特殊形式的买卖,拍卖书画是一种出售美术作品的行为。两被告在获知原告对系争作品提出异议,且无确凿证据证明该作品系原告所作、落款系原告本人署名的情况下,仍将系争作品竞拍出售,获取利益,违反了《中华人民共和国著作权法》第四十六条第(七)款的规定,系出售假冒他人署名美术作品的行为,共同严重地侵犯了原告吴冠中的著作权,造成其物质和精神损害,应承担停止侵害、消除影响、公开赔礼道歉和赔偿损失的连带民事责任。被告朵云轩辩称拍卖行为不是销售行为,其实际上不是系争作品的联合拍卖人,缺乏事实和法律依据,不予支持。原告吴冠中诉称两被告出售假冒其署名的美术作品,损害其声誉和真作的出售,侵犯其著作权,有事实和法律依据,应予支持。根据《中华人民共和国著作权法》第四十六条第(七)款、《中华人民共和国民法通则》第一百三十四条第(一)、(七)、(九)、(十)款之规定,该院于1995年9月28日判决如下:

(1) 被告朵云轩、永成拍卖公司联合拍卖假冒吴冠中署名的《毛泽东肖像》美术作品的行为,共同侵犯了原告吴冠中的著作权,应停止侵害;

(2) 两被告在《人民日报》(海外版)、《光明日报》上载文向原告公开赔礼道歉,消除影响(内容须经本院审核通过);

(3) 两被告共同赔偿原告损失人民币73000元。

朵云轩不服此判决,向上海市高级人民法院提起上诉。上海市高级人民法院于1996年3月11日判决如下:

(1) 维持一审判决第(1)项、第(2)项;

(2) 变更一审判决第(3)项为朵云轩、永成拍卖公司共同赔偿吴冠中损失人民币73000元,其中朵云轩赔偿27000元,永成拍卖公司赔偿46000元。

著作权的客体多种多样,其内容丰富多彩,侵犯著作权的行为也具有多样性和复杂性。随着现代科学技术的发展,对作品的使用方法如印刷、音乐、摄影、广播、电视、微缩、计算机等手段的日益增加,著作权较之以前更容易遭到侵犯。所以著作权的保护问题愈显突出,并受到各国的普遍重视。著作权保护已成为现代著作权法律体系不可分割的组成部分。对著作权的法律保护,重心在于通过制裁著作权侵权行为,救济受侵害的著作权。实现此目的的关键是对著作权侵权行为进行认定。

1. 侵犯著作权行为的概念及构成要件

各国著作权法几乎无一例外地对侵犯著作权行为做出了规定。但关于什么是侵犯著作权行为,法律上并无明确的定义,学理上也有不同观点。如日本学者多强调侵犯著作权即"无权而使用别人权利的客体,使别人的权利受到损害"。我国学者多认为,侵犯著作权的行为,是指未经作者或其他著作权人同意,又无法律根据,擅自对著作权作品进行利用或以其他非法手段行使著作权人专有权利的行为。

侵犯著作权的行为,需具备以下两个要件。

1) 实施了侵犯他人著作权的行为

即行为人的作为或不作为在客观上使他人的著作权受到某种不利影响,这种不利影响既可以是对著作权人物质利益的损害,也可以是对作者人身或精神权利的损害。

应注意,侵犯著作权行为侵害的客体是他人的著作权而非作品。虽然对著作权的侵犯主要表现为对著作权作品的擅自使用,但作品的擅自使用并不能包容所有侵权行为。例如,制作、出售假冒他人署名的作品的行为,构成著作权侵权行为,但是侵权行为人并非直接作用于他人的著作权作品。可见,那种将侵犯著作权行为理解为"擅自使用他人著作权作品"的观点有失偏颇。

2) 侵犯著作权行为具有违法性

侵犯著作权行为的违法性,主要表现为行为人所实施的有损他人著作权的行为,既无著作权人的授权,又超越了法律许可的范围,不存在合法的行为(如合理使用)根据。

2. 侵犯著作权行为的种类

对于侵犯著作权行为的规定,主要有两种不同的立法体例。有些国家的著作权法是采取"任何人侵犯本法第某某条所列之专有权,均应视为侵犯著作权"之类的概括性规定(如美国);而有些国家,则对应受惩罚的侵犯著作权行为作了详尽的描述,逐项加以列举(如英国)。我国现行著作权法采取后一种立法体例。

根据我国《著作权法》第四十七条、第四十八条的规定,侵犯著作权的行为主要有以下十九种。

1) 未经著作权人许可,发表其作品的行为

未经著作权人许可而将其作品予以发表,或者未按著作权人决定的时间、地点和形式发表作品,都构成对著作权人发表权的侵犯。但是在有些情况下,未经作者许可公开作品的行为不构成侵权。例如,美术作品原件受让人向公众展览作品,在有些情况下视为已取得了作者的同意。[①]

2) 未经合作作者许可将与他人合作创作的作品当作自己单独创作的作品发表的行为

合作作品的著作权归合作作者共同享有。未经合作作者许可,不得擅自发表合作作品,更不能将合作作品当作自己单独创作的作品发表。

3) 未参加创作,为谋取个人名利,在他人作品上署名的行为

作品是作者智力劳动的成果,与作者人格相关联,是作者品格、学识和思想观点的反映,因此,没有参加创作的人,为了谋取个人名利而强行将自己的名字署在他人作品上的行为构成侵权。

4) 歪曲、篡改他人作品的行为

是指未经作者同意,有损作品内容、表现形式、标题及其形象完整性的行为。例如实践中,对他人的作品断章取义、歪曲引用、曲解作者观点以及擅自作续等行为均构成对作者保护作品完整权的侵犯。但是在有些情况下,根据作品性质和使用目的不得不改变作品的行为不构成侵权。例如,为了增建、改建或修理建筑物而不得不改变建筑作品的不视为侵权。

5) 剽窃他人作品的行为

剽窃,是指将他人作品的全部或部分当作自己创作的作品予以发表的行为。这是一种常见的,也是十分严重的侵犯他人著作权的行为。它不仅侵害了作者的精神权利,也侵害了作者的经济权利,而且还欺骗了公众,所以历来受人谴责。剽窃通常有两种形式:一是完全照搬他人作品的全部或若干部分;二是将他人作品变动句子顺序、更换个别词语后融入自己的作品。如何认定一部作品是否构成剽窃?美国司法界往往从以下三方面予以考虑:①有著作权作品的独创性;②使用了有著作权作品的事实;③与原作品的相似之处。[②] 在日本,

---

① 吴汉东,曹新明,王毅,等.西方诸国著作权制度研究[M].北京:中国政法大学出版社,1998:226.
② 吴汉东,曹新明,王毅,等.西方诸国著作权制度研究[M].北京:中国政法大学出版社,1998:228.

判断音乐作品是否剽窃必须考虑音乐的旋律、和声、节奏和形式四个要素。①

6) 未经著作权人许可,以展览、摄制和以类似摄制电影的方法使用作品,或者以改编、翻译、注释等方式使用作品的行为

作者对其作品的广泛使用可以实现作品的创作价值,并使自己付出的劳动得到补偿。他人擅自使用其作品,侵犯了著作权人所享有的财产权利。但著作权法另有规定的除外。如将已经发表的作品改成盲文出版,就无须经著作权人许可,也不用支付报酬。

7) 使用他人作品应当支付报酬而未支付的行为

这是针对"法定许可使用"而言的。著作权法规定了在特殊情况下,他人使用著作权人的作品,可以不经著作权人的同意,但应支付报酬,否则构成侵权。

8) 未经电影作品和以类似摄制电影的方法创作的作品、计算机软件、录音录像制品的著作权人或者与著作权有关的权利人许可,出租其作品或者录音制品的行为

电影作品和以类似摄制电影的方法创作的作品、计算机软件的著作权人,以及录音录像制品的制作者享有出租权。未经权利人许可,出租这类作品或录音制品的构成侵权。法律另有规定的除外。

9) 未经出版者许可,使用其出版的图书期刊的版式设计的行为

出版者作为作品的主要传播者之一,其利益受到各国著作权法保护。我国著作权法也对此作了专门规定。出版者对其出版的图书、期刊的版式设计所享有的专有使用权,是基于出版者创造性的智力劳动而产生的,未经出版者许可,使用其版式设计的,构成侵权行为。

10) 未经表演者许可,从现场直播或者公开传送其现场表演,或者录制其表演的行为

表演既涉及表演者的利益,也涉及被表演作品的著作权人的利益。表演者对自己的表演享有控制、利用和支配的权利。这些权利主要体现为表演者享有许可他人从现场直播和公开传送其现场表演或者录制其表演的权利。未经许可,擅自从表演现场把表演者的表演直接播给公众收听、收看或擅自将表演制成音像制品,都构成对表演者权利的侵犯。

11) 未经著作权人许可,复制、发行、表演、放映、广播、汇编、通过信息网络向公众传播其作品的行为

这些行为都是以营利为目的,侵犯了著作权人对作品的使用权。例如,将教师的讲课内容录制下来,经过整理后予以出版;将他人发表在音乐杂志上的作品进行营业性演出;将他人已出版的图书非法复制并销售等。但法律另有规定者除外。例如,为学校课堂教学或者科学研究,少量复制已经发表的作品,供教学或科研人员使用,没有出版发行,这种情况就不构成侵权行为。

12) 出版他人享有专有出版权的图书的行为

《著作权法》第三十一条规定:"图书出版者对著作权人交付其出版的作品,按照合同约定可以享有专有出版权,他人不得出版该作品。"出版他人享有专有出版权的图书的行为,侵犯了图书出版者享有的专有出版权。应注意的是,出版他人享有专有出版权的图书的行为不同于盗版行为,盗版行为一般是通过地下印刷厂非法复制,然后通过非法途径流向市场,既侵害了著作权人的利益,同时也侵害了出版社的利益。而出版他人享有专有出版权的图书是通过正式的出版途径出版的,有的没有经过著作权人的授权,有的经过著作权人的授

---

① [日]半田正夫,纹谷畅男.著作权法50讲[M].北京:法律出版社,1990:326.

权,遇到后一种情形,则是著作权人与后一家出版社共同构成对享有专有出版权的出版社的侵权。

13) 未经表演者许可,复制、发行录有其表演的录音录像制品或者通过信息网络向公众传播其表演的行为

《著作权法》第三十八条第(五)款和第(六)款规定:"表演者有权许可他人复制、发行录有其表演的录音录像制品,有权许可他人通过信息网络向公众传播其表演,并获得报酬。"未经表演者同意而实施这些行为的,即构成侵权行为。但法律另有规定的除外。例如,为报道时事新闻的目的,复制录有表演者表演的录音录像制品,不构成侵权行为。

14) 未经录音录像制作者许可,复制、发行、通过信息网络向公众传播其制作的录音录像制品的行为

这种行为是对音像制作者权利的侵犯。我国《著作权法》第四十二条规定:"音像制作者对其制作的录音录像制品享有许可他人复制、发行、通过信息网络向公众传播并获得报酬的权利。"因此,未经许可而实施这些行为的,侵犯了音像制作者享有的复制权、发行权和信息网络传播权。但法律另有规定的除外。例如,国家机关为执行公务在合理范围内复制其录音录像制品不构成侵权。

15) 未经许可,播放或者复制广播、电视的行为

由于广播电视节目包含了广播电视组织的劳动,因此《著作权法》第四十五条规定:"广播电台、电视台有权禁止将其播放的广播、电视转播,还有权禁止他人未经许可将播放的广播、电视录制在音像载体上,以及复制音像载体。"未经许可,转播或复制广播电台、电视台播放的广播、电视节目的行为构成侵权行为。但是,法律另有规定的除外。例如,广播电台、电视台播放其他广播电台、电视台已经播放的政治、经济、宗教问题的时事性文章,除作者声明不许播放的以外,不构成侵权行为。

16) 未经著作权人或者与著作权有关的权利人许可,故意避开或者破坏权利人为其作品、录音录像制品等采取的保护著作权或者与著作权有关的权利的技术措施的行为

著作权保护中的技术措施,是指著作权人为防止他人对作品的非法使用,在作品上采取技术性的措施,令使用者不能任意复制、发行、传播和修改其作品。它以技术对抗技术为核心思想,如设置密码、付费浏览等。在数字技术与互联网环境下,技术措施作为版权保护中的有效手段,开始受到国际条约和各国立法的认可。禁止规避技术措施已成为版权立法的新趋势。

1996 年的《世界知识产权组织版权条约》第十一条、《世界知识产权组织表演和录音制品条约》第十八条、1997 年欧盟《信息社会有关版权和相关权协调的指令草案》(及其 1999 年初对该指令的修正案)第六条等国际条约都陆续规定,禁止未经权利人许可或未由法律准许而规避著作权保护中的技术措施。我国新修订的《著作权》法也规定,未经许可,故意避开或破坏著作权人所采取的技术措施的应承担法律责任。但法律另有规定的除外。例如,公安机关、国家安全机关为侦查案件需要,可以不经许可破坏著作权人对其作品的技术措施。

17) 未经著作权人或者与著作权有关的权利人许可,故意删除或者改变作品、录音录像制品等的权利管理电子信息的行为

著作权人或者著作权有关的权利人,为了防止他人假冒自己的作品,同时为了便于使用者寻求合法使用,往往在其作品复制品上注明著作权管理信息。《世界知识产组

织版权公约》第十二条给"权利管理信息"下的定义是："识别作品、作品的作者、对作品拥有任何权利的所有人的信息，或者有关作品使用的条款和条件的信息，和代表此种信息的任何数字或代码，各该项信息均附于作品的每件复制品上或在作品向公众进行传播时出现。"随着计算机互联网络的迅速发展，作品越来越多地转换成数字编码形式通过网络传播。在这种情况下，利用数字处理技术，非常容易删除、改变甚至伪造作品的管理信息。如果不加强对著作权管理信息的保护，互联网上传播的作品或者录音录像制品将是一片混乱。使用者无法找到相关的权利人，使得著作权人的"信息网络传播权"形同虚设。因此，我国著作权法为适应网络时代的要求，规定对删除、改变他人作品或录音录像制品的权利管理电子信息的行为要追究法律责任。

18) 制作、出售假冒他人署名的作品的行为

指把自己的作品冠以他人名字予以出售或将第三人的作品冠以他人的名字予以出售的行为。这是一种欺世盗名的行为。"吴冠中诉上海朵云轩等拍卖假冒其署名的美术作品侵权案"即为此例。但是如果仅仅出于对某些名人名作的推崇，将自己制作或临摹的作品冠以他人的名字，专为自我欣赏，既不出示于人，亦不出售的行为，则不构成侵权行为。

19) 其他侵犯著作权以及与著作权有关的权利的行为

与其他种类的侵权行为相比，著作权侵权行为的认定具有更大的不确定性。法律不可能穷尽列举复杂多样的著作权的侵权行为。因此，规定了这一弹性条款，用以囊括所有未预料的侵权行为。

其中，有 1) 至 11) 侵权行为之一的，侵权人应当承担民事责任。有 12) 至 19) 侵权行为之一的，侵权人除承担民事责任外，还应承担行政责任；构成犯罪的还应承担刑事责任。

（二）侵犯计算机软件著作权的行为

计算机软件的使用人，为了学习、研究计算机软件内含的设计思想和原理、安装、显示、传输或者储存软件，不视为侵犯计算机软件著作权，使用人可以不经软件著作权人许可，不向其支付报酬。但是，有下列情形之一的，除《计算机软件保护条例》另有规定外，是侵犯计算机软件著作权的行为：

（1）未经软件著作权人许可，发表或者登记其软件的；

（2）将他人软件作为自己的软件发表或者登记的；

（3）未经合作者许可，将与他人合作开发的软件作为自己单独完成的软件发表或者登记的；

（4）在他人软件上署名或者更改他人软件上的署名的；

（5）未经软件著作权人许可，修改、翻译其软件的；

（6）复制或者部分复制著作权人的软件的；

（7）向公众发行、出租、通过信息网络传播著作权人的软件的；

（8）故意避开或者破坏著作权人为保护其软件著作权而采取的技术措施的；

（9）故意删除或者改变软件权利管理电子信息的；

（10）转让或者许可他人行使著作权人的软件著作权的。

其中，有（1）至（5）侵权行为之一的，应当根据情况，承担停止侵害、消除影响、赔礼道歉、赔偿损失等民事责任；有（6）至（10）侵权行为之一的，承担停止侵害、消除影响、赔礼道歉、赔

偿损失等民事责任;同时损害社会公共利益的,由著作权行政管理部门责令停止侵权行为,没收违法所得,没收、销毁侵权复制品,可以并处罚款;情节严重的,著作权行政管理部门可以没收主要用于制作侵权复制品的材料、工具、设备等;触犯刑律的,依照刑法关于侵犯著作权罪、销售侵权复制品罪的规定,依法追究刑事责任。

三、侵犯商标权的行为

(一)侵犯一般商标商标权的行为

1. 侵犯商标权行为的概念与构成

侵犯商标权的行为是指未经商标权人同意在相同或者类似的商品(或服务)上使用与注册商标相同或者近似的商标,或者有其他损害商标权人合法权益的行为。

通常情况下,侵犯商标权的构成要件有三个:①有侵犯商标权行为;②有损害结果;③损害结果与侵权行为之间存在因果关系。行为人有过错只是承担侵权损害赔偿责任的构成要件。[①]

2. 侵犯商标权的行为的种类

根据我国《商标法》的规定,侵犯商标权的行为有如下六种。

1) 未经商标注册人许可,在同一种商品上使用与其注册商标相同的商标的;未经商标注册人许可,在同一种商品上使用与其注册商标近似的商标,或者在类似商品上使用与其注册商标相同或者近似的商标,容易导致混淆的。

这里所说的"使用"包括将商标用于商品、商品包装或者容器以及商品交易书上,或者将商标用于广告宣传、展览以及其他商业活动中,用于识别商品来源的行为。[②]

司法实践中,商标相同,是指被控侵权的商标与原告的注册商标相比较,二者在视觉上基本无差别;商标近似,是指被控侵权的商标与原告的注册商标相比较,其文字的字形、读音、含义或者图形的构图及颜色,或者其各要素组合后的整体结构相似,或者其立体形状、颜色组合近似,易使相关公众对商品的来源产生误认或者认为其来源与原告注册商标的商品有特定的联系。[③] 人民法院认定商标相同或者近似按照以下原则进行:①以相关公众的一般注意力为标准;②既要进行对商标的整体比对,又要进行对商标主要部分的比对,比对应当在比对对象隔离的状态下分别进行;③判断商标是否近似,应当考虑请求保护注册商标的显著性和知名度。[④]

类似商品,是指在功能、用途、生产部门、销售渠道、消费对象等方面相同,或者相关公众一般认为其存在特定联系、容易造成混淆的商品;类似服务,是指在服务的目的、内容、方式、

[①] 关于侵犯商标权的构成要件中过错与无过错归责问题,一种意见认为,侵犯商标权的行为不以行为人的过错为构成要件。见:黄勤南.新编知识产权法教程[M].北京:法律出版社,2003:370。另一种意见认为,行为人必须要有过错。见:刘春田.知识产权法[M].北京:中国人民大学出版社,2002:313。本书认为,应针对具体的侵权行为种类分析,某类侵权行为以过错为要件,某类侵权行为不以过错为要件。

[②] 《商标法》第四十八条。

[③] 最高人民法院《关于审理商标民事纠纷案件适用法律若干问题的解释》(2002年)第九条。

[④] 最高人民法院《关于审理商标民事纠纷案件适用法律若干问题的解释》(2002年)第十条。

对象等方面相同，或者相关公众一般认为存在特定联系、容易造成混淆的服务；商品与服务类似，是指商品和服务之间存在特定联系，容易使相关公众混淆。① 认定商品或者服务是否类似，应当以相关公众对商品或者服务的一般认识综合判断；《商标注册用商品和服务国际分类表》《类似商品和服务区分表》可以作为判断类似商品或者服务的参考。②

相关公众，是指与商标所标识的某类商品或者服务有关的消费者和与前述商品或者服务的营销有密切关系的其他经营者。③

2) 销售侵犯他人注册商标专用权的商品的行为④

销售是商标使用中最普遍的现象。销售侵犯他人注册商标专用权的商品，本来属于一种商品流通环节中使用商标的侵权行为，但我国《商标法》单列了一项。该行为适用无过错原则。⑤《商标法》第五十六条第（三）款规定："销售不知道是侵犯注册商标专用权的商品的，能证明该商品是自己合法取得的并说明提供者的，不承担赔偿责任。"据此规定，在无过错的情况下可免除赔偿责任，但是即使无过错，仍然构成侵权，需承担停止侵权等民事责任。

3) 伪造、擅自制造他人注册商标标识或者销售伪造、擅自制造的注册商标标识的行为

商标标识是带有商标的物质实体。它有多种形式，如服装上的商标织带、电视机上的商标铭牌、酒瓶上的瓶贴等。按照我国商标印制管理办法的规定，印制商标的单位必须是持有工商机关核发的营业执照，并核定允许承揽印刷制造商标业务的企业；企事业单位或者个体户印制商标标识，应当凭《商标注册证》到县市工商局开具《注册商标印制证明》，然后凭证明到商标印制单位印制；商标印制单位要严格核查证明才能承揽印制业务；严格禁止买卖商标标识。因此，擅自制造或者销售注册商标标识的，是公然对抗有关规定的故意侵犯行为。

4) 未经商标注册人同意，更换其注册商标并将该更换商标的商品又投入市场的行为

此为"反向假冒"行为。此种行为影响商标注册人的注册商标直接与消费者见面，使之无法在消费者中树立商标声誉，影响其注册商标确立市场竞争地位，也影响该注册商标作为知识产权提高价值。⑥

5) 故意为侵犯他人商标专用权行为提供便利条件，帮助他人实施侵犯商标专用权行为的。这里所说的便利条件包括提供仓储、运输、邮寄、隐匿等。这类行为的行为人不是直接使用注册商标，但该行为造成侵害商标权人权利的后果。

6) 给他人注册商标专用权造成其他损害的行为

这属于一项弹性规定。根据《商标法实施条例》，给他人注册商标专用权造成其他损害的有：在同一种或者类似商品上，将与他人注册商标相同或者近似的标志作为商品名称或者商品装潢使用，误导公众的。这类行为与典型的侵犯商标权的行为不同，行为的方式从

---

① 最高人民法院《关于审理商标民事纠纷案件适用法律若干问题的解释》(2002年)第十一条。
② 最高人民法院《关于审理商标民事纠纷案件适用法律若干问题的解释》(2002年)第十二条。
③ 最高人民法院《关于审理商标民事纠纷案件适用法律若干问题的解释》(2002年)第八条。
④ 《商标法》第五十七条第（二）款。
⑤ 原《商标法》第三十八条第（二）款规定："销售明知是假冒注册商标商品的"属侵权行为；这是以明知即有过错为要件，不明知不构成侵权，不承担任何民事责任。2001年修订的《商标法》第五十二条第（二）款规定：销售侵犯注册商标专用权的商品的是侵权行为。
⑥ 这是2001年修订《商标法》新增加的侵权种类。当然也还有不同意见。一种意见认为，带有商标的商品一旦售出，其商标权利已经穷竭，他人如何处置自己买来的商品，商标权人无权过问。也有意见认为，这种行为违反诚信原则，应当属于不正当竞争行为。

"作为商标使用"变为"作为商品名称或商品装潢使用",其目的是利用他人注册商标的信誉进行不正当竞争。商品名称与商品装潢均为商品的标志,它们与商标一起出现在商品或其包装之上,并共同构成完整的商品,这是在相同或类似的商品上,将与他人注册商标相同或者近似的文字、图形作为商品的名称或装潢使用导致消费者混淆的原因。所谓"误导公众",是指可能造成相关消费者的误认,会使消费者对商品的来源造成误认,侵占商标注册人的市场,可能损害权利人的注册商标信誉。这种行为还会淡化注册商标的区别作用。这类行为的行为人不是直接使用商标,但该行为造成侵害商标权人权利的后果。

根据最高人民法院司法解释,给他人注册商标专用权造成其他损害的,还有[①]:①将与他人注册商标相同或者近似的文字作为企业的字号在相同或者类似商品上突出使用,容易使相关公众产生误认的;②复制、模仿、翻译他人注册的驰名商标或其主要部分在不相同或者不相类似商品上作为商标使用,误导公众,致使该驰名商标注册人的利益可能受到损害的;③将与他人注册商标相同或者相近似的文字注册为域名,并且通过该域名进行相关商品交易的电子商务,容易使相关公众产生误认的。

(二)侵犯驰名商标商标权的行为

1. 驰名商标的特别保护

1) 对未注册的驰名商标予以保护

现在大多数国家对商标的保护均采用注册原则或先申请原则,未注册的商标不能得到法律的保护。但是对驰名商标的保护则不以注册为前提条件。对未注册的驰名商标可以按"使用原则"予以保护。《商标法》明确规定:"就相同或者类似商品申请注册商标是复制、模仿或者翻译他人未在中国注册的驰名商标,容易导致混淆的,不予注册并禁止使用。"而已经注册的商标违反了这一规定,自注册之日起五年内,赋予驰名商标所有人撤销该注册商标的请求权;而对于恶意注册的,则不受五年时间的限制。

2) 放宽驰名商标注册的显著性条件

显著性是商标获得注册的积极条件之一,不具有显著性的商标就不会有很强的识别性。但是驰名商标由于其与某一商品已紧紧联系在一起,并已获得较高的声誉且为相关公众所熟知,因此即使不具有显著性,但由于较大范围内的长期使用,其所表彰的商品由于在行销区域内为交易者和消费者认知,商标通过使用已完全具备表彰商品出处的功能,足以弥补其显著性不足的缺憾,具有较强的识别性,从而具备了获准注册的条件。

3) 扩大注册驰名商标的保护范围

商标的保护范围,即商标所有人享有禁止权的范围,一般注册商标的保护范围限定在与注册商标所核定使用商品相同或类似的商品上使用的与注册商标相同或近似的商标。但是为了有效地保护驰名商标,许多国家的《商标法》都规定对驰名商标的保护范围要大于一般注册商标的保护范围。我国《商标法》第十三条第(三)款规定:"就不相同或者不相类似商品申请注册商标是复制、模仿或者翻译他人已经在中国注册的驰名商标,误导公众,致使该驰名商标注册人的利益可能受到损害的,不予注册并禁止使用。"

---

① 最高人民法院《关于审理商标民事纠纷案件适用法律问题的若干解释》(2002年)第一条。

4) 驰名商标所有人享有特别期限的排他权

《巴黎公约》与《TRIPs 协议》都规定对与驰名商标冲突的已经注册的商标,自该商标注册之日起五年内,驰名商标所有人有权提出撤销该注册商标的请求;至于恶意使用或注册的,则不受该时间限制。我国现行《商标法》也有同样的规定。

2. 侵害驰名商标商标权的行为

(1) 在同一种商品上使用与他人驰名商标相同的商标。例如,不同的生产者或经营者在其生产的饮料上使用"可口可乐"商标即为此例。

(2) 在同一商品上使用与他人驰名商标相近似的商标。例如,甲厂在生产的自行车上使用"泰山"牌组合商标,文字是魏体的"泰山"二字,图形为起伏的山峦,该商标被认定为驰名商标。乙厂在其生产的自行车上使用"秦山"牌组合商标,文字为"秦山"二字,字体与图形与前者同。两个商标若非仔细对照区别,图形部分很难找出差别,极易误导消费者,使消费者发生混淆。

(3) 在类似商品上使用与他人的驰名商标相同的商标。例如,娃哈哈集团在其生产的矿泉水上使用"娃哈哈"驰名商标,另一生产厂家在与矿泉水类似的商品上也使用"娃哈哈"商标,投放市场销售。由于类似商品只是在商标注册商品分类表上有所区分,对于大多数消费者而言,由于缺乏相关专业知识,会把两者混淆。

(4) 在类似商品上使用与他人驰名商标相近似的商标。例如,"LANCOME"商标是法国兰金香水美容有限公司在我国注册使用在香水、化妆品类商品上注册的商标。1993年12月深圳市某皮具有限公司接受境外客户委托,以来料加工的方式,加工制作一批带有"LONCOME"商标标识的皮具。"LANCOME"与"LONCOME"字形与发音均近似,易使消费者对"LONCOME"皮具和"LANCOME"化妆品两种商品的相关关系产生联想,从而误认误购。

(5) 将他人注册的驰名商标用在不同类型的商品上的行为。例如,德国法院将他人把科隆香水 4711 用于袜子上,判定构成"淡化之虞"(verwaesserungsgefahr)。

(6) 将他人驰名商标相同的文字登记为自己企业名称中的字号,有意引起相关公众对商标注册人与企业名称所有人的混淆。

以上是较为突出的侵害驰名商标的形式,随着市场竞争的日趋激烈,必将还会出现其他形式的侵害行为,如丑化驰名商标的行为等。

四、侵犯其他知识产权的行为

(一)侵犯植物新品种权的行为

2003 年 12 月 19 日,西北农林科技大学向国家农业部申请了"西农 979"植物新品种;2006 年 1 月 1 日,农业部授予西北农林科技大学"西农 979"植物新品种权,种为普通小麦。2005 年 8 月 4 日,西北农林科技大学与种业公司签订的转让协议约定:西北农林科技大学将其独家培育的"西农 979"小麦新品种在陕西省境内的生产包装销售权转让给种业公司,有效期自 2005 年 8 月 10 日至 2010 年 10 月 31 日。除此之外,该品种的其他一切权利仍属西北农林科技大学独有,种业公司负责该品种在陕西省境内的维权打假事宜。西北农林科技大学不得将"西农 979"种子在陕西省境内的生产、包装、销售权授予种业公司以外任何一家企业或个人。之后种业公司发现，良种场未经许可，种植"西农979"小麦新品种，故诉至法院，请求判令被告停止侵权行为；赔偿原告损失8万元；承担诉讼费。法院经审理认为，西北农林科技大学与种业公司签订的协议属排他许可使用合同，种业公司在品种权人不起诉的情况下，自行提起诉讼，具有诉讼主体资格；良种场未经品种权人的许可，生产争讼之授权植物新品种，构成对种业公司排他实施"西农979"小麦新品种权的侵害，并判决：良种场停止侵犯"西农979"植物新品种的行为；良种场赔偿种业公司损失2万元；驳回种业公司的其余诉讼请求。①

1. 侵犯植物新品种权行为的含义

侵犯植物新品种权的行为，是指未经植物新品种权人的许可，以商业目的生产或者销售授权品种的繁殖材料的行为。

2. 侵犯植物新品种权的构成要件

（1）具有侵害行为。即实施了未经品种权人许可，生产或者销售授权品种的繁殖材料，或者将授权品种的繁殖材料重复使用于生产另一品种的繁殖材料，以及假冒授权品种的繁殖材料的行为。

（2）具有违法性。侵害行为除了客观存在外，还必须是违法的，即法律明文禁止的行为。利用授权品种进行育种及其他科研活动或者农民自繁自用授权品种的繁殖材料的行为，以及经审批机关强制许可实施授权品种的行为，虽然也损害了品种权人的利益，因其为法律所允许，故不属于侵权行为。

（3）具有损害后果。即品种权人因侵权人的侵权行为受到了损失（包括已经遭受的经济损失和将要遭受的预期的可得利益损失）。

侵权行为人是否具有过错不为侵犯植物新品种权的构成要件。过错只是侵权行为人承担损害赔偿责任的构成要件。

3. 侵犯植物新品种权行为的种类

侵犯植物新品种权行为的种类，大体上可以分为两大类：

（1）非法利用授权品种的侵权行为。是指侵害人未经植物新品种权人的许可，以商业目的生产或者销售授权品种的繁殖材料，或者将该授权品种的繁殖材料重复使用于生产另一品种的繁殖材料。

（2）非法假冒授权品种的侵权行为。具体表现为：印制或者使用伪造的授权品种证书、植物新品种权申请号、植物新品种权号或者其他植物新品种权申请标志、品种权标志；印制或者使用已经被驳回、视为撤回或者撤回的植物新品种权申请号或者其他植物新品种权申请标志；印制或者使用已经被终止或者被宣告无效的植物新品种权证书、植物新品种权号或者其他植物新品种权标志；生产或者销售上述三项所标志的品种和冒充申请或者授权品种名称；销售授权品种未使用其注册登记的名称；其他足以使他人将非植物新品种权品种误认为植物新品种权品种的行为。

---

① 中华人民共和国国家知识产权局，http://www.app.sipo.gov.cn:8080/was40/outline?page=739&channelid=50414，2010-05-23。

（二）侵犯集成电路布图设计权的行为

侵犯集成电路布图设计权的行为，是指未经布图设计权人许可，擅自复制或者进行商业利用其受保护的布图设计，依法应承担法律责任的行为。

《集成电路条约》第六条规定，任何缔约方对下述未经权利持有人授权的行为，均应认为非法：①复制行为。不论是以将一个受保护的布图设计的全部或者一部分结合在集成电路中的方法，还是其他方法，但复制的该部分不符合第三条第（二）款所规定的独创性要求的除外。②对一个受保护的布图设计或者结合有受保护的布图设计的集成电路产品而进行的任何进口、出售或者其他商业目的的分销行为。

根据我国《集成电路布图设计保护条例》第三十条的规定，侵犯集成电路布图设计权的行为分为以下两种：

（1）未经布图设计权人许可，复制受保护的布图设计的全部或者其中任何具有独创性的部分的行为；

（2）未经布图设计权人许可，为商业目的进口、销售或者以其他方式提供的受保护的布图设计、含有该布图设计的集成电路或者含有该集成电路的物品的行为。

（三）侵犯商业秘密

1. 侵犯商业秘密的含义与构成要件

侵犯商业秘密是指行为人未经商业秘密的合法控制人的许可，以非法手段获取商业秘密并加以公开或使用的行为。

商业秘密侵权有三个主要的构成要件：

（1）原告有商业秘密存在，即权利人保有的技术信息或者经营信息是法律上的商业秘密，也即符合前述关于商业秘密构成要件的法律规定。

（2）被告实施了侵权行为。

（3）被告对有关信息没有合法的使用权。商业秘密不同于专利，如果是被告通过合法的手段获得或者使用同样的信息，则不构成侵犯商业秘密。这些合法手段如：①独立开发获得；②通过反向工程获得；③合法购买；④从公开渠道观察获得；⑤合法接受许可获得等。

2. 侵犯商业秘密行为的种类

依照我国《反不正当竞争法》第十条第（一）款和第（二）款的规定，侵犯商业秘密行为的具体表现形式主要有以下四种：

（1）以盗窃、利诱、胁迫或者其他不正当手段获取权利人的商业秘密。"盗窃"是指以秘密手段非法掌握不属于自己的财物，即他人的商业秘密。以利诱手段获取权利人的商业秘密，是指行为人通过向掌握商业秘密的人员提供财物或者其他优待条件，诱使其向行为人提供商业秘密。以"胁迫"手段获取权利人的商业秘密，是指行为人用威胁、强制的方法迫使了解和掌握商业秘密的人员向其提供商业秘密。"其他不正当手段"属于概括性规定，包括除盗窃、利诱、胁迫之外的各种不正当手段，如以"业务洽谈""合作开发"等名义所实施的旨在获取权利人的商业秘密的各种行为。

(2) 披露、使用或者允许他人使用以上述不正当手段获取的权利人的商业秘密。以违法手段获取他人的商业秘密构成了对他人知识产权的侵害，但是这往往并不是行为人的主要目的。随之而来的往往是对违法获取的商业秘密加以利用以进行不正当竞争，或者不论出于何种目的向他人泄露或向社会公开或允许他人使用。因此，该行为是一种更加严重的侵权行为。

(3) 违反约定或者违反权利人有关保守商业秘密的要求，披露、使用或者允许他人使用其所掌握的商业秘密。合法掌握商业秘密的人，可能是权利人单位的内部工作人员或其他知情人，也可能是与权利人有合同关系的对方当事人。上述行为人违反单位规定或者合同约定的保密义务，将其所掌握的商业秘密擅自公开，或自己使用，或许可他人使用，都构成了对商业秘密的侵犯。

(4) 第三人明知或者应知经营者有违反约定或违反权利人的保守商业秘密要求的违法行为，仍获取、使用或者披露他人的商业秘密。该侵权行为具有一定的特殊性，虽然不是直接从权利人处获得商业秘密，但仍是侵权行为。

第二节 知识产权的行政保护

所谓知识产权的行政保护，是指相关国家行政管理机关遵循法定程序和运用法定行政手段，依法处理各种知识产权纠纷、维护知识产权秩序和提高知识产权社会保护意识。具体而言，知识产权行政保护至少包括如下内容：知识产权行政授权、行政确权、行政处理（包括行政调解、行政裁决、行政复议、行政仲裁等）、行政查处（包括行政处罚、行政强制等）、行政救济、行政处分、行政法制监督、行政服务等。其中，知识产权行政查处构成了目前我国知识产权行政保护最为核心的内容。[①]

知识产权的行政保护是知识产权保护的途径之一，其具有司法保护所不具有的独特优势。我国的知识产权法律法规对知识产权的行政保护做出了规定。

一、知识产权行政保护机构

根据我国国情和经济发展状况，我国先后设立了管理知识产权的国家行政部门，并在有关的国家政府机关和各省、自治区、直辖市、沿海开放城市、经济特区等城市设立了相关的知识产权管理机关，不仅有国家知识产权局及各省市和有关政法部门的专利管理机关进行知识产权的综合管理，还有包括国家商标局及各级工商行政管理局负责商标管理的部门，以及国家版权局和地方著作权行政管理机关等在内的行政机关分别管理具体不同的知识产权事务。

1. 专利行政保护机构

专利行政机关由国务院和各省、自治区、直辖市、沿海开放城市及经济特区的有关部门

[①] 邓建志，单晓光.我国知识产权行政保护的涵义[J].知识产权，2007，(1)：67．

设立组建,并享有执法和管理权。它们有权责令侵权人停止侵权行为、赔偿损失或对其处以罚款。自接到赔偿决定起三个月内,任一方当事人只要有异议,即可向人民法院起诉。若当事人未在该期间内起诉,则专利行政机构做出的决定立即生效。我国《专利法》及《专利法实施细则》规定,对未经专利权人许可,实施其专利的侵权行为,专利权人或者利害关系人可以请求专利管理机关进行处理。专利管理机关处理的时候,有权责令侵权人停止侵权行为,并赔偿损失。对将非专利产品冒充专利产品的或者将非专利方法冒充专利方法的,专利管理机关可以视情节,责令停止冒充行为,消除影响,并处以1000元至5万元或者非法所得额1倍至3倍的罚款。

2. 商标行政保护机构

国家工商总局是商标管理的最高行政机构,而县级及以上的地方工商局则负责具体地方的商标管理和执法工作。各级工商局视情况责令侵权人在指定期间内停止侵权、赔偿损失,或采取没收违法所得以及处以罚款等措施。有关当事人对工商局决定不服的,可向人民法院起诉。未在指定期间内提起诉讼的,工商局的决定即生效。我国《商标法》及《商标法实施条例》规定,对侵犯注册商标专用权的行为,被侵权人可以向县级以上工商行政管理部门要求处理,工商行政管理部门有权责令侵权人立即停止侵权行为,赔偿被侵权人的损失。侵犯注册商标专用权,未构成犯罪的,工商行政管理部门可以根据情节处罚。违法经营额5万元以上的,可以处违法经营额5倍以下的罚款,没有违法经营额或者违法经营额不足5万元的,可以处25万元以下的罚款。对5年内实施两次以上商标侵权行为或者有其他严重情节的,应当从重处罚。销售不知道是侵犯注册商标专用权的商品,能证明该商品是自己合法取得并说明提供者的,由工商行政管理部门责令停止侵权。

3. 著作权行政保护机构

国家版权局和各地政府的著作权行政机关负责著作权管理以及著作权法的执法工作。这些行政机关可以对侵权行为采取公开警告、禁止侵权作品生产和销售、没收违法所得、查封侵权作品及制造侵权作品的设备、罚款等处罚措施。我国《著作权法》及《著作权法实施条例》规定,对于侵犯他人著作权的行为,应当根据情况,承担停止侵害、消除影响、赔礼道歉、赔偿损失等民事责任;同时损害公共利益的,可以由著作权行政管理部门责令停止侵权行为,没收非法所得,没收、销毁侵权复制品,并可处以罚款;情节严重的,著作权行政管理部门还可以没收主要用于制作侵权复制品的材料、工具、设备等。

同时,除了以上负责主管知识产权的行政管理机关外,海关、公安、新闻出版、文化市场管理等部门根据法律的相关规定,也各自拥有一定的知识产权行政执法职能,分别在本部门所属行业内,依法对有关的知识产权予以行政保护。如新闻出版和文化市场管理部门对主管业务中涉及的知识产权、医药卫生管理部门在药品制造生产中所涉及的知识产权、农业管理部门对农药制造生产中的知识产权、化学工业管理部门对化学物资制造生产中的知识产权分别依法采取行政措施予以保护。

各知识产权行政管理机关依法行使行政管理职权,维护知识产权法律秩序,鼓励公平竞争,调解纠纷,查处知识产权的侵权案件,针对侵犯知识产权的行为,采取行政措施有效地制止侵权行为,保障了知识产权权利人的利益和良好的社会经济环境。

二、知识产权行政保护机构的行政保护权力

（一）对知识产权侵权的处理

当知识产权受到侵害时，知识产权行政管理机关还依法对知识产权侵权行为进行处理，对权利人的合法权益进行行政保护。根据有关知识产权法律的规定，当知识产权人的权利受到侵害时，可以向知识产权行政管理机关请求处理，知识产权行政管理机关按照行政程序对侵权案件进行处理，包括责令侵权人立即停止侵权行为，应当事人的要求，可以就赔偿数额进行调解。例如，《专利法》第六十条规定："未经专利权人许可，实施其专利，即侵犯其专利权，引起纠纷的，由当事人协商解决；不愿协商或者协商不成的，专利权人或者利害关系人可以向人民法院起诉，也可以请求管理专利工作的部门处理。管理专利工作的部门处理时，认定侵权行为成立的，可以责令侵权人立即停止侵权行为……进行处理的管理专利工作的部门应当事人的请求，可以就侵犯专利权的赔偿数额进行调解……"

但是，知识产权行政管理机关对知识产权侵权的处理不是终局的，只要当事人一方不服，在收到知识产权行政管理机关的处理通知之日起三个月内，仍可以向法院起诉。例如，《专利法》第六十条规定管理专利的部门可以对侵权行为进行处理的同时，也规定了"当事人不服的，可以自收到处理通知之日起十五日内依照《中华人民共和国行政诉讼法》向人民法院起诉；侵权人期满不起诉又不停止侵权行为的，管理专利工作的部门可以申请人民法院强制执行。"只有当双方当事人对行政管理机关的处理决定表示接受，并在规定时间内未向法院提起诉讼的，该处理决定才具有法律约束力。

（二）知识产权执法的职权

对于各种知识产权侵权纠纷，知识产权法律还赋予了有关知识产权行政管理机关行政执法的职权。当发生知识产权侵权纠纷时，权利人可以向侵权行为地或者侵权人住所地的知识产权行政管理机关提出保护其知识产权的请求。对于侵犯专利权、集成电路布图设计专有权、商标权、商业秘密专用权、著作权的行为，有关的知识产权行政管理机关可以责令侵权人停止侵权行为，没收违法所得，并处以罚款。对于一些侵犯集成电路布图设计专有权、商标权、商业秘密专用权及著作权的行为，知识产权行政管理机关还可以收缴用于侵权的工具、设备，没收、销毁侵权产品或物品。例如，《著作权行政处罚实施办法》第四条规定："对本办法列举的违法行为，著作权行政管理部门可以依法给予下列种类的行政处罚：①责令停止侵权行为；②没收违法所得；③没收侵权复制品；④罚款；⑤没收主要用于制作侵权复制品的材料、工具、设备等；⑥法律、法规、规章规定的其他行政处罚。"

三、侵犯知识产权的行政责任

侵犯知识产权的行政责任是指知识产权行政管理部门对于较为严重的知识产权侵权行为依法给予侵权行为人的行政处罚。侵犯知识产权行为，由于其性质和损害程度的不同，在承担法律责任方面也有不同。对那些不仅侵害了知识产权人的私人的权益，同时还欺骗了

广大公众、损害了社会利益、破坏了社会经济秩序的行为,除了要依法承担民事责任以外,根据知识产权法的规定,还可以由知识产权行政管理部门责令侵权人承担相应的行政责任。

侵犯知识产权的行政责任的主要形式包括:①责令停止侵权行为;②没收违法所得;③没收侵权复制品;④罚款;⑤没收主要用于制作侵权复制品的材料、工具、设备等;⑥法律、法规、规章规定的其他行政处罚。这些责任形式在不同的知识产权法律中具体规定不一。

(一)侵犯专利权的行政责任

我国《专利法》第六十条规定:"未经专利权人许可,实施其专利,即侵犯其专利权,引起纠纷的,由当事人协商解决;不愿协商或者协商不成的,专利权人或者利害关系人可以向人民法院起诉,也可以请求管理专利工作的部门处理。管理专利工作的部门处理时,认定侵权行为成立的,可以责令侵权人立即停止侵权行为。"这是确定侵犯专利权的行政责任的依据。同时,《专利法》第六十三条规定,假冒他人专利的,除依法承担民事责任外,由管理专利工作的部门责令改正并予公告,没收违法所得,可以并处违法所得四倍以下的罚款,没有违法所得的,可以处20万元以下的罚款。根据以上规定,专利管理机关可以采取的执法措施有责令侵权人停止侵权行为、赔偿损失、没收违法所得、罚款等。

(二)侵犯著作权的行政责任

侵犯著作权的行政责任,是指国家著作权行政管理机关依照法律规定,对侵犯著作权或著作权有关权利的行为给予的行政制裁。根据我国《著作权法》《著作权法实施条例》《著作权行政处罚实施办法》的相关规定,有下列侵权行为,同时损害公共利益的,可以由著作权行政管理部门责令停止侵权行为,没收违法所得,没收、销毁侵权复制品,并可处以非法经营额3倍以下的罚款;非法经营额难以计算的,可以处10万元以下的罚款,但是对当事人的同一违法行为,其他行政机关已经予以罚款的,著作权行政管理部门不得再予罚款,但仍可以视具体情况予以其他种类的行政处罚:

(1)未经著作权人许可,复制、发行、表演、放映、广播、汇编、通过信息网络向公众传播其作品的,法律另有规定的除外;

(2)出版他人享有专有出版权的图书的;

(3)未经表演者许可,复制、发行录有其表演的录音录像制品,或者通过信息网络向公众传播其表演的,法律另有规定的除外;

(4)未经录音录像制作者许可,复制、发行、通过信息网络向公众传播其制作的录音录像制品的,法律另有规定的除外;

(5)未经许可,播放或者复制广播、电视的,法律另有规定的除外;

(6)未经著作权人或者与著作权有关的权利人许可,故意避开或者破坏权利人为其作品、录音录像制品等采取的保护著作权或者与著作权有关的权利的技术措施的,法律、行政法规另有规定的除外;

(7)未经著作权人或者与著作权有关的权利人许可,故意删除或者改变作品、录音录像制品等的权利管理电子信息的,法律、行政法规另有规定的除外;

(8)制作、出售假冒他人署名的作品的。

上述行为情节严重的,著作权行政管理部门还可以没收主要用于制作侵权复制品的材料、工具、设备等。"情节严重"是指:

（1）个人违法所得数额（即获利数额）在 5000 元以上,单位违法所得数额在 3 万元以上的;

（2）个人非法经营数额在 3 万元以上,单位非法经营数额在 10 万元以上的;

（3）个人经营侵权复制品 2000 册（张或盒）以上,单位经营侵权复制品 5000 册（张或盒）以上的;

（4）因侵犯著作权曾经被追究法律责任,又侵犯著作权的;

（5）造成其他重大影响或者严重后果的。

当事人对国家版权局的行政处罚不服的,可以向国家版权局申请行政复议;当事人对地方著作权行政管理部门的行政处罚不服的,可以向该部门的本级人民政府或者其上一级著作权行政管理部门申请行政复议。若当事人对行政处罚或者行政复议决定不服,可依法提起行政诉讼。

（三）侵犯商标权的行政责任

依照《商标法》第六十条,因侵犯商标专用权行为而引起纠纷的,由当事人协商解决;不愿协商或协商不成的,商标注册人或利害关系人可以向人民法院起诉,也可向侵权人所在地或侵权行为地县级以上工商机关控告或检举。工商行政管理机关依照《商标法》及其他相关规定查处侵犯商标专用权行为。

1. 侵犯商标专用权行为的行政查处程序

工商行政管理机关在接到商标注册人的控告或其他任何人的检举或者在检查中发现有侵犯商标专用权行为,以及其他部门移送的案件,均应依照职权调查核实,依法处理。对已经发生的侵犯商标权行为,经审查认为有侵权事实存在的,需要给予行政处罚,属于依职权的管辖范围,且人民法院尚未受理该案件的,应当立案。

工商行政机关在行使前述职权时,有关当事人应当予以协助、配合,不得拒绝、阻挠。工商行政管理部门对侵犯注册商标专用权的行为,有权依法查处;涉嫌犯罪的,应当及时移送司法机关处理。

2. 行政处罚

被侵权人的注册商标合法权益因他人侵权而受到损害,可以依照法定程序,向县级以上（包括县级）工商行政管理部门提出申请,要求及时采取有效的行政措施,制止侵权行为,并赔偿损失。工商行政管理机关经过查实、认定,对侵权行为人依法做出处理决定。根据《商标法》第六十条及《商标法实施条例》第七十七条的规定,侵犯商标权行为的行政责任方式有如下几类:①责令立即停止侵权行为;②没收、销毁侵权商品和专门用于制造侵权商品、伪造注册商标标识的工具;③处以非法经营额 5 倍以下的罚款,非法经营额无法计算或者违法经营额不足 5 万元的,罚款数额为 25 万元以下。

第三节　知识产权的司法保护

一般认为,知识产权的司法保护,即通过司法途径对知识产权进行保护,主要是指由享有知识产权的权利人或国家公诉人向人民法院对侵权人提起民事、刑事诉讼,以追究侵权人的民事、刑事法律责任,以及通过不服知识产权行政机关处罚决定的当事人向人民法院提起行政诉讼,对知识产权行政执法进行司法审查,以支持正确的或纠正错误的行政处罚,使各方当事人的合法权益得到切实保护。此外,法院通过对知识产权转让合同纠纷或许可使用合同纠纷进行审理,以维护相关知识产权权利人的合法权益,也是知识产权司法保护的重要内容。

知识产权的司法保护是我国知识产权保护工作的重要组成部分,是知识产权法制中最为关键的环节。加强知识产权的司法保护不但是 TRIPs 协议等国际条约和国内法律法规的要求,同时也是我国知识产权保护现状的迫切需要。加强知识产权的司法保护,对于激发全社会的创造活力,保障国家创新体系建设,树立我国良好国际形象,推进社会主义和谐社会建设,具有十分重要的意义。

一、知识产权诉讼程序的启动

(一)知识产权诉讼管辖

民事案件的诉讼管辖是指各级人民法院和同级人民法院之间,在受理第一审案件时的分工和权限。我国《民事诉讼法》将民事案件的管辖分为级别管辖、地域管辖、移送管辖和指定管辖。审理知识产权案件,应当遵守《民事诉讼法》及相关的司法解释的规定,来确定案件的管辖权。

1. 知识产权诉讼的级别管辖

级别管辖是指上下级人民法院受理第一审案件的分工和权限。级别管辖是从纵向上解决哪些第一审案件应由哪一级法院受理和审理的问题。由于知识产权诉讼不同于一般的民事案件,它具有专业性、技术性强、审理难度大等特点,我国《民事诉讼法》及相关的司法解释对知识产权诉讼的级别管辖作了特别规定。

《民事诉讼法》第十九条第(三)款规定,最高人民法院确定由中级人民法院管辖的案件以中级人民法院为一审法院。《最高人民法院关于适用〈中华人民共和国民事诉讼法〉若干问题的意见》第二条规定:"专利纠纷案件由最高人民法院确定的中级人民法院管辖。"根据最高人民法院的司法解释,相关的专利纠纷案件主要有八类,[①]其中前四类案件是专利行政

---

① 根据最高人民法院的司法解释,这 8 类纠纷包括:(1)是否应当授予发明专利权的纠纷案件;(2)宣告授予发明专利无效或维持专利权的纠纷案件;(3)实施强制许可的纠纷案件;(4)实施强制许可使用费纠纷案件;(5)专利侵权案件;(6)专利公布后,专利授予前使用发明的费用纠纷案件;(7)转让专利申请权或专利权的合同纠纷案件;(8)专利申请权和专利权属纠纷案件(包括职务发明创造确认纠纷案件、发明人或设计人身份确认纠纷案件以及合作或委托完成的发明创造申请权确认纠纷案件)。

案件,由被告所在地的北京市第一中级人民法院专属管辖;后四类案件是民事案件,由各省、自治区、直辖市人民政府所在地的中级人民法院和由最高人民法院指定或批准的中级人民法院作为第一审人民法院,①其他法院无权对此类案件进行管辖。在司法实践中绝大多数专利纠纷案件都由中级人民法院审理,但也有极少数案件以高级人民法院作为一审法院。

根据《最高人民法院关于审理商标案件有关管辖和法律适用范围问题的解释》第二条②的规定,商标民事纠纷第一审案件,由中级以上人民法院管辖。各高级人民法院根据本辖区的实际情况,经最高人民法院批准,可以在较大城市确定一个至二个基层人民法院受理第一审商标民事纠纷案件。③

根据《最高人民法院关于审理著作权民事纠纷案件适用法律若干问题的解释》第二条的规定,著作权民事纠纷案件,由中级以上人民法院管辖。各高级人民法院根据本辖区的实际情况,可以确定若干基层人民法院管辖第一审著作权民事纠纷案件。

根据《最高人民法院关于审理植物新品种纠纷案件若干问题的解释》第三条规定,该解释第一条所列第(1)至(5)类案件,由北京市第二中级人民法院作为第一审人民法院审理;第(6)至(11)类案件,由各省、自治区、直辖市人民政府所在地和最高人民法院指定的中级人民法院作为第一审人民法院审理。④

根据《最高人民法院关于开展涉及集成电路布图设计案件审判工作的通知》第二条规定,本通知第一条所列第(5)至(10)类案件,由北京市第一中级人民法院作为第一审人民法院审理;其余各类案件,由各省、自治区、直辖市人民政府所在地,经济特区所在地和大连、青岛、温州、佛山、烟台市的中级人民法院作为第一审人民法院审理。⑤

---

① 截至2007年7月,最高人民法院指定审理专利权纠纷的中级人民法院有深圳、珠海、汕头、厦门、大连、青岛、温州、佛山、烟台、葫芦岛、景德镇、宁波、苏州、潍坊、泉州、金华、南通、镇江、中山、东莞、江门21个人民法院。

② 《最高人民法院关于审理商标案件有关管辖和法律适用范围问题的解释》第二条规定:本解释第一条所列第(一)款第一审案件,由北京市高级人民法院根据最高人民法院的授权确定其辖区内有关中级人民法院管辖。本解释第一条所列第(二)款第一审案件,根据行政诉讼法的有关规定确定管辖。商标民事纠纷第一审案件,由中级以上人民法院管辖。各高级人民法院根据本辖区的实际情况,经最高人民法院批准,可以在较大城市确定一个至二个基层人民法院受理第一审商标民事纠纷案件。

③ 截至2005年8月,已确定的基层人民法院有北京市海淀区、朝阳区、上海市黄埔区、浦东新区、山东省济南市历下区、山东省青岛市市南区、广东省广州市东山区、天河区、白云区、深圳市南山区、罗湖区、龙岗区、佛山市南海区、禅城区十四个人民法院。

④ 《最高人民法院关于审理植物新品种纠纷案件若干问题的解释》第一条规定人民法院受理的植物新品种纠纷案件主要包括以下几类:(1)是否应当授予植物新品种权纠纷案件;(2)宣告授予的植物新品种权无效或者维持植物新品种权的纠纷案件;(3)授予品种权的植物新品种更名的纠纷案件;(4)实施强制许可的纠纷案件;(5)实施强制许可使用费的纠纷案件;(6)植物新品种申请权纠纷案件;(7)植物新品种权权利归属纠纷案件;(8)转让植物新品种申请权和转让植物新品种权的纠纷案件;(9)侵犯植物新品种权的纠纷案件;(10)不服省以上农业、林业行政管理部门依据职权对侵犯植物新品种权处罚的纠纷案件;(11)不服县级以上农业、林业行政管理部门依据职权对假冒授权品种处罚的纠纷案件。

⑤ 该通知第一条规定,人民法院受理符合《中华人民共和国民事诉讼法》第一百零八条、《中华人民共和国行政诉讼法》第四十一条规定的起诉条件的下列涉及布图设计的案件:(1)布图设计专有权权属纠纷案件;(2)布图设计专有权转让合同纠纷案件;(3)侵犯布图设计专有权纠纷案件;(4)诉前申请停止侵权、财产保全案件;(5)不服国务院知识产权行政部门驳回布图设计登记申请的复审决定的案件;(6)不服国务院知识产权行政部门撤销布图设计登记申请决定的案件;(7)不服国务院知识产权行政部门关于使用布图设计非自愿许可决定的案件;(8)不服国务院知识产权行政部门关于使用布图设计非自愿许可的报酬的裁决的案件;(9)不服国务院知识产权行政部门对侵犯布图设计专有权行为处理决定的案件;(10)不服国务院知识产权行政部门行政复议决定的案件;(11)其他涉及布图设计的案件。

2. 知识产权诉讼的地域管辖

地域管辖,又称区域管辖,是指同级人民法院之间受理第一审案件的分工和权限。地域管辖是在级别管辖确定的前提下,对管辖权的深化。主要是根据人民法院的辖区与当事人所在地或者与诉讼标的所在地的关系确定第一审案件的管辖。

1) 知识产权诉讼的一般地域管辖

一般地域管辖,又称普通管辖,是指以当事人住所地与法院辖区的关系来确定管辖法院。一般地域管辖的原则是"原告就被告",即民事诉讼由被告所在地人民法院管辖。实行"原告就被告"原则,有利于人民法院调查、核实证据,迅速查明案情,正确处理民事纠纷;有利于传唤被告出庭应诉;有利于采取财产保全和先予执行措施,如果被告败诉,还有利于执行;同时,还可以防止原告滥用诉权,给被告造成不应有的损失。

《民事诉讼法》第二十二条第(一)款规定,对公民提起的民事诉讼,由被告住所人民法院管辖;被告住所地与经常居住地不一致的,由经常居住地人民法院管辖。这里所说的住所地,是指公民的户籍所在地;经常居住地,是指公民离开住所地至起诉时连续居住一年以上的地方,但公民住院就医的地方除外。在司法实践中,公民在其户籍迁出后,迁入异地之前,如果没有经常居住地的,仍然以其原户籍所在地为其住所地。《民事诉讼法》第二十二条第(二)款规定,对法人或者其他组织提起的民事诉讼,由被告住所地人民法院管辖。这里所说的法人或者其他组织的住所地,是指其主要营业地或者主要办事机构所在地。如果被告是不具有法人资格的其他组织形式,又没有办事机构,则应由被告注册登记地人民法院管辖。《民事诉讼法》关于一般民事案件管辖范围的确定原则,同样适用于知识产权案件第一审程序确定的管辖法院。如无有关知识产权诉讼管辖的特别规定,民事诉讼法的有关规定同样适用于知识产权诉讼。

2) 知识产权合同诉讼的地域管辖

知识产权合同诉讼的管辖是一种特殊地域管辖,即以被告住所地及诉讼标的或者引起法律关系发生、变更、消灭的法律事实所在地为标准,确定管辖法院。根据我国《民事诉讼法》第二十四条规定,因合同提起的诉讼,由被告住所地或者合同履行地人民法院管辖。知识产权诉讼涉及的合同纠纷主要有以下几种:知识产权转让合同纠纷、知识产权使用许可合同纠纷、技术开发合同纠纷、技术咨询合同纠纷和技术服务合同纠纷等。当事人订立合同时,应当明确合同的履行地。如果双方当事人按合同约定的履行地实际履行了合同,就应当按双方约定的合同履行地确定管辖法院。如果合同没有实际履行,当事人双方住所地又都不在合同约定的履行地,则应当由被告住所地人民法院管辖;审判实践中,大量的合同没有约定履行地点,并且已经实际履行,要依据合同履行地来确定管辖法院就要求法官对此做出正确判断。专利申请权转让合同、专利权转让合同、注册商标转让合同、著作权转让合同、商业秘密转让合同、集成电路布图设计权转让合同、植物新品种权转让合同等知识产权转让合同,以转让特定的知识产权为合同标的,在确定合同履行地时,应以受让方所在地为合同履行地。专利实施许可合同、商标使用许可合同、著作权和邻接权使用许可合同、集成电路布图设计使用许可合同、植物新品种使用许可合同、商业秘密使用许可合同等知识产权使用许可合同,以实施或许可使用的智力成果为合同标的,在没有约定合同履行地的情况下,应以实施或使用智力成果一方所在地为合同履行地。技术咨询合同,以顾问方所在地为合同履行地,技术服务合同以委托方所在地为合同履行地,但合同另有约定的除外。

3) 知识产权侵权诉讼的地域管辖

知识产权民事案件以知识产权侵权案件为主，并且知识产权侵权案件具有更多的特殊性，因而知识产权侵权诉讼在地域管辖方面除了要适用民事诉讼法的一般规定外，还必须遵守最高人民法院做出的有关司法解释的特别规定。根据《民事诉讼法》第二十九条的规定，因侵权行为提起的诉讼，由侵权行为地或者被告住所地人民法院管辖。侵权行为地，是指构成侵权行为的法律事实存在地，包括侵权行为实施地和侵权结果发生地。知识产权审判实践中，侵权行为连续进行或者同一侵权行为发生多个侵权结果时，如何确定侵权行为地是一大难点。最高人民法院根据民事诉讼法规定的管辖原则，在总结知识产权审判工作实践经验和有关司法解释的基础上，对知识产权侵权案件的地域管辖作了特别规定。

（1）专利侵权案件的地域管辖。最高人民法院《关于审理专利纠纷案件适用法律问题的若干规定》第五、六、七条规定，因侵犯专利权行为提起的诉讼，由侵权行为地或者被告住所地人民法院管辖。侵权行为地包括：被控侵犯发明、实用新型专利权的产品的制造、使用、许诺销售、销售、进口等行为的实施地；专利方法使用行为的实施地，依照该专利方法直接获得的产品的使用、许诺销售、销售、进口等行为的实施地；外观设计专利产品的制造、销售、进口等行为的实施地；假冒他人专利的行为实施地；以及上述侵权行为的结果地。原告仅对侵权产品制造者提起诉讼，未起诉销售者，侵权产品制造地与销售地不一致的，制造地人民法院有管辖权；以制造者与销售者为共同被告起诉的，销售地人民法院有管辖权。销售者是制造者的分支机构，原告在销售地起诉侵权产品制造者制造、销售行为的，销售地人民法院有管辖权。原告根据1993年1月1日以前提出的专利申请和根据该申请授予的方法发明专利权提起的侵权诉讼，参照前述规定确定管辖。

（2）著作权和商标权侵权纠纷的地域管辖。最高人民法院《关于审理著作权民事纠纷案件适用法律若干问题的解释》第四条、第五条规定，因侵犯著作权行为提起的民事诉讼，由《著作权法》第四十六条、第四十七条所规定的侵权行为的实施地、侵权复制品储藏地或者查封扣押地、被告住所地人民法院管辖。"侵权复制品储藏地"，是指大量或者经营性储藏、隐匿侵权复制品所在地；"查封扣押地"，是指海关、版权、专利、工商等行政机关依法查封、扣押侵权复制品所在地。对涉及不同侵权行为实施地的多个被告提起的共同诉讼，原告可以选择其中一个被告的侵权行为实施地人民法院管辖；仅对其中某一被告提起的诉讼，该被告侵权行为实施地的人民法院有管辖权。最高人民法院《关于审理商标民事纠纷案件适用法律若干问题的解释》第六条、第七条对商标民事侵权案件管辖的规定与最高人民法院《关于审理著作权民事纠纷案件适用法律若干问题的解释》第四条、第五条的规定基本相同。

（3）植物新品种权侵权纠纷地域管辖。最高人民法院《关于审理植物新品种纠纷案件若干问题的解释》第四条规定，以侵权行为地确定人民法院管辖的侵犯植物新品种权的民事案件，其所称的侵权行为地，是指未经品种所有人许可，以商业目的生产、销售该授权植物新品种的繁殖材料的所在地，或者将该授权品种的繁殖材料重复使用于生产另一品种的繁殖材料的所在地。

（4）域名侵权纠纷地域管辖。最高人民法院《关于审理涉及计算机网络域名民事纠纷案件适用法律若干问题的解释》第一条规定，对于涉及域名的侵权纠纷案件，由侵权行为地或者被告住所地的中级人民法院管辖。对难以确定侵权行为地和被告住所地的，原告发现该域名的计算机终端等设备所在地可以视为侵权行为地。

（二）知识产权诉讼当事人的确定

任何诉讼都需要一定的人参与。在知识产权诉讼中，哪些人有资格提起诉讼，应当起诉哪些人，哪些人虽然不作为原告或者被告，但与本案的处理有法律上的利害关系，可以自己的名义参与诉讼，即可以作为第三人参与诉讼，都是每一个案件必须考虑的问题。根据民事诉讼法的规定，在提起诉讼时，只要有明确的被告就可以提起诉讼。一般来说，在合同诉讼过程中，被告是对方当事人，在侵权诉讼过程中，被告是实施侵权行为的人。原告的确定相对比较复杂，这里主要介绍原告资格的界定。

原告是为了保护自己的民事权益，以自己的名义向人民法院提起诉讼，从而引起民事诉讼程序发生的人。我国《民事诉讼法》第四十九条第（一）款规定："公民、法人和其他组织可以作为民事诉讼的当事人。"因此，可以作为原告的"人"包括自然人、法人，还包括非法人组织。当然，并非任何非法人组织都可以作为原告提起诉讼，它必须具备一定的条件。① 根据《著作权法》第十一条、《专利法》第六条、《商标法》第四条的规定，法人和其他组织可以被视为作者；职务发明创造申请专利的权利属于该单位，申请被批准后，该单位为专利权人；自然人、法人或者其他组织可以向商标局申请商品商标注册，成为商标权人。

根据《民事诉讼法》第一百零八条的规定，原告必须是与本案有直接利害关系的公民、法人或其他组织，这一点被称为当事人适格理论。对特定案件来说，并非任何公民、法人或者其他组织都有资格起诉，必须是与本案具有利害关系的特定的人才具有相应的资格。一般来说，在违约之诉中，法律关系当事人之间都可以提起诉讼；在侵权之诉中，权利人可以提起诉讼，特定情况下被许可人也可以提起知识产权侵权之诉。

许可是在不转让所有权的条件下让渡财产中的使用权。由于知识产权权利人自身通常不具备利用知识产权获得经济利益的资源和条件，常常要通过签订许可协议的方式转让智力成果的使用权。在知识产权许可法律关系中，拥有知识产权所有权并许可他人行使知识产权使用权的人称为许可人，依据合同获得他人知识产权中的使用权的人称为被许可人。根据许可协议约定的内容或使用许可的性质，知识产权的许可主要有独占许可、排他许可和普通许可三种基本类型。在知识产权民事诉讼特别是侵权诉讼中，被许可人的诉讼地位十分复杂。由于不同许可种类中被许可人享有不同的权利义务关系，在知识产权侵权诉讼中具有不同的利害关系，其诉讼地位也应当有所区别。

独占许可是指在一定时间和地域内，许可人将其特定知识产权中的使用权全部授权让渡给一个被许可人，许可人不得再许可给第三人实施，且自己也不享有使用权。由于独占许可中只有被许可人是合法使用者，假冒侵权产品挤占市场份额的最大受害者常常是被许可人，因而各国原则上都规定被许可人有权以自己的名义起诉知识产权侵权行为并获得赔偿。

排他许可是指在一定时间和地域范围内，许可人和被许可人均享有对特定知识产权的

---

① 《最高人民法院关于适用〈中华人民共和国民事诉讼法〉若干问题的意见》第四十条规定："民事诉讼法第四十九条规定的其他组织是指合法成立、有一定的组织机构和财产，但又不具备法人资格的组织，包括：(1)依法登记领取营业执照的私营独资企业、合伙组织；(2)依法登记领取营业执照的合伙型联营企业；(3)依法登记领取我国营业执照的中外合作经营企业、外资企业；(4)经民政部门核准登记领取社会团体登记证的社会团体；(5)法人依法设立并领取营业执照的分支机构；(6)中国人民银行、各专业银行设在各地的分支机构；(7)中国人民保险公司设在各地的分支机构；(8)经核准登记领取营业执照的乡镇、街道、村办企业；(9)符合本条规定条件的其他组织。"

使用权,但许可人不得将该知识产权再许可给第三人。排他许可和独占许可的区别体现在许可人是否保留使用权。根据《最高人民法院关于诉前停止侵犯专利权行为适用法律问题的若干规定》第一条第(二)款、《最高人民法院关于诉前停止侵犯注册商标专用权行为和保全证据适用法律问题的解释》第一条第(二)款和第三十条的规定,专利、商标、版权侵权案件中的排他许可合同中的被许可人只有在专利权人、商标权人、著作权人不起诉的情况下,才可以作为原告享有单独起诉的权利。

普通许可是指在一定时间和地域范围内,许可人和被许可人均享有特定知识产权的使用权,并且许可人还可以再许可给第三人。根据最高人民法院《关于诉前停止侵犯专利权行为适用法律问题的若干规定》第一条第(二)款、最高人民法院《关于诉前停止侵犯注册商标专用权行为和保全证据适用法律问题的解释》第一条第(二)款和第三十条的规定,专利、商标、版权侵权案件中的普通许可中被许可人不享有诉权,并且在通常情况下也不必作为无独立请求权的第三人加入诉讼,除非许可协议中有相反的约定。

(三) 诉前禁令

为适应入世对我国知识产权保护的特殊要求,我国将诉前禁令制度纳入了新修订的《专利法》《商标法》以及《著作权法》中,同时,最高人民法院出台了相关的司法解释对该制度的具体适用作了专门规定。知识产权中的诉前禁令是为及时制止正在实施或即将实施的侵害权利人知识产权或有侵害之虞的行为,而在当事人起诉前根据其申请发布的一种禁止行为人从事某种行为的强制性命令。

《商标法》第五十七条第(一)款规定:"商标注册人或者利害关系人有证据证明他人已在实施或者即将实施侵犯其注册商标专用权的行为,如不及时制止,将会使其合法权益受到难以弥补的损害,可以在起诉前向人民法院申请责令停止有关行为和财产保全的措施。"《专利法》第六十六条、《著作权法》第五十条、《集成电路布图设计保护条例》第三十二条也有类似规定。这种知识产权权利人或者利害关系人在起诉前申请,并由法院裁定做出的责令停止侵犯特定知识产权侵权行为的强制措施被称为诉前禁令或诉前责令停止侵权行为。诉前禁令在我国民事诉讼法中没有规定,但与民事诉讼法中"先予执行"制度类似。所不同的是,"先予执行"只能在起诉后才能申请,并且"先予执行"针对的是正在发生的侵权行为,但不能针对"即将实施"的侵权行为。

诉前禁令是部分知识产权侵权民事诉讼程序中的一项特有制度,不能随意扩大其适用范围。从我国有关知识产权法律法规的规定看,诉前禁令目前在我国只适用于商标侵权、专利侵权、版权侵权和集成电路布图设计侵权这四类案件。诉前禁令在《TRIPs协议》第五十条中被称为"临时措施"之一,是世界贸易组织成员在国内立法中必须予以规定的制度。禁令可以针对实际发生的侵犯知识产权的行为,也可以针对有侵害之虞的行为。在有关商业秘密的案件中,由于商业秘密的特性,一旦披露即丧失价值、权利人因披露而遭受的损失难以计算等,禁令的使用频率很高。因而,禁令在商业秘密保护中具有更为独特和重要的作用。但由于我国未修订反不正当竞争法或颁布专门的商业秘密保护法,在商业秘密保护方面还未建立禁令救济制度。

诉前禁令的适用可能会影响涉嫌侵权人的生产经营活动,使用不当可能造成难以弥补的损害。为了便于诉前禁令的适用及司法标准的统一,最高人民法院先后颁布了《关于对诉前停止侵犯专利权行为适用法律问题的若干规定》《关于诉前停止侵犯注册商标专用权行为和保全证据适用法律问题的解释》以及《关于审理著作权民事纠纷案件适用法律若干问题的解释》，规定了诉前禁令的适用条件。

1. 申请人资格

能依法申请诉前禁令的申请人必须具备原告资格，与本案有直接利害关系。根据有关知识产权法的规定，申请人包括知识产权权利人或者利害关系人。知识产权权利人包括著作权人、邻接权人、专利权人、商标权人和布图设计专有权人及其知识产权中财产权的合法受让人。利害关系人包括知识产权许可合同中的被许可人和知识产权财产权的合法继承人。其中，独占许可中的被许可人可以单独申请，排他许可中的被许可人在知识产权权利人不申请的情况下可以提出申请，普通许可中的被许可人不能提出申请。

2. 禁令的行为对象

根据 TRIPs 协议以及我国法律和司法解释的规定，诉前禁令只能针对"正在实施"或者"即将实施"的侵犯特定知识产权的行为，并且这种行为如不及时制止，将会给申请人的合法权益造成"难以弥补的损害"。如何认定"正在侵权""即发侵权"和"难以弥补的损失"就成为审判实践中的难题。

3. 书面申请

知识产权权利人向法院提出诉前禁令的申请，应当提交书面申请状。申请状应当载明：当事人的基本状况；申请的具体内容和范围；申请的理由，包括有关行为如不及时制止，将会使申请人合法权益受到难以弥补的损害的具体说明。

4. 提交证据和担保

为防止申请人滥用权利，保护被申请人的合法权益，《TRIPs 协议》第五十条第（三）款规定："司法当局应有权要求临时措施之请求提供任何可以合法获得的证据，以使该当局自己即足以确认该申请人系权利持有人，确认其权利正在被侵犯或侵权活动发生在即，该当局还有权责令申请人提供足以保护被告和防止申请人滥用权利的诉讼保证金，或提供与之相当的担保。"根据相关规定，申请人提出诉前禁令申请时，必须提交相应证据：一是证明申请人资格的证据，如专利证书、商标注册证、转让合同、许可合同、转让或许可合同的登记或备案材料、许可人放弃申请的书面声明等；二是证明被申请人正在实施或者即将实施侵犯知识产权行为的证据，包括被控侵权商品等。同时，申请人还应当提供相应的保证、抵押等合法担保。法院在确定担保范围时，应当考虑责令停止有关行为所涉及的商品收益，以及合理的仓储、保管等费用，停止行为可能造成的合理损失等。担保的提供在于保证发布禁令错误时，申请人赔偿责任的承担，同时在一定程度上可以制止权利人滥用权利的行为。其数额应以禁令可能影响到对方的利益为标准计算，应是足额而充分。[①] 申请有错误的，申请人应当赔偿被申请人因停止有关行为所遭受的损失。

5. 时间要求

根据《专利法》第六十六条第（三）款和第（四）款的规定，人民法院应当自接受申请之时

---

① 吴汉东.知识产权法通识教材[M].北京：知识产权出版社，2007：377.

起四十八小时内做出裁定;有特殊情况需要延长的,可以延长四十八小时。裁定责令停止有关行为的,应当立即执行。当事人对裁定不服的,可以申请复议一次;复议期间不停止裁定的执行。申请人自人民法院采取责令停止有关行为的措施之日起十五日内不起诉的,人民法院应当解除该措施。

(四)知识产权诉讼中的举证责任

民事诉讼中的举证责任是指当事人对自己提出的主张,有提出证据并加以证明的责任,又称证明责任。如果当事人未能尽到上述责任,则有可能承担对其主张不利的法律后果。它的基本含义是:第一,当事人对自己提出的主张,应当提出证据;第二,当事人对自己提供的证据,应当予以证明,以表明自己所提供的证据能够证明其主张;第三,若当事人对自己的主张不能提供证据或提供证据后不能证明自己的主张,将可能导致诉讼结果的不利。

我国《民事诉讼法》第六十四条第(一)款规定:"当事人对自己提出的主张有责任提供证据。"这就是举证责任的基本原则,即通常所说的"谁主张,谁举证"原则。该说法简明扼要地概括了民事诉讼举证责任的基本分配标准。根据该原则,知识产权民事诉讼举证责任分配的基本内容是:在知识产权侵权纠纷中,主张权利的当事人,应对权利存在的法律事实负举证责任;主张对方的权利变更或消灭的当事人,应对权利变更或消灭的事实负举证责任;主张权利受限制的当事人,应对权利受限制的法律事实负举证责任。在知识产权合同纠纷案件中,主张合同关系成立并生效的一方当事人对合同订立和生效的事实承担举证责任;主张合同关系变更、解除、终止、撤销的一方当事人对引起合同关系变动的事实承担举证责任。对合同是否履行发生争议的,由负有履行义务的当事人承担举证责任。对代理权发生争议的,由主张有代理权一方的当事人承担举证责任。

除"谁主张,谁举证"原则外,有关法律和司法解释还规定了举证责任倒置的特殊情形,作为对"谁主张,谁举证"原则的补充。对举证责任分配一般原则的补充在我国民事诉讼程序法和民事实体法中都有规定。在1992年7月14日最高人民法院《关于适用〈中华人民共和国民事诉讼法〉若干问题的意见》中规定了六种举证责任倒置的情形。其中,第一种是因产品制造方法发明专利引起的专利侵权诉讼;[①]最高人民法院于2001年12月6日通过的《关于民事诉讼证据的若干规定》第四条第(一)款也明确规定了相同的内容。即因新产品制造方法发明专利引起的专利侵权诉讼,由制造同样产品的单位或者个人对其产品制造方法不同于专利方法承担举证责任。从最高人民法院的解释看,我国在知识产权侵权领域中,诉讼法规定的举证责任倒置的情形仅有一种,即产品制造方法发明专利侵权纠纷。

我国知识产权实体法中对举证责任倒置的规定有:

《著作权法》第五十三条规定:"复制品的出版者、制作者不能证明其出版、制作有合法授权,复制品的发行者或者电影作品或者以类似摄制电影的方法创作的作品、计算机软件、录音录像制品的复制品的出租者不能证明其发行、出租的复制品有合法来源的,应当承担法律责任。"

---

① 其他五种是:高度危险作业致人损害的侵权诉讼;因环境污染引起的损害赔偿诉讼;建筑物或者其他设施以及建筑物上的搁置物、悬挂物发生倒塌、脱落、坠落致人损害的侵权诉讼;饲养动物致人损害的侵权诉讼;有关法律规定由被告承担举证责任的。

《商标法》第五十六条第（三）款规定："销售不知道是侵犯注册商标专用权的商品，能证明该商品是自己合法取得的并说明提供者的，不承担赔偿责任。"

《专利法》第六十一条第（二）款规定："专利侵权纠纷涉及新产品制造方法的发明专利的，制造同样产品的单位或者个人应当提供其产品制造方法不同于专利方法的证明；第七十条规定，为生产经营目的使用或者销售不知道是未经专利权人许可而制造并售出的专利产品或者依照专利方法直接获得的产品，能证明其产品合法来源的，不承担赔偿责任。"《专利法》第六十二条规定："在专利侵权纠纷中，被控侵权人有证据证明其实施的技术或者设计属于现有技术或者现有设计的，不构成侵犯专利权。"

（五）知识产权诉讼时效

知识产权合同纠纷诉讼时效与一般合同纠纷的诉讼时效相同。知识产权侵权诉讼时效的适用问题，在最高人民法院《关于审理专利纠纷案件适用法律问题的若干规定》（2001年7月1日起施行）第二十三条规定："侵犯专利权的诉讼时效为二年，自专利权人或者利害关系人知道或者应当知道侵权行为之日起计算。权利人超过二年起诉的，如果侵权行为在起诉时仍在继续，在该项专利权有效期内，人民法院应当判决被告停止侵权行为，侵权损害赔偿数额应当自权利人向人民法院起诉之日起向前推算二年计算。"最高人民法院在《关于审理著作权民事纠纷案件适用法律若干问题的解释》（2002年10月15日起施行）和《关于审理商标民事纠纷案件适用法律若干问题的解释》（2002年10月16日起施行）中，对著作权侵权与商标权侵权的诉讼时效适用问题也作了类似的规定。前者第二十八条规定："侵犯著作权的诉讼时效为二年，自著作权人知道或者应当知道侵权行为之日起计算。权利人超过二年起诉的，如果侵权行为在起诉时仍在持续，在该著作权保护期内，人民法院应当判决被告停止侵权行为；侵权损害赔偿数额应当自权利人向人民法院起诉之日起向前推算二年计算。"后者第十八条规定："侵犯注册商标专用权的诉讼时效为二年，自商标注册人或者利害权利人知道或者应当知道侵权行为之日起计算。商标注册人或者利害关系人超过二年起诉的，如果侵权行为在起诉时仍在持续，在该注册商标专用权有效期限内，人民法院应当判决被告停止侵权行为，侵权损害赔偿数额应当自权利人向人民法院起诉之日起向前推算二年计算。"

从上述规定可知，在知识产权保护期限内，停止侵权的请求不受诉讼时效的限制。学理上一般认为，确认知识产权权利归属的请求、确认发明创造发明人和设计人资格的请求也不应受诉讼时效的限制。[①]

二、侵犯知识产权的民事责任

侵犯知识产权的民事责任，是指民事主体因实施知识产权法律规定的侵权行为而应承担民事法律后果。综合我国知识产权专门法律法规的规定，我国知识产权侵权民事责任形式主要有停止侵害、消除危险以及赔礼道歉、赔偿损失。

---

① 张晓都.知识产权诉讼时效制度的完善及相应懈怠制度的设立[J].现代法学，2003(4)：158.

（一）停止侵害

停止侵害是指权利人有权要求侵权人停止已经出现的正在实施的侵权行为，包括防止尚未发生但可能发生的侵权行为，后者相当于传统民事救济措施中的请求排除妨碍。这是为防止损害的继续发生和扩大而采取的一种责任方式，也是侵权人承担的最为常见的责任形式，其目的是通过停止正在发生的侵权行为或防止将要发生的侵权行为，来实现阻止尚未发生的损害发生的目标，而不是对已经发生的损害的救济。停止侵害的适用条件是侵权人的侵权行为正在进行，或有可能再次发生，或可能将会发生。在诉讼中，法院判决前被告仍继续其被控侵权行为的，法院应当在判决中判令被告停止侵权；如在原告起诉前，或在诉讼过程中，被告主动停止了被控侵权行为的，则在确认被告已经在事实上停止侵权的前提下，法院一般不再判令被告停止侵权；但是，只要该行为有再次发生的可能，经原告请求，法院也应判令被告停止侵权。[①]

为有效地阻止专利侵权行为的继续进行，人民法院可以根据专利权人的请求，没收、销毁侵权产品或者责令侵权行为人将侵权物品交由专利权人或者利害关系人处理。但应当注意，只有在下列情况下，才考虑采用这种方式：①判令侵权人停止制造专利产品后，对制造侵权产品的专用设备、工具等应当予以没收、销毁；②对质量低劣的假冒专利产品，应当予以没收、销毁；③对仿制的侵权产品，可以根据专利权人的请求予以没收、销毁，或者责令侵权人将其交由专利权人或者利害关系人处理。因没收、销毁侵权产品或者专用设备、工具等造成的损失，应当由侵权行为人承担。同时还应注意，专利权人或者利害关系人并非任何情况下都可以请求侵权人承担这种法律责任的。例如，如果管理专利工作的部门的处理决定或者人民法院的判决是在专利权已经终止后做出的，那么就不能适用停止侵权这种责任形式。

在著作权侵权案件中，人民法院为使侵权行为得以停止，可以没收违法所得、侵权复制品以及进行违法活动的财物。

（二）消除影响以及赔礼道歉

消除影响是指权利人有权要求侵权人，或者诉请人民法院责令侵权人在一定范围内澄清事实，以消除人们对权利人的不良印象。一般来讲，侵权行为造成影响的范围多大，就应在多大的范围内消除影响。在知识产权的侵权责任上，消除影响一般适用于侵害人身权、发明权、发现权等知识产权精神权利和侵害知识产权经济权利且已经造成不良影响的情形。例如，侵犯他人注册商标权或驰名商标权益从而给相关商标权利人的商誉等造成不良影响的情况。赔礼道歉是因侵权行为给权利人造成不良影响的，侵权人应向权利人承认错误，请求谅解。其形式可以是书面的，也可以是口头的，但必须是公开的，在实务中，知识产权权利人常常在诉讼中要求侵权人登报道歉。我国《著作权法》第四十七条和第四十八条、《计算机软件保护条例》第23条和第24条集中明确规定了侵权人消除影响、赔礼道歉的法律责任形式，而《专利法》《商标法》等均未规定这种责任形式。

---

① 吴汉东.知识产权法通识教程[M].北京：知识产权出版社，2007：363.

(三)赔偿损失

赔偿损失是指侵权人因其侵犯他人知识产权的行为而给知识产权权利人造成损害的,侵权人应当赔偿知识产权权利人因其侵权行为所受到的经济损失。我国《民法通则》规定的赔偿原则是补偿原则,其规定的侵权民事损害赔偿范围限于财产的实际损失和精神利益的实际损害。知识产权侵权造成的损害赔偿数额的计算一般有三种方法:①按照知识产权权利人因侵权行为所受到的实际损失计算;②按照侵权人因侵权行为所得的非法利益计算;③在知识产权权利人的实际损失或侵权人的违法所得难以确定时,由人民法院根据侵权行为的性质、手段、情节、范围以及侵权人的过错程度等,判决适用法定赔偿额。我国《著作权法》第四十九条、《商标法》第五十六条第(二)款、《最高人民法院关于审理专利纠纷案件适用法律若干问题的规定》第二十一条分别规定了侵犯著作权、商标权、专利权的法定赔偿,其法定赔偿最高额都不超过 50 万元人民币。根据《专利法》第六十五条第(二)款的规定,侵犯专利权的法定赔偿最高额为 100 万元人民币。根据《商标法》第六十三条第(三)款的规定,侵犯商标权的法定赔偿最高额为 300 万元人民币。

三、侵犯知识产权的刑事责任

(一)侵犯专利权的刑事责任

《刑法》第二百一十六条规定:假冒他人专利,情节严重的,处三年以下有期徒刑或者拘役,并处或者单处罚金。实施下列行为之一的,属于《刑法》第二百一十六条规定的"假冒他人专利"的行为:①未经许可,在其制造或者销售的产品、产品的包装上标注他人专利号的;②未经许可,在广告或者其他宣传材料中使用他人的专利号,使人将所涉及的技术误认为是他人专利技术的;③未经许可,在合同中使用他人的专利号,使人将合同涉及的技术误认为是他人专利技术的;④伪造或者变造他人的专利证书、专利文件或者专利申请文件的。

假冒他人专利,具有下列情形之一的,属于《刑法》第二百一十六条规定的"情节严重",应当以假冒专利罪判处三年以下有期徒刑或者拘役,并处或者单处罚金:①非法经营数额在 20 万元以上或者违法所得数额在 10 万元以上的;②给专利权人造成直接经济损失 50 万元以上的;③假冒两项以上他人专利,非法经营数额在 10 万元以上或者违法所得数额在 5 万元以上的;④其他情节严重的情形。

(二)侵犯著作权的刑事责任

《刑法》第二百一十七条规定:以营利为目的,有下列侵犯著作权情形之一,违法所得数额较大或者有其他严重情节的,处三年以下有期徒刑或者拘役,并处或者单处罚金;违法所得数额巨大或者有其他特别严重情节的,处三年以上七年以下有期徒刑,并处罚金:

(1) 未经著作权人许可,复制发行其文字作品、音乐、电影、电视、录像作品、计算机软件及其他作品的;

(2) 出版他人享有专有出版权的图书的;

(3) 未经录音录像制作者许可,复制发行其制作的录音录像的;

(4) 制作、出售假冒他人署名的美术作品的。

这里的"违法所得数额较大"是指违法所得数额在3万元以上。具有下列情形之一的，属于"有其他严重情节"：①非法经营数额在5万元以上的；②未经著作权人许可，复制发行其文字作品、音乐、电影、电视、录像作品、计算机软件及其他作品，复制品数量合计在1000张（份）以上的；③其他严重情节的情形。

这里的"违法所得数额巨大"是指违法所得数额在15万元以上。具有下列情形之一的，属于"有其他特别严重情节"：①非法经营数额在25万元以上的；②未经著作权人许可，复制发行其文字作品、音乐、电影、电视、录像作品、计算机软件及其他作品，复制品数量合计在5000张（份）以上的；③其他特别严重情节的情形。

《刑法》第二百一十八条规定：以营利为目的，销售明知是本法第二百一十七条规定的侵权复制品，违法所得数额巨大的，处三年以下有期徒刑或者拘役，并处或者单处罚金。这里的"违法所得数额巨大"是指违法所得数额在10万元以上。

（三）侵犯商标专用权的刑事责任

《刑法》第二百一十三条规定：未经注册商标所有人许可，在同一种商品上使用与其注册商标相同的商标，情节严重的，处三年以下有期徒刑或者拘役，并处或者单处罚金；情节特别严重的，处三年以上七年以下有期徒刑，并处罚金。这里的"情节严重"是指具有下列情形之一的：①非法经营数额在5万元以上或者违法所得数额在3万元以上的；②假冒两种以上注册商标，非法经营数额在3万元以上或者违法所得数额在2万元以上的；③其他情节严重的情形。这里的"情节特别严重"是指具有下列情形之一的：①非法经营数额在25万元以上或者违法所得数额在15万元以上的；②假冒两种以上注册商标，非法经营数额在15万元以上或者违法所得数额在10万元以上的；③其他情节特别严重的情形。

《刑法》第二百一十四条规定：销售明知是假冒注册商标的商品，销售金额数额较大的，处三年以下有期徒刑或者拘役，并处或者单处罚金；销售金额数额巨大的，处三年以上七年以下有期徒刑，并处罚金。这里的"数额较大"是指销售假冒注册商标的商品后所得和应得的全部违法收入在5万元以上的。这里的"数额巨大"是指销售假冒注册商标的商品后所得和应得的全部违法收入在25万元以上的。

《刑法》第二百一十五条规定：伪造、擅自制造他人注册商标标识或者销售伪造、擅自制造的注册商标标识，情节严重的，处三年以下有期徒刑、拘役或者管制，并处或者单处罚金；情节特别严重的，处三年以上七年以下有期徒刑，并处罚金。这里的"情节严重"是指具有下列情形之一的：①伪造、擅自制造或者销售伪造、擅自制造的注册商标标识数量在2万件以上，或者非法经营数额在5万元以上，或者违法所得数额在3万元以上的；②伪造、擅自制造或者销售伪造、擅自制造两种以上注册商标标识数量在1万件以上，或者非法经营数额在3万元以上，或者违法所得数额在2万元以上的；③其他情节严重的情形。这里的"情节特别严重"是指具有下列情形之一的：①伪造、擅自制造或者销售伪造、擅自制造的注册商标标识数量在10万件以上，或者非法经营数额在25万元以上，或者违法所得数额在15万元以上的；②伪造、擅自制造或者销售伪造、擅自制造两种以上注册商标标识数量在5万件以上，或者非法经营数额在15万元以上，或者违法所得数额在10万元以上的；③其他情节特别严重的情形。

（四）侵犯商业秘密的刑事责任

《刑法》第二百一十九条规定：有下列侵犯商业秘密行为之一，给商业秘密的权利人造成重大损失的，处三年以下有期徒刑或者拘役，并处或者单处罚金；造成特别严重后果的，处三年以上七年以下有期徒刑，并处罚金：①以盗窃、利诱、胁迫或者其他不正当手段获取权利人的商业秘密的；②披露、使用或者允许他人使用以前项手段获取的权利人的商业秘密的；③违反约定或者违反权利人有关保守商业秘密的要求，披露、使用或者允许他人使用其所掌握的商业秘密的。

明知或者应知前款所列行为，获取、使用或者披露他人的商业秘密的，以侵犯商业秘密论。

给商业秘密的权利人造成损失数额在50万元以上的，属于《刑法》第二百一十九条规定的"给商业秘密的权利人造成重大损失"。给商业秘密的权利人造成损失数额在250万元以上的，属于《刑法》第二百一十九条规定的"造成特别严重后果"。

第四节　知识产权纠纷解决的途径选择

一、知识产权的行政保护与司法保护的选择

一般认为，我国对知识产权的保护主要有民事保护、行政保护、刑事保护三种方式。但就提供保护的主体而言，主要还是通过司法和行政两条途径来实现。我国的知识产权保护采取了行政执法与司法"两条途径、协调运作"的保护模式。知识产权本是一种私权，知识产权纠纷亦属于民事纠纷，但是，因为知识产权特殊性的存在，一些侵犯知识产权的行为不仅损害了私人利益，而且扰乱了正常的社会秩序，侵害了国家、社会与公众的利益，便有必要通过行政与司法两种途径对知识产权予以保护。行政保护和司法保护两个渠道，使权利人在被侵权时，既可以选择向法院起诉，也可以选择向知识产权主管机关申诉。

我国现行法律制度规定了知识产权的行政保护与司法保护。[①] 实践证明，行政保护与司法保护双轨并用、协调运作，可以多渠道地加强对权利人利益的保护，切实维护知识产权权利人的合法权益，抑制和打击知识产权侵权行为。司法保护与行政保护相比各有优缺点，知识产权受到侵害时，是选择行政保护还是司法保护，首先要弄清两者的利弊。

（一）我国知识产权行政保护的利弊

1. 我国知识产权行政保护的优势

（1）行政保护的主动性。行政权具有主动性，知识产权行政管理机关一方面可以应知识产权权利人和利害关系人的申请进行处理，另一方面也可以依职权主动采取行政执法措施，对侵犯知识产权的违法行为进行调查、处理。相对于被动的司法保护而言，行政保护更

---

① 在我国知识产权单行立法中，对行政保护方式的直接规定体现在：《著作权法》第四十八条，《专利法》第六十条，《商标法》第六十条、六十二条，《反不正当竞争法》第二十五条，《集成电路布图设计保护条例》第三十一条。

充分、及时和有效。

（2）行政保护的程序相对经济、简便和迅捷。行政执法相对于烦琐复杂的司法程序而言，其程序相对简单。只要知识产权权利人发现他人侵权并提供相应的证据，然后向知识产权行政管理机关提出申请，就可以快速制止侵权人的侵权行为，这可使得知识产权权利人以较小的成本获得最有效、及时的保护。比如打假，工商和技术监督行政部门做出查封、扣押、没收决定，马上就可端掉一个售假点。

（3）知识产权行政保护能充分发挥知识产权管理部门的专业优势。[①] 知识产权纠纷往往涉及比较复杂的技术问题，而知识产权管理部门的管理人员则具有相对专门化和专业化的知识。这种专业优势可以更加充分有效地提供知识产权的保护。

2. 我国知识产权行政保护的弊端

（1）知识产权行政执法的程序不健全。因长期的"重实体，轻程序"观念的影响，我国知识产权行政执法程序不健全。行政专断、效率低下等问题在知识产权执法中容易出现，不利于切实充分地保护知识产权权利人的合法权益。

（2）行政执法力度不够。一些知识产权行政执法机关查处假冒伪劣案件时，多实行经济制裁，且处罚太轻，难以起到打击和威慑违法犯罪分子的作用。并且，知识产权的行政执法手段极其有限。如我国《专利法》第六十条规定，地方专利管理机关认定侵权行为成立的，只能责令侵权人停止侵权行为，没有规定其他诸如暂扣、吊销、查封、没收侵权产品等行政处罚。

（3）知识产权行政执法能力不强。由于没有统一的知识产权执法机构，执法主体涉及公安、专利、工商、新闻出版、海关等部门，实际操作中易产生执法依据、执法主体等法律规定的模糊而导致行政机关互相推诿、扯皮等问题。另外，知识产权行政执法机关的分散管理，导致各地知识产权行政执法队伍的人力和物力分散，也影响执法效果。

（4）知识产权行政执法受地方保护主义的干扰。在知识产权行政执法中，一些地方政府的管理部门受自身利益驱动，对打击侵犯知识产权行为的积极性不高；有些地方知识产权执法部门不仅未能严格履行其保护知识产权的职能，反而把盗版、生产销售假冒商标商品等作为重要财源，纵容侵犯知识产权的行为。越权办案，偏袒本地本部门、干预执法、对外地机关来本地办案不支持、不配合、不合作等故意刁难行为时有发生。

（二）知识产权司法保护的利弊

1. 我国知识产权司法保护的优势

（1）立法相对全面，实施效果明显。我国对知识产权侵权行为除了规定有民事救济的程序外，对严重的侵权行为还规定了刑事制裁程序。对于民事侵权行为，人民法院除可以依法责令侵权人承担停止侵害、消除影响、赔礼道歉、赔偿损失等民事责任外，还可以对侵权人给予没收非法所得、罚款、拘留等制裁。对于情节严重构成犯罪的，可依法追究刑事责任。1997年的《刑法》单列了"侵犯知识产权罪"一节，规定了侵犯商标权、专利权和商业秘密等方面的犯罪，并根据犯罪情节分别处以七年以下徒刑、拘役、并处或单处罚金。

---

① 乔亮国.论知识产权的行政保护[J].忻州师范学院学报,2005,(3):48.

(2) 机构设置有保障,审判专业化。多年来,我国各级人民法院为执行知识产权法律而不懈努力。在北京、上海、天津、广东等十几个省、直辖市高级人民法院,及一批城市的中级人民法院成立了知识产权审判庭,有些地处高科技开发区的基层人民法院,也成立了知识产权审判庭,专门审理知识产权案件和技术合同案件;未成立知识产权审判庭的地区法院也逐步将知识产权审判业务集中在一个审判庭。这标志着我国知识产权审判工作已经走上了专业化的道路。

(3) 知识产权司法保护具有稳定性、规范性、公平性和效力的终极性,以及注重赔偿等优点。

2. 我国知识产权司法保护的弊端

知识产权司法保护具有被动性;诉讼程序复杂,时间长,知识产权权利人的维权成本高、风险大;知识产权司法保护中存在执行难问题,不能充分有效地保护权利人的利益。

(三) 知识产权行政保护与司法保护的选择

按照最高人民法院有关司法解释,人民法院对已经进入或者经过行政执法程序后的同一案件,仍有管辖权。《最高人民法院关于审理商标案件有关管辖和法律适用范围问题的解释》第三条规定:"商标注册人或者利害关系人向工商行政管理部门就侵犯商标专用权行为请求处理,又向人民法院提起侵犯商标专用权诉讼请求损害赔偿的,人民法院应当受理。"第十条规定:"人民法院受理的侵犯商标专用权纠纷案件,已经过工商行政管理部门处理的,人民法院仍应当就当事人民事争议的事实进行审查。"《最高人民法院关于审理专利纠纷案件适用法律问题的若干规定》第二十五条规定:"人民法院受理的侵犯专利权纠纷案件,已经过管理专利工作的部门做出侵权或者不侵权认定的,人民法院仍应当就当事人的诉讼请求进行全面审查。"

但我国法律、法规和最高人民法院的司法解释在知识产权行政保护和司法救济上的规定隐含了冲突的可能性。我国知识产权行政和司法保护双轨制冲突,主要体现为三种情形:①

(1) 专利复审委员会、商标评审委员会等知识产权行政复审机构的裁决和法院民事诉讼裁判的矛盾。包括两种可能性:①知识产权行政复审机构裁决专利权、商标权有效,而人民法院判决不构成侵犯知识产权,比如法院认为被告使用的技术虽然和原告专利技术一致,但属于公知技术,则事实上否定了专利的有效性;②行政复审机构裁定专利权、商标权无效,而人民法院民事判决认定被告侵权成立,被告侵权成立当然以专利权、商标权有效为前提条件。

(2) 知识产权局、版权局、商标局等知识产权行政执法部门的裁决和人民法院民事案件判决的矛盾。即对同一侵权纠纷,行政执法部门和法院做出了构成侵权和不构成侵权的相反判决。

(3) 当事人对知识产权行政执法部门裁决不服提起的行政诉讼,和人民法院民事诉讼判决结果的矛盾。即行政诉讼和民事诉讼对同一侵权纠纷做出了侵权成立和侵权不成立的

---

① 郑书前.知识产权行政和司法保护冲突解决机制研究——以知识产权上诉法院为视角[J].电子知识产权,2007,(7):41-42.

相反判决。

二、知识产权纠纷解决的其他途径

（一）仲裁

仲裁是指双方当事人在争议发生之前或者争议发生后达成协议，自愿将争议交给第三方做出裁决，争议双方有义务执行该裁决，从而解决争议的一种法律制度。仲裁的前提是纠纷双方有仲裁协议。在纠纷发生之前或纠纷发生之后，签订有效的仲裁协议，将纠纷提交某一仲裁机构裁决，仲裁机构通过该仲裁协议获得对案件的管辖权。当事人签订有效的仲裁协议之后就排斥了法院的管辖，当事人选择了仲裁的同时，不能再选择诉讼。仲裁实行一裁终局，一方不履行仲裁裁决的，对方当事人可以请求法院根据仲裁裁决强制执行。仲裁裁决尽管不是国家裁判行为，但同法院的终审判决一样有效。与司法和行政保护相比，仲裁具有一裁终局、快捷便利、无地域性和管辖权限制等优势，可以提高纠纷解决效率，打破地方保护主义。在欧美等发达国家，仲裁已经是一种解决知识产权纠纷的普遍方式，世界知识产权组织也设有专门的仲裁机构。其实我国早已通过仲裁解决知识产权纠纷，仅在2006年武汉仲裁委员会就受理了十一件知识产权纠纷案件。

我国现行《仲裁法》第二条和第三条规定了仲裁程序的适用范围。依据第二条规定，"平等主体的公民、法人和其他组织之间发生的合同纠纷和其他财产权益纠纷可以仲裁"。第三条规定了仲裁的排除范围："婚姻、收养、监护、扶养、继承纠纷"和"依法应当由行政机关处理的行政纠纷"。现行《著作权法》第五十五条规定，著作权纠纷可以通过调解、仲裁或判决的方式解决。《商标法》第五十三条、《专利法》第六十条对商标权和专利权纠纷的解决方式有协商、调解或判决。从以上规定可以看出，我国现行法律对知识产权争议可仲裁性方面的态度：①仅涉及知识产权合同的纠纷是可以仲裁的；②对知识产权侵权纠纷及涉及知识产权效力的纠纷是否具有可仲裁性既没有明确肯定，也没有明确否定；③由于版权的取得不需要行政机关的特别授予程序，因而国家对版权纠纷的可仲裁性政策要宽于其他需经特别程序授予的知识产权产生的纠纷。

仲裁的程序通常包括以下几个步骤。

1. 仲裁申请与答辩

申请人提出仲裁申请时应当提交仲裁协议、仲裁申请书和证明文件，并应按规定预交仲裁费。仲裁申请书中应载明双方当事人的名称、地址、申请仲裁所依据的仲裁协议、仲裁请求、理由和证据。仲裁委员会收到申请人的仲裁申请书后，经审查认为手续完备的，即向申请人和被申请人发出仲裁通知，同时将《仲裁规则》、仲裁员名册和费用表附送双方。被申请人应在收到仲裁通知之日起规定的期限内向仲裁委员会提交答辩书。如被申请人不提交答辩书，不影响仲裁程序继续进行。按《仲裁法》的规定，一方当事人因另一方当事人原因可能使裁决不能执行或难以执行的可以申请财产保全。申请财产保全时，仲裁委员会将把当事人的申请依照民事诉讼法的有关规定提交人民法院。

2. 仲裁庭的组成

仲裁庭一般应由三名仲裁员或一名仲裁员组成。当事人应在收到仲裁通知之日起规定的期限内在仲裁员名册中各自选定或者委托仲裁委员会主任指定一名仲裁员。第三名仲裁员是首席仲裁员,由双方当事人在名册中共同选定或共同委托仲裁委员会主任指定。如果双方未能共同选定或共同委托仲裁委员会主任指定第三名仲裁员,则由仲裁委员会主任指定。如果双方约定由一名仲裁员审理案件,该仲裁员产生的办法与首席仲裁员办法相同。当事人对仲裁员的公正性和独立性产生有正当理由的怀疑时,可以书面向仲裁委员会提出要求其回避的请求。这样的回避请求一般应在第一次开庭之前以书面形式提出。但如果回避理由是在第一次开庭之后得知的,则可在最后一次开庭终结之前提出。

3. 审理与裁决

仲裁委员会应采取开庭审理的方式仲裁。仲裁庭开庭审理案件时不公开进行,双方当事人、仲裁员及其他与案件有关人员均不得向外界透露案件进行的情况。如果双方当事人要求公开审理,由仲裁庭做出是否公开审理的决定。当事人应当按照"谁主张,谁举证"的原则提供证据。当事人申请仲裁后还可以自行和解,达成和解协议,根据和解协议做出裁决书,也可以撤回仲裁申请。仲裁庭在做出裁决前,可以先行调解。调解达成协议的,仲裁庭应当制作调解书或者根据协议的结果制作裁决书。调解书与裁决书具有同等法律效力。裁决书自做出之日起发生法律效力。

4. 执行

当事人应当履行裁决。一方当事人不履行的,另一方当事人可以向仲裁机构所在地的有管辖权的人民法院申请执行。受理申请的人民法院应当根据仲裁裁决予以执行。受理申请的人民法院如果发现仲裁裁决违法,如对著作权合同的事实认定不清或适用法律不当,则有权不予执行。对于人民法院不予执行的仲裁裁决,当事人可以按诉讼程序就合同纠纷向人民法院提起民事诉讼。

(二)调解

调解即调停解决,即由有争议的双方请求中立的第三方为双方解决争议的方式。调解对于那些看重或加强相互关系,想自己把握争议解决程序,注重保密或希望快速解决争议而不使自己声誉受到损害的当事方而言,是一种有效的解决办法。且调解的地点不受管辖地的归属约束,只要双方当事人愿意,可以选择双方认可的任何中立的机构或者行业协会甚至是个人充当调解人,各方本着互谅互让的精神,在友好、平和的气氛下进行,这对于当事人是很有益的。

目前我国知识产权纠纷的调解根据调解主持者的不同,主要有法院附设调解、行政调解和民间调解。法院调解不同于一般的诉讼程序,但是又和诉讼紧密相连,如果法院调解失败,就会直接进行判决;行政调解则由各行政管理部门进行;而民间调解作用甚微。本部分所讲的调解主要为民间调解,为发挥民间调解解决知识产权纠纷的作用,应做到:

(1) 积极发挥行业协会、商会等中介机构的协调自律作用,化解行业内的知识产权纠纷。

(2) 借鉴世界知识产权组织的知识产权仲裁与调解中心的有益经验,对调解的组织方式、运作模式、人员资格、调解程序、调解办法等调解规则尤其是调解中的保密性进一步完善。因为调解协议对当事人双方没有强制性的约束力,一旦调解协议得不到遵守,当事人还可以通过诉讼或仲裁来解决纠纷。因此,在调解过程中当事人所公开的一些有价值的信息或商业秘密不得向调解程序以外的任何人泄露,包括其后可能进行的法院诉讼或仲裁。

(3) 明确规定当事人选择调解解决纠纷失败后,还享有对诉讼或仲裁的二次选择权,以此引导当事人倾向于通过调解的方式来解决纠纷。①

(三)和解

和解是指在没有第三方主持的情况下,纠纷当事人就争执的问题进行协商并达成协议的纠纷解决方式。从经济效益上讲,和解是一种冲突解决成本最低的方式。和解是一种双赢的选择,通过当事人之间的和解解决知识产权纠纷无疑是一条便捷、经济的途径,应大力鼓励和提倡。但由于和解效力较弱,在通过和解解决知识产权纠纷的时候,一方面要通过公正或担保等方式以加强和解协议的法律约束力;另一方面还要协调好和解和其他纠纷解决方式的衔接,一旦和解失败,可以及时通过其他方式解决知识产权纠纷。如此,才能更好地发挥和解在知识产权纠纷解决中的作用。

一般情况下司法外和解程序包括以下几个环节。②

1. 分析事实阶段

当事人在发生纠纷后应有一定的时间来全面了解事实、相关法律和惯例,对各种纠纷解决方式的风险、策略等因素综合分析以决定是否在司法外和解,决定司法外和解后进而确立自己在谈判过程中所处的地位和所要达到的目标。尽管这个阶段可能贯穿司法外和解程序始终,但在纠纷发生后的最初阶段是其主要部分,任何一方如果不给对方一定的时间来分析事实就主张司法外和解,从程序上来讲有胁迫之嫌。因此,必须有一个分析事实阶段,这一阶段时间无须太长,但必不可少。

2. 交换信息阶段

交换信息,实际上就是信息披露或称告之法律规则,它可以在一定程度上纠正司法外和解博弈战略行为中的信息不对称现象。在这一阶段,当事人相互陈述理由、事实和交换证据,进行辩论、要约和反要约。由于信息不对称状态几乎是普遍的,所以信息交换有助于司法外和解主体相互了解对方立场,明确自己的机会和事实的是非曲直。没有充分信息交流的司法外和解容易出现零和博弈,或者使一方获得不当利益而另一方遭受不必要的损失,这有损公平与正义。以和谐为价值取向的司法外和解如无信息交换程序的保障,极有可能走向对抗。

3. 交涉让步阶段

当事人在交换信息过程中就达成协议的可能性是存在的,现实中也多有发生,因而交涉让步阶段并非必经阶段。但是在前一阶段中未达成协议的,除非当事人一方放弃司法外和解,就必须进入交涉让步阶段。这一阶段是在此前基础上进一步交流信息,但又不是简单的重复,而是有新的交流内容,实际上就是不断讨价还价。因此,交涉让步阶段是一个独立的程序,不宜与前一程序合并。

---

① 樊培栋.论 ADR 在知识产权纠纷解决中的应用[J].科学之友,2007,(11):34.
② 张竹青.企业知识产权纠纷主要解决途径分析[J].科技情报开发与经济,2006,(11):136.

4. 承诺或达成协议阶段

这一阶段的显著特征是有一方当事人对对方要约的接受，它是司法外和解程序的终结阶段。当事人的协议如果希望具有法律约束力，还应符合一定的形式要件，这也是在承诺阶段要完成的。没有承诺阶段的司法外和解活动毫无疑问不叫成功的司法外和解，承诺作为一个必经程序是为了实现司法外和解的最终目的。

本章重点

1. 侵犯专利权的行为构成及类型。
2. 侵犯著作权的行为构成及类型。
3. 侵犯商标权的行为构成及类型。
4. 侵犯其他类型的知识产权的行为构成及类型。
5. 知识产权的行政保护与司法保护。
6. 侵犯知识产权的责任包括民事责任、行政责任和刑事责任。
7. 解决知识产权的纠纷的途径有和解、调节、仲裁和诉讼。

本章难点

1. 侵犯专利权、著作权、商标权的认定、构成和类型。
2. 知识产权民事诉讼的管辖。
3. 知识产权诉前禁令的适用条件。
4. 知识产权的行政保护与司法保护衔接。
5. 知识产权纠纷的仲裁。

思 考 题

1. 侵犯专利权、著作权、商标权的行为有哪些？
2. 知识产权民事诉讼的管辖如何确定？
3. 知识产权诉前禁令的适用有哪些条件限制？
4. 我国刑法关于侵犯知识产权的具体罪名有哪些？
5. 知识产权行政保护机构的权力有哪些？
6. 知识产权纠纷民事诉讼中的举证规则是怎样的？
7. 侵犯知识产权的民事责任有哪些？
8. 解决知识产权纠纷的途径有哪些？

主要参考文献

[1] 郑成思.知识产权法[M].北京:法律出版社,2004.
[2] 郑友德.知识产权法[M].北京:高等教育出版社,2004.
[3] 刘春田.知识产权法[M].3版.北京:中国人民大学出版社,2007.
[4] 吴汉东.知识产权法通识教材[M].北京:知识产权出版社,2007.
[5] 黄勤南.新编知识产权法教程[M].北京:法律出版社,2003.
[6] 郑成思.版权法[M].北京:中国人民大学出版社,1990.
[7] 吴汉东,曹新明,王毅,等.西方诸国著作权制度研究[M].北京:中国政法大学出版社,1998.
[8] [日]半田正夫,纹谷畅男.著作权法50讲[M].北京:法律出版社,1990.
[9] 汤宗舜.专利法教程[M].北京:法律出版社,2003.
[10] 张序九.商标法教程[M].北京:法律出版社,1997.
[11] 曾陈明汝.商标法原理[M].北京:中国人民大学出版社,2003.
[12] 黄晖.驰名商标和著名商标的法律保护[M].北京:法律出版社,2001.
[13] 邓建志,单晓光.我国知识产权行政保护的涵义[J].知识产权,2007,(1):62-67.
[14] 张晓都.知识产权诉讼时效制度的完善及相应懈怠制度的设立[J].现代法学,2003,(4):158-162.
[15] 乔亮国.论知识产权的行政保护[J].忻州师范学院学报,2005,(3):48-50.
[16] 郑书前.知识产权行政和司法保护冲突解决机制研究——以知识产权上诉法院为视角[J].电子知识产权,2007,(7):41-43.
[17] 张竹青.企业知识产权纠纷主要解决途径分析[J].科技情报开发与经济,2006,(11):186-187.

第七章

知识产权利用

利用知识产权是知识产权人获得经济利益回报的重要途径。知识产权利用是指权利人对其财产权的行使,包括知识产权人自己利用和许可他人利用。本章所说的知识产权利用仅指知识产权人通过许可、转让、投资、质押方式获取经济利益的情形。

第一节 知识产权许可

知识产权许可,又称知识产权许可证贸易,是指在不转让知识产权所有权的前提下,知识产权权利人将全部或者部分知识产权财产权,在一定期限和范围内许可他人行使,并依照约定或者有关法律规定取得相应报酬的活动。在知识产权的许可贸易中,许可他人使用其知识产权财产权的权利人通常称为许可人,取得知识产权使用权的通常称为被许可人。

在知识产权财产权许可他人使用的过程中,知识产权的所有权仍然属于权利人享有,所有权并不发生转移。被许可人只能依照约定,在一定的期限和范围内使用该知识产权的财产权,被许可人不享有知识产权权利人财产权的其他权利,不得行使专属于许可人的其他权利,如被许可人并不享有合同约定之外的再许可他人使用该知识产权的许可权利,也不享有禁止权等。

知识产权许可必须订立知识产权许可使用合同,形成了知识产权许可使用合同关系。因此,关于许可使用合同的成立要件,合同的履行、解除、终止,合同效力、违约责任等事项,在知识产权相关的法律条款没有明确规定的情况下,均可适用我国合同法的相关规定。对于某些知识产权许可使用合同,法律还规定了备案制度,未经备案的知识产权许可合同不发生对抗第三人的法律效力。

知识产权许可主要分为专利实施许可、著作权使用许可、商标权使用许可。

一、专利实施许可

专利实施许可又称专利许可证贸易。我国《专利法》规定:"任何单位或者个人实施他人专利的,应当与专利权人订立实施许可合同,向专利权人支付专利使用费。"

（一）专利实施许可的特点

1. 许可人

专利权人具有自己实施专利的权利和许可他人实施专利的权利，理应是许可人。先用权人仅有自己使用专利技术的权利，而且是受到限制的使用权，即先用权人只能在拥有同样专利技术的专利权人申请专利之前，已经作好制造、使用的必要准备的范围内继续制造、使用相同产品、使用相同方法，除此之外，不具有专利权所拥有的其他任何权利，因而不能是许可人。被许可人通过合同获得该专利技术的实施权，如果没有许可权就不能是许可人。强制许可仅是对专利权人的自愿许可他人实施的权利加以限制的一种方式。同理，强制许可的受益人也没有获得专利权人的许可权不能是许可人。

2. 被许可人仅获得专利实施权

所谓的专利实施权，依据我国专利法的规定，是指发明或者实用新型专利的实施权，包括：制造、使用、销售、许诺销售、进口专利产品；使用专利方法以及使用、许诺销售、销售、进口依照该专利方法直接获得的产品。外观设计专利的实施权是指销售、进口该外观设计专利产品。专利实施权专利权人可以自己使用，也可以许可他人使用。许可人可以将上述专利实施权的全部形式授权被许可人行使，也可以仅许可其中一种形式或者专利实施权的几种形式一并许可他人使用。

3. 许可合同的标的必须是合法有效的专利技术

许可合同的标的必须是合法有效的专利技术，其含义有两个：其一是指在许可合同签订时，被实施许可的专利技术必须处于合法有效的状态，不能是被撤销或者宣告无效的专利技术。如果发明创造处于专利申请阶段，由于尚未获得专利权，故不存在专利许可权。依据我国专利法的规定，被撤销或者宣告无效的专利自始即不存在，当然也不可能存在专利许可。只有处于保护期的有效专利技术，才可以进行专利许可证贸易。其二是指许可合同在履行期间，被实施许可的专利技术必须是持续有效受法律保护的技术。也就是说，许可合同的有效期必须短于或者等于该专利技术的保护期限。

4. 专利实施许可是一种法定要式行为

我国《专利法》明文规定，专利实施许可必须签订书面的实施许可合同，口头专利实施许可不受法律保护。专利实施许可合同的标的是专利技术，专利技术与普通技术的最大区别是在法定保护期限内，被许可人实施的该专利技术享有一定的垄断权。所以针对该专利技术的许多技术指标必须在许可合同中事先约定，验收标准也须在合同中明确约定。总之，合同主要条款内容均需要按照我国有关法律法规规定的要件来约定。

5. 专利实施许可是一种有偿行为

我国《专利法》第十二条规定，任何单位或者个人实施他人专利的，应当与专利权人订立实施许可合同，向专利权人支付专利使用费。许可人进行专利实施许可的最终目的是为了获得经济利益。被许可人应当向许可人支付一定的专利使用费，即使是强制许可也必须支付专利使用费。专利使用费的支付方式也必须由合同约定。

（二）专利实施许可合同的内容

1. 专利实施许可合同的主要条款

根据1991年我国专利局发出的《关于印发专利实施许可合同示范文本和专利许可合同签订措施的通知》中的专利实施许可合同示范文本，可将专利实施许可合同的主要条款归结如下。

1）专利实施的形式

发明、实用新型和外观设计产品或者方法的专利实施形式完全不同。就产品专利而言，发明和实用新型专利权人的实施权包括五种实施形式：制造、使用、许诺销售、销售、进口其专利产品。而外观设计专利产品实施权包括四种实施形式：制造、许诺销售、销售、进口其外观设计专利产品。方法发明专利实施形式仅指使用其专利方法一种形式。

无论是产品专利还是方法专利的实施形式，均可以通过专利实施许可合同约定被许可方是获得其中一种、几种还是全部实施形式。因此，专利实施许可合同条款中首先要约定被许可人获得产品专利或者方法专利的哪些专利实施形式。

2）专利实施许可的种类

依据对被许可人所获得的实施权的独占程度为划分标准，可将专利实施许可分为独占实施许可、独家实施许可和普通实施许可三种类型。在三种不同类型的许可合同中许可人和被许可人的权利义务相去甚远，故在专利许可合同中必须明确约定专利实施许可的类型，并依据专利实施许可的种类约定许可人、被许可人的权利与义务。

3）专利实施许可的时间与地域范围

由于专利权具有时间性和地域性特征，导致被许可人获得的实施许可受时间和地域的限制。因此，专利实施许可合同中必须约定被许可人获得的实施专利的具体时间以及地域范围。通常情况下，专利实施许可合同约定的时间不会超过专利权的保护期限，因为被许可人希望其实施的技术是受法律保护的专利技术。所以，在签订专利实施许可合同时，如果一项实用新型专利技术的保护期限还剩五年，那么，该合同约定的有效期限就不应当超过五年。

专利许可合同还必须约定专利实施许可的地域，那是因为专利权人可能就同一专利技术拥有多个国家的专利权，一般许可人会将某一国家专利技术的实施权许可给被许可人。即便是将中国拥有的专利技术许可他人实施，也必须约定专利实施的区域。例如，专利实施许可合同约定被许可人仅在西北地区享有独占实施权，那么，在中国的其他地区专利权人还可以自己实施该专利技术，或者在除西北地区以外的其他区域以同一技术再许可他人实施。被许可人只有在合同约定的时间和地域范围内行使其被许可的权利才是合法有效的，如果被许可人在专利许可合同约定的时间和地域范围以外使用该专利即构成了侵权行为。

4）专利许可使用费数额与支付方式

关于许可使用费的数额以及支付方式，应当由当事人进行约定并在许可实施合同中明确载明，这样可以避免因约定不明而产生的纠纷。

专利实施许可合同是双务、有偿合同，专利许可使用费数额由许可人和被许可人协商确定。通常情况下，同一技术专利实施许可的种类不同，专利许可使用费数额也就不同，专利实施许可的时间与地域范围也要直接影响到专利许可使用费数额的确定。

专利许可使用费的支付方式由许可人与被许可人协商。入门费加提成的方式是经常采用的一种方式,而提成费可以是产品销售额或者是产品销售的利润提成。对于一些专利技术必须与技术秘密配合才能完成产品的制造或者使用该专利方法的,通常需要分别支付专利许可使用费和技术秘密使用费。

5) 违约责任

专利实施许可合同中违约责任条款的目的是为了保证合同能够全面顺利的履行。当事人可以在合同中约定违约行为、违约的救济途径(调解、仲裁、司法诉讼)和补救措施,以及约定违约金的数额。

6) 需要约定的内容

除了以上的主要条款以外,当事人还可以就下列事项在合同中进行约定一些双方认为需要约定的内容,例如后续改进技术的归属与利益的分享、技术指导和技术服务事项、权利保证和技术保证条款、免责情形中不可抗力的具体内容等条款。

由于专利权是一种垄断权,为了防止专利权人利用其优势地位对被许可人的权利进行限制,一些禁止性条款,例如搭售条款、限制被许可方改进与发展技术的条款、固定价格条款等,应当避免在专利实施许可合同中出现。否则,该合同将违反我国反垄断法的规定,属于无效合同。

2. 专利实施许可合同备案制度

我国《专利法实施细则》第十四条第(二)款规定,专利权人与他人订立的专利实施许可合同,应当自合同生效之日起三个月内向国务院专利行政部门备案。我国《专利实施许可合同备案管理办法》中第七条规定:"当事人凭专利合同备案证明办理外汇、海关知识产权备案等相关手续。"第八条规定:"经过备案的专利合同的许可性质、范围、时间、许可使用费的数额等。可以作为人民法院、管理专利工作的部门进行调解或确定侵权纠纷赔偿数额时的参照。"从以上规定可以看出,专利实施许可合同的备案是当事人办理外汇、海关知识产权保护备案的强行性法律要求。而专利实施许可合同备案的效力为证据效力,即备案后的专利实施许可合同仅作为专利权人办理外汇、海关知识产权备案等手续的证明材料。并且经过备案的专利权实施许可合同的相关内容,还可以作为发生侵权纠纷时地方专利管理部门调解纠纷或者法院审理专利许可合同纠纷时的证据材料。

(三) 专利权被宣告无效时专利许可合同的效力

为了保护被许可人的合法权利,我国《专利法》第四十七条还对专利权被宣告无效时,专利许可合同的效力作出了规定。"宣告专利权无效的决定,对在宣告专利权无效前人民法院作出并已执行的专利侵权的判决、调解书,已经履行或者强制执行的专利侵权纠纷处理决定,以及已经履行的专利实施许可合同和专权转让合同,不具有追溯力。但是因专利权人的恶意给他人造成的损失,应当给予赔偿。依照前款规定,不返还专利侵权赔偿金、专利使用费、专利权转让费,明显违反公平原则的,应当全部或者部分返还。"根据此条款,专利权宣告无效对于已经履行的专利实施许可合同不具有溯及力。在专利宣告无效前,许可人与被许可人按照专利实施许可合同的约定,已经实际履行的行为依然有效。如果专利权人在明知该专利权可能会被无效的情况下,故意与被许可人签订许可实施协议,从而给被许可人造成损失的,还应当对被许可人的损失给予赔偿。在显失公平的情况下,许可人还应当承担由于专利权无效而向被许可人返还全部或者部分专利实施许可使用费的法律责任。

二、著作权使用许可

著作权使用许可是在著作权人不让渡所有权的情况下,通过订立著作权许可使用合同,授权被许可人在约定的范围、期间,以约定的方式使用其作品,并由被许可人支付一定的许可使用费。

(一)著作权使用许可的特征

1. 只有著作权的财产权可以被许可

著作权的内容与其他知识产权不同,不仅包括财产权,著作权人还享有人身权。著作权的使用许可是指著作权人将其享有的财产权许可他人使用的行为。我国法律对于著作权使用许可作出了较为明确的规定。《著作权法》第十条规定的十七项著作权的权利内容中除了发表权、署名权、修改权、保护作品完整权四项著作人身权以外,复制权、发行权、出租权、展览权、表演权、放映权、广播权、信息网络传播权、摄制权、改编权、翻译权、汇编权等十三项著作权的财产权,著作权人均可以全部许可或者部分许可他人行使著作权的财产权的权利,并依照合同约定或者著作权法及其有关规定获得报酬。

2. 著作权人享有许可权

原始著作权人或者著作权的财产权继受人,有资格成为著作权使用许可中的许可人。依据《著作权法》第十条第(三)款的规定,著作权人可以全部或者部分转让其著作权的财产权,由此可能形成多个主体同时享有该著作权的财产权的情形。在多个主体共享著作权的财产权时,每个主体均有资格将其享有的著作权的财产权许可他人使用。

3. 著作权的财产权可被分割许可

著作权人可以分别将著作权的财产权的具体内容许可给不同的被许可人使用。由于著作权的财产权的内容繁多,著作权人可以许可被许可人使用著作权的财产权中的一项或者几项,被许可人只能在许可人授权的范围内使用其作品,如果超出了授权范围则构成侵权。例如,许可人将著作权中的复制权许可被许可人行使,如果被许可人改编了该作品即构成侵权行为。著作权人还可以同时将多项著作权的财产权分别许可给不同的被许可人行使。

4. 被许可人仅获得使用权

被许可人仅在著作权许可使用合同所规定的范围内,对作品享有使用权。被许可人既不能违反合同约定的时间、范围和方式来使用作品,也不能再许可他人使用作品。我国《著作权法实施条例》第二十四条规定:"除合同另有约定外,被许可人许可第三人行使同一权利,必须取得著作权人的许可。"这表明,被许可人在许可人没有明确授权的情况下,不享有许可他人在自己取得的使用权限范围内使用作品的权利。

5. 被许可人可以以自己名义向侵权行为人提起诉讼

除许可合同有明确约定以外,一般情况下,被许可人使用作品时对第三人的侵权行为,是不能直接以自己的名义禁止侵权行为的。例如,被许可人对第三人的侵权行为,不能直接以自己的名义主张权利,提起侵权诉讼。但是,当被许可人使用作品产生派生作品,并且依据我国著作权法对派生作品(例如汇编作品或者改编作品)享有著作权的情况下,被许可人对第三人侵犯自己权益的行为,有权根据著作权许可使用合同,以自己的名义向侵权行为人提起诉讼。但其主张的权利仅限于许可使用合同中约定的被许可人所享有的权利范围。

例如,四川某出版社出版的《〈围城〉汇校本》,既侵犯了《围城》小说作者钱钟书先生的著作权,也侵犯了人民文学出版社的专有出版权,该出版社可以以自己的名义向侵权人提起诉讼。①

6. 派生作品许可人必须尊重原始著作权人的许可权

由于著作权的客体类型复杂,伴随作品著作权的使用许可,被许可人使用作品再创作的派生作品也享有著作权。该派生作品著作权人将其派生作品许可他人使用时,如果原始的被许可使用的作品仍在其财产权的保护期限内,派生作品许可人就必须尊重原始著作权人的许可权。

例如,小说作品《林海雪原》改编为同名电影《林海雪原》,须取得小说作品作者的许可。如果再从电影剧本改编为京剧剧本《智取威虎山》时,除了要取得电影剧本著作权人的许可外,仍须原小说著作权人的许可。②

7. 著作权使用许可是法定的要式行为

我国《著作权法》第二十四条明确规定:"使用他人作品应当与著作权人订立许可使用合同,本法规定可以不经许可的除外。"著作权许可使用必须订立合同,这是法律的强制性规定,说明著作权许可使用是法定的要式行为,当事人双方签订许可使用合同之后,许可使用行为才能成立。

需要注意的是,著作权的许可使用合同,不仅包括书面合同,在某些情况下还包括口头合同与事实缔约的情形。我国《著作权法实施条例》第二十三条规定:"使用他人作品应当同著作权人订立许可使用合同,许可使用的权利是专有使用权的,应当采取书面形式,但是报社、期刊社刊登作品除外。"根据本条规定,如果许可使用的权利是专有使用权,则必须采用书面形式,否则许可使用合同便不能成立;如果许可使用的权利不属于专有使用权,当事人又没有订立书面的许可使用合同,那么,在有充分证据证明当事人之间存在许可使用合同的情况下,依然可以认定当事人之间采用口头形式订立了著作权许可使用合同。此外,如果当事人未采用书面形式订立合同,但一方已经履行了主要义务,而另一方也接受了对方的给付,则该合同由于实事上契约关系的存在也告成立。

(二)著作权使用许可的除外情形

我国《著作权法》第二十四条同时还对著作权使用许可作出了除外规定,即"本法规定可以不经许可的除外"。也就是说,在我国著作权法中规定了主要包括合理使用的个人学习、介绍评论、新闻报道、科学研究和教学、执行公务、馆藏陈列或者为了公共文化利益的需要,

---

① 刘春田. 知识产权法[M]. 北京:高等教育出版社,北京大学出版社,2000:88.
② 同上。

而使用他人已经发表作品的情形,以及特定教科书、报刊转载、录音制作者广播电台、电视台使用他人已经发表作品的法定许可。由于合理使用和法定许可的性质属于对著作权人权利的限制,此部分内容详见第四章中有关著作权限制的有关论述。

(三) 著作权使用许可合同

1. 著作权使用许可合同的种类

由于受著作权法保护作品表达形式的多样性以及著作权的财产权的复杂性,著作权使用许可合同可以分为多种,其中比较常见的有表演权使用许可合同、汇编权使用许可合同、改编权使用许可合同、翻译权使用许可合同、发行权使用许可合同以及各类邻接权的使用许可合同,如出版权使用许可合同、录音录像制作权使用许可合同、电台电视台播放权使用许可合同等。

2. 著作权使用许可合同的主要条款

我国《著作权法》第二十四条第(二)款还对著作权使用许可合同的主要条款作出了明确规定。使用许可合同包括下列主要内容。

1) 使用许可的权利内容

著作权授权使用的方式可以是一种也可以是多种。例如,著作权人可以将改编权授予被许可人行使,那么被许可人就只能对作品进行改编,如果被许可人对作品进行了翻译则构成侵权。许可人也可以同时将翻译权和改编权等权利均授予同一个被许可人行使。有时必然会出现多个被许可人以不同的使用方式使用同一种作品的情形。例如,甲被许可人获得该作品的改编权,乙被许可人获得该作品的翻译权,丙被许可人获得该作品的表演权。即使是同一种类型的著作权的财产权也可能存在多个被许可人。例如,某小说作者将其享有的改编权许可多人使用,甲被许可人获得将该小说作品改编成话剧的权利、乙被许可人获得将该小说作品改编成电影剧本的权利、丙被许可人获得将该小说作品改编成京剧剧本的权利。所以,双方当事人必须在著作权的许可使用合同中明确约定,许可人授予被许可人何种权利,被许可人可以以何种方式使用著作权人的作品。

2) 使用许可的权利性质

被许可人获得的使用许可的权利性质,依据对著作权人的限制与否,可以将其分为专有使用权和非专有使用权两种类型。

专有使用权是一种专有的排他的权利,通常也被称为独占性许可,是指著作权人将权利许可给被许可人行使以后,依照当事人双方的约定,著作权人不得再许可他人行使该权利,同时自己也不得行使该权利。非专有使用权,又称普通许可或者独家实施许可,是指许可人将某些著作权许可给被许可人使用,在合同的有效期内,还可以再许可他人使用,自己也可以使用。专有使用权许可合同与非专有使用权许可合同,当事人双方的权利义务的差别是大相径庭的。因此在合同中,必须明确约定许可使用的权利的种类。我国《著作权法实施条例》第二十四条规定:"著作权法第二十四条规定的专有使用权的内容由合同约定,合同没有约定或者约定不明的,视为被许可人有权排除包括著作权人在内的任何人以同样的方式使用作品。"即在合同没有约定或者约定不明的情况下,视为被许可人获得的是专有使用权。

3）使用许可的地域范围、期间

著作权许可使用的地域是指著作权许可使用的空间效力；著作权许可使用的期间是指著作权许可使用的时间效力。通常表现在行使作品发行权的范围和时间上，被许可人如果超出了约定的地域范围发行作品，则构成对于著作权人发行权的侵犯；被许可人如果在约定的时间之外发行作品，也构成著作权的侵权行为。

4）付酬标准和方法

我国《著作权法》第二十八条规定："使用作品的付酬标准可以由当事人约定，也可以按照国务院著作权行政管理部门会同有关部门制定的支付标准支付报酬。当事人约定不明确的，按照国务院著作权行政管理部门会同有关部门制定的付酬标准支付报酬。"根据本条款的规定，著作权使用许可费的标准和支付方式均由许可合同的当事人双方约定，在双方没有约定或者约定不明确的情况下，可以按照国务院著作权行政管理部门（通常为国家版权局）制定的标准进行支付。在出版界的实践中，作为许可合同当事人双方的作者和出版社通常采用"稿酬"、"版税"或者"稿酬＋版税"的方式计算报酬，即按照作品复制发行总数的市场价格的一定比例向作者付酬。

5）违约责任

著作权使用许可合同的违约责任是指许可人或者被许可人一方违反许可合同的约定，而应当承担的法律责任。双方均可以在合同中对于违约行为的具体内容以及违约金的具体数额进行约定。

6）双方需要约定的其他内容

当事人双方在订立合同的过程中，认为还有其他重要事项需要在合同中明确规定的则可以将其写入合同中，例如，纠纷的解决方法以及仲裁条款等内容。

在合同签订并生效之后，被许可人便依据合同所确定的内容享有了使用著作权的权利。被许可人的权利范围以许可合同的约定为准，被许可人不得超过许可合同赋予的权限使用著作权。对于著作权许可使用合同没有明确约定的情况，我国《著作权法》第二十八条也作出了明确的规定："许可使用合同和转让合同中著作权人未明确许可、转让的权利，未经著作权人同意，另一方当事人不得行使。"

3. 著作权许可使用合同备案制度

许可人与被许可人在签订了著作权许可使用合同以后，可以去有关部门进行合同的备案登记。我国《著作权法实施条例》第二十五条规定了著作权许可使用合同的备案制度："与著作权人订立专有许可使用合同、转让合同的，可以向著作权行政管理部门备案。"该条款中使用的是"可以"一词，表明备案并非法律的强制性规定，当事人对专有许可使用合同进行备案，只产生对抗第三人的证明效力。

三、注册商标使用许可

注册商标的使用许可，是指在不让渡注册商标所有权的情况下，商标注册人通过订立注册商标许可使用合同，授权被许可人在约定的范围、期间，以约定的方式使用其注册商标，并由被许可人支付一定使用费。其中，商标注册人是许可人，获得注册商标使用权的人为被许可人。

注册商标权受到我国法律的保护,任何人不得侵犯。被许可人只有在取得被商标注册人许可授权的情况下使用他人的商标才不构成侵权行为。

（一）注册商标使用许可合同

注册商标的许可使用必须由许可人与被许可人双方签订许可使用合同。我国《商标法》规定:"商标注册人可以通过签订商标使用许可合同,许可他人使用注册商标。"许可合同应当采用书面形式,一般应当包括以下主要内容。

1. 合同双方当事人的名称、地址

2. 许可使用的商标、注册证号码、使用期限、使用商品的种类和名称

该条款是指注册商标使用许可合同中约定的这些内容必须与商标注册证上所载明的相关内容吻合。

3. 许可使用商品的质量标准

根据我国《商标法》规定的注册商标权人应当履行保证食品质量一致性义务的相关规定,无论是注册商标权人自己使用还是许可他人使用均须履行此义务。但是,必须在合同中约定许可人监督商品质量和被许可人保证商品质量的衡量商品质量的标准,这一质量标准应当与注册商标权利人自己使用注册商标的商品质量标准是相同的。

4. 许可人监督商品质量的措施

为了在注册商标权利人许可他人使用注册时,商标权人通过一定的程序或者是手段来保证履行我国《商标法》规定的商品质量一致性的法定义务,我国《商标法》规定,商标注册人可以通过签订商标使用许可合同,许可他人使用其注册商标,许可人应当监督被许可人使用其注册商标的商品质量。被许可人应当保证使用该注册商标的商品质量。在许可人与被许可人签订商标权许可使用合同以后,被许可人就取得了使用许可人注册商标的权利。由于商标与商誉有着十分密切的联系,所以,为了维护注册商标的价值,许可人有权利对被许可人使用其注册商标的商品质量进行监督和检查,被许可人有义务容忍许可人对其商品的质量进行监督,并且有义务使其商品达到法定或者约定的质量标准,这些义务均为法定义务,许可人与被许可人不得通过合同加以规避或者免除。如果被许可人使用注册商标的商品发生以次充好、欺骗消费者的情形时,该注册商标将会被商标局注销。

为此,监督商品质量就成为注册商标使用许可合同中许可人的权利,双方当事人在注册商标使用许可合同中必须约定许可人有权采取哪些具体措施监督商品质量。

5. 被许可人保证商品质量的措施

该条款是与上一条款对应的被许可人的义务,强调被许可人保证商品质量义务实现的具体措施。注册商标使用许可合同当事人应当协商被许可人通过哪些措施来保证商品质量,并作为合同条款体现在注册商标使用许可合同中。

6. 商品销售的价格、范围

为了保证使用注册商标许可人的利益,可以在商标注册使用许可合同中,约定被许可人使用注册商标的商品销售的价格及其商品销售的范围,以避免在同一领域中,出现同一注册商标多个使用人之间的商品价格的竞价之争。

7. 商品的产地、厂名的标注方法

在注册商标使用许可中,由于存在同一领域中同一注册商标多个使用人的情形,为区别同种商品标有同一种注册商标标志的不同厂商,有必要在注册商标使用许可合同中约定商品的产地、厂名的标注方法,以避免消费者选择商品时产生不必要的纠纷。我国《商标法》规定,经许可使用他人注册商标的,必须在使用该注册商标的商品上标明被许可人的名称和商品产地。也就是说,被许可人经商标注册人许可后可以在其商品上使用该注册商标,但是在使用该注册商标时必须在商品上标明被许可人自己的名称以及商品的生产地点。如果被许可人只标明许可人的注册商标而不注明自己的名称或生产地点,则违反了法律的强制性规定,属于违法行为,工商行政管理部门将依照《商标法》的规定处理,由工商行政管理部门责令限期改正;逾期不改正的收缴其商标标识;商标标识与商品难以分离的,一并收缴、销毁。

8. 纠纷的处理方式

在订立注册商标使用许可合同时,双方当事人是友好的,此时约定的纠纷处理方式是理性的。如果事先未约定,出现纠纷时可能导致对纠纷的处理方式难以达成一致意见的后果。

9. 许可商标被侵权后的处理方式

通常情况下,只有独占实施许可合同的被许可人可以以自己的名义处理许可商标被侵权的法律事宜。但是,如果在注册商标使用许可合同中约定被许可人有权以自己的名义处理许可商标被侵权的法律事宜的条款,则视为许可人将其享有的禁止权许可在特定的条件和范围内使用。

10. 使用费的计算方法和支付方式

一般被许可人使用注册商标的持续时间较长,所以,在注册商标使用许可合同中均要约定使用费的计算方法和支付方式。计算使用费要考虑被许可使用的注册商标的商品种类、市场占有份额、该注册商标的知名度(是否有被认定为驰名商标的记录)、许可使用的期限、地域等。支付方式可以以一次性支付使用费再加提成费的方式,提成一般是年销售额的一定比例。

11. 违约责任

违约责任主要是约定违约事项、违约的认定以及违约所要承担的法律责任,通常是承担违约赔偿责任。此条款双方当事人还要约定违约的救济途径(调解、仲裁、司法诉讼)和补救措施,以及约定违约金的数额。考虑到司法诉讼周期太长,注册商标使用许可合同中违约的救济途径一般选择调解和仲裁。

12. 双方认为需要约定的其他事项

(二)注册商标使用许可合同的备案

许可人与被许可人双方签订注册商标使用许可合同后应当按照相应的法律规定报商标局进行备案。我国《商标法》对备案的时间及主体进行了明确的规定,许可他人使用其注册商标的,许可人应当自商标使用许可合同签订之日三个月内将合同副本报送商标局备案。注册商标使用许可合同的备案是法律对许可人的要求,应当由许可人来完成,许可人在签订许可使用合同之后三个月内应当将合同的副本报送商标局进行备案。但是,备案并不是注册商标使用许可合同生效的前提条件,商标使用许可合同未经备案的,不影响该许可合同的效力。也就是说,不经过备案的商标使用许可合同仍然是有效的,只是该效力仅对注册商标使用许可合同双方当事人发生效力,该合同约定的内容无法对抗善意的第三人。

四、知识产权许可形式的选择

所谓知识产权许可形式的选择,是指许可人与被许可人选择以何种方式确立二者之间的许可关系。也就是说,许可人经过考量选择对自己最为有利的许可形式,将知识产权的使用权许可给被许可人行使;同时,被许可人也可以选择对自身最具优势的许可形式与许可人签订知识产权许可使用合同。

(一) 专利实施许可形式的选择

选择专利实施许可形式时,应该主要从以下两个方面综合进行考虑:第一,比较不同许可形式各自的优势和劣势;第二,专利实施许可的目的。在进行专利实施许可选择时,对许可人与被许可人而言最为重要的就是对专利实施许可形式的类型与不同的许可形式各自的优势和劣势进行分析。

1. 专利实施许可的形式

在实践中,专利实施许可形式包括独占实施许可、独家实施许可和普通实施许可三种类型。

所谓的独占实施许可,是指专利权人将实施权许可给被许可人后,依照当事人双方的约定,在合同有效期内,专利权人不得再许可他人与被许可人以同样的专利实施形式实施该专利。同时,专利权人也不得与被许可人以同样的专利实施形式实施该专利。换句话说,就是在合同有效期内和合同约定的地域内,只有被许可人才可以以合同约定的实施形式实施该专利。可见,独占实施许可的特征是专利的所有权仍然归许可人所有,但是一定范围内的专利实施权仅供被许可人单独行使,被许可人在合同所限定的地域内,对许可人的专利权享有独占实施权的同时也剥夺了许可人自己实施该专利技术的权利。

所谓的独家实施许可,是指专利权人将实施权许可给被许可人后,依照当事人双方的约定,在合同有效期内,专利权人同时允诺不再以该专利技术在合同约定的范围内同第三方订立许可合同,但许可人自己仍然保留使用该专利技术的权利。独家实施许可的特征是专利权仍然归专利权人所有,许可人与被许可人可以在同一地域以相同的方式实施该专利技术,但许可人不得再许可他人与被许可人以同样的专利实施形式实施该专利。

所谓的普通实施许可,是指专利权人将实施权许可给被许可人后,依照当事人双方的约定,在合同有效期内,专利权人还可以再许可他人与被许可人以同样的专利实施形式实施该专利。换句话说,普通许可的许可人给予被许可人在一定条件下实施该专利技术的权利,至于许可人自己是否在相同地域内使用该专利技术,或者许可第三人在该地域内实施该专利技术,被许可人均无权过问。显然,普通实施许可的特征是在合同有效期内和合同约定的地域内,可以由专利权人以及多个被许可人同时以相同的实施形式实施该专利。

2. 三种专利实施许可形式的差异

以上三种专利实施的许可形式存在着较大的差异,主要的区别体现在下列三个方面。

1) 被许可人享有实施权的排他性程度不同

在以上三种专利实施许可形式中,被许可人都获得了许可人的专利实施权,但是三种情况下被许可人取得实施权排他性的程度却不相同。在独占许可中,被许可人在专利实施许可合同的范围内不仅享有排除第三方使用该专利技术的权利,还享有排除专利权人实施该专利技术的权利,因此,被许可人获得的实施权具有独占性。在独家实施许可中,被许可人仅取得排除第三人实施该专利技术的权利,但是不享有排除许可人自己使用该专利技术的权利。在普通实施许可中,被许可人获得的实施权既不能排除许可人自己实施该专利技术,也不能禁止许可人将该专利技术的实施权许可给他人使用。三种专利实施许可形式中被许可人享有实施权的排他性程度不同,其中,独占实施许可的被许可人享有实施权的排他性程度最强,独家实施许可次之,最弱的是普通许可。

2) 被许可人获得的市场竞争优势不同

由于专利实施许可的三种形式中被许可人享有的排他性程度存在差异,导致了被许可人在不同的许可形式下获得的市场竞争优势也有着显著的区别。在专利独占实施许可中,被许可人在合同约定的范围内享有独占权,可以排除包括许可人在内的任何人使用该专利技术。因此,被许可人在合同约定的范围内将市场竞争对手存在的可能性降到了最低,形成了该专利技术实施的垄断优势。这种垄断优势可以给被许可人带来丰厚的经济利益。在专利独家实施许可形式中,被许可人仅仅能够排除第三人使用该专利技术,专利权人自己仍然可以在许可合同的相同条件下使用该专利技术。相对于其他市场竞争者而言,被许可人在专利独家实施许可中也具有着相对的竞争优势,被许可人获得在约定范围内实施该专利技术的优势竞争地位。如果许可人并未在被许可人实施该专利技术的地域内使用该专利技术,那么被许可人获得的竞争利益可以相当于独占实施许可。在独家实施许可形式中,即使许可人在合同的相同范围内使用该知识产权,被许可人也拥有一定的竞争优势,因为独家实施许可将该领域的竞争者局限为只有许可人与被许可人两个主体。

3) 被许可人支付的使用费不同

由于独占实施许可中的被许可人获得的实施权的排他性最强,并且在合同约定的时间和地域内形成了对许可人专利实施权使用和再许可权的限制,被许可人还可以获得潜在的竞争优势利益,因而,在三种许可形式中,独占实施许可的被许可人支付的使用费通常是最高的。普通实施许可中,由于被许可人获得的实施权的排他性最弱,不会对许可人的使用权和再许可权构成限制,同时也不能排除合同约定范围内的市场竞争者,因此通常情况下,在三种许可形式中,普通实施许可的被许可人所需要支付的使用费是最低的。独家实施许可的被许可人获得的实施权的排他性以及竞争优势通常介于独占许可与普通许可之间,独家实施许可中被许可人所需支付的使用费较为适中。

3. 三种实施许可形式的比较

独占实施许可、独家实施许可与普通实施许可各自的优势与劣势见表 7.1。

表 7.1　三种许可形式的优势与劣势

项　目	独占实施许可	独家实施许可	普通实施许可
许可人的优势	收取高额使用费	可收取较高的使用费,保留了相同范围内的实施权	保留了相同范围内的实施权与再许可他人实施的权利
许可人的劣势	丧失相同范围内实施权与再许可他人实施的权利	丧失了相同范围内再许可他人实施的权利	每次收取的使用费较低
被许可人的优势	获得独占实施权,取得市场竞争优势	限制了相同范围内竞争者的数量	支付较低的使用费,获得与他人分享的专利实施权
被许可人的劣势	支付高额使用费	支付较高的使用费,不能完全排除相同范围内的竞争者	不能排除使用专利技术的竞争者,无法形成垄断优势

专利权是一种垄断权,其利益是通过排除竞争者或垄断优势来实现的。因此,拥有专利实施权的人越少,享有专利技术实施权的人可获得的预期利益就越大。专利实施独占许可可以使被许可人获得专利的独占实施权,这种独占实施权不仅排除了市场中的其他竞争者,也排除了专利权人自身。对于许可人来说,这种许可形式是专利权经济利益实现的最直接、快捷的方式。专利权人可以不需要花费大量的精力去开发专利产品的市场,只需要将其享有的财产权通过许可的方式实现经济利益的最大化,从而可以将主要精力和财力用于研发新的专利产品。由于专利实施独占许可赋予被许可人的通常是垄断性权利,许可人可以通过这种方式收取高昂的使用费。对于被许可人来说,独占许可比其他任何许可形式都能够给其带来潜在的优势地位。但是,专利实施独占许可也存在着一定的风险,被许可人通常需要给许可人支付高昂的许可使用费。因此,专利实施独占许可对被许可人自身的经济实力有着较高的要求。否则被许可人在支付了高昂的使用费后便无力于专利实施权的价值转化以及市场开发,在严重的情况下,还会导致被许可人自身的经营困境。

专利实施的独家实施许可中,被许可人获得了一定范围内的专利实施权,并且可以禁止许可人将该专利的实施权在相同的条件下授予他人行使。既可以将竞争压力降低到最小的范围内,也不用向许可人支付如同独占许可般的高额使用费。对于许可人而言,专利实施独家许可可以在保证自己对于专利实施权不受限制的情况下,获得较高的专利使用费。对于被许可人与许可人双方来说,专利实施的独家实施许可都是较为适中的一种许可形式。

专利实施的普通许可中,被许可人取得了许可人专利的实施权,但是被许可人不能限制许可人使用该专利,也不能限制许可人在相同的条件下允许第三人使用该专利。因此在普通许可中,被许可人虽然获得了专利实施权,但是并不能因为专利实施许可而获得一定的竞争优势。与其他许可形式相比,普通许可中的被许可人从许可中获得的独占性最小,同时向许可人支付的费用也较少。对于许可人而言,普通许可虽然使其从被许可人处获得的收益较少,但是这一损失可以通过多次许可行为进行弥补,许可人自己也可以实施该专利,在这种许可形式下,许可人享有较大的自主权。

综合三种专利许可形式各自的优缺点,可以看出,就独占性而言,专利实施独占许可相对来说对于被许可人较为有利;专利实施独家许可是一种较为适中的许可形式;而专利实施普通许可则对于许可人来说较为有利。但是,这些优势并不是绝对的,还需要综合考虑许可人与被许可人自身的经济实力、市场竞争力、专利产品的经济前景等诸多因素。

(二) 著作权使用许可形式的选择

著作权使用许可的方式可以分为两种：一种是专有许可，也称独占许可，是指在合同约定的有效期限、使用方式、地域范围内，被许可人不仅具有排除他人实施该项著作权的权利，而且还具有排除著作权人自己实施该著作权的财产权的权利。另一种许可形式是非专有许可，也称非独占许可，是指被许可人按照合同的约定享有使用著作权的财产权，但是却无权排除他人使用或者排除著作权人使用该著作权的财产权。在著作权的专有许可中，被许可人取得的使用权具有较高的排他性。

著作权非专有许可中，被许可人获得的使用权基本上不具有排他效力，其获得的仅仅是使用某项作品的财产权。

(三) 注册商标使用许可形式的选择

注册商标的许可使用可以分为三种：独占许可、独家实施许可与普通许可。《最高人民法院关于审理商标民事纠纷案件适用法律若干问题的解释》第三条对商标使用许可的分类及定义作出了明确的规定。

独占使用许可，是指商标注册人在约定的期间、地域和以约定的方式，将该注册商标仅许可一个被许可人使用，商标注册人依约定不得使用该注册商标。

排他使用许可，是指商标注册人在约定的期间、地域和以约定的方式，将该注册商标仅许可一个被许可人使用，商标注册人依约定可以使用该注册商标但不得另行许可他人使用该注册商标。

普通使用许可，是指商标注册人在约定的期间、地域和以约定的方式，许可他人使用其注册商标，并可自行使用该注册商标和许可他人使用其注册商标。

注册商标的独占使用许可中，被许可人取得了注册商标的使用权，这种许可形式不仅排除了第三人，也排除了许可人的使用该注册商标的权利。也就是说，许可人与第三人在许可合同所约定的期间、地域内不得使用该注册商标。

注册商标的许可使用具有较强的地域性，即使是独占许可，许可人也可以在其他的地域范围内使用该商标。在注册商标受到侵害时，独占使用许可合同的被许可人可以直接向人民法院提起诉讼，来维护自己的权利。由于独占许可形式中，被许可人获得的竞争优势相对较多，因而，商标权独占许可的被许可人通常需要向许可人支付高额的使用费。

注册商标的排他使用许可中，被许可人在取得注册商标的使用权后，即可以按照合同的约定使用注册商标，被许可人有权禁止许可人将该商标在相同的期间和地域内许可给第三人使用，但是被许可人没有权利禁止许可人在相同的期间、地域范围内使用该注册商标。

在注册商标的普通使用许可中，被许可人在一定的地域和期限内获得了注册商标的使用权。但是这种使用权几乎不具有排他效力，被许可人既没有权利禁止许可人在相同的条件下使用该商标，也没有权利禁止第三人在相同条件下使用该注册商标。在三种许可形式中普通使用许可的被许可人获得的竞争优势相对最小，通常被许可人支付的注册商标使用费也最少。

商标权的三种许可形式,对于许可人与被许可人来说都具有着不可替代的优势与劣势。被许可人在选择商标权许可形式时,应当综合考虑许可人许可的注册商标的潜在市场价值和许可人使用该注册商标的商品经营状况。被许可人在进行选择时还应当充分考虑自身的经济实力,如果被许可人有着较强的经济实力,则采用独占许可的形式使用注册商标是较为有利的选择。

五、知识产权许可注意事项

知识产权许可中除了以上所列举的许可合同中的主要条款内容以外,还应当载明以下几个方面引起足够的重视。

(一)专利实施许可注意事项

专利实施通常需要相应技术秘密的支持才能实现。例如,专利权人往往将其不具有空间结构特征的产品配方(如饮料、化学制品)或者是某种产品的生产工艺以商业秘密的形式加以保护。这种情况下的专利实施许可通常与技术秘密的许可相联系。技术秘密具有一定的保密性,一旦技术秘密被公开,可能会连带专利技术的市场价值下降。所以在专利实施许可通常与技术秘密结合在一起签订许可合同时,技术秘密的保密就必须由双方当事人通过彼此的权利义务加以明确的约定,而且这种情形下,违约责任条款中导致技术秘密泄密一方应当承担哪些法律责任必须明确。

下面通过对一起专利实施许可合同纠纷案的分析,评述在专利实施许可合同中许可人与被许可人应当主要对哪些事项进行约定。

原告邵全先于1994年3月向中国专利局提出了名为"延年益寿保健品及其制法"的发明专利申请,1994年10月5日该发明专利申请被公开,2001年1月15日,国家知识产权局专利局授予邵全先发明专利权,专利名称为"一种具有保健作用的药物及其制法"。

1994年10月10日,邵全先与长寿保健品公司签订了一份《专利技术实施许可合同书》,许可长寿保健品公司实施该技术。在合同实施的过程中,许可人与被许可人之间产生了纠纷。

长寿保健品公司使用该技术并且获得利润后,没有按合同约定如数结算应当付与邵全先先生的费用,并且以许可人在签订许可合同时尚未取得专利权为由,私自终止合同,不再继续结算利润。长寿保健品公司自行终止合同后,并没有停止该药品的生产,也没有按期向邵全先支付《专利技术实施许可合同书》约定的技术使用费。

原告邵全先认为长寿保健品公司的行为已构成违约。被告长寿保健品公司则认为邵全先在其申请的专利技术尚未取得国家授权的情况下,就与其签订了《专利技术实施许可合同书》是欺诈行为。如果其知道邵全先的所谓专利技术还只是在申请阶段,尚未取得专利权,根本不可能按照利润的30%给付邵全先技术使用费。请求法院驳回原告的诉讼请求。

法院经审理后认为,在签订该合同时,邵全先申请的发明专利"延年益寿保健品及其制法"的申请文件已经公开,在合同中虽然写有"邵全先拥有中国专利局授权的发明专利"字样,但同时也注明了专利申请日和专利公开日,并没有注明该专利申请的授权日,因此不能认定邵全先以专利申请技术代替专利技术故意实施了欺诈行为;且长寿保健品公司已在邵全先指导下依据双方签订的合同生产出合格的产品,并进行了销售,也已按照合同约定给予邵全先利润分红,双方均已开始实际履行该合同。有鉴于此,虽然该合同中有将专利申请技术表述为专利技术的瑕疵,但不影响该合同的效力,应认定该合同及其补充协议均为有效合同,双方均应遵照履行合同。

然而,由于原告并未举证证明其在法定期间内曾索要过技术使用费或提出过终止合同,长寿保健品公司提出原告索要技术使用费已过诉讼时效,因此在起诉之前被告欠付技术使用费超过诉讼时效,长寿保健品公司的抗辩成立,对原告此项诉讼请求法院不予支持。但是对于在诉讼时效期限内的专利技术使用费的请求,法院给予了支持。

由于双方当事人在合同中约定了终止合同的条件是双方一般每月结账一次,当月卖货下月20日前结账,如不按时结账由长寿保健品公司负责,邵全先有权提出终止合同。因此,法院支持了原告终止合同的诉讼请求。①

通过以上案例可以看出,为了避免纠纷或者在纠纷发生时可以有效地保护当事人的权利义务,在专利实施许可过程中,许可人与被许可人首先应当在合同中约定下列事项。

1. 专利实施许可的内容

对专利实施许可的内容必须在实施许可合同中进行明确的约定。例如,专利技术的具体内容是什么,是单纯的专利技术还是包括了相关的技术秘密。因为专利说明书中并无相关的技术指标,因此要在专利实施许可合同中约定专利技术的验收指标有哪些,被许可人获得的专利实施权的范围有多大等。专利实施许可合同约定的越详尽,越可以避免在合同的履行中发生纠纷,同时,详尽的合同条款可以为发生纠纷时确定被许可人是否超越了专利实施权的范围,以及由谁来承担相应的责任等事项提供依据。

在本案中,专利实施许可合同约定,邵全先将其拥有的发明专利"一种具有保健作用的药物及其制法",许可长寿保健品公司实施。长寿保健品公司提供实施该项专利技术的资金及必备的物质条件,与邵全先合作开发该延年益寿保健品,产品名称为"华夏一宝"。尽管这一约定在是否为专利技术的表达上存在瑕疵,但是却为该专利实施许可合同日后发生纠纷时,法院确定许可人与被许可人之间的合同有效,并不存在欺诈行为提供了依据,从而保障了原告邵全先的权利。

2. 许可人与被许可人的权利义务

在专利的实施许可中,许可人与被许可人应当明确约定双方的权利和义务。以便在发生纠纷时,确定应当由谁来承担违约责任。

在本案中,许可人与被许可人约定原告邵全先的主要义务是许可长寿保健品公司使用其专利技术、专利申请技术和与实施这种技术有关的技术资料,并为长寿保健品公司提供制造技术、工艺流程、测试和检验等全部技术并负责技术培训,协助长寿保健品公司生产出合格的产品。长寿保健品公司的主要义务是向邵全先支付专利技术使用费。因此,根据双方的约定,被许可人由于没有依照合同向许可人支付专利技术使用费,法院判定被许可人的行为构成违约。

---

① 邵全先诉北京长寿保健品有限公司专利实施许可合同纠纷案民事判决书[EB/OL]. [2008-10-05]. http://vip.chinalawinfo.com/newlaw2002/SLC/slc.asp? gid=117449516&db=FNL.

3. 专利许可使用费

对专利许可使用费的具体数额进行约定，可以减少合同履行过程中因双方误解产生的纠纷，同时为被许可人是否完全履行合同提供判断依据。如果被许可人没有按照合同的规定履行支付使用费的义务，或者没有足额支付使用费，则构成违约，应该对许可人承担一定的违约责任。除此之外，许可人与被许可人还应当对专利许可使用费的支付方式进行明确的规定。

在本案中，合同约定双方按照被许可人实施后所获得的利润进行分配，分配比例为许可人邵全先占30%，被许可人长寿保健品公司占70%。双方合作建立的分厂及分支机构的利润分配比例均按此约定办理。双方还约定每月结账一次，当月卖货下月20日前结账，如不按时结账由长寿保健品公司负违约责任，许可人邵全先有权提出终止合同。这一约定也成为最终法院判定被告长寿保健品公司应当向原告邵全先支付240万元的技术使用费的依据。

4. 合同的解除条款

许可人与被许可人可以约定在特定的情况出现以后将合同解除，解除的合同自解除之日起便失去了效力。许可人与被许可人在合同解除以后就不再受到合同的约束，不再享有合同约定的权利，也不再承担合同约定的义务。

本案中，双方约定许可人邵全先若未履行合同约定的义务则构成违约，被许可人长寿保健品公司有权提出终止合同，许可人邵全先必须赔偿长寿保健品公司30万元人民币。在该保健品试制过程中，如因被许可人长寿保健品公司的原因导致试制不成功，许可人邵全先应予以协助，如仍不能生产出合格的产品，邵全先有权提出终止合同，长寿保健品公司赔偿邵全先30万元人民币。如果因邵全先的过失使专利权失效，合同即告终止。保健品如果滞销致使长寿保健品公司没有经济效益或亏损，经邵全先认可情况属实，长寿保健品公司可以提出终止合同。根据许可合同中本条款的约定，法院在判决时认为合同解除的条款已经成就，因此支持了原告的诉讼求情，判定双方解除合同。

5. 专利实施许可的形式

对于专利实施许可形式的约定就是许可人与被许可人应当在合同中明确规定，许可的形式是独占实施许可、独家实施许可还是普通实施许可。只有对许可的形式作了明确约定，才能够依据不同实施许可形式来更进一步地明确约定许可双方当事人的权利和义务。

本案中，双方在许可合同中明确约定本合同为独家实施许可合同。在合同有效期内，邵全先自己可以使用其专利技术，但不得许可第三方使用该项专利技术。长寿保健品公司未经邵全先许可不得擅自与第三方联营扩大实施范围。

6. 技术秘密的保密条款

在专利的实施许可过程中，通常伴随着技术秘密的披露。专利是一种公开的技术，在公开后才受到法律的保护，然而技术秘密的价值主要来源于它的秘密性。被公开的技术秘密便不再受到法律保护。因此，为了保证技术秘密的价值，许可人与被许可人应当在合同中约定，对于附随于专利技术的技术秘密应当采取保密措施，以防止其泄露。

本案中，许可双方当事人在许可合同中约定，长寿保健品公司不得将技术秘密泄露给第三方使用。长寿保健品公司不得擅自将本合同约定的与专利技术配套使用的制造技术、工艺流程、测试和检验等技术秘密许可或泄漏给他人使用,不得以任何理由弃用邵全先的专利技术,否则赔偿邵全先 1000 万元人民币。

7. 合同的有效期

专利技术是有保护期限的,我国发明专利权的期限为二十年,实用新型专利权和外观设计专利权的期限为十年,均自申请日起计算。许可合同的有效必须以合法的专利权的存在为前提,因此,专利实施许可的期间不得超过法定的专利权有效期间,否则会导致专利许可合同的无效。

在本案中,该专利的申请日是 1994 年 3 月,授权日是 2001 年 1 月 15 日,许可合同签订日是 1994 年 10 月 10 日。因为是发明专利,所以保护期限是二十年,自 1994 年 3 月起算。邵全先与长寿保健品公司签订的《专利技术实施许可合同书》中,许可人与被许可人约定专利实施许可的有效期间为二十年,这一约定没有超过专利权的法定保护期间,因此是有效的。

8. 权利的归属

专利实施许可中被许可人只能获得专利的实施权,为避免在合同履行期间产生误解,双方当事人有必要在合同中明确约定,专利的所有权归许可人所有,许可人应当在许可合同有效期间,保证专利权的合法性。尤其是独占实施许可合同的许可人,更应当履行专利权人的义务——按时缴纳专利年费,维持专利权有效。除此之外,双方还应当在许可合同中约定,专利实施许可过程中产生的专有权的权利归属,例如商标权、著作权等。

在本案中,许可人与被许可人签订的许可合同就对商标权的归属进行了约定。合同约定"华夏一宝"及专利权属于邵全先所有,开发的保健品产品注册的商标"全先牌"商标属于双方共同所有。

9. 专利实施许可合同的备案

除了在合同中对以上事项进行明确约定以外,双方当事人还应当了解以下事项。

专利实施许可合同应当及时备案。备案时注意在下列情况下,有关部门对专利实施许可合同将不予备案:

(1) 专利权终止、被宣告无效,专利申请被驳回、撤回或者视为撤回的;
(2) 未经共同专利权人或申请人同意,一方擅自与他人订立专利合同的;
(3) 同一专利合同重复申请备案的;
(4) 专利合同期限超过专利权有效期限的;
(5) 其他不符合法律规定的。

许可人与被许可人如果协议提前解除专利合同,应当在订立解除协议后 10 日内,带着许可人与被许可人双方签订的解除合同,到原备案机关办理注销手续。如果当事人没有按照规定办理注销备案手续的,原备案继续有效,并且有效期持续到原专利合同履行期限届满为止。因此,当事人如果要提前解除专利实施许可合同,应该到原备案机关进行注销备案。相反,如果许可人与被许可人协商延长专利合同履行期限的,当事人应当在原合同履行期限届满 2 个月之前,持变更协议、备案证明和其他有关文件向原备案部门办理备案变更手续。如果许可人与被许可人需要对专利实施许可合同以外的其他内容进行变更的,也需要到原备案部门办理备案变更手续。

如果在当事人专利实施许可期间内,许可人将该专利权转让给第三人所有,则经过备案的专利实施许可合同的被许可人可以对抗该转让行为,即该转让行为并不能影响许可人与被许可人之间专利转让合同的效力。

(二)注册商标使用许可注意事项

商标与商标注册人的商业信誉具有着天然的联系,将商标许可给他人使用,必然会对注册商标人的生产经营产生一定的影响。因此,在许可时许可人应当对被许可人的生产、经营状况进行一定的考察评估。另外,在商标权的许可使用过程中,还应当注意以下事项:

1. 许可人与被许可人应当签订明确的许可使用协议

只有签订了明确的许可使用协议,才能够证明许可人与被许可人之间的商标权许可使用关系的存在,也为区别被许可人使用注册商标的行为是合法使用还是侵权行为提供证据。

2. 许可人与被许可人应当在合同中明确约定商标许可使用的范围,包括地域、期间、商品以及使用的主体

对于这些事项双方当事人约定得越详细、明确,日后产生纠纷的可能性就越小。尤其是双方当事人需要在许可合同中对被许可人参与经营管理的分店是否有权使用该注册商标的问题进行约定,以避免纠纷的发生。

下面通过对一起注册商标使用许可合同纠纷案的分析,评述在注册商标使用许可合同中许可人与被许可人,应当对注册商标使用的主体进行具体约定的必要性。

许留山食品制造有限公司诉被告上海汉妮迪餐饮管理有限公司、上海许留山食品有限公司侵犯商标专用权纠纷一案[1],就是由于双方没有对被许可人的分店是否有权使用被许可的注册商标进行约定而产生了纠纷。"许留山"商标由许留山公司在国家工商行政管理总局商标局依法注册,核定服务项目为第42类。2004年初,永升创建公司与瑞兆公司合资成立上海许留山公司。同年3月3日,许留山公司授权永升创建公司可以在上海营运"许留山"商标的特许经营业务,并允许上海许留山公司在上海的经营活动中使用"许留山"商标。但在上海许留山公司成立后,许留山公司发现上海地区先后出现了五家以"许留山"名义经营的门店,该五家门店的所有人和实际经营者是汉妮迪公司。该公司是由上海许留山公司的股东瑞兆公司控股经营的。许留山公司认为,汉妮迪公司未经许留山公司书面同意,擅自在类似服务上使用原告的注册商标,其行为已构成商标侵权。而上海许留山公司未经许留山公司书面许可,擅自许可他人在类似服务上使用原告的注册商标,并向其供货,为汉妮迪公司的侵权行为提供了便利条件,帮助该公司获取非法利益,其行为也构成侵权。

一审法院认为,原告主张上海许留山公司、汉妮迪公司侵犯其"许留山"注册商标专用权不成立,原告及永升创建公司认可现有的"许留山"门店经营模式且积极参与了门店的经营管理。汉妮迪公司各门店使用"许留山"商标并非无缘由。各方与第三人虽然未签订书面的商标许可使用合同,但由于存在《股份合作合同》,且围绕该合同,有关当事人交付或收取了特许权费,存在当事人使用了注册商标的事实,也有对商标享有许可权的当事人明知他人的

---

[1] 许留山食品制造有限公司诉被告上海汉妮迪餐饮管理有限公司、上海许留山食品有限公司案判决书[EB/OL].[2008-10-17]. http://www.pdfy.gov.cn/css/pdpub/upload/20080506.65K.

商标使用行为而收取分红,以及商标专用权人也参与了门店管理等活动,各方当事人是边洽谈、边实施、边收益,故可以认定这是一种特殊形式的商标许可。因此,原告主张的商标侵权之诉不成立,应予驳回。

在这起纠纷中,由于许可人许留山公司在许可上海许留山公司使用其"许留山"商标时,没有对注册商标使用的主体进行具体的约定,所以导致了纠纷的发生。并且在一审中,法院对汉妮迪公司所经营的分店使用"许留山"注册商标的行为进行了认可,这对于许可人来说是非常不利的。

3. 许可人与被许可人应当在许可使用合同中明确约定许可人对被许可人生产的商品进行监督检查等事项

注册商标权人有义务保证自己使用或者许可他人使用注册商标时的商品质量,而且注册商标的声誉与许可人的商誉有着密切的联系,如果被许可人没有按照一定的标准进行生产经营,使商品的品质无法达到许可人的标准,则有可能导致该商标所代表的服务质量的下降,从而使注册的服务商标的价值降低。从长远的角度来看对于许可人是非常不利的。对监督、检查的具体情况进行约定,也是避免日后发生纠纷的一种有效形式。

在许留山食品制造有限公司诉被告上海汉妮迪餐饮管理有限公司、上海许留山食品有限公司侵犯商标专用权纠纷案中,由于汉妮迪公司的分店并没有与许留山公司签订书面的许可使用合同,如果这些分店有权使用"许留山"注册商标,而许留山公司无法对其生产经营过程进行监督检查,这对于原告许留山公司是非常不利的。

4. 应该及时将许可合同报有关部门备案

许可人与被许可人在签订了商标权许可使用合同之后,应该及时将许可合同报有关部门备案。我国《商标法实施条例》第四十三条规定:许可他人使用其注册商标的,许可人应当自商标使用许可合同签订之日起三个月内将合同副本报送商标局备案。虽然许可人是否对商标许可合同进行备案并不必然影响合同的效力,但是,商标使用许可合同的备案是我国《商标法》的强制性规定,并且经过备案登记的合同方具有对抗第三人的法律效力。

我国商标局于1997年制定并公布了《商标使用许可合同备案办法》作为审查商标使用许可合同备案申请的依据。根据该规定,商标局对商标使用许可合同备案申请文件只进行形式审查,对于文件是否真实有效,应当由商标使用许可合同备案的申请人负责。因此,如果许可人伪造商标使用许可合同给他人造成损害的,则应该由许可人承担一定的责任。

我国商标局对商标使用许可合同备案申请只进行下列内容的形式审查:

(1) 许可人是否为商标注册人或经商标注册人再许可授权的许可人;
(2) 许可使用的商标是否与注册商标相一致;
(3) 许可使用的商品是否符合注册商标核定使用的商品的范围;
(4) 许可期限是否超出商标的有效期限等。

也就是说,只要申请人提交的申请手续齐备、程序合法、符合《商标使用许可合同备案办法》的规定,商标局就应当予以备案。

5. 许可人应当保证其报送备案的商标使用许可合同是真实有效的

我国《商标使用许可合同备案办法》第十六条规定:"对以欺骗手段或其他不正当手段取得备案的,由商标局注销其商标使用许可合同备案并予以公告。"以欺骗手段或其他不正当手段取得商标备案,是指申请人采取申报虚假材料的方式,或其他不恰当的方式,致使商标局在不知情的情况下核准该商标许可使用合同的备案。欺骗的方式表现在虚构、隐瞒事实真相或者伪造商标使用许可合同和有关文件。例如,凭空捏造或隐瞒商标许可的事实,伪造商标使用许可合同备案申请文件或其他有关文件,如伪造许可人身份证或营业执照,伪造许可人授权证明等,都应当属于以欺骗手段或其他不正当手段取得备案的情形。对于以欺骗手段或其他不正当手段取得备案的,应当依法注销其备案,造成损害的还应当承担相应的责任。

6. 约定纠纷解决途径

如果商标使用许可合同的一方当事人为外国人,许可人与被许可人在签订商标使用许可合同时,还应当对发生纠纷时到哪个国家的管辖法院进行诉讼进行明确的约定。许可人与被许可人只能在合同中选择一个法院来管辖,如果选择两个或两个以上的法院管辖则会导致该选择无效,视为没有约定发生纠纷时管辖的法院。

在韩国株式会社 SBF. INC 与北京市滕氏制衣有限责任公司纠纷案中[①],就是由于许可人与被许可人在商标许可合同中约定:"本合同的诉讼管辖法院为韩国的汉城地方法院或'甲方'指定的法院。"由于该约定对于管辖法院的选择不明确,双方当事人选择了两个法院,所以,根据《中华人民共和国民事诉讼法》第二百四十四条的规定,涉外合同的当事人可以用书面协议选择与有实际联系的地点的法院管辖。在双方发生纠纷时,法院认为双方的管辖法院约定无效,应该按照最密切联系原则,在国内法院进行诉讼。双方协商的管辖法院原本在韩国,却最终只能在中国国内法院诉讼,这一结果对于韩国公司来说是十分不利的,但是对于北京滕氏制衣公司来说却是十分有利的。

(三)科技作品著作权许可注意事项

科技作品主要是指科技领域中的科学论文、技术说明、工程设计图、产品设计图、地图、示意图等图形作品和模型作品,以及讲课等口述作品。科技作品的著作权人享有《著作权法》第十条规定的十七项著作人身权和财产权。科技作品的著作权人可以将其拥有的十七项著作权的财产权许可给他人使用。可以许可一人行使多项著作权的财产权,也可以只许可一人行使一项著作权的财产权;可以同时许可多人行使多项著作权的财产权,也可以同时许可多人行使一项著作权的财产权。

在科技作品的著作权许可的过程中,许可人与被许可人应当注意下列事项。

1. 著作权仅保护作品的表达形式

科技作品的著作权只保护作品的表达形式而不保护作品的思想内容。如果他人未经科技作品的著作权人许可而使用其科技作品进行改编、复制等,则侵犯了该科技作品著作权人的著作权。如果他人在未经著作权人许可的情况下运用科技作品著作权人的设计理念,或者参照科技作品著作权人的设计图进行建造、生产,则不属于侵犯著作权人著作权的行为。

科技作品的著作权人即许可人与被许可人签订著作权使用许可合同时应当明确,许可

---

① 北京市滕氏制衣有限责任公司诉大韩民国株式会社 SBF. INC 商标许可合同纠纷案民事裁定书[EB/OL].[2008-11-02]. http://law.chinalawinfo.com/newlaw2002/SLC/SLC.asp?Db=fnl&Gid=117457301.

人将何种著作权许可给被许可人使用,且如何使用。如果许可人只许可被许可人对其作品进行改编,而被许可人却翻译了其作品,则被许可人的行为侵犯了许可人的著作权。但是被许可人如果在行使改编权的同时,参照设计图纸等科技作品进行了产品的生产、建造了建筑物,则不构成对许可人著作权的侵犯。

2. 保密条款的约定

许可人与被许可人可以在合同中对科技作品的保密条款进行约定。实践中,著作权与科技成果权的行使经常会出现交叉,例如,处于保密状态的工程设计图纸等也属于商业秘密保护范畴。因此,为了保持这类作品的价值,许可人在许可他人使用该科技作品著作权的时候,应当对保密事项进行约定。许可人与被许可人在合同中应当约定,未经许可被许可人不得将科技作品的内容投入生产或者将其商业秘密泄露给他人。

(四)计算机软件著作权许可注意事项

我国法律规定,计算机软件作为著作权保护的作品形式之一。软件具有开发难度大、投资高,但复制容易、复制费用低等特点。为了保护软件开发者的合法权益,鼓励软件的开发与流通,应当对计算机软件实施法律保护,禁止未经软件著作权人的许可而擅自复制、销售其软件的行为。

所谓计算机软件是指计算机程序及其有关文档。软件著作权是著作权的一种,因此,软件著作权中的财产权利可以许可给他人使用。我国《计算机软件保护条例》规定:"软件著作权人可以许可他人行使其软件著作权,并有权获得报酬。"

计算机软件著作权的许可,是指许可人与被许可人之间签订确立双方权利义务的协议。依照这种协议,被许可人不享有软件所有权,但可以在协议约定的时间、地点,按照约定的方式享有该软件的使用权。计算机软件的使用许可不同于权利转让,不发生所有权的移转或者所有权人的变更。目前,计算机软件的使用许可较为常见的形式有经销许可、复制生产许可等。通常,在软件商店购买的一套软件,或者在购买计算机时随机附送的系统软件,购买者并不享有该软件的所有权或者著作权,而仅仅享有使用权。在这一交易中所产生的关于软件的合同也是软件使用许可合同。

许可方与被许可方在软件著作权许可使用的过程中,应当注意以下事项。

1. 应当订立许可使用合同

我国《计算机软件保护条例》第十八条规定:许可他人行使软件著作权的,应当订立许可使用合同。许可使用合同中软件著作权人未明确许可的权利,被许可人不得行使。根据此条规定,许可人应当与被许可人订立许可合同,对双方的权利义务进行明确的约定,以防止纠纷的发生。

2. 许可使用合同应当约定使用方式

计算机软件许可使用合同的方式分为专有许可与非专有许可两种。我国《计算机软件保护条例》第十九条规定:许可他人专有行使软件著作权的,当事人应当订立书面合同。没有订立书面合同或者合同中未明确约定为专有许可的,被许可行使的权利应当视为非专有权利。根据此条规定,如果许可人与被许可人要订立专有许可合同,必须采用书面形式,或者在合同中明确约定该许可为专有许可,许可人自己不得在合同约定的情况下再使用该计算机软件的著作权,也不得在合同约定的范围内再许可他人行使相同的著作权。如果没有明确的约定该许可为专有许可,或者没有采用书面形式,法律将认定该合同为非专有许可合同。

3. 专有许可合同的登记

许可人与被许可人可以对计算机软件著作权专有许可合同进行登记。《计算机软件保护条例》第二十一条规定:订立许可他人专有行使软件著作权的许可合同,或者订立转让软件著作权的合同,可以向国务院著作权行政管理部门认定的软件登记机构登记。根据该规定,专有许可合同才可以登记,其他形式的许可合同不需要登记。登记采取自愿原则,许可人与被许可人可以选择登记也可以不选择登记。是否登记并不影响合同的成立,也不影响合同的效力。但是,经登记过的合同具有证明力。

4. 约定许可使用费

计算机软件许可使用合同应当对计算机软件的许可使用费等事项进行约定,使用费约定的事项内容主要包括使用费的金额以及支付方式、时间、条件及标准。对许可使用费等事项作出明确的约定,可以避免日后发生纠纷,也可以在发生纠纷时作为证明的依据。

例如,在泰兴富士时装有限公司与无锡扬软科技有限公司计算机软件著作权许可使用费纠纷案[1]中,扬软公司与富士公司签订软件著作权许可使用合同,约定富士公司有偿使用其所拥有著作权的 YouERP 系统,使用费总额为 10 万元,分期给付。此后,扬软公司依约定安装了该系统,对使用过程中出现的不适应的情况进行了处理,并确定已经达到了约定的验收标准。但富士公司却以无锡扬软公司没有按照合同约定履行自己的义务,尚有客户系统没有做完,还有些系统没有达到约定的要求为理由,仅仅分期支付了 6.1 万元,余款经多次催要未果。无锡扬软公司将富士公司诉至法院,请求判令其支付尚未支付的软件许可使用费。

本案争议的焦点在于,扬软公司是否已全面履行合同义务。在本案中,扬软公司和富士公司签订的合同及其附件,均对许可使用方——扬软公司的义务作出了明确的规定。合同约定,扬软公司在提供 YouERP 软件及源代码安装的同时,"提供本合约范围内所有产品之必要服务"。根据该合同,扬软公司应当通过技术支持,确保该软件系统的适用性。双方还约定,确定扬软公司是否完全履行合同义务应当以合同约定的"经富士公司代表人或授权代理人签章确认"为标准。

由于扬软公司已经履行了约定的义务,但是没有经过富士公司的认可,法院最终判定扬软公司并未完全履行合同。根据双方签订合同时约定的分期付款方式的内容,富士公司在验收程序终结之前,应当向扬软公司支付 8 万元,余款 2 万元在验收后一个月内以现金方式给付,法院认为该约定是一种附条件的履行约定。富士公司已经支付了 6.1 万元,因验收尚未完成,富士公司应当按照合同的约定给付在验收以前应当足额支付的但尚未支付的款项 1.9 万元。

---

[1] 泰兴富士时装有限公司与无锡扬软科技有限公司计算机软件著作权许可使用费纠纷上诉案民事判决书[EB/OL].[2008-11-07]. http://www.fsou.com/html/text/fnl/1174609/117460929.html.

在本案中,由于扬软公司与富士公司约定,是否完全履行合同以富士公司的验收合格为标准,因此虽然扬软公司适当地履行了其许可使用计算机软件的义务,但是由于没有拿到富士公司的验收合格证明书,法院无法认定其已经完全履行了合同,因此法院驳回了扬软公司在完全履行合同后应当获得的2万元使用费的诉讼请求。

根据此案的审理结果可知,对于使用费的支付条件、标准等事项进行适当、明确的约定是十分重要的。

5. 纠纷证据保留

由于计算机软件具有较强的可操作性,修改程序较为简单,所以,在许可人提供的计算机软件不符合约定的技术条件时,被许可人应当注意保留证据,不要随意对违约软件进行修改或者删除,避免证据的丢失。除此之外,在发生纠纷时,当事人应当注意诉讼时效问题,以免延误了诉讼期间,导致当事人合法权益最终无法实现。

在曹骏诉庄义贤计算机软件著作权许可使用合同纠纷案[①]中,计算机软件著作权人庄义贤将自己的计算机软件许可曹骏使用,原告与被告签订了计算机软件许可使用合同。然而,许可人庄义贤向被许可人曹骏提供的计算机软件却因为种种原因无法投入使用,造成了被许可人的经济损失。于是被许可人将许可人诉至法院要求其承担违约及其赔偿责任。

在本案的审理过程中,法院认为原被告双方签订的合同属于著作权许可使用合同。但是,由于原告已将该软件删除,无法确认原告陈述的损害事实是否属实,也无法确定被告向原告提供的软件是否不符合合同约定,因此,法院对于原告的赔偿请求不予支持。

依据我国法律规定,向人民法院请求保护民事权利的诉讼时效期间为两年,诉讼时效期间从知道或者应当知道权利被侵害时起计算。在庭审过程中,原告曹骏自述其于1999年底,最迟2000年左右,发现该软件不能使用,即原告自该时间起应当知道权利被侵犯,原告最迟应当在2002年12月之前向法院提起诉讼,而原告直至2003年1月20日才向法院提起诉讼,原告也无法证明最后一次向被告主张权利的时间,因此,本案的诉讼时效没有中断、中止等事由,法院认为原告起诉时已经超过了诉讼时效。最终,法院基于以上两个原因驳回了原告曹骏全部的诉讼请求。

第二节 知识产权转让

知识产权转让,是指知识产权人将自己拥有的部分或者全部知识产权,在法定的有效期内转移给他人拥有,收取一定转让费用的行为。按照我国法律规定,知识产权权利人只能将其享有的财产权进行转让。转让知识产权所有权的当事人称为出让人,获得知识产权所有权的当事人称为受让人。狭义的知识产权转让是指权利人自己行使其财产所有权转移的行为;广义的知识产权转让还应当包括知识产权财产所有权的继承。

---

① 曹骏诉庄义贤计算机软件著作权许可使用合同纠纷案民事判决书[EB/OL].[2008-11-09]. http://www.34law.com/lawal/case/278/case_898946342409.shtml.

一、知识产权转让的特征

（一）主体发生了变更

知识产权的转让，是知识产权的权利人将其知识产权的财产权利转移给受让人享有，自己不再享有被转让知识产权。根据我国法律的规定，知识产权转让的主体可以是自然人，也可以是法人或者其他组织。权利人将自己拥有的知识产权的所有权有偿转移给他人，在这个过程中，知识产权的所有权发生了转移，知识产权的所有权不再属于出让人享有，而由受让人享有，权利主体发生了变动。

（二）转让为有偿行为

知识产权作为一种无形资产具有财产价值，由此奠定知识产权转让有偿性的基础。知识产权转让行为，作为知识产权贸易的一种形式，在通常情况下都是有偿的，即受让人要获得出让人的知识产权所有权必须支付一定的费用。但是，在实践中也存在着一些出让人将知识产权无偿转移给受让人的情况。

（三）转让的是知识产权的财产权

知识产权转让的是知识产权的财产权，而不是承载知识产权的载体——知识产品的转让。单纯的知识产品的买卖行为并不属于知识产权权利的转让行为。购买知识产品的人只能获得知识产品的所有权，并不能获得知识产品上所承载的知识产权的权利。比如，一个购买者在市场上购得一本小说，购买者便拥有了该书的所有权，通常称这种权利为物权，购买者可以以任何方式处分该书，送人或者是转卖他人。但是，购买该书的行为并不能使购买者获得该书的著作权，购买人未经著作权人许可如果复制、发行、出版、改编该本小说作品，则构成侵犯著作权的行为。

（四）知识产权转让必须遵守相关法律规定

知识产权的转让应当订立知识产权转让合同，有些知识产权的转让还需要到有关部门进行转让登记后方能发生法律效力。例如，专利权转让就必须依照专利法的规定，向国务院专利行政部门登记，由国务院专利行政部门予以公告。

知识产权转让应当订立知识产权转让合同，约定知识产权转让的相关内容，形成知识产权转让合同关系。因此，关于转让合同的成立要件，合同的履行、解除、终止，合同效力、违约责任等事项，在知识产权相关的法律条款没有明确规定的情况下，均可适用我国合同法的相关规定。

二、知识产权转让与许可的比较

知识产权许可和知识产权转让都是权利人实现其经济利益的方式之一，故二者有许多相同之处，当然也存在不同之处。

(一) 知识产权转让与许可的相同点

比较知识产权转让与知识产权许可的特点可以看出，知识产权转让与知识产权许可之间具有一定的相同点，主要表现在下列几个方面：

(1) 转让与许可行为的对象都是一定的知识产权权利。在知识产权的转让中，受让人所获得的是知识产权的所有权，而在知识产权的许可中，被许可人获得的是知识产权的使用权。

(2) 转让行为与许可行为在一般情况下都需要签订书面合同。

(3) 转让行为与许可行为通常都是有偿的，相对人必须支付一定的费用才能获得相应的权利。

(4) 知识产权的转让与许可的目的都是为了促进科技进步或者是作品的传播和利用。

(5) 知识产权的转让与知识产权许可仅是知识产权中的财产权，而不包括人身权。

(二) 知识产权转让与许可的差异

知识产权的转让与许可虽然有许多相同点，但是二者之间也存在着很大的差异，主要表现在以下几个方面：

(1) 知识产权的许可使用需要约定被许可人使用权的方式和期限；而知识产权的转让是知识产权所有权的让渡，不需要约定转让后受让人行使所有权的方式，更不存在对合同期限的约定。

(2) 知识产权的许可使用不会导致权利主体的变更，许可人仍然是知识产权拥有人；而知识产权的转让却会导致权利主体的变更，经过转让后的知识产权权利人是受让人而不再是出让人。

(3) 知识产权许可可以分为专有许可和非专有许可，只有在专有许可中，被许可人才可以禁止许可人行使该知识产权权利；在知识产权转让中，知识产权权利一经转让，受让人便成为权利主体，出让人就没有权利再使用原知识产权。

(4) 知识产权许可只是使用权的转移，所有权并不发生移转，因此除独占许可外，在大多数情况下，被许可人不具有胜诉权；知识产权转让是知识产权所有权的让渡，受让人在取得了知识产权权利以后便当然地取得了胜诉权。

(5) 在知识产权许可中，除非有许可人的明确授权，被许可人不享有再许可他人使用被许可的知识产权的权利；而知识产权转让的受让人由于取得了知识产权的所有权，因此，受让人可以随意许可他人使用该知识产权。

三、知识产权转让注意事项

(一) 专利转让注意事项

专利转让与专利权转让的概念是不同的，专利转让包括专利申请权的转让和专利权的转让。我国《专利法》第十条规定"专利申请权和专利权可以转让"，由此确定专利申请权的概念。专利申请权是指一项发明创造产生之后，拥有该发明创造的单位或个人向国家专利行政部门提出专利申请,请求依法保护其发明创造的权利,国家专利行政部门受理该专利申请后,专利申请人有偿将该申请权转让他人的行为。专利申请被批准后,申请人即成为专利权人。专利权转让是指专利权人将其享有的专有权利转让给受让人,受让人支付一定费用的行为。专利权的转让发生主体的变更,专利权转让后,原专利权人不再享有该专利的所有权,亦不得再使用该专利技术。

专利的转让是要式行为,出让人与受让人之间必须订立书面合同,并且在订立书面合同之后还应当向国务院专利行政部门进行登记,专利转让合同自登记之日起发生效力。如果出让人与受让人没有对专利转让合同请求国家专利局进行登记公告,则该合同为无效合同,转让行为无效。

专利申请权转让合同中一般应当包括以下条款:转让项目及发明创造的名称、内容、性质;技术情报资料的清单;转让费用的数额及支付方式;被转让的发明创造的法律状态;违约责任;争议解决办法等。

专利权转让合同一般情况下应当包括以下内容:专利技术的名称、内容;专利申请日、申请号、专利号以及专利权的有效期;专利实施的状况;有关技术情报资料的清单;转让费用及支付方式;违约责任及其承担;争议解决办法等。

在专利转让中,如果专利的受让人是外国人的,还必须经过有关部门的批准。我国《专利法》第十条第(二)款规定:"中国单位或者个人向外国人、外国企业或者外国其他组织转让专利申请权或者专利权的,应当依照有关法律、行政法规的规定办理手续。"这是因为一些专利可能会对某些行业造成重大影响,如果这些专利由外国人掌控,则可能会影响我国国内此行业的发展。

如果专利权转让后,转让的专利权被宣告无效,无效宣告对之前已经履行的专利权转让合同没有溯及力,即无效宣告前,已经履行的专利权转让合同仍视为有效,专利权出让人可以不向受让人返还专利转让费。但是,出让人不返还转让费明显违反公平原则的,专利权出让人应当向专利权受让人返还全部或者部分专利权转让费。

由于专利权转让涉及专利权人的利益,因此出让人在进行转让时应当注意以下事项。

1. 专利转让合同应当向国务院专利行政部门进行登记

根据我国专利法的规定,出让人与受让人订立了书面的专利转让合同以后,应当向国务院专利行政部门登记,由国务院专利行政部门予以公告,专利的转让在登记之后才发生效力,国务院专利行政部门进行专利转让公告之日即为专利转让的生效日期。因此,专利转让合同是否进行登记是专利转让能否有效的决定因素。出让人与受让人应当在法律规定的时间范围内对专利转让进行登记,以避免因专利转让行为未生效而产生纠纷。

根据我国《专利法实施细则》第十四条的规定,除依照《专利法》第十条规定转让专利权外,专利权因其他事由发生转移的,当事人应当凭有关证明文件或者法律文书向国务院专利行政部门办理专利权转移手续。此处的其他事由是指继承、拍卖、捐赠等导致专利权发生转移的情形。

例如,深圳市兴万胜实业有限公司诉永康市健达铝业有限公司专利权转让纠纷案[①],就

---

① 深圳市兴万胜实业有限公司诉永康市健达铝业有限公司专利权转让纠纷案民事判决书[EB/OL].[2008-11-12]. http://www.fsou.com/html/text/fnl/1174773/117477321.html.

是由于专利转让的出让人与受让人未进行转让合同登记而引发的纠纷。原告兴万胜公司与被告签订了一份关于"全封闭分体式空调器"与"全封闭分体窗式两用空调器"的专利权有偿转让协议。协议约定被告应每年支付给原告专利实施费人民币100万元,每年按四个季度支付,每个季度第一个月即应支付人民币25万元。被告在协议中承诺保证在今后合作期限内,无论什么原因造成甲方(指被告)无法生产或数量不够,甲方(指被告)都确保付给乙方(指原告)的专利转让费不变。如违约,甲方(指被告)愿意承担人民币400万元的违约金,并无权拥有专利所有权和使用权。原告按照约定将有关专利文件及证书等交给被告,被告进行了批量生产,产品问世后,被告获得了巨大经济利益和社会效益。但是被告却迟迟不履行合同约定的付款义务,几经协商,被告均拒绝支付,致使原告的专利技术长期由被告无偿占有使用,原告在此期间无法与他人合作生产该专利产品,使原告蒙受重大损失,也严重损害了原告的知识产权。原告将被告诉至法院要求法院判令解除双方的专利转让协议,要求被告返还专利证书,并支付拖欠的专利转让费共计150万元和应当承担的违约金400万元。

法院经审理后认定,原告与被告签订的《专利权转让实施协议》主体合法,当事人意思表示真实,内容不违反法律、行政法规强制性规定,该合同应属有效。但是基于原、被告双方均无法继续履行合同,法院支持了原告解除合同的请求。在本案中,由于原、被告双方一直未办理专利权转让登记,专利行政部门未就该专利权转让予以公告,因此,专利权的转让并未生效,原告对于专利转让费的请求法院没有支持。并且由于双方合同中关于"承担违约金人民币400万元"的约定是建立在专利权转让生效基础之上的,因此法院对于原告违约金的请求也没有予以支持。但是被告在合同签订后一直占用原告的专利证书,并使用该专利技术生产了专利产品,获取了丰厚的利润,时间长达两年多,法院判令被告应当对原告支付专利使用费人民币25万元。

在本案中,由于出让人与受让人没有对专利转让合同进行登记,导致其专利转让行为无效,致使原告无法依照合同的约定获得相应的报酬,以致后来双方发生纠纷。由此看来,专利转让过程中对专利转让合同进行登记是十分重要的环节,出让人与受让人应当给予高度的重视。

2. 注意专利的时效性

由于专利技术是有市场周期的,专利转让的价值也就具有一定的时效性,因此,出让人在专利转让的过程中应当尽量节省转让合同谈判的时间和成本。

在王正铉诉加拿大亨通国际有限公司专利权转让合同纠纷案中,亨通公司与王正铉就名称为"一种能防盗防翻防噪声的古力或雨篦井盖"的实用新型专利签订了转让该专利的《收购意向书》。亨通公司在意向书中明确表示收购该专利,并且还约定王正铉不能再与其他商家进行该专利的转让洽谈。于是王正铉终止了与其他商家的谈判,并对该专利项目进行了资产评估。但是,亨通公司却以各种理由拒不履行《收购意向书》的约定,双方多次洽谈未果。并且由于亨通公司的要约限制,王正铉无法与其他商家进行专利转让的谈判,导致该专利一直未能得到开发,致使涉案专利大幅贬值,给王正铉造成了经济损失。于是王正铉诉至法院,请求人民法院判令亨通公司依法继续履行合同并赔偿经济损失。

在本案的审理过程中,法院认为该意向书只是洽商的最初方案,签约双方并未就涉案专利技术的具体收购事宜达成协议。鉴于《收购意向书》不具备我国合同法所规定的合同要件,故王正铉要求亨通公司继续履行合同,缺乏法律依据,法院不予支持。但是,根据《中华人民共和国合同法》第四十二条的规定："当事人在订立合同过程中有下列情形之一，给对方造成损失的，应当承担损害赔偿责任：①假借订立合同，恶意进行磋商；②故意隐瞒与订立合同有关的重要事实或者提供虚假情况；③其他违反诚实信用原则的行为。"当事人双方在《收购意向书》签订之后，王正铉为促成专利权转让成功，做了大量的准备工作，但亨通公司就涉案专利的收购事宜并未继续洽谈，亦未说明洽谈失败的原因，表明亨通公司已无意收购涉案专利技术。由于当事人双方在《收购意向书》中约定"签订此意向书，双方均不得再与第三方就此项目进行洽谈"，致使王正铉既不能与第三人就涉案专利进行转让洽谈，又不能从亨通公司获得预期效益，亨通公司的上述行为违背诚实信用原则，理应对王正铉为促成收购交易所花费的合理开支承担赔偿责任。最终法院判令亨通公司赔偿王正铉所支付的评估费用6万元。

在本案中，由于双方当事人在要约协商阶段，签订了《收购意向书》，并且对出让人的权利进行了一些限制，不允许出让人再与第三人进行专利权转让的洽谈，导致了出让人的专利技术由于没有及时地得到开发而贬值。因此，在专利转让洽谈阶段，当事人双方均应该注意专利的时效性，尽量节省转让合同谈判的时间和成本。

3. 约定转让费支付的方式

在专利转让过程中，出让人与受让人应当对转让费支付的时间、方式进行明确的约定。对转让费支付的时间、方式进行明确的约定可以为出让人的权利提供保证，也可以减少纠纷的产生。

在徐志强诉湖南新邵印刷机器有限公司专利转让合同纠纷案[①]中，原告徐志强获得了国家专利局授权的"无胶复合辅助膜的收放装置"和"无胶复合塑膜纸"两项专利技术。2004年3月24日，原告与被告签订了《专利权转让合同》。为尽早地将专利产品投放市场，2004年4月11日，双方又签订了《关于专利样机试生产协议书》，协议签订后原告即将整机有关图纸和资料交被告试生产，可是被告一直拖延了二年多才进行生产。在此过程中，被告希望获得该两项专利的所有权，于是双方又于2005年8月28日再次签订了《专利权转让合同》，对转让费的支付方式、违约责任等进行了约定，国家专利局也对该专利权转让合同进行了登记公告。可是被告在支付了第一次专利转让费之后，却没有支付第二次转让费，原告多次要求未果。原告认为被告已严重违反合同的约定，给原告造成了经济损失。原告将被告诉至法院请求判决被告返还两项专利权及专利证书并支付违约金。

法院认为，专利转让合同中约定的被告支付第二次转让费的条件是该两项专利权转让合同经国家专利局登记，与是否生产出合格的专利样机产品无关，该转让行为已经获得国家专利局的登记并进行了公告。虽然出让人与受让人对于转让费的支付方式未作明确的规定，但是原告在与被告合作期间，与被告有多笔经济往来，双方对相关款项的支付有约定俗成的办法，被告在有能力向原告支付转让费的前提下，却没有支付应有的费用，应当就其逾期支付第二次专利权转让费的违约行为承担合同约定的责任。法院最终判决解除出让人与受让人之间的专利权转让合同，并判决被告向原告支付违约金5万元。

---

① 徐志强诉湖南新邵印刷机器有限公司专利转让合同纠纷案民事判决书[EB/OL].[2008-11-16]. http://www.fsou.com/html/text/fnl/1175138/117513864.html.

4. 注意专利转让合同生效要件的约定

如果出让人与受让人需要对于专利转让合同的生效要件进行约定，那么出让人与受让人在签订合同的时候，应当慎重考虑其所附加的条件，以免对自己造成明显不利的后果。

高鹏志诉威海化工器械有限公司专利权转让合同纠纷案[①]，就是由于出让人与受让人对于专利转让合同的生效附加了条件，致使专利权转让合同未能生效，而使原告高鹏志的利益受到了损失。

原告与被告签订一项专利权转让合同，合同金额 8 万元。根据该转让合同，原告于 2001 年 3 月携带由被告加工的专利部件前往浙江仙居药厂，在该厂 1 立方米反应釜上安装试运，运行中由于个别部件不合格，致使专利部件受到磨损，仙居厂因生产任务繁忙，终止了试验。原告及时去北京加工受损部件并邮寄到仙居厂，此后被告一直未安排试验。但是原告事后了解到，曾在 2001 年 3 月被告已经将该专利零件进行了应用，且运行状况良好。根据专利权转让合同，原告也已经准备了专利讲座和四种设计方案等资料，并多次催促被告履行合同，支付转让费均无结果。特请求法院判令被告支付原告转让费 8 万元。但是，法院却认为，原告要求被告支付技术转让费的前提应当是双方签订的合同已经生效。根据出让人与受让人的约定："被告选定某生产企业在运行的磁力釜上实施合同的专利设计方案，经生产运行后实地检测，合格后，合同生效；不合格则合同自行作废。"由于在本案中，原告一直未能就检测合格提供证明，因此，应认定为双方的专利转让合同未生效，从而原告依据合同主张的 8 万元技术转让费的请求，法院没有予以支持。最终法院驳回了原告的诉讼请求。

5. 共有专利权转让

如果被转让的专利技术属于两个或者两个以上的专利权人所共同享有，那么转让该专利时必须同时取得共同所有人的一致同意，否则不能发生转让。

在任沙力诉张芃芃、谢双旺确认专利权转让合同无效纠纷案[②]中，原告任沙力与张芃芃是"自控式结肠清洗治疗仪"实用新型专利权的共有专利权人。2004 年 6 月，原告经调档查询发现，2003 年 11 月 6 日被告张芃芃、谢双旺共同冒用其签名签订了《协议书》，将原告与张芃芃共有的专利权在原告毫不知情的情况下转让给了谢双旺。于是，原告将两被告诉至法院要求判令确认 2003 年 11 月 6 日两被告签订的"自控式结肠清洗治疗仪"专利权转让《协议书》无效。

法院经审理后认为，专利证书的专利权人栏目中清楚地列明了该专利的共同专利权人是张芃芃和任沙力，因此其二人为该专利的共同权利人。由于两被告未经原告许可，采取冒用原告签名的方法签订《专利权转让协议书》属于恶意串通的欺诈行为，两被告无权擅自处分原告的专利权，该《专利权转让协议书》应当被确认为无效。在该案的审理过程中，法院根据专利证书的记载，判定原告为该专利的共同所有人，从而保护了原告的权利。由此可见，为了避免纠纷的发生以及保护当事人的权利，专利权的共同所有人在申请专利时应当将全部的共同所有人的名称在专利证书中列明。专利权转让时，受让人应当确定该转让行为经

---

① 高鹏志诉威海化工器械有限公司专利权转让合同纠纷案民事判决书[EB/OL]．[2008-11-19]．http://www.34law.com/lawal/case/278/case_898925174689.shtml.

② 任沙力诉张芃芃、谢双旺确认专利权转让合同无效纠纷案民事判决书[EB/OL]．[2008-11-25]．http://www.34law.com/lawal/case/278/print_24894617.shtml.

过了专利证书上所记载的全部专利共同所有人的一致同意,以免因为专利转让无效而遭受损失。

(二) 著作权转让注意事项

著作权转让是指著作权权利人,在著作权有效期内,将其所拥有的著作权的财产权中的一项或者几项转移给他人所有,并收取一定的费用的行为。通常将著作权权利人称为出让人,获得著作权的财产权的人称为受让人。著作权的转让只包括著作权的财产权,而不包括著作人身权。著作权一经转让,出让人便丧失了对该项著作权的财产权的所有权。

著作权转让应当订立书面合同。我国著作权法规定,转让著作权的财产权的,应当订立书面合同。如果没有订立书面合同,则有可能导致转让行为无效。倘若出让人与受让人没有订立转让合同,但是出让人或者受让人已经履行了转让合同的主要义务的,则该转让合同也视为成立。

著作权转让一般具有如下几个特征:

(1) 著作权转让是著作权人将其著作权的财产权转让给他人的行为。

(2) 著作权的转让使著作权的财产权的主体发生变更。出让人不再享有被转让部分的著作权的财产权,受让人获得可以对抗第三人的著作权的财产权。

(3) 著作权的转让是权利的转让,而不是作品的转让。作品的转让只能使受让人取得作品物的所有权,而不能使受让人获得该作品所承载的著作权,受让人如果对该作品进行复制、发行等,则侵犯了著作权人享有的复制、发行权。

(4) 出让人在转让著作权时,可以将某一项著作权的财产权转让给受让人所有,也可以将多项著作权的财产权转让给受让人,究竟采取何种方式转让,由出让人与受让人协商约定。

我国著作权法对著作权转让合同的主要内容作出了明确的约定。权利转让合同包括下列主要内容:

(1) 作品的名称。因为作品是著作权的客体,所以在转让著作权的财产权时,必须首先要标明拟转让著作权的作品名称。在合同中对于作品名称进行约定可以避免日后产生误解。

(2) 转让的权利种类、地域范围。根据著作权法的规定,著作权可以转让的权利仅限于财产权利,即复制权、发行权、出租权、展览权、表演权、放映权、广播权、信息网络传播权、摄制权、改编权、翻译权、汇编权以及应当由著作权人享有的其他权利。在著作权转让合同中,出让人与受让人必须明确约定被转让的权利是以上十三种财产权中的一种还是几种。由于著作权具有一定的地域性,因此在合同中,出让人与受让人应该明确约定被转让的权利在什么地域范围内有效。例如,出让人将出版权转让给受让人,但约定在国内行使,如果受让人在国外出版该作品则侵犯了出让人的著作权。

(3) 转让价金。著作权的转让价金,是指著作权转让中,受让人因获得著作权而向出让人支付的价款。著作权转让的价款由双方当事人约定。

(4) 支付转让价金的期限和方式。对支付的价金进行约定以后,出让人与受让人还应当对价金支付的期限和方式(一次支付还是分期支付)进行约定。

(5) 违约责任。双方当事人可以在合同中约定,如果违反合同应承担哪些违约责任。

(6)双方认为需要约定的其他内容。出让人与受让人还可以在合同中对双方认为需要明确的其他事项进行约定。但是,未在合同中明确转让的权利视为未转让,如果没有经过著作权人同意,受让人则不能行使。在著作权转让的过程中,当事人应当注意以下几个问题。

1. 转让合同生效后出让人不得再将该权利转让或许可给第三人

在著作权转让合同生效以后,出让人丧失了某一项或者某几项著作权的财产权,而受让人获得了被转让的著作权的财产权。因此,出让人不得再将该著作权的财产权转让或者许可给第三人,否则便构成了违约。

在杨战生诉刘苹著作权转让纠纷案中,原、被告双方签订了一份《版权转让协议书》,约定由原告以10万元的价格向被告购买由被告编剧的20集电视连续剧《石龙坝》文学剧本的版权及电视拍摄权,并约定协议有效期内,被告不得再将上述权利转让给第三方。协议签订后,原告为利用该作品进行了大量的工作,被告却违反约定,在协议有效期内,与第三人签订了一份《版权转让协议书》,以5万元的价格将剧本的著作权卖给第三人。原告认为被告的这种行为违反了约定,于是将被告诉至法院。在本案中,由于原告与被告已经签订了著作权转让合同,并且该合同已经生效,著作权发生了转移。因此,出让人不能再将已转让的著作权转让给第三人。

2. 合同应约定交付著作权的时间

在著作权转让合同中,出让人与受让人应当对交付著作权的时间进行约定。因为著作权的财产权中,出版、发行权等权利在较短的时间范围内行使会产生较大的经济利益。如果对方当事人没有在约定的时间范围内交付该著作权则构成违约,受让人可以通过约定违约金等方式来维护自己的权利。

在名士影业公司诉北京今古影视策划有限公司著作权转让合同纠纷案中,原、被告双方就被告拥有完整版权的三部电影《新婚告急》《妙探神威》《童话西游》签订了一份《版权授权合同》。合同约定被告独家授权原告使用上述三部电影作品,三部影片的音像版权费共计人民币160万元,双方商定版权费分三次支付。但被告由于没有取得国家广电总局为该部影片颁发的《电影片公映许可证》,而无法在约定的时间之内履行交付母带的义务,导致原告无法按原计划出版、发行、销售该音像制品,给原告造成了极大的经济损失,于是原告将被告诉至法院。由于双方当事人约定了交付著作权的时间和违约责任,于是法院按照双方合同的约定判定被告的行为构成违约,应向原告赔偿因违约行为造成的损失。

(三)商标权转让注意事项

商标权转让,是指双方当事人协商一致,商标权人将其享有的注册商标所有权转让给他人,并依照有关的法律规定,办理注册商标转让手续,经过转让以后,商标权人不再拥有商标专用权,而接受商标转让的一方取得商标专用权的行为。将注册商标的专用权转让给他人的为注册商标出让人,取得注册商标的一方为受让人。注册商标转让的结果是注册商标的所有人发生了变更。我国《商标法》规定,转让注册商标的,转让人和受让人应当签订转让协议,并共同向商标局提出申请。这表明,注册商标的转让是一种要式行为,出让人与受让人应当签订转让协议,且必须由出让人与受让人共同向商标局提出转让商标的申请。转让注册商标经商标局核准后,予以公告,接受该商标专用权转移的当事人自公告之日起享有商标专用权。也就是说,注册商标的转让必须经过商标局的核准,公告后生效,否则不发生转让效力。

1. 商标权转让所具有的特征

1) 商标权出让人必须是注册商标的所有人

商标权出让人必须是注册商标的所有人,也就是说,只有商标权人才有资格转让注册商标的所有权。

2) 商标权受让人获得了注册商标的所有权

注册商标的转让使注册商标所有权主体发生了变更,出让人不再享有注册商标的所有权,被转让的注册商标所有权归受让人享有。

3) 受让人负有保证商品质量一致性的法定义务

注册商标转让后,受让人应当保证使用该注册商标的商品与原商标权人使用注册商标的商品质量一致,这是受让人的法定义务。

4) 商标权转让必须经过商标局的核准才能生效

在注册商标转让的核准过程中,出让人与受让人应当向商标局提供相关的材料。我国《商标法实施条例》第二十五条规定:"转让注册商标的,转让人和受让人应当向商标局提交转让注册商标申请书。转让注册商标申请手续由受让人办理,商标局核准转让注册商标申请后,发给受让人相应证明,并予以公告。"可见,办理转让申请手续的义务是由受让人来承担的。

注册商标的转让还有一些限制性规定。我国《商标法实施条例》第二十五条第(二)款规定:"转让注册商标的,商标注册人对其在同一种或者类似商品上注册的相同或者近似的商标,应当一并转让。"如果出让人在申请注册商标时,将该注册商标的使用范围定为多种类似的商品,那么在进行商标转让时,应当将所有商品上的注册商标一并全部转让,而不能仅部分转让某一类商品上的商标。例如,在申请注册商标时,出让人将"洁白"商标的使用范围定为洗衣粉和肥皂粉,那么在进行商标转让时,出让人应当将"洁白"商标全部转让给受让人,而不能只转让洗衣粉产品上的"洁白"商标,而保留肥皂粉产品上的"洁白"商标。如果出让人在申请注册商标时,将洗衣粉的商标注册为"洁白",而将肥皂粉的商标注册为"洁白白",则在商标转让时,出让人应当将"洁白"商标和"洁白白"商标一并转让,而不能只转让"洁白"商标。如果出让人没有一并转让这些商标,则有可能会导致商标转让的无效,而且还可能影响该注册商标的有效性。我国《商标法实施条例》第二十五条第(二)款规定:"未一并转让的,由商标局通知其限期改正;期满不改正的,视为放弃该注册商标转让的申请,商标局应当书面通知申请人。"也就是说,在规定的时间内,未一并转让的注册商标将可能导致转让行为无效。

商标的转让不能使消费者产生误认,如果商标的转让会导致消费者产生误认等不良后果,则商标局将不会核准商标的转让行为。我国《商标法实施条例》第二十五条第(三)款规定:"对可能产生误认、混淆或者其他不良影响的转让注册商标申请,商标局不予核准,书面通知申请人并说明理由。"

如果在注册商标转让之前,注册商标权人已经将商标权利许可给他人使用,那么在转让之后,该许可使用合同仍然有效。也就是说,商标转让并不影响在先存在的许可使用合同的效力。《最高人民法院关于审理商标民事纠纷案件适用法律若干问题的解释》第二十条规定:"注册商标的转让不影响转让前已经生效的商标使用许可合同的效力,但商标使用许可合同另有约定的除外。"

2. 商标权转让中出让人与受让人应当注意的事项

1) 商标与企业一同转让时的注意事项

在我国,商标权既可以与企业一同转让,也可以单独转让。由于商标代表着一定的企业信誉,因此,在商标权转让的过程中,出让人与受让人都应当对转让的事宜进行慎重的考虑。出让人应当将受让人的综合实力、企业信誉等因素作为标准进行考;受让人应当对被转让的商标所代表的信誉与价值进行一定的评估。在商标与企业一同转让的情况下,转让合同中不仅要对企业转让的相关事项作出约定,也要对注册商标的转让在合同中进行明确的约定,以免发生纠纷。

例如,毛艳丽诉冯井申商标专用权转让合同纠纷案[①],就是由于双方对商标转让的事宜未作出明确的约定而发生了纠纷。

毛艳丽系原个体工商户"常州市钟楼区川乐园酒家"的业主。之后该酒家更名为常州市川乐园饭店。2004年9月7日,冯井申与毛艳丽签订协议,约定将常州市川乐园饭店转让给冯井申所有。毛艳丽负责在协议签订后一周内办理营业执照等一切证照的变更手续,并负责协助冯井申办理常州市川乐园饭店的注册商标变更手续,双方在合同中还约定了违约责任。同日,冯井申、毛艳丽又签订补充协议,约定注册商标手续变更后,冯井申同意毛艳丽终身免费使用商标。如冯井申、毛艳丽之外任意第三人使用"川乐园"注册商标,需经过冯井申、毛艳丽一致认可方能办理相关手续,收取的费用由冯井申、毛艳丽各取50%。

2004年9月8日,毛艳丽按照协议约定到工商管理机关办理了其个人经营的常州市川乐园饭店歇业手续。2004年9月9日,冯井申到工商管理机关办理了常州市川乐园饭店的名称预先核准手续,并于2004年10月10日取得了其个人经营的常州市川乐园饭店的个体工商户营业执照。

但是,直至2005年6月毛艳丽的注册商标申请才获得批准。核准注册的文字商标为"川乐园",核定使用的服务类别为第四十三类,商标注册人为毛艳丽。

2006年1月24日,冯井申向毛艳丽发出通知函,要求毛艳丽在十日内协助办理"川乐园"注册商标的变更登记手续。但是,毛艳丽却指出,按照协议约定,毛艳丽协助办理的是常州市川乐园饭店的注册商标变更登记手续。但常州市川乐园饭店在签订合同时并未取得注册商标,故毛艳丽无法按照协议约定协助办理注册商标变更登记手续,"川乐园"注册商标系毛艳丽以个人名义注册,与常州市川乐园饭店无任何关系,对该注册商标的使用与处置应当由毛艳丽自行决定。

一审法院认为,冯井申、毛艳丽于2004年9月7日签订的协议及补充协议是合法有效的。该协议中约定了毛艳丽协助冯井申办理常州市川乐园饭店注册商标变更手续。虽然双方在签订协议时,常州市川乐园饭店既没有注册商标,也没有提出商标注册申请,但是毛艳丽在经营常州市钟楼区川乐园酒家时已经向商标局提出了"川乐园"商标注册申请。并且双方在签订补充协议时还约定了变更注册登记的商标为"川乐园",在补充协议中双方当事人

---

① 毛艳丽诉冯井申商标专用权转让合同纠纷案民事判决书[EB/OL]. [2008-12-02]. http://www.34law.com/lawal/case/278/case_898946254346.shtml.

还对商标转让后的双方的权利义务作出了约定。因此,法院认为,双方协议中约定的注册商标的转让应当是指"川乐园"商标。最终,法院支持了冯井申要求判令毛艳丽协助办理"川乐园"注册商标变更登记手续的诉讼请求。之后,毛艳丽不服一审判决提出了上诉,二审法院依法驳回了其上诉请求,维持了原判。

在本案中由于出让人与受让人对于转让的注册商标约定不明确,导致了纠纷的发生。此类案件在现实生活中还是大量存在的,因此,对于转让的注册商标进行明确的约定是十分必要的。

2) 同类或者多类商品的同一商标与近似商标一并转让

我国《商标法》规定,转让注册商标的,商标注册人对其在同一种商品上注册的近似商标,或者在类似商品上注册的相同或者近似的商标,必须一并转让。

例如,东莞市三正实业有限公司诉北京三九广告传播公司商标转让合纠纷案[①],就是由于出让人未将全部商品上的注册商标一并转让而引发的纠纷。

三正公司与三九公司签订了协议书,委托三九公司代理其注册42件"三正"商标。双方约定,在商标注册证下达以后,三九公司即与三正公司办理商标转让手续,将42件"三正"商标转让给三正公司。协议签订后,三九公司陆续将34件"三正"商标进行了转让,但是剩余的8件商标,却迟迟没有履行转让手续。于是三正公司起诉,要求三九公司按照协议书的约定办理转让其余商标的手续。法院经审理后认为,三正公司与三九公司之间签订的协议书,是双方真实的意思表示,合法有效。根据协议书的约定,三九公司已经将核准注册的34件"三正"商标转让给三正公司,剩余的8件"三正"商标也应当一并转让给三正公司。

虽然在我国《商标法》中对于不同商品上相同商标的转让具有明确的法律规定,但是,出让人与受让人在签订合同的时候仍应当对此作出明确的规定,包括商标的数量、范围等。对这些问题在转让合同中约定得越详细,产生纠纷的可能性越小。

(四) 计算机软件著作权转让注意事项

计算机软件著作权的财产权包括复制权、发行权、出租权、信息网络传播权、翻译权和应当由软件著作权人享有的其他权利。软件著作权人可以全部或者部分转让其软件著作权的财产权,并有权获得报酬。

在计算机软件著作权的转让过程中,出让人与受让人应当注意以下事项。

1. 明确软件著作权是单独转让一种财产权还是多项财产权一并转让

计算机软件诸多著作权的财产权,可以单独转让,也可以多项一并转让,在计算机软件著作权的转让合同中应当明确软件著作权的财产权是单独转让还是多项一并转让。著作权人可以将复制权单独转让,也可以将复制权与发行权或者其他权利一并转让。出让人将某项著作权的财产权转让给受让人,则出让人不再享有该项软件著作权的财产权,而受让人依照合同的约定享有了该软件的著作权的财产权。

2. 转让软件著作权应订立书面合同

出让人与受让人在转让软件著作权的时候应当订立书面合同。我国《计算机软件保护

[①] 东莞市三正实业有限公司诉北京三九广告传播公司商标转让合同纠纷案民事判决书[EB/OL]. [2008-12-6]. http://www.fsou.com/html/text/fnl/1175053/117505359.html.

条例》第 20 条规定:"转让软件著作权的,当事人应当订立书面合同。"根据此条款的规定,订立书面合同是软件著作权转让行为的成立要件。如果出让人与受让人没有订立书面的转让合同,则转让行为不能成立。

3. 进行软件著作权转让合同是否登记的选择

出让人与受让人订立的计算机软件著作权转让合同可以向有关机关进行登记。登记不是转让行为的生效要件,当事人也可以不进行登记。经过登记的计算机软件著作权转让合同具有对抗第三人的效力。我国《计算机软件保护条例》第二十一条规定:"订立许可他人专有行使软件著作权的许可合同,或者订立转让软件著作权合同,可以向国务院著作权行政管理部门认定的软件登记机构登记。"

4. 向外国人转让软件著作权应遵守法律规定

由于计算机软件是一种高科技技术,如果出让人向外国人转让计算机软件著作权,除了符合著作权转让的一般规定以外,还应当符合技术进出口管理条例的相关规定。我国《计算机软件保护条例》第二十二条规定:"中国公民、法人或者其他组织向外国人许可或者转让软件著作权的,应当遵守《中华人民共和国技术进出口管理条例》的有关规定。"

5. 转让合同应约定软件的详细内容

出让人与受让人应当在合同中对被转让的计算机软件的内容进行详细的约定,以免发生纠纷。曹广勋诉北京志鸿英华科技有限公司计算机软件著作权转让合同纠纷案[1]中,原告独立开发了"Delicacy 软件开发平台系统",并与志鸿英华公司就该软件版权转让签订协议。依据该协议,原告应将软件所有源代码、设计文档及用户手册交付志鸿英华公司,并向其积极提供系统升级及技术支持。但志鸿英华公司一直未履行合同约定的付款义务,并声称软件的交接清单是曹广勋离职时所做,内容并非合同中约定的应转让的软件内容,而是曹广勋为其他项目开发的软件。因此,原告向法院提起诉讼。之后法院根据该合同约定的内容,判定原告向被告给付的软件与合同的约定相符,从而保护了当事人的利益。

第三节　知识产权资本化

知识产权资本化是从产权经济学中延伸出来的概念,其实质上是将知识产权的货币价值转换为股权价值的过程。从狭义上讲,知识产权资本化是指以知识产权进行投资的过程;而从广义上讲,知识产权资本化还包括投资、质押、信托和证券化。本节重点介绍投资、质押。知识产权资本化,首当其冲的是对知识产权价值的确认问题。例如,若将知识产权作为与货币和现物等同进行投资,首先必须对知识产权的价值进行评估,方能够折算成股本金,参与利润的分配。

---

[1] 曹广勋诉北京志鸿英华科技有限公司计算机软件著作权转让合同纠纷案民事判决书[EB/OL]. [2008-12-12]. http://www.chinaeclaw.com/readArticle.asp? id=2745.

一、知识产权评估

知识产权评估,就是对知识产权人依法取得的知识产权进行商业性使用所能获得的经济利益进行的估测,也就是确定知识产权现时的市场价值和通过知识产权的利用所能得到的潜在的市场价值。知识产权评估活动属于无形资产评估的一部分。

(一)知识产权评估的概念

知识产权评估,亦称知识产权的价值评估,是指由专业机构和专门人员,按照国家法律、法规和资产评估准则,遵循评估原则,依照相关程序,选择适当的价值类型,运用科学的方法,对知识产权资产价值进行分析,估算出该知识产权所具有何种程度经济价值的活动。

知识产权评估主要具有以下几个特征。

1. 时效性

知识产权的价值会由于各种因素的影响而随时发生变动,例如,市场因素、消费者的认可度、产品替代等因素都会引起知识产权的价值的波动。而且,由于知识产权在保护期间的市场垄断性,决定了对知识产权的评估应该及时且在知识产权有效期内完成。

2. 不确定性

知识产权是一种无形财产,其价值的绝大部分并不是由其投入成本所决定的,因此具有一定的不确定性。例如,商标标识的设计成本价值很低,由于其所标示的商品潜在的市场价值以及注册商标的市场垄断性使其价值大增。知识产权价值评估标准难以确定,又在不确定性的基础上增加了知识产权价值的模糊性。

3. 参考性

知识产权评估是对知识产权价值的估算,只是为知识产权交易各方提供参考,评估结果也只能成为交易定价的某一方面的因素。

从知识产权所处的状态来划分,知识产权价值评估可以分为动态知识产权价值评估和静态知识产权价值评估。动态知识产权价值评估一般是指对营运中的知识产权价值进行评估,包括:

(1) 确定知识产权转让中的价格;
(2) 确定知识产权许可贸易的合理使用费;
(3) 确定企业股份制改造、兼并、产权变更时,知识产权的价值;
(4) 确定企业破产清偿时知识产权的价值;
(5) 确定以知识产权质押时的价值;
(6) 确定知识产权侵权诉讼及争议解决中侵权赔偿的金额。

静态知识产权价值评估是指对处于相对静止状态的知识产权的评估,包括未使用的知识产权、处于研发状态的知识产权等。

知识产权是权利人获得竞争优势的重要手段,也是保证知识产权权利人获得财产利益乃至超额利润的必要源泉,只有经过评估,其价值才能直观地表现出来。知识产权评估是实现知识产权经济价值的需要,其重要性表现表现在:

（1）通过知识产权评估，有利于提高对知识产权重要性的认识；
（2）知识产权评估是防止无形资产的流失，加强知识产权的保护和管理的重要手段；
（3）知识产权评估有利于权利人进行经济核算；
（4）知识产权评估的价值，可以在解决纠纷时作为重要的参考依据。

（二）专利权价值评估

专利权的价值评估方法主要有两种：现行市价法和收益现值法。现行市价法是指以市场上相似产品或技术为参照来确定专利技术的价值。使用这种方法时，待评估的专利与参照物必须是同一产品的不同方法专利，或者是用在同一产品上的外观设计专利。

收益现值法是将专利在有效期内预期创造的总收益，折算成专利评估时的价值，然后按一定比例提取作为专利的评估值。确定收益现值法的评估要素的基础是在决定专利技术的评估值时，首先对专利项目的技术先进性、经济可行性及市场前景等进行具体、深入、科学的可行性论证，搞清专利项目的法律状态、保护能力、因独占市场而带来的最高经济效益和最低经济效益范围等。

影响专利权价值评估因素主要有以下几个方面：

（1）专利权的法律状况。专利权的价值评估必须关注专利权的现实法律状态。该法律状态包括专利的产权状态和法律地位稳定程度两个方面。专利的产权状态包括发明人与设计人、专利的申请权和署名权、专利权归属，以及专利申请权转让、专利权转让、专利许可及专利权质押的既往历史、进出口贸易中提请海关备案的专利权登记等。而专利权法律地位的稳定程度，则是指专利是否有诉讼历史，是否涉及过无效宣告程序或侵权诉讼纠纷等。

（2）专利的权利类型与效力。专利权的价值评估必须关注各种专利权的效力，由于我国对发明专利的"三性"（新颖性、创造性、实用性）进行实质性审查，实用新型和外观设计专利不进行实质审查，因此，发明专利被无效的概率低，稳定性好，尤其是发明专利的创造性要求比实用新型高。所以，一般是发明专利的专利权效力大于实用新型专利，实用新型专利因其含有技术内容优于外观设计专利。

（3）专利权保护的时间性和地域性。专利的时间性必定会影响其价值。专利权的保护期限越长，其市场垄断时间越长，权利人获益的保障时间也越长。专利权的地域性是指当在中国申请专利权的专利所涉及的产品存在海外市场时，在海外市场的其他国家是否正在申请专利或者是已经获得专利权。

（4）法定保护期限和剩余保护期限。专利权在法定有效期内的不同时段能够带来的回报是不同的。因此，专利的价值与专利法定保护期限和剩余的保护期限之间具有一定的关联性。

（三）著作权价值评估

著作权的价值评估是指对著作权的财产权进行价值评估。影响著作权价值评估的因素主要包括以下几种：

（1）作品类型。作品类型的不同会带来价值评估的差异。比如，原创作品与演绎作品的著作权的财产权的价值就是不同的。演绎作品的著作权人在行使著作权时，受到了一定的限制，因此其价值也会受到一定的影响。

（2）著作权的财产权的种类。由于著作权的财产权可以部分转让或者全部转让，所以著作权人所拥有的财产权的数量和种类也会对著作权价值评估产生一定的影响。

（3）著作权的登记状况。我国法律规定计算机软件创作完成后，可以到指定部门进行版权登记。当该计算机软件一旦发生侵权纠纷或权利归属纠纷时，已经登记版权的权利人，可以将登记记录作为证明材料。

（4）著作权的法定保护期限。著作权的财产权是有保护期的，著作权的财产权的保护期结束后，著作权人就不能再行使著作权的财产权。因此，著作权是否在法定保护期内对著作权价值评估有着重要的影响。

（5）著作权的权利状态。著作权人的著作权的财产权利是不是受到了很好的保护，也是著作权价值评估的重要因素。

（四）商标权价值评估

在商标权评估中，经常使用的评估方法有三种：

（1）重置成本法，即在现用的技术和市场条件下，重新开发一个同样价值的商标所需的投入作为商标权评估的一种方法。

（2）现行市价法，即通过市场调查，选择一个或几个与被评估商标相同或相似的商标作为比较对象，分析比较对象的成交价格和交易条件，进行比较调查，估算出商标价值的方法。

（3）收益现值法，即以特定商标在有效期内的预期收益作为商标权的评估值。

影响商标权价值评估的法律因素主要有以下几种：

（1）商标是否已经核准注册。在我国，未经注册的商标可以使用，但是因为其不具有专用权，评估时注册商标的价值远高于未注册的商标。而且，未注册商标使用时还可能被他人抢注，所以一般情况下，不将未注册商标作为商标权价值评估的对象。

（2）商标权是否存在瑕疵。如果商标权存在着争议或者注册不当或者长期不使用的注册商标，则存在着商标被撤销或者注销的风险。因此在价值评估中，这类存在瑕疵的注册商标的价值相对较低。

（3）注册商标的使用时间。注册商标使用时间的长短，对商标的价值评估有一定的影响。注册商标使用的时间越长，消费者的认知度越高，影响越大，在评估中对价值贡献越大。

（4）注册商标许可使用形式。当商标权人已经将其注册商标许可他人使用，若再许可他人时，因可能会存在市场利益分享者，此时评估价值会受到影响。因此，注册商标独占许可使用的价值要高于注册商标的其他许可使用形式的价值。

二、知识产权投资

知识产权投资，是指将知识产权作为对公司、合伙企业的出资方式，从而获得公司股权的行为。

（一）知识产权投资的概念

我国《公司法》第二十七条"股东可以用货币出资，也可以用实物、知识产权、土地使用权等可以用货币估价并可以依法转让的非货币财产作价出资；但是，法律、行政法规规定不得作为出资的财产除外"的规定是关于知识产权投资的最直接的法律依据。由于知识产权是一种无形财产权,无形财产的价值具有一定的不确定性。因此,知识产权作为资本投资之前,必须要进行价值评估。我国《公司法》第二十七条第(二)款规定:"对作为出资的非货币财产应当评估作价、核实财产,不得高估或者低估作价。法律、行政法规对评估作价有规定的,从其规定。"

知识产权不属于货币财产,因此以知识产权进行投资在比例和范围上会有一定的限制。《公司法》第二十七条第(三)款规定,全体股东的货币出资金额不得低于有限责任公司注册资本的30%。可见,以非货币财产出资的最多不能超过公司注册资本的70%。我国《公司法》规定,以工业产权(指专利权、商标权、集成电路布图设计权等)、非专利技术(主要是指技术秘密)作价出资的金额不得超过公司注册资金的20%,国家对采用高新技术成果有特殊规定的除外。国家对采用高新技术成果规定35%。外商投资企业知识产权出资比例需要经过审批机关的审批。

工业产权出资是专有权出资,而非使用权出资,须办理财产权的转移手续。

知识产权贸易性转让是一次性或者分次支付的获利,形成债的关系。知识产权出资性转让是投资行为,形成投资关系,如果公司不解散清算,出资人就不得从公司收回出资的知识产权。作为出资对价,知识产权权利人以股东身份通过股权分红获得长期收益的同时,也存在投资风险。[①]

(二) 知识产权向合伙企业的投资

知识产权不但可以作为公司的资本,还可以向合伙企业进行投资。我国《合伙企业法》第十一条规定:"合伙人可以用货币、实物、知识产权、土地使用权或者其他财产权利出资,也可以用劳务出资,上述出资应当是合伙人的合法财产及财产权利。"根据此条规定,知识产权人可以将自有的知识产权向合伙企业作价出资。由于合伙企业具有较强的人合性质,因此,在知识产权作价出资的时候,关于作价的方式、评估等事宜,可以由合伙人共同协商确定。我国《合伙企业法》第十一条第(二)款规定:"对货币以外的出资需要评估作价的,可以由全体合伙人协商确定,也可以由全体合伙人委托法定评估机构进行评估。"

(三) 外国知识产权人向我国企业的投资

我国《外资企业法实施细则》第十条规定:"外国投资者以工业产权、专有技术作价出资的,该工业产权、专有技术应当为外国投资者所有。"也就是说,外国投资者以知识产权作价出资的,外国投资者必须对该知识产权拥有所有权。

我国《中外合资经营企业法实施条例》第二十二条规定:"合营者可以用货币出资,也可以用建筑物、厂房、机器设备或者其他物料、工业产权、专有技术、场地使用权等作价出资。"我国《中外合作经营企业法实施细则》第十八条规定:"合作各方向合作企业的投资或者提供的合作条件可以是货币,也可以是实物或者工业产权、专有技术、土地使用权等财产权利。"可见,外商企业在我国进行投资,无论采用的是外商独资、中外合资还是中外合作的形式,都可以用知识产权进行投资。但是,外商用于出资的知识产权、专有技术还要受我国技术进口

---

① 马希良. 知识产权资本化及其途径[J]. 产权导刊, 2004, (8): 34-37.

管理规范的制约。

以知识产权进行投资后,为了确保知识产权的实际价值与作价相符,需要对其进行价值评估,即知识产权验资。我国国家工商行政管理总局《公司注册资本登记管理规定》第七条规定:"作为股东或者发起人的非货币资产,应当由具有评估资格的资产评估机构评估后,由验资机构进行验资。"验资一般是知识产权出资的重要程序。

三、知识产权质押

知识产权质押,是指债务人或第三人依法将其可以转让的知识产权作为债务的担保,设定质权,如果债务人到期不履行债务时,债权人可以依法将该知识产权折价、拍卖或变卖,并对于其获得的价款优先受偿。知识产权质押是权利质押的一种。我国的担保法、著作权法、著作权质押合同登记办法、专利权质押合同登记管理暂行办法都规定了知识产权的质押制度。

(一)知识产权质押的条件

可以用于质押的知识产权必须具备以下几个条件。

1. 被质押的知识产权必须是财产权利

我国《担保法》第七十五条规定,被质押的知识产权必须是依法可以转让的商标专用权、专利权、著作权中的财产权。被质押的知识产权必须是财产权利的条件设立,是因为知识产权质押的目的是担保一定债务的实现,在债务人不能够偿还债务时,质权人可以就该知识产权转换成为现实的经济价值,用来弥补债务不能实现而遭受的损失,因此,被质押的知识产权必须是一种财产权利,而且能够转换为一定的经济价值。

2. 被质押的知识产权必须是可以转让的

知识产权在担保债权的情况下,要转换为一定的经济价值,一般是通过折价、拍卖或者变卖等途径来实现的。因此,被质押的知识产权必须具备可转让性。如果知识产权不具备可转让性,则无法发挥担保债权实现的作用。

3. 被质押的知识产权必须是可以用于设定质权的

一般情况下,只有知识产权中的财产权可以设定质押。与人身相关的权利由于不具备担保价值而不能设立质押。譬如,发明人、发现人领取奖金和报酬的权利就不能进行质押,因为这种权利是为作出特殊贡献的特定人物而颁发的,与受奖人的人身密切联系,是不可以转让的。

用知识产权设定质押时,当事人应当订立书面的质押合同,并且向有关部门办理质押登记,质押行为从当事人办理登记之日起发生效力。如果当事人没有订立书面的质押合同,或者没有办理质押登记,则知识产权的质押行为不能生效。我国《物权法》第二百二十七条规定:"以注册商标专用权、专利权、著作权等知识产权中的财产权出质的,当事人应当订立书面合同,质权自有关主管部门办理出质登记时设立。"除此之外,我国《担保法》也有类似的规定,例如第七十九条规定:"以依法可以转让的商标专用权、专有权、著作权中的财产权出质的,出质人与质权人应当订立书面合同,并向其管理部门办理出质登记,质押合同自登记之日起生效。"

知识产权进行质押以后,出质人的知识产权权利即受到一定的限制。根据《物权法》第二百二十七条第(二)款规定:"知识产权中的财产权出质后,出质人不得转让或者许可他人使用,但经出质人与质权人协商同意的除外。出质人转让或者许可他人使用出质的知识产权中的财产权所得的价款,应当向质权人提前清偿债务或者提存。"也就是说,在一般情况下出质人不得将质押期间的知识产权转让给他人,也不可以将该知识产权许可给他人使用。但是,如果质权人与出质人协商一致,质权人同意出质人将该知识产权在质押期间转让或者许可给他人使用,出质人应当将转让费用或者是许可他人使用的费用向质权人提前偿还以实现质权人的债权,清偿债务人的债务。出质人还可以将转让费用或者是许可使用的费用进行提存,以保障质权人的债权可以得到实现。对于这一问题,我国《担保法》第八十条也作了类似的规定,即权利出质后,出质人不得转让或者许可他人使用,但经出质人与质权人协商同意的可以转让或者许可他人使用。出质人所得的转让费、许可费应当向质权人提前清偿所担保的债权或者向与质权人约定的第三人提存。

在质押存续期间,质权人如果未经出质人同意,而将被质押的知识产权权利转质给第三人,则需要承担一定的责任。我国《物权法》第二百一十七条规定:"质权人在质权存续期间,未经出质人同意转质的,造成质押财产毁损、灭失的,应当向出质人承担赔偿责任。"由于《物权法》第二百二十九条规定,权利质权还可适用动产质权的规定,结合动产质权的相关规定,质权人在经过出质人同意后,可以将质物转质给第三人;如果质权人没有经过出质人同意,则不得将被质押的知识产权转质给他人。如果质权人在没有得到出质人同意的情况下将被转让的知识产权转质给他人,而导致出质人受到损失的,则应当承担相应的赔偿责任。

知识产权质押所担保的债权范围应包括以下几种:

(1) 主债权。主债权除有特殊约定以外,一般应推定为债权的全部。

(2) 利息。利息是指在实行质权时主债权已届清偿期的一切利息,含法定利息和迟延利息。

(3) 违约金。违约金是指如果主合同债务人未履行合同约定的义务,那么按照合同的约定,应当向债权人给付的金钱。

(4) 损害赔偿金。损害赔偿金是指债务人因未履行合同,而给债权人造成损害时,债务人应当向债权人赔偿的金额。

(5) 维持知识产权有效和免遭侵害的费用。质权人为保护知识产权而交纳年费或者制止专利侵权行为而支付的合理费用。

(6) 实现质权的费用。实现质权的费用包括知识产权质押的评估费用、拍卖费用、保全费用等。

(二) 知识产权质押的内容

我国担保法和物权法明确了知识产权质押的具体内容。我国《担保法》第75条规定的权利质押范围之三是:依法可以转让的商标专用权、专利权、著作权中的财产权。新颁布的《物权法》第223条规定的债务人或者第三人有权处分的出质类型之五是:可以转让的注册商标专用权、专利权、著作权等知识产权中的财产权。

专利权可以设定的质押包括以下几项:

（1）专利实施权，即专利权人依法享有的独占实施该专利技术的权利。

（2）专利转让权，即专利权人依法通过买卖、赠与、继受等形式将专利转让给他人的权利。由于专利申请权是一种财产权利，并且可以依法转让，因此，专利申请权也是可以质押的。

（3）专利实施许可权。专利权人对其获得的专利享有许可他人实施并获取报酬的权利。

著作权包括著作人身权和著作权的财产权两类。著作人身权是专属于著作权人的，不得转让，因此也不能进行质押；著作权的财产权可以转让，也可以进行质押。

商标权人享有的专用权内容包括以下几项：

（1）注册商标的使用权，即注册商标所有人依法对其注册商标行使的独占使用权。

（2）注册商标转让权，即将注册商标转让给他人使用的权利。

（3）注册商标的使用许可权，即注册商标所有人有权以取得使用费为目的，将注册商标有偿允许他人使用等。

由于商标权人享有的专用权为财产权性质，所以上述权利均可以设立质押。

（三）知识产权质押中当事人的权利义务

在我国，知识产权出质人享有以下权利。

1. 质物使用权

知识产权出质后，除有特别约定以外，出质人仍有继续使用该知识产权的权利。知识产权出质后，出质人并没有丧失其享有的知识产权专有权，因此，权利人仍然可以使用该知识产权，但使用不得损害质权人的质权。

2. 转让及许可使用权

出质人对于知识产权的转让、许可在知识产权质押范围内受到一定的限制，但是，在经过质权人同意之后，质权人仍然可以将该知识产权转让、许可给他人。

3. 排除侵害和撤销质押登记的请求权

我国《担保法》第八十九条规定："质权人不能妥善保管质物可能致使其灭失或者毁损的，出质人可以要求质权人将质物提存，或者要求提前清偿债权而返还质物。"知识产权是一种无形的财产权，质权人有义务也有责任维持知识产权的有效性。在知识产权可能会出现无效、终止、贬值等情况时，出质人可以提前清偿债权，申请撤销质押合同登记，以消灭知识产权上的质押。

知识产权出质人的主要义务包括以下几种：

（1）质权人在出质后，不得擅自转让或者许可他人使用已出质的知识产权。

（2）如果出质人经质权人同意转让或许可他人使用知识产权，则出质人应当将所得的转让费或许可使用费向质权人提前清偿所担保的债权，或向与质权人约定的第三人提存。

（3）保全出质权利的义务。保全出质的权利主要是指维护知识产权的价值，维护知识产权的价值是知识产权出质人必须履行的法定义务。

知识产权质权人的权利应包括以下几个方面：

（1）实现质权的权利。主要是指被担保的债权在清偿期之内，债务人没有清偿，债权人可就质押的知识产权受偿。

(2) 优先受偿权。质权人可以就质押的知识产权变卖所得的价金优先清偿其债权。这里所说的优先受偿,一是指质权人可优先于一般债权人就知识产权卖得的价金受偿;二是指知识产权上设有多个质权的,质权人可以较次序在后的同种或异种担保物权人优先受偿。

(3) 处分权。对知识产权质押的处分权包括对质权的抛弃、让与或与主债权一同被处分。

(4) 质押知识产权受到侵害的请求权。质权人都可以以质权受侵害为由,请求出质人提供相应担保,或请求赔偿损失。

知识产权质权人在享有权利的同时,也需要承担相应的义务:

(1) 不得擅自利用出质的知识产权。如果质权人未经允许而利用了这些权利,则构成侵权。

(2) 允许知识产权出质人或者原被许可使用人,在原定使用范围内继续行使其使用权。如果知识产权人在知识产权出质以前已经对该知识产权进行某种使用,或者允许他人为某种使用,那么这些使用不应当受到知识产权出质的影响,出质人或被许可人仍可在原使用范围内继续使用被质押的知识产权。

(3) 被担保债权因清偿、抵消等原因消灭后,质权人应协助出质人通知质押登记机关注销质押登记。

四、知识产权资本化的其他方式

(一) 信托

我国于2001年实施的信托法和信托投资管理办法明确规定了知识产权可以作为信托财产。目前,我国著作权集体管理组织受著作权人的委托代为行使其著作财产权的行为就是一种典型的信托关系。

知识产权权利人通过信托方式委托具有专业市场运作能力的信托机构管理其知识产权,一方面可以让权利人享受其智力成果带来的丰厚的利益而无须负担管理之责;另一方面,信托制度所兼具的财产管理和中长期融资功能,能够有效地促进知识产权商品化、市场化和产业化。此外,知识产权信托制度有效地拓宽了知识产权流转的途径,能更好地实现知识产权保值增值。知识产权信托制度的功能是:首先,信托提供的长期的财产管理能有效适应知识产权价值实现过程中的长期性。其次,信托提供的受益人保障功能能使知识产权转化过程的市场风险最小化。最后,信托作为一种金融机构还能有效地解决知识产权转化过程中的资金不足的难题。信托在财产管理和融资方面独特的制度功能,使其能有效地化解知识产权商品化、市场化中的诸多转化障碍和技术难题。[1]

(二) 证券化

证券化只是一些国家的尝试,我国目前尚未建立与知识产权证券化相关的法律制度。

---

[1] 肖尤丹. 知识产权产业化金融支持制度研究[J]. 学术论坛, 2007, (3): 13.

作为发行资产支持证券进行融资的一种方式，知识产权证券化以知识产权的未来许可使用费（包括预期的知识产权许可使用费和已签署的许可合同保证支付的使用费）为支撑，利用"资产证券化"的组织与体系，将原本不易流动变现的知识产权转化成单位化、小额化而容易流通的证券形式，在金融市场上向投资人销售以募集资金。在美国金融集团 Pullman Groupde 的策划下，英国歌星大卫·鲍伊（David Bowie）将其在1990年以前录制的25张唱片的预期版权（包括300首歌曲的录制权和版权）许可使用费证券化，发行十年期利率7.9%、总额度5500万美元的债券，成为第一例知识产权证券化的成功典范。知识产权证券化的基础资产已经非常广泛，从最初的音乐版权证券化开始，拓展到了电子游戏、电影、休闲娱乐、演艺、主题公园等与文化产业关联的知识产权上，以及时装的品牌、医药产品的专利、半导体芯片，甚至专利诉讼的赔偿金。据 Pullman Groupde 估计，全球的知识产权价值高达1万亿美元。知识产权证券化的法律问题主要涉及两大领域：与知识产权相关的权利法律以及与资产证券化融资结构有关的程序性法律。事实上，知识产权证券化本质上还是一种资产证券化，在金融法律支持制度方面可以适用资产证券化的一般规定。我国法律体系中，并没有针对知识产权证券化这一特殊融资方式提供专门的法律规范。在我国现行的公司法、证券法中没有专门针对知识产权这一特殊标的能否成为证券化的规定。[①]

本 章 重 点

1. 专利实施许可的特征。
2. 著作权使用许可的特征和除外情形。
3. 知识产权许可方式的比较。
4. 专利实施许可方式的选择。
5. 著作权使用许可方式的选择。
6. 注册商标使用许可方式的选择。
7. 知识产权转让的特征。
8. 知识产权投资的概念。
9. 知识产权质押的条件。

本 章 难 点

1. 知识产权利用各种形式之间的区别。
2. 知识产权各种许可合同与转让合同主要条款的区别。
3. 注册商标使用许可和转让中应当注意的事项。
4. 科技作品著作权许可和转让中应当注意的事项。
5. 计算机软件著作权许可和转让中应当注意的事项。

---

① 肖尤丹. 知识产权产业化金融支持制度研究[J]. 学术论坛, 2007,(3): 15.

6. 知识产权价值评估的目的和方法。
7. 知识产权质押的内容。
8. 外国知识产权人向我国企业投资时应当注意的事项。

本章思考题

1. 专利与技术秘密许可应当注意什么？
2. 注册商标使用许可应当注意什么？
3. 科技作品著作权许可应当注意什么？
4. 计算机软件著作权许可应当注意什么？
5. 知识产权转让与许可有何异同？
6. 知识产权各种许可合同与转让合同条款存在哪些区别？
7. 知识产权质押中当事人的权利义务有哪些？

主要参考文献

[1] 吴汉东. 知识产权法通识教材[M]. 北京：知识产权出版社，2007.
[2] 刘春田. 知识产权法[M]. 北京：高等教育出版社，北京大学出版社，2008.
[3] 朱雪忠. 企业知识产权管理[M]. 北京：知识产权出版社，2008.
[4] 车辉. 担保法律制度新问题研究[M]. 北京：法律出版社，2005.
[5] 全国人大常委会法制工作委员会审定. 知识产权常用法律法规手册[M]. 北京：中国民主法制出版社，2003.
[6] 肖尤丹. 知识产权产业化金融支持制度研究[J]. 学术论坛，2007,(3)：13.
[7] 马希良. 知识产权资本化及其途径[J]. 产权导刊，2004,(8)：34-37.

第八章

知识产权管理

第一节 知识产权管理概述

知识产权法律制度的有效运行不仅依赖于知识产权的保护,还依赖于知识产权的创造、知识产权的运用和知识产权的管理。知识产权管理妥当,就会促进知识产权法律制度的有效运行;知识产权管理不当,就会妨碍知识产权制度的有效运行。

一、知识产权管理的概念

知识产权管理是指管理者为推动管理对象的知识产权工作和提高管理对象的知识产权工作能力所进行的组织、协调、控制、谋划活动。

知识产权管理的概念有狭义和广义之分。广义的知识产权管理是指政府和基层单位对知识产权依法进行的管理,包括政府对知识产权的行政管理和基层单位对知识产权的管理;狭义的知识产权管理仅指政府对知识产权的行政管理,而不包括基层单位对知识产权的管理。我国《商标法》、专利法、著作权法、集成电路布图设计保护条例、植物新品种保护条例等单行法规定的知识产权管理是指狭义的知识产权管理,具体包括国务院有关主管部门在全国范围内和地方政府有关主管机关对其行政管辖区内的知识产权行政管理。本章所讨论的知识产权管理是指广义的知识产权管理,除了介绍知识产权行政管理外,还阐述基层单位对知识产权的管理。

二、知识产权管理的特征

(一)法定性

从历史的时间尺度和世界的范围来看,知识产权制度是通过保护知识产权来激励创新、促进科技进步和经济发展的法律制度。同任何事物一样,知识产权制度也有两面性。对于在某一时期科学技术先进和经济社会发展水平高的国家来说,知识产权制度的正面作用要大于其负面作用,可以激励本国国民创新、促进民族经济发展、提高国家竞争力。对于在某一时期科学技术落后和经济社会发展水平低下的国家来说,知识产权制度的负面作用可能大于正面作用,可能会抑制本国国民创新、阻碍民族经济发展、降低国家竞争力。知识产权管理的目的是结合本国国情,充分运用和发挥知识产权制度的正面功能,尽量减少知识产权制度的负面影响,提升其管理对象或者自身知识产权能力,进而提高市场竞争力。为达此目的,知识产权管理者对管理对象所进行的管理,是在知识产权法律制度框架内,这种管理具有"法定性"的特点,依照法定的方式和手段进行管理。例如,依据我国专利法的规定,未经专利权人许可,实施其专利,即侵犯其专利权;引起纠纷的,专利权人或者利害关系人可以向人民法院起诉,也可以请求管理专利工作的部门处理。管理专利工作的部门处理时,认定侵权行为成立的,可以责令侵权人立即停止侵权行为;当事人不服的,可以自收到处理通知之日起15日内依照《中华人民共和国行政诉讼法》向人民法院起诉;侵权人期满不起诉又不停止侵权行为的,管理专利工作的部门可以申请人民法院强制执行。又如,依据我国《著作权质押合同登记办法》的规定,国家版权局是著作权质押合同登记的管理机关,管理专利工作的部门和国家版权局可以在其法定的职权范围内依法行政,但是,法律禁止的行政行为却是违法的。例如,我国专利法规定,管理专利工作的部门不得参与向社会推荐专利产品等经营活动。管理专利工作的部门违反此规定的,由其上级机关或者监察机关责令改正,消除影响,有违法收入的予以没收;情节严重的,对直接负责的主管人员和其他直接责任人员依法给予行政处分。从事专利管理工作的国家机关工作人员以及其他有关国家机关工作人员玩忽职守、滥用职权、徇私舞弊,构成犯罪的,依法追究刑事责任;尚不构成犯罪的,依法给予行政处分。

(二)市场性

知识产权制度产生于市场经济,知识产权的特征之一是权利人在一定的时间和一定的地域内拥有市场垄断性,因此,知识产权管理具有市场性的特征。知识产权管理的市场性决定了知识产权的管理应当遵循市场规律,以市场效益为目标,按照市场机制来运作,对知识产权实施市场化的管理。基层单位的知识产权管理要始终体现管理的市场性。例如,某一基层单位完成了一项产品的发明创造,管理者必须在不同的阶段作出果断的决策:需要获得知识产权时,以何种知识产权类型加以保护,是采用商业秘密形式还是专利?如果决定要申请专利,还要考虑何时提出申请更有利。如果申请专利提出过早,在获得专利权的保护期内,该专利产品还没有被消费者接受,企业就不能获得好的经济效益;而当由于企业有效的市场推广工作产生效益时,专利保护期限到了,专利产品得不到专利保护,则产品的市场垄断性就大打折扣,企业就丢失了应当得到的收益。与其如此,不如先采取商业秘密的保护形式,在此期间完成产品的试制;待市场培育差不多时,再申请专利,在专利申请递交后或者专利批准后再将该产品推入市场,从而使该专利产品的市场垄断期限和专利的保护期限相衔接,这就等于延长了该专利产品的市场垄断期限,大大增加了其经济效益。又如,一件产品是否要注册商标,也要审视此产品的市场竞争对手是否足够多,如果此商品属于专门领域的特殊人员使用的独一无二的产品,注册商标的作用不是很大。

政府的行政管理也要体现市场性。例如,专利法规定专利权人的义务是按时足额缴纳年费。为有效地提高专利制度运行效益,缴纳年费的数额是逐年递增的。保护期限越长,所缴纳的年费数额越高。这种提高专利权维权成本的方法,是一种市场管理的手段,它使专利权人要考虑维权成本逐年增加的因素,选择是否要继续维持专利权,放弃没有经济价值的专利权,集中财力维持有经济价值的专利权。放弃专利权的技术进入公有领域,公众可以自由使用,需要长期维持专利权的专利数量得以减少,使专利行政管理更加经济有效,使得整个专利制度的效益得以提高。

(三) 动态性

知识产权管理的动态特征是由知识产权管理的市场性带来的,知识产权制度是鼓励竞争的法律制度,市场竞争本身是一种动态过程,因而知识产权的管理也是动态的。正是由于知识产权的市场性导致知识产权管理目标和手段不能一成不变,必须随着市场的变化而作出相应的调整,根据市场前景和产品的市场周期来调整知识产权管理的目标和手段。一个单位的知识产权管理者必须随时注意竞争对手的知识产权的战略布局,了解竞争对手设置的知识产权障碍,及时调整自己的知识产权管理目标和手段。

知识产权客体的多样性和知识产权的时间性、地域性特征,决定了知识产权管理的动态特征。例如,专利费用的管理就是繁杂的动态管理过程,单位的管理者可能面临专利申请费、专利实质审查费、专利维持费。由于维持每一项专利的年费因维持年限的不同而不同,缴纳年费的时间也不同,所以一个拥有上千件专利的单位,每一年专利年费就是一个动态管理的过程,稍不小心,可能导致权利的丧失。又如,同一个发明在中国提交了专利申请,后来又陆续在美国、日本和欧盟提交了专利申请,并且先后获得各国的专利权,这些行为不是同时发生的,而是一个动态过程。

(四) 社会性

在当今世界,创新与发明创造的取得常常是社会性的。一项高技术的产品常常包含很多项发明创造,单独个人或者单位几乎没有能力拥有该项产品全部的知识产权。即使是一个领域的顶尖公司,也不可能做到其所采用的所有技术都是自己发明创造的,所有公司需要的知识产权都"万事不求人"是不可能的。据一位美国计算机硬件领域的专家统计,如今在微处理器方面大约有9万多项有效专利,掌握在1万多个专利权人手中;在半导体器件及其系统方面大约有42万项专利,掌握在4万多个专利权人手中。面对这样的现状,一个公司要生产一种产品,从零件到部件到整机,需要和许许多多的专利权人进行订立专利许可合同的谈判。哪怕是一个小小的零件、部件,也可能和多个专利权人打交道。[①] 因此,不同公司之间知识产权的许可与转让是经常发生的,因而基层单位的知识产权管理也具备明显的社会性。知识产权管理的社会性更多地体现在专利和商标使用权许可、著作权贸易等知识产权的利用管理过程中。

(五) 复杂性

知识产权管理的内容的多样性,权利获取的程序不同,导致知识产权管理的复杂性。例如,商标权和专利权的获取是要经过申请、审批的,一旦获得,其权利内容、权利的保护范围

---

① 尹新天. 美国对其专利政策的重新审视——简评美国联邦贸易委员会2003年10月的报告[M]//国家知识产权局条法司. 专利法研究2004. 北京:知识产权出版社,2005:72.

是确定的。基层单位对商标权和专利权获得的管理必须严格遵循法定程序。著作权产生于作品完成之时,无需审批程序,但是,著作权客体(作品)的形式非常多,对其管理也非常复杂。商业秘密的保护范围和受保护程度完全是在发生侵权时,通过法院的司法程序来确定,法院的判决也是要依据商业秘密的管理者,对其拥有的商业秘密所采取的保密措施是否得当,来确定商业秘密的存在和侵权者应付的法律责任,可见,商业秘密的法律保护完全取决于单位在平时对商业秘密的管理是否到位。

知识产权客体的多样性决定了知识产权管理的内容具有交叉性,而这种客体的交叉又增加了知识产权管理的复杂性。例如,一项科研项目完成后,该项目可以申请专利而成为专利权的客体,其图纸以及发表的相关论文均可以成为著作权的客体,该项目的核心技术还可以成为商业秘密的保护对象,一项科研项目的知识产权管理者需要同时管理三类知识产权,其管理的复杂性不言而喻。

知识产权管理的复杂性还表现在知识产权的使用许可时,可能会产生许可双方将各自拥有的知识产权交叉许可的情形。例如,专利权人甲将其拥有的 A 专利技术许可给乙实施时,乙也将其拥有的 B 专利技术许可给甲实施,由此形成专利的交叉许可。又如,专利权人甲将其拥有的 A 专利技术许可给乙实施时,乙也将其拥有的 C 产品的生产图纸的著作权的使用权许可给甲,这是专利实施许可与著作权的使用权两种不同知识产权的交叉许可。

三、知识产权管理的目标与手段

(一) 知识产权行政管理的目标

知识产权行政管理的目标是协调管理对象的科技、经济、法律资源,实现知识产权资源优化配置,为提升管理对象的竞争力服务。具体有以下几个方面。

1. 建立知识产权服务体系

建立为管理对象提供服务的知识产权服务体系,是保证知识产权行政管理目标实现的重要任务。知识产权服务内容包括知识产权的信息服务、知识产权法律服务、知识产权利用的中介服务以及知识产权对策与战略的研究、制定与实施服务。目前我国的知识产权信息服务主要有专利文献检索服务、注册商标检索服务等,主要由国家知识产权局专利文献检索服务中心、国家商标局商标检索服务机构提供。知识产权法律服务主要有专利申请代理、商标注册申请代理、知识产权诉讼法律服务等,由有权从事这些法律服务的专利代理事务所、商标代理事务所和律师事务所提供。知识产权利用的中介服务主要有著作权使用许可和转让中介服务、技术专有权的使用许可和转让的中介服务、商标权使用许可和转让中介服务等,主要由著作权许可和转让代理机构、技术开发中介机构、商标许可和转让代理机构、知识产权事务所等提供。知识产权对策与战略的研究、制定与实施服务主要由一些知识产权研究中心、国家知识产权局的有关机构提供。知识产权社会化服务体系的建立得到了政府有关部门的扶持引导,具体运作应当遵循市场规律,以市场需求为导向。

2. 增强管理对象的知识产权意识

知识产权的管理者对管理对象通过知识产权制度的宣传普及教育,增强管理对象的知识产权意识。知识产权意识包括知识产权的法律意识、知识产权的创新意识、知识产权的保护意识。所谓的知识产权的法律意识,是指了解知识产权的法律制度,学会运用法律武器保护和运用知识产权;知识产权的创新意识,是指了解创新是知识产权的前提,没有创新就没有自主知识产权;知识产权的保护意识,是指了解只有将创新成果转化为知识产权,保护和利用知识产权,提高自身的市场竞争力,才能将创新成果转化为经济效益。

3. 促使管理对象的资源优势转化为知识产权优势

我国是个人力资源丰富、劳动力素质比较高的大国,应当通过知识产权管理,充分调动人民群众创新的积极性,创造更多、影响更大的自主知识产权,将人力资源优势转化为知识产权的优势。管理者通过其所掌握的行政权力资源,调动管理对象自主创新的积极性,为促进管理对象的资源优势转化为知识产权优势提供便利条件和资助,引导管理对象进行知识产权客体的创新。例如,政府可以通过加大研究开发经费的投入,在一些关键的科学技术前沿领域开展研究开发,实现突破,政府资助专利申请,形成我国企业自己有分量的知识产权。

4. 促使管理对象的知识产权优势转化为资本优势

管理者通过其所掌握的行政权力资源,以奖励、鼓励、引导的方式,为管理对象的知识产权转化为资本的途径创造良好的法律环境、政策环境、服务环境,以鼓励管理对象积极主动地利用其拥有的知识产权进行融资、投资、转让、许可贸易等知识产权资本化的途径,促使管理对象的知识产权优势转化为资本优势。例如,政府可以通过建立知识产权转化为生产力的基金,对企业、科研机构、大专院校的专利技术转化为产品的中试环节给予支持。政府还可以通过税收优惠政策,对知识产权产品给予减免税收的扶持。企业、科研机构、大专院校在落实我国专利法规定的职务发明"一奖二酬"的基础上,再通过内部福利待遇和奖励方式调动科技人员实施职务发明的积极性和主动性。

5. 知识产权管理策略和战略的制定、推动和实施

知识产权管理者制定并实施知识产权管理策略和战略,可以使其管理工作更加具有前瞻性、科学性、延续性、一致性、针对性,也是保证知识产权管理目标实现的不可或缺的战略性的储备。

(二) 知识产权管理手段

1. 法律手段

知识产权管理者可以通过对知识产权立法的影响力,将对知识产权行政管理和基层管理行为纳入有关法律法规中。知识产权管理者通过运用法律法规规定的职权或者相应的手段来进行知识产权的管理。例如,国务院各部委或者地方政府可以通过行政法规或者地方立法推动国家知识产权战略或地方知识产权战略的实施。又如,为促进知识产权转化为生产力,我国公司法规定,以工业产权、非专利技术作价出资的金额不得超过公司注册资金的20%,国家对采用高新技术成果有特殊规定的除外。国家对采用高新技术成果的,规定以工业产权、非专利技术作价出资的金额可达公司注册资金的35%,有的地方政府立法甚至规定工业产权中的高新技术发明专利技术入股比例最高不超过35%。

为鼓励发明创造活动,我国专利法实施细则规定,被授予专利权的单位与发明人、设计人可以约定或者在其依法制定的规章制度中规定专利奖励、报酬的方式和数额。被授予专利权的单位未与发明人、设计人约定,也未在其依法制定的规章制度中规定奖励的方式和数额的,应当自专利权公告之日起三个月内发给发明人或者设计人奖金。一项发明专利的奖金最低不少于3000元;一项实用新型专利或者外观设计专利的奖金最低不少于1000元。由于发明人或者设计人的建议被其所属单位采纳而完成的发明创造,被授予专利权的单位应当从优发给奖金。发给发明人或者设计人的奖金,企业可以计入成本,事业单位可以从事业费中列支。被授予专利权的单位未与发明人、设计人约定,也未在其依法制定的规章制度中规定报酬的方式和数额的,在专利权有效期限内,实施发明创造专利后,每年应当从实施该项发明或者实用新型专利的营业利润中提取不低于2%或者从实施该项外观设计专利的营业利润中提取不低于0.2%,作为报酬给予发明人或者设计人,或者参照上述比例,给予发明人或者设计人一次性报酬;被授予专利权的单位许可其他单位或者个人实施其专利的,应当从收取的使用费中提取不低于10%,作为报酬给予发明人或者设计人。

2. 行政手段

知识产权管理者可以通过行政管理手段,对知识产权管理对象创造、运用、保护知识产权的工作进行组织、协调、控制和引导。由于政策的及时性、针对性、配套性、可执行性,国务院各部委或者地方政府可以通过制定相关政策,组织、协调、控制和引导本行政管理体系内的知识产权工作。企业、科研院所、大专院校等创造知识产权的主体可以通过制定本单位内部的知识产权规章制度,或者是建立内部的奖励机制,激励科技人员积极进行发明创造和利用他人知识产权创新、创意产生自主知识产权的活动。

知识产权行政管理机关可以运用行政手段检查知识产权交易市场,对扰乱知识产权市场管理秩序的行为进行警告、限期改正和行政处罚等。知识产权行政管理机关可以运用行政手段,对知识产权侵权纠纷、权属纠纷、转让或者许可合同纠纷进行行政调处。

3. 市场手段

市场手段是指知识产权管理者以市场为导向,以市场竞争为内容,以市场效益为目标开展知识产权工作。知识产权行政管理者在制定、推动、实施知识产权战略时要密切结合其所在行政区域的市场竞争力,以提升该市场竞争力为目标。基层知识产权管理的管理者,应当与其长期发展规划密切结合,与其市场开发密切结合,始终关注其市场竞争对手的知识产权战略,将知识产权管理融入到本单位的人事管理、科研管理、生产管理、市场销售管理等之中,以图达到提升其市场竞争能力的目的。

知识产权基层管理可以借助社会公共资源,尤其是以市场运作的社会资源。例如,在司法实践中大量利用知识产权司法鉴定机构,为高科技领域的知识产权侵权案件提供科学鉴定依据。在专利和商标的申请时,注意利用社会上的专利代理机构和商标代理机构。在处理知识产权侵权纠纷时,更要重视利用律师事务所,委托适合自己的律师事务所为自己服务。

第二节 知识产权的行政管理

本节所讲的知识产权行政管理,是指知识产权工业实施和市场流转过程中政府有关行政管理部门所进行的管理。参与管理知识产权的行政管理部门的管理职责和管理手段等均依据于知识产权法律法规的相关规定。

一、专利权的行政管理

(一) 专利权行政管理机构

我国《专利法》第三条规定："国务院专利行政部门负责管理全国的专利工作;统一受理和审查专利申请,依法授予专利权。省、自治区、直辖市人民政府管理专利工作的部门负责本行政区域内的专利管理工作。"我国《专利法实施细则》第七十九条规定："专利法和本细则所称管理专利工作的部门,是指由省、自治区、直辖市人民政府以及专利管理工作量大又有实际处理能力的设区的市人民政府设立的管理专利工作的部门。"根据我国专利法的规定,专利行政管理机构的设置为两级管理制,即中央政府的知识产权行政主管部门和省、自治区、直辖市、地区一级的知识产权行政管理机关。国务院设立的国家知识产权局专利局负责管理全国的专利工作。各省、自治区、直辖市设立知识产权厅或知识产权局,或知识产权处。有些地方根据上述规定或者地方的有关规定,在地区一级政府设立了知识产权行政管理机关,负责专利权的行政管理工作。[1] 地方的专利行政管理机关依法行政,依照管理职责负责本行政区域的专利管理工作。

(二) 专利权行政管理职责

1. 国家知识产权局专利局的行政管理职责

如前所述,国家知识产权局专利局作为国务院专利行政部门,负责管理全国的专利工作。按照我国专利法、专利法实施细则、专利行政执法办法、专利标记和专利号标注方式的规定、展会知识产权保护办法等法律法规的规定,国家知识产权局的行政管理职责如下。

1) 保密审查

我国《专利法》第二十条规定："任何单位或者个人将在中国完成的发明或者实用新型向外国申请专利的,应当事先报经国务院专利行政部门进行保密审查。保密审查的程序、期限等按照国务院的规定执行。中国单位或者个人可以根据中华人民共和国参加的有关国际条约提出专利国际申请。申请人提出专利国际申请的,应当遵守前款规定。国务院专利行政部门依照中华人民共和国参加的有关国际条约、本法和国务院有关规定处理专利国际申请。对违反本条第一款规定向外国申请专利的发明或者实用新型,在中国申请专利的,不授予专利权。"此条款中所称"在中国完成的发明或者实用新型",是指技术方案的实质性内容在中国境内完成的发明或者实用新型。任何单位或者个人将在中国完成的发明或者实用新型向外国申请专利的,应当按照下列方式之一请求国务院专利行政部门进行保密审查:①直接向外国申请专利或者向有关国外机构提交专利国际申请的,应当事先向国务院专利行政部门提出请求,并详细说明其技术方案;②向国务院专利行政部门申请专利后拟向外国申请专利或者向有关国外机构提交专利国际申请的,应当在向外国申请专利或者向有关

---

[1] 国家知识产权局条法司. 新疆维吾尔自治区专利保护条例[M]//专利行政执法手册. 北京:知识产权出版社,2008:599.

国外机构提交专利国际申请前向国务院专利行政部门提出请求。向国务院专利行政部门提交专利国际申请的,视为同时提出了保密审查请求。

2) 对专利申请权和专利权转移的管理

我国《专利法》第十条规定:"中国单位或者个人向外国人、外国企业或者外国其他组织转让专利申请权或者专利权的,应当依照有关法律、行政法规的规定办理手续。转让专利申请权或者专利权的,当事人应当订立书面合同,并向国务院专利行政部门登记,由国务院专利行政部门予以公告。专利申请权或者专利权的转让自登记之日起生效。"

我国《专利法实施细则》第十四条第(一)款规定,除依照《专利法》第十条规定转让专利权外,专利权因其他事由发生转移的,当事人应当凭有关证明文件或者法律文书向国务院专利行政部门办理专利权转移手续。此处所说的"其他事由发生转移的"是指第十条通过书面合同转移专利申请权或者专利权之外的其他事由,例如按照遗嘱发生的专利申请权或者专利权的转移,通过赠与发生的专利申请权或者专利权的转移等。

从上述规定中可以看到,对各种形式的所有专利申请权或者专利权的转移,包括转让,国家知识产权局专利局都要进行管理。管理内容是登记,变更专利申请人或者专利权人,然后在国家知识产权局的专利公报上向社会公告。如果是中国单位或者个人要向外国人转让专利申请权或者专利权,则需要商务部会同科技部批准,获得批准后再在国家知识产权局办理登记手续,并由国家知识产权局向社会公告。

3) 对专利实施许可的管理

我国《专利法实施细则》第十四条第(二)款规定:"专利权人与他人订立的专利实施许可合同,应当自合同生效之日起三个月内向国务院专利行政部门备案。"专利实施许可合同是专利权人和被许可方之间,就被许可方实施专利所订立的民事合同,与专利权转移不同的是,专利实施许可合同并没有变更专利权人,因此,行政管理者就没有必要向社会公众公告许可行为,备案也不是专利实施许可合同生效的必要条件。国家知识产权局专利局对专利实施许可合同备案是为了从宏观上了解专利实施的情况,为采取促进专利实施的政策措施提供依据,为落实专利实施的税收优惠提供依据。

对专利实施许可的行政管理还包括对专利实施的计划许可的管理。我国《专利法》第十四条规定:"国有企业事业单位的发明专利,对国家利益或者公共利益具有重大意义的,国务院有关主管部门和省、自治区、直辖市人民政府报经国务院批准,可以决定在批准的范围内推广应用,允许指定的单位实施,由实施单位按照国家规定向专利权人支付使用费。"在专利实施的计划许可管理中,报请实施的是国务院有关主管部门或者省一级地方政府。这里,国务院主管部门可以是国家知识产权局专利局,也可以是其他主管部门,例如科技部、信息与工业产业部、商务部等,但所有报告在报请国务院批准的过程中都需要国家知识产权局参与论证和管理工作。

对专利实施许可的行政管理还包括对专利实施的强制许可的管理。专利实施的强制许可制度是一项平衡专利权人利益和社会公众利益的重要措施,是对专利权人权利的一种重要制约,因此特别受到专利权人的关注,也是发达国家特别关注的专利事项,也是我国国家知识产权局专利局行政管理的重要内容。我国《专利法》第六章专门对强制许可作了规定,其中不仅有颁发专利实施强制许可的条件,还有国家知识产权局专利局的行政管理权限和内容。《专利实施细则》第五章也对专利实施的强制许可作了补充规定。依据《专利法》第六章中的第四十八条、四十九条、五十条、五十一条的规定,有权对发明专利和实用新型专利颁发专利实施强制许可的是国家知识产权局专利局。根据该章第五十五条的规定,国家知识产权局专利局作出的给予实施强制许可的决定,应当根据强制许可的理由规定实施的范围和时间。国家知识产权局专利局还应当及时通知专利权人,并予以登记和公告。根据该章第五十七条的规定,在专利权人和取得专利实施强制许可的被许可方就许可费的数额协商不能达成一致时,国家知识产权局专利局要裁决许可费的数额。根据该章第五十五条的规定,当强制许可的理由已经消除并不再发生时,国务院专利行政部门应当根据专利权人的请求,审查后作出终止实施强制许可的决定。

4) 对假冒专利行为的管理

假冒专利行为是借用专利的名义欺骗公众,属于损害公共利益、扰乱正常市场秩序的违法行为。根据我国《专利法实施细则》第八十四条的规定,下列行为属于假冒专利的行为:①在未被授予专利权的产品或者其包装上标注专利标识,专利权被宣告无效后或者终止后继续在产品或者其包装上标注专利标识,或者未经许可在产品或者产品包装上标注他人的专利号;②销售第四项所述产品的行为;③在产品说明书等材料中将未被授予专利权的技术或者设计称为专利技术或者专利设计,将专利申请称为专利,或者未经许可使用他人的专利号,使公众将所涉及的技术或者设计误认为是专利技术或者专利设计;④伪造或者变造专利证书、专利文件或者专利申请文件;⑤其他使公众混淆,将未被授予专利权的技术或者设计误认为是专利技术或者专利设计的行为。查处假冒专利行为是维护正常的市场秩序和保护社会公众的利益,因而是一种专利行政管理行为,而不是处理专利侵权纠纷以保护专利权人利益的专利行政保护行为。

我国《专利法》第六十三条明确规定,查处假冒专利的工作由管理专利工作的部门来做。但《专利法实施细则》第八十条规定:"国务院专利行政部门应当对管理专利工作的部门处理专利侵权纠纷、查处假冒专利行为、调解专利纠纷进行业务指导。"在由国家知识产权局发布的《专利法行政执法办法》的第4条中还作出了更详细的规定:"对有重大影响的专利侵权案件、假冒他人专利和冒充专利案件,国家知识产权局在必要时可以组织有关管理专利工作部门处理、查处。管理工作部门处理专利侵权纠纷、调解专利纠纷、查处假冒他人专利和冒充专利行为中遇到的疑难问题,国家知识产权局应当给予指导。"该补充规定表明,国家知识产权局可以对查处假冒专利的重大案件进行行政管理,也可以通过对遇到的疑难问题给予指导的方式进行行政管理。

5) 对专利非侵权纠纷的管理

我国专利法及其实施细则没有明确国家知识产权局专利局负有对专利非侵权纠纷管理的职责,但是《专利法执法办法》第三条明确规定要对专利非侵权纠纷进行行政管理,管理机关是地方各级管理专利工作的部门。该办法第四条又明确规定,国家知识产权局专利局可以通过对解决专利非侵权纠纷中遇到的疑难问题给予指导的方式实现其行政管理。

6) 对专利质押合同的管理

专利权作为一种无形财产,也和有形财产一样,可以成为市场交易中的质押品。有关民事主体之间的专利质押,需要签订专利质押合同,是一种单纯的民事行为。但是专利质押对象涉及专利权,还有可能导致专利权主体的变动,这就需要由国家知识产权局专利局对专利质押合同进行适当的行政管理。我国《专利法实施细则》第十四条第(三)款规定:"以专利权出质的,由出质人和质权人共同向国务院专利行政部门办理出质登记。"为了管理专利质押行为,国家专利局在1996年10月1日公布了《专利质押合同登记管理暂行办法》。[①] 该暂行办法第三条规定:"以专利权出质的,出质人和质权人应当订立书面合同,并向国家知识产权局专利局办理出质登记,质押合同自登记之日起生效。"该条除了规定了涉及专利权质押的有关民事主体应当签订书面质押合同外,还规定了质押合同应当在国家专利局登记,登记之日就是合同生效之日。这就是说专利质押合同生效的最终条件是在国家知识产权局专利局登记,这也意味着,如果专利质押合同未在国家知识产权局专利局登记,其法律后果是该专利质押合同虽然已经由双方签字,却不能生效。该暂行办法还规定,在必要的时候,国家其他行政管理部门还要参与管理。如全民所有制单位以专利权出质的,须经上级有关主管部门批准;中国单位或者个人向外国人出质专利权的,须经国务院有关主管部门批准。暂行办法要求专利质押合同登记的当事人应当向国家知识产权局专利局寄交或者面交如下文件:专利质押合同登记表;主合同和专利质押合同;出质人的合法身份证明;委托书及代理人的身份证明;专利权的有效证明;专利出质前的实施及许可情况;上级主管部门或国务院有关主管部门的批准文件;其他需要提供的材料。有关专利出质前的实施及许可情况文件对专利质押的登记是必要的,因为这不仅涉及对该专利质押的价值的了解,还涉及对该专利实施的管理和专利权状态的了解。国家专利局要对请求登记的专利质押合同进行审查,对不符合后述登记条件的不予登记,这些条件是:出质人非专利文档所记载的专利权人或者非全部专利权人;专利权被宣告无效、被撤销或者已经终止;假冒专利或者冒充专利;未获授权的专利申请;专利权被提出撤销请求或者被启动无效宣告程序;存在专利权属纠纷;质押超过专利权有效期;合同约定在债务履行期届满质权人未受清偿时,质权的所有权归质权人所有的;其他不符合出质条件的。经过国家专利局审查合格后,质押合同被准予登记,当事人可取得国家专利局给予的《专利权质押合同登记通知书》,该专利权质押合同自登记日起生效。

7) 对专利代理机构的监管

专利代理机构是指为专利申请人提供专利申请服务、为客户提供专利诉讼及其他服务的专利中介机构。国务院发布的《专利代理条例》的规定,国家知识产权局专利局负责审批专利代理机构的设立。规定的内容是:申请成立专利代理机构,或者律师事务所申请开办专利代理业务的,应当经过其主管机关同意后,报请省、自治区、直辖市专利管理机关审查;没有主管机关的,可以直接报省、自治区、直辖市专利管理机关审查。审查同意后,由审查机关报国家知识产权局专利局审批。这就是说成立专利代理机构,包括办理国内专利事务和办理涉外专利事务的两类专利代理,都要经过国家知识产权局专利局的审查批准。已经成立的律师事务所要开办专利代理业务的,也要经过国家知识产权局专利局的审查批准。向专利管理机关申请成立专利代理机构,应当提交下列文件:成立专利代理机构的申请书,并写明专利代理机构的名称、办公场所、负责人姓名;专利代理机构章程;专利代理人姓名及其资格证书;专利代理机构资金和设施情况的书面证明。

国家知识产权局专利局还负责专利代理机构的变更、停业登记等管理工作。专利代理

[①] 国家保护知识产权工作组.专利权质押合同登记管理暂行办法[G]//知识产权法律法规及国际规则汇编.北京:人民出版社,2008:131.

机构变更名称、地址和负责人应当报国家知识产权局专利局进行变更登记,经批准变更登记后变更方可生效。专利代理机构停业,应向原审查机关申报,并由该审查机关向国家知识产权局专利局办理有关手续。

专利代理机构的撤销也由国家知识产权局专利局进行。已经批准的专利代理机关,因情况变化不符合成立专利代理机构的条件,并在一年内仍不能具备成立条件的,在原专利审查机构建议撤销后由国家知识产权局专利局撤销该专利代理机构。根据《专利代理人条例》的有关规定,专利代理机构有下列情形之一并且情节严重的,国家知识产权局专利局可以撤销专利代理机构。这些情节是:申请审批时隐瞒真实情况,弄虚作假的;擅自改变主要登记事项的;未经审查批准,或者超越批准专利代理业务范围,擅自接受委托,承办专利代理业务的;从事其他非法业务活动的。被处罚的专利代理机构对国家知识产权局专利局撤销其机构,被处罚的专利代理人对吊销其《专利代理人资格证书》的处罚决定不服的,可以向国家知识产权局专利局申请复议;不服复议决定的,可以在收到复议决定书十五日内,向人民法院起诉。

国家知识产权局专利局对专利代理人也有行政监管的职能。申请专利代理人资格的人员,经本人申请,专利代理人考核委员会考核合格的,由国家知识产权局专利局发给《专利代理人资格证书》。专利代理人考核委员会由国家知识产权局专利局、国务院有关部门以及专利代理人的组织的有关人员组成。专利代理人在一个专利代理机构工作,应当持有该专利代理机构发给的《专利代理人工作证》,该工作证应当在国家知识产权局专利局备案。[①] 当专利代理人和其工作的专利代理机构结束聘任关系后,该专利代理机构应当收回其《专利代理人工作证》并向国家知识产权局专利局备案。专利代理人有下列行为之一并且情节严重的,国家知识产权局专利局可以吊销其《专利代理人资格证书》,这些行为是:不履行职责或者不称职以至损害委托人利益的;泄露或者剽窃委托人的发明创造内容的;超越代理权限,损害委托人利益的;私自接受委托,承办代理业务、收取费用的。[②]

2. 管理专利工作部门的职责

涉及专利行政管理的上述法律法规也规定了地方各级管理专利工作部门的职责,除此之外,还有一些中央政府的专门规定和地方政府的专门法规也对管理专利工作部门的职责作出了规定。这些职责主要有如下几种。

1)对专利实施计划许可的管理

按照我国《专利法》第十四条的规定,在报请专利实施计划许可的过程中,国务院有关主管部门和省、自治区、直辖市人民政府管理专利的部门,需要对国家利益或者公共利益具有重大意义的国有企业事业单位的发明专利,提供报经国务院批准专利实施计划许可的相关资料,并要做许多管理工作。

2)对假冒专利行为的管理

我国《专利法》第六十三条、六十四条赋予管理专利工作的部门查处假冒专利行为的行

[①] 国家保护知识产权工作组. 专利代理条例[G]//知识产权法律法规及国际规则汇编. 北京:人民出版社,2008:104.

[②] 国家保护知识产权工作组. 专利代理条例[G]//知识产权法律法规及国际规则汇编. 北京:人民出版社,2008:105.

政执法权,可以责令违法者改正并予公告,没收违法所得,并处违法所得四倍以下的罚款;没有违法所得的,可以处 20 万元以下的罚款;构成犯罪的,依法追究刑事责任。管理专利工作的部门根据已经取得的证据,对涉嫌假冒专利行为进行查处时,可以询问有关当事人,调查与涉嫌违法行为有关的情况;对当事人涉嫌违法行为的场所实施现场检查;查阅、复制与涉嫌违法行为有关的合同、发票、账簿以及其他有关资料;检查与涉嫌违法行为有关的产品;对有证据证明是假冒专利的产品,可以查封或者扣押。

一些地方政府有关专利行政管理的法规中还对查处假冒专利行为的行政管理作了更详细的规定。例如,《广东省专利保护条例》第十八条规定,专利管理机关查处冒充专利行为,行使以下职权:询问当事人和证人;检查与冒充专利行为有关的物品,可以责令封存或者暂扣;检查冒充专利行为的活动;查阅、复制或者封存、收缴与冒充专利行为有关的合同、标记、账册等资料;专利管理机关依法行使查处权,有关单位或者个人必须予以协助,不得拒绝。[①] 该条例所说的"冒充专利行为",包括专利法中所指的假冒他人专利和冒充专利的行为。又如,《新疆维吾尔自治区专利保护条例》第二十一条对假冒他人专利和冒充专利行为的行政处罚作了详细的规定:假冒专利行为由管理专利工作的部门责令停止假冒行为,没有非法所得,处违法所得一倍至三倍的罚款;没有违法所得的,处以 1 万元以上 5 万元以下的罚款。以非专利产品冒充专利产品、以非专利方法冒充专利方法的,由管理专利工作的部门责令停止冒充行为,处以 1 万元以上 5 万元以下的罚款。明知是假冒、冒充专利而参与假冒、冒充活动或者为假冒、冒充活动提供便利条件的,根据其在共同违法活动中的地位和作用依法予以处罚。[②] 按照这一规定,对假冒他人专利的行政处罚要比冒充专利重,可能立法者考虑到假冒他人专利的行为不仅对消费者和社会造成了伤害,还对专利权利人造成了伤害。

3) 对专利非侵权纠纷的管理

我国《专利法》第六十条规定,专利管理工作部门可以应专利权人或者利害关系人请求处理专利侵权纠纷。而专利非侵权纠纷是指除侵犯专利权之外的法律法规所规定的其他与专利有关的纠纷。《专利法实施细则》第八十五条对专利管理工作部门对专利非侵权纠纷的处理作了详细的规定:"除专利法第六十条规定的外,管理专利工作的部门应当事人请求,还可以对下列专利纠纷进行调解:(一)专利申请和专利权归属纠纷;(二)发明人、设计人资格纠纷;(三)职务发明的发明人、设计人的奖励和报酬纠纷;(四)在发明专利申请公布后专利权授予前使用发明而未支付适当费用的纠纷;(五)其他专利纠纷。对于前款第(四)项所列的纠纷,当事人请求管理专利工作的部门调解,应当在专利权被授予之后提出。"《专利行政执法办法》的第三章还专门详细地规定了处理专利非侵权纠纷的有关程序。[③] 一些有关专利保护的地方行政法规还对此类纠纷的类别和处理程序作了内容更丰富的规定。例如,《广东省专利保护条例》第 10 条规定的专利非侵权纠纷的类别是:专利申请权和专利权属纠纷;职务发明人奖酬纠纷;发明专利申请公布后至专利权授予前实施发明的费用纠纷;专利申请权转让合同、专利权转让合同及专利实施许可合同纠纷;发明人、设计人资格纠纷;

---

① 国家知识产权局条法司. 广东省专利保护条例[M]//专利行政执法手册. 北京:知识产权出版社,2008:435.
② 国家知识产权局条法司. 新疆维吾尔自治区专利保护条例[M]//专利行政执法手册. 北京:知识产权出版社,2008:603.
③ 国家知识产权局条法司. 专利行政执法办法[M]//专利行政执法手册. 北京:知识产权出版社,2008:53.

其他的专利纠纷。① 和《专利法实施细则》比较,该规定增加了专利申请权转让合同、专利权转让合同及专利实施许可合同纠纷,还用概括的方式将其他没有列举到的专利纠纷都规定下来,从而扩大了该省管理专利工作部门的职责。该条例第十一条还规定请求处理专利纠纷必须符合下述条件:请求人是与专利纠纷有直接利害关系的单位或者个人;有明确的被请求人和具体的请求事项、事实、理由;当事人任何一方均未向人民法院起诉或者无仲裁约定;属于专利管理机关管辖范围和受理事项。② 该规定既是专利管理机关受理请求处理专利纠纷的条件,也是处理专利纠纷的请求人在提起请求时应当考虑和遵守的条件。

4) 对其他专利事务的管理

我国《专利法》第十七条规定:"发明人或者设计人有权在专利文件中写明自己是发明人或者设计人。专利权人有权在其专利产品或者该产品的包装上标明专利标识。"这里所说的"专利产品"应当包括专利产品和用专利方法生产的产品,在专利产品中包括整个产品本身是专利产品和含有的部件是专利的产品。《专利法实施细则》第八十三条规定:"专利权人依照专利法第十七条的规定,在其专利产品或者该产品的包装上标明专利标识的,应当按照国务院行政部门规定的方式予以标明。专利标识不符合前款规定的,由管理专利工作的部门责令改正。"为了规范专利权人在专利产品或者该产品的包装上标明专利标记和专利号,国家知识产权局专门发布了《专利标记和专利号标注方式的规定》的局长令。③ 该规定的主要内容是详细说明标注的方式,同时将相应的管理职责交给了管理专利工作的部门。该规定的第六条规定:"各地人民政府管理专利工作的部门负责在本行政区域内对标注专利标记和专利号的行为进行监督管理。"这里所说的"本行政区域内对标注专利标记和专利号的行为",是指在本行政区域内进行专利标记和专利号标注的专利产品的生产者和销售者,也应当包括在其他行政区域作了这样的标记而在本行政区域销售或者使用的专利产品。第七条规定:"专利标记或者专利号的标注不符合本规定的,管理专利工作的部门可以要求其限期改正。专利标记或者专利号标注不当,构成冒充专利行为的,由管理专利工作的部门依照专利法第六十四条的规定进行处罚。"

在对专利代理机构的行政监管中,地方管理专利工作的部分也有相应的监管职责。例如,受理并审查成立专利代理机构的申请,审查合格后报国家专利局审批;受理专利代理机构变更申请并报国家专利局登记;接受专利代理机构停业申请并报国家专利局办理有关手续;发现已经批准成立的专利代理机构不符合成立条件后,建议国家专利局撤销该专利代理机构;发现专利代理机构有《专利代理条例》第二百一十四条规定的情形之一的,给予警告处罚,发现情节严重的报国家专利局撤销该专利代理机构。地方管理专利工作的部门还有对专利代理人监管的行政职能。例如,发现专利代理人有《专利代理人条例》第二十五条规定的情形之一并且情节严重的,给予警告处罚或者报国家专利局撤销其《专利代理人资格证书》。

有的地方政府还将对专利申请和专利实施、保护的促进工作纳入其专利管理工作的范

---

① 国家知识产权局条法司.广东省专利保护条例[M]//专利行政执法手册.北京:知识产权出版社,2008:433-434.
② 国家知识产权局条法司.广东省专利保护条例[M]//专利行政执法手册.北京:知识产权出版社,2008:434.
③ 国家知识产权局条法司.专利标记和专利号标注方式的规定[M]//专利行政执法手册.北京:知识产权出版社,2008:60.

围。例如，2005年5月20日由北京市人大常委会第二十次会议通过的《北京市专利保护和促进条例》第2条规定："本市行政区域内专利纠纷的行政处理和调解、专利违法行为的查处、专利申请与实施等保护和促进工作，适用本条例。"

第四条规定："市管理专利工作的部门应当遵循鼓励创新、依法保护、完善服务的原则，做好专利保护和促进工作。区、县管理专利工作的部门在市管理专利工作部门的指导下，开展有关专利保护和促进工作……"①这就表明，该条例明确将专利申请与实施的促进工作纳入了市和区、县管理专利工作部门的职责范围。该条例第三章列出了专利促进工作的具体内容：建立专利研究开发、实施和交易的服务平台，为单位和个人服务；设立专利奖，对在本市进行发明创造并实施、为促进本市经济和社会发展作出突出贡献的专利权人予以奖励；单位和个人在进行发明创造、专利申请、专利实施等方面因特殊困难需要获得帮助的，可以申请政府财政资金资助，资助的具体办法由市管理专利工作的部门和市财政部门会同科学技术、发展改革、工业促进等行政主管部门制定。该条例大大扩展了北京市有关管理专利工作的部门的行政管理职责。2006年1月10日由商务部、国家工商行政管理总局、国家版权局、国家知识产权局联合发布的《展会知识产权保护办法》又对在我国境内举办的各类经济技术贸易展览会、展销会、博览会、交易会、展示会等活动中知识产权管理部门进行有关专利、商标、版权的保护作了详细的规定。②这个办法不仅规定了有关知识产权的保护工作，也规定了许多知识产权的行政管理工作。例如，由管理专利工作部门查处展出项目的假冒专利行为等。

二、著作权的行政管理

著作权的行政管理，是指由政府设定的著作权主管机关通过行政行为，代表国家在其职权范围内，依法对与著作权有关的活动进行监督、管理的行为。为了加强著作权的行政管理，我国逐步建立了国家和地方著作权行政管理部门。我国《著作权法》第七条规定："国务院著作权行政管理部门主管全国著作权管理工作；各省、自治区、直辖市的著作权行政管理部门主管本行政区域的著作权管理工作。"国家版权局就是著作权法中所指的国务院著作权行政管理部门，主管全国的著作权管理工作。国家版权局局长现在由新闻出版署署长兼任，国家版权局和新闻出版署在一起办公。国家版权司是国家版权局和新闻出版署下的行政管理机构，负责全国著作权管理的日常工作。各省、自治区、直辖市的著作权行政管理部门实际上是设在相应的新闻出版行政管理机构内，有些重要的地区级市的新闻出版行政管理机构内也有专人从事著作权行政管理工作。地方著作权行政管理机关负责主管本地区的著作权管理工作。行政受地方政府领导，与国家版权局无行政隶属关系，但业务上受国家版权局监督和指导。

由于著作权是在作品完成时就自动产生了，所以国家版权局没有授予著作权的职责。国家版权局的职责主要是参与著作权的立法、著作权的行政保护、著作权的行政管理、开展

---

① 国家知识产权局条法司. 北京市专利保护和促进条例[M]//专利行政执法手册. 北京：知识产权出版社，2008：107.
② 国家知识产权局条法司. 展会知识产权保护办法[M]//专利行政执法手册. 北京：知识产权出版社，2008：62.

著作权的知识普及以及国际合作与交流。本节主要介绍和讨论国家版权局的著作权行政管理职责，同时也顺带介绍地方著作权行政管理机关的职责。

（一）制定使用作品的付酬标准

我国《著作权法》第二十八条规定："使用作品的付酬标准可以由当事人约定，也可以按照国务院著作权行政管理部门会同有关部门制定的付酬标准支付报酬。当事人约定不明确的，按照国务院著作权行政管理部门会同有关部门制定的付酬标准支付报酬。"[①]使用作品的付酬本来是作品著作权人和被许可使用作品的人等两个民事主体之间应当约定的事项，为什么还要管理全国著作权的行政管理部门来制定付酬标准呢？和专利许可与商标许可不同的是，作品著作权人在作品的许可使用交易中，被许可方往往是实力雄厚的出版者、传播者，面对这样的强者自己处于弱势地位；或者作品的使用者是数量众多的人群，面对如此众多的使用者自己处于无能为力的地位。因此在许多情况，需要国家版权局运用行政管理的手段来制定使用作品的付酬标准，以保证付酬标准的公平合理和切实可行。例如，在全国实行的卡拉OK厅音像作品使用的收费标准就是一个典型的示例。我国《著作权法实施条例》第二十二条还专门规定国家版权局可以就一些类别的作品制定使用付酬标准："依照著作权法第二十三条、第三十二条第（二）款、第三十九条第（三）款的规定使用作品的付酬标准，由国务院著作权行政管理部门会同国务院有关主管部门制定、公布。"[②]这里所说的"第二十三条"是指为实施九年义务教育和国家教育规划而编写的教材中使用他人作品的付酬标准，"第三十二条第（二）款"是指报刊转载或者作为文摘、资料刊登而使用作品的付酬标准，"第三十九条第三款"是指录音制作者使用他人已经合法录制为录音制品的音乐作品制作录音制品的付酬标准。

（二）著作权质押的管理

著作权质押是指债务人或者第三人依法将其著作权中的财产权出质，将该财产权作为债权的担保。债务人不履行债务时，债权人有权依法以该财产权折价或者以拍卖、变卖该财产权的价款优先受偿。这里的债务人或者第三人为出质人，债权人为质权人。国家版权局于1996年9月23日发布并实施了《著作权质押合同登记办法》。该办法第三条规定："以著作权中的财产权出质的，出质人与质权人应当订立书面合同，并到登记机关进行登记。著作权质押合同自《著作权质押合同登记证》颁发之日起生效。"[③]这里除表明著作权的质押，需要在有关当事人之间订立书面合同外，还规定该质押合同应当在登记机关登记。登记与否导致的法律后果是合同能否生效。如果登记了，则质押合同自《著作权质押合同登记证》颁发之日起生效；如果没有登记，则质押不能生效；如果拒绝登记，则质押合同无效。该办法还具体规定了负责著作权质押合同登记管理和登记的机关："国家版权局是著作权质押合

---

① 国家保护知识产权工作组. 中华人民共和国著作权法[G]//知识产权法律法规及国际规则汇编. 北京：人民出版社，2009：9.
② 国家保护知识产权工作组. 中华人民共和国著作权实施条例[G]//知识产权法律法规及国际规则汇编. 北京：人民出版社，2008：17.
③ 国家保护知识产权工作组. 著作权质押合同登记办法[G]//知识产权法律法规及国际规则汇编. 北京：人民出版社，2008：55.

同登记的管理机关。国家版权局指定专门机构进行质押合同登记。"[①]第十六条规定:"登记机关办理著作权质押合同登记及著作权质押合同变更登记,收取登记费。登记费的收取标准,由国家版权局统一制定。"[②]这两条将国家版权局和登记机关的职责规定得很清楚:国家版权局是管理机关,具体职责是指定登记机关和制定登记费标准;登记机关负责登记的具体管理。根据该办法第九条的规定,登记机关受理登记的申请后,要对著作权质押合同进行审查,符合登记条件的准予登记,并颁发《著作权质押合同登记证》。登记机关还要汇编著作权质押合同登记文献,供公众查阅用。第十条规定,如果登记机关发现有后述情形之一的,则不予登记。这些情形是:著作权质押合同内容需要补正,申请人拒绝补正或补正不合格;出质人不是著作权人;质押合同涉及的作品不受保护或者保护期已经届满;著作权归属有争议;质押合同中约定在债务履行期届满质权人未受清偿时,出质的著作权中的财产权转移为质权人所有;申请人拒绝交纳登记费。登记管理机关还负责著作权质押合同登记的变更、撤销、注销的管理,当有这种情形发生时,还要在著作权质押合同登记文献中注明。

(三)著作权集体管理工作的管理

著作权人是个数量庞大种类众多的群体,公民著作权人在著作权交易中往往处于弱势地位。为了维护著作权人的利益,各种著作权集体管理组织应运而生。在我国,著作权集体管理组织是指为权利人利益依法设立,根据权利人授权、对权利人的著作权或者与著作权有关的权利进行管理的社会团体,属于社会团体法人。著作权集体组织经权利人授权,集中行使权利人的有关权利并以自己的名义进行以下活动:与作品的使用者订立著作权或者与著作权有关的权利许可使用合同;向使用者收取使用费;向权利人转付使用费;进行涉及著作权或者有关权利的诉讼、仲裁等。目前成立的"中国音乐著作权协会"是音乐著作权作品的集体管理组织,依法对音乐作品的著作权以及与著作权有关的权利实施集体管理。"中国音像著作权集体管理协会"是音像著作权作品的集体管理组织,依法对音像作品的著作权以及与著作权有关的权利实施集体管理。"中国文字作品著作权集体管理协会"是文字作品著作权的集体管理组织,依法对文字作品著作权以及与著作权有关的权利实施集体管理。各类著作权集体管理组织的行政管理在 2004 年由国务院发布、2005 年 3 月 1 日生效的《著作权集体管理组织条例》中作了规定。该条例的第五条规定:"国务院著作权管理部门主管全国的著作权集体管理工作。"[③]即国家版权局主管全国的著作权集体管理工作,其中属于本章所指的行政管理工作包括:审批设立著作权集体组织,这由该条例的第九条所规定:"申请设立著作权集体管理组织,应当向国务院著作权管理部门提交证明材料符合本条例第七条规定的条件的材料。国务院著作权管理部门应当自收到材料之日起六十日内,作出批准或者不批准的决定。批准的,发给著作权集体管理许可证;不予批准的,应当说明理由。"申请人获得著作权集体管理许可证后,要在三十日内到国家民政部办理社会团体登记,取得登记

---

① 国家保护知识产权工作组. 著作权质押合同登记办法[G]//知识产权法律法规及国际规则汇编. 北京:人民出版社,2008:55.
② 国家保护知识产权工作组. 著作权质押合同登记办法[G]//知识产权法律法规及国际规则汇编. 北京:人民出版社,2008:57.
③ 国家保护知识产权工作组. 著作权集体管理条例[G]//知识产权法律法规及国际规则汇编. 北京:人民出版社,2008:25.

证书,并在三十日之内将登记证书副本交国家版权局备案。然后国家版权局将登记证书副本、著作权集体管理组织章程、使用费收取标准、使用费转付办法予以公告。国家版权局还负责著作权集体管理组织分支机构的设立和著作权集体管理组织章程修改的审批以及著作权集体管理组织的撤销等。

随着经济的全球化进程不断加快,特别是互联网的迅猛发展,作品的跨国流动和使用也迅猛增加,作品使用费的跨国收取十分必要,从而导致各国著作权集体管理组织相互代表对方在本国收取并转付作品使用费越来越多。为此,相关著作权集体管理组织之间要签订相互代表协议。我国的著作权集体管理组织也是如此。根据条例第二十二条的规定,我国著作权集体管理组织与境外同类组织订立的相互代表协议应当报国家版权局备案,并由国家版权局予以公告,以便让该著作权集体管理组织的成员了解该协议的内容,对协议的履行和使用费向作者的转付进行监督。根据该条例第三十一条的规定,国家版权局和民政部还要对著作权集体管理组织的资产使用和财务管理进行监督。根据该条例第三十三条、三十四条、三十五条、三十六条的规定,国家版权局可以受理权利人、使用者和其他人对著作权集体管理组织违法行为的检举或举报,并在受理之日起六十日内对检举或举报事项进行调查并依法处理。条例的第三十七条还明确规定国家版权局可以采取的监督方式:检查著作权集体管理组织的业务活动是否符合条例及其章程的规定;检查著作权集体管理组织的会计账簿、年度预算和决算报告及其有关业务材料;派员列席著作权集体管理组织的会员大会、理事会等重要会议。除了监督职责外,国家版权局还可以依据著作权集体管理组织的违法违规行为的类别和程度,责令限期改正;逾期不改正的,责令会员大会或者理事会罢免或者解聘直接负责的主管人员。根据条例第四十一条的规定,如果著作权集体管理组织取得登记证书之日起超过六个月无正当理由未开展著作权集体管理活动,或者连续中止著作权集体管理活动六个月以上,国家版权局可以吊销其许可证,并由民政部撤销其登记。根据条例第四十四条的规定,擅自设立著作权集体管理组织或者分支机构,或者擅自从事著作权集体管理活动的,由国家版权局或者民政部依照职责分工予以取缔,没收非法所得;构成犯罪的,依法追究刑事责任。

值得注意的是,国家版权局对使用者在与著作权集体管理组织签订的使用许可合同时的不配合行为也可以进行行政管理。条例第四十三条规定:"违反本条例第二十七条的规定,使用者能够提供有关使用情况而拒绝提供,或者在提供有关使用情况时弄虚作假,由国务院著作权管理部门责令改正;著作权集体管理组织可以中止许可使用合同。"这里所说的"第二十七条的规定",是指使用者在向著作权集体管理组织支付使用费时,应当提供其使用的作品、录音录像制品等的名称、权利人姓名或者名称和使用方式、数量、时间等有关使用情况;许可使用的合同另有规定的除外。四十三条的规定是对使用者的行政管理,目的是使著作权集体管理组织能够获得适当的信息,以便评估使用费数额和向权利人转付作品使用费,从而加强著作权集体管理组织的集体管理。这种看似介入当事人之间、偏袒一方的管理,实质上是一种从维护著作权许可市场秩序出发,对使用者的市场行为的行政管理,是一种合理的行政管理。

(四)著作权专有许可使用合同和转让合同的管理

《著作权法实施条例》第二十五条规定:"与著作权人订立专有许可使用合同、转让合同的,可以向著作权行政管理部门备案。"从该条规定可以看出,向著作权行政管理部门备案不是著作权人必须履行的义务,而是由著作权人选择的行为,即著作权人可以向著作权行政管理部门备案,也可以不去备案。另外,规定并不是说所有的著作权许可使用的合同都可以备案,仅仅是专有许可使用合同可以备案,其他的许可使用合同,例如普通许可合同不在规定之列。在专有许可使用合同中,出版合同是重要的一类,因为当出版社和作者就作品的出版订立出版合同时,出版社为了获得著作权法所规定的专有出版权,一般会要求作者在合同中同意将某一时期的专有出版权给予该出版社,作者在一般情况下会同意这样做。著作权转让合同涉及著作权从一个权利人转移到另一个权利人,所以可以备案。还需要指出的是,这里的著作权行政管理部门应当既包括国务院著作权行政管理部门,也包括地方著作权行政管理部门,是一种比较灵活的提法。估计初期的备案将集中管理,当备案数量巨大、种类繁多时,就会考虑适当分散管理。

(五)其他类型的管理

1. 国家享有著作权的作品的使用管理

我国《著作权法实施条例》第十六条规定:"国家享有著作权的使用,由国务院著作权行政管理部门管理。"此项职能主要是指公民死亡后无人继承又无人受遗赠,或法人、其他组织变更、终止后无其他单位承受其权利义务的,著作权由国家享有。国家版权局的职责是对这类国家享有的著作权作品的使用进行管理。

2. 计算机软件著作权的管理

计算机软件是一种特殊的作品,其行政管理既有与一般作品相同的地方,也有其特殊的地方。2001年由国务院公布并于2002年1月1日施行的《计算机软件保护条例》第七条规定:"软件著作权人可以向国务院著作权行政管理部门认定的软件登记机构办理登记。软件登记机构发放的登记证明文件是登记事项的初步证明。办理软件登记应当交纳费用。软件登记的收费标准由国务院著作权行政管理部门会同国务院价格主管部门规定。"登记是计算机软件行政管理的一个环节。登记不是软件著作权人的义务,而是可以选择的行为。软件登记机构发放的登记证明文件是登记事项的初步证明,可以作为软件著作权人取得其登记软件著作权的证据。计算机软件和一般作品不同,它不能被人所识别,只能被像计算机这样的机器识别。虽然计算机软件的著作权也是在软件编制完成后自动产生的,但软件本身需要用计算机和在相应的计算机环境下才能鉴别,只有这种鉴别完成了,软件的著作权才是确定的。软件登记可以确定软件的内容,从而确认其著作权,这样就可以减少软件著作权的纠纷。在计算机软件登记的管理中,国家版权局的行政管理在于认定软件登记机构,会同国务院价格主管部门制定软件登记的收费标准。根据条例第二十一条的规定,软件登记机构在计算机软件的许可和转让管理中还有行政管理的职责,即要对这两类合同进行登记。根据条例第22条的规定,中国人向外国人许可或者转让软件著作权的,应当遵守《中华人民共和国技术进出口条例》的有关规定,包括要经过计算机软件著作权人的上级主管部门、科技部管理部门和国家外贸管理部门的审批等。

3. 著作权涉外的管理

此项职能主要是指参加著作权国际交流和保护活动,与外国著作权管理部门协调和配合,负责国际著作权条约在中国的实施,管理涉外版权贸易以及监管涉外代理机构主要是代理涉外版权贸易的机构。

三、商标的行政管理

我国商标行政管理实行中央主管、分级管理制,由国家工商行政管理局商标局主管全国的商标行政管理工作,由省、地、县三级地方工商行政管理部门分级管理。在我国知识产权行政管理机构中,商标的行政管理机构层次最多,构成完善,管理人员也最多。这是由于解放后我国《商标法》律制度的历史最长,商标各级行政管理机构在建国之初就已经形成,有行政管理的传统。商标行政管理的目的主要有四个[①]:其一,促进商标权人依法正确行使商标权,有效防止商标权人滥用权利。其二,保护商标权人的专有权利,防止他人以未注册商标冒充注册商标,在规定商品上不使用注册商标等不正当的竞争行为,维持市场正常的竞争秩序。其三,监督商标使用人保证使用商标的商品质量,防止商品粗制滥造、以次充好、欺骗消费者,维护商标声誉,维护消费者的利益。其四,防止伪造或者擅自印制注册商标标识,从根本上杜绝假冒和冒充注册商标的来源,保护商标权人的合法利益,保障社会经济秩序正常运转。在我国的知识产权行政管理中,商标的行政管理内容最为丰富。究其原因,主要在于《商标法》功能不仅在于保护商标权人的商标专有使用权,而且还在于保护消费者的利益,维护正常的市场秩序,保护公平竞争。商标行政管理的主要内容有:对商标使用的管理;对商标标识印制的管理;驰名商标的认定和对与地理标志有关的商标的管理等。

(一) 商标使用的行政管理

商标使用行政管理是指商标行政管理机构对商标权人使用注册商标的合法性进行的管理,具体分为对注册商标使用的行政管理和对未注册商标使用的行政管理两大类。

1. 对注册商标使用的行政管理

商标权人对其获得注册的商标应当依照我国《商标法》的规定履行正确使用注册商标的义务,商标行政管理机关负有对注册商标的行政管理职责。这不仅是为了保护商标权人的利益,而且也是为了维护商标使用的市场秩序。商标局的行政管理范围包括以下几个方面。

1) 正确标明注册标记的管理

依据我国《商标法》的规定,使用注册商标,可以在商品、商品包装、说明书或者其他附着物上标明"注册商标"的字样或者注册标记。注册标记为在"注"字外加○或者在"R"字母外加○。使用注册标记,应当在商标的右上角或者右下角。商标行政主管部门在管理市场的执法中,随时检查商标使用者是否正确使用注册商标标记,对不当标示注册商标标记的行为随时予以纠正和处理,严重者将由商标局撤销其注册商标。如果某人擅自在其商品上加注"注册商标"的字样或注册标记,就是冒充注册商标的行为,经商标局发现后,应当承担相应的法律责任。

[①] 吴汉东.知识产权法[M].北京:中国政法大学出版社,2002:271.

2) 注册商标有效合法证件的管理

国家商标局为商标权人颁发的《商标注册证》,是商标注册人拥有商标专用权的有效合法的法律凭证。《商标注册证》是印制商标标识的依据,也是解决商标纠纷的依据。所以,我国《商标法》规定商标权人不得外借、转让、涂改、伪造《商标注册证》,一旦发生此类情形,由其所在地工商行政管理部门进行行政处罚。如果《商标注册证》破损或遗失,应当及时向国家商标局申请补办。遗失《商标注册证》的,应当在《商标公告》上刊登遗失声明后,方可向国家商标局申请补办《商标注册证》;由于破损而补办《商标注册证》时,应当在提交补发申请时将破损的《商标注册证》交回商标局。商标注册人申请注销其注册商标或者注销其商标在部分指定商品上的注册时,应当向商标局提交商标注销申请书,并交回《商标注册证》。注册商标被撤销或者被商标局主动注销的,原《商标注册证》作废;撤销该商标在部分指定商品上的注册的,或者商标注册人申请注销其商标在部分商品上的注册的,由商标局在原《商标注册证》上加注发还,或者重新核发《商标注册证》。伪造或者变造《商标注册证》的,依照我国刑法关于伪造、变造国家机关证件罪或者其他罪的规定,依法追究刑事责任。

3) 在核定的商品上使用核准注册商标的管理

按照我国《商标法》的规定,注册商标权人只能在核定的商品上使用核准注册的商标,也就是说,注册商标使用于核定的商品上才具有法律效力。如果商标注册人将注册商标的标识使用于其核定注册的商品之外,或者自行改变核准的商标标识、注册人名称、地址或其他注册事项的,则属于不当使用注册商标的行为,不仅损害了消费者的利益,而且扰乱了商标管理秩序,一旦发现,将由有关商标管理机关责令其改正。如果在该商标管理机关限定的时间内不改正,将由该商标管理机关报商标局撤销其注册商标。如果商标权人需要在同一类的其他商品或者不同类的商品上使用注册商标时,应当另行提出商标注册申请。不仅如此,我国《商标法》还禁止将注册商标超越核定的商品范围许可他人使用或进行商标权的转让,如果被商标局发现,将不会批准许可或者转让。

4) 使用注册商标时不得违背禁止性规定的管理

我国《商标法》和《商标法实施细则》对使用注册商标时不得违背的禁止性规定主要有:第一,使用注册商标时,不得自行改变注册商标的文字、图形或者其组合;第二,使用注册商标时,不得自行改变注册人的名义、地址或者其他注册事项;第三,不得自行转让注册商标。如果使用注册商标时违背了上述禁止性规定,有关商标管理机关应当责令商标注册人限期改正;拒不改正的,由商标注册人所在地工商行政管理部门报请商标局撤销其注册商标。

5) 不得连续三年停止使用注册商标的管理

我国商标的先注册原则是为了使企业增强商标保护意识,然而,这种注册制也会带来商标的抢注而不使用的虚置状态的发生。为了避免商标注册后长期不使用同时影响他人使用,我国《商标法》和《商标法实施细则》规定,连续三年不使用注册商标的,任何单位或者个人都可以请求商标局撤销该注册商标。商标局在受到撤销请求后,通知该商标权人在收到通知之日起三个月内提供该商标使用的证明或者不使用的正当理由,逾期不提供使用证明或者证明无效的,由商标局撤销该注册商标。

有以下情形之一的,属于我国商标法所称连续三年不使用的正当理由:

(1) 不可抗力;

(2) 因政府政策性限制不使用的;

(3) 因破产清算不使用的；
(4) 其他不可归责于商标注册人的正当理由。

6) 使用注册商标时须保证商品质量的管理

我国《商标法》的立法宗旨之一是保护消费者的利益，因此规定商标使用人（包括商标权人和注册商标的被许可人）要对其使用注册商标的商品质量负责。各级工商行政管理部门通过商标管理，制止侵犯消费者利益的行为。如果发现使用注册商标的商品粗制滥造、以次充好、欺骗消费者的，由各级工商行政管理部门分别不同情况，责令限期改正，并可以予以通报或处以罚款，或者由商标局撤销该注册商标。罚款的数额为非法经营额的20%以下或者非法获利的二倍以下。

2. 对未注册商标使用的行政管理

我国实行商标自愿注册原则，允许未注册商标与注册商标一样在市场公开使用，因为其同样具有区别相同商品不同生产者和经营者来源的功能。因此，为了规范未注册商标的使用，避免商标之间的混淆误导消费者，保证商标管理秩序，我国《商标法》和《商标法实施细则》对未注册商标使用的行政管理也作出了具体规定。

1) 必须使用注册商标的商品不得使用未注册商标的管理

我国实行商标自愿注册原则与部分商品的强制注册相结合的制度。国家明确规定人用药品、烟草制品以及其他商品必须使用注册商标，未经核准注册的，不得在市场上销售。违反此规定的，由地方工商行政管理部门责令限期申请注册，根据情节并处罚款。

2) 未注册商标不得冒充注册商标的管理

冒充注册商标，通常是指在商品或者其包装上将未申请或者已申请但尚未批准的商标当作注册商标使用的行为，这种行为本质上并没有假冒具体某一件注册商标，不属于侵犯注册商标专用权的侵权行为，但是却扰乱了商标管理秩序。所以，我国《商标法》明确禁止未注册商标的使用人擅自在其商品、商品包装、说明书或者其他附着物上标明"注册商标"的字样或者注册标记。未注册商标冒充注册商标的，由该行为发生地的地方工商行政管理部门予以制止，限期改正，并可以予以通报或者处以罚款。罚款的数额为：违法经营额5万元以上的，处以经营额20%以下罚款；没有违法经营额或经营额不足5万元的，处一万元以下的罚款。

3) 使用未注册商标不得违反商标禁止使用规定的管理

我国《商标法》明确规定有九种标志不得作为商标使用，如果未注册商标使用的标识属于这九种标志禁止使用的商标，则由该行为发生地的地方工商行政管理部门予以制止，限期改正，并可以予以通报或者处以罚款。罚款的数额为非法经营额的20%以下或者非法获利的二倍以下。

4) 未注册商标的使用者必须保证商品质量的管理

我国《商标法》规定，未注册商标的使用者也必须对其所提供的商品质量负责。市场上一旦出现未注册商标的使用者所提供的商品粗制滥造、以次充好、欺骗消费者的，各级工商行政管理部门有权予以制止，限期改正，并可以予以通报或者处以罚款。罚款的数额为非法经营额的20%以下或者非法获利的二倍以下。

（二）商标印制的行政管理

所谓商标印制，是指印刷、制作带有商标的包装物、标签、封签、说明书、合格证等商标标识的行为。商标印制管理，严格来讲，应当是指商标标识的印制管理，即商标管理部门依法对商标印制单位、商标印制委托人印制商标标识的行为进行监督管理，其监督管理的职能由地方工商行政管理部门执行，故也称商标印制的行政管理。商标印制单位，是指依法登记并取得《印制商标单位证书》的企业和个体工商户。商标印制委托人，是指要求印制注册商标的商标专有权人、未注册商标的使用人、注册商标的被许可使用人。

目前，我国商标印制行政管理所依据的法规是国家工商行政管理局1996年9月5日颁布。1998年12月3日修订的《商标印制管理办法》。

1. 商标印制单位必须依法登记设立的管理

根据我国商标印制管理办法的规定，从事印刷、印染、制版、织字、晒蚀、印铁、铸模、冲压、烫印、贴花等项业务的企业和个体工商户，需要承接商标印刷业务的，应当依法登记，并申请取得《印制商标单位证书》后方可承接商标印刷业务。《印制商标单位证书》由国家工商行政管理局统一印制，地（市）级工商行政管理局核发；承接烟草制品和人用药品商标印制业务的，由省级工商行政管理局核发。商标印制业务管理人员必须经省级工商行政管理局考核并取得《商标印制业务管理人员资格证书》方可上岗，证书由国家工商行政管理局统一印制，省级工商行政管理局核发。

申请《印制商标单位证书》的企业和个体工商户，应当具备下列条件：有与其承印商标业务相适应的技术、设备及仓储保管设施等条件；有健全的管理商标印制业务的规章制度；有三名以上取得《商标印制业务管理人员资格证书》的人员。

《印制商标单位证书》每二年验证一次，商标印制单位应当在每两年期满前二个月内经所在地县级工商行政管理局向发证机关申请验证。逾期不验证的，由所在地县级工商行政管理局责令限期改正，并视其情节予以警告，处以违法所得额三倍以下的罚款，但最高不超过三万元；没有违法所得的，处以一万元以下的罚款。

商标印制单位因人员变动等，不再具有申请《印制商标单位证书》时所应当具备的三个规定条件的，应当自行即刻停止商标印制业务，并将《印制商标单位证书》交送所在地县级工商行政管理局，由其上交发证机关。商标印制单位的名称、住所、法定代表人等主要登记事项发生变更的，应当在登记机关办理有关手续后三十日内，经所在地县级工商行政管理局向发证机关申请换发新的证书。

未取得《印制商标单位证书》的企业或者个体工商户，如果承接了商标印制业务的，属于非法印制商标标识的行为；如果承接的是注册商标印制业务的，属于擅自制造注册商标标识的侵犯商标专用权的侵权行为，工商行政管理机关将依法查处。

2. 商标印制委托人印制商标必须出具证明文件的管理

根据我国商标印制管理办法的规定，商标印制委托人委托商标印制单位印制商标的，应当出示营业执照副本或者合法的营业证明或者身份证明。商标印制委托人委托商标印制单位印制注册商标的，应当出示《商标注册证》或者由注册人所在地县级工商行政管理局签章的《商标注册证》复印件，并另行提供一份复印件。注册商标使用许可的被许可人需要印制注册商标的,还必须出示商标使用许可合同文本并提供一份复印件。商标印制单位承印未注册商标的,应当与商标印制委托人签订合同,明确所印制的商标侵犯他人注册商标专用权时,双方各自应当承担的法律责任。

3. 商标印制单位应当建立严格的审查、管理制度的管理

(1) 承接商标印制业务的严格审查制度。商标印制单位在承接商标印制业务时,对商标印制委托人提供的有关证明文件及商标图样,商标印制业务管理人员负有严格审查义务。对于商标印制委托人未提供商标印制相关证明文件,或者其要求印制的商标超出注册商标核准注册的商品和核定注册的商标标识构成要素的,商标印制单位应当拒绝印制。

(2) 严格的商标印制管理制度。商标印制单位承接了商标印制业务后,应当登记造册,由商标印制业务管理人员按照要求填写《商标印制业务登记表》。商标印制完成后,商标印制单位必须提取标识样品,连同《商标印制业务登记表》《商标注册证》复印件、商标使用许可合同复印件等一并造册、存档、备查,存查的期限为二年。商标印制单位还必须对印制的商标建立出入库制度。商标标识出入库时,必须清点数量,登记造册。对废次商标标识必须集中销毁,不得流入社会。

如果商标印制单位违反了上述规定,行为发生地的工商行政管理局将责令其改正,并视其情节予以警告,处以所得额三倍以下的罚款,但最高不超过3万元;没有违法所得的,处以1万元以下的罚款。行为发生地的工商行政管理局还可以收缴其《商标印制单位证书》,对直接责任人,省级工商行政管理局可以撤销其商标印制业务管理人员资格。

4. 商标印制单位不得非法印制或买卖商标标识的管理

根据我国《商标法》及《商标法实施条例》的规定,任何人不得非法印制和买卖商标标识。否则,由行为发生地的工商行政管理部门予以制止,收缴其商标标识,并视其情节予以罚款。如果非法印制或者买卖商标标识侵犯了他人注册商标专用权,工商行政管理局将对商标印制委托人和商标印制单位予以处理,并可收缴印制单位的《商标印制单位证书》。情节严重构成犯罪的,将直接责任人移送司法机关依法追究其刑事责任。

(三) 其他类型的行政管理

1. 驰名商标的认定

按照我国《商标法实施条例》第五条的规定,驰名商标的认定也是一项商标的行政管理工作。该条规定的内容是:"依照《商标法》和本条例的规定,商标注册、商标评审过程中产生争议时,有关当事人认为其商标构成驰名商标的,可以相应向商标局或者商标评审委员会请求认定驰名商标,驳回违反《商标法》第十三条规定的商标注册申请或者撤销违反《商标法》第十三条规定的商标注册。有关当事人提出申请时,应当提交其商标构成驰名商标的证明材料。商标局、商标评审委员会根据当事人的请求,依照《商标法》第十四条的规定,认定其商标是否构成驰名商标。"[1]根据《商标法》第十三条的规定,如果就相同或者类似商品申请注册的商标是复制、模仿或者翻译未在我国注册的驰名商标,容易导致混淆的,则不予注

---

[1] 国家保护知识产权工作组. 中华人民共和国商标法实施条例[G]//知识产权法律法规及国际规则汇编. 北京: 人民出版社, 2008: 147.

册。如果就不相同或者不类似商品申请注册的商标是复制、模仿或者翻译在我国注册的驰名商标，误导公众，致使该驰名商标注册人的利益可能受到损害的，则不予注册。所以在商标注册申请的审查过程中，如果某一商标权人发现某一申请注册的商标违反《商标法》第十三条的规定，就可以在商标注册申请审查过程中请求商标局驳回其注册申请，不予批准注册；或者在商标注册申请的复审过程中请求商标评审委员会不同意其注册。为此，商标局或者商标评审委员会就需要首先依据该商标权人提供的证明材料，来认定其商标是否构成驰名商标。如果能构成驰名商标，则可依据《商标法》第十三条，驳回注册商标申请，不予批准注册；如果不构成驰名商标，则不能依据《商标法》第十三条来驳回该注册商标申请。同样，如果某一商标权人发现一已经核准注册的商标违反了《商标法》第十三条，则可依据《商标法》第四十一条的规定，向商标局提起商标争议，请求撤销该注册商标。在这种情况下，商标局或者在复审过程中的商标评审委员会就需要依据请求人提供的证明材料来认证其商标是否为驰名商标。如果构成驰名商标，就依据《商标法》第十三条和第四十一条撤销该已经批准注册的商标；如果不构成驰名商标，就不可以依据《商标法》第十三条和第四十一条撤销该已经批准注册的商标。

另外，地方各级工商行政管理部门在处理商标侵权纠纷时，如果所说被侵权商标的商标权人请求认定其商标为驰名商标，则处理该侵权纠纷的工商行政管理部门需要报告国家商标局，请国家商标局认定该商标是否为驰名商标，然后依据国家商标局的认定结论来具体处理该商标侵权纠纷。在这个过程中，有关地方工商行政管理部门所做的是商标权的行政保护工作，而国家商标局所做的是驰名商标认定的行政管理工作。

2. 集体商标、证明商标的管理

与其他商标比较，集体商标和证明商标的特殊性主要在于商标的注册人经常不是一个而是两个或者两个以上的人，而且注册人可能在商标核准注册后不断增加或者减少；商标的使用人也会随着商标影响的扩大而增加，也会随着商标影响的缩小而减少。有关人员数量较多和变动性较大的特点带来了集体商标、证明商标管理上的特殊性。为此，国家工商行政管理总局于2003年4月17日公布并于2003年6月1日施行了《集体商标、证明商标注册和管理办法》。根据该办法的有关规定，在集体商标、证明商标初步审定公告的内容中，应当包含相应商标使用管理规则全文或者摘要。此后，如果集体商标、证明商标权利人对已经公告的使用管理规则有任何修改，应报经商标局审查核准，然后予以公告并生效。集体商标注册人的成员发生变化时，注册人应当向商标局申请变更注册事项，由商标局公告。证明商标注册人准许他人使用其商标的，应当在一年内报商标局备案，由商标局公告。申请转让集体商标、证明商标的，受让人应当具备相应的主体资格，并符合《商标法》《商标法实施条例》和该办法的规定。集体商标不得准许非集体成员使用。凡符合证明商标使用管理规则规定的条件的，在履行该证明商标使用管理规则规定的手续后，可以使用该证明商标；注册人不得拒绝办理手续。办法还规定了行政处罚权。根据该办法第二十条的规定，违反前述规定的，由工商行政管理部门责令限期改正；拒不改正的，处以违法所得三倍以下的罚款，但最高不超过三万元；没有违法所得的，处以一万元以下的罚款。办法第二十一条规定："集体商标、证明商标注册人没有对该商标的使用进行有效的管理或者控制，致使该商标使用的商品达不到其使用管理规则的要求，对消费者造成损害的，由工商行政管理部门责令限期改正；拒不改正的，处以违法所得三倍以下的罚款，但最高不超过三万元；没有违法所得的，处以一万元以下的罚款。"[①]

3. 注册商标专用权许可使用和商标权转让的管理

为加强对注册商标的管理,我国《商标法》和《商标法实施条例》规定,转让注册商标的,转让人和受让人应当共同向商标局提交转让注册商标申请书。转让注册商标申请手续由受让人办理。商标局核准转让注册商标申请后,发给受让人相应证明,并予以公告。注册商标专用权因其他事由发生移转的(如企业被兼并或者注册商标被拍卖抵债等),接受该注册商标专用权移转当事人应当凭有关证明文件或者法律文书到商标局办理注册商标专用权移转手续。转让或者基于上述原因转移注册商标专用权,商标权人应当将其在同一种或者类似商品上注册的相同或者相似的商标一并转让或者转移。如果没有这样做,则商标局将通知其限期改正;期满不改正的,视为放弃转让或者转移该注册商标的申请。对可能产生误认、混淆或者其他不良影响的转让注册商标的申请,商标局将不予核准同意转让。

许可他人使用其注册商标的,许可人应当自商标使用许可合同签订之日起三个月内将合同副本报送商标局备案。

4. 商标专用权质押的管理

商标专用权的质押管理要依据国家工商行政管理总局发布的《企业动产抵押登记管理办法》和《商标专用权质押登记程序》进行。[②]《企业动产抵押登记管理办法》第十八条规定:"以依法可以转让的商标权出质的,出质人和质权人应当于订立书面协议之日起二十日内,向国家工商行政管理局办理出质登记,质押合同自登记之日起生效。出质登记具体程序参照本办法的规定执行。"这里的规定和专利权、著作权的质押规定类似,即质押合同要到有关行政管理机关登记,并且只能自登记之日起生效。至于具体登记程序,还要依据后来发布的《商标专用权质押登记程序》进行。该规定重申国家工商行政管理局是商标专用权合同的质押登记机关,具体办理商标质押合同的登记,登记机关应当于受理登记申请之日起五个工作日内,作出是否予以登记的决定。符合登记条件的予以登记,发给《商标专用权质押登记证》;不符合登记条件的,不予登记。所谓不符合登记条件是指出现后述三个条件之一的:出质人不是商标专用权合法所有人;商标专用权归属不明确;其他不符合法律法规规定的条件。国家工商行政管理局还可以在下列条件之一出现时撤销登记:登记后发现与事实不符;登记后发现不符合登记条件;登记后发现质押合同无效的。规定还要求当事人在申请人名称、地址发生变更以及因债权债务转移或者其他原因而发生质押转移时,应当到国家工商行政管理局办理变更登记、补充登记或者重新登记。

5. 商标代理机构的监管

由国家工商行政管理局公布的《商标代理组织管理暂行办法》[③]规定了有关行政管理机关对商标代理机构的监管。根据该办法第二条规定,任何组织开展商标代理业务,必须经国家工商行政管理总局指定或者认可。申请开展商标业务代理业务的申请人,应当将申请文

[①] 国家保护知识产权工作组. 集体商标、证明商标注册和管理办法[G]//知识产权法律法规及国际规则汇编. 北京:人民出版社,2008:205.
[②] 通达商标服务中心网站. 企业动产抵押登记管理办法. 商标专用权质押登记程序[2008-10-28].
[③] 通达商标服务中心网站. 商标代理组织管理暂行办法[2008-10-28].

件报送到其所在地的省级工商行政管理局,由省级工商行政管理局签署意见并转报国家工商行政管理总局认可。对符合条件的,由国家工商行政管理总局颁发《商标代理组织证书》,自国家工商行政管理总局指定或者认可之日起,可依法开展商标代理业务;对不符合条件的,由国家工商行政管理总局退回申请并说明原因。商标代理组织有违法行为的,由其所在地的省级工商行政管理局或者国家工商行政管理总局依据有关法律法规处理;法律法规没有规定的,视其情节予以警告,处以违法所得额三倍以下的罚款,但最高不超过三万元;没有违法所得的,处以一万元以下的罚款。这些违法行为包括:申请开办商标代理业务时,隐瞒真实情况,弄虚作假;违反该办法关于商标代理组织条件的规定或者不能开展正常商标代理业务;给委托人造成重大损失;在同一商标案件中接受有利益冲突的双方当事人委托的;与第三方串通,损害委托人合法权益;以不正当行为损害其他代理组织或者国家和社会公共利益;从事其他非法活动。

四、其他知识产权的行政管理

这里所说的其他知识产权的行政管理,是指除商标权、著作权和专利权以外的知识产权的行政管理。本部分要介绍的是与知识产权有关的反不正当竞争行为的行政管理、植物新品种权的行政管理和集成电路布图设计权的行政管理。

(一) 与知识产权有关的反不正当竞争行为的行政管理

我国于1993年12月1日实施了《中华人民共和国反不正当竞争法》。被该法第五条列入的与知识产权有关的不正当竞争行为有:假冒他人注册商标;擅自使用他人知名商品特有的名称、包装、装潢,或者使用与知名商品近似的名称、包装、装潢,造成和他人的知名商品相混淆,使购买者误认为是该知名商品;在商品上伪造或者冒用认证标志、名优标志等质量标志,伪造产地,对商品质量作引人误解的虚假表示;采取违法手段侵犯权利人的商业秘密;经营者捏造、散布虚伪事实,损害竞争对手的商业信誉、商品声誉;等等。该法第三条规定:"各级人民政府应当采取措施,制止不正当竞争行为,为公平竞争创造良好的环境和条件。县级以上人民政府工商行政管理部门对不正当竞争行为进行监督检查,法律、行政法规规定由其他部门监督检查的,依照其规定。"[①]该法第十六条规定:"县以上监督检查部门对不正当竞争行为,可以进行监督检查。"[②]从这两条规定中可以看到,对与知识产权有关的反不正当竞争行为进行具体行政管理的,主要是县级以上的工商行政管理部门,其中与商标、知名商品名称、各种标志、商誉有关的反不正当竞争行为的行政管理当属于各级工商行政管理部门,在商业秘密的行政管理中非技术的商业秘密大体由各级工商行政管理部门负责,技术的商业秘密的行政管理还可能涉及各级科技管理部门、技术市场管理部门等。对反不正当竞争行为的行政管理的内容主要是监督检查

---

① 国家保护知识产权工作组. 中华人民共和国反不正当竞争法[G]//知识产权法律法规及国际规则汇编. 北京:人民出版社,2008:232.

② 国家保护知识产权工作组. 中华人民共和国反不正当竞争法[G]//知识产权法律法规及国际规则汇编. 北京:人民出版社,2008:234.

和行政处罚。根据该法第十七条的规定,监督检查时行政部门的职权是:按照规定程序询问被检查的经营者、利害关系人、证明人,并要求提供证明材料或者与不正当竞争行为有关的其他材料;查询、复制与不正当竞争行为有关的协议、账册、单据、文件、记录、业务函电和其他资料;检查与第五条规定不正当竞争行为有关的财物,必要时可以责令被检查的经营者说明该商品的来源和数量,暂停销售,听候检查,不得转移、隐匿、销毁该财物。按照该法第四章有关条款的规定,行政处理的手段包括:责令停止违法行为;消除影响;没收违法所得;行政罚款,包括处以非法所得的一倍以上三倍以下的罚款;情节严重的可以吊销营业执照。属于经营者假冒他人的注册商标、擅自使用他人的企业名称或者姓名,伪造或者冒用认证标志、名优标志,伪造产地、对商品质量作引人误解的虚假表示的行为,要依照《中华人民共和国商标法》和《中华人民共和国产品质量法》的规定处罚。

与知识产权有关的垄断行为,同其他市场垄断行为一样,限制甚至消除了市场中的竞争,违背了市场经济的自由竞争原则,是广义上的不正当竞争行为。为了在我国预防和制止垄断行为,保护市场公平竞争,2007年8月30日我国公布了《中华人民共和国反垄断法》,并于2008年8月1日施行。根据该法第十条的规定,国务院反垄断执法机构负责全国的反垄断执法工作,经其授权的省、自治区、直辖市人民政府的相应机构依照反垄断法负责有关反垄断法执法工作。反与知识产权有关的垄断行为,也是该类执法机构的重要任务。反垄断执法工作中不仅有司法执法的内容,还有行政保护的内容,更有大量的行政管理内容。鉴于反垄断法的特殊性以及与知识产权有关的垄断行为已经纳入反垄断法的范围,一般应当在反垄断法的内容中讨论,此处不再赘述。

(二)植物新品种权的行政管理

我国国务院于1997年10月1日颁布并实施了《中华人民共和国植物新品种保护条例》。该条例第三条规定:"国务院农业、林业行政部门(以下统称审批机关)按照职责分工共同负责植物新品种权申请的受理和审查并对本条例规定的植物新品种授予植物新品种权(以下简称品种权)。"①该条例第三条虽然仅仅规定了这两个部门授予植物新品种权的职责,但从该条例后面的有关条款看,这两个行政部门也有相应的行政管理职责。例如,该条例第十一条规定:"为了国家利益或者公共利益,审批机关可以作出实施植物新品种强制许可的决定,并予以登记和公告。取得实施强制许可的单位或者个人应当付给品种权人合理的使用费,其数额由双方商定;双方不能达成协议的,由审批机关裁决。"这就是说,审批机关在植物新品种权的职责上,除了受理、审查和批准品种权外,还有在品种权的强制许可上的行政职责,其职责内容是颁发品种权的强制许可和裁决强制许可费。除了审批机关外,地方的农业和林业管理部门也有相应的行政管理职责。例如,该条例的第四十条规定:"假冒授权品种的,由县级以上人民政府农业、林业行政部门依据各自的职权责令停止假冒行为,没收违法所得和植物新品种材料,并处违法所得一倍以

---

① 国家保护知识产权工作组.中华人民共和国植物新品种保护条例[G]//知识产权法律法规及国际规则汇编.北京:人民出版社,2008:261.

上五倍以下的罚款。"①这里仅规定了假冒授权品种,但它除了包括假冒他人植物新品种的行为外,还应当包括冒充植物新品种的行为。这里仅规定了行政处罚,但要实现这些处罚,必定要有相应的行政检查。只有在发现和认定了假冒授权品种后,才能进行上述行政处罚。在发现和认定假冒授权品种过程中,有关农业、林业部门肯定要参与。条例的第四十二条规定:"销售授权品种未使用其注册登记的名称的,由县以上人民政府农业、林业部门依据各自的职权责令限期改正,可以处 1000 元以下的罚款。"该条是对销售授权品种时要使用并正确使用注册登记的名称的管理,这有利于在社会上推广规范使用新品种名称,维护法律的严肃性,有利于查处假冒授权品种和侵权品种等。同样有关部门也要首先检查并发现这种违规行为,然后进行处理或者处罚。与专利法的规定不同的是,有关农业、林业部门不能对植物新品种的申请权和品种权的权属争议进行行政处理。条例的第四十三条明确规定:"当事人就植物新品种的申请权和品种权的权属发生争议的,可以向人民法院提取诉讼。"这条规定将权属纠纷的处理交给了法院,就是说行政管理部门没有处理权属纠纷的行政职责。

(三) 集成电路布图设计专有权的行政管理

我国于 2001 年 10 月 1 日实施了《集成电路布图设计保护条例》。该条例第六条规定:"国务院知识产权行政部门依照本条例的规定,负责布图设计专有权的有关管理工作。"②这就明确地将集成电路布图设计专有权的行政管理工作划归给国务院知识产权行政部门,即国家知识产权局。集成电路布图设计专有权的管理工作主要集中在集成电路布图设计的非自愿许可。条例的第二十五条规定:"在国家出现紧急状态或者非常情况时,或者为了公共利益的目的,或者经人民法院、不正当竞争行为监督检查部门依法认定布图设计权利人有不正当竞争行为需要给予补救时,国务院知识产权行政管理部门可以给予使用其布图设计的非自愿许可。"③该条标明,国家知识产权局有权给予使用布图设计的非自愿许可。颁发非自愿许可可以基于以下三种原因中的一种:国家出现紧急状态或者非常情况时,或者为了公共利益,或者依法认定布图设计人有不正当竞争行为需要给予补救。这里要注意的是,前两种原因应当是由国家知识产权局根据实际情况来确定,而后一个原因应当是由法院或者不正当竞争行为监督检查部门依法认定。这里依照的法律除了本条例外,还应当包括反不正当竞争法、反垄断法等有关法律法规。不正当竞争行为监督检查部门应当是有关法律法规的行政执法部门。条例的第二十六条规定:"国务院知识产权行政部门作出给予使用布图设计非自愿许可的决定,应当及时通知布图设计权利人。给予使用布图设计非自愿许可的决定,应当根据非自愿许可的理由,规定使用的范围和时间,其范围应当限于为公共目的的非商业性使用,或者限于经人民法院、不正当竞争行为监督检查部门依法认定布图设计权利人有不正当竞争行为而需要给

---

① 国家保护知识产权工作组. 中华人民共和国植物新品种保护条例[G]//知识产权法律法规及国际规则汇编. 北京:人民出版社,2008:266.

② 国家保护知识产权工作组. 集成电路布图设计保护条例[G]//知识产权法律法规及国际规则汇编. 北京:人民出版社,2008:255.

③ 国家保护知识产权工作组. 集成电路布图设计保护条例[G]//知识产权法律法规及国际规则汇编. 北京:人民出版社,2008:258.

予的补救。非自愿许可的理由消除并不再发生时,国务院知识产权行政部门应当根据布图设计权利人的请求,经审查后作出终止使用布图设计非自愿许可的决定。"[①]这里的"有关使用范围",限于非商业使用和因不正当竞争行为而需要的给予的补救的规定是依据《中华人民共和国专利法实施细则》第七十二条第(四)款后半部分的规定:"强制许可涉及的发明创造是半导体技术的,强制许可实施仅限于公共的非商业目的,或者经司法程序或者行政程序确定为反竞争行为而给予救济的使用。"集成电路布图设计的非自愿许可,就是一种专利法意义上的强制许可,布图设计是半导体技术的重要内容,所有集成电路布图设计的非自愿许可范围要与专利法实施细则一致。

第三节 基层单位知识产权管理

一、基层单位知识产权管理的职责

基层单位知识产权管理部门的职责,往往视具体单位所管理的知识产权内容的多寡和该单位知识产权战略需要来确定,但是也有一些共同的职责。在一般情况下,基层单位知识产权管理部门的职责包括以下几个方面。

(一) 负责取得和维持本单位知识产权的管理工作

基层单位知识产权管理部门,负责与科技人员以及科技管理人员协商,对本单位研究开发的科技成果,选择知识产权的保护方式和申请专利的时机、类型,最终确定知识产权保护方式后,协助科技人员以及代理人完成知识产权权利取得过程中的所有法律事务。知识产权的取得具体法律事务主要有专利的申请、集成电路布图设计的登记、植物品种权的申请等,以及单位服务商标或者商品的注册申请。如果采用商业秘密保护的方式,基层单位知识产权管理部门负责本单位对于该商业秘密所采取的相应保密制度和措施的建立与健全。

基层单位知识产权管理部门负责对本单位所获得的知识产权权利维持期间的管理工作,主要是履行本单位职务发明权利人的义务,诸如按时缴纳专利年费、对本单位注册的商标保护期限及时进行续展等事物,或者是未能如期履行义务,导致权利的丧失时,如果仍在权利可恢复期间的话,需要办理恢复权利的请求及其补缴相关费用。如果在知识产权有效期间权利人的相关信息发生变化,诸如单位的名称或者地址改变,基层单位知识产权管理部门应当对相关的知识产权进行著录项目的变更。

对于拥有注册商标或者驰名商标的基层单位知识产权管理机构,在本单位商标保护的管理工作中,还必须注意商标反淡化问题。所谓商标的淡化,是指商标在公众心目中的形象和影响受到削弱或降低,淡化其识别性和显著性。淡化有三种形式[②]:一种是因"弱化"造成的淡化,弱化是最典型的淡化形式,其目的是逐渐冲淡人们将商标与商品的关系以及与商标

---

① 国家保护知识产权工作组. 集成电路布图设计保护条例[G]//知识产权法律法规及国际规则汇编. 北京:人民出版社,2008:258.
② 黄晖. 驰名商标和著名商标的法律保护[M]. 北京:法律出版社,2001:145.

权人之间的联系;第二种是因"丑化"造成的淡化,如在有伤风化的背景或场合使用驰名商标或著名的注册商标;第三种是因"退化"造成的淡化,退化是淡化后果最严重的一种,退化一旦发生,商标彻底丧失了识别性,不再具有区别功能。目前我国《商标法》对驰名商标的淡化有一定的规制,对著名商标存在一定竞争关系误导消费者的情况下才予以禁止。在这种情形下,防止商标淡化的基层单位的商标管理就显得尤为重要。驰名商标和著名的注册商标代表了拥有人的商业信誉,是拥有人巨大的和潜在的无形资产。因此,基层单位知识产权管理机构对本单位的商标实施严格的管理,预防商标的淡化,具体措施有以下几种。

1. 防止因"弱化"造成的淡化

基层单位知识产权管理机构在管理本单位的注册商标时,应当密切关注与本单位的注册商标相同或者近似商标的注册情况,一旦发现他人申请注册的商标与自己拥有的注册商标标识相同或者近似,可能导致消费者对本单位的注册商标的标识的显著性或者是识别性造成"弱化"时,不可掉以轻心,要视造成"弱化"本单位注册商标的商标不同法律状态采取不同的措施。如果该商标处于申请阶段,可考虑及时利用申请注册商标的异议程序阻止相同或者近似商标的注册,异议程序在商标初步审定公告后仅有三个月的期限。如果错过了异议程序,该商标已经获得注册,还可以利用注册商标争议的裁定程序撤销相同或者近似商标的注册。注意启动注册商标争议的裁定程序的时效,通常情况下,申请撤销相同或者近似注册商标的时效是自商标注册之日起五年之内提出。然而对于恶意注册的,驰名商标所有人不受五年的限制。

2. 防止因"丑化"造成的淡化

一般情况下,丑化他人商标的行为往往是行为人的无意之举,但也不乏有意而为。故意或者是恶意地丑化他人商标的行为,通常发生在同一竞争行业的竞争者之间。无论有意还是无意,其后果是一致的,最终将直接影响到商标的市场价值和使用价值。例如,将他人的牙膏商标用于马桶广告中的行为,会冲淡该牙膏商标的正面形象。又如,将他人的食品商标用于有伤风化或者是不健康的广告环境中,将损害该商标的形象。基层单位知识产权管理机构在管理本单位的注册商标时,一旦发现商标被丑化的情形,可以采取给有关行为人寄发律师函的方式阻止事态的扩大,并且要求行为人采取有效的方式消除影响。如果构成了侵犯商标权的行为,可以提起侵权诉讼,要求其承担相应的民事责任。

3. 防止因"退化"造成的淡化

因"退化"造成的淡化最典型的是商标退化为商品通用名称。商标退化为商品通用名称通常发生在某一商品尚未形成统一的通用名称,或者是通用名称不为消费者所熟知之时,人们就有可能将此类商品中影响较大的商标用来直接指代此类商品,而逐渐成为该商品的通用名称。当商标成为某一商品的通用名称时,将彻底丧失区分同一商品不同来源的功能,此时,商标权人即使使用该商标已经没有太大的意义了。历史上虽然曾经发生过"Jeep""阿司匹林""塑料"商标退化为商品通用名称等典型案例,而如今仍然有商标退化为商品通用名称的新案例出现,说明基层单位知识产权管理机构管理本单位注册商标防止淡化的工作任重而道远。我国深圳朗科科技有限公司是闪存盘的开拓者,"优盘"本来是朗科公司在1999年申请并在2001年获得核准的注册商标。但因管理不善,"优盘"被许多同业经营者、计算机从业人员、消费者作为一种计算机移动存储器的商品通用名称加以使用,其显著性大大降低,直接影响了该商标权的存续。[①]

因此,基层单位知识产权管理机构在管理本单位的注册商标时,应当采取积极主动的态度,密切关注并及时阻止他人将自己的商标作为商品名称使用,一旦发生此类情形,可以采取发律师函的方式阻止事态的扩大,如果构成了侵犯商标权的行为,可以提起侵权诉讼。

防止因"退化"造成的淡化还包括防止他人将商标用作其他商业标志,诸如单位的注册商标被他人抢注为域名或者是商号、地理标记等。基层单位知识产权管理机构一旦发现这些行为,可以以不正当竞争为由提起民事诉讼,防止对本单位注册商标的淡化。

(二) 负责利用本单位知识产权的管理工作

在知识产权利用活动中,基层单位知识产权管理机构负责利用方式(独家、独占还是普通许可)的选择、许可费用以及支付方式的确定与谈判,起草和审查知识产权的许可合同、转让合同。

在知识产权资本化的过程中,基层单位知识产权管理机构还需要负责分析本单位知识产权的优势,确定资本化的方式、途径及相关程序的启动。

基层知识产权管理机构应当对商标印制严加管理。委托具有法定印制资质的他人代为印刷注册商标标识时,签订合同时必须有保密条款,约定商标印制者负有保密义务和忠实履行交付所有印制的注册商标标识的义务,尤其是具有防伪标识的注册商标的印制,以避免通过注册商标标识的印制者泄露防伪标识的注册商标的印制方法。

(三) 负责保护本单位知识产权的管理工作

基层单位知识产权的保护分为两种情况:其一是处理侵权纠纷,针对他人侵犯本单位所拥有的知识产权行为的法律救济以及应对其他知识产权权利人的所谓的侵权指控;其二是处理知识产权的其他纠纷,这些纠纷主要是知识产权许可、转让合同纠纷,知识产权的权属纠纷,职务发明或者职务作品的奖酬纠纷,注册商标争议纠纷等知识产权纠纷。

针对他人侵犯本单位所拥有的知识产权行为,基层单位知识产权管理部门应当采取各种有效措施,随时发现并且跟踪他人侵犯本单位所拥有的知识产权的行为,在充分掌握了侵权证据的前提下,及时采取可行的、有效的法律对策。

首先,通过律师发警告函,如果对方反馈承认侵权行为,可与侵权人协商赔偿数额或者与侵权人签订知识产权许可使用合同。这种解决侵权纠纷的方式省时省力,侵权处理的程序简单,结果理想,既打击了侵权行为,又为自己争取到一个利用自己知识产权的市场伙伴。

其次,在侵权人否认侵权行为的情形下可选择行政救济的途径,向知识产权行政管理机关提出行政调处的请求。对于以制止侵权为主要目的权利人,通过这种行政保护的途径解决侵权纠纷是一种明智的选择。对于既要制止侵权,又要实现其他目的的权利人,在综合考虑各种因素、权衡各个利弊之后,也可以选择通过行政保护达到自己的目的。

还可以通过到法院状告侵权人来获得司法救济。如果决定采用民事诉讼手段,应当考虑是否选择申请法院诉前临时禁令、诉讼前的证据保全、诉前财产保全措施,同时配合律师启动民事诉讼的相关程序。如果侵权行为涉嫌犯罪,可以向公安机关报案,通过侦查手段打

---

① 朱雪忠. 企业知识产权管理[M]. 北京:知识产权出版社,2008:112.

击性质恶劣的侵犯知识产权行为。知识产权刑事司法救济是有严格规定的，不可以随便启动司法程序，必须满足知识产权法定罪名的构成要件才行。

对其他知识产权权利人的所谓的侵权指控，知识产权管理部门应当针对对方的指控，弄清事实，依据有关法律法规作出是否侵权的初步判断，及时答复对方，努力通过协商的方式解决纠纷。当对方将所谓侵权纠纷提交有关行政机关处理时，要更充分地调查有关事实，研究有关法律法规，准备到行政机关答辩。必要时要聘请律师参加在行政机关的答辩。当对方将所谓侵权纠纷诉诸法院时，要及时聘请知识产权律师，积极组织有关人员与律师合作，对侵权指控是否成立进行检索、分析和判断，据此提出抗辩的理由，知识产权管理机关要学会配合律师，运用各种反诉手段，包括提起专利权无效请求、撤销注册商标请求等来解除侵权指控的困扰。

基层单位知识产权管理机构针对与外单位或者个人的知识产权许可、转让合同的纠纷，首先要尽可能采用双方协商的办法解决。如果协商不成，可以请求有关知识产权行政管理机关进行调解或者提请有关仲裁机构进行仲裁，也可以请求人民法院对纠纷作出判决。不同单位之间的知识产权权属纠纷一般可通过有关知识产权行政管理部门通过调解的方式解决，也可以采用民事诉讼的方式解决。如果发生纠纷的当事人是同属于同一个上级主管时，一般首选由上一级主管单位的知识产权管理机构负责进行纠纷的调解，调解失败再考虑民事诉讼的方式解决纠纷。如果基层单位内部的单位之间或者个人之间出现知识产权权属纠纷，该单位的知识产权管理机关应当在彻底弄清事实的基础上，依据知识产权有关法律解决该权属纠纷。该权属纠纷在基层单位解决不了，有关当事人要到知识产权行政管理机关甚至法院寻求解决时，该基层单位的知识产权管理机关要作好必要时协助有关行政机关和法院工作的准备。职务发明或者职务作品的奖酬纠纷，一般情况下是发生在基层单位内部的纠纷，所以，基层单位知识产权管理机构负责进行内部纠纷的调解工作。对于注册商标争议纠纷，基层单位知识产权管理机构需要负责相关行政程序，如应对商标评审委员会的实体和程序的答辩，在任意一方当事人不服时，甚至可能还要应对司法程序。

（四）负责本单位知识产权信息的管理与服务

基层单位知识产权信息管理主要包括两个方面：一是利用他人知识产权信息平台建设、管理与服务；二是对自身知识产权信息进行管理和服务。

无论是大学或者研究机构，还是企业的知识产权信息管理者，都需要对与自己研究开发所涉及的领域的状况做到心中有数，最理想的保障是在基层单位建立自己的信息平台——信息库和资料库及其相关服务。信息库的主要功能是储存本单位以外相关领域的知识产权信息，为本单位创造、获取、利用、保护自主知识产权提供相关信息服务；资料库的主要功能是储存本单位自主知识产权的相关资料，为本单位创造、获取、利用、保护知识产权提供信息服务。

基层单位知识产权信息库主要是专利技术的数据库，因为据世界知识产权组织统计，世界上95%以上的技术首先是在专利文献中公开的，所以跟踪本领域科学研究、技术开发的最新动态，专利技术的数据库是必不可少的工具。专利技术的数据库是非常庞大的专业门类齐全的数据库，基层单位知识产权信息库应当只选择与本单位密切相关领域的数据库，随时跟踪与本单位有关的技术领域的发展动向，为本单位研究开发项目的确定和项目选择的研究开发方向提供参考依据。企业知识产权信息库的建立,应当考虑为市场竞争的需要,还应建立与自己市场相关领域以及竞争对手的专利技术的数据库,以便随时了解市场技术方面的变化趋势、竞争对手产品研究开发的动向以及未来产品市场的布局。

基层单位知识产权管理机构对自身知识产权信息的管理又含档案的建立与管理,尤其是商业秘密档案的建立与管理必须采用严格的保密措施。

基层单位知识产权信息管理对于本单位知识产权的利用与保护是非常重要的,每一种知识产权的信息不仅对其本身价值利用和保护是最基本的依据,而且也是其他知识产权利用与保护的参考信息。

知识产权的信息不仅仅是指获得和维持知识产权的法律文件,还涉及这些知识产权在研究开发阶段的原始资料的搜集、整理和保存。这些原始资料在处理确权纠纷、权属纠纷、价值评估、维权诉讼时均可能成为重要的证据而发挥十分重要的作用。这些资料主要有以下几种。

1. 原始开发设计资料或者创作资料的保存

原始开发设计资料是指商标设计的原始稿、修改稿、讨论意见记录、定稿。原始开发设计资料还包括专利技术、软件技术、集成电路布图设计或者是技术秘密所涉及的技术在研究开发阶段的立项申请与审批资料,这些技术在研究开发每一个进展阶段,技术人员所作出的开发记录以及植物品种研究培育的记录。这些记录应当由基层单位知识产权管理部门根据本单位技术研究开发的特点规定专门的记录格式与要点(如时间,地点,参加人员的姓名、职称、职务,具体内容,并且由参加人员亲自签名),随时填写,及时归档。保护好这些原始开发设计资料和创作对于判断哪些技术人员直接参加了知识产权的创造活动,其贡献大小提供依据,同时还可以作为发生知识产权纠纷时的证据。

创作资料是指文学、艺术、科学领域著作权作品形成阶段的原始稿、修改稿、讨论意见记录、定稿的手稿或者打印稿。由于我国对著作权的保护采取的是自动保护原则,中国作者的作品一经创作完成就自动产生著作权。若无相反证明,在作品上署名的即为作者,受到法律的保护。为避免日后发生著作权归属或者是侵权行为纠纷,在作品创作过程中的所有原始记录,都是对涉案纠纷中自己是独立完成作品的正当合法的著作权人而享有著作权的最好和最有效的证明。

2. 知识产权权利获得和维持的相关资料

知识产权权利获得和维持的相关资料,包括需要经申请审批程序获得知识产权的申请资料、审批阶段的往来信函、公开资料(如发明专利申请文件的公开文献、商标异议期公开的文献)以及授权后的公告文献。对于不需要经申请审批程序而自动获得知识产权的著作权作品和软件,必须完整保存作品完成时或者首次商业应用时的文献资料。

维持自己知识产权权利的相关资料,还包括被他人提起专利权无效请求或者是注册商标撤销请求时的请求书、答辩书、裁决书、判决书等。

著作权登记制度是我国采取著作权自动取得原则前提下,著作权人自愿选择的一种制度。著作权登记的主要作用之一是进行版权贸易时提交一种证明;作用之二是可以以登记证书为凭据获得国家相应的产业资助或者税收优惠政策;作用之三是在著作权资本化时将登记的内容作为技术入股的依据或者质押的凭证;作用之四是发生著作权纠纷时,登记文件可作为呈堂证据。基层单位知识产权管理机构应当妥善保管所有资料。

著作权法规定的职务作品、委托作品的著作权归属并非是强制性的规定，而是由当事人以合同的方式予以预定。因此，基层单位知识产权管理机构为了避免日后发生纠纷，更好地管理本单位的知识产权，对外委托作品在委托合同中明确约定作品的著作权归属。对于本单位的职务作品，应当与本单位的职工在签订劳动合同或相关合同时就完成本职工作所产生的职务作品著作权归属作出约定，或者是通过本单位规章制度的形式将本单位的职务作品的归属加以明确规定。

基层单位知识产权管理机构对于本单位受保护的著作权或者与著作权人有关的权利的作品、录音录像制品等，应当加强对其采取有效权利管理信息的标注的管理工作，并且密切关注对本单位著作权管理信息的侵权行为，及时采取相应的管理措施和法律对策。根据我国著作权法的规定，故意删除或者改变作品、录音录像制品等的权利管理电子信息的行为是侵权行为，除法律法规另有规定外，侵权行为人要对其承担民事责任甚至刑事责任。

3. 知识产权利用的相关资料

基层单位知识产权管理机构对于知识产权利用中的市场宣传资料也负有整理、保管责任。例如，商标商业使用情况（如使用该商标的商品的销售合同、销售额、利润、市场占有率等），商标宣传广告资料，注册商标被假冒或者仿冒的情况，尤其是与自己注册商标相同或者相似商标误导消费者的投诉记录等。注册商标的这些资料便于日后发生因注册商标连续3年未使用被注销时作为抗辩的证据之用；而未注册商标的这些资料，便于日后申请注册商标发生与他人申请冲突时作为使用在先的证据之用。商标的这些资料也可以作为评估商标价值的参考。甚至，这些资料还可以作为行政或者司法认定或判定是否为驰名商标或者著名商标时的依据。对于其他含有知识产权商品的宣传广告资料，销售情况利润以及知识产权利用方式、费用等的整理、保管，可作为这些知识产权资本化时的参考依据，也可以作为再次许可他人使用自己知识产权进行谈判、签订许可合同的参考。

（五）基层单位知识产权内部管理制度的建立与完善

以上诸多基层单位知识产权管理职责的落实与实现，依赖于基层单位知识产权内部完善的管理制度。基层单位知识产权内部管理制度的建立必须是依据相关知识产权法律法规的规定，不得与相关知识产权法律法规的规定发生冲突。例如，基层单位规定的对职务发明创造的发明人或设计人的奖励和报酬的具体数额或比例不得低于我国专利法实施细则的相关规定。

基层单位知识产权内部管理制度，包括信息利用制度（科研项目查新制度、科研项目与技术开发项目的记录和登记制度、资料保存归档制度）、自主知识产权申报登记管理制度、自主知识产权利用审查批准制度、商业秘密保护制度（保密制度、竞业禁止制度）、职务发明和职务作品的奖酬制度。

基层单位知识产权管理机构应当尤其关注本单位商业秘密管理制度的建立与完善。基层单位商业秘密管理制度包括以下几个方面：

（1）规定本单位商业秘密管理机构的建制及其隶属关系，确定管理人员及其职责，负责本单位商业秘密管理制度的建立、执行、修订与完善，并且重点是负责本单位商业秘密的建档、整理、使用、回收、销毁工作。

（2）确定本单位需要保护的商业秘密的范围、内容及其密级，有针对性地建立本单位的保密制度和商业秘密的归档管理制度。

（3）限定本单位商业秘密"知悉人员"的范围，对涉及、接触、使用与知悉不同密级的商业秘密人员进行严格限定，在确定使用或者接触本单位商业秘密的人员范围后，与知晓或者可能知晓该商业秘密的人员签订保密协议或者竞业禁止条款。竞业禁止是指知悉商业秘密，并负有保密义务的人员，在劳动关系存续期间或者劳动关系终止后的一段时间内，按照与原单位的约定，一定期限内不得从事与原单位具有竞争关系的职业。由于签订竞业禁止条款对劳动者的择业自由权给予一定限制，因此，原单位必须给予劳动者一定的经济补偿。

（4）对涉及、接触、使用与知悉不同密级商业秘密的方式、审批程序、时间进行严格规定并且制度化。特别是本单位知悉商业秘密的人员在对内、对外活动中商业秘密保护制度的建立，本单位知悉商业秘密的人员在对内接待参观、考察、交流、实习者的活动中，以及对外参加会议、发表论文、展览展示产品、广告宣传时，商业秘密的审查和审批制度尤为重要。

（5）严格审查本单位技术合同或者贸易合同是否有涉及本单位商业秘密的情形，审查与本单位的科研或者业务有关系的合作开发者、业务伙伴、客户等是否有涉及本单位商业秘密的，并且与之签订保密协议。保密协议应当约定商业秘密的范围、保密的方式、保密的时间以及违反保密义务的法律责任。我国《合同法》规定："当事人在订立合同过程中知悉的商业秘密，无论合同是否成立，不得泄露或者不正当地使用。泄露或者不正当地使用该商业秘密给对方造成损失的，应当承担损害赔偿责任。"

（6）密切关注保密技术的发展，及时将最先进的保密方法、保密技术或者保密设施装备运用到本单位需要保护的经营信息或者技术信息中。

（7）基层单位的商业秘密管理机构应当建立商业秘密侵权应急调查和应对制度。发生商业秘密侵权纠纷时，及时制止侵权行为，以避免泄露的商业秘密的扩散，追回载有商业秘密的图纸、软件及其相关资料，根据实际情况，采取最佳措施，既达到救济赔偿损失的目的，又防止事态的进一步扩大，亡羊补牢，将损失降到最低。诉讼并非是优选方案，只有当受侵犯的商业秘密已经无法恢复到保密状态，造成不可挽回的损失时，才选择诉讼，即使如此，也可以要求法院不公开审理此商业秘密案件。

（六）基层单位知识产权战略的制定和实施

基层单位知识产权战略是单位整体发展战略的一部分，通常是由基层单位知识产权管理机构提出建议及其支持建议的相关资料和分析意见，供单位决策部门参考。但是，基层单位知识产权战略实施必须由基层单位知识产权管理机构来具体推动。

二、基层单位知识产权管理机构的设置

基层单位知识产权管理机构设置的最重要原则是要适合本单位总体管理的需要。知识产权管理是基层单位整个管理工作的不可分割的一部分，要纳入基层整个管理工作中，成为基层单位实现和发展其业务的有效手段。基层单位知识产权管理机构设置的原则之二是与本单位知识产权管理的性质和规模相适应。例如，大学是科研和教学单位，

其基本社会功能是创造科学技术和文化、培养专业人才和服务社会,其知识产权管理内容比较综合,因而其知识产权管理机构综合性较强。研究机构主要是开展研究开发工作,其知识产权管理一般主要涉及发明创造和技术秘密的管理;有些进行计算机软件开发的,还涉及著作权的管理。企业的主要业务是制造产品、销售产品和提供各种服务,其知识产权管理一般要涉及商标和商业秘密管理,有一部分企业还要涉及专利和技术秘密的管理,有些企业还涉及著作权的管理等。企业的经营范围、经营规模和经营特色差别要比大学和研究机构大,因此知识产权管理机构设置的差别也比较大。基层单位知识产权管理机构设置的原则之三是要尽可能与本单位决策机构紧密联系。知识产权的管理往往与基层单位的各种管理联系密切,对基层单位的整体发展有重要的影响。知识产权管理机构与决策机构联系密切,有利于知识产权管理与其他各种管理的协调,有利于整体管理在决策者的统一指挥下朝着促进单位业务发展的方向进行。

(一) 大学的知识产权管理机构的设置

从科学研究和教学任务的比重来看,我国大学基本可以分为教学科研相结合的大学和纯教学的大学。前者除开展教学工作外,还开展科学技术研究工作。在这类大学的校一级管理机构中,有专门负责管理科技工作的机构(一般为科研处),也有的大学还有专设的技术开发管理机构。后者基本上是开展教学工作,没有或者只有与教学相结合的少量研究工作。在这类大学的校一级管理机构中,没有专门管理科技工作的机构,但有管理教学的机构(一般为教务处)。在教学科研结合的大学中,科研任务比重较大的大学往往设有专门的知识产权办公室,全面负责知识产权管理工作,包括专利、著作权、商标权、校名校誉等的管理。由于知识产权管理工作与学校的科技工作管理结合非常密切,所以知识产权办公室被定位成科技处(有少数著名大学为科研院)的下属机构,由一名副处长主管该办公室工作。为了加强与校级领导的联系,还成立了校知识产权领导小组,由主管科技工作的副校长任组长。有的著名大学在科技处内设置了科技成果管理、知识产权管理和专利管理等三个平行机构,分别负责科技成果管理,著作权、商标权、校名校誉等的管理和专利管理等三方面的工作,由一名副处长主管三个机构的工作。在这些著名大学中,技术开发的管理工作由一个专门机构负责,通常称为科技开发部。有的科技开发部是科研处下属的机构,有的是与科技处平行的机构。不管科技开发部地位如何,但都由主管科技工作的副校长领导。一些科技工作量比较小的第一类大学,在科技处内没有专门的知识产权管理机构,但在已有的科技成果管理机构或者其他机构内都有负责知识产权管理工作的人员。在第二类大学中,有一些学校在教务管理部门内有专人管理知识产权工作,主要是有关毕业论文的著作权管理等。

(二) 研究机构的知识产权管理机构的设置

如果根据研究机构研究工作的性质分类,研究机构大体上可分为科学研究类、科技开发类、研究和开发混合类等三类。科学研究类研究机构的管理中,知识产权管理是最重要的内容之一,需要和科学研究项目的管理紧密结合,贯穿在科学研究项目的始终。最好设置独立的知识产权部门,直接置于研究机构第一负责人的直接领导之下,处于与科研项目管理部门同样重要的位置。当然,如果研究机构比较小,或者研究项目比较少,也可以将知识产权管理机构设置在科研项目管理机构之内。

如果是技术开发类研究机构,其主要任务包括技术开发、技术推广应用,甚至公司的运作。这类公司知识产权管理和技术开发项目管理一样,需要与公司在技术市场和商品市场中的运作紧密结合。如果这类研究机构规模比较大,或者主要精力放在技术开发和技术许可、技术转让上,就可以设置独立的知识产权管理部门,与技术开发项目管理部门、法务部门、市场管理部门处于同样的位置。如果这类研究机构规模比较小,或者业务主要在技术市场和商品市场的开拓上,则知识产权管理部门可以设在技术开发项目管理部门、法务部门、市场管理部门等三个部门的一个部门中。在前述两种情况的任何情况下,知识产权管理部门都应当置于研究机构第一负责人的直接领导之下。

对于科技研究和技术开发混合性研究机构,兼具上述两类机构业务,知识产权管理无疑是其管理中的重要内容,有条件的应当设置专门的知识产权管理机构;没有条件的,可在其最重要的管理机构中设置知识产权管理部门。例如,如果科技研究是其主要业务,则可将知识产权管理部门设在科技项目管理部门之内;如果技术开发是其主要业务,则可将知识产权管理部门设置在技术开发项目管理部门、法务部门、市场管理部门等三个部门的一个部门之中。总之,研究机构中知识产权的管理应当是最重要的管理之一,要有相应的知识产权管理部门,机构的第一负责人要将其置于自己的直接领导之下。

(三) 企业的知识产权管理机构的设置

企业对知识产权的管理与大学和科研机构不同。企业是市场竞争的主体,生存靠的是发展战略。企业利用自身和社会资本创造财富,最终目标是占领市场使自身的利益最大化。在不同的社会历史阶段,企业相应的资产管理对象不同。农业经济时代,企业主要的资产是土地所有权,管理的重点是如何通过土地的使用为企业创造财富。工业经济时代,除了土地所有权以外,还有生产资料、人力资本,财富的核心是资本所有权,此时企业的管理目标追求的是如何充分发挥土地、生产资料和人力资本创造财富的潜力。知识经济时代,财富的重心是知识财产权。知识产权管理就是帮助企业打开市场、占领市场、垄断市场。有人曾对各种类型企业的平均寿命作过统计,从国际范围来看,世界五百强企业的平均寿命为四十年,跨国公司的平均寿命是十二年,中国大中型企业的平均寿命是七至八年,而中国民营企业的平均寿命只有二至三年。[①] 一些跨国公司之所以成为国际市场的常青树,有一个共同的特点,即它们拥有某一领域的专利技术和享誉世界的商标。这些跨国公司,通过知识产权战略布局,不断地开拓和获取国际市场。所以说,在当今时代,知识产权是帮助企业追求利润最大化的主要源泉和创造动力。

1. 企业知识产权管理的特点

1) 管理目的不同

企业以营利为主要目的,对知识产权的管理是以保护企业的利益为主要目标,而企业只有垄断市场才能够保障其利益的最大化。在此目标下,企业要充分利用知识产权制度为企业的市场配置进行管理规划,既要维护企业自己创造的知识产权,又要防止他人侵害自己的

---

① 彭兴庭. 中国企业 500 强暴露民企的弱势[N]. 华商报,2008-09-09(A6).

知识产权,同时还要极力防范竞争对手利用知识产权来分割自己产品的已有市场。通常大学和研究机构并没有占领市场、追求利益最大化的压力和迫切感,而更多的是希望研究成果得到社会的认可和承认,对能够获得一定的经济收入,更多的是对科研投入的补偿和给予发明创造者以一定的奖励和报酬。所以,大学和研究机构在知识产权利用中以社会效益和国家利益为主要考虑因素,对其所拥有的知识产权,尤其是专利技术的许可范围希望是越广越好。就此而言,大学和研究机构与企业希望独占市场的意愿是大相径庭的。

2) 激励创新的手段不同

企业激励创新的目的强调的是为企业创造更多的财富,所以,其激励创新的手段体现在货币奖励上而大学和研究机构不是创造财富、产生利润的单位,所以,其激励创新的手段主要是对成果完成者身份的肯定、奖励,大多采用提升职称或者作为科技人员完成本职工作职责考核依据,除非是职务发明创造直接为单位创造了效益,按照我国专利法规定的"一奖二酬"制度,从大学或者研究机构所获得的知识产权收益中提取一定比例给予发明人或者设计人以货币报酬,但是,这种方法与企业激励创新的手段还是有本质区别的。

3) 最终的效果不同

企业知识产权的管理绩效是以直接为企业带来的市场效益为评判基准,企业知识产权管理目标追求的是以创造和利用知识产权为主。由于企业追求的是垄断市场,使产品效益最大化,其激励创新的手段也是与市场获得的利润为参考基准,给予发明创造者以晋升工资或者直接的是货币报酬。大学和研究机构的创新活动与市场结合并不紧密,其创造的知识产品也不像企业那样提供与市场贴近的产品,更多的是基础型或者应用型的研究成果,需要进行市场产品的进一步开发。虽然这种专利技术不能直接带来市场效益,但却是支撑市场产品开发不可或缺的基础,尤其是高新技术成果的基础性研究大多数是从大学和研究机构诞生的,然后由企业将其产品化、市场化。伴随着这种分工的不同,大学和研究机构对知识产权管理目标的追求是以知识产权确权和保护为主,对于知识产权利用和资本化不是其主要目标。

4) 管理的差别很大

企业的差别首先体现在其规模的大小上。一个世界五百强的企业和一个名不见经传的小企业,在业务和管理上无法相提并论;处于知识经济前沿的知识性企业和一个仍在从事基本上是小农业生产和农业产品销售的个体户,也不可同日而语;一个专门从事零售的商业和一个从事工业产品生产的企业,在业务和管理上也大相径庭。在管理机构的设置上,不同企业差别也很大。规模较大的企业,市场部门是都需要设置的,但是在科技项目管理部门、法务部门和知识产权管理部门的设置上,则千差万别。在知识产权管理上,对不同企业来说,知识产权管理的重要性是不一样的。对知识性企业来说,知识产权是其生存的主要依据,知识产权管理是最重要的管理;对仍在从事小农业生产或者农业产品销售的个体户来说,产品生产和销售市场是其生存的基本依据,知识产权则处于次要地位。不同企业知识产权管理的内容也差别很大。高技术企业的知识产权管理主要集中在对专利、技术秘密或者计算机软件著作权的管理上;对从事商品零售、有形商品进出口贸易的企业来说,知识产权管理的重点要放在商标上。尽管企业的业务和管理千差万别,但共同点都集中在市场管理和知识产权管理上。可以说,任何企业都离不开市场的开发和知识产权的运用,所以知识产权的管理和市场的管理应当是不可缺少的管理,但是知识产权管理机构的设置则需要紧密结合企业自身的实际。

2. 企业知识产权管理机构的设置

日、美等国的大企业一般都有专门的知识产权管理组织,只不过不同企业的组织名称、组织层级、组织规模、人员配置之间存在很大的差异。此外,同一家企业为适应市场竞争的需要,其知识产权的人员配置与组织管理也在不断发展变化。在组织名称上,有专利部、知识产权部、法律与知识产权部、专利与商标部、智慧财产管理部等多种叫法,不一而足。不同的名称往往也直接反映出该知识产权管理组织的职责范围。

从组织层级来看,日、美等国企业的知识产权管理组织可以分为两大类。第一类企业将专利管理组织设在研发部门或者法律事务部门下面,将商标管理组织设在市场营销部门下面。这一类企业往往只把知识产权管理组织定位成一个辅助部门,在早期的西方企业中比较多见,现在主要存在于一些中小企业中。第二类企业的知识产权管理组织层级高,与财务部门等并列,直属于董事会,如富士通公司的专利总部、美国电话电报公司的智慧财产管理部便属此类。从组织规模来看,不同企业的知识产权管理组织的员工人数有多有少,有少到20～30人的,也要多达700～800人的。人数的多少主要取决于企业经营的需要,没有固定的限额。例如,目前松下公司知识产权工作人员共有720人,在全球首屈一指;美国休斯公司专利与商标部共有45人。从人员配置来看,日、美等国企业的知识产权管理组织的员工主要包括工程师、经济师、律师、营销人员等方面的人才。不同的人员之间有不同的分工,以服从企业生产经营的需要。如休斯公司的专利和商标部共有45人,其中负责专利许可证贸易的25人,专利律师19人,负责商标1人。富士通公司专利管理部门名为"专利总部",有120多人,下设专利管理部、专利业务部、专利第一部、专利第二部、技术调查部等五个部门。[①] 大多数发达国家跨国公司的知识产权管理都集中在公司总部,有人数较多的知识产权管理机构,将知识产权集中在总公司,实行知识产权的集中管理。

上述日、美等国企业知识产权管理部门的设置可以作为我国企业知识产权管理机构设置的参考。但是我国企业和日、美等国企业比较,在知识产权管理上,既有共同点,更有许多不同点。我国民族企业和日、美等国企业基本还处于不同发展阶段上。我国在高技术领域内的跨国民族企业比较少;我国民族企业产品的技术含量特别是高技术含量还比较低;我国民族企业中知识性企业比较少,主要还是从事有形产品的生产和销售。所以在我国少数跨国企业和高技术企业中,可以依据情况设置独立的知识产权管理部门,综合但有重点地管理知识产权,该机构应当置于企业主要负责人的直接领导之下。我国相当一大部分民族企业可以根据自身的业务和管理模式,在其他部门内设置知识产权管理机构,负责知识产权的管理。我国还有相当数量的民族企业,还不具备设置知识产权管理部门的条件,但应当在相应的管理部门中有人专职或者兼职管理知识产权工作,管理的对象主要是商标和商业秘密等。总之,我国民族企业的管理工作中都应当有知识产权的管理内容,知识产权管理机构或者人员的设置要根据企业自身的实际情况进行,从有利于企业的整体经营出发,以提高企业的市场竞争力和促进企业的生存和发展为目的。我国民族企业的知识产权机构和人员的设置不能搞"一刀切"和"一阵风"。

---

① 王兵. 日美企业的知识产权战略研究. 内部研究报告(未发表),2006-01-11.

第四节 知识产权战略

战略一词源于军事用语,是对战争的一种全局的长远的谋划。在我国,"战略"不仅用在军事领域,而且也广泛用在政治、经济、文化、科技等领域,人们将这些领域中全局的长远的谋划也称为战略。知识产权战略是指在知识产权运用上的全局的长远的谋划。

20个世纪80年代初,美国看到了其在世界经济竞争中的知识产权优势,为了维持和发展这种优势,进而维持和扩大其在世界经济和政治中的霸主地位,将知识产权提高到美国的国家战略地位,进行了全面的长远的谋划,并在国内和国际上努力实施其知识产权战略。其后,日本、韩国、澳大利亚等国家也根据本国的实际情况,制定并实施了各自的国家知识产权战略。作为发展中国家的印度也制定和实施了适合本国国情的知识产权战略。当今,知识产权规则的国际化使得知识产权对各国经济社会发展的影响日益加深,对国际贸易和国际政治的影响也不断加大。随着世界经济的知识化和全球化,国际知识产权竞争日趋激烈,知识产权已成为世界各国激烈竞争的焦点之一,国际社会从来没有像现在这样如此热衷于运用专利、商标、版权来维护自身利益。知识产权被作为衡量指标已与综合国力、科技竞争、经济贸易直接挂钩,成为提高国家科技经济竞争力的重要武器,成为跨国公司在国际投资与贸易中的"杀手锏",更成为发达国家处理国与国之间政治、经济、贸易问题的一个重要手段。在这样的背景下,我国也制定了国家知识产权战略,国务院发布了《国家知识产权战略纲要》,各省、自治区、直辖市也将制定本地区的知识产权战略,基层单位也将根据自身的需要制定相应的知识产权战略。

一、国家的知识产权战略

知识产权战略涉及领域广,涉及国家、科研院所、产业、企业发展和社会活动的诸多领域,因此,知识产权战略实施成功需要借助财税、金融、贸易、科技、教育等方面的法律法规以及政策措施的规范与调整。

中国拥有世界上最大的市场,也是世界目前最有活力的市场。对于中国这样的国家来说,最大的挑战在于如何继续维持市场的竞争能力。转变我国经济发展方式,缓解资源环境约束,推动国内经济发展的最主要的方法就是提高激励创新来提高国内企业和产业的竞争力,提升国家核心竞争力。我国已经在短短的几十年时间建立了知识产权制度,与国际社会发达国家几百年知识产权制度形成发展历史相比较,知识产权制度运行的绩效尚未与我国的经济社会发展相适应。目前,我国的经济发展方式还比较粗放,企业在总体上仍然依靠劳动力的低价格和资源的低成本来获得竞争优势。随着世界其他发展中国家实行较为灵活的发展政策,我国传统的竞争优势正在逐渐丧失,相对于发达国家的跨国公司,我国企业在知识产权方面总体处于劣势。在若干重要产业领域,我国因为知识产权因素受制于他人。世界范围出现了知识产权与标准结合、知识产权与贸易相挂钩的趋势,进一步使我国相关企业、产业的发展空间受到挤压。①

然而,我国的企业自主创新能力不够强,缺乏核心技术和知名品牌。我国自主知识产权水平和拥有量尚不能满足经济社会发展需要,社会公众知识产权意识仍较薄弱,市场主体运用知识产权能力不强,侵犯知识产权现象还比较突出,知识产权滥用行为时有发生,知识产权服务支撑体系和人才队伍建设滞后。知识产权制度激励科技创新、推动知识传播、促进经济文化繁荣、规范竞争秩序等根本性作用,在我国还没有充分发挥。只有通过实施国家知识产权战略,全面提高知识产权创造、运用、保护和管理的能力,使知识产权真正成为经济增长的要素,才能真正实现建设创新型国家、全面建设小康社会的宏伟目标。制定知识产权战略正是在这样的背景下孕育而生的。

2005年初,国务院成立了国家知识产权战略制定工作领导小组,启动了战略的制定工作,国家知识产权局、工商总局、版权局、发改委、科技部、商务部等三十三家中央单位共同推进战略制定工作。国家知识产权战略分为《国家知识产权战略纲要》和二十个专题的研究制定工作。2008年4月9日,国务院常务会议审议并原则通过了《国家知识产权战略纲要》,6月5日《国家知识产权战略纲要》正式发布,并开始了战略的贯彻实施工作。

我国实施《国家知识产权战略纲要》是中国知识产权保护制度的里程碑,是我国运用知识产权制度这一核心战略资源,促进经济社会全面发展的重要国家战略。《国家知识产权战略纲要》是这一战略的纲领性文件,也是指导我国知识产权事业发展,提高我国知识产权创造、运用、保护、管理能力、建设创新型国家、促进我国经济社会又好又快发展的纲领性文件。

《国家知识产权战略纲要》的内容包括序言、指导思想和战略目标、战略重点、专项任务、战略措施等五个部分,共计六十五条。

(一)序言

序言部分主要是强调了制定和实施知识产权战略的重要性、必要性和紧迫性。指出知识产权制度是开发和利用知识资源的基本制度,它通过合理确定人们对于知识及其他信息的权利,调整人们在创造、运用知识和信息过程中产生的利益关系,激励创新,推动经济发展和社会进步。随着知识经济和经济全球化深入发展,知识产权日益成为国家发展的战略性资源和国际竞争力的核心要素,成为建设创新型国家的重要支撑和掌握发展主动权的关键。

序言部分强调了实施国家知识产权战略,大力提高知识产权创造、运用、保护和管理能力的作用在于:有利于增强我国自主创新能力,建设创新型国家;有利于完善社会主义市场经济体制,规范市场秩序和建立诚信社会;有利于增强我国企业市场竞争力和提高国家核心竞争力;有利于扩大对外开放,实现互利共赢。实施知识产权战略,是为了建设创新型国家的迫切需要,是转变经济发展方式的必由之路,是提高国家核心竞争力的关键举措,是关系国家前途和民族未来的大事。

(二)指导思想和战略目标

1. 指导思想

指导思想中提出了"激励创造、有效运用、依法保护、科学管理"的十六字方针,其中创造

---

① 朱宏. 实施国家知识产权战略是一项宏伟工程[N]. 中国知识产权报,2008-07-02(4).

是基础，运用是目的，保护是关键，管理是保障。指导思想中强调要着力完善知识产权制度，积极营造良好的知识产权法治环境、市场环境、文化环境，大幅度提升我国知识产权创造、运用、保护和管理能力，为建设创新型国家和全面建设小康社会提供强有力支撑。所谓"激励创造"就是要采取有力措施，促进全社会高水平的知识产权大量涌现；"有效运用"就是要充分利用知识产权市场价值和竞争优势，促进经济又好又快发展；"依法保护"就是要合理确定保护范围和强度，严格依法保护知识产权，规制知识产权滥用；"科学管理"就是要完善体制、整合资源、协调机制、提高效率。

2. 战略目标

战略目标分为近期目标和远期目标。

1) 近期目标

近期目标是指 2008 年起近五年的目标，包括四个方面：

（1）自主知识产权水平大幅度提高，拥有量进一步增加。本国申请人发明专利年度授权量进入世界前列，对外专利申请大幅度增加。培育一批国际知名品牌。核心版权产业产值占国内生产总值的比重明显提高。拥有一批优良植物新品种和高水平集成电路布图设计。商业秘密、地理标志、遗传资源、传统知识和民间文艺等得到有效保护与合理利用。

（2）运用知识产权的效果明显增强，知识产权密集型商品比重显著提高。企业知识产权管理制度进一步健全，对知识产权领域的投入大幅度增加，运用知识产权参与市场竞争的能力明显提升。形成一批拥有知名品牌和核心知识产权，熟练运用知识产权制度的优势企业。

（3）知识产权保护状况明显改善。盗版、假冒等侵权行为显著减少，维权成本明显下降，滥用知识产权现象得到有效遏制。

（4）全社会特别是市场主体的知识产权意识普遍提高，知识产权文化氛围初步形成。

2) 远期目标

远期目标是预计到 2020 年时，将我国建设成为知识产权创造、运用、保护和管理水平较高的国家。知识产权法治环境进一步完善，市场主体创造、运用、保护和管理知识产权的能力显著增强，知识产权意识深入人心，自主知识产权的水平和拥有量能够有效支撑创新型国家建设，知识产权制度对经济发展、文化繁荣和社会建设的促进作用充分显现。

（三）战略重点

战略重点的内容包括完善制度、促进创造和运用、加强保护、防止滥用、培育文化等五个方面的内容。

1. 完善知识产权制度

完善知识产权制度重点包括完善法律法规、健全体制机制、强化政策措施三方面内容。

（1）完善法律法规是指要及时修订专利法、《商标法》和著作权法等知识产权各专门法律及其实施条例，适时做好遗传资源、传统知识、民间文艺等立法工作。完善反不正当竞争、对外贸易、科技、国防等方面法律法规中有关知识产权的规定。

（2）健全体制、机制是指要健全知识产权执法和管理体制，加强司法保护体系和行政执法体系建设，发挥司法保护知识产权的主导作用，提高执法效率和水平。深化知识产权行政管理体制改革,形成权责一致、分工合理、决策科学、执行顺畅、监督有力的知识产权行政管理体制。

(3) 强化政策措施是指要强化知识产权在经济、文化和社会政策中的导向作用,加强产业、区域、科技、贸易等各领域公共政策与知识产权政策的协调衔接。制定适合相关产业发展的知识产权政策,促进产业结构的调整与优化;针对不同地区发展特点,完善知识产权扶持政策,培育地区特色经济,促进区域经济协调发展;建立重大科技项目的知识产权工作机制,以知识产权的获取和保护为重点开展全程跟踪服务;健全与对外贸易有关的知识产权政策,建立和完善对外贸易领域知识产权管理体制、预警应急机制、海外维权机制和争端解决机制。加强文化、教育、科研、卫生等政策与知识产权政策的协调衔接,保障公众在文化、教育、科研、卫生等活动中依法合理使用创新成果和信息的权利,促进创新成果合理分享;保障国家应对公共危机的能力。

2. 促进知识产权创造和运用

促进知识产权创造和运用,是指政府运用财政、金融、投资、政府采购政策和产业、能源、环境保护政策,引导和支持市场主体创造和运用知识产权。强化科技创新活动中的知识产权政策导向作用,坚持技术创新以能够合法产业化为基本前提,以获得知识产权为追求目标,以形成技术标准为努力方向。完善国家资助开发的科研成果权利归属和利益分享机制。将知识产权指标纳入科技计划实施评价体系和国有企业绩效考核体系。逐步提高知识产权密集型商品出口比例,促进贸易增长方式的根本转变和贸易结构的优化升级。

政府要推动企业成为知识产权创造和运用的主体。促进自主创新成果的知识产权化、商品化、产业化,引导企业采取知识产权转让、许可、质押等方式实现知识产权的市场价值。充分发挥高等学校、科研院所在知识产权创造中的重要作用。选择若干重点技术领域,形成一批核心自主知识产权和技术标准。鼓励群众性发明创造和文化创新。促进优秀文化产品的创作。

3. 加强知识产权保护

加强知识产权保护是指政府要修订惩处侵犯知识产权行为的法律法规,加大惩处力度,完善执法体制,统一执法标准,提高执法水平。增强权利人自我维权的意识和能力。采取各种措施降低维权成本,提高侵权代价,有效遏制侵权行为。

4. 防止知识产权滥用

防止知识产权滥用是指政府要制定相关法律法规,合理界定知识产权的界限,防止知识产权滥用,有效维护公平竞争的市场秩序和公众合法权益。

5. 培育知识产权文化

培育知识产权文化是指各级政府部门要加强知识产权宣传,提高全社会知识产权意识。广泛开展知识产权普及型教育。在精神文明创建活动和国家普法教育中增加有关知识产权的内容。在全社会弘扬以创新为荣、剽窃为耻,以诚实守信为荣、假冒欺骗为耻的道德观念,形成尊重知识、崇尚创新、诚信守法的知识产权文化。

(四)专项任务

专项任务分别对专利、商标、版权等七个类别的知识产权作出部署,同时提出国防知识产权要重点开展的工作。

1. 专利专项任务

专利专项任务是指政府要以掌握一批核心技术专利为突破点,支撑高新技术产业发展。以国家战略需求为导向,在生物和医药、信息、新材料、先进制造、先进能源、海洋、资源环境、现代农业、现代交通、航空航天等技术领域超前部署,掌握一批核心技术的专利,支撑我国高技术产业与新兴产业发展。制定和完善与标准有关的政策、规范。支持企业、行业组织积极参与国际标准的制定。

完善职务发明制度,建立合理的利益分配机制。建立既有利于激发职务发明人的创新积极性,又有利于促进专利技术实施的利益分配机制。

按照授予专利权的条件,完善专利审查程序,提高审查质量,防止非正常专利申请。

正确处理专利保护和公共利益的关系,在依法保护专利权的同时,完善强制许可制度,发挥例外制度作用,研究制定合理的相关政策,保证在发生公共危机时,公众能够及时、充分获得必需的产品和服务。

2. 商标专项任务

商标专项任务是指以保护商标权人和消费者的合法权益为立足点,加强执法能力建设,严厉打击假冒等侵权行为,维护公平竞争的市场秩序。

支持企业实施商标战略,在经济活动中使用自主商标。引导企业丰富商标内涵,增加商标附加值,提高商标知名度,形成驰名商标。鼓励企业进行国际商标注册,维护商标权益,参与国际竞争。充分发挥商标在农业产业化中的作用。积极推动市场主体注册和使用商标,促进农产品质量提高,保证食品安全,提高农产品附加值,增强市场竞争力。

加强商标管理,提高商标审查效率,缩短审查周期,保证审查质量。尊重市场规律,切实解决驰名商标、著名商标、知名商品、名牌产品、优秀品牌的认定等问题。

3. 版权专项任务

版权专项任务是指以扶持新闻出版、广播影视、文学艺术、文化娱乐、广告设计、工艺美术、计算机软件、信息网络等版权相关产业发展为目标,支持具有鲜明民族特色、时代特点作品的创作,扶持难以参与市场竞争的优秀文化作品的创作。

完善制度,促进版权市场化。进一步完善版权质押、作品登记和转让合同备案等制度,拓展版权利用方式,降低版权交易成本和风险。充分发挥版权集体管理组织、行业协会、代理机构等中介组织在版权市场化中的作用。

依法处置盗版行为,加大盗版行为处罚力度。重点打击大规模制售、传播盗版产品的行为,遏制盗版现象。

有效应对互联网等新技术发展对版权保护的挑战。妥善处理保护版权与保障信息传播的关系,既要依法保护版权,又要促进信息传播。

4. 商业秘密专项任务

商业秘密专项任务着眼于引导市场主体依法建立商业秘密管理制度。依法打击窃取他人商业秘密的行为。妥善处理保护商业秘密与自由择业、涉密者竞业限制与人才合理流动的关系,维护职工合法权益。

5. 植物新品种专项任务

植物新品种专项任务的重点是通过激励机制，扶持新品种培育，推动育种创新成果转化为植物新品种权。支持形成一批拥有植物新品种权的种苗单位。建立健全植物新品种保护的技术支撑体系。

合理调节资源提供者、育种者、生产者和经营者之间的利益关系，注重对农民合法权益的保护。提高种苗单位及农民的植物新品种权保护意识，使品种权人、品种生产经销单位和使用新品种的农民共同受益。

6. 特定领域知识产权

特定领域知识产权包括地理标志、遗传资源、传统知识、民间文艺和集成电路布图设计五个领域的专项任务，前四个领域所面临的共同任务是要完善制度，加强保护。要建立对于遗传资源、传统知识和民间文艺的合理的利益分享机制。要加强集成电路布图设计专有权的有效保护和利用，促进集成电路产业发展。

完善地理标志保护制度。建立健全地理标志的技术标准体系、质量保证体系与检测体系。普查地理标志资源，扶持地理标志产品，促进具有地方特色的自然、人文资源优势转化为现实生产力。

完善遗传资源保护、开发和利用制度，防止遗传资源流失和无序利用。协调遗传资源保护、开发和利用的利益关系，构建合理的遗传资源获取与利益分享机制。保障遗传资源提供者知情同意权。

建立健全传统知识保护制度。扶持传统知识的整理和传承，促进传统知识发展。完善传统医药知识产权管理、保护和利用协调机制，加强对传统工艺的保护、开发和利用。

加强民间文艺保护，促进民间文艺发展。深入发掘民间文艺作品，建立民间文艺保存人与后续创作人之间合理分享利益的机制，维护相关个人、群体的合法权益。

加强集成电路布图设计专有权的有效利用，促进集成电路产业发展。

7. 国防知识产权战略

国防知识产权战略主要是建立统一协调管理机制，着力解决权利归属与利益分配、有偿使用、激励机制以及紧急状态下技术有效实施等重大问题。

要加强国防知识产权管理，将知识产权管理纳入国防科研、生产、经营及装备采购、保障和项目管理各环节。增强对重大国防知识产权的掌控能力。发布关键技术指南，在武器装备关键技术和军民结合高新技术领域形成一批自主知识产权。

建立国防知识产权安全预警机制，对军事技术合作和军品贸易中的国防知识产权进行特别审查。

促进国防知识产权有效运用。完善国防知识产权保密解密制度，在确保国家安全和国防利益基础上，促进国防知识产权向民用领域转移。鼓励民用领域知识产权在国防领域运用。

（五）战略措施

战略措施共有九大措施，包括五项提升知识产权创造、运用、保护和管理能力的具体措施、"三个建设"和"一个合作"。

1. 五项措施

"五项措施"即提升知识产权创造能力、鼓励知识产权转化运用、加快知识产权法制建设、提高知识产权执法水平、加强知识产权行政管理。

1）提升知识产权创造能力

要建立以企业为主体、市场为导向、产学研相结合的自主知识产权创造体系，引导支持创新要素向企业集聚，推动企业知识产权的运用和产业化，提高我国企业市场竞争力。引导企业在研究开发立项及开展经营活动前进行知识产权信息检索。支持企业通过原始创新、集成创新和引进消化吸收再创新，形成自主知识产权，提高把创新成果转变为知识产权的能力。支持企业等市场主体在境外取得知识产权。引导企业改进竞争模式，加强技术创新，提高产品质量和服务质量，支持企业打造知名品牌。

2）鼓励知识产权转化运用

引导支持创新要素向企业集聚，促进高等学校、科研院所的创新成果向企业转移，推动企业知识产权的应用和产业化，缩短产业化周期。深入开展各类知识产权试点、示范工作，全面提升知识产权运用能力和应对知识产权竞争的能力。

3）加快知识产权法制建设

建立适应知识产权特点的立法机制，提高立法质量，加快立法进程。加强知识产权立法前瞻性研究，做好立法后评估工作。增强立法透明度，拓宽企业、行业协会和社会公众参与立法的渠道。加强知识产权法律修改和立法解释，及时有效回应知识产权新问题。研究制定知识产权基础性法律的必要性和可行性。加强政府对知识产权的审批能力建设；重大经济活动要实行知识产权审议制度。

鼓励和支持市场主体健全技术资料与商业秘密管理制度，建立知识产权价值评估、统计和财务核算制度，制订知识产权信息检索和重大事项预警等制度，完善对外合作知识产权管理制度。鼓励市场主体依法应对涉及知识产权的侵权行为和法律诉讼，提高应对知识产权纠纷的能力。

4）提高知识产权执法水平

提高知识产权执法队伍素质，合理配置执法资源，提高执法效率，完善知识产权审判体制，优化审判资源配置，简化救济程序。研究设置统一受理知识产权民事、行政和刑事案件的专门知识产权法庭。研究适当集中专利等技术性较强案件的审理管辖权问题，探索建立知识产权上诉法院。进一步健全知识产权审判机构，充实知识产权司法队伍，提高审判和执行能力。加强知识产权司法解释工作。针对知识产权案件专业性强等特点，建立和完善司法鉴定、专家证人、技术调查等诉讼制度，完善知识产权诉前临时措施制度。改革专利和商标确权、授权程序，研究专利无效审理和商标评审机构向准司法机构转变的问题。提高知识产权执法队伍素质，合理配置执法资源，提高执法效率。针对反复侵权、群体性侵权以及大规模假冒、盗版等行为，有计划、有重点地开展知识产权保护专项行动。加大行政执法机关向刑事司法机关移送知识产权刑事案件和刑事司法机关受理知识产权刑事案件的力度。

加大海关执法力度，加强知识产权边境保护，维护良好的进出口秩序，提高我国出口商品的声誉。充分利用海关执法国际合作机制，打击跨境知识产权违法犯罪行为，发挥海关在国际知识产权保护事务中的影响力。

5）加强知识产权行政管理

制定并实施地区和行业知识产权战略，充实知识产权管理队伍，加强业务培训，提高人员素质。根据经济社会发展需要，在县级以上政府可设立相应的知识产权管理机构。

完善知识产权审查及登记制度，加强能力建设，优化程序，提高效率，降低行政成本，提高知识产权公共服务水平。

构建国家基础知识产权信息公共服务平台，构建国家基础知识产权信息公共服务平台。建设高质量的专利、商标、版权、集成电路布图设计、植物新品种、地理标志等知识产权基础信息库，加快开发适合我国检索方式与习惯的通用检索系统。健全植物新品种保护测试机构和保藏机构。建立国防知识产权信息平台。指导和鼓励各地区、各有关行业建设符合自身需要的知识产权信息库。促进知识产权系统集成、资源整合和信息共享。

建立知识产权预警应急机制。发布重点领域的知识产权发展态势报告，对可能发生的涉及面广、影响大的知识产权纠纷、争端和突发事件，制订预案，妥善应对，控制和减轻损害。

2．三个建设

"三个建设"即完善知识产权中介服务体系建设、加强知识产权人才队伍建设、推进知识产权文化建设。

1）完善知识产权中介服务体系建设

大力提升中介机构知识产权服务能力及国际事务参与能力。完善知识产权中介服务管理，加强行业自律，建立诚信信息管理、信用评价和失信惩戒等诚信管理制度。规范知识产权评估工作，提高评估公信度。

建立知识产权中介服务执业培训制度，加强中介服务职业培训，规范执业资质管理。明确知识产权代理人等中介服务人员执业范围，研究建立相关律师代理制度。完善国防知识产权中介服务体系。大力提升中介组织涉外知识产权申请和纠纷处置服务能力及国际知识产权事务参与能力。

充分发挥行业协会的作用，支持行业协会开展知识产权工作，促进知识产权信息交流，组织共同维权。加强政府对行业协会知识产权工作的监督指导。

充分发挥技术市场的作用，构建信息充分、交易活跃、秩序良好的知识产权交易体系。简化交易程序，降低交易成本，提供优质服务。

培育和发展市场化知识产权信息服务，满足不同层次知识产权信息需求。鼓励社会资金投资知识产权信息化建设，鼓励企业参与增值性知识产权信息开发利用。

2）加强知识产权人才队伍建设

建立部门协调机制，统筹规划知识产权人才队伍建设。加快建设国家和省级两级知识产权人才库和专业人才信息网络平台。

建设若干国家知识产权人才培养基地。加快建设高水平的知识产权师资队伍。设立知识产权二级学科，支持有条件的高等学校设立知识产权硕士、博士学位授予点。大规模培养各级各类知识产权专业人才，重点培养企业急需的知识产权管理和中介服务人才。

制定培训规划，广泛开展对党政领导干部、公务员、企事业单位管理人员、专业技术人员、文学艺术创作人员、教师等的知识产权培训。

完善吸引、使用和管理知识产权专业人才相关制度，优化人才结构，促进人才合理流动。

结合公务员法的实施,完善知识产权管理部门公务员管理制度。按照国家职称制度改革总体要求,建立和完善知识产权人才的专业技术评价体系。

3) 推进知识产权文化建设

在高等学校开设知识产权相关课程,将知识产权教育纳入高校学生素质教育体系。制定并实施全国中小学知识产权普及教育计划,将知识产权内容纳入中小学教育课程体系。

建立政府主导、新闻媒体支撑、社会公众广泛参与的知识产权宣传工作体系。完善协调机制,制定相关政策和工作计划,推动知识产权的宣传普及和知识产权文化建设。

3. 一个合作

"一个合作"即扩大知识产权对外交流合作。通过"一个合作",要积极参与国际知识产权秩序的构建,建立和完善知识产权对外信息沟通交流机制。加强国际和区域知识产权信息资源及基础设施建设与利用的交流合作。鼓励开展知识产权人才培养的对外合作。引导公派留学生、鼓励自费留学生选修知识产权专业。支持引进或聘用海外知识产权高层次人才。积极参与国际知识产权秩序的构建,有效参与国际组织有关议程。

二、地方政府的知识产权战略

地方政府的知识产权战略主要是依据《国家知识产权战略纲要》内容,制订本行政区域内与《国家知识产权战略纲要》相衔接的,针对本地区中长期经济社会发展纲要,具有本地区特点的实施《国家知识产权战略纲要》配套和保障措施。

1. 地方知识产权战略的定位

国家知识产权战略是对全国所进行的全局性和长期的谋划;地方知识产权战略是对地方行政管理区域所进行的全局性和长远的谋划。国家知识产权战略是地方知识产权战略的上位战略,对所有地方知识产权战略有指导作用;地方知识产权战略是国家知识产权战略的下位战略,是国家知识产权战略在地区的体现和具体化。国家知识产权战略的彻底实施有赖于地方知识产权战略的制定和实施;某一地方知识产权战略的实施也有赖于国家知识产权战略的实施。地方知识产权战略必须依靠国家知识产权的整体法治环境和政策环境,依赖于国家相关组织机构的建立、服务与支持。因此,地方知识产权战略的定位是依附于国家知识产权战略,服从和服务于国家知识产权战略,即地方知识产权战略是服从于国家知识产权战略大纲的框架要求,而又服务于地方经济社会发展的衔接性战略。

2. 地方知识产权战略的重点是落实保障措施

国家知识产权战略已经提出了整体全局知识产权的战略目标、任务和重点,地方知识产权战略要服从于国家知识产权战略大纲的框架要求。但是作为地方知识产权战略,其重要的是围绕国家知识产权战略的总体目标,具体策划如何保证全面完成国家战略中所涉及的与地方相关的战略任务,如何贯彻、落实、制定切实可行的保障地方知识产权战略目标实现的具体措施。

3. 地方知识产权战略应具有本地区特色

地方知识产权战略要服务于地方经济社会发展,所以,地方知识产权战略应当是建立在国家知识产权战略基础上,结合区域优势(含科技优势、文化优势、社会优势、经济优势)因地制宜,突出本地区发展的特点和重点,与本地区中长期发展规划协调一致,与国家知识产权战略相衔接。例如,对于具有科技与文化比较优势地区的地方知识产权战略,其知识产权战略重点应当是对科技与文化优势转变为知识产权优势的引导、指导、挖掘策略;而对于既具有知识产权优势又具有社会优势、经济优势的发达地区,地方知识产权战略的重点是如何将三种优势有机结合,形成能提升市场竞争力,在世界范围内具有竞争优势的地区。

4. 地方知识产权战略应侧重服务平台的建设

地方知识产权战略应侧重于集中地方政府的财力,为知识产权创造、运用、保护、管理创建高质量的服务平台。服务平台包括为知识产权战略谋划、实施提供研究咨询的服务机构;为获取知识产权提供服务的代理机构、信息检索机构;为知识产权运用提供合同服务、为知识产权资本化提供价值评估服务、为知识产权贸易提供中介服务的机构;为知识产权保护提供诉讼代理、司法鉴定服务的机构;为企业、行业提供知识产权风险预测预警服务与应急的机构;为培养知识产权各类高级专门人才的教育机构;为提高知识产权管理水平、提升整个民族知识产权保护意识、利用知识产权能力的培训服务机构。

三、基层单位的知识产权战略

知识产权战略是一个庞大的系统工程,其最终的落脚点在基层单位。国家知识产权法律制度与各级人民政府制定的法律法规与政策所形成的法律环境、政策环境是否有效,最终体现在基层单位的知识产权创造、运用、保护和管理整体水平的提升。基层单位的知识产权战略,是本单位范围内重大的、带全局性的、规律性的或决定全局的谋略。基层的知识产权战略与该单位的发展战略、经营等方面的战略是一个相辅相成的整体战略体系,尤其是不能替代企业的市场营销、文化建设等方面的战略,相反,它要服从于企业整体经营战略,并与其他子战略配合。

(一) 专利战略

知识产权战略已然成为了一个单位可持续发展所必备的战略基础,以专利为后盾形成的整体发展战略是基层单位,尤其是企业的通行做法。基层单位的专利战略一般是将专利调查、专利申请、专利实施以及专利防御作为一个系统来谋划与推进实施的,因此,从战略实施的最终目的可将专利战略分为进攻型专利战略、防御性专利战略以及混合型专利战略。这里主要介绍进攻型专利战略。

所谓进攻型专利战略,顾名思义,指战略的布局是主动出击,布置本单位的专利制高点,实现垄断某个领域市场的目标。为达到此目的,基层单位必须具备如下条件方可谋划和实施进攻型专利战略。

(1) 拥有对战略布局领域的技术发展趋势、市场走向清醒的、远见卓识的、独到的预见能力;

(2) 在战略布局的领域方面具有一支稳定的、超前的研究开发队伍和较强的研究开发能力,拥有一批领先的研究开发成果作为申请专利的储备;

(3) 具有充足的研究开发经费的支持,而且研究开发经费的支持是长期的,不追求短期回报利润的科研开发经费的投入。

在具备以上条件下,基层单位可根据自身条件和战略需要,选择以下类型的进攻型专利战略。[①]

1. 基本专利战略

基本专利是针对外围专利而言的。基本专利往往是指建立在该领域科学发现基础上的,技术应用领域具有开拓性和具有基础作用的发明创造,这种发明创造所获得的专利又称为核心专利。该核心专利具有难以模仿、无法替代的特征,任何该领域的其他发明创造均是基于此核心专利而产生的外围专利,以此形成该领域支配地位的战略形势,使得拥有基本专利的基层单位在该领域保持一定期间的竞争优势。目前,我国加工生产的手机的关键技术,均是使用外国跨国公司的基本专利,为此手机的绝大多数利润缴纳了专利使用费。

基本专利并不是万无一失的尚方宝剑。基本专利在具体实施时,如果基层单位专利权人不注意及时开发外围专利,仅靠基本专利一枝独秀也是有风险的,很难抵挡他人依据该基本专利开发申请与之相关的外围专利。美国IBM公司在向欧洲专利局申请超导基本专利后,将主要精力集中于在学术刊物上发表文章,没有对超导技术的实际应用技术进行进一步的开发和完善,及时申请专利形成围绕该基本专利的外围专利,结果让其他国家申请到有关超导的应用专利和相关材料及其工艺的专利。[②] 由此,围绕美国IBM公司的超导基本专利形成的外围专利,对该基本专利在实施应用时形成了专利屏障。基层单位在谋划和实施基本专利战略时,不仅鼓励和激励基本专利的开发和权利的获得,还要注意将基本专利与外围专利的开发相结合,尽可能多地抢占技术开发的制高点,并且及时、合理地布置基本专利与外围专利的技术屏障,以保证本单位获取该领域技术的绝对控制权,确保无论是技术还是产品,均在市场上享有最大的支配地位。

2. 专利网战略

专利网战略可分为以自己基本专利为核心的专利网和以他人基本专利为核心的专利网两种类型。专利网战略与基本专利战略中的基本专利与外围专利结合的区别在于,专利网战略不仅是对自己基本专利的战略优势的扩大与巩固的战略谋划,而且也是设法突破他人设置的基本专利战略的障碍,而采取的应对战略措施,因其最终结果仍然是产生与竞争对手博弈的专利优势,故还是将其纳入进攻型专利战略的范畴。基本专利战略中的基本专利与外围专利结合的战略谋划从严格意义上来讲,是最佳基本专利战略的一种战术应用而已。

以他人基本专利为核心的专利网战略,是指在他人已经形成基本专利的基础上,围绕该基本专利进行研究开发与之相关的配套技术或者是基本专利的应用技术,设置自己的专利网,以遏制竞争对手基本专利的专利网战略谋划。在他人基本专利基础上设置自己的专利网战略,是在基层单位技术开发能力不强、研究开发经费不足的情况下,所采取的技术跟进的积极战略措施。此类专利网战略是日本企业最常用的专利战略,从他人基本专利中探寻专利网的"缝隙",对仍有改进余地或者尚未开发的技术进行开发,设置自己的专利网。例如,日本东洋工业围绕前联邦德国公司的转子发动机基本专利,开发了一系列实用化的外围专利,使得日本东洋工业在缺乏基本专利的条件下,仍能与前联邦德国公司的转子发动机基

[①] 朱雪忠. 企业知识产权管理[M]. 北京:知识产权出版社,2008:228—233.
[②] 冯晓青. 企业知识产权战略[M]. 北京:知识产权出版社,2001:71.

本专利平分市场秋色。[①]

以自己基本专利为核心的专利网战略,是指在自己已经形成基本专利的前提下,谋划围绕该基本专利进行研究开发与之相关的配套技术或者是基本专利的应用技术,最终形成围绕该基本专利的一项或者多项外围专利。实施此类专利网战略最重要的是选择基本专利的申请时机,以防止过早公开基本专利,为他人利用自己基本专利开发形成他人的专利网提供可乘之机。但是,也要考虑自己是否具有开发配套专利技术的能力,不可为了防他人,而丧失申请基本专利的时机。

3. 专利转让许可战略

专利转让许可战略,是指专利权人通过专利权转让和专利实施许可的方式,实现专利收益最大化的谋划。

一项技术要真正成为市场上成功交易的商品,需要经过专利技术研究开发阶段、专利技术产品化阶段和专利技术商品化阶段。这三个阶段均需要人力、物力、财力以及时间的投入。按照专利制度的设计,专利技术一般均是技术方案,从理论上推定其具有可实施的技术构成和技术效果,但是是否适于工业批量生产还需要进行产品化研究开发。实践证明,一项专利技术的产品化周期与产品化开发的投入往往比该项专利技术的研究开发周期长、产品化开发的投入大。即使是产品化成功的专利技术,要想商品化成功,也离不开基层单位商业运作的能力与成本,其商业投入的时间与财力也是基层单位不容忽略的要素之一。

因此,专利转让许可战略的制定与实施的前提是充分分析本单位的专利技术研究开发的能力、专利技术产品化的能力以及专利技术商品化开发的能力,选择能够扬长避短的专利战略。对于具有较强从事专利技术研究开发能力的大专院校和科研院所、研发型企事业单位,应当将主要人力、财力放在研究开发新技术、新产品、新材料、新工艺以及实施基本专利战略或者专利网战略方面;对于专利技术研究开发能力较弱而专利技术产品化能力较强的企业,应当积极实施专利转让许可战略,将主要人力、财力放在寻找与自己已有的加工生产能力和销售网对应的专利技术方面,并且对该专利技术进一步进行研究开发,使之产品化;对于专利技术研究开发能力和对专利技术产品化开发能力均较弱,但是又看准某一专利产品的市场前景,专利技术商品化能力较强的企业,可以利用在专利转让许可战略实施中成功企业提供的专利产品进行市场化推广上发挥企业潜力。

基层单位在实施专利转让许可战略时,还应当考虑专利技术的成熟度和产品的市场周期等因素。如果该专利技术在我国其产品的市场周期已经进入衰退期,而在其他受保护的国家该专利技术形成的产品市场周期还未进入衰退期,不妨及时将该国的专利技术转让或者许可给当地的企业,以摆脱人生地不熟带来的困惑,甚至还可以减少生产和销售成本。

当专利产品正处于市场周期的鼎盛时期,而基层单位的生产和销售能力有限时,不妨积极实施专利许可战略,既可以为自己获得一笔优厚的许可费,同时借助专利技术被许可方的市场开拓能力,也为自己的专利产品扩大了影响。

即使是在专利产品正处于市场周期的鼎盛时期,如果自己有新的替代产品的专利技术研发成功的可能,无暇顾及该专利产品的市场销售,则最好是将该专利技术转让给他人,集

---

① 朱雪忠. 企业知识产权管理[M]. 北京:知识产权出版社,2008:231.

中精力研发新产品,同时也可实现专利收益最大化。如果获知或者预测到自己拥有的专利技术的替代技术或者更为先进的技术将要出现时,应当及时、果断地将自己拥有的专利技术转让给他人,以防止自己的利益受损。当然,专利技术的受让方在购买该专利技术时一定也要注意规避该专利技术的替代技术或更为先进的技术出现后所带来的市场萎缩和技术贬值。如果与受让方已有专利技术捆绑形成专利网,其潜在的利益也是不容忽略的。尤其是专利技术的受让方拥有在某个领域的领先地位时,购买该专利技术与其拥有的基本专利配套,不仅可以为该专利技术寻找到新的利益增长点,使转让方通过转让专利权获益,而且可以使受让方大大提升专利技术获益的能力和市场竞争优势,可以说是一个双赢的战略谋划。

4. 专利与技术标准结合的战略

技术标准的定义来源于国际标准化组织与国际电工委员会(ISO/IEC),在1991年联合发布的《标准化与相关活动的基本术语及其定义(第6版)》中,将标准定义为"为活动或其结果提供规则、导则或特性值的文件"。

《标准化和有关领域的通用术语 第一部分:通用术语》(GB 3935.1—1996)中,定义标准时采用了 ISO/IEC 的定义。

我国《企业标准体系技术标准体系》则将技术标准定义为"对标准化领域中需要协调统一的技术事项所制定的标准"。

综上所述,标准是指一种或者一系列具有一定强度要求或指导性功能,内容含有细节性技术要求和有关技术方案的文件,其目的是对实际与潜在问题作出统一规定,对产品或者服务进入市场提出一定的技术要求和质量要求,以获得标准领域内最佳市场秩序的效益。

技术标准有事实标准与法定标准之分。事实标准大多数是由单个企业或者企业联盟建立的协议标准;法定标准则是由政府标准化机构或政府授权的标准化组织制定的标准,包括国家标准、行业标准、地方标准。[①] 而且随着经济全球化,在标准的制定方面也出现国际化趋势,大量的国际化标准、区域化标准、产业联盟标准应运而生。

技术标准制度是在将技术规范化的同时,也使得技术被权力化地控制在掌握该技术的人手中。如果该技术是专利技术,则专利权的排他性加上技术标准在推广和使用时的市场准入功能,更是可以为其增强市场垄断性,即只有符合该技术标准的专利技术产品才可以进入市场。由此可见,一旦专利与技术标准结合,使专利权人拥有的专利技术成为所属技术领域技术标准的组成部分,就排斥任何不符合该标准的产品,将其他不符合该标准的技术一律排斥在外,而要生产该产品,只能请求专利权人的许可,其独享其利的优势不言而喻。北大方正集团在20世纪80年代末90年代初,正是依靠其自主研发的激光照排专利技术和自己的标准体系,一举占据了国内的出版市场,但是在向国际开拓市场时,却遇到了技术标准的障碍,为此北大方正集团放弃了自己的封闭技术体系,转而采用 Adobe 的标准,从而打入了日本、欧美等国际市场。[②]

谋划专利与技术标准结合的战略不是一件容易的事,仅仅拥有处于领先地位的专利技术是不够的。美国经济学家卡尔·夏皮罗和哈尔·瓦里安认为,标准战略的胜负取决于对七种关键资产的掌控:①对用户安装基础(指已有的客户规模)的控制;②知识产权;③创

---

① 朱雪忠. 企业知识产权管理[M]. 北京:知识产权出版社,2008:234.
② 张平,马骁. 标准化与知识产权战略[M]. 北京:知识产权出版社,2002:4.

新能力；④先发优势；⑤生产能力；⑥互补产品的力量；⑦品牌和声誉。① 其中将知识产权列在了第二位。专利与技术标准结合战略是一个系统工程,该工程的实施必须具备两个基本条件：首先是以拥有该领域处于领先地位核心技术的发明专利为基础,并且具有以全球技术许可为代表的知识产权战略的顺利推进的保障；其次是该领域标准建立与管理的系统工程的优化。

专利与技术标准结合战略实施分为三个阶段。②

第一阶段是专利与标准结合战略的初创阶段,应解决的问题主要有：①申请专利,并形成具备战略需要的专利网。②标准的定位,最好选择影响力大、战略效果明显的国际标准。③知识产权信息披露规则的制定,包括选择适合标准提案的专利技术,与所有可能被纳入本标准的专利权人进行协商,要求其能够承诺一旦标准建立,愿意在非歧视状态下对外实施专利技术许可。④建立标准管理组织。标准管理组织是推广专利与标准相结合战略必不可少的组织保障,标准组织主要包括建立会员制度以及建立负责审核技术和法律问题的专家组。⑤许可模式的确立。技术标准的专利许可收费制度有诸多模式,在专利与标准相结合战略的初期阶段,此问题就成为不可回避的议题。许可模式的区别是指让标准管理组织负责标准涉及的全部专利许可工作还是只负责一个或几个标准发起人的专利许可工作。

第二阶段是专利与标准结合战略的建立阶段,主要包括两大部分工作：①在知识产权披露基础上的专利评估工作。对这些专利技术在本标准中的战略地位进行评估,确定哪些专利技术是本标准必不可少的,哪些是一般专利技术,并在必要时,建立相应标准体系的专利资料数据库。一般情况下,这项工作需要聘请职业的专利律师配合完成。②获得专利权人的授权,代表权利人对本标准体系的专利技术进行许可工作。

第三阶段是标准建立后的战略推进阶段,主要包括三大部分工作：①标准的推进工作。建立标准仅仅是一个良好的开端,只有被市场接受和认可的标准,才是有生命力的专利与标准结合的战略。②标准的调整工作。在标准的实施中标准不是一成不变的,随着技术的发展,标准需要在合适的时机进行充实和调整,以维持其市场生命力。③专利跟踪工作。技术是不断更新换代的,尤其是在专利与标准结合战略中的高新技术的创新更是日新月异,所以,战略同盟中的专利权人要密切关注本标准中技术的发展趋势,应当不断加强战略中技术的开发和新专利的申请工作,以加强本标准中专利技术的优势。同时,专利与标准结合战略实施者也要密切关注世界范围内与本标准相关技术的专利申请情况,随时将本战略需要的专利技术,吸纳到本技术标准体系中。如果无法获得专利权人的授权,可考虑修正标准绕开此专利技术。如果该专利技术存在新颖性或者创造性瑕疵,还可以考虑启动对该专利技术的无效程序,从根本上排除其对标准的障碍,消除其对战略的影响。

（二）商标战略

知名品牌不仅是企业巩固已有市场的有力保障,也是企业开辟新市场的有力武器。企业的商标价值不仅表示当前消费者心目中的认可程度,更代表企业未来市场创造价值的能力。

---

① 马克. 力撼标准[N]. 南方周末,2001-11-01.
② 张平,马骁. 标准化与知识产权战略[M]. 北京：知识产权出版社,2002：215-218.

为创造自己的企业品牌,海尔集团公司先后实施名牌战略、多元化战略和国际化战略。1993年,海尔品牌成为首批中国驰名商标;自2002年以来,海尔品牌价值连续4年蝉联中国最有价值品牌榜首。海尔品牌旗下冰箱、空调、洗衣机、电视机、热水器、计算机、手机、家居集成等十六个主导产品被评为中国名牌,其中海尔冰箱、洗衣机还被国家质检总局评为首批中国世界名牌。2005年8月30日,海尔被英国《金融时报》评为"中国十大世界级品牌"之首。2005年,海尔品牌价值高达702亿元。海尔已跻身世界级品牌行列,其影响力正随着全球市场的扩张而快速上升。海尔有九种产品在中国市场位居行业之首,三种产品在世界市场占有率居行业前三位,在智能家居集成、网络家电、数字化、大规模集成电路、新材料等技术领域处于世界领先水平。2005年12月26日,创业二十一周年之际,海尔启动了第四个发展战略阶段——全球化品牌战略阶段。海尔品牌在世界范围的美誉度大幅提升。商标战略的实施,是当前我国经济发展的一件大事,因为商标是一个地区、一个行业经济发展的火车头,是地区乃至国家经济综合素质和整体实力的反映。实施商标发展战略,培育民族驰名商标,是企业寻求长远发展的必由之路。

商标与专利战略结合,以商标开拓市场、占领市场,通过分析市场找出该品牌的卖点,在调查和了解市场需求的同时,及时开发满足潜在用户需求的新产品。靠专利技术跟进市场,不断制造产品技术差别,提高商标的市场份额,强化市场垄断。企业的新技术、新产品的开发,技术改革和引进、消化吸收形成自主知识产权是企业保证名牌有长久生命力的原动力,只有这样才能建立起自己的商标优势。在商标包装下的含有专利技术的产品,即使在专利保护期之后,由于商标在市场上对产品的保护作用,也能使该专利产品继续维持其竞争优势,这等于延长了专利保护期。

(三) 企业知识产权信息战略

对知识产权进行日常性、系统性的信息检索、分析与规划,是知识产权保护的基础与核心。对知识产权信息进行战略分析,可以有效地为企业的研究开发战略和经营战略服务。根据知识产权信息,企业可以在知识产权上知己知彼,为研究开发新技术确定研究方向,为今后的技术引进提供战略咨询。根据知识产权信息,企业可以预测未来可投入市场的新产品,为企业产品的生产和销售指明战略方向。根据知识产权信息,企业可以预测潜在的竞争对手和可能的合作伙伴,为今后的竞争和合作提供战略指导。

本 章 要 点

1. 知识产权管理的特征、目标和手段。
2. 知识产权行政管理的机构、职责。
3. 知识产权基层管理的职责、管理机构的设置。
4. 国家知识产权战略。
5. 基层知识产权战略。

本章难点

1. 知识产权行政管理的必要性和内容。
2. 国家知识产权战略中知识产权创造、利用、管理和保护的相互关系。
3. 基层知识产权管理的不同模式。

思 考 题

1. 知识产权是一种私权,国家机关是公权利行使机构,为什么国家机关要对知识产权进行行政管理?
2. 为什么我国要实施国家知识产权战略?
3. 我国国家知识产权战略的基本内容是什么?
4. 基层单位根据哪些因素来决定一项发明创造是申请专利还是作为技术秘密进行保护?
5. 基层单位的知识产权管理和其他管理的关系应当如何处理?

主要参考文献

[1] 吴汉东.知识产权法[M].北京:中国政法大学出版社,2002.
[2] 国家知识产权局条法司.专利法研究 2004[M].北京:知识产权出版社,2005.
[3] 国家知识产权局条法司.专利行政执法手册[M].北京:知识产权出版社,2008.
[4] 国家保护知识产权工作组.知识产权法律法规及国际规则汇编[G].北京:人民出版社,2008.
[5] 朱雪忠.企业知识产权管理[M].北京:知识产权出版社,2008.
[6] 张平,马骁.标准化与知识产权战略[M].北京:知识产权出版社,2002.
[7] 黄晖.驰名商标和著名商标的法律保护[M].北京:法律出版社,2001.
[8] 冯晓青.企业知识产权战略[M].北京:知识产权出版社,2001.

第九章

知识产权的国际保护

第一节 知识产权国际保护概述

知识产权国际保护制度,是指以多边国际公约为基本形式,以政府间国际组织为协调机构,通过对各国国内法律进行协调而形成的相对统一的国际法律制度。[①] 随着科学技术的进步、工业生产的发展以及国际贸易的扩大,知识产权的地域性与人类对文化、科学信息的国际性需求之间的矛盾日益突出,各国纷纷开始寻求建立知识产权国际保护体系。1883年签订的《保护工业产权巴黎公约》和1886年签订的《保护文学艺术作品伯尔尼公约》,是知识产权国际保护的开端。在组织方面,世界知识产权组织(WIPO)的成立是知识产权国际保护的一个里程碑;世界贸易组织(WTO)及其《与贸易有关的知识产权协议》(TRIPs协议)使知识产权国际保护进入了全新的阶段。

一、国际知识产权组织简介

(一)世界知识产权组织

1. WIPO 的产生及演变

WIPO 的前身是负责管理《巴黎公约》和《伯尔尼公约》的机构。1967年7月14日有51个国家在斯德哥尔摩举行了一次外交会议,在该会议上,签订了《成立世界知识产权组织公约》,但当时世界知识产权组织并未成立,直到1970年4月26日达到了规定的批准国数量要求,该公约才正式生效,世界知识产权组织才算正式成立。1974年12月,世界知识产权组织成为联合国的一个专门机构,其总部设在日内瓦。至2014年4月,世界知识产权组织已有187个成员国。1980年3月3日我国加入该组织。

2. WIPO 的宗旨及主要职责

世界知识产权组织的宗旨是:通过国家间的合作并与其他有关国际组织适当配合,促进

---

① 吴汉东.知识产权国际保护制度研究[M].北京:知识产权出版社,2007:1.

在全世界范围内保护知识产权,保证各联盟(包括巴黎联盟、伯尔尼联盟等)间的行政合作。

世界知识产权组织的主要职责是:促进全世界对知识产权保护的新的国际协定的缔结;收集并传播有关知识产权的情报,从事并促进这方面的研究和公布这些研究成果;执行巴黎联盟和与该联盟有联系的各专门联盟以及伯尔尼联盟的行政任务;担任或参加其他保护知识产权的国际协定的行政事务;为发展中国家提供法律和技术上的援助与合作,并为其他要求提供服务。

3. WIPO 的机构

世界知识产权组织主要由四个机构组成:①大会。大会是该组织的最高权力机构,由参加《成立世界知识产权组织公约》的各联盟成员国组成。②成员国会议。成员国会议由全体参加《成立世界知识产权组织公约》的国家组成,每个成员国在该会议上有一个投票权。③协调委员会。协调委员会既是一个解答有关问题的咨询机构,又是大会和成员国会议的执行机构。④国际局(秘书处)。国际局的负责人为总干事,是世界知识产权组织的行政首脑,同时,根据联合国系统中建立的公平合理分布原则从全世界数十个国家招募国际局的工作人员。总干事、副总干事及其工作人员的工作不应寻求任何政府或本组织以外任何机关的指示,他们的职责是纯国际性的。国际局执行在知识产权领域内促进成员国国际合作的计划,并为会议提供必要的资料和其他服务。

(二)世界贸易组织

1. WTO 的产生

WIPO 的诞生对知识产权国际保护的发展起到了十分积极的作用,形成了以众多知识产权国际条约为基础,以 WIPO 为协调机构的知识产权国际保护体制。然而到了 20 世纪 80 年代,世界贸易的规模和对象不断地扩展,除了传统的货物贸易以外,服务贸易尤其是知识产权贸易在国际贸易中所占的份额不断扩大;同时,伴随着知识产权贸易的发展,在贸易中的侵权现象也是此起彼伏,伪造商标、假冒商品、技术转移中的侵权已经成为国际贸易中日益突出的新问题。在国际贸易中,知识产权的作用和商业价值越来越得到体现和提高,知识产权与国际贸易日益紧密地联系在了一起。由于各国对于知识产权保护的水平有很大的差别,同时也由于 WIPO 关于知识产权国际保护的规则不涉及贸易,美国等一些国家感觉到短期内在 WIPO 的体制下突破是很难的,因此他们尝试在关税与贸易总协定的框架内以另一种方式重建知识产权国际保护体制,进而打破原来由 WIPO 单独左右知识产权国际保护的局面。

由于在 1948 年制定的《关税与贸易总协定》(GATT)主要用以调整货物贸易,其原有规则和体制已不足以适应新情况,因此,在 1986 年 9 月发起了乌拉圭回合多边贸易谈判。这一回合谈判设立了一个关于修改和完善 GATT 体制职能的谈判小组,设定谈判的议题共有 15 项,其中包括货物贸易、服务贸易、知识产权贸易、与贸易有关的投资措施以及环境问题等。考虑到 GATT 原有的多边条约和体制,各国感觉在 GATT 原有框架内进行谈判是很困难的,因此有必要建立一个新的国际组织。1990 年初,当时任欧共体主席的意大利首先提出建立多边贸易组织(multilateral trade organization, MTO),强调为了有效实施包括服务贸易等新领域的乌拉圭回合谈判成果,加强多边贸易组织职能,有必要设立多边贸易的新机构。这些建议得到了美国等国家的支持,认为有必要进一步完善 GATT 的机构,但完成乌拉圭回合的谈判是先决条件。

1991 年乌拉圭回合形成了一份《建立多边贸易组织的协议》草案,最终在 1993 年 11 月形成了正式的《多边贸易组织的协议》,并根据美国的动议,将"多边贸易组织"改为"世界贸易组织"。《建立世界贸易组织的协议》于 1994 年 4 月 15 日在摩洛哥的马拉喀什部长会议上获得通过,并与其他各附件协议、部长宣言及决定一起构成了乌拉圭多边贸易谈判的一揽子成果,并采取了"单一整体"义务和无保留义务接受的形式,被 104 个参加方政府代表所接受。《与贸易有关的知识产权协议》(TRIPs 协议)最终被纳入了作为"乌拉圭回合"谈判成果的一揽子协议。1994 年 12 月 1 日《建立世界贸易组织协定》的执行会议在日内瓦决定世界贸易组织(WTO)于 1995 年 1 月 1 日成立。

WTO 作为一个国际经济组织,建立了一整套法律规则体系,其中包括:基本规则《建立世界贸易组织协定》;附属的《关税与贸易总协定》(GATT)、《服务贸易总协定》(GATS)、《与贸易有关的知识产权协议》(TRIPs 协议),这三大协议构成了 WTO 的基本实体协定。而 TRIPs 协议又更具特色。以 WTO 为核心的知识产权国际保护体制,首次直接将知识产权保护与国际贸易联系起来,使得知识产权国际保护成为 WTO 这一国际贸易体制中的内容之一,这样一来,就把传统知识产权国际保护体制——WIPO 体制所忽视的权利保护的具体措施和争端解决机制联系起来。

《建立世界贸易组织协定》第 4 条规定该组织设立一个总理事会,同时设立货物贸易理事会、服务贸易理事会及与贸易有关的知识产权理事会,由与贸易有关的知识产权理事会专门负责执行知识产权协议的落实。强调各国对知识产权保护的司法和行政救济措施,以充分保护知识产权人的权利,而且强调了有关知识产权保护的国际争端应当适用《世界贸易组织协议》的解决争端的程序和机制,为各国履行条约义务而产生的国际争端和纠纷提供了有效的解决途径。

2. WTO 的宗旨

WTO 的宗旨是:在提高生活和保证充分就业的前提下,扩大货物和服务的生产与贸易,按照可持续发展的原则实现全球资源的最佳配置;努力确保发展中国家,尤其是最不发达国家在国际贸易增长中的份额与其经济需要相称;保护和维护环境。

3. WTO 的职能

WTO 的职能是:管理和执行共同构成世贸组织的多边及诸边贸易协定;作为多边贸易谈判的讲坛;寻求解决贸易争端;监督各成员贸易政策,并与其他同制定全球经济政策有关的国际机构进行合作。世贸组织的目标是建立一个完整的、更具有活力的和永久性的多边贸易体制。与 GATT 相比,WTO 管辖的范围除传统的和乌拉圭回合确定的货物贸易外,还包括长期游离于 GATT 外的知识产权、投资措施和非货物贸易(服务贸易)等领域。WTO 具有法人地位,它在调解成员争端方面具有更高的权威性和有效性。

4. WTO 的最高决策机构

部长级会议是 WTO 的最高决策机构。其主要职能为:任命 WTO 总干事并制定有关规则;确定总干事的权力、职责、任职条件和任期以及秘书处工作人员的职责及任职条件;对世贸组织协定和多边贸易协定做出解释;豁免某成员对世贸组织协定和其他多边贸易协定所承担的义务;审议其成员对世贸组织协定或多边贸易协定提出修改的动议等。

二、知识产权国际条约概况

目前已通过的世界性的知识产权国际条约近 30 个,其中最重要的国际条约主要是以下五个:《巴黎公约》、《伯尔尼公约》、TRIPs 协议、《世界知识产权组织版权条约》(WCT)和《世界知识产权组织表演和录音制品条约》(WPPT)。除了 TRIPs 协议是由 WTO 管理的以外,其余四个国际条约都是由世界知识产权组织管理。

(一) WIPO 通过其国际局管理的知识产权国际条约

由 WIPO 通过其国际局管理的国际条约可以从两个方面加以分类,即按其权利的不同,分为有关工业产权保护的国际条约和有关著作权保护的国际公约。

1. 有关工业产权保护的国际条约

(1)《保护工业产权巴黎公约》(Paris Convention for the Protection of Industrial Property),简称《巴黎公约》。1883 年 3 月 20 日于巴黎缔结、1884 年 7 月 7 日生效,是工业产权保护领域最重要的国际条约。

(2)《制止商品来源的虚假或欺骗性标志马德里协定》(Madrid Agreement for the Repression of False or Deceptive Indications of Source on Goods)。1891 年于马德里缔结。

(3)《商标国际注册马德里协定》(Madrid Agreement Concerning the International Registration of Marks),简称《马德里协定》。1891 年于马德里缔结、1892 年 7 月 15 日生效,是关于商标国际注册的程序性国际条约。

(4)《商标国际注册马德里协定有关议定书》(Protocol Relating to the Madrid Agreement Concerning the International Registration of Marks),简称《马德里议定书》。1989 年通过、1995 年生效,是关于商标国际注册的程序性国际条约。

(5)《工业品外观设计国际备案海牙协定》(Hague Agreement Concerning the International Registration of Industrial Designs)。1925 年于海牙缔结。

(6)《为商标注册目的而使用的商品与服务的国际分类尼斯协定》(Nice Agreement Concerning the International Classification of Goods and Services for the Purposes of the Registration of Marks),简称《尼斯协定》。1957 年 6 月 15 日于尼斯签订、1961 年 4 月 8 日生效,是关于商标与服务国际分类的国际条约。

(7)《保护原产地名称及其国际注册里斯本协定》(Lisbon Agreement for the Protection of Appellations of Origin and their International Registration),简称《里斯本协定》。1958 年于里斯本签订。

(8)《建立工业品外观设计国际分类洛迦诺协定》(Locarno Agreement Establishing an International Classification for Industrial Designs),简称《洛迦诺协定》。1968 年于洛迦诺签订、1971 年生效,是关于工业品外观设计国际分类的世界性公约。

(9)《专利合作条约》(Patent Cooperation Treaty,PCT)。1970 年 6 月签订、1978 年 1 月 24 日生效,是关于国际专利申请的受理及审查的程序性国际条约。

(10)《国际专利分类斯特拉斯堡协定》(Strasbourg Agreement Concerning the

International Patent Classification)。1971 年于斯特拉斯堡签订、1978 年生效。

（11）《商标图形国际分类维也纳协定》(Vienna Agreement Establishing an International Classification of the Figurative Elements of Marks)，简称《维也纳协定》。1973 年 6 月 12 日于维也纳签订、1985 年生效。

（12）《国际承认用于专利程序的微生物保存布达佩斯条约》(Budapest Treaty on the International Recognition of the Deposit of Microorganisms for the Purposes of Patent Procedure)，简称《布达佩斯条约》。1977 年于布达佩斯签订、1980 年生效。

（13）《商标法条约》(Trademark Law Treaty)。1994 年于日内瓦签订、1996 年生效。

（14）《保护植物新品种国际公约》(International Convention for the Protection of New Varieties of Plants)。1961 年于巴黎签订，在此公约的基础上，成立了"保护植物新品种国际联盟"(International Union for the Protection of New Varieties of Plants，UPOV)。

（15）《专利法条约》(Patent Law Treaty)。2000 年于日内瓦讨论通过、2005 年生效。

（16）《商标法新加坡条约》(Singapore Treaty on the Law of Trademarks)。2006 年 3 月于新加坡讨论通过。

2. 有关著作权保护的国际公约

（1）《保护文学艺术作品伯尔尼公约》(Berne Convention for the Protection of Literary and Artistic Works)，简称《伯尔尼公约》。1886 年于伯尔尼缔结、1887 年 12 月 5 日生效，是著作权保护领域最重要的国际条约。

（2）《视听作品国际登记条约》(Treaty on the International Registration of Audiovisual Works)。1989 年于日内瓦签订、同年生效。

（3）《世界知识产权组织版权条约》(WIPO Copyright Treaty，WCT)。1996 年 12 月于日内瓦缔结、2002 年 3 月 6 日生效，与 WPPT 一起是为解决网络环境下因数字技术而引起的著作权和邻接权保护新问题缔结的最新国际条约，知识产权界称之为《INTERNET 条约》。

（4）《世界知识产权组织表演和录音制品条约》(WIPO Performances and Phonograms Treaty，WPPT)。1996 年 12 月于日内瓦缔结、2002 年 5 月 22 日生效。

3. 其他方面的国际条约

（1）《建立世界知识产权组织公约》(Convention Establishing the World Intellectual Property Organization)。1967 年 7 月于斯德哥尔摩缔结、1970 年 4 月生效。

（2）《保护奥林匹克会徽内罗毕条约》(Nairobi Treaty on the Protection of the Olympic Symbol)，简称《内罗毕条约》。1981 年于内罗毕通过、1983 年生效。

（3）《集成电路知识产权条约》(Washington Treaty on Intellectual Property in Respect of Integrated Circuits)。1989 年于华盛顿签订。

（二）WIPO 和其他国际组织共同管理的知识产权国际条约

由 WIPO 与联合国劳工组织、教科文组织共同管理的国际条约有三个。

（1）《保护表演者、录音制品制作者与广播组织罗马公约》(Rome Convention for the Protection of Performers, Producers of Phonograms and Broadcasting Organizations)，简称

《罗马公约》。1961年10月26日于罗马缔结、1964年5月18日生效,是关于邻接权国际保护的第一个世界性条约。

(2)《保护录音制品制作者防止未经许可复制其录音制品公约》(Convention for the Protection of Producers of Phonograms Against Unauthorized Duplication of Their Phonograms),简称《录音制品公约》或《唱片公约》。1971年10月29日于日内瓦签订、1973年4月生效。

(3)《关于播送由人造卫星传播的载有节目信号公约》(Brussels Convention Relating to the Distribution of Programme-Carrying Signals Transmitted by Satellite),简称《布鲁塞尔卫星公约》。1974年于布鲁塞尔签订、1979年生效。

(三)WTO管理的知识产权国际条约

WTO管理的知识产权国际条约只有一个,即《与贸易有关的知识产权协议》(Agreement on Trade-related Aspects of Intellectual Property Rights),简称《TRIPs协议》。1993年12月于日内瓦通过,1994年4月正式签署,1995年1月1日生效。TRIPs协议是最重要、最具有特色的知识产权国际条约之一,是WTO条约的重要组成部分。

(四)联合国教科文组织管理的知识产权国际条约

《世界版权公约》(Universal Copyright Convention),1952年9月6日签订、1955年9月16日生效,是《伯尔尼公约》的补充。

三、知识产权国际保护的基本原则

通过知识产权国际条约,已确立了一系列的知识产权国际保护的基本原则,主要有:

(1)国民待遇原则。是知识产权国际保护的首要原则,指某国际条约的一成员国对其他成员国的国民提供的待遇,不得低于提供给本国国民的待遇。

(2)最低保护标准原则。是指某条约的各成员国依据本国法对该条约成员国国民的知识产权保护不低于该条约规定的最低标准,这些标准包括权利保护对象、权利取得方式、权利内容及其限制、权利保护期限等。

(3)独立性原则。专利权独立原则是指享有国民待遇的人就同一发明而在不同成员国内申请及享有的专利权,彼此独立,互不影响;商标权独立原则是指如果一个商标没有能够在本国获得注册,或者在本国的注册被撤销,不影响其在其他成员国的注册申请;著作权独立原则是指享有国民待遇的作者在任何成员国所得到的著作权保护,不依赖其作品来源国所受到的保护。

(4)工业产权优先权原则。是指享有国民待遇的人,就一项发明首先在某一成员国提出专利申请,或者就一项商标提出注册申请,自该申请提出之日起一定期限内(发明或实用新型专利12个月,商标或外观设计6个月),又就同样的申请向其他成员国提出的,该其他成员国必须以第一个申请日作为本国的申请日。

四、我国已加入的知识产权国际条约

在知识产权国际保护方面,我国积极加入知识产权国际组织和国际条约。至 2008 年 6 月,我国已经加入的国际条约有 17 个,分别是:

(1)《建立世界知识产权组织公约》,于 1980 年 6 月 3 日加入;

(2)《保护工业产权巴黎公约》,于 1985 年 3 月 19 日加入;

(3)《集成电路知识产权条约》,于 1989 年 5 月 26 日签字加入;

(4)《商标国际注册马德里协定》,于 1989 年 10 月 4 日加入;

(5)《商标国际注册马德里协定有关议定书》,于 1995 年 12 月 1 日加入;

(6)《保护文学艺术作品的伯尔尼公约》,于 1992 年 10 月 15 日加入;

(7)《世界版权公约》,于 1992 年 10 月 30 日加入;

(8)《保护录音制品制作者防止未经许可复制其录音制品公约》,于 1993 年 4 月 30 日加入;

(9)《专利合作条约》,于 1994 年 1 月 1 日加入,中国专利局同时成为 PCT 的受理局、国际检索局和国际初审局;

(10)《为商标注册目的而使用的商品与服务的国际分类尼斯协定》,于 1994 年 8 月 9 日加入;

(11)《国际承认用于专利程序的微生物保存布达佩斯条约》,于 1995 年 7 月 1 日加入;

(12)《建立工业品外观设计国际分类洛迦诺协定》,于 1996 年 9 月 19 日加入;

(13)《专利国际分类斯特拉斯堡协定》,于 1997 年 6 月 19 日加入;

(14)《保护植物新品种国际公约》,于 1999 年 4 月 23 日加入;

(15)《与贸易有关的知识产权协议》,于 2001 年 12 月 11 日加入;

(16)《世界知识产权组织版权条约》,于 2007 年 6 月 9 日加入;

(17)《世界知识产权组织表演和录音制品条约》,于 2007 年 6 月 9 日加入。

第二节 知识产权国际条约的主要内容

一、保护工业产权巴黎公约

(一)概述

《巴黎公约》是"各种工业产权公约中缔结最早,成员国最为广泛的一个综合性公约"。[①]

《巴黎公约》最初的缔约国为 14 国[②],它不止一个文本。巴黎公约从制定之始就规定了定期修订会议制度,从 1886 年以来,公约经过了多次修改,因而有不同文本,如 1967 年的斯

[①] 郑成思.知识产权论[M].北京:法律出版社,2001:475.

[②] 其中,比利时、巴西、法国、危地马拉、意大利、荷兰、葡萄牙、萨尔瓦多、塞尔维亚、西班牙和瑞士是 1883 年 3 月 20 日签字的,而英国、突尼斯和厄瓜多尔于 1884 年 7 月 7 日公约生效时加入。

德哥尔摩文本。我国适用的是该文本。

该公约的所有成员国组成了一个以保护工业产权为目的的国际组织,即巴黎同盟。同盟有固定的管理机构和相应的管理制度,以保障不同文本组成的巴黎公约的连续性。另外,公约要求把巴黎同盟作为一个整体加入或者退出,由此那些加入过去文本的国家也必须接纳加入最新文本的国家,对其一视同仁;相反如果有国家退出巴黎公约的最新文本,也视为退出之前的所有文本。

(二) 主要内容

《巴黎公约》(1967年斯德哥尔摩文本)共有30条,其内容主要涉及同盟的建立、工业产权的保护范围、国民待遇制度、有关专利权的相关规定、有关商标权及其他商业标识的规定和有关同盟本身管理的规定等。

1. 基本原则

1) 国民待遇原则

《巴黎公约》中有关国民待遇的规定见于第2条和第3条。《巴黎公约》第2条首先对国民待遇的含义进行了详细的界定:"本同盟任何成员国的国民,在保护工业产权方面,应在本同盟其他成员国内享有各该国法律现在或今后给予各该国国民的各种利益;本公约所特别规定的权利不得受到任何侵害。从而,他们只要遵守各该国国民应遵守的条件和手续,即应受到与各该国国民同样的保护,并在他们的权利遭到任何侵害时,同样依法律纠正。"其次,巴黎公约还就享受国民待遇的主体做出了具体规定,即包括两类主体:一是巴黎公约缔约国的国民,这里的"国民"一词包括自然人和法人,而且不要求巴黎同盟成员国国民在请求保护其工业产权的国家中设有住所或营业所;二是虽然不是巴黎同盟成员国的国民,但在巴黎同盟一个成员国的领土内有住所或有真实、有效的工商业营业所的自然人或者法人。其三,巴黎公约还允许同盟各成员国就司法和行政程序、管辖权以及选定送达地址或指定代理人等法律规定进行保留。

2) 优先权原则

《巴黎公约》中有关优先权的规定体现在第4条第1款的各项中。

首先,《巴黎公约》第4条第1款第1项规定:"已在本同盟一个成员国内正式提出申请专利、实用新型、工业品外观设计或商标注册的人,或其权利合法继承人,在以下规定的期限内享有在本同盟其他成员国内提出申请的优先权。"这种优先权在我国专利法上称为外国优先权,以区别于本国优先权。

其次,《巴黎公约》还就享有优先权的条件进行了详细规定,总结起来包括:

(1) 申请优先权的主体必须适格。按照《巴黎公约》,有资格享有优先权的主体是"已在同盟一个成员国内正式提出申请专利、实用新型、工业品外观设计或商标注册的人,或其权利合法继承人",而对此处的"人"应该理解为同盟成员国国民和在成员国领域内有住所或真实、有效的工商业营业所的自然人或法人。简言之,要从提出第一次申请的所在国和申请人的国籍或其他身份两方面来判断申请优先权的主体是否适格。

(2) 第一次申请必须是在同盟成员国内提起的正规申请。《巴黎公约》第4条第1款第1项规定:"凡依照本同盟任何成员国国内法或本同盟成员国之间签订的双边或多边条约相当于正常国内申请的一切申请,都认为产生优先权。"而此处所谓的"正常国内申请",按照《巴黎公约》的规定,是指"能够确定在该国家中提交申请日期的一切申请",至于该申请最后是否通过审查获得授权,公约在所不问。

（3）作为优先权基础的申请必须是就同一主题在国外提出的第一次申请。按照《巴黎公约》第4条第1款第3项的规定:"同样主题的第一次申请的申请日应为优先权期限的开始日。"之所以做出这样的规定,是为了避免对同一主题提出一连串前后相继的优先权要求,从而使优先权期限被无限延长。但是,《巴黎公约》第4条第1款第3项规定了例外情形:"如果后来提出申请时,在先的申请已被撤回、放弃或驳回,而没有提供公众审阅,也没有遗留任何未定的权利,并且如果在先的申请尚未成为请求优先权的根据,"即使此次申请从客观上讲不是第一次申请,但是也将其视为第一次申请,从而可以作为优先权的基础。

（4）前后两次申请的主题必须相同。由于巴黎公约允许部分优先权和多项优先权的存在,因此不应当把"相同"理解为前后两次申请完全一致,而应该理解为要求优先权的技术特征部分是相同的。又由于巴黎公约允许在第一个申请是发明专利申请时在其后的申请为同主题的实用新型申请,或者以实用新型申请在他国提出外观设计申请,因此,此处的"相同主题"也不应当狭隘地理解为前后申请的专利类型必须是相同的,而应该以前后两次申请所要解决的技术问题或者技术要素的内容为判断依据。

（5）请求优先权时必须履行法定的手续。首先,必须在法定的期限内提出优先权申请。根据《巴黎公约》的规定:"优先权的期限,对于专利和实用新型为12个月,对于工业品外观设计和商标为6个月。"而且"这种期限应自第一次提出申请之日起算,提出申请的当天不计入期限之内。""如果期限的最后一天是其提出保护请求的国家的法定假日或专利局当天不办理申请,则该期限应顺延至其后的第一个工作日。"其次,巴黎公约要求提出优先权请求者必须做出声明,指出提出该申请的日期和所在的国家。至于做出该项声明的最后日期,巴黎公约留给各个国家自己规定。另外,该声明的有关内容应在主管机关的出版物中,特别是在有关的专利证书和专利说明书中载明。凡利用在先的申请而获得优先权者,应写明该申请书号码,并进行公布。最后,巴黎公约规定同盟成员国可要求任何声明具有优先权的人提出在先的申请书（说明书和附图）的副本。该副本经原受理申请机关证实无误后,不需要任何其他证明,并且可以在后来的申请提出后3个月内随时免费进行备案。本同盟成员国可要求该副本附有原受理申请机关出具的证明申请日期的证明书和译本。履行必要的手续是为了保障请求优先权者的第一次申请是真实有效的,但是这些手续不能给要求优先权者造成额外的负担,因此《巴黎公约》规定:"在提出申请时,不得要求对声明具有优先权再办理其他手续。本同盟每一成员国应确定对不遵守本条规定手续者采取相应措施,但这种措施应以不超过剥夺优先权为限。"

最后,巴黎公约对优先权的效力进行了规定。《巴黎公约》第4条第1款第2项规定:"在……（优先权）期限届满前,任何后来在本同盟其他成员国内提出的申请,都不因在此期间他人所作的任何行为,特别是另一项申请、发明的公布或利用、出售设计复制品或使用商标而失效"。可见,依据巴黎公约的规定,优先权的效力主要体现在两个方面:①在后申请以优先权日代替在后申请日来确定提出申请的顺序,因此,在优先权期间内第三人就同一主题提出的另外一项申请不能使后来提出的要求享有优先权的申请无效;②判断在后申请的新颖性和创造性必须以优先权日为准,因此,在优先权期间的公开或使用不会影响到在后申请的新颖性。

除上述主要规则以外,巴黎公约还就分案申请中如何请求优先权和在实行发明人证书的情况下如何请求优先权做出了规定。

3)独立性原则

《巴黎公约》第4条第2款就同盟各国专利权的独立性做出了详细规定。专利权的独立性主要包括三层含义:首先,专利权的取得是独立的,即一个国家是否授予一项专利申请以专利权,与该申请是否在其他巴黎公约成员国内取得专利权无关;其次,如果出现在一个成员国内有专利申请的驳回或者宣告专利权无效或者专利权终止的情况,另一个成员国不得以此为由而驳回该申请,或者宣告该专利权无效或终止该专利权,特别是在请求优先权的情况中,不能以第一次申请在他国是否实际被驳回作为是否给予优先权的基础;再次,取得的具有优先权的专利在同盟各成员国的保护期限,应与申请的或被核准的没有优先权的专利保护期限相同。

2. 有关专利权的制度

1)发明人的署名权

《巴黎公约》第4条第3款规定:"发明人有权在专利证书上写明发明人的名字。"这种权利在我国专利法上被称为发明人或申请人的署名权,而在有些国家称为发明人的精神权利。另外,巴黎公约规定,发明人行使这项权利的程序由各缔约国的法律予以具体规定。

2)限制销售产品的可专利性问题

《巴黎公约》第4条第4款规定:"不得以本国法律禁止或限制出售某项专利制品或以某项专利方法制成的产品为理由,拒绝核准专利或使专利权失效。"可见,在判断可专利性的时候不能将其与市场准入条件混为一谈。

3)有关进口专利产品的规定

首先,《巴黎公约》规定:"专利权所有者将在本同盟任何成员国内制造的物品输入到核准该项专利权的国家,不应导致该项专利权的撤销。"而且此规则也适用于外观设计专利。其次,《巴黎公约》在第5条第4款就方法发明的保护做出了专门规定,即"当一种产品输入到对该产品的制造方法给予专利保护的本同盟成员国时,专利权所有者对该进口产品应享有进口国法律对在该国制造产品所给予工艺专利的一切权利。"换言之,方法专利的保护范围及于依该方法生产的产品的进口。

4)专利权滥用与强制许可

在巴黎公约中,专利权的滥用主要是指不实施专利,其提出的解决方法有两种:一是进行专利权的强制许可;二是撤销该专利权。而后者必须是在前者不足以防止滥用权利时适用,而且适用的时间必须是在颁布强制许可证2年以后。可见,巴黎公约还是倾向于以强制许可作为约束专利权滥用的主要方法。

但是,就适用强制许可而言,《巴黎公约》也做出了一定的限制:"自申请专利之日起4年内或自核准专利权之日起3年内(取其到期日期最晚者),不得以不实施或未充分实施专利为理由而申请颁发强制许可证;如果专利权所有者对其贻误能提出正当的理由,则应拒绝颁发强制许可证。这种强制许可是非独占性的,而且除与利用该许可的部分企业或商誉一起转让外,不得转让,甚至以授予分许可证的形式也在内。"

另外,需要说明的是,巴黎公约所指的不实施专利的滥用行为,是针对发明和实用新型专利而言的,并不适用于外观设计专利。

5) 缴纳专利费的宽限期

《巴黎公约》第 5 条第 2 款规定:"缴纳规定的工业产权维持费,应允许至少 6 个月的宽限期,如本国法令有规定还应缴纳附加费。"另外,巴黎公约还允许同盟参加国对因未缴费而终止的专利权规定恢复的办法。

6) 有关临时过境的规定

临时过境是专利侵权例外的一种重要情形。《巴黎公约》第 5 条第 3 款对此做出了详细的规定:"在本同盟任何成员国内,下列情况不应认为是侵犯专利权所有者的权利:①当本同盟其他成员国的船只暂时或偶然地进入领水,该船的船身、机器、船具、索具及其他附件上所用的器械构成发明人的主题时,只要使用这些器械是专为该船的需要。②当本同盟其他成员国的飞机或车辆暂时或偶然进入领域,该飞机或车辆的构造、操纵或其附件上所用器械构成专利权所有者的专利发明主题时。"

7) 有关国际展览会中临时保护的规定

为了保障各国在国际展览会中交流自己的先进技术,《巴黎公约》第 11 条规定:"在同盟成员国应按其本国法律,对在本同盟任一成员国领土上举办的官方的或经官方认可的国际展览会展出的商品中可申请专利的发明、实用新型、工业品外观设计和商标,给予临时保护。"至于临时保护的具体措施是什么,巴黎公约留给各成员国法律去规定。例如,我国专利法所采取的措施是将其作为新颖性丧失的例外。另外,《巴黎公约》还规定:"这项临时保护不得延展第 4 条规定的期限。如以后援用优先权,任何国家的主管机关可规定其期限应从该商品参加展览会之日起算。"最后,《巴黎公约》允许"每一个国家认为必要时,可要求提供证明文件,证实其为展品及其展出日期。"

二、专利合作条约

(一) 概述

《专利合作条约》(PCT)是继巴黎公约以来在专利制度的国际合作方面最有影响的一个国际条约,它是对巴黎公约的重要补充,是只对巴黎公约成员国开放的一个特殊协议。

众所周知,专利制度具有地域性的特征,而且巴黎公约确立了各国专利制度相互独立的原则。这个原则在保证各国依据本国国情制定适合的专利制度的同时,给专利申请人向多个国家申请专利带来了诸多困难。例如,申请人必须委托该国指定的专利代理机构,用该国指定的语言撰写符合该国专利法要求的专利申请书,并分别向多个国家交纳专利申请费;同时,受理申请的国家也要一次次重复基本相同的检索和审查程序。针对上述问题,保护工业产权国际(巴黎)联盟执行委员会于 1966 年 9 月邀请 BIRPI(世界知识产权组织的前身)研究减少申请人和专利局重复工作的解决办法。1967 年国际条约草案由 BIRPI 起草并提交专家委员会。1970 年 6 月在华盛顿签订了 PCT。该条约于 1978 年 6 月 1 日在最初的 18 个缔约国开始实施。

PCT 主要涉及专利申请的提交、检索及审查,其核心内容是建立起一套专利申请的国际体系,从而使以一种语言在一个专利局(受理局)提出的一件专利申请(国际申请)在申请人在其申请中指定的每一个 PCT 成员国都有效,并且由国际检索单位进行国际检索,并出具检索报告,受理局在统一公布国际检索报告后将其传送给指定局,从而简化各国专利局的审查工作。另外,PCT 还提供对国际申请进行国际初步审查的选择,供专利局决定是否授予专利权参考,并为申请人提供一份包含所要求保护的发明是否满足专利性国际标准的观点的报告。

(二) PCT 的适用范围

PCT 第 9 条规定:"缔约国的任何居民或国民均可提出国际申请。"而所谓"国民"是指具有缔约国国籍的自然人或者按照某一缔约国法律组成的法人。而"居民"则是指在缔约国有经常居所的自然人或者在某一缔约国拥有真实有效工商业营业所的法人。另外,PCT 第 9 条还规定:"大会可以决定,允许保护工业产权巴黎公约缔约国但不是本条约缔约国的居民或国民提出国际申请。"

PCT 所称的"专利"包括发明专利、发明人证书、实用证书、实用新型、增补专利或增补证书、增补发明人证书和增补实用证书。可见 PCT 仅仅针对技术发明而言,而不涉及工业外观设计和商标等的申请。

(三) 国际申请的提出

1. 提交对象

依据 PCT 实施细则的规定,有权提出国际申请的人可以根据自己的选择,将国际申请提交给其作为国民或居民的缔约国专利局,或者提交给国际局。哈拉雷协议、欧亚专利公约或者欧洲专利公约的成员国的国民或居民一般也可以选择向非洲地区工业产权组织(ARIPO)专利局、欧亚专利局或欧洲专利局分别提出国际申请。一些发展中国家的国民或居民只能向作为他们受理局的 WIPO 国际局提出国际申请。按照我国专利法的规定,申请人向中国国家知识产权局提交国际申请,必须委托国内的代理机构办理。

2. 基本要求

PCT 统一了国际申请的基本要求并且不允许缔约国根据自己的情况进行修改。这些基本要求包括:使用规定的语言,符合规定的形式要求,符合规定的发明单一性的要求和按照规定缴纳费用。

另外,PCT 还对国际申请中的请求书、说明书、权利要求书、附图和优先权要求等内容进行了具体的规定。

3. 受理

按照 PCT 的规定,国际申请的受理局应当按照 PCT 及其细则的规定对申请人的资格、国际申请的语言、提交的材料等进行检查,如果符合相关要求,则应以收到国际申请之日作为国际申请日。之后,受理局将保留一份国际申请的副本(受理本),并将正本(登记本)送交给国际局,再送一份副本(检索本)给相关的国际检索单位。

(四) 国际检索

1. 国际检索单位

按照 PCT 的规定,国际检索应由国际检索单位(ISA)进行。而国际检索单位可以是一个国家局,或者是一个政府间组织,如国际专利机构。国际检索单位的任务包括对作为申请主题的发明提出现有技术的文献检索报告。

国际检索单位应由大会指定。凡是符合PCT对有关检索人员和文献要求的国家局和政府间组织均可以被指定为国际检索单位。目前,主要的国际检索单位包括澳大利亚专利局、奥地利专利局、中国国家知识产权局、日本特许厅、韩国知识产权局、俄罗斯联邦工业产权局、西班牙专利商标局、瑞典专利与注册局、美国专利商标局和欧洲专利局。

2. 国际检索报告

按照PCT的规定,每一个国际申请都应经过国际检索,而国际检索的目的是发现有关的现有技术。PCT要求国际检索以权利要求书为基础,并适当参考说明书和附图。国际检索报告(ISR)主要针对申请文件的新颖性、创造性和单一性的问题而言,并不对发明的价值做出评价,而且这种检索报告也是按照PCT及其细则的规定做出的,并不依据各国专利法对新颖性、创造性的定义进行。但是PCT也规定,如果缔约国的本国法允许,向该国或代表该国的国家局提出国家申请的申请人,可以按照该本国法规定的条件要求对该申请进行一次与国际检索相似的检索("国际式检索")。

国际检索单位经过检索,应当在收到检索本之日起3个月内,或者在自优先权日起9个月内(以后到期者为准)提出国际检索报告,并尽快将报告送交申请人和国际局。

依据最新修改的PCT细则的规定,国际检索单位将为2004年1月1日及以后提出的所有国际申请,在制定通常的国际检索报告的同时,还做出一份书面意见,其具有以下特征:

(1) 书面意见是对新颖性、创造性和工业实用性的初步的非约束性的意见,它在内容上大致相当于国际初步审查单位目前的书面意见;

(2) 书面意见将同国际检索报告一起,由国际检索单位传送给国际局和申请人;

(3) 与国际检索报告不同,书面意见不会同国际申请一起公布;

(4) 除非得到申请人的请求或授权,国际局和国际检索单位将不允许任何人或权力机构在优先权之日起30个月届满之前接触该书面意见。

申请人在收到国际检索报告以及书面意见后,有权享受一次向国际局提出修改专利申请的机会,申请人可以按PCT细则的规定同时提出一项简短声明,解释上述修改并指出其对说明书和附图可能产生的影响。但是申请人所做的修改不应超出提出国际申请时对发明描述的范围。如果申请人对国际检索单位的书面意见有不同看法,按照最新修订的PCT细则,该申请人可以向国际局递交一份"非正式"的书面的意见陈述。需要注意的是,虽然PCT细则对于非正式意见陈述的内容没有做出具体的规定,但申请人应清楚地标明"非正式意见陈述"字样,以便国际局按这种情况处理。如果申请人不提出国际初步审查要求,这将是申请人反驳国际检索单位在国际阶段做出的书面意见的唯一机会。另外,如果申请人没有提出初步审查报告请求,则国际检索单位的书面意见将由国际局转换为专利性的国际初步审查报告(IPEA);如果申请人就一份国际申请提交了国际初步审查要求,则国际检索单位制定的书面意见一般将被国际初步审查单位用作其首次书面意见,除非国际初步审查单位通知国际局不接受这种做法。

（五）国际申请的公布和效力

1. 国际申请公布的时间

按照 PCT 的规定，国际局应当在自该申请的优先权日起满 18 个月后及时公布经过检索的国际申请，而申请人也可以要求国际局在上述期限届满之前的任何时候公布其国际申请。

2. 国际公布的效力

按照 PCT 的规定，国际公布的效力应与指定国的本国法对未经审查的国家申请在国内强制公布所规定的效力相同。而如果该国际公布是根据申请人的要求，在自优先权日起的 18 个月期限届满以前进行的，则该国际公布只有自优先权日起 18 个月期限届满后才能生效。

（六）国际初步审查阶段

1. 初步审查的性质和基本要求

PCT 第二章对国际初步审查进行了专门规定。按照 PCT 的规定，国际初步审查阶段不是专利国际申请的必经阶段，而是依申请人的请求进行的，有关申请人可在其国际申请已提交该国或代表该国的受理局后要求进行国际初步审查，而且国际初步审查的要求应与国际申请分别提出。要求进行国际初步审查的，必须向 PCT 规定的有关国际初步审查单位提出，符合其语言和格式的要求，并在规定的期限内缴纳规定的费用。

2. 初步审查的内容

按照 PCT 的规定，国际初步审查的目的是对请求保护的发明是否有新颖性、创造性和实用性提出初步的无约束力的意见。为此，PCT 专门对该条约下的新颖性、创造性和实用性进行了界定：

（1）请求保护的发明如果是 PCT 细则所规定的现有技术中所没有的，则应认为具有新颖性；

（2）请求保护的发明如果考虑到 PCT 细则所规定的现有技术，在规定的有关日期，对本行业技术人员不是显而易见的，则应认为具有创造性；

（3）如果从技术意义来说，请求保护的发明根据其性质可以在任何一种工业中制造或使用，则应认为其具有工业实用性，而对"工业"一词的理解应该与保护工业产权巴黎公约相一致。

上述标准只供国际初步审查之用。任何缔约国为了决定请求保护的发明在该国是否可以获得专利，可以采用附加的或不同的标准。

3. 初步审查的程序

依据新的 PCT 细则，对 2004 年 1 月 1 日之后提交的国际申请，其国际初步审查要求可以在下列期限届满之前（以后届满的期限为准）的任何时间内提出：

（1）自国际检索报告传送给申请人之日起 3 个月（或者依据 PCT 条约 17(2)(a) 国际检索单位宣布不做出国际检索报告），并且由国际检索单位出具书面意见；

（2）自优先权之日起 22 个月内。

申请人一般会在自优先权日起第 28 个月得到一份国际初步审查报告。申请人在接到报告后，有约 2 个月的时间进行考虑，参考国际初步审查报告决定是否启动指定国的国内阶段。如果申请人决定启动指定国的国内阶段,则他应当在自优先权日起第30个月届满之前向全部或部分指定国的专利局提供国际申请的译文,并缴纳国家费用。如果申请人没有在规定的时间内提供国际申请译文或者缴纳国家费用,则该国际申请的效力将终止。可见,在PCT框架下申请人最多可以将进入国家阶段的时间推迟到自优先权日起30个月之末。但是需要注意的是,无论国际初步审查是在前述哪种时间提起的,当申请依据PCT第一章的规定进入国家阶段的20个月期限仍然适用于至少一个选定局时,只有在自优先权日起19个月内提出国际初步审查要求,在相关局进入国家阶段的期限才延迟到30个月。

(七)国内阶段的启动

在国际公布后,申请人即可以按照PCT的有关规定将申请推进到指定国的国内阶段。按照PCT的规定,申请人要启动指定国的国内阶段必须在不迟于自优先权日起30个月届满之日,向每一指定局提供国际申请的副本(除非国际局已经送达)及其译本各一份,并缴纳国家费用。如果指定国的本国法要求写明发明人的姓名和其他规定事项,但准许在提出国家申请之后提供这些说明的,除请求书中已包括这些说明外,申请人应在不迟于自优先权日起的30个月届满之日,向该国或代表该国的国家局提供上述说明。

除上述内容以外,PCT还对国内阶段指定局对专利申请的审查、申请人对专利申请的修改、国际申请的保密性等问题做出了规定。

三、保护文学艺术作品伯尔尼公约

(一)概述

《伯尔尼公约》是世界上第一个著作权国际公约。公约的诞生,标志着国际著作权保护体系的初步形成。

19世纪初,西欧一些国家尤其是法国的文学、艺术创作得到了很大的发展,许多脍炙人口的作品流传到世界各地,这些国家也就开始相应地重视著作权的国际保护。到了该世纪下半叶,随着科学技术、工业生产的迅猛发展,欧洲资本主义国家之间的文化交流日益频繁,初步形成了世界性文化市场。但各国对著作权的立法和执法存在着差异,阻碍了文化的交流,同时,也不利于著作权的保护。当时,一些国际知名的文豪率先对著作权的国际保护有了觉醒;不仅如此,各国的协调努力也取得了丰硕的果实。1878年,由雨果主持在巴黎召开了一次重要的文学大会,建立了一个国际文学艺术协会。1883年该协会将一份经过多次讨论的国际公约草案交给瑞士政府。1886年9月9日经瑞士政府同意,在伯尔尼举行了第一次国际性的著作权大会,由英国、法国、德国、意大利、瑞士、比利时、西班牙、利比里亚、海地和突尼斯10国通过,3个月后(1887年12月5日)公约生效,所有参加这一公约的国家组成一个联盟,称伯尔尼联盟。

当时的美国由于著作权保护比较落后,因此,出于维护本国利益,美国虽然参加了1886年伯尔尼会议,但拒绝在公约上签字;在以后100多年的时间里仍然没有加入伯尔尼公约,只对极为有限的几个外国国家的作品给予著作权保护。直到1989年3月1日才加入公约,成为公约的第80个成员国。

公约至今进行过2次增补、5次修订,共有8个文本,1971年文本是目前绝大多数国家批准的文本。1979年,曾对1971年文本的行政条文做过几处小小的改动。

(二) 基本原则

1. 国民待遇原则

《伯尔尼公约》现行文本关于国民待遇原则的规定,是随着著作权国际保护的实践发展而逐渐形成和完善起来的。国民待遇原则主要体现在《伯尔尼公约》的第3、4、5条,公约规定,其主要内容是:"凡受伯尔尼公约保护的作品,其作者除了在来源国之外,可在其他成员国享有后者的法律目前授予或今后可能授予其国民的权利,以及《伯尔尼公约》所特别授予的权利。"即"双国籍国民待遇"原则,其双国籍是指作者国籍和作品国籍。国民待遇原则具体表现为:①公约成员国国民,不论其作品是否出版,都受到保护;②若作者系非公约成员国国民,但其作品首先在成员国发表或同时在成员国和非成员国发表,则其作品可以同样取得发表所在成员国的保护。"同时发表"是指同一作品在首次发表后30日内在两个或两个以上的国家发表,视为同时在几个国家发表。

公约同时对电影作品的作者和建筑作品及建筑物中艺术作品的作者享有国民待遇,规定了特殊的附属条件。

2. 最低限度保护原则

国民待遇原则强调的是保护的一致性,但国与国之间对作者的保护水平是不同的,这将导致保护的不平衡。对此现象,公约引入了最低限度保护原则。按这一原则,各成员国不论是对本国作者或外国作者作品的著作权保护水平不得低于公约规定的最低限度,要求各成员国为享有国民待遇的外国国民或无国籍人提供的著作权保护不能低于公约所提供的专门的保护。这一规定不允许附加任何两可的条件,因为它是公约约束力最强的实质性条款,可以在成员国直接生效适用。

3. 自动保护原则

《伯尔尼公约》第5条第2款规定:作者的作品享有及行使依国民待遇所提供的保护时,无须履行登记注册与交存样书的手续,便在一切成员国中受保护。实践中,一些伯尔尼公约成员国将注册或加注标记作为作品充分保护的条件,如果这种规定仅限于本国的作者,而对公约其他成员国作品是非强制性地适用,则不认为是违反了公约的自动保护原则。

同时,需注意的是,公约所提供的自动保护所针对的作品包括:①公约在某一成员国生效时该国应当保护的作品;②公约在该国生效前在该国已进入公共领域,但在该国生效时,在作品起源国仍受保护的作品。

4. 独立保护原则

《伯尔尼公约》第5条第2款规定:成员国在符合公约最低限度的前提下依其本国著作权法保护其他成员国的作品,而不论其作品在其起源国是否受保护。独立保护原则突出表现了一国著作权法的实施不受他国的干扰,特别是这种保护并不依赖于作品起源国的保护水平。

独立保护原则主要从以下三个方面体现:①某些成员国要求其国民的作品履行一定保护手续,不能同样适用于其他成员国作者或首次出版在成员国内的非成员国作者的作品;

②起源于某一成员国的作品,在该国以某种方式利用时,不构成侵权;③对保护水平低的起源国的作品,其他成员国不能因此而只给低水平的著作权保护。独立保护原则表明,虽然伯尔尼公约实行自动保护,但并不意味着它突破了知识产权保护的地域性特点和限制。

(三) 主要内容

1. 受保护的作品范围

1) 受保护的作品范围

《伯尔尼公约》第2条规定了受保护的作品范围,具体为:保护科学和文学艺术领域内的一切作品,而不论其表现方式或形式如何,比如书籍、小册子和其他文学作品;讲课、演讲、讲道和其他同类性质作品;戏剧或音乐戏剧作品、舞蹈艺术作品和哑剧;配词或未配词的乐曲;电影作品和以类似摄制电影的方法表现的作品;图画、油画、建筑、雕刻、雕塑和版画作品;摄影作品和以类似摄影的方法表现的作品;实用艺术作品;与地理、地形、建筑或科学有关的插图、地图、设计图、草图和立体作品。

在此,公约明确了两项原则:①为一切文学、科学与艺术作品提供保护;②作品的表现形式或方式不影响对该作品的保护。

2) 不保护的作品

公约不保护日常新闻或纯属报刊消息性质的社会新闻,也不保护在起源国已进入公有领域的作品。

2. 经济权利

《伯尔尼公约》第8、9、11、12、14条规定了对受保护作品的作者在各成员国的经济权利,主要为:

(1) 翻译权。《伯尔尼公约》第8条规定,作者于权利保护期限内有翻译和授权他人翻译其作品的权利。翻译权是著作权的核心内容之一,翻译受著作权保护的作品,必须事先征得原作者的同意。

(2) 复制权。复制权是著作权中最典型的权利。《伯尔尼公约》第9条第1款规定,作者享有复制或授权他人以任何形式复制作品的专有权利(录音或录像均视为公约所规定的复制)。关于复制的含义,考虑到各国关于复制的不同理解和各国立法的不同规定,公约并没有给予明确的定义。同时,《伯尔尼公约》第9条第2款规定了对作者享有的复制权的限制,因特殊情况的需要,成员国法律须得允许复制,只要这种复制不损害作品的正常使用也不致无故侵害作者的合法利益;公约附件第3条规定,凡声明援用该条规定权利的国家,均有权以主管当局依一定条件并根据附件第4条发给许可证来取代《伯尔尼公约》第9条规定的复制权。

(3) 表演权。《伯尔尼公约》第11条第1款规定,作者对其戏剧、音乐作品享有授权他人以各种方式表演其作品以及公开传播其作品的表演和演奏的权利。

(4) 广播权。《伯尔尼公约》第11条第2款规定,作者对其作品享有或禁止他人以无线电广播其作品或以任何其他无线电传送信号、声音或图像的方式将其作品传播给公众;授权原广播组织之外的任何广播机构,将其作品以有线传播方式向公众传递,或向公众传播或以扩音器向公众传播或以同类传播信号、音、像的工具传播其作品的权利。

(5) 公开朗诵权。《伯尔尼公约》第 11 条第 3 款规定,对其文学作品,作者享有授权他人以任何方式或方法公开朗诵其作品,以及授权将向公众传播该朗诵的权利。公开朗诵权的前提是朗诵必须是公开的。

(6) 改编权。《伯尔尼公约》第 12 条规定,作者享有授权他人将其作品改编、改写或做其他改动(包括改变作品的表现形式或载体)而获得收益的权利。

(7) 录制权。《伯尔尼公约》第 9 条第 3 款及第 13 条规定,作者对其作品享有录制或授权他人以任何方法或形式进行录制的权利。

(8) 制片权。《伯尔尼公约》第 14 条规定,作者对其文学艺术作品享有授权改编和复制成电影以及将其发行的权利;同时规定,根据电影作品进行再改编时,仍须获得原作者的授权。

在规定权利的同时,公约也规定了权利的限制。如上述关于复制权的限制,同时,《伯尔尼公约》第 10 条还规定了对已发表的作品进行合理利用的情况,包括合理引用、为教学目的使用、转载时事性作品、临时复制、为报道时事新闻而使用作品。

3. 经济权利的保护期限

《伯尔尼公约》第 7 条规定了著作权保护期,一般的原则要求是保护期限为作者有生之年加其死后 50 年。但由于某些作品的特殊性,公约又做出了不同规定:

(1) 电影作品的保护期限自经作者同意公之于众起 50 年;如作品完成后 50 年内尚未公之于众的,则自作品完成后 50 年。

(2) 匿名作品或假名作品的保护期限为发表之日起 50 年。若能辨认作者的真实身份或在保护期内公开其身份的,则保护期为作者有生之年加其死后 50 年。

(3) 摄影作品及实用艺术品的保护期自作品完成之日起不少于 25 年。

(4) 合作作品或视为合作作品的其他作品的保护期为合作作者中最后死亡者的有生之年加其死后 50 年。

4. 精神权利

《伯尔尼公约》第 6 条第 2 款明确了"署名权"、"修改权"、"保证作品完整权"三项精神权利。精神权利的保护期不同于经济权利,其保护期是永久性的;精神权利不依赖于经济权利而独立存在,在经济权利被转让后,作者仍享有精神权利。

5. 对发展中国家的特殊规定

公约的附件对有关发展中国家的特别条款即优惠待遇作了规定:发展中国家的范围由联合国划定。发展中国家的优惠待遇主要表现为强制许可制度,它涉及两个权利:翻译权和复制权。按照这个制度,发展中国家可以为教学、学习或研究目的而翻译以及为了使用这些系统的培训活动而复制受公约保护的作品,颁发非独占的和不可转让的强制许可。但必须履行一定的手续、支付报酬给著作权人。同时,该许可还有一定的时间限制。

四、世界知识产权组织版权条约,世界知识产权组织表演和录音制品条约

WCT、WPPT 是于 1996 年 12 月在日内瓦由 WIPO 主持召开的外交会议上,由 120 多个国家协商一致通过的,反映了在数字技术环境下保护著作权的新国际条约,因而也被广泛

地称为 INTERNET 条约。

我国在正式加入 WCT、WPPT 之前，为了顺应网络时代的需要，紧随知识产权国际保护的潮流，2001 年 10 月 27 日修订的《著作权法》，已吸收了 WCT、WPPT 的有关规定，如增加了信息网络传播权、对技术措施和权利管理电子信息的保护、明确界定了发行权和出租权等。2006 年 5 月我国国务院通过《信息网络传播权保护条例》，2006 年 7 月 1 日起实施。

WCT 共 25 条，其中，第 1 至 14 条和第 22 条为实体条款，第 15 至 21 条、23 至 25 条为行政条款。WPPT 共 5 章 33 条，其中，第 1 至 20 条、22 条、23 条为实体条款，第 21 条和第 24 至 33 条为行政条款。需要注意的是，两条约的原始文本同时以注脚的形式提供了关于 WCT 和 WPPT 若干条款的外交会议的议定声明（agreed statements of the diplomatic conference），而且全部是对实体条款的议定声明。应该明确，这些议定声明的效力与条款本身的效力相同，有些内容的重要性甚至超过条款本身。

WCT 的实体条款内容，可以分为四部分：①与《伯尔尼公约》的关系的有关规定；②强调数字网络技术带来的挑战的有关新规定；③适应数字网络技术而明确或更新原有规定的有关规定；④在 TRIPs 协议中已做规定而没有包含在 WIPO 原有条约中的有关规定。

（一）与《伯尔尼公约》的关系的有关规定

WCT 是"不允许有任何保留"地以《伯尔尼公约》1971 年巴黎文本为基础和前提的。

（1）WCT 是《伯尔尼公约》第 20 条意义下的专门协议，与任何其他条约没有任何关联。即 WCT 制定的依据是《伯尔尼公约》第 20 条。

（2）WCT 是以不减损缔约方相互之间依照《伯尔尼公约》已承担的现有义务以及各缔约方遵守《伯尔尼公约》第 1 至 21 条和附件的规定为前提的。《伯尔尼公约》第 1 至 21 条和附件是《伯尔尼公约》的实体条款。

（3）WCT 的适用是比照《伯尔尼公约》第 2 至 6 条的规定的。即 WCT 的适用应遵循国民待遇原则、自动保护原则和著作权独立性原则。

（4）但是有一例外，即对于摄影作品，缔约各方不得适用《伯尔尼公约》第 7 条第 4 款的规定。即 WCT 要求将摄影作品的保护期延长至一般作品的保护期。

（二）强调数字网络技术带来的挑战的有关新规定

1. 向公众传播权和向公众提供权

WCT 第 8 条规定，在不损害《伯尔尼公约》有关条款的规定的情况下，文学和艺术作品的作者应享有专有权，以授权将其作品以有线或无线方式向公众传播，包括将其作品向公众提供，使公众中的成员在其个人选定的地点和时间可获得这些作品。

关于第 8 条的议定声明："不言而喻，仅仅为促成或进行传播提供实物设施不致构成本条约或《伯尔尼公约》意义下的传播。"并且，第 8 条中的任何内容均不得理解为阻止缔约方适用第 11 条第 2 款。

WPPT 第 10 条和第 14 条也分别以"提供已录制表演的权利"和"提供录音制品的权利"为标题做了类似的规定。这些规定被认为是国际社会在国际条约层面上为适应网络发展对传统著作权制度提出的挑战所做出的积极反应，它们与关于"技术措施"和"权利管理信息"的规定一起，构成了两个新条约的最重要的内容，因此，两个新条约被恰如其分地称为

INTERNET 条约。

WCT 第 8 条的规定,实际上新设了一项"向公众传播权",以涵盖网络传播,这一专有权已不同于现有的传播权,可以认为"向公众传播权"(right of communication to the public)包含了现有的传播权、在网络环境下的"向公众提供权"(right of making available)以及其他的以有线或无线方式向公众传播权。

该条的议定声明涉及了网络传播引起的另一个重要问题,即网络服务商是否承担侵权责任的问题。根据该议定声明,一般情况下网络服务商不承担侵权责任。

2. 关于技术措施的义务

WCT 第 11 条规定,缔约各方应规定适当的法律保护和有效的法律补救办法,制止规避由作者为行使本条约所规定的权利而使用的、对其作品进行未经该有关作者许可或未由法律准许的行为加以约束的有效技术措施。

WPPT 第 18 条也有内容相同的规定。两条约对保护技术措施的规定,已把技术措施纳入了知识产权保护体系。

3. 关于权利管理信息的义务

WCT 第 12 条规定:①缔约各方应规定适当和有效的法律补救办法,制止任何人明知或就民事补救而言有合理根据知道其行为会诱使、促成、便利或包庇对本条约或《伯尔尼公约》所涵盖的任何权利的侵犯而故意从事以下行为:(ⅰ)未经许可去除或改变任何权利管理的电子信息;(ⅱ)未经许可发行、为发行目的进口、广播,或向公众传播明知已被未经许可去除或改变权利管理电子信息的作品或作品的复制品。②本条中的用语"权利管理信息"系指识别作品、作品的作者、对作品拥有任何权利的所有人的信息,或有关作品使用的条款和条件的信息,和代表此种信息的任何数字或代码,各该项信息均附于作品的每件复制品上或在作品向公众进行传播时出现。

关于第 12 条的议定声明:不言而喻,"对本条约或《伯尔尼公约》所涵盖的任何权利的侵犯"的提法既包括专有权,也包括获得报酬的权利。此外,不言而喻,缔约各方不会依赖本条来制定或实施要求履行《伯尔尼公约》或本条约所不允许的手续的权利管理制度,从而阻止商品的自由流通或妨碍享有依本条约规定的权利。

WPPT 第 19 条也有内容相同的规定。与保护技术措施类似,为适应数字网络技术的发展,切实保护权利人的利益,两条约做出了关于保护权利管理信息的规定。但是,《伯尔尼公约》的基本原则之一就是自动保护原则,即著作权的获得不必履行任何手续,包括不必注册和加注版权标记。因此,权利管理信息的附加不是必需的。WCT 第 12 条的议定声明强调的是,缔约各方在保护权利管理信息时,不能违反《伯尔尼公约》的基本原则,而使权利管理信息的附加成为强制性的形式要件。

(三)适应数字网络技术而明确或更新原有规定的有关规定

1. 复制权的范围

WCT 关于第 1 条第 4 款的议定声明:《伯尔尼公约》第 9 条所规定的复制权及其允许的例外,完全适用于数字环境,尤其是以数字形式使用作品的情况。不言而喻,在电子媒体中以数字形式存储受保护的作品,构成《伯尔尼公约》第 9 条意义下的复制。

WPPT 关于第 7、11 和 16 条的议定声明，针对表演和录音制品有相同内容的规定。

对这一议定声明的一般理解是，"传统的'复制'概念就被解释到或延伸到了数字化和网络的环境中"[①]。更进一步的理解是，对作品的"间接复制"和"临时复制"应与"直接复制"和"永久复制"一样，均属于复制的方式和形式，构成《伯尔尼公约》第 9 条意义下的复制。

2. 发行权

WCT 第 6 条规定：①文学和艺术作品的作者应享有授权通过销售或其他所有权转让形式向公众提供其作品原件和复制品的专有权。②对于在作品的原件或复制品经作者授权被首次销售或其他所有权转让之后适用本条第①款中权利的用尽所依据的条件（如有此条件），本条约的任何内容均不得影响缔约各方确定该条件的自由。

关于第 6 条和第 7 条的议定声明：该两条中的用语"复制品"和"原件和复制品"，受该两条中发行权和出租权的约束，专指可作为有形物品投放流通的固定的复制品。

WPPT 第 8 条和第 12 条针对表演和录音制品有相同的规定及议定声明。

（四）TRIPs 协议中已作规定而没有包含在 WIPO 原有条约中的有关规定

1. 著作权保护的范围

WCT 第 2 条规定，版权保护延及表达，而不延及思想、过程、操作方法或数学概念本身。

这条规定与 TRIPs 协议第 9 条第 2 款完全一致，是对《伯尔尼公约》的补充，被公认为是著作权法的基本原则。

2. 计算机程序

WCT 第 4 条规定，计算机程序作为《伯尔尼公约》第 2 条意义下的文学作品受到保护，此种保护适用于各计算机程序，而无论其表达方式或表达形式如何。

关于第 4 条的议定声明：按第 2 条的解释，依本条约第 4 条规定的计算机程序的保护范围，与《伯尔尼公约》第 2 条的规定一致，并与 TRIPs 协议的有关规定相同。

3. 数据汇编（数据库）

WCT 第 5 条规定，数据或其他资料的汇编，无论采用任何形式，只要由于其内容的选择或排列构成智力创作，其本身即受到保护。这种保护不延及数据或资料本身，亦不损害汇编中的数据或资料已存在的任何版权。

关于第 5 条的议定声明：按第 2 条的解释，依本条约第 5 条规定的数据汇编（数据库）保护的范围，与《伯尔尼公约》第 2 条的规定一致，并与 TRIPs 协议的有关规定相同。

4. 出租权

WCT 第 7 条规定：①计算机程序、电影作品和按缔约各方国内法的规定以录音制品体现的作品的作者，应享有授权将其作品的原件或复制品向公众进行商业性出租的专有权。②本条第 1 款不得适用于程序本身并非出租主要对象的计算机程序和电影作品，除非此种商业性出租已导致对此种作品的广泛复制，从而严重地损害了复制专有权。③尽管有本条

---

① 李明德. 网络环境中的版权保护[J]. 环球法律评论，2001，23(1)：6.

第 1 款的规定,任何缔约方如在 1994 年 4 月 15 日已有且现仍实行作者出租其以录音制品体现的作品的复制品,获得公平报酬的制度,只要以录音制品体现的作品的商业性出租没有引起对作者复制专有权的严重损害,即可保留这一制度。

WPPT 第 9 条和第 13 条针对录音制品录制的表演和录音制品也有同样规定。两条约关于出租权的规定与 TRIPs 协议第 11 条和第 14 条第 4 款的规定相一致。

5. 限制与例外

WCT 第 10 条规定:①缔约各方在某些不与作品的正常利用相抵触,也不无理地损害作者合法利益的特殊情况下,可在其国内立法中对依本条约授予文学和艺术作品作者的权利规定限制或例外。②缔约各方在适用《伯尔尼公约》时,应将对该公约所规定的权利的任何限制或例外限于某些不与作品的正常利用相抵触,也不无理地损害作者合法利益的特殊情况。

关于第 10 条的议定声明:不言而喻,第 10 条的规定允许缔约各方将其国内法中依《伯尔尼公约》被认为可接受的限制与例外继续适用并适当地延伸到数字环境中。同样,这些规定应被理解为允许缔约各方制定对数字网络环境适宜的新的例外与限制。另外,不言而喻,第 10 条第 2 款既不缩小也不扩大由《伯尔尼公约》所允许的限制与例外的可适用性范围。

WPPT 第 16 条针对表演者和录音制品制作者权利的限制与例外,有内容相同的规定。两条约关于著作权与邻接权限制与例外的规定与 TRIPs 协议第 13 条基本一致。

两条约关于著作权和邻接权限制的规定和 TRIPs 协议第 13 条,实际上都是对权利限制的限制,它强调的并不是如何去限制对著作权和邻接权的保护,而是强调对权利的限制是否合理。

五、与贸易有关的知识产权协议

1995 年 1 月 1 日世界贸易组织(WTO)成立,替代了原关贸总协定(GATT)。2001 年 11 月 10 日,WTO 多哈会议正式通过中国入世的决议,中国于 2001 年 12 月 11 日正式成为 WTO 成员。WTO 把知识产权、货物贸易、服务贸易并列,作为该组织的三大支柱。作为乌拉圭回合最后文件一部分的 TRIPs 协议就成为了 WTO 这一经济联合国的成员必须遵守的重要法则之一,也是知识产权国际保护上的重大发展。至 2001 年 12 月底 WTO 已有 145 个成员国。

《TRIPs 协议》共有 7 个部分 73 条,是 WTO 三个新协议中最长的协议。这 7 个部分是:总则和基本原则,关于知识产权的效力、范围及使用标准,知识产权执法,知识产权的获得、维持及有关当事人之间的程序,争端的防止与解决[①],过渡性安排,机构安排和最后条款。

[①] 详见第三节:一、与贸易有关的知识产权协议下的纠纷应对。

（一）TRIPs 协议的宗旨、目的和基本原则

1. TRIPs 协议的宗旨和目的

《TRIPs 协议》的序言部分，明确缔结此协议的宗旨和目的是：减少对国际贸易的扭曲与阻碍；促进对知识产权在国际范围内更充分、有效的保护；确保知识产权的实施及程序不对合法贸易构成壁垒。

TRIPs 协议的目标在于：通过知识产权的保护与权利的行使，促进技术的革新、技术的转让与技术的传播，以有利于社会及经济福利的方式，促进生产者与技术知识使用者间互利互惠，并促进世贸组织成员间权利与义务的平衡。

2. TRIPs 协议的基本原则

TRIPs 协议重申了已有知识产权国际条约对知识产权保护的基本原则，如国民待遇原则、独立性原则、工业产权优先权原则、著作权自动保护原则、保护公共秩序和社会公德健康原则、权利合理限制原则等。更为重要的是，TRIPs 协议创设了一些新的或重申了一些基本原则，主要有：

（1）最惠待遇原则。《TRIPs 协议》第 4 条规定："任何一成员就知识产权保护提供给另一成员国民的利益、优惠、特权或豁免应当立即、无条件地给予所有其他成员的国民。"这种最惠待遇与《1994 年关贸总协定》最惠待遇一样，是无条件的、多边的、永久性的。

（2）知识产权的私权原则。《TRIPs 协议》在序言部分明确规定："承认知识产权为私权"，说明了知识产权在本质上是一种民事权利，其核心是专有的、具体的、特定的财产权。

（3）透明度原则。透明度原则是 WTO 的基本原则之一，是指各成员在对外贸易管理方面要增强透明度，要公布有普遍适用性质的法律法规、贸易协定、司法裁判及行政决定，除非有关信息资料的披露有损于法律的实施、公共利益或当事人正当的商业利益。

（4）司法终局复审原则。TRIPs 协议明确规定，对行政部门的终局决定或判决，在任何情况下，诉讼或仲裁当事人都应该有机会要求司法审查。对初审的司法判决，在满足其正常的程序要求的条件下，应使相关当事人有上诉复审的机会。

（二）知识产权保护的最低标准

TRIPs 协议对知识产权的保护规定了各成员的最低保护标准。TRIPs 协议对知识产权保护最低水平的要求主要体现在该协议的第 2 部分，主要涉及三方面的内容：权利范围、最低保护水平以及权利限制。

1. 权利范围

《TRIPs 协议》第 1 条规定，知识产权的权利范围只限于七种，即

（1）著作权与邻接权；

（2）商标权；

（3）地理标志权；

（4）工业品外观设计权；

（5）专利权；

(6) 集成电路布图设计(拓扑图)权;
(7) 未披露过的信息专有权。

2. 最低保护水平

1) 版权与有关权(邻接权)

《TRIPs 协议》第 10 条规定,全体成员均应遵守《伯尔尼公约》1971 年文本第 1 至第 21 条及公约附录。但对于《伯尔尼公约》第 6 条第 2 款规定的精神权利,成员应依本协议而免除权利或义务。TRIPs 协议明确规定,版权保护应延及表达,而不延及思想、工艺、操作方法或数学概念之类。并明确了版权对计算机程序及数据汇编(数据库)的保护以及对计算机程序、电影作品出租权的肯定。

对作品的保护期限,协议规定,除摄影作品或实用艺术作品外,如果某作品的保护期并非按自然人有生之年计算,则保护期不得少于经许可而出版之年年终起 50 年,如果作品自完成起 50 年内未被许可出版,则保护期应不少于作品完成之年年终起 50 年。

《TRIPs 协议》第 14 条对表演者、录音制品制作者及广播组织权利的保护作了规定。

2) 商标权

对于可保护的客体,《TRIPs 协议》第 15 条规定,任何能够将一企业的商品或服务与其他企业的商品或服务区分开的标记或标记组合,均应能够构成商标。这类标记,尤其是文字(包括人名)字母、数字、图形要素、色彩的组合以及上述内容的任何组合,均应能够作为商标获得注册。即使有的标记本来不能区分有关商品或服务,成员亦可依据其经过使用而获得的识别性,确认其可否注册。成员可要求把"标记应系视觉可感知"作为注册条件。

对于注册商标的权利内容与范围,《TRIPs 协议》第 16 条规定:注册商标所有人应享有专有权防止任何第三方未经许可而在贸易活动中使用与注册商标相同或近似的标记去标示相同或类似的商品或服务,以免造成混淆。

对于驰名商标的保护,协议扩大了《巴黎公约》第 6 条第 2 款的适用范围,规定:原则上适用于服务,适用于与注册商标所标示的商品或服务不类似的商品或服务,只要一旦在不类似的商品或服务上使用该商标,即会暗示该商品或服务与注册商标所有人存在某种联系,从而注册商标所有人的利益可能因此受损。确认某商标是否是驰名商标,应顾及有关公众对其知晓程度,包括在该成员地域内因宣传该商标而使公众知晓的程度。

3) 地理标志权

《TRIPs 协议》第 22 条专门规定了对地理标志的保护。所谓地理标志,是指下列标志:其标示出某商品来源于某成员地域内,或来源于该地域中的某地区或某地方,该商品的特定质量、信誉或其他特征,主要与该地理来源相关联。在地理标志方面,成员应提供法律措施以使利害关系人阻止下列行为:①不论以任何方式,在商品的称谓或表达上,明示或暗示有关商品来源于并非其真正来源地,并足以使公众对该商品来源误认的;②不论以任何使用方式,如依照《巴黎公约》1967 年文本第 10 条第 2 款,则将构成不正当竞争的。

对葡萄酒与白酒地理标志的补充保护,《TRIPs 协议》第 23 条作了专门规定。

4) 工业品外观设计专有权

《TRIPs 协议》第 25 条规定,对独立创作的、具有新颖性或原创性的工业品外观设计,全体成员均应提供保护。成员有自由选择用工业品外观设计法或用版权法去履行本款义务。

《TRIPs 协议》第 25 条规定,受保护的工业品外观设计所有人,应有权制止第三方未经许可而为商业目的制造、销售或进口带有或体现有受保护设计的复制品或实质性复制品的物品。可享有的保护期应不少于 10 年。

5) 专利权

对于可获得权利的条件,TRIPs 协议规定,一切技术领域中的任何发明,无论产品发明或方法发明,只要其新颖、含创造性并可付诸工业应用,均应有可能获得专利。

对于可以不授予专利的情形,协议也作了规定,包括:为保护公共秩序或公德,包括保护人类、动物或植物的生命与健康,或为避免对环境的严重破坏所必需;诊治人类或动物的诊断方法、治疗方法及外科手术方法;除微生物之外的动、植物以及生产动、植物的主要是生物的方法,生产动、植物的非生物方法及微生物方法除外;但成员应以专利制度或有效的专门制度,或以任何组合制度,给植物新品种以保护。

对专利权的范围,TRIPs 协议也作了具体明确的规定,专利应赋予其所有人下列专有权:①如果该专利所保护的是产品,则有权制止第三方未经许可制造、使用、许诺销售、销售,或为上述目的而进口该产品;②如果该专利保护的是方法,则有权制止第三方未经许可使用该方法的行为以及使用、许诺销售、销售或为上述目的进口至少是依照该方法而直接获得的产品。专利所有人还应有权转让或通过继承转移其专利,应有权缔结许可证合同。专利可享有的保护期,应不少于自提交申请之日起的 20 年年终。

TRIPs 协议还对专利申请的条件、未经权利持有人许可的其他使用(主要指强制许可)、方法专利的举证责任等做出了规定。

6) 集成电路布图设计(拓扑图)专有权

根据《TRIPs 协议》第 35 条的规定,对集成电路布图设计的保护适用《集成电路知识产权条约》第 2 至第 7 条(其中第 6 条第 3 款除外)、第 12 条及第 16 条第 3 款。

此外,《TRIPs 协议》第 36 条规定了集成电路布图设计权利的范围,成员应将未经权利持有人许可而从事的下列活动视为非法:为商业目的进口、销售或以其他方式发行受保护的布图设计;为商业目的进口、销售或以其他方式发行含有受保护布图设计的集成电路;为商业目的进口、销售或以其他方式发行含有上述集成电路的物品(仅以其持续包含非法复制的布图设计为限)。但是,对于第 36 条所指的从事任何含有非法复制布图设计的集成电路或含有这类集成电路物品的活动,如果从事或提供该活动者,在获得该物品时不知、也无合理根据应知有关物品中含有非法复制的布图设计,则不论第 36 条如何规定,任何成员均不得认为该活动非法。

7) 未披露过的信息的保护

《TRIPs 协议》第 39 条规定了对未披露过的信息(即商业秘密)的保护。协议规定,商业秘密受保护的三个条件是:①在一定意义上,其属于秘密,就是说,该信息作为整体或作为其中内容的确切组合,并非通常从事有关该信息工作领域的人们所普遍了解或容易获得的;②因其属于秘密而具有商业价值;③合法控制该信息的人,为保密已经根据有关情况采取了合理措施。

对于权利人的权利,协议规定,权利人均应有可能防止他人未经许可而以违背诚实商业行为的方式,披露、获得或使用合法处于其控制下的有关信息。"以违背诚实商业行为的方式",应至少包括诸如违约、泄密及诱使他人泄密的行为,还应包括通过第三方以获得未披露过的信息(无论该第三方已知或因严重过失而不知该信息的获得将构成违背诚实商业行为)。

3. 权利限制

TRIPs协议在对各项权利规定最低保护水平的同时,一般都对每种权利允许各成员自行规定做出一定的限制。为了统一和规范此种限制,又对此种限制规定了一些前置条件。例如,对专利权的限制,TRIPs协议只作了原则性的规定,该协议第30条"所授专利权的例外"中规定,成员可以对所授的专利权规定有限的例外,只要在顾及第三方合法利益的前提下,该例外未与专利的正常利用存在不合理的冲突,也并未不合理地损害专利所有人的合法利益。对著作权的限制,《TRIPs协议》第13条规定,成员均应将专有权的限制或例外局限于一定特例中,该特例应不与作品的正常利用相冲突,也不应不合理地损害权利持有人的合法利益。对其他权利的限制,TRIPs协议也有类似的规定。

总之,TRIPs协议对权利限制的规定可分为三个要点:①对权利限制的规定应当是有限的,只限于某些特定情况;②要考虑第三方的合法利益,权利的限制不能与正当的权利实施相冲突;③考虑第三方合法利益的情况下,对权利的限制不能无理损害权利人的利益。事实上,TRIPs协议对权利限制的规定是对权利限制的限制的规定。

(三) 知识产权执法

TRIPs协议的特色在于它具有一整套保证执法的规则。该规则与WTO争端解决机制相配合,力促成员国形成统一的执法制度,使该协议成为知识产权国际条约中执行力最强的条约。《TRIPs协议》的第3部分涉及知识产权的执法,其内容十分详尽,这是TRIPs协议与过去所有的知识产权国际条约的重要区别之一。《TRIPs协议》的第3部分分为"总义务""民事和行政程序及救济""临时措施""有关边境措施的特殊要求"和"刑事程序"5节,共21条。

1. 知识产权执法总义务

《TRIPs协议》第41条规定的总义务为:

(1) 法律规定的执法程序应当能够有效地制止侵犯知识产权的行为,同时又应避免造成合法贸易的障碍,应能够为防止有关程序的滥用提供保障。

(2) 执法程序应公平合理,不得过于复杂或花费过高,或包含不合理的时效或无保障的拖延。

(3) 对案件的判决,最好采取书面形式,并应说明判决的理由。判决应仅仅根据证据,应向当事各方就该证据提供陈述机会。

(4) 对于行政的终局决定,当事人应有机会提交司法当局复审。

(5) 不要求为知识产权执法而建立一种与一般法律执法不同的司法制度。

2. 民事和行政程序及救济

《TRIPs协议》在"民事和行政程序及救济"一节中,对诉讼主体和诉讼权利义务、证据提供、停止侵权(禁令)、损害赔偿、其他民事救济措施、滥用知识产权造成被告损害的赔偿以及行政程序等方面的要求做出了规定。

例如,《TRIPs协议》第45条规定了侵犯知识产权的损害赔偿问题。其主要内容包括以下几个方面：①对已知或应当知道其行为是侵权的行为人，应当承担损害赔偿责任；②行为人对权利人损害赔偿的范围为足以弥补因侵权而给权利人造成的损失；③行为人还应当支付权利人因此的开支，其中可以包括适当的律师费；④在适当的场合，即使行为人不知，或无充分理由应当知道自己从事侵权行为，司法当局还可以责令其返还所得利润或令其支付法定赔偿金，或者两者并处。

《TRIPs协议》第48条规定了对滥用知识产权的赔偿责任。该条规定的内容分为两个部分：①对一方当事人申请的措施已经实施，但该申请人滥用了知识产权执法程序，司法当局应当责令该申请人向误受禁止或限制的对方当事人就因滥用而造成的损害提供适当赔偿，还有权责令申请人为被告支付由此引起的包括适当律师费的开支。②在知识产权行政执法中，行政机关及其人员只有在善意采取或试图采取特定的救济措施时，才能免除他们对采取该措施的过失责任。

3. 临时措施

《TRIPs协议》第3节第50条用以下几款对临时措施进行了规定。该条规定的内容包括以下几个方面：

（1）司法当局应当有权采取及时有效的临时措施。临时措施的范围包括：①制止行为人任何侵犯知识产权行为的发生，特别是包括由海关放行的进口商品在内的侵权商品进入所管辖的商业渠道。②证据保全。③财产保全。

（2）司法当局有权在开庭前采取临时措施，特别是在延误采取该措施，可能给权利人造成不可弥补的损害，或者有关证据显然存在被销毁危险的情况下。

（3）申请临时措施的证据、保证金和担保的提供。司法当局有权要求申请人提供任何合法取得的证据，使司法当局本身就足以确认申请人享有权利、其权利正在被侵害或侵权活动发生在即。司法当局还有权责令申请人提供诉讼保证金或者与之相当的担保，目的是足以保护被告和防止申请人滥用诉权。

（4）可以在开庭前事前不通知被告的情况下采取临时措施，但应当及时通知因此受影响的各方当事人，至少执行该临时措施后不得延误该通知。对被告请求对所采取的临时措施复议的，应当在通知后的合理期限内提供复议机会，在复议中应保证被告陈述的权利。经过复议，司法当局应当根据情况做出变更、撤销或维持原决定的复议决定。

（5）申请人有为司法当局需认证有关商品提供其他必要信息的义务。

（6）在合理期限内，如果申请人未提起判断案件是非的诉讼，则应根据被告的请求撤销或中止所采取的临时措施。合理的期限，依据国内法由采取临时措施的司法当局确定；没有司法当局的确定，前述期限不得超过20个工作日或31个日历日，以两者中期限长者为准。

（7）对被告的适当赔偿。若所采取的临时措施给被告造成了损害，司法当局根据被告的请求有权决定予以适当赔偿。其条件是，临时措施被复议撤销；因申请人的任何行为或疏忽而失效；事后发现始终不存在对知识产权的侵犯或侵权威胁。

4. 有关边境措施的特殊要求

《TRIPs协议》第4节对海关的边境措施作了规定。该节中所规定的措施主要由海关主管部门行使。主要包括10个方面：海关当局中止放行、申请、保证金或与之相当的担保、中止放行通知、中止放行期限、对进口人及商品所有人的赔偿、检查权及获得信息权、依职权的行为、救济、可忽略不计的进口。

5. 刑事程序

TRIPs 协议要求全体成员应当对知识产权的保护提供刑事程序的救济措施以及对侵犯知识产权犯罪规定刑罚惩处,至少对故意以商业规模假冒商标或对版权盗版行为予以刑事惩处。可采用的刑罚的类型应当包括监禁、罚金,或这两者并处;惩罚的程度以符合相应严重罪行的惩罚标准为限。在适当的场合,可采用的措施应当包括扣留、没收或销毁侵权商品以及任何主要用于从事犯罪活动的原料及工具。各成员还可以规定将刑事程序及刑事惩罚适用于侵犯知识产权的其他情况,特别是故意以商业规模侵权的情况。

六、其他知识产权国际条约内容简介

(一) 国际承认用于专利程序的微生物保存布达佩斯条约

《布达佩斯条约》主要是为了解决有关在多个国家进行有关微生物的发明专利申请中信息披露问题而订立的。为了使审查员了解专利申请中的相关技术内容,各国专利法都要求专利申请人在其说明书和附图中清楚、完整地公开该发明。但是,有关微生物的发明是难以用文字和附图进行充分说明的,而该微生物又是难以获得的,因此各国专利法一般要求申请人将有关的微生物样品提交专利局指定的机构保藏。如果该申请人意欲向多个国家提出有关微生物发明的专利申请,则如何有效和及时地提交微生物样品进行保存就成了一个难题。为解决这个问题,布达佩斯条约专门设计了一种国际合作制度,简化有关保存程序,使得向多国提起有关微生物的发明专利申请成为可能。

布达佩斯条约建立了一种国际微生物保存单位制度,要求"缔约国允许或要求保存用于专利程序的微生物的,应承认为此种目的而在任一国际保存单位所做的微生物保存。这种承认应包括承认由该国际保存单位说明的保存事实和交存日期以及承认作为样品提供的是所保存的微生物样品。"由此,有关专利申请人在向多个国家提出有关微生物发明的专利申请时,就可以只向一个国际保存单位提交微生物样品,而不用向每一个国家提交保存样品了。为了保障在各缔约国进行专利审查,各缔约国可以根据布达佩斯条约的规定要求有关国际保存单位提交保存有关微生物样品的存单副本。

如果出现国际保存单位由于某些原因不能提供所保存微生物样品的情况,交存人可以按照条约的规定将原来保存的微生物重新提交保存,这些原因包括但不限于:①由于这种微生物不能存活;②由于提供样品需要送出国外,而因出口或进口限制向国外送出或在国外接受该样品受到阻碍,该单位在注意到它不可能提供样品后,应立即将这种情况通知交存人,并说明其原因。

一般而言,重新保存应向原接受保存的国际保存单位提交,但如果出现下列情形,则可以向另一国际保存单位保存:原接受保存机构无论是全部或仅对保存的微生物所属种类丧失了国际保存单位资格时;原接受保存的国际保存单位对所保存的微生物暂时或永久停止履行其职能时。当然,如果第二个国际保存单位能够提供该种微生物样品,则交存人就无须再进行重新保存了。

（二）国际专利分类斯特拉斯堡协定

《斯特拉斯堡协定》意在建立一种统一的专利、发明人证书、实用新型和实用证书的分类系统。我国虽然于1997年6月才正式加入该协定，但是从1985年我国专利法施行起就在专利文献管理中一直采用该协定规定的分类方法。

《斯特拉斯堡协定》共有17个条文，其主要内容是规定参加该协定的成员国组成一个专门联盟，对发明专利、发明人证书、实用新型和实用证书采用相同的分类法，即协定规定的"国际专利分类法"。为此，联盟设立专家委员会制定国际专利分类法。该分类法的首要目的是为了方便技术的检索，力图保证将任何与发明有关的技术客体作为一个整体进行分类。就目前而言，各国适用的是2000年1月1日生效的《国际专利分类法》第7版。该版本将技术分为8个部，120个大类，628个小类，6948个大组和61074个小组，共68022个分类号。

按照协定的规定，国际专利分类法纯属行政管理性质，因此联盟成员国有权决定将本分类法作为主要的分类系统还是作为辅助的分类系统使用。但是，成员国的专利主管机关应在以下文件上标明国际专利分类的完整分类号：

（1）该机关所颁发的专利证书、发明人证书、实用新型和实用证书及其有关的申请文件，不论是公布的或仅供公众查阅的；

（2）官方期刊发表的关于第（1）项所指文件的公布或供公众查阅的有关通知。

但作为例外的是，如果成员国不实行新颖性的审查，则可以不承担该标明分类号的义务。

该协定签订以来，大大方便了各国对专利文献的检索。据统计，自该协定生效以来，平均每年用国际专利分类号标记的专利文件达100万份，可见该协定的影响范围之广。

（三）建立工业品外观设计国际分类洛迦诺协定

《洛迦诺协定》对所有巴黎公约成员国开放。共17条，其主要目的在于在各个国家之间建立统一的工业品外观设计分类法。根据协定的规定，这种分类法是一种商品分类法，即按照外观设计的运用领域进行分类，而不是按照该设计本身特点分类。协定设立专门委员会制定和修改外观设计国际分类法。目前的外观设计国际分类法包括32个大类，223个小类，6831种产品。

洛迦诺协定的主要规则包括三点：首先，按照协定的规定，外观设计国际分类法纯属管理性质，协定的每个成员国可以将其认为适当的法定范围归属于国际分类法，但是各国对本国给予外观设计的保护性质和范围并不受国际分类法的约束；其次，协定成员国可以自己决定将国际分类法作为主要的分类系统还是作为辅助的分类系统使用；最后，成员国的外观设计主管局应当在外观设计保存或注册的官方文件上以及在正式公布这些文件时在有关刊物上，标明使用外观设计的商品所属国际分类法的大类号和小类号。

（四）商标国际注册马德里协定

由于工业产权的地域性特点，商标所有人要在不同国家获得注册，必须向不同的国家分别提出注册申请，这在程序上非常烦琐。随着国际统一市场的形成，通过某种国际合作简化程序的要求，到了19世纪末显得尤为强烈。1891年4月14日由法国、比利时、西班牙、瑞士、突尼斯等国在西班牙马德里签订了《马德里协定》,自生效以来经过了 7 次修订。《马德里协定》的主旨是解决商标的国际注册问题,它是对《巴黎公约》中关于商标国际保护的补充,其要求参加者须为巴黎公约成员国。

《马德里协定》共 18 条,其中前 9 条是实质性条款,后 9 条是行政性条款。协定的主要内容如下。

1. 商标国际注册的申请

按公约规定,缔约国国民在本国注册商标之后可以向世界知识产权组织国际局申请商标注册。国际局审查同意后,将该商标予以公布,并通知申请人要求保护的各缔约国。收到通知的缔约国如果不同意,应当在 1 年内向国际局提出,并说明理由。如果在 1 年内未提出,则视为商标在该国注册。协议强调,申请国际注册的商标,必须由申请人首先在其本国获得注册。

2. 国际注册的效力

商标从国际局注册生效日起,在未驳回的有关缔约国生效,得到这些国家的承认和保护。办理国际注册的每个商标,都享有巴黎公约规定的优先权。

3. 国际注册的有效期

国际注册的有效期限为 20 年,期满可以请求续展,续展期也可为 20 年,可以无限制续展。在有效期届满前 6 个月,国际局应发送非正式通知,提醒商标权人或代理人注意届满日期。国际注册续展,有 6 个月的宽展期,但在宽展期内续展,要交纳罚款。

4. 关于注册费

申请人在其所属国办理了某一商标的注册手续后,只需要用一种语言向国际局提出一次申请并交纳一次费用,就可以要求在各成员国取得保护。

5. 国际注册与国内注册的关系

根据马德里协定的规定,商标自获准国际注册之日起 5 年内,如该商标在其所属国丧失全部或部分权利时,则该国际注册的商标所得到的法律保护,也全部或部分不再享有权利。但是,从获得国际注册之日起满 5 年以后,国际注册与商标权人在其所属的国内注册没有关系,所属国的法律保护不影响该商标国际注册所产生的权利。

(五) 为商标注册目的而使用的商品与服务的国际分类尼斯协定

《尼斯协定》的目的是改变各国由于注册使用商品和服务的不同分类给商标管理带来的众多不便,建立商标注册使用的商品与服务国际分类,促进国际间商标注册的开展,同时也有利于商标使用的管理及商标国际交流合作。

《尼斯协定》共 14 条,其中第 1、2 条为实质性条款,其余为行政性条款。协定的主要内容为:

(1) 参加该协定的国家组成特别联盟,采用共同的商品和服务分类表,供商标注册用。

(2) 协定为各国提供了国际通用的分类标准,把商品分为 34 类,把服务项目分为 8 类,类下又划分为细项。为了便于检索,各项用阿拉伯字母进行排列。该协定允许马德里协定成员国及非尼斯协定成员国采用上述国际分类。

(3) 协定要求各成员国使用国际分类表，但不反对各成员国使用自己的分类表。

(4) 国际分类表的正式用语是法语和英语，同时还备有荷兰文、德文、意大利文、葡萄牙文和西班牙文五种文本。

我国自1989年开始采用尼斯协定，已成功地将国内商品分类，转换成国际分类，并于1994年9月正式加入该协定。

（六）商标图形国际分类维也纳协定

《维也纳协定》于1973年6月12日由巴西、奥地利、比利时、丹麦、法国和南斯拉夫在奥地利维也纳签订，对巴黎公约成员国开放。我国尚未加入。

该协定对商标图形要素建立了国际分类，并根据情况加以注释。全部分类包括29个大类、144个小类及1569个组分类。《马德里协定》要求商标图形分类应按照该协定规定进行。目前，我国也采用这个图形分类法。协定授权由成员国派出专家委员会定期对分类表进行修改。

（七）商标注册条约

为弥补《马德里协定》的不足（按《马德里协定》规定，商标的国际注册，必须要先在本国获得注册，而本国注册的时间周期一般来讲比较长，在这段时间里在其他缔约国可能被抢注），1973年6月12日，由美国、英国等14国发起在维也纳召开了工业产权外交会议，这次会议通过了《商标注册条约》，并于1980年8月7日生效。协定规定，只有巴黎公约成员国才能参加该联盟。商标国际注册的申请统一由世界知识产权组织的国际局接收，申请中必须指定与国际局进行联系的代理人。主要内容如下：

(1) 申请人可以直接向世界知识产权组织国际局提出国际注册申请，而且并不需要在本国申请注册。

(2) 国际注册申请符合规定时，国际局即给予注册并在公报上公布，并通知申请人要求提供保护的成员国。国际注册生效后，即使有关商标的注册在其申请人本国被撤销，也不影响在其他成员国的注册效力。在国际注册效力和本国注册效力的关系上，《马德里协定》规定："在国际注册的商标5年内由于本国注册的撤销即导致该国际注册撤销；国际注册的商标，只有在5年后才能独立于商标权人的国内注册。"

(3) 对要求给予注册的缔约国，在收到通知的15个月内，可以声明拒绝给予保护。

(4) 国际注册的有效期为10年，续展期为10年。

(5) 国际注册申请可用英、法两种文字中的任何一种，而《马德里协定》只准许使用法文。

(6) 商标获准国际注册后，可以延缓3年使用。缔约国不能因该商标没有实际使用而拒绝给予保护。

（八）保护奥林匹克会徽内罗毕条约

1981年WIPO在内罗毕召开大会，会议缔结了《内罗毕条约》，该条约对所有联合国成员国开放，我国目前尚未加入该条约。

条约明确规定成员国有义务"保护奥林匹克五环标志不被商业性使用"，未经国际奥林匹克委员会许可,有义务拒绝以国际奥林匹克委员会宪章规定的奥林匹克会徽组成的或含有该会徽标志作为商标注册,或使其无效;成员应采取适当措施禁止以该标记作为商标或其他标记以商业目的的使用。

(九) 世界版权公约

《伯尔尼公约》签订后,美国由于国内立法保护著作权的水平较低,因此在很长一段时间内未加入。不仅美国,其他一些美洲国家同样如此。为了加强协作,以美国为首的美洲国家之间缔结了《美洲国家关于保护文学艺术产权公约》(简称《泛美公约》)。第二次世界大战以后,随着国际图书市场的不断拓展,英、法等国希望拉拢美国加入国际版权组织。在双方的努力下,联合国教科文组织召集和主持了四次专家会议,着手起草新的国际版权公约,并最终在1952年9月6日在瑞士日内瓦召开的政府间代表会议上签订了《世界版权公约》,英、美、法等5国的代表参加了大会,其中40个国家的代表在公约上签了字,该公约生效后只于1971年在巴黎作过修订。由于公约内容大多是原则性规定,保护水平也不高,因此公约第20条规定,成员国在进入公约时对公约条款不能有保留权。我国1992年10月30日正式加入该公约。目前,公约由联合国教科文组织管理。

《世界版权公约》与《伯尔尼公约》相互独立,各国可择其一参加或全部参加,但其主要内容都被《伯尔尼公约》所涵盖,其主要目的是促使各国采取必要措施,对文学艺术作品提供充分和有效的保护,特别是把美国以及《泛美公约》的一些国家以及未加入《伯尔尼公约》的国家纳入到国际版权的保护体系中来。为了更好地处理两个公约的关系,《世界版权公约》第17条规定,已参加了《伯尔尼公约》的国家,也可以再参加《世界版权公约》,但不能因此而退出《伯尔尼公约》;否则,其作品在《伯尔尼公约》所有成员国中将不受《世界版权公约》的保护。

《世界版权公约》共由正文21条和2个附件两部分组成。其主要内容如下。

1. 基本原则

1) 国民待遇原则

《世界版权公约》第2条规定,任何缔约国国民出版的作品或在该国首先出版的作品,都享有其他缔约国给予其国民在本国已出版作品的同等保护;任何缔约国国民未出版的作品,亦享有其他缔约国给予其国民未出版作品的同等权利;任何缔约国必须依本国法律将居住于该国的任何人(包括无国籍人、流亡者)视为本国国民。

2) 附条件自动保护原则

《世界版权公约》规定,经作者或版权所有者授权出版的作品,自首次出版之日起,必须要有版权标记,才能享有公约的版权国际保护。所谓版权标记,具体包括三项内容:标有"C"记、版权所有者姓名及首次出版年份。具备上述三个条件,依国内法要求履行手续的各成员国便应视为符合各该国履行各种手续的要求,而保护其他成员国国民出版的作品。

附条件自动保护原则,也称为非自动保护原则,是为了照顾一些国家不实行自动保护的传统所采取的一种变通保护的方法。

3) 最低限度保护原则

公约对各成员国版权法的保护水平规定了最低限度,但与《伯尔尼公约》相比,其保护水平较低,而且一些地方只作原则性规定。

2. 保护作品的范围

公约要求成员国必须保护文学、科学及艺术作品三大范围内的作者及其版权所有者的权利,并要求成员国至少保护7种具体作品,包括文字作品、音乐作品、戏剧作品、电影作品、绘画作品、雕刻作品和雕塑作品。公约规定该公约不具有追溯力,而《伯尔尼公约》则具有追溯力,即一个国家参加《伯尔尼公约》后,对其他缔约国的仍受版权保护的作品都给予保护。

3. 权利主体

与《伯尔尼公约》仅规定保护作者的权利相比较而言,《世界版权公约》保护的主体范围更宽泛一些。它不仅保护作者,还保护其他版权所有者,包括委托作品的委托人、作者的雇主。

4. 经济权利和精神权利

公约要求成员国至少保护作者享有的四项经济权利,包括复制权、公开表演权、广播权和翻译权,并可以扩大适用于受公约保护的各类作品,无论是原著作品还是演绎作品。同时,公约允许成员国国内立法在不违背公约的精神和内容的前提下,对这些权利做出例外规定。

与《伯尔尼公约》明确规定了必须保护作者的精神权利并规定了精神权利的内容不同,公约对精神权利未作统一规定。

5. 版权的保护期限

公约规定了版权的保护期限,具体为:

(1) 一般情况下,作品的保护期不少于作者有生之年加死后25年;

(2) 作品从首次出版之日或出版前登记之日起计算保护期,不得少于自首次出版日或出版前登记日起25年;

(3) 如果成员国的法律允许有两个或两个以上的连续保护期,则初期保护期限不得少于自作品首次出版或出版前的登记之日起25年;

(4) 成员国对摄影作品或实用美术作品作为艺术品给予保护时,其期限不得少于10年。

(十)保护表演者、录音制品制作者和广播组织罗马公约

《罗马公约》是世界上第一个关于与版权有关的邻接权保护的国际公约,所以又被称为《邻接权公约》。它是由联合国世界劳工组织、教科文组织和世界知识产权组织在于1961年10月26日在罗马共同发起并缔结的。《罗马公约》是非开放性的公约,只有参加了《伯尔尼公约》或《世界版权公约》的国家,才有资格参加《罗马公约》。我国目前尚未加入。

1. 非自动保护原则

所谓非自动保护原则,是指受保护唱片必须要具备一定条件才能受到缔约国国内法律的保护。公约规定,受保护的录音制品的一切复制件上,必须标有:①表示"P"的符号;②首次发行年份;③主要表演者及其他权利人姓名。

2. 表演者的权利

公约所指的表演者是指演员、歌唱家、音乐家、舞蹈家和表演、歌唱、演说、朗诵、演奏或者以别的方式表演文学或艺术作品的其他人员。

表演者有权许可或禁止他人的下列行为：①广播或向公民传播其表演实况（但专为广播目的而演出或表演本身出自录音录像的除外）；②录制其未被录制过的表演实况；③复制其原始录音制品或超出范围的复制。

3. 录音制作者的权利

公约规定，录音制品制作者是指首次将表演声音或其他相关声音录制下来的自然人或法人。所谓录音制品，是指以听觉方式来感知的表演声音或其他声音的录制品。录音制品录制者有权许可或禁止他人以直接或间接方式复制其录音制品。

4. 广播组织的权利

广播组织者有权许可或禁止：①转播其广播节目；②复制其节目录制品；③在收费入场的情况下向公众传播电视节目。

5. 权利的保护期限

《罗马公约》规定，成员国对邻接权提供的最短保护期不得少于20年。其起始期分别为：①录音制品或录制在录音制品中的表演的保护期自录制年份的年底起算；②未被录制为录音制品中的表演自表演年份的年底起算；③广播节目自播出年份的年底起算。

6. 权利的限制

公约规定了利用他人有邻接权的作品时可以不需权利人授权而不认为是侵权和不需支付报酬的四种情况：①私人使用；②在时事报道中有限地引用；③广播组织为了编排自己的广播节目利用自己的设备暂时录制；④仅为教学、科研目的而使用。

（十一）保护录音制品制作者防止未经许可复制其录音制品公约

该公约是继《罗马公约》之后又一个保护邻接权的国际公约。它的内容比较简短，共13条，其中过半为程序性内容。公约的目的是为录音制品制作者提供比《罗马公约》更详细和更广泛的保护，同时，公约强调不妨碍《罗马公约》对表演者、广播组织和录音制品的保护。公约向世界上所有国家开放，只要是联合国会员国或任何与联合国有关的特殊组织或《国际法院规约》成员。

1. 国民待遇原则

公约对国民待遇原则的规定很简洁，采用了"国籍"标准作为给予保护的条件，规定各成员国应当给予具有另一成员国国民身份的录音制品制作者以国民待遇。

2. 附条件自动保护原则

受公约保护的录音制品，必须标有邻接权标记。所谓邻接权标记，是指在录音制品的所有复制品或其包装物载有 P（phonogram 的英文缩写）外加○标记，并写有首次发行的年份以及制作者或其合法继承人或专有许可证持有人的姓名。

3. 权利内容

公约规定，录音制品制作者的权利至少包括以下几项：①防止未经录音制品制作者同意而制作复制品；②防止上述复制品的进口；③防止上述复制品的公开发行。

4. 溯及力

公约第 7 条第 3 款规定，公约在某成员国生效前已经录制的任何录音制品，该成员国有权不给予保护。也就是说，公约没有溯及力。

5. 保护期限

公约允许各国通过国内立法规定保护的期限。但公约同时强调，国内立法所规定的具体保护期限从录音制品第一次出版之日起不得短于 20 年。

第三节　知识产权境外纠纷的应对

一、与贸易有关的知识产权协议下的纠纷应对

2007 年 4 月 10 日，美国政府就"中国与知识产权保护和实施有关的措施"和"中国影响部分出版物和视听娱乐产品贸易权和分销服务措施"向 WTO 提出两起申诉。这是 2001 年中国入世以后，美国第一次针对中国知识产权问题诉诸 WTO 争端解决机制。这次争端可以说是 1989 年至 1996 年中美围绕着"特别 301 条款"[①]进行的几次知识产权交锋的延续，内容也与"特别 301 条款"针对知识产权保护和知识产权市场准入的核心一致，只不过交锋的舞台移到了 WTO 的争端解决机构。

这一案件引起了国内对 WTO 知识产权争端解决机制的关注。了解、应对、运用 WTO 争端解决机制解决知识产权问题，成为非常重要的问题。

（一）WTO 知识产权争端解决机制

通过 WTO 争端解决机制来解决与 TRIPs 协议相关的争议是 WTO 体系知识产权国际保护的一大特点。联合国 WIPO 的争端解决，是通过"国际法院"，而 WTO 则是通过自己的争端解决机制。这是与以往知识产权国际公约的一个重要的不同之处。[②]

1. WTO 争端解决机制概述

WTO《关于争端解决规则与程序的谅解》（简称《争端解决谅解》或 DSU），是乌拉圭回合谈判的重要成果，也是 WTO 争端解决机制的基础。解决了 GATT 体制下专家组报告需要缔约方全体一致通过的缺陷，也解决了缔约方对于争端解决机制可以选择使用的问题。

WTO 建立了专门的争端解决机构（简称争端解决机构或 DSB），统一处理货物贸易、服务贸易和知识产权争端。《争端解决谅解》既是争端解决机构的组织法，也是争端解决的程序法。它规定了磋商、专家组审议、上诉机构审理、报告的执行及监督等司法程序，还规定了在当事方自愿的基础上，可以采用仲裁、斡旋、调解和调停等方式。

---

① 参见本节：二、美国贸易法"特别 301 条款"的应对。
② 郑成思. WTO 知识产权协议逐条讲解[M]. 北京：中国方正出版社，2001：180.

1) 磋商

DSU 没有规定成员有磋商的义务,而是"加强和提高各成员使用的磋商程序的有效性"。事实上,所有的争端都开始于磋商。DSU 规定在提出磋商请求后未经磋商,或提出请求后 60 日未能解决争端,可以请求设立专家组。

2) 斡旋、调解和调停

DSU 第 5 条规定了斡旋、调解和调停,是争端各方同意下自愿采取的程序。

3) 专家组

如果磋商或斡旋、调解、调停未能解决争端,则一方有权请求设立专家组(应以书面形式提出设立专家组的请求)。请求中应阐明是否已经进行了磋商、争端的各项具体措施、做出该项投诉的法律依据。在决定成立专家组后,还要确定专家组的职权范围。一般情况下是标准职权范围,如果申请方请求设立的专家组具有标准职权范围以外的职责,书面申请中应包括特殊职权的建议文本。标准职权范围与 DSU 中专家组职能的规定是相近的,即对其审议的事项进行客观评估,包括对案件事实和有关协定的可适用性及相符性的客观评估,并做出其他裁定以协助争端解决机构做出裁决或建议。

DSU 第 12 条规定了专家组审理案件的程序。专家组进行审查的期限为自该专家组的组成到最终报告送交争端各当事方的时间,原则上不应超过 6 个月。若遇紧急情况应设法在 3 个月内将其报告送交争端各当事方。若该专家组认为它在 6 个月内,或紧急情况下的 3 个月内不能提交其报告,则它应以书面形式向 DSB 通报延迟的原因,并通知预计它将提交报告的期限。但无论如何,从专家组的成立到向各成员递交报告的期限不应超过 9 个月。根据附件 3 规定的工作程序,在专家组与争端各当事方举行第一次实质性会议之前,争端各当事方应向该专家组递交介绍该案件各种事实及论点的书面报告。在第一次实质性会议上,专家组将要求已经投诉方介绍案情、陈述观点。在第二次实质性会议上则展开正式辩论。专家组在经过听证会议、获得全面的材料后撰写报告,向各方散发中期报告,征求各方的意见。专家组在分析各方意见的基础上做出最终报告,如未收到任何一方意见,中期报告被视为最终报告。在专家组报告散发至各成员之日起 60 日内,该报告应在争端解决机构会议上通过,除非有争端方上诉或争端解决机构协商一致决定不通过。

4) 上诉机构

争端各当事方可以就专家组的决定提起上诉。上诉机构负责听取对专家组案件的上诉。上诉机构审议专家组所作的报告,只负责法律问题的审理,不涉及事实问题。所以在专家组阶段争端方应全面陈述事实,在上诉阶段不能获得补救的机会。上诉方应提交报告,指出专家组错误的地方,被上诉方可以做相应的答辩。审理小组还要听取口头辩论。每方只有 30 分钟的时间。在 30 分钟时间里,诉讼代表只能陈述法律观点,不得重复书面材料中的内容。

从收到上诉报告之日起到散发上诉机构报告不能超过 60 天,需要延期的,要通知争端解决机构,但不能超过 90 天。但实际上由于上诉机构负担太重,很多上诉都超过了 90 天。上诉机构的报告也应由争端解决机构通过。

5) 对执行建议和裁决的监督

争端解决机构有权监督裁决的执行。在专家组或上诉机构报告通过后 30 日内,败诉方应将执行建议和裁决的意愿通知该机构。如不能迅速执行,则应确定一个合理的执行期限。如果被诉方未在合理期限内执行,则必须在合理期限届满前与起诉方进行补偿谈判。如果在合理期限届满后20天未能就补偿达成协议,申诉方可以要求争端解决机构授权报复。被诉方可以就报复水平的适当性提请仲裁。

6) 仲裁

仲裁程序也是《争端解决谅解》的创新。在双方同意的情况下,可以作为争端解决机构的替代手段。

仲裁同时可以用于解决执行建议或裁决的合理期限问题。由仲裁员确定执行专家组或上诉机构裁决的合理期限。

2. WTO知识产权争端解决的特殊问题

根据TRIPs协议提出的争端,适用上述WTO争端解决机制。《TRIPs协议》第64条第1款规定:"由《争端解决谅解》详述和实施的《关贸总协定》第22条和第23条的规定适用于本协议项下产生的磋商和争端解决,除非本协定中另有具体规定。"

该条第2款则做出了特殊规定:"自《WTO协定》生效之日5年内,1994年《关贸总协定》第1款(b)项和(c)项不得适用于本协定项下的争端解决。"这两项规定指的是所谓"非违约之诉",即成员虽然没有违反协议,但仍然使其他成员利益受到损失。非违约之诉会进一步提高知识产权的保护水平,这正是发展中国家所担忧的。

《TRIPs协议》第64条第3款又规定,由"与贸易有关的知识产权理事会"决定非违约之诉的范围和模式。1999年西雅图会议上,理事会认可大多数国家的意见,非违约之诉继续延期实施。2003年坎昆会议、2005年香港会议都没有对此做出决定,非违约之诉继续延期实施。

此外,由于TRIPs协议自身的特殊性,在WTO争端解决中也会产生一些特殊的问题。由于TRIPs协议把巴黎公约和伯尔尼公约等援引为协议的实体标准,又有一些协议所规定的实体标准,因此需要解释的实体规范很多。而且很多公约都是由WIPO管理的,还涉及与WIPO的协调问题。原GATT体制中没有明确包含知识产权,GATT涉及知识产权的案例只有很少几件,可借鉴的案例实践很少。另外一个问题是对执法措施引起的争端。对成员具体执行TRIPs协议的要求,是TRIPs协议特有的规定。协议要求成员确保提供协议规定的执法程序,以有效打击侵犯协议所保护的知识产权的行为。要求执法程序应对所有成员公平且有效和迅速。当某一成员未能有效执行程序时,其他成员有权提出争端解决。但是TRIPs协议并没有对执法程序的争端做出详细规定。因此WTO争端解决机构如何判定成员执法不足,是一个比较复杂的问题。

(二) WTO知识产权争端解决案例综述

WTO成立至2008年7月,有关知识产权的争端共27件(见表9.1)。从时间上看,1996年开始的前5年,是争端的活跃期,知识产权争端比较集中。由于TRIPs协议提高了知识产权的保护水平,当1996年知识产权争端开始运行时,美国就提起争端,促使其他成员遵守TRIPs协议,收获乌拉圭回合谈判的成果。美国企业界代表把实施TRIPs协议看作

第九章 知识产权的国际保护

表 9.1 WTO 争端解决案例表

序号	提起年份	案号	案名	结果	案件类型
1	1996	28	美国诉日本录音制品措施	和解	邻接权
2	1996	42	欧共体诉日本录音制品措施	和解	邻接权
3	1996	36	美国诉巴基斯坦药品与农用化学品专利保护	和解	专利
4	1996	37	美国诉葡萄牙工业产权法专利保护期	和解	专利
5	1996	50	美国诉印度药品与农用化学品专利保护	专家组/上诉	专利
6	1997	79	欧共体诉印度药品和农用化学品专利保护	专家组/上诉	专利
7	1996	59	美国诉印度尼西亚汽车工业案	专家组/上诉	商标
8	1997	82	美国诉爱尔兰影响授予版权和邻接权的措施	和解	版权、邻接权
9	1998	115	美国诉欧共体影响授予版权和邻接权的措施	和解	版权、邻接权
10	1997	83	美国诉丹麦影响实施知识产权的措施	和解	TRIPs 实施
11	1997	86	美国诉瑞典影响实施知识产权的措施	和解	TRIPs 实施
12	1997	114	欧共体诉加拿大药品专利保护	专家组	专利
13	1998	124	美国诉欧共体实施电影与电视节目知识产权	和解	TRIPs 实施
14	1998	125	美国诉希腊实施电影与电视节目知识产权	和解	TRIPs 实施
15	1998	153	加拿大诉欧共体药品与农用化学品专利保护	磋商中	专利
16	1999	160	欧共体诉美国版权法 110(5)	专家组	版权
17	1999	170	美国诉加拿大专利期限	专家组/上诉	专利
18	1999	171	美国诉阿根廷药品专利保护及农用化学品测试数据保护	和解	专利
19	1999	174	美国诉欧共体对农产品与食料的商标与地理标志保护	专家组	商标与地理标志
20	2003	290	澳大利亚诉欧共体农产品及食料的商标和地理标志保护	专家组	商标和地理标志
21	1999	176	欧共体诉美国综合拨款法第 221 节	专家组/上诉	商标
22	2000	186	欧共体诉美国 1930 年关税法第 337 节	磋商中	TRIPs 实施
23	2000	196	美国诉阿根廷某些专利与测试数据保护	和解	专利
24	2000	199	美国诉巴西专利当地实施义务案	和解	专利
25	2001	224	巴西诉美国专利法	磋商中	专利
26	2007	362	美国诉中国有关知识产权保护措施	专家组已成立	TRIPs 实施
27	2008	372	欧共体诉中国金融信息服务商和外国金融信息提供商	磋商	TRIPs 实施

是对政治意志的测试,"选择一定能赢的案件,提起第一批诉讼;形成一批成功的例子"。[①] 最初的 14 个案件中有 11 个是美国提起的,而且都获得了令投诉方满意的成果。除印度药品及农业化学品专利保护案进入了争端解决程序外,其他案件均通过磋商在一年左右迅速解决。除少数争端是针对发展中国家外,大部分争端是在发达国家之间展开的。

从解决方式上看,上述 27 件案件中已结案 22 件:其中和解的 13 件;经过专家组和上诉机构审理的 5 件;经过专家组审理、未提起上诉的 4 件。未结案 5 件:其中专家组正在审理中的 1 件,仍在磋商中、没有进展通报的 3 件,2008 年新提起 1 件。提起争端解决之后,有三种解决方式:①双方协商达成协议;②等待专家组和上诉机构的报告;③悬而不决,这取决于申诉方是否一定要求成立专家组。而选择什么样的解决方式,需要考虑政治、法律等各种因素。

从内容上看,27 起案件中涉及专利 11 件,涉及版权与邻接权 5 件,涉及商标与地理标志共 4 件,涉及 TRIPs 实施 7 件。从提起争端类型来看,主要有以下特点:

(1) 药品专利是利益焦点。TRIPs 协议将专利保护的客体遍及一切技术领域,药品首当其冲。制药企业是 TRIPs 协议的主要鼓吹者。新药的研制需要高投入,企业逐步集中在几个发达国家,进一步挤压了其他国家和小型制药企业的生存空间。发达国家在药品专利方面也呈竞争格局,研究力量稍弱的加拿大,希望给制药企业更多的"合理使用"的空间,制造通用药。美国对于这样的一个邻居也很矛盾:一方面美国公民穿梭在美加边境,购买便宜的加拿大药品;另一方面,美国制药企业对加拿大偷走他们的利润非常不满。两起针对加拿大的专利争端,都是由此而起的。对巴基斯坦、印度、阿根廷、巴西的 6 起专利争端,也是同样原因。这些国家都是面积大、人口多且具有药品生产能力的国家,获得了专利就控制了市场。

(2) 执法是版权保护的关键。各国的版权法差异远远小于专利法,关键在于执法。技术的进步使复制变得轻而易举,广泛的文化需求,则使侵犯版权具有丰厚的土壤。美国对版权执法问题提起的争端最多,而且提起争端的具体时间一般都在 4 月或 5 月份。因为每年 3 月底,美国贸易代表都要做出外国贸易评估报告。美国的版权企业、协会都会把自己收集到的侵权情况报告给贸易代表办公室。美国成熟的证据收集网络,使被诉方在事实上难以反驳,只有承认事实,并切实强化执法。

(3) 地理标志之争是"新""旧"世界之争。欧盟把地理标志加入 TRIPs 协议中,充分发挥难以复制的悠久历史和文化传统的经济价值。欧盟获得了想要的地理标志还不罢休,还要制约其他成员享有地理标志的权利,歧视性地对待其他成员的地理标志。这就是为什么 10 多个国家作为第三方参加了对欧盟的争端。[②]

[①] LEVY C S. Implementing TRIPs-A Test of Political Will, Law and Policy in International Business 31,3,2000, p.794. 转引自:国家保护知识产权工作组. WTO 知识产权争端解决机制及案例评析[M]. 北京:人民出版社,2008:182.

[②] 国家保护知识产权工作组. WTO 知识产权争端解决机制及案例评析[M]. 北京:人民出版社,2008:186.

（三）中国针对 WTO 知识产权争端的应对策略

1. 美国诉中国知识产权保护和实施措施案

2007年4月10日，美国政府就"中国与知识产权保护和实施有关的措施"向 WTO 提出申诉。2007年6月7日和8日，双方进行磋商，澄清了一些问题，但是无法达成一致。2007年8月13日，美国贸易代表办公室首次请求 WTO 成立专家组。按照 WTO 诉讼规则，这表明双方没有就争端达成协议，一方正式要求委派专家就案件的是曲直做出裁断。2007年8月31日，在 WTO 争端解决机构举行的会议上，中国政府驳回了美国的请求。2007年9月25日，美国再次提出成立专家组，专家组自动成立。至2008年7月，该案仍在专家组审理过程中。

美国向 WTO 提交的"设立专家组请求"（The Request for the Establishment of a Panel）成为启动专家组程序的"诉状"。从这一"诉状"可以看出美国诉中国"告什么"和"凭什么"这两个核心问题。"诉状"共8页，分为以下3个部分：

（1）刑事程序及处罚的门槛。根据中国《刑法》第213至第215条、第217条、第218条和第220条，以及相应的司法解释规定，只有"情节严重"、"情节特别严重"、"销售额较大"、"销售额巨大"、"非法所得较大"或"非法所得巨大"的假冒盗版，并且只有是单位的行为，才属于犯罪行为。这样，对于某些商业规模的故意假冒商标和盗版行为，由于没有达到门槛，中国便不给予刑事处罚。这不符合 WTO 知识产权协定第三部分的要求，即对所有具备商业规模的故意假冒盗版都应采取有效行动。具体而言，中国的措施违反了该协定第61条和第41条第1款。

（2）海关处置侵权货物。按照中国的《海关知识产权保护条例》等法律规定，处置查获侵权货物的方法，首选是除掉侵权标志，通过拍卖等方式，让这些货物重新进入商业渠道，只有在侵权标志无法清除的情况下才予以销毁。而《TRIPs 协议》第46条规定的原则是销毁侵权货物。海关无权销毁，就违反了中国在该协第59条下的义务。

（3）未被批准出版发行的作品不受版权法保护。根据中国《著作权法》第4条及一系列法规的规定，外国作品在中国出版发行必须经过审批，而未被批准出版发行，或者被禁止出版发行的作品，其版权不受法律保护。这样，正在接受审查的外国作品，就不受中国版权法的保护。但已经纳入 TRIPs 协议的《伯尔尼公约》第5条第1款规定，给本国作者的权利，外国作者应当同等享受，并且不得附加任何条件。因此，中国违反了《知识产权协定》第9条第1款（成员应遵守《伯尔尼公约》的若干规定）、第14条（保护版权邻接权的规定）、第3条第1款（国民待遇）、第41条第1款和第61条（刑事保护）。[①]

以上三条是美国对中国申诉的主要理由。以下根据 TRIPs 协议的规定和我国的具体情况，来看看对本案的初步分析。

第一，有关刑事"门槛"的问题。TRIPs 协议要求各成员"对构成商业规模的蓄意假冒和盗版"规定刑事程序和处罚，处罚"要足以构成威慑"，"应与严重程度相应的犯罪所适用的刑罚相当"。这一条主要是对协议的解释问题。如何确定"商业规模"并没有一个确定的标准，应当按照各国的国情确定合理的标准。

[①] 杨国华.美国诉中国知识产权案"诉状"[J].WTO 经济导刊,2007,(9):96.

第二，海关罚没侵权品的处理。根据我国相关法规，海关对罚没物品的处理方法是：如果有关货物可以用于社会公益事业，则物品就直接交给公益机构用于公益事业；如果知识产权权利人有收购意愿，则将货物有偿转让给权利人；如果有关货物不能按照上述办法处置且侵权特征能消除的，则在消除侵权特征后依法拍卖，所得款项上缴国库。在有关货物不能按照上述规定处置时，予以销毁。TRIPs 协议的要求是：不允许仅除去非法加贴的商标后就让侵权货物进入商业渠道，或者对侵权货物在未作改变的情况下再出口。

第三，未被批准出版发行的作品不受版权法保护问题。我国《著作权法》规定的是"依法禁止出版、传播的作品，不受著作权法保护"。"依法禁止出版、发行"和"未完成审查、未被授权在中国出版和发行"应该是两个概念。

WTO 成立十多年来，第一次面临解释 TRIPs 协议这些条款的任务，而本案专家组对这些条款的解释以及裁决，对成员正确理解自己的义务有深远的影响。

2. 中国应对知识产权争端的策略

1) 预防策略

继续完善知识产权法律和法规，履行 TRIPs 协议的义务。加大知识产权执法力度，加强沟通，通报我国政府在知识产权执法方面的努力。但要注意的是，修改法律法规不应操之过急，应在符合 TRIPs 协议最低标准的情况下，尽量与我国经济技术发展水平相适应。

2) 应对策略

(1) 端正心态，从容参与争端，把"被诉"看作"平常事"。提起申诉和被诉是中国实力增强和外贸剧增带来的必然结果之一，今后仍然会接连不断。WTO 争端解决程序有其固定的程序，这与哪个成员提出申诉、指控什么问题无关。一般来说，整个程序要经历提出申诉、磋商、专家组程序、上诉、专家组（或上诉机构）报告执行这样几个阶段。根据以上流程，从提出申诉日起到专家组和上诉机构报告通过，最快要 20 个月（如果不上诉，最快 16 个月），加上执行期 15 个月，一共需要约 3 年。[①] 而且，在 1995 年到 2005 年的案件里，有三分之二的专家组无法在规定时间内完成工作，在完成工作的 82 个专家组中，只有 27 个在专家组组成之后的 9 个月内做出了专家组报告。即使"败诉"，也是 2 年以后的事情，加上执行期，可以为中国赢得 3 年多的调整期。

(2) 加强对争端解决机制的研究，尤其是对争端解决案例的研究。一方面是对 TRIPs 协议和知识产权争端的研究；另一方面还可以借鉴其他领域的争端案例。WTO 成立之后，它的争端解决机构是其中最活跃、最繁忙的机构。在 1995 年至 2005 年这 10 年中，DSB 受理了 40 个成员提出的 324 件贸易纠纷。专家组针对 112 个案件做出了 85 个报告。上诉机构则针对其中的 78 个案件的上诉做出了 57 个上诉机构报告。美国和欧共体仍然是 WTO 争端解决机制最积极的运用者，而发展中国家正在越来越多地运用 DSB 解决它们之间或者它们与发达国家成员之间的贸易纠纷。[②] 加紧对 WTO 解决规则的把握，运用争端解决的技巧，是应对争端的一个重点。

(3) 加强政府与产业界的沟通与互动。美国产业界与政府之间的沟通渠道十分畅通，美国政府在贸易政策领域的活跃表现事实上是源于美国产业界在后面的积极推动。美国政

---

① 朱榄叶.从中国在 TRIPs 协定下的义务看美国对中国的申诉[J].法学,2007,(8):127.
② 朱榄叶.活跃的 10 年、繁忙的 10 年[J].WTO 经济导刊,2005,(3):67.

府一向尊重美国产业界的利益和意见,政府与产业界以一种共同协作的方式联合开展工作。① 例如,在前述美国诉中国知识产权实施案中,美国提出申诉的背景是美国国家知识产权联盟的年度报告。该联盟是一个松散的民间组织,但其每年提交的报告对美国政府的影响都很大。它每年出具报告,对世界各国知识产权保护状况提出评估,并要求美国政府采取措施。② 中国在这方面应该加强,建立政府与企业之间的良好互动机制。

(4) 有计划地培养胜任争端解决的人才。人才缺乏是很多国家视争端解决为畏途的原因。我国要注重培养对相关领域有深入研究、实践经验丰富、英语精通、具有国际交往经验的人才。

(5) 积极参加 TRIPs 新的谈判,从规则的制定上发挥作用,维护我国的利益。同时加强对 WIPO 体系下的公约、条约的研究,参加 WIPO 的新规则的制定。

二、美国贸易法"特别 301 条款"的应对

(一) "特别 301 条款"的由来

在涉及美国贸易法时,一般所说的"301 条款",有广义和狭义之分。狭义是指美国贸易法的"一般 301 条款"。广义的"301 条款",除了"一般 301 条款"之外,还包括"特别 301 条款"、"超级 301 条款"和"电信 301 条款"等。从内容上讲,"一般 301 条款"是针对美国在对外贸易中的总体性贸易障碍设定的一个对外实行贸易制裁的总体框架。而"特别 301 条款"、"超级 301 条款"等则是在这一框架之下,针对具体某一方面的贸易障碍做出的规定。其中,"特别 301 条款"是针对知识产权保护和知识产权市场准入的。因而,"一般 301 条款"是其他 301 条款的基础,其他 301 条款是"一般 301 条款"的细化。

"一般 301 条款"是根据美国 1974 年《贸易法》第 301 条(《美国法典》第 19 编第 2411 节),如果贸易协议当中,有对美国不公平的、不公正的情况;或发现贸易伙伴的国内法律、法规会给美国的利益造成损失或造成事实上的不公平等,可以授权美国总统采取必要的措施进行贸易报复。

"特别 301 条款"始见于美国 1974 年《贸易法》第 182 条,1988 年《综合与贸易竞争法》第 1303 条对其作了增补,在《美国法典》中为第 19 编第 2242 节。"特别 301 条款"的核心是确定在知识产权保护及其市场准入方面有问题的国家,采取有效的贸易措施,以改变这些国家在知识产权保护和市场准入方面的状况。这样就把国际贸易问题和知识产权保护问题挂起钩来,结为一体。

(二) "特别 301 条款"的内容

"特别 301 条款"在 1974 年美国《贸易法》中的标题是,"对知识产权权利拒绝充分保护或市场准入国家的确定"。其目的是保障美国的知识产权在国外得到有效保护,保障依赖于知识产权保护的美国人公平而有效地进入外国市场。凡是在这两个方面有问题的国家,美国贸易代表可以根据规定确认其是否为"重点国家",从而发起调查和实施贸易制裁。在认

---

① 左海聪. 美国贸易法对中美贸易关系的影响[J]. 法商研究,2007,(6):31.
② 朱榄叶. 从中国在 TRIPs 协定下的义务看美国对中国的申诉[J]. 法学,2007,(8):126.

定重点国家时,贸易代表应遵循的标准为:

(1) 具有最严重或极端的立法、政策或做法,拒绝给予充分有效的知识产权保护,或对依赖于知识产权的美国人拒绝公平公正的市场准入。

(2) 其立法、政策或做法对美国的相关产品有最不利的影响。

(3) 这些国家没有与美国进行有诚意的谈判,或在双边或多边谈判中没有明显的进步,提供充分有效的知识产权保护。

根据"特别301条款"的规定,除了认定"重点国家"之外,美国贸易代表还创设了"重点观察名单"(priority watch list)、"观察名单"(watch list)、306条款监督等类别。

重点观察名单,是指该国在知识产权保护和市场准入方面,与"重点国家"有类似的问题,只是程度没有那样严重。被列入重点观察名单的贸易伙伴如在1年内没有在保护美国知识产权方面采取重大措施的话,将可能被列入"重点国家"名单。

观察名单是三类名单中最轻的,表明在知识产权保护和市场准入方面存在一定的问题,应当予以改进。

306条款监督则比较特殊。根据美国《贸易法》第306条,当美国与有关的外国达成了贸易协议后,贸易代表应当监督外国执行贸易协议。如果贸易代表认为有关外国没有令人满意地执行协议,则可以根据《贸易法》第301条采取进一步的措施,以确保有关协议得以实施。306条款首先是针对中国而设立的。1995年中美签署了第二个知识产权协议之后,美国贸易代表在取消对中国的"重点国家"的确定、撤销贸易制裁令的同时,又宣布要以"306条款"监督中国实施所签订的协议。在《特别301报告》中,"306条款监管国"的地位仅稍逊于"重点国家",排在"重点观察名单"和"观察名单"之前。处于"306条款"监管下的国家,如果没有令人满意地实施与美国签订的相关贸易(包括知识产权)协议,可以不经谈判直接采取包括贸易制裁在内的措施。从这一角度来看,列入"306条款监管国"名单的严厉性和威胁性甚至超过了"重点国家"名单,因为即使列入"重点国家"名单,还须经过双边谈判才有可能导致贸易制裁的实施,而对于列入"306条款监管国"名单的国家,不经双边谈判美国可以单方直接采取贸易制裁。1995年、1997年至今,中国一直被列入"306条款监管国"名单。自2005年起,中国重被列入"重点观察名单",并继续置于"306条款监管国"之下,成为受到双重"礼遇"的国家。

(三) "特别301条款"的程序

"特别301条款"是在"一般301条款"下的一个特别条款,因此还必须与"一般301条款"的内容和程序联系起来。例如,对"重点国家"的贸易制裁措施,以及这些制裁措施,是针对该国的某一经济部门还是整个经济,是采取征收关税的措施还是其他的进口限制,都规定在"一般301条款"中。又如,涉及知识产权的调查案,从调查的发起到磋商,从制裁与否的确定到监督外国执行有关的决议,也都适用"一般301条款"的程序。这里,将以"一般301条款"的程序为主线,结合知识产权保护的规定,介绍"特别301条款"的程序。

1. 重点国家的确定

"特别301条款"的程序开始于每年的国别贸易评估报告。每年3月31日前,美国贸易代表向总统、参众两院提交《关于外国贸易障碍的国家贸易评估报告》(简称《国家贸易评估报告》),其中包括每一个外国的重点贸易障碍、障碍对美国的影响、如何消除及其措施等。

在《国家贸易评估报告》提交后的30天之内,美国贸易代表必须做出年度"特别301报告",确定在知识产权保护和市场准入两方面有问题的国家,确定"重点国家"名单。实践中,并不是每年都一定有"重点国家"。如果确定了重点国家,则必须在《联邦公报》上公布。确定和公布"重点国家",实际上意味着"特别301条款"调查的开始。

2. 调查的发起

把某国确定为"重点国家"不是目的,通过磋商和贸易制裁等手段迫使其改变有问题的法律、政策和做法,最终达到对知识产权的保护,才是真正目的。在将某一国家确定为"重点国家"之后,美国贸易代表必须在30日内对该国的有关法律、政策和做法发起调查。但如果贸易代表确认,有关的调查会损害美国的经济利益,则不应对外国发起调查。因此,是否发起调查,由贸易代表根据实际情况来决定。如果贸易代表做出不发起调查的裁定,贸易代表应当向国会提交报告,详细说明理由和可能对美国经济产生的不利影响。

3. 磋商

贸易代表在发起调查日,应当征求公众意见,并代表美国就调查所涉及的事项与有关国家进行磋商。

在涉及双边或多边协议的情况下,如涉及 TRIPs 协议成员时,美国贸易代表应当按照贸易协议的规定与"重点国家"进行磋商。如果在该贸易协议规定的磋商期限内或磋商开始后150天内没有达成双方可接受的方案,贸易代表应根据贸易协定规定的正式争议解决程序,启动有关的争端解决程序。在不涉及双边或多边协议的情况下,美国贸易代表可直接发起针对"重点国家"的调查,并直接要求与被调查的国家或地区进行磋商。

4. 制裁与否的确定

根据美国1974年《贸易法》第304条的规定,如果不涉及任何贸易协定(包括 TRIPs 协议),贸易代表应在调查发起后的6个月内做出是否制裁的决定。

如果涉及 WTO 的 TRIPs 协议的争端,美国贸易代表应当在正式的争端解决程序结束后的30天内,或在调查发起后的18个月内,做出是否制裁的决定。制裁措施即是"一般301条款"所规定的措施。包括终止贸易优惠条件、征收关税或施加进口限制等。

但贸易代表的这一权力实际上受到了美国为实施 WTO 义务所做出的"行政行动声明"的限制:"贸易代表关于美国在有关贸易协定中的权利被违反或受到否定的任何301条款的决定都应依据争端解决机构所通过的专家组或上诉机构报告做出;在专家组或上诉机构通过有利的报告后,应允许被诉方有合理的时间实施报告所提出的建议;在该时间内问题无法解决时,报复应寻求 DSB 授权。"这项声明意味着美国只有在严格遵循 WTO 规则的情况下才能对 WTO 其他成员采取措施。

5. 不定期审查

不定期审查(out of cycle review)的概念来自1993年度的特别301报告,这是相对"特别301条款"的正常程序而言的。根据不定期审查,贸易代表可随时对有问题的国家进行审查,而不必等到每年4月30日左右的年度报告时间。2005年即对中国做出了不定期审查报告。

(四)"特别301条款"与TRIPs协议

1. "特别301条款"对TRIPs协议的影响

TRIPs协议和美国的"特别301条款"有非常密切的关系。美国实施"特别301条款"之后,觉得它的实施对于保护美国的切身利益非常有效,因此美国除了在国内法律确认它的地位之外,还努力把这种做法扩大到世界领域,力图在国际公约中加以确认,也就是把"特别301条款"变成国际法。从这个角度上讲,TRIPs协议实际上是美国贸易法"特别301条款"的国际化和扩大化。①

2. TRIPs协议之后的"特别301条款"

TRIPs协议之后,对于成员不履行国际知识产权法义务的行为可以诉诸WTO争端解决机制,但美国认为这并没有导致"特别301条款"的终止。《乌拉圭回合协议法》第314条(c)款对贸易法做了修订,明确规定:如果一个国家未能对知识产权实行充分有效的保护,"即使该国的行为可能符合TRIPs协议的特定义务",仍可能引发特别301措施。② 因此,美国贸易代表继续行使特别301的权力,每年的4月30日仍然发布报告,确定没有充分、有效保护知识产权的国家名单。

但事实上,虽然美国发布"特别301报告"、确定名单的行为并未受到影响,但美国利用"301条款"进行制裁的措施则受到了一定限制。美国为实施乌拉圭回合协议的义务,做出了一项"行政行动声明",对贸易代表的权力进行了限制。在该声明中,行政当局提到了对"301条款"的解释,以及准备使用该条款的方式:"贸易代表应按照现行法律的规定,援引DSU争端解决程序;关于美国在有关贸易协定中的权利被违反或受到否定的任何'301条款'的决定都应依据争端解决机构所通过的专家组或上诉机构报告做出;在专家组或上诉机构通过有利的报告后,应允许被诉方有合理的时间实施报告所提出的建议;在该时间内问题无法解决时,报复应寻求争端解决机构授权。本声明代表了行政当局的权威观点,并且得到了国会的批准,行政当局会在国内和国际方面实施。"

在WTO的欧共体诉美国贸易法"301条款"案中,专家组根据美国这一"行政行动声明"中的承诺,最终确认"301条款"不违反DSU与GATT。1998年11月25日,欧共体根据《1994关税与贸易总协定》(1994 GATT)第22条第1款和《关于争端解决规则与程序的谅解》(DSU)第4条,请求与美国就美国贸易法"301条款"进行磋商。1999年1月26日,欧共体根据DSU第6条请求设立专家组。"争端解决机构"(DSB)同意了这一请求。1999年12月22日,专家组将报告散发给所有成员。2000年1月27日,DSB通过了专家组报告。对于欧共体指控美国贸易法第304、305条和第306条违反WTO《关于争端解决规则与程序的谅解》(DSU)有关条款的问题,专家组首先证明这些条款本身是"初步违反"的,因为按照这些条款规定的程序,美国贸易代表有可能会在争端解决程序结束前就做出决定,或采取措施。但专家组经审查第304条的法律用语,得出初步违反的结论后,专家组提到第304条的"非法律因素",即上述美国所做出的"行政行动声明",以及在本案中,美国明确、

---

① 李顺德.WTO的TRIPs协议解析[M].北京:知识产权出版社,2007:24.
② DINWOODIE G, HENNESSEY W O, PERLMUTTER S. International Intellectual Property Law and Policy[DB]. LexisNexis,2001:809.

正式、反复并无条件地确认了声明中的承诺,即贸易代表根据"301条款"做出美国依相关协定的权利被违反或否定的决定,将依据DSB所通过的专家组或上诉机构裁决。专家组认为,由于这个主要因素,法律用语所导致的允许在DSU程序用尽前做出"不一致的决定"权力得到了有效的限制。最终判定"301条款"没有违反WTO义务。但专家组强调,所有这些结论都是全部或部分建立在美国承诺的基础上的。如果这些承诺被美国行政部门或政府的其他部门摒弃,则专家组结论中的裁决就不能得到保证。①

(五)中美知识产权争端与"特别301条款"

1. 中美四次知识产权谈判及相关协议

中美知识产权谈判,从1989年4月开始,到1996年6月一共进行了四次,多达几十轮。引起这四次谈判的直接原因就是美国贸易法的"特别301条款"。除第一次谈判没有签署正式协议外,后三次谈判双方均签署了协议,对中国知识产权制度有着重大影响。双方签署的协议分别为:1992年1月17日的《中美两国政府关于保护知识产权谅解备忘录》;1995年3月11日的《中美贸易协议》;1996年6月17日的《中美知识产权磋商协议》。

第一次是1989年4月,美国贸易代表在《国家贸易评估报告》中,指责中国未能对美国知识产品提供足够有效的保护,特别是在专利制度和著作权制度方面存在着严重的缺陷,将中国列入了特别301报告中的"重点观察国家"名单。1989年5月19日中美双方在华盛顿达成了"谅解"(意向书,没有签署协议),主要内容是要求中国尽快制定著作权法,保护包括计算机软件在内的作品,对专利法进行修改,政府应加强对知识产权的保护;美国政府当年不将中国列为重点国家,双方明确科技合作的重要性,并促进经贸关系的进一步发展。这是第一次谈判的主要内容。1990年我国出台了《著作权法》。

第二次是从1990年4月开始到1992年1月。1990年4月,美国贸易代表在《特别301报告》中,将中国再次列入"重点观察国家"名单,1991年4月26日美国将中国升级列入"重点国家"名单,并指责中国对专利法保护的范围不够;版权法没有完全制定出来;计算机软件没有按照文字作品来保护等。1991年5月26日发起对中国法律、政策等方面的调查,期间中美双方曾进行磋商,但没有结果。6个月调查期限届满后,11月26日,美国贸易代表确定调查再延期3个月。1992年1月,美国列出对中国进口的商品征收15亿美元高关税的报复清单,中国也公布12亿美元的反报复清单。在贸易报复战的同时,双方的磋商也在继续。1992年1月17日在华盛顿达成了《中美两国政府关于保护知识产权谅解备忘录》。这次谈判的主要内容有:两国政府将在各自境内及境外采取有效的办法和救济,以避免或制止对知识产权的侵犯,并遏制进一步的侵犯;要求中国加快知识产权立法进程,具体内容包括要求中国修改专利法;制定反不正当竞争法保护商业秘密;要求中国加入《伯尔尼公约》等国际公约;要求中国把计算机软件作为文字作品给予保护等,并对以上问题做出了具体明确的要求和规定。美国政府自该备忘录签字之日起终止根据"特别301条款"发起的调查,并取消把中国指定为重点国家。该备忘录对中国的知识产权法律制度的建立和完善影响较大。②

第三次是从1994年2月开始,美国贸易代表在《国家贸易评估报告》中指出:中国知识

---

① 杨国华.服从WTO——世贸组织"美国贸易法301条款"案评析[J].国际贸易,2002,(5):50.
② 李顺德.知识产权公共教程[M].北京:中国人事出版社,2007.

产权侵权自1992年以来直线上升;商标侵权现象也很严重;执法上缺乏透明度;中国对美国的版权和专利权没有给予充分有效的保护等。4月30日,在"特别301"年度报告中,美国贸易代表再一次将中国列为"最严重侵犯美国专利权和版权的国家",并威胁如果在60天内无法达成解决办法的协议,即将中国列入"重点国家"名单。美方要求中国打击盗版;对未在中国注册的美国商标给予保护;并将知识产权问题与中国加入WTO结合等。6月,中国政府国务院新闻办公室发布了中国知识产权的白皮书,向世界公布了中国知识产权制度的发展情况。1995年2月4日,美国单方公布了准备实施贸易保护的清单;同日中国外经贸部也公布了准备反报复的清单。1995年2月26日达成,3月11日正式签署了中美贸易协议。中美双方采用双方换文的方式,并以《有效保护及实施知识产权的行动计划》作为附件达成协议。这个贸易协议主要是要求中国开放知识产权产品的市场,并谈到了中国出版业、录音制品市场开放问题及电影作品的开放问题,还有计算机软件保护的加强和产业的开放等问题,中国承诺市场准入不搞配额,但有审查权;双方定期磋商,相互提供打击侵权行为。美方终止301调查,终止报复清单,取消对"重点国家"的确认。同时,宣布把中国列为"306监管国家",确保中国真正实施已经达成的协议。

第四次是1996年4月30日开始,在"特别301条款"年度调查中,美国贸易代表将中国列入侵犯知识产权的"重点国家"名单。同时指出,不需要发起新的调查,而可以直接因不遵守协议而实施贸易制裁。5月15日,美国政府根据306监督,以"中国没有令人满意地履行1995年知识产权保护协议"为由,公布了一份总额为30亿美元对中国进行贸易制裁的初步清单,声称中国如果不采取措施,美国将从6月17日起对价值约20亿美元的从中国出口美国的商品征收惩罚性关税。在美国政府公布报复清单的同时,中国政府也公布了一份对美国贸易反报复的清单,涉及对美国生产的家电产品、汽车、通信设备等加征百分之百的特别关税,暂停进口美国电影等音像作品,暂停受理审批对美国农药、药品的行政保护审理,暂停审批美国在华设立商贸分支机构和代表处等。

6月13日至17日,经过5天的知识产权正式磋商,中美双方达成了由部长换函和《实施行动报告》组成的协议。在换函中,中方承诺采取有效措施查处盗版生产厂家,进一步为部分外国知识产权产品提供开放的市场准入。《实施行动报告》的全称为《关于中国在1995年知识产权协议项下所采取的实施行动的报告》,主要内容是中国在制止、查处光盘盗版行为方面所采取的措施、行动和取得的效果,以及市场准入问题。美国终止贸易报复,取消对中国的"重点国家"确认。

2. 中美知识产权争议现状

自1996年中美达成第三个知识产权协议以来,中美之间的知识产权争端有所缓解。由于中国在立法上已经建立了较为完善的知识产权制度,美国把重点放在对中国实施知识产权保护制度的监督上。1997年至2004年,将中国列为"306条款监督国",对中国履行协议的情况进行监督,并且在其2001年"特别301条款"报告中,再次将中国列入重点观察国家名单。从2005年至2008年,连续列入重点观察名单,并同时作为"306条款监督国"。

从1999年起,中美就知识产权问题建立了定期磋商机制。双方政府主管部门每年一次定期就知识产权有关问题交换意见沟通信息。2004年,在美方的要求下,中美商贸联委会(JCCT)法律工作组下新设了知识产权专门工作组。美国政府把关注的重心放在中国政府如何履行JCCT年会及JCCT知识产权工作组会议就知识产权相关问题达成的协议和做出的承诺方面,这些内容成为每年特别301报告针对中国的核心内容。

2007年4月10日,美国就中国知识产权实施和市场准入问题向WTO争端解决机构提出与中国磋商,启动了争端解决程序。从本案可以看出,美国在WTO起诉的问题与其"特别301条款"所关注的问题仍是一脉相承的,只不过由单边采取调查、贸易报复措施的机制纳入到了WTO的多边体制中。根据美国为实施WTO义务所做出的"行政行动声明",美国必须在严格遵循WTO规则的情况下,才能对WTO其他成员采取措施。

自从1989年中国第一次被列入了"特别301报告"的重点观察名单,中国就与"特别301条款"结下了不解之缘,见表9.2。

三、美国"337条款"的应对

针对国外侵犯美国知识产权的行为,美国建立了较为完善的预防与保护法律体系。这一体系包括两方面的内容:一是实行"泉源治理",即要求外国政府对美国的知识产权提供有效保护,防止侵权行为的发生。在这方面它以前述的"特别301条款"为依托,以贸易优惠为筹码,推动与其他国家的谈判和双边协议的订立,促进其他国家提高知识产权保护水平。同时还通过多边协定、国际公约等加以推行,TRIPs协议的订立即是鲜明的体现。二是实行"截流控制",即在美国进口与过境贸易中,对侵犯美国知识产权的私人厂商及其产品实施制裁。"337条款"就是美国在后一方面所倚重的法律武器之一。[①]

(一)"337条款"概述

美国的"337条款",其前身是《1922年关税法》的316条款,后经修改成为《1930年关税法》第337节而得名。之后又历经美国1974年贸易法、1979年贸易协定法、1984年关税与贸易法、1988年综合贸易与竞争法以及1994年乌拉圭回合协议法对其内容修订、充实、完善,现被汇编在《美国法典》第19编1337节,现已成为美国政府授权美国国际贸易委员会(The United States International Trade Commission,ITC)在进口贸易方面直接对私人侵犯其国内知识产权行为进行调查并采取单边措施的强有力的法律依据,并以此保护国内产业对市场的占有。

"337条款"的立法初衷是保护美国产业不被进口贸易中的不公平做法所损害,但逐渐演变成美国进行知识产权边境保护的重要手段,是美国权利人保护其权益的一种准司法行政手段。第一,该程序弥补了知识产权跨国保护司法程序的不足。337条款的法律设计,重点之一即在于提供快速而有效率的救济程序及救济措施,可以解决司法程序在知识产权边境保护方面的不足。[②] 第二,它从保护国内产业的初衷演变到凸显知识产权保护功能。[③]

[①] 李顺德.知识产权公共教程[M].北京:中国人事出版社,2007:42.
[②] 罗昌发.美国贸易救济制度[M].北京:中国政法大学出版社,2003:270.
[③] 唐晓云.美国的知识产权保护与中美337争端[J].世界政治与经济论坛,2006,(2):34.

表 9.2 中国与"特别 301 条款"一览表

年度	报告内容	调查	措施	磋商	结果
1989	重点观察名单			第一次谈判	1989 年 5 月 19 日达成谅解（意向书）
1990	重点观察名单				
1991	重点国家	5 月 26 日发起调查，11 月 26 日决定延期 3 个月	1992 年 1 月美国公布了 15 亿美元拟报复关税清单；中国列出 12 亿美元反报复清单	第二次谈判	1992 年 1 月 17 日达成《中美政府保护知识产权谅解备忘录》；美国终止调查；取消"重点国家"确认
1992	观察名单				
1993	重点国家				
1994	重点国家	6 月 30 日发起调查，12 月 31 日决定延期至 1995 年 2 月 4 日	1995 年 2 月 4 日美国公布报复清单，中国公布拟反报复清单	第三次谈判	1995 年 2 月 26 日双方达成协议。美国终止调查；取消"重点国家"确认
1995	306 监督				
1996	重点国家	贸易代表认为不需要发起新的调查	5 月 15 日根据 306 监督，不经调查，直接公布拟报复清单反报复清单	第四次谈判	1996 年 6 月 17 日，双方达成协议。美国终止制裁的命令；取消"重点国家"的确认
1997—2000	306 监督			1999 年起，每年一次定期磋商，2001 年中国加入 WTO	
2001	重点观察名单/306 监督				
2002—2004	306 监督			2004 年起，中美商贸联委会 JCCT 成立知识产权工作组	
2005	不定期审查重点观察名单/306 监督				
2006	重点观察名单/306 监督				
2007	重点观察名单/306 监督增加省级评议			向 WTO 提出与中国磋商	
2008	重点观察省级监督评议				

（二）实体法

337条款的标题为"进口贸易中的不公平做法"。主要针对侵犯美国知识产权的产品进口和进口后的销售，同时也针对非知识产权的不公平竞争方法和不公平行为。其中，有关知识产权的不正当贸易做法的内容是1988年新加入的内容，这样就使"不公平贸易做法"的范围变成一般不公平贸易做法和有关知识产权的不公平贸易做法两类。

1. 侵犯美国知识产权的产品进口和进口后的销售

337条款规定，如果与受专利权、商标权、版权作品保护的货物相关的产业在美国存在或正在建立过程中，所有人、进口商、承销人或其代理人进口、为进口销售或进口后用于销售侵犯美国专利权、商标权、版权或掩膜作品保护的货物属于非法行为，美国可以采取适当的措施予以处理。

2. 非知识产权的不公平竞争做法和不公平行为

如果货物所有人、进口商、承销人或其代理人，将货物进口或进口后销售中使用不公平竞争方法和不公平行为，威胁或产生下列后果之一，则美国产业可以寻求337条款的救济：破坏或实质损害美国的产业；或妨碍此类产业的建立；或限制、垄断美国的贸易和商业。

从多年来美国使用该条款的实践来看，到目前为止，ITC依据337条款处理的案件中，90%以上涉及知识产权，凸显了其知识产权保护功能。①

（三）程序法

337条款明确授权ITC可以对进口中的不正当贸易做法进行调查和裁决。其最大特点在于提供了快速有效的程序和救济措施。337条款的快速表现为：整个调查程序必须在12个月内完成，如果案情复杂，则可延长至18个月完成，因此，该条款可使救济效率大大提高。

337调查程序如下：

（1）申请发起调查。申诉人向ITC申请发起调查。任何与进口的侵权产品有利害关系的个人、合伙、协会组织、公司，包括美国的和外国的，都可以作为申诉人向ITC提出书面申请。

（2）ITC发起调查。ITC在收到申诉的30天内，根据申诉的内容决定是否展开调查。如果ITC认为申诉理由成立，则公布发起调查的通告，指派一名行政法官主持调查，并指派一名律师代表公共利益参加调查程序。

（3）调查开始，举行听证。发起调查后，通知被诉方。若被诉方是美国厂商，则20天内做出书面答复；若是外国厂商，则在30天内答复。调查阶段通常会持续5个至6个月。接着在行政法官的主持下，举行各方均应参加的听证会。

（4）初步裁决。根据听证和相关证据，行政法官做出初步裁决，以确认是否存在违反"337条款"的事实。在行政法官做出初步裁决的10天内，任何一方当事人（缺席方除外）可以要求ITC对于初步裁决相关的问题进行审查。只要ITC成员中有一人主张进行审查，委

---

① 韩立余，等.美国对外贸易中的知识产权保护[M].北京：知识产权出版社，2006：128.

员会便会进行审查。如果不审查,则初步裁决就自动成为 ITC 的最终裁决。

(5) 最终裁决。ITC 自动接受初裁为最终裁决或经过复审后做出最终裁决。如果 ITC 确认 337 条款被违反,则应当考虑向申诉方提供何种救济。救济措施有发布排除令 (exclusive order)、发布禁止令 (cease and desist order)、发布扣押和没收产品令。

(6) 总统复议。如果委员会对申诉方授予救济,则应当向总统报告。总统应在 60 天内考虑 ITC 的决定,根据公共政策考虑批准或否决 ITC 的决定。总统若否决,则 ITC 的救济措施不发生效力,而且不得上诉,调查案终结;总统若批准或在 60 天内没有答复,则 ITC 的终裁被确认。

(7) 上诉。对于遭受最终裁决不利影响的一方,不服裁决可以在 60 天内上诉,上诉机构是美国联邦巡回上诉法院,此上诉为行政诉讼,被告是 ITC。如对上诉法院判决不服,还可再向联邦最高法院上诉。联邦最高法院做出的裁决具有终局性,当事人不得再提起上诉。

(四) 337 调查程序的特点及存在的问题

1. 337 调查程序的特点

(1) 337 案件的时限短,效率高,被诉企业的应诉时间紧张。在实际操作中,整个 337 调查案件从启动到结束一般只需 12 个至 15 个月,比美国法院审理知识产权侵权案件的时间要短得多。"337 条款"的时限规定客观上造成了被诉企业的应诉时间紧张,使被诉企业处于被动的不利局面。而对于美国的申诉方而言,提起 337 程序可获得主动权,并可能在短时间内获得救济。

(2) 337 程序的处罚措施非常有特色,会对裁定被侵权的企业及相关行业造成严重打击。337 的主要救济措施是排除令和禁止令。排除令是对物的,即针对违反 337 条款的货物,禁止全行业或特定企业的侵权产品进口。排除令分为普遍排除令和有限排除令。普遍排除令禁止某一种类的所有进口产品进入美国市场,而不区别原产地或生产商,同时还包括今后和目前尚未掌握的生产商和进口商;有限排除令只禁止被调查企业现在和以后生产的存在侵权行为的所有类型的产品,其效力还可以扩大到包含侵权物品的下游产品,以及上游的零部件产品。禁止令则禁止在美国的针对涉案产品的市场行为,不仅包括在美国国内的销售行为,也包括市场开发、分销、广告宣传以及聘用美国代理商和分销商的行为。

2. 与"特别 301 条款"的关系

(1) 二者的对象不同。"特别 301 条款"针对的是外国境内存在的侵害美国知识产权的问题,包括社会经济生活的各个方面;"337 条款"则是针对在美国境内销售的侵犯美国知识产权的进口产品。

(2) 二者的作用机制不同。"特别 301 条款"是由政府的贸易代表与其他国家进行谈判,要求改变不利于美国的不公平做法,否则便采取报复性制裁措施,争端的主体是国家;"337 条款"则是直接针对外国生产商的制裁措施,争端的主体是两国的具体厂商。

(3) 二者负责的部门不同。"特别 301 条款"负责的部门是美国贸易代表;"337 条款"负责的则是美国国际贸易委员会。

3. "337 条款"存在的问题

美国使用"337 条款"限制进口,引起贸易伙伴的不满,1988 年欧共体在提请 GATT 裁决的"化学纤维案"中对337条款提出异议,请求宣告337条款与GATT不符。专家组认为在"337条款"下,进口产品所享受的待遇低于美国国内产品,因此违反了国民待遇原则,而且不适用GATT第20条的例外,专家组列举了六个方面,认为是其违反国民待遇原则的根据。[1]

GATT专家组报告公布后,美国国内展开了激烈的争论,经过各利益团体的相互博弈,美国在《乌拉圭回合协议法》中对"337条款"做了修改,但其修订原则是以最小程度的改动,最大程度地满足国民待遇要求,比起贸易代表最初的提案来幅度要小得多。[2] 因此其修订是不彻底的,如没有消除对国内产品侵权与国外产品侵权的两种审理程序;调查期限对GATT项下的现行的337条款仍有可能违反GATT的国民待遇原则;普遍排除令不适用于美国国内企业等。2000年1月12日,欧共体再次向WTO提出申诉,要求与美国磋商,解决美国1930年关税法第337节及美国国际贸易委员会规则与程序的问题。欧共体及其成员国认为美国的措施违反了GATT第3条、TRIPs协议第2、3、9、27、41、42、49、50和51条。本案至今仍处于磋商阶段,没有成立专家组。

我国政府可对此做进一步深入研究,通过WTO争端解决机制来提出对该条款的异议,促使其对外国企业更公平。

(五)典型案例分析与应对策略

1. 中国企业被诉概况

与反倾销调查针对低附加值、低价的产品相比,337调查针对的则是有一定技术含量的产品。近年来,中国企业对美出口不断增长,并且逐渐向有一定技术含量的产品发展,又确实存在关注经济效益增长、忽视技术创新和知识产权保护的现象,存在知识产权侵权的现象,因此频频被诉,中国企业日渐成为337调查程序的主要对象。1995年之前,涉及中国企业被诉的只有1件(1986年),但从1995年开始,每年都有针对中国产品的337调查,而且案件数量逐年攀升,占337调查总量的百分比也明显增大。2007年共有16件,2008年1月至7月,已有8件。截至2008年7月,中国企业被诉案件总数已达85件,其中,1986年1件,1995年1件,1996年1件,1997年2件,1998年4件,1999年1件,2000年3件,2001年1件,2002年5件,2003年9件,2004年10件,2005年10件,2006年13件,2007年16件,2008年1月至7月8件。[3] 337条款正成为阻碍我国工业制成品出口美国的一个重要因素,值得我国出口企业和相关部门高度重视。

2. 中国企业胜诉的典型案例——电池案

2003年4月28日,美国劲量控股集团及其下属的Eveready电池公司向ITC提出337电池调查申请,指控27家企业向美国出口的产品侵害其美国专利。其中包括生产"南孚"、"双鹿"、"长虹"等品牌的7家中国内地企业和2家香港企业。2003年6月2日ITC立案

---

[1] United States-section 337 of the Tariff Act of 1930, GATT Panel Report, Nov. 7,1989, GATT B.I.S.D. (36th Supp.) at 396 (1990).
[2] 万勇.美国关税法"337条款"是否违反GATT1994?[J].知识产权,2005,(3):61.
[3] 根据美国国际贸易委员会网站(http://www.info.usitc.gov/337)和中国商务部进出口公平贸易局网站(http://www.gpj.mofcom.gov.cn/static/fengong/d/cp/fengong.html/1)数据分析得出。

调查。

据中国电池工业协会统计,2003年我国对美电池出口量约为3亿只,出口金额约为4000万美元。如果中国企业被裁定侵权,代价将是极其高昂的。中国电池工业协会组织18家企业联合组团应诉。程序启动后不久,除中国企业外,多数被诉企业选择了和解。中国企业为减少费用,也曾与对方探讨和解的可能性,但对方提出的和解条件是,中方先付数百万美元的赔偿费,再对每只电池征收3美分的专利费,而我方出口美国的电池实际利润只有1美分,这是将我方企业置于死地的和解条件。在电池工业协会的指导下,各企业选择了不单独和解,而是继续联合应诉。[1]

中国企业将应诉重点放在根据原告的解释权限的缺陷来证明其专利无效。根据美国专利法,在美国专利要有效,必须具备三个要素。其第102条规定,专利要有新颖性;第103条规定,专利应具"非显而易见性",也就是说,应该有独创的技术发明,而不是与已有技术相类似;第112条则规定,专利权限界定应明确,要有完整的描述,说明专利涵盖的具体范围。专利权限界定不能太宽,涵盖面不能太广,而原告劲量公司恰恰犯了这个错误,这就给中国企业带来了机会,就此反击他们的专利是"无效专利"。

2004年6月,行政法官做出了不利于中方的初步裁决,判定包括中国在内的电池生产商侵犯了原告劲量公司的有效专利,并做出包括中国内地和香港在内的企业普遍排除令的建议。中国企业申请ITC进行复审。2004年8月,ITC决定复审。2004年10月4日,ITC做出最终裁决,认为劲量的5464709号专利未能清楚地表述请求保护的范围,不具备确定性,裁决专利无效,被调查企业不侵权。劲量公司不服,向美国联邦巡回上诉法院提起上诉。2006年1月25日,联邦巡回上诉法院撤销ITC的裁决,认为专利无效不成立,发回ITC重审。2006年4月14日,ITC决定重审,命令相关各方提供意见。2007年2月23日,ITC最终做出被诉企业不侵权的决定。[2] 劲量公司遂第二次向美国联邦巡回上诉法院上诉。2008年4月22日,美国联邦巡回上诉法院维持了ITC的裁决,判决劲量公司专利无效。

电池案可谓是一波三折,经过了初裁失利、终裁峰回路转、对方上诉扳回、ITC重审后胜诉、对方再次上诉、法院判决胜诉的曲折过程。从程序上看,则是经过了一个相当完整的程序,对以后其他企业的应诉有着不小的借鉴意义。同时在这一案件中,电池工业协会起到了重要的组织协调作用,使各企业能团结一致,分摊费用,坚持应诉。对外宣传报道口径都由中国电池工业协会统一负责,并且通过协会请到了美国的资深律师帮助应诉。联合应诉大大节省了费用,而且各种材料证据可以共享,这些都对获得公正裁决有利。

3. 中国企业对"337调查"的对策

中国企业由于对337程序的不了解和应诉意识的淡薄,往往在高昂律师费前望而却步,不应诉的情况很多,成为"软柿子",使申诉企业以很小的代价取得很大的成果,进一步助长了美国企业对这一程序的采用。

事实上,337调查是由ITC下的行政法官主持的对抗性程序,包含一定的程序与机制来

---

[1] 参见中国电池协会秘书长王敬忠在2005中国保护知识产权高层论坛上的发言,网址:http://www.video.mofcom.gov.cn/videocast/class_data.asp?id=25。

[2] Notice Of Commission Decision To Terminate Remanded Investigation With A Finding Of No Violation,见美国国际贸易委员会网站。

保护被告的合法利益。虽然从时限上对被诉方压力很大,但调查程序还是相对独立和公正的。负责运转337程序的ITC不隶属任何行政部门,是完全独立的准司法行政机构。而ITC法官不仅相互之间保持独立,甚至在法官和ITC之间也保持互相独立。在许多程序机制上都有保证原告和被调查方平等权利的专门设计。在审理程序中337调查程序采取了对抗制的听审,确保被告有机会向法官充分表达意见。被申请人如对337程序行政法官初审裁决不服,可向国际贸易委员会申请复审,还可以向法院提出上诉。美国ITC的统计数据表明,1999年至2003年,在"337条款"调查中,50%是双方私下和解,14%是美国企业自行撤销指控,美国企业胜诉只占16%,20%是外国企业胜诉。

因此加强对337条款的认识和了解,研究相关对策是非常重要的。中国企业的对策应该分为短期和长期的目标。从目前情况来看,短期内要做到的是尽量不侵权,防患于未然,一旦被诉则应该积极应诉,并根据实际情况选择不同解决方式。而从长远看,把技术创新作为重点,争取自主知识产权,才是根本的解决之道。

1) 加强知识产权法律意识,尽量减少侵权行为的发生

我国企业在产品设计和生产中应主动绕开处于保护期内的美国企业的知识产权,先进行专利检索,确定自己生产的产品是否可能构成侵权。如有可能,可以通过更换非专利方法来避开,也可以通过与专利权人签订许可协议取得使用许可。如果是贴牌生产(original equipment manufacturer,OEM)方式,也应注意与美国进口商签订协议,约定进口商对侵权行为承担责任。

2) 充分发挥行业协会的作用,积极联合应诉,节省应诉成本

高昂的应诉成本和艰难的应诉过程,仅靠单个企业的力量确实很难坚持到底。从"电池案"可以看到,要应诉成功一定要发挥集体的力量,通过行业协会的组织和支持来节省成本,坚持应诉。

对于近乎天价的美国律师费用,也可以通过首先聘请中国律师,由熟知美国律师运作的中国律师负责聘请真正有经验的美国337程序专业律师。中国企业可以要求律师事务所提出预算,然后就主要的预算进行协商。通过在律师聘请合同中签订服务时间封顶条款等律师业内普遍认可的谈判技巧,在保证办案质量的前提下有效降低总成本。

3) 根据案件具体情况选择和解或抗辩

在337程序中,常见的抗辩理由有两个:一个是对方的知识产权无效或不可执行;另一个是根本不构成侵权。中国企业在美国遇到的知识产权诉讼和337调查,大多数都与专利有关。专利是知识产权中有效性最不确定的一种。如果全力抗辩,美国专利被裁定无效或不可执行的可能性还是很大的。但是,企业选择以对方专利无效或不可执行抗辩存在一定风险。首先,企业必须承担数以百万美元计的法律费用;其次,专利无效和不可执行的抗辩是否成功,在案件结束前往往存在相当大的变数。

除非企业认为侵权不成立或者对方的知识产权存在明显瑕疵,和解也应是企业的选项之一。和解可以使企业节省知识产权争议的法律费用和免受争议结果不确定性的困扰。如在记号笔一案中,贝发集团是唯一应诉的中国企业,在美国律师的指导下,针对美方提出的数百个涉案的质询问题,贝发集团按时给予了详细的答复,并提供了充足的证据材料和样品。同时,针对世孚公司的指控,贝发充分运用337条款程序中赋予被诉公司的权利,向对方提出了数百个问题的质询。最后与原告达成了有利的和解协议。美方同意贝发可在不改

变所有涉案产品的外形、尺寸的前提下,继续在包括美国在内的世界范围内销售自己的产品。贝发终于保住了美国市场。普遍排除令导致贝发以外的中国公司无法向美国出口涉案记号笔。和解协议之后,贝发成为对美销售记号笔的唯一一家中国公司,对美国出口保持稳步的增长。[①]

4) 积极创新,拥有自主知识产权,并在国外获得授权

要从根本上改变中国企业在知识产权诉讼和美国337调查程序中的被动局面,中国企业就必须增加研发投入,拥有更多的自主知识产权,提高自身的科技竞争力,这才是根本的解决之道。例如,曾经历过337调查的贝发集团投巨资建研发中心,从1998年起,已在包括美国在内的世界范围内申请了425项专利,其中300多项已取得授权,并在73个国家注册了商标。这意味着贝发集团已经在世界范围内构建了拥有自主知识产权的庞大的产品体系。

中国企业如果有自主知识产权,在美国同样也可以用"337条款"来保护自己。任何人只要在美国拥有专利权,都可以提起337程序。所以一个拥有美国知识产权的外国人向侵犯该权利的美国人提起337程序也是十分正常的。事实上,近年来,日本企业在美国提起的针对美国企业的337程序就比美国企业针对日本企业提起的337程序在数量上更多。只要符合条件,中国企业当然也能够针对美国企业提起337调查,来保护自身的利益。

本 章 重 点

1. 国际知识产权组织概况。
2. 知识产权国际保护的基本原则。
3. 《巴黎公约》的主要内容。
4. PCT的主要内容。
5. 《伯尔尼公约》的主要内容。
6. 《TRIPs协议》的主要内容。
7. WCT、WPPT的主要内容。
8. WTO知识产权争端解决机制的主要内容。
9. 美国贸易法"特别301条款"的主要内容。
10. 美国"337条款"的程序和救济措施。

本 章 难 点

1. 我国针对WTO知识产权争端的应对。
2. 我国针对美国贸易法"特别301条款"的应对。
3. 我国针对美国"337条款"的应对。

---

① 丁凯.宁波贝发集团赢了美国"337调查"[N].民营经济报,2005-03-07.

思 考 题

1. 简述知识产权国际保护的基本原则。
2. 简述《伯尔尼公约》保护客体的范围。
3. 《伯尔尼公约》的基本原则有哪些?
4. 《巴黎公约》的基本原则有哪些?
5. 简述 PCT 专利申请及审查的程序。
6. 如何理解 WCT、WPPT 被广泛地称为"INTERNET 条约"?
7. 简述 TRIPs 协议的基本原则。
8. 简述 TRIPs 协议的争端解决程序。
9. 简述美国贸易法"特别 301 条款"对我国知识产权立法的影响。
10. 我国企业应如何应对美国的 337 调查?

主要参考文献

[1] 郑成思. 知识产权论[M]. 3 版. 北京:法律出版社,2007.
[2] 郑成思. WTO 知识产权协议逐条讲解[M]. 北京:中国方正出版社,2001.
[3] 郑成思. 知识产权法[M]. 2 版. 北京:法律出版社,2003.
[4] 吴汉东. 知识产权国际保护制度研究[M]. 北京:知识产权出版社,2007.
[5] 陶鑫良,单晓光. 知识产权法纵论[M]. 北京:知识产权出版社,2004.
[6] 陶鑫良. 知识产权教程[M]. 上海:上海大学出版社,2006.
[7] 国家保护知识产权工作组. WTO 知识产权争端解决机制及案例评析[M]. 北京:人民出版社,2008.
[8] 唐广良,董炳和. 知识产权的国际保护[M]. 北京:知识产权出版社,2007.